图解绩效管理

———————————

· 工具与方法应用全书 ·

 王胜会 ◎ 编著

中国水利水电出版社
www.waterpub.com.cn
· 北京 ·

内 容 提 要

科学技术日新月异，企业人力资源管理亟须创新，通过设计开发并高效应用绩效管理工具与方法可以深度挖掘员工的技能潜力，加速实现人才的优化配置，进而全面提升企业绩效。本书深度剖析了企业绩效管理的痛点、痒点和兴奋点，提供了既新又全的绩效管理工具与方法，并创新性地运用了插画、图形和表格图解绩效管理逻辑与操作步骤，研究对标案例，总结了绩效管理工具与方法的落地技巧。

本书适合缺少工具、方法和案例的绩效管理经理，刚入职场的HR及相关专业的在校大学生、研究生，还有追求完美人力资源课程设计和授课效果的企业培训师与大学教师，以及重视绩效管理的企业高层领导、各业务部门负责人和项目团队管理者使用。本书还可以为管理咨询机构的绩效管理与企业人力资源管理方向和相关领域的咨询顾问等提供有益参考。

图书在版编目（CIP）数据

图解绩效管理 : 工具与方法应用全书 / 王胜会编著 .
北京 : 中国水利水电出版社, 2025.8. -- ISBN 978-7
-5226-3586-6
Ⅰ . F272.5-64
中国国家版本馆 CIP 数据核字第 2025JC8844 号

书　　名	图解绩效管理——工具与方法应用全书 TUJIE JIXIAO GUANLI——GONGJU YU FANGFA YINGYONG QUANSHU
作　　者	王胜会　编著
出版发行	中国水利水电出版社 （北京市海淀区玉渊潭南路 1 号 D 座 100038） 网址：www.waterpub.com.cn E-mail：zhiboshangshu@163.com 电话：（010）62572966-2205/2266/2201（营销中心）
经　　售	北京科水图书销售有限公司 电话：（010）68545874、63202643 全国各地新华书店和相关出版物销售网点
排　　版	北京智博尚书文化传媒有限公司
印　　刷	河北文福旺印刷有限公司
规　　格	185mm×260mm　16 开本　23.75 印张　556 千字
版　　次	2025 年 8 月第 1 版　2025 年 8 月第 1 次印刷
印　　数	0001—3000 册
定　　价	79.80 元

凡购买我社图书，如有缺页、倒页、脱页的，本社营销中心负责调换

版权所有·侵权必究

序　言

在科技迅猛发展的今天，企业既面临严峻的挑战，也迎来发展的机遇。企业管理层深谙此道，因此对于运用尖端人力资源管理之兵器与法门，以策动内政革新、显著提升行事效率的渴望愈加急迫。他们不仅希望这些工具能够高效、精准地管理人力资源信息，更寄望于借助大数据、云计算和人工智能（AI）等尖端技术，推动人力资源管理的智能化、自动化与高效化，以适应复杂多变的市场环境，提升企业的核心竞争力。

随着企业人力资源管理的持续创新，管理者们愈发聚焦于通过绩效管理、薪酬激励、人才招聘及培训开发等核心环节，精心设计、开发并创新应用管理工具与方法。这些举措旨在深度挖掘员工的潜能，实现人才资源的优化配置，进而全面提升企业的整体绩效。本书选题源于对当前市场环境及企业实际需求的深刻理解和精准把握，旨在为企业带来前沿、实用的绩效管理工具与方法，助力企业实现持续发展与人才价值的最大化。

对工具与方法的掌控和利用是绵延几千年人类智慧的结晶，然而，工具与方法本身并不涉及价值判断，关键在于人如何高效地对其加以应用。要想做好事情，必须先有合适的工具与方法，并熟能生巧，进而形成工作习惯和创新思维。《荀子·劝学》中有"君子生非异也，善假于物也"的表述，君子之所以不同于一般人，是因为他们善于利用外物，包括各种工具与方法技巧，以及人、财、物、数据和信息等资源。因此，人们应该充分发挥自己的主观能动性，善用工具与方法技巧，追求更好的效果、效益与职业生涯发展。

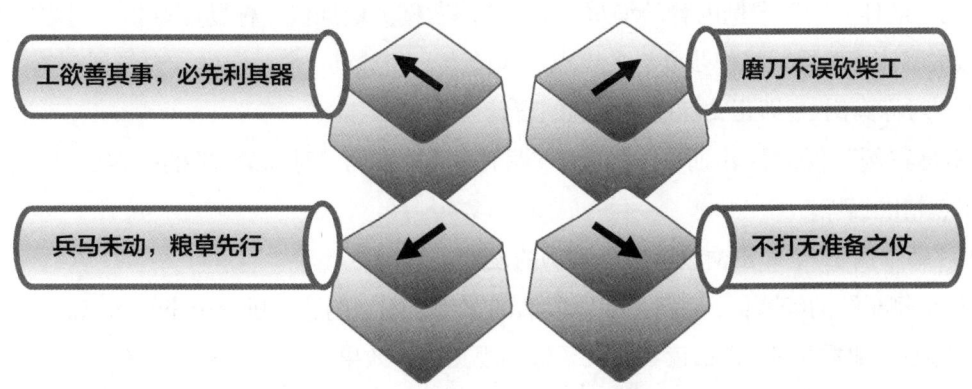

1. 工欲善其事，必先利其器

"工欲善其事，必先利其器"，这句话深刻阐明了工具的重要性。对于绩效管理而言，选择和应用合适的管理工具与方法，并不断更新迭代，才能适应企业日益增长的管理需求和改进变革。

2. 磨刀不误砍柴工

本书将从多个维度全面剖析企业在绩效管理等核心业务方面的痛点和兴奋点。针对这些关键点，本书将提供具体的解决方案和实用的操作工具与方法技巧，助力企业打通绩效管理的"任督二脉"，实现管理效能的加速飞跃。

3. 兵马未动，粮草先行

面对日益复杂多变的市场环境，本书还将重点强调绩效管理的战略规划和前瞻性布局，帮助企业制定出符合目前实际又未雨绸缪的绩效管理策略和解决方案。同时，分享一些成功企业的经典案例和近几年新商业模式下的新赛道、新风口、新创企业的最佳实践，以使读者能够从中汲取灵感，更好地应对未来的挑战。

4. 不打无准备之仗

本书将深度融入AI、大数据、数字化等新技术在绩效管理领域的应用。这些技术工具与方法的引入，不仅能够大幅度提升绩效管理的效率和准确性，还能够帮助企业实现更为精准的人才匹配、个性化的培训开发和科学的高绩效管理。

本书在体例设计、"案例"编制和阅读感受方面，还有以下五大亮点。

1. 本书体例：即特色模块的设计

本书模块包括问题与痛点，以及最佳实践、疑难杂症、望闻问切、决策重点、执行要点、落地关键点等模块形成的多种组合。

2. "最佳实践"：即特色模块中案例的设计

（1）"最佳实践"案例名称的编写：既有世界500强企业的最佳经验案例，也有作者编写的企业实践经验案例。

（2）"最佳实践"案例内容的编写：大而全。案例关键词包括标题、背景、问题、特点、创新做法、流程阶段、操作步骤、关键点、风险点、利益点、启示启发、总结展望等。

3. "对标案例"：即正文标题中案例的设计

"对标案例"的编写：小而美。相较于"最佳实践"案例，"对标案例"的内容少、知识面窄，但知识点精准提炼。

4. "举个例子"：即正文段落中小案例的设计

"举个例子"的编写：小而精。即一段话的案例，用于阐述分析一个小知识点。

5. 特邀专业插画师：带给读者朋友更好的视觉冲击效果

特邀宋凝老师作为本书的插画设计师，负责视觉传达设计并绘制。

作品的设计包括大模型、工具箱、方法锦囊和正文中图形、表格的细节等。

综上所述，本书不仅顺应了当前企业绩效管理的实际需求，还紧跟高新技术的发展趋势，旨在为读者提供一套全面、先进、实用的绩效管理工具与方法。我们相信，通过本书的学习和实践，读者能够在相关领域取得显著的进步和成就。

前　言

　　人是目的，员工要自我实现。绩效管理的最终目的不是简单地追求高绩效指标，而是激发员工的潜力，帮助他们实现自我价值，同时推动组织目标的实现。因此，在设计与应用绩效管理工具与方法时，须确保这些工具和方法能够真正服务于员工的成长和企业的发展。

　　人不是工具，员工要创新性地应用工具与方法。员工不是用来实现组织目标的简单工具，也不是人工智能，他们是有思想、有情感、有需求的个体。在设计和应用绩效管理工具与方法时，不能将员工视为被动的执行者，而应该充分尊重他们的主观能动性、个性化需求和发展愿望，确保这些工具和方法能够激发员工的积极性和创造力，而不是压制其个性与创新。

　　员工要高效地使用绩效管理工具与方法。绩效管理工具与方法是帮助员工和企业提升绩效的重要手段，需要根据企业的实际情况和员工的具体需求，灵活选择和应用不同的绩效管理工具与方法。同时，还需要不断对这些工具和方法进行评估和改进，确保其持续发挥效用。

　　在绩效管理实践过程中，企业缺少工具与方法表现为以下五个症状。

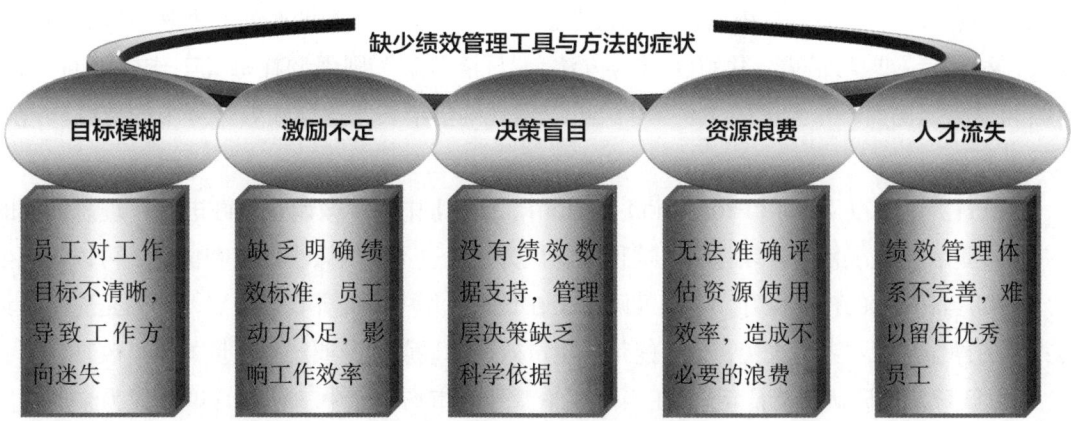

　　《论语》有云："学而不思则罔，思而不学则殆。"绩效管理工具与方法便是企业在追求绩效目标过程中"学"与"思"的结合。它们不仅提供了明确的目标设定和评估标准，使得员工能够清晰地了解自己的工作方向和要求；同时，通过数据分析和反馈机制，帮助企业实时监控绩效状况，及时调整策略，确保目标的实现。

　　老子在《道德经》中提到："天下难事，必作于易；天下大事，必作于细。"绩效管理工具与方法的价值，就在于能够将企业的宏大目标细化为可执行、可衡量的具体任务。通过这些工具和方法，企业能够精确地评估员工的工作表现，发现优势和改进空间，从而针对性地提供培训和支持，促进员工的成长和发展。

《孙子兵法》中提到："知己知彼，百战不殆。"绩效管理工具与方法的应用，就是帮助企业"知己"——了解自身的运营状况和员工表现。通过科学的数据分析和对比，企业能够准确识别出绩效的优劣，及时调整管理策略，提高整体运营效率。同时，这些工具和方法还能够激发员工的积极性和创造力，形成良好的竞争氛围，推动企业持续创新和发展。

绩效管理工具与方法在企业管理中发挥着举足轻重的作用，不仅是企业实现目标的"利器"，更是推动企业发展的"引擎"。下面以海尔和丰田为例进行说明。

海尔的"日事日毕，日清日高"，不仅是一种工作理念，更是一种追求卓越、持续改进的精神。通过有效地应用绩效管理工具与方法，海尔将这一理念转化为具体的行动和实践，从而推动组织绩效和个人绩效的不断提升。"日事日毕"意味着当天的工作必须当天完成，不拖延到第二天。这要求绩效管理者和被考核的员工都具备强烈的时间管理和效率意识，尤其要"利其器"即巧借力，用好工具与方法。"日清日高"则强调在每日工作中不断反思、总结和提高，比如，每天提高 1%，70 天可以实现翻倍增长，这与绩效管理中的持续改进理念不谋而合。

丰田生产方式（Toyota Production System，TPS）中的**"微调整、微进步"**理念强调的是持续改进、精益求精的管理哲学。这种理念认为，通过不断的微小调整和优化，可以实现生产效率和产品质量的持续提升。丰田鼓励员工在日常工作中不断寻找改进点，哪怕是应用工具与方法的操作步骤及微小改变，也可能带来生产效率的显著提升或产品质量的明显改善。

"苟日新，日日新，又日新。"在当今竞争激烈的市场环境中，绩效管理已成为企业提升效率、激励员工和实现战略目标的关键。本书应运而生，工具性强、方法实用。

本书设计并绘制了一系列插画，如绩效管理大模型插画、PDCA（Plan、Do、Check、Action）绩效管理闭环模型插画、绩效管理大工具箱插画、绩效管理方法锦囊插画、目标与关键成果法（Objectives and Key Results，OKR）应用框架体系插画、平衡计分卡（Balanced Score Card，BSC）应用框架体系插画等。

本书深度剖析了绩效管理的痛点、痒点和兴奋点,设计了问题与痛点、对标案例、疑难杂症、望闻问切、决策重点、执行要点、落地关键点等创新性的特色模块。

本书提供了既新又全的绩效管理工具,包括四色通道、图解评定尺度、关键事件技术、特征评价工具、目标管理（Management by Objectives,MBO）、标杆管理、关键绩效指标（Key Performance Indicator,KPI）、经济增加值（Economic Value Added,EVA）、平衡计分卡、绩效棱镜、目标与关键成果法、关键成功因素（Key Success Factor,KSF）、关键过程领域（Key Process Area,KPA）、关键结果领域（Key Result Areas,KRA）、岗位职责指标（Position Responsibility Indicator,PRI）、岗位胜任特征指标（Position Competency Indicator,PCI）、否决指标（No-No Indicator,NNI）、360度考核、敏捷绩效工具等。

本书给出了既新又全的绩效管理方法,包括问题分析法、卓越绩效管理方法、5W2H、鱼骨图、SWOT分析法、绩效日志、汉堡原理法、BEST反馈法、六西格玛管理、业务流程再造和管理流程再造、PDCA绩效管理闭环、绩效干预技术（Human Performance Technology,HPT）等。

绩效管理不仅是技术和操作层面的问题,更是涉及企业文化、员工心态和组织行为等多个层面的复杂系统。因为即便有了先进高效的工具和方法,如果应用者的观念没有转变,那么这些工具与方法很可能只是形同虚设,无法发挥其应有的效能。

从企业可持续发展来看,应用绩效管理工具与方法助力企业成长为生态组织有三条路径。

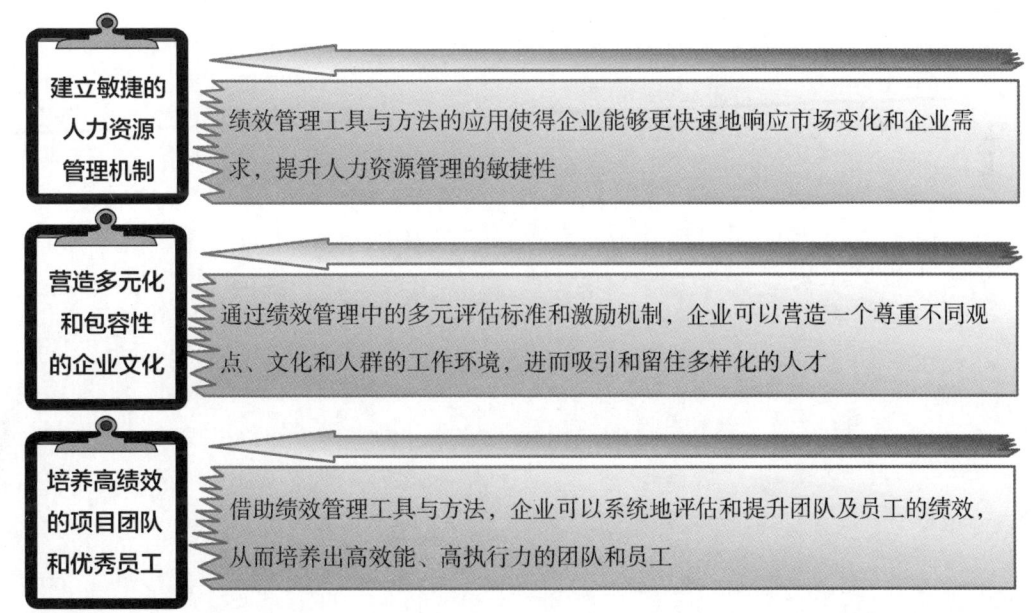

综上所述,本书具有思想性、实用性、可读性、透彻性、创新性、工具方法的落地性和对标案例的丰富性等特点,希望这本书能为广大读者提供宝贵的指导和有益的启示。

目 录

序言

前言

第1章 绩效管理系统设计 ... 1
1.1 绩效管理五大关键 ... 4
1.1.1 痛点：业绩短板与不足亟待解决 ... 4
1.1.2 痒点：绩效考评挑战与困境并存 ... 5
1.1.3 兴奋点：激发企业活力的关键点 ... 6
1.1.4 发展新质生产力：绩效的驱动力 ... 7
1.1.5 人工智能加速度：绩效技术开发 ... 10
对标案例　××公司辅导材料和培训课程设计方案 ... 13
1.2 绩效管理闭环分析 ... 14
1.2.1 确定部门职能和岗位职责 ... 15
对标案例　××科技公司确定部门职能与岗位职责的实践 ... 16
1.2.2 设计考评指标和标准体系 ... 16
对标案例　××零售公司设计考评指标和标准体系的实践 ... 17
1.2.3 设计绩效管理运作系统 ... 18
1.2.4 设计结果反馈改进体系 ... 20
对标案例　××公司绩效考核结果反馈改进体系的实施 ... 21
1.2.5 制定或修订绩效管理制度 ... 21
对标案例　××公司绩效管理制度的制定与修订 ... 22
1.3 绩效管理大工具箱设计 ... 23
1.3.1 绩效管理工具发展的四大趋势 ... 24

1.3.2　19种绩效管理工具 ... 24
1.4　绩效管理方法锦囊设计 ... 28
1.4.1　绩效管理方法创新的四大类型 ... 28
1.4.2　12种绩效管理方法的界定、特点、模型和适用性 ... 29

第2章　OKR的应用 ... 33

问题与痛点：如何确保OKR在企业的实施效果？ ... 36

2.1　OKR认知与CSAPA ... 37
2.1.1　目标界定和设定原则 ... 37
2.1.2　SMART原则与KR衡量标准 ... 38
> 对标案例　××电商平台的KR衡量标准 ... 40
2.1.3　CSAPA分析 ... 40
> 对标案例　××科技公司的CSAPA ... 40
2.2　OKR的亮点和利器 ... 41
2.2.1　与OKR四大亮点对应的四个案例 ... 42
2.2.2　与OKR四大利器对应的四个案例 ... 43
2.3　OKR制定与实施 ... 45
2.3.1　应用OKR前期做好两项准备 ... 46
2.3.2　制定OKR遵循三步流程 ... 46
2.3.3　实施OKR把握三个要点 ... 47
2.4　OKR实践与启示 ... 48
2.4.1　硅谷科技公司OKR实践四点经验 ... 48
2.4.2　国内企业OKR落地七大关键点 ... 50
2.4.3　成功实践OKR组织关键因素剖析 ... 51
2.4.4　量身定制OKR落地实施方案 ... 52

最佳实践：××OKR打分规则的设计 ... 53

疑难杂症：OKR应用的形式主义与表面功夫 ... 54

望闻问切：企业实践中OKR应用经验 ... 55

第3章　MBO的应用 ... 57

问题与痛点：如何真正认识MBO？ ... 60

3.1　导入MBO的四个先决条件 ... 61
3.1.1　组织结构合理 ... 61
> 对标案例　××信息企业组织结构诊断报告 ... 63
3.1.2　部门职能清晰 ... 64
3.1.3　岗位职责明确 ... 65

目录

- 3.1.4 工作流程标准 66
- 3.2 战略总目标的设定 66
  - 3.2.1 宏观环境PEST分析 67
  - 3.2.2 中观环境波特五力分析 67
  - 3.2.3 微观环境SWOT分析 68
  - 3.2.4 年度计划目标的设定 68
- 3.3 部门岗位目标的设定 69
  - 3.3.1 部门岗位目标设定流程 69
  - 3.3.2 绩效目标设定、分解、实施和调整的工作标准 70
  - 3.3.3 三个层次目标分解模式 70
  - 3.3.4 三种目标设定方式 71
  - 3.3.5 MBO责、权、利三位一体 71
- 3.4 MBO应用七个范例 72
  - 3.4.1 市场部目标责任及细化列表 72
  - 3.4.2 销售部目标责任及细化列表 72
  - 3.4.3 财务部目标责任及细化列表 73
  - 3.4.4 行政部目标责任及细化列表 73
  - 3.4.5 人力资源部目标责任及细化列表 73
  - 3.4.6 人力资源部BSC任务分解树形图 74
  - 3.4.7 人力资源部MBO控制图与控制方法 76
- 决策重点：人、财、物资源分配与风险评估 77
  - 对标案例 智慧城市建设项目 78
- 执行要点：沟通与共识以及支持与辅导 79
  - 对标案例 跨部门合作项目 79
  - 对标案例 新员工销售目标达成 80
- 落地关键点：目标分解避免四大风险点 80

第4章 BSC的应用 83

- 问题与痛点：如何避免短期行为，从而实现整体业绩突破？ 86
- 4.1 BSC应用的21个项目须知 87
  - 4.1.1 BSC的四个构成要素 87
  - 4.1.2 BSC的四个平衡维度 89
  - 4.1.3 BSC的八大适用事项 90
  - 4.1.4 BSC适用的五种企业类型 91
- 4.2 BSC实施的八大条件 91
  - 4.2.1 四方面平衡因果驱动 92

		对标案例 ××科技公司的四个维度驱动力	92
		4.2.2 配套设施及制度健全	92
		4.2.3 企业的管理水平较高	93
		4.2.4 员工的素质较高	93
		4.2.5 对战略目标合理分解	94
		4.2.6 较大的管理者支持力度	95
		4.2.7 加强宣传、培训、沟通	95
		4.2.8 确保技术和软硬件到位	96
	4.3	BSC设计的四个步骤	97
		4.3.1 绘制战略地图	98
		对标案例 ××公司年度战略地图的绘制	98
		4.3.2 设计BSC	100
		4.3.3 分三级设计BSC	101
		4.3.4 设计绩效考评量表	101
	4.4	岗位事项和BSC量表范例	101
		4.4.1 总经理岗位事项与BSC量表	101
		4.4.2 首席运营官岗位事项与BSC量表	102
		4.4.3 市场营销总监岗位事项与BSC量表	103
		4.4.4 财务总监岗位事项与BSC量表	104
		4.4.5 技术总监岗位事项与BSC量表	105
		4.4.6 生产总监岗位事项与BSC量表	106
		4.4.7 行政总监岗位事项与BSC量表	107
		4.4.8 人力资源总监岗位事项与BSC量表	108
	最佳实践：××公司20××年人力资源部的BSC		109

第5章 KPI的应用 ... 113

	问题与痛点：如何识别与确认关键绩效点位	116
5.1	员工绩效诊断与KPI	117
	5.1.1 问题诊断与KPI	117
	5.1.2 工作短板诊断与KPI	118
	5.1.3 木桶原理与KPI	119
	5.1.4 舒适区诊断与KPI	121
	对标案例 销售团队KPI的设定	121
	对标案例 软件开发团队的敏捷转型	121
5.2	战略导向KPI设计的五个维度	121
	5.2.1 质量与数量	122

5.2.2　效率与效益 124
　　　　对标案例　××电商平台的效率与效益 124
　　5.2.3　财务与投资回报率 124
　　5.2.4　客户满意度与员工凝聚力 126
　　5.2.5　组织发展与员工职业生涯规划 127
5.3　KPI量化设计的六种方法 128
　　5.3.1　用数字量化 128
　　5.3.2　用标准量化 130
　　5.3.3　用时间量化 130
　　　　对标案例　××客户服务中心的时间量化 131
　　5.3.4　用成本量化 131
　　5.3.5　用质量量化 132
　　　　对标案例　××汽车制造商的质量量化 133
　　5.3.6　用效果量化 133
　　　　对标案例　××在线教育平台的效果量化 133
5.4　KPI有效落地关联分析 134
　　5.4.1　KPI指标库建设与五大误区 134
　　5.4.2　建立KPI体系与职能职责划分 135
　　5.4.3　全要素生产率指标和评论标准体系设计 136
5.5　KPI考核量表范例 140
　　5.5.1　市场经理KPI考核量表 140
　　5.5.2　销售经理KPI考核量表 141
　　5.5.3　财务经理KPI考核量表 141
　　5.5.4　研发经理KPI考核量表 142
　　5.5.5　技术经理KPI考核量表 143
　　5.5.6　质量管控经理KPI考核量表 144
　　5.5.7　生产经理KPI考核量表 144
　　5.5.8　行政经理KPI考核量表 145
　　5.5.9　HR经理KPI考核量表 146
最佳实践：××公司基于战略的KPI指标库设计 147
决策重点：战略契合与指标筛选相互聚焦 151
　　对标案例　××科技公司战略与指标聚焦 151
执行要点：灵活的监控调整与问责机制建立 152
　　对标案例　××电商平台的监控调整与问责机制 152
落地关键点：大数据驱动持续改进与反馈循环 153

| 对标案例 | ×× 零售企业的大数据驱动力 | 154 |

第6章　KSF的应用 ... 155

问题与痛点：员工对KSF缺乏认知且参与度较低 ... 158

| 对标案例 | ×× 制造企业生产线每个环节的 KSF 设计 ... 158 |

6.1　KSF识别与应用的三大领域 ... 159
- 6.1.1　KSF+KPI改进绩效管理 ... 160
- 6.1.2　KSF+KPI提升战略执行能力 ... 160
- 6.1.3　KSF优化资源配置和决策流程 ... 162

| 对标案例 | ×× 电商平台应用 KSF 的效果 ... 162 |

6.2　识别KSF的四种专业方法 ... 162
- 6.2.1　用BSC分析关键成功因素 ... 162
- 6.2.2　价值链分析法 ... 164
- 6.2.3　竞争对手分析法 ... 166

| 对标案例 | 智能手册 KSF 的确定 ... 166 |

- 6.2.4　鱼骨图识别KSF+KPI ... 167

6.3　寻找KSF关键环节的三种技术 ... 168
- 6.3.1　需求/准备程度分析 ... 168
- 6.3.2　成本/收益矩阵 ... 169
- 6.3.3　流程优先矩阵 ... 170

| 对标案例 | 准时交货率 ... 170 |

6.4　KSF实施中的挑战与对策 ... 170
- 6.4.1　在业务流程中嵌入KSF ... 170
- 6.4.2　应对环境变化KSF更新策略 ... 172
- 6.4.3　定期组织KSF的审查与优化 ... 173

最佳实践：零售行业 ×× 连锁超市应用KSF的案例 ... 174

第7章　EVA的应用 ... 177

问题与痛点：应用EVA遏制管理者的短期行为 ... 180

7.1　EVA的价值基础 ... 180
- 7.1.1　EVA区别于传统财务指标 ... 181
- 7.1.2　EVA股东价值最大化理论 ... 181
- 7.1.3　EVA与KPI体系相结合 ... 182

7.2　EVA的"4M"体系 ... 183
- 7.2.1　评价指标（Measurement） ... 183
- 7.2.2　管理体系（Management） ... 185

		7.2.3　激励制度（Motivation）..185
		7.2.4　理念体系（Mindset）..186
	最佳实践：××技术有限公司应用EVA的案例...187
	最佳实践：××电器股份有限公司应用EVA的案例...189
	疑难杂症：如何加上权益资本成本，以计算出真正利润？.......................................190
	望闻问切：EVA可以遏制短期行为转向长远利益..191

第8章　标杆管理的应用...193

	问题与痛点：如何选择合适的标杆对象与争取预算...196
	8.1　标杆管理的七种类型..197
		8.1.1　战略性标杆管理...198
		8.1.2　操作性标杆管理...199
		8.1.3　支持活动性标杆管理..200
		8.1.4　内部标杆管理...201

		`对标案例`　××中型制造企业内部标杆管理实践..201

		`对标案例`　××全球500强企业内部标杆管理实践..201

		8.1.5　竞争标杆管理...202
		8.1.6　功能标杆管理...203
		8.1.7　流程标杆管理...204

		`对标案例`　××大型制造企业内部标杆管理实践..204

	8.2　标杆管理应用程序..205
		8.2.1　确定标杆学习主题..205
		8.2.2　组建标杆管理团队..207
		8.2.3　选定标杆基准对象..208
		8.2.4　收集统计分析信息..209
		8.2.5　采取变革行动计划..210
		8.2.6　绩效评估反馈与超越..211
	最佳实践：××公司应用标杆管理的案例（一）...213
	最佳实践：××公司应用标杆管理的案例（二）...213
	疑难杂症：如何避免出现"画虎不成反类犬"的结果？..214
	望闻问切：取其精华、去其糟粕，因地制宜、量体裁衣..215
	落地关键点：标杆管理+KPI构建平衡计分卡..217

第9章　更多绩效管理工具的应用...219

	9.1　绩效棱镜的应用..221
		9.1.1　绩效棱镜五个棱面的框架...221

- 9.1.2 应用绩效棱镜的十个步骤 ... 221
- 9.1.3 绩效棱镜测量的十项测试 ... 222

9.2 KPA的应用 ... 223
- 9.2.1 KPA的适用范围 ... 223
- 9.2.2 应用KPA的六个步骤 ... 224

9.3 KRA的应用 ... 224
- 9.3.1 KRA的适用范围 ... 225
- 9.3.2 KRA+KPI鱼骨图 ... 225
  - 对标案例 ××企业级别 KRA+KPI 鱼骨图 ... 225
- 9.3.3 KRA+MBO实践应用 ... 226

9.4 PRI的应用 ... 227
- 9.4.1 PRI的适用性和应用步骤 ... 227
- 9.4.2 PRI应用实践示例 ... 227

9.5 PCI的应用 ... 229
- 9.5.1 PCI的适用范围 ... 229
- 9.5.2 在岗位层面应用PCI ... 229
  - 对标案例 ××企业市场部经理的岗位胜任特征水平线 ... 230

9.6 NNI的应用 ... 231
- 9.6.1 NNI的影响及争议点 ... 231
- 9.6.2 NNI应用实践示例 ... 231
- 9.6.3 NNI的一票否决制 ... 231

9.7 360度考核的应用 ... 232
- 9.7.1 360度考核的适用范围 ... 233
- 9.7.2 360度考核的应用步骤 ... 233
- 9.7.3 360度考核表单 ... 235
- 9.7.4 720度双环绩效管理 ... 236

9.8 敏捷绩效工具的应用 ... 237
- 9.8.1 敏捷绩效工具的适用范围 ... 237
- 9.8.2 敏捷绩效工具的特征和关键支柱 ... 238
- 9.8.3 敏捷绩效工具应用创新 ... 239
  - 对标案例 ××科技公司的敏捷绩效实践 ... 240

第10章 卓越绩效管理方法的应用 ... 241

10.1 《卓越绩效评价准则》解读 ... 244
- 10.1.1 实施目标与适用范围 ... 244
- 10.1.2 七个类目的内容 ... 245

10.1.3 九个基本理念 ... 245
10.1.4 与ISO 9000的关系 ... 246
10.2 卓越绩效评价模式及应用 ... 246
10.2.1 建立卓越绩效评价模式的目的 ... 246
10.2.2 《卓越绩效评价准则》框架模型 ... 246
10.2.3 强调以顾客和市场为中心 ... 247
10.2.4 以客观事实为依据 ... 248
10.2.5 绩效分析和知识管理 ... 249
10.2.6 经营结果评价与改进 ... 249
10.3 卓越绩效标准的建立 ... 250
10.3.1 企业绩效评价标准值的五项内容 ... 250
10.3.2 企业效绩评价四方面三类28项指标 ... 251
10.3.3 组织KPI卓越绩效标准体系 ... 253
10.3.4 团队KPI卓越绩效标准体系 ... 255
10.3.5 个人KPI卓越绩效标准体系 ... 257
10.3.6 卓越绩效标准与职业生涯规划 ... 259
最佳实践：××公司应用《卓越绩效评价准则》的案例（一） ... 260
最佳实践：××公司应用《卓越绩效评价准则》的案例（二） ... 262

第11章 SWOT分析法的应用 ... 265

11.1 SWOT分析法概述 ... 268
11.1.1 SWOT分析法的四个象限 ... 268
11.1.2 SWOT分析法的四种组合策略 ... 269
11.1.3 SWOT分析法与波士顿矩阵 ... 269
11.1.4 SWOT分析法与IFE、EFE、CPM三个矩阵 ... 270
11.2 SWOT分析法应用程序 ... 273
11.2.1 分析企业内部环境 ... 273
11.2.2 分析企业外部环境 ... 274
11.2.3 绘制SWOT分析矩阵 ... 275
11.2.4 确定绩效目标和行动计划 ... 275
最佳实践：××知名运动品牌应用SWOT分析法的案例 ... 276
最佳实践：××电子商务公司应用SWOT分析法的案例 ... 277
最佳实践：HUI手机产销公司应用SWOT分析法的案例 ... 277

第12章 BEST反馈法的应用 ... 279

12.1 BEST反馈法区别于三种绩效面谈法 ... 282
12.1.1 BEST与单向劝导式绩效面谈法 ... 282

		12.1.2　BEST与双向倾听式绩效面谈法 283
		12.1.3　BEST与解决问题式绩效面谈法 284
	12.2　应用BEST反馈法的四个步骤 284
		12.2.1　描述行为与示例 285
		12.2.2　表达后果与示例 286
		12.2.3　征求意见与示例 288
		12.2.4　着眼未来与示例 289
	望闻问切：高绩效HR实施绩效反馈的十项标准 291

第13章　HPT的应用 293

	13.1　HPT应用步骤与模式、模型 296
		13.1.1　HPT应用步骤 296
		13.1.2　HPT模式图解 296
		13.1.3　BSA85模型 297
		13.1.4　BSA96模型 298
		13.1.5　Branson模型 298
	13.2　HPTM应用四大重点 299
		13.2.1　系统性思考 299
		13.2.2　多维度干预 300
		13.2.3　以结果为导向 301
		13.2.4　数据驱动决策 302
	13.3　HPTM见效的三大关键 303
		13.3.1　引入人工智能和大数据技术 303
		13.3.2　整合组织学习与HPTM 304
		13.3.3　强化员工自主管理，应用配套工具 305
	望闻问切：排除应用HPTM的难点、问题和障碍 305

第14章　其他绩效管理方法的应用 309

	14.1　问题分析法的应用 311
		14.1.1　问题分析法应用步骤 311
		14.1.2　5why漏斗模型应用 312
			对标案例　问题分析法应用实践 313
	14.2　5W2H的应用 313
		14.2.1　5W2H应用步骤 313
		14.2.2　应用5W2H的注意事项 314
			对标案例　5W2H 团队执行法应用实践 315

14.3 鱼骨图的应用 316
14.3.1 鱼骨图的三种类型 316
14.3.2 鱼骨图的绘制步骤 317
14.3.3 鱼骨图分析模型与示例 318
对标案例 ××公司鱼骨图应用实践 319

14.4 绩效日志的应用 320
14.4.1 绩效日志的四大特点 321
14.4.2 关键事件分析法 321
14.4.3 绩效日志表单设计 322

14.5 汉堡原理法的应用 323
14.5.1 应用汉堡原理法的误区 323
14.5.2 汉堡原理法的应用步骤 324
14.5.3 汉堡原理法的话术设计 324

第15章 绩效改进与效益提升 325

15.1 绩效管理系统评估与诊断 328
15.1.1 绩效改进成本评估 328
15.1.2 绩效改进效果评估 329
15.1.3 绩效管理有效性评估 330
15.1.4 绩效管理制度诊断 332
对标案例 ××公司绩效管理制度诊断实践 332
15.1.5 绩效考评体系诊断 333
15.1.6 指标和标准体系诊断 334
15.1.7 考评者全面全过程诊断 335
15.1.8 被考评者全面全过程诊断 336

15.2 绩效改进常用的五种方法 337
15.2.1 培训指导操练法 337
15.2.2 单位时间效益法 338
15.2.3 团队协作效益法 339
15.2.4 技术更新改造法 340
15.2.5 机器替代人工法 340

15.3 六西格玛管理 341
15.3.1 应用六西格玛管理的组织结构设计 341
15.3.2 六西格玛业绩改进模型 342
15.3.3 支持DMAIC模型的方法与工具 343
15.3.4 控制阶段的Poka-Yoke防错技术 344

15.4 业务流程再造和管理流程再造 345
15.4.1 业务流程的功能和效率分析 345
15.4.2 业务流程的四个层次 346
15.4.3 业务流程测评指标体系的设计 346
15.4.4 选择关键业务流程的方法 347
15.4.5 业务流程再造的ESIA方法 348
15.4.6 管理流程的功能和模块分析 348
15.4.7 管理流程再造的八大关键 349
对标案例 ××企业绩效考核管理流程再造实践 350

15.5 PDCA绩效管理闭环 352
15.5.1 PDCA绩效管理闭环循环实施模型 353
15.5.2 PDCA绩效管理闭环三大示例图 354
15.5.3 PDCA绩效改进模式 355
对标案例 ××制造企业 PDCA 绩效改进模式应用实践 355

第 1 章

绩效管理系统设计

近年来，随着国内外营商环境的显著变化，企业在追求生存与发展的过程中，面临着前所未有的技术挑战。在这一背景下，现代人力资源管理的迅速演进促使企业绩效管理工具与方法持续迭代更新，以适应时代的新特性。特别是随着人工智能（artificial intelligence）、量子信息、物联网、区块链等新一代信息技术的迅猛发展，绩效管理工具的开发与方法的选择需要顺应数字化、信息化和数智化趋势，以符合当前知识经济和信息产业时代的特征。

绩效管理系统（Performance Management System，PMS）是一个员工绩效与组织效益的综合管理平台，在人力资源管理中扮演着至关重要的角色。绩效管理系统不仅紧密连接着招聘与配置、培训与开发、薪酬激励、劳动关系管理等各个环节，更是企业战略目标得以实现的重要支撑。在这一系统中，绩效管理工具与方法应用的实用价值无可替代，为企业提供了高效、精准的绩效管理手段，助力企业实现可持续发展。

企业绩效管理的目的在于加速提升公司、部门、团队和个人的绩效，绩效管理系统通过验证各管理系统的运作效果来确保其有效性，以完成企业最终设定的目标。需要注意的是，绩效管理是一个更为宽泛和系统的概念，绩效管理系统设计中的绩效管理工具的开发与方法的选择须具备全面性、整体性和动态性，如图1-1所示。

全面性而非片面性	整体性而非单一性	动态性而非静态性
◆绩效管理系统的设计需要全面考虑企业战略目标、组织架构、业务流程、岗位设置及员工能力等多个方面 ◆不仅要关注员工个人的绩效表现，还要关注团队、部门乃至整个公司的效益表现	◆绩效管理系统是一个综合性的整体，包含绩效计划，绩效沟通，数据的收集、观察和量表制作，绩效诊断，绩效评估与反馈改进等多个关键步骤 ◆各个步骤之间相互依赖、相互关联，构成一个完整的管理闭环而循环往复	◆绩效管理系统不是一成不变的，而是需要随着企业内外部环境的变化而不断调整和优化 ◆要重点关注科技进步和劳动法律法规、政策规章制度的影响
◆需要综合考虑各种宏观、中观和微观的影响因素 ◆应用最新的绩效管理工具与方法，确保绩效管理系统运行的全面性和有效性	◆在设计绩效管理系统时，必须从整体的角度出发，整合实用的绩效管理工具与方法 ◆确保各个环节协调匹配，以实现整体的最优效果、最小成本、最大效益	◆当企业的战略目标发生变化时，绩效管理系统也需要进行相应调整 ◆绩效管理工具与方法需要根据员工的实际表现进行动态的反馈和调整

图1-1 绩效管理系统设计的全面性、整体性和动态性

第1章 绩效管理系统设计

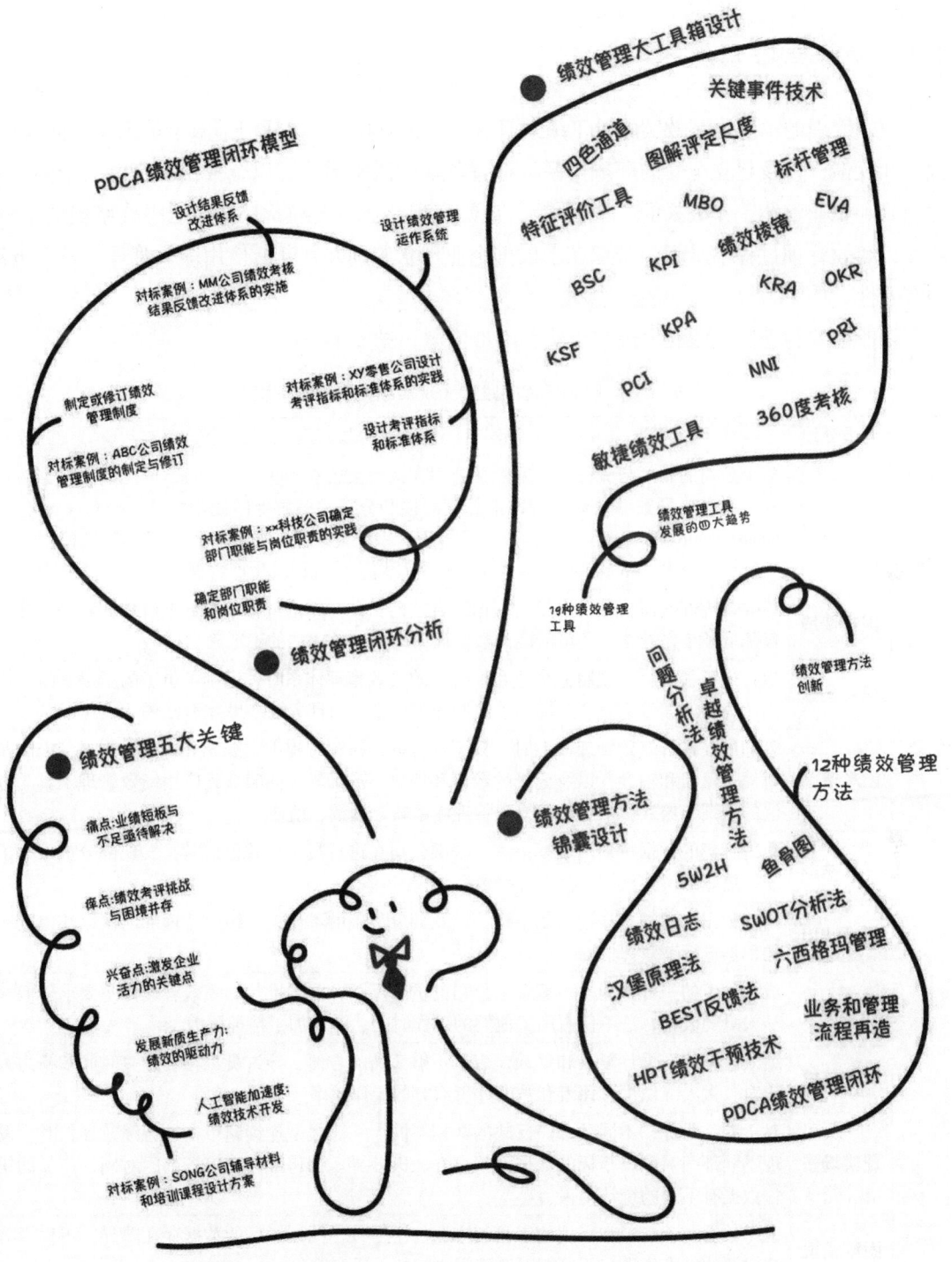

卷毛老师绩效管理大模型

1.1 绩效管理五大关键

绩效管理的本质是高效实施员工绩效管理，并获得收益，包括但不限于员工绩效的设计、考核和反馈，以及建立配套的薪酬体系和适宜落地的激励措施，以全方位收获员工个体、部门团队和企业整体工作成果的"大满贯"，最终实现企业年度经营计划与组织战略规划目标。然而，绩效管理过程中最大的难点在于根据企业现状鉴别并判断所使用绩效管理工具与方法的有效性。

企业绩效管理实践的五大现实场景和困难情境，见表 1-1。

表 1-1 绩效管理实践五大现实场景和困难情境

序号	两难处境	示例与分析
1	现实场景	整个公司的制度与流程不匹配。某公司在推行绩效管理时，发现各部门之间的数据格式并不统一，导致绩效数据难以汇总、对接和分析。销售部门使用的是 CRM（Customer Relationship Management，客户关系管理）系统记录销售数据，而生产部门则使用 ERP（Enterprise Resource Planning，企业资源计划）系统记录生产数据
1	困难情境	绩效管理部门需要花费大量时间选择合适的工具与方法进行绩效数据清洗和整合，这不仅降低了工作效率，还可能因为数据误差导致绩效评估的不准确
2	现实场景	执行过程很难。一家制造企业在推行新的绩效管理体系时，遇到了员工的抵触情绪。员工认为新的绩效管理体系增加了他们的工作量，而且考核结果并不公平
2	困难情境	管理层在推行绩效管理体系时，只等着打分，执行过程中未能充分与员工沟通、未能及时提供反馈和辅导，以及记录的数值和信息不准确等，同时缺乏应用绩效管理工具与方法的培训，导致员工对新的绩效管理体系缺乏理解、信任
3	现实场景	获得真实的数据特别困难。一家互联网公司在进行员工绩效评估时，发现部分员工为了获得更好的考核成绩，存在虚报数据的情况
3	困难情境	由于数据来源的多样性和复杂性，以及部分员工的不诚信，绩效管理部门难以获得真实的数据进行绩效评估
4	现实场景	成为员工的一种负担。一家金融公司的员工反映，公司推行的绩效管理体系要求他们填写大量的表格，这不仅占用了他们的工作时间，还增加了精神压力
4	困难情境	绩效管理体系设计复杂和烦琐，表单不够简洁、方便，导致员工花费更多时间和精力去应对，大大降低了考评者和被考评者双方的工作效率
5	现实场景	对于同一指标，不同的部门反映的数据不同。一家大型连锁超市在进行绩效评估时，发现不同部门对同一指标的数据汇报存在较大差异。销售部门和市场部门对同一产品的销售数据有不同的统计结果
5	困难情境	由于数据统计口径和采用的工具与方法的不一致，同一指标的数据存在差异，不仅影响绩效评估的准确性，还可能引发部门之间的矛盾和纷争

1.1.1 痛点：业绩短板与不足亟待解决

企业绩效管理的痛点主要体现在业绩的短板和不足上，因为这些问题直接影响企业的核心竞争力和持续发展。

1. 业绩短板明显

企业在某些关键业务领域可能表现不佳，如销售额不达标、客户满意度低等。这些短板可能源于内部管理问题、市场环境变化或竞争对手的策略调整。正如《孙子兵法》所言："知彼知己，百战不殆。"企业必须对自身的短板有清晰的认识，才能制定有效的改进措施。

2. 执行力度不够

即使企业有明确的战略规划和目标，但如果执行力不足，也难以取得预期业绩。

3. 工具与方法应用不到位

部分企业没有绩效管理工具与方法，或者不会应用、错误使用，或者没有针对性、没有整合性应用。正如《论语·卫灵公》所言："工欲善其事，必先利其器。"企业要解决业绩短板与不足的问题，要先熟知工具与方法。

依据不同战略目标、不同行业、不同岗位，企业可以从问题表现、企业实践、科学技术进步的诉求等方面梳理绩效管理痛点，见表1-2。

表1-2 不同维度的企业绩效管理痛点及具体分析

不同维度	痛点范畴	具体分析
问题表现	战略目标不匹配	设定的战略目标与实际业绩之间存在差距，导致无法达成预期成果
	行业差异	不同行业面临的业绩短板各不相同，如制造业可能面临生产效率问题，而服务业可能面临客户满意度问题
	岗位瓶颈	特定岗位上的员工表现不佳，会影响整体业绩，如销售团队的销售能力不足或技术支持团队的问题解决效率低下
企业实践	制造企业	其生产线的效率远低于行业平均水平，经过分析发现，是设备老化、员工技能不足以及生产流程不合理导致的
	电商平台	在提升用户满意度方面遇到瓶颈，客户投诉率较高，经过调查，原因是客户服务响应慢且售后服务不到位
科学技术进步的诉求	提高生产效率	需引入先进的生产技术和自动化设备
	提升客户满意度	可以利用大数据和人工智能技术优化客户服务流程

1.1.2 痒点：绩效考评挑战与困境并存

在绩效管理领域，"搭便车"通常指的是某些员工或团队在集体工作中，不付出相应努力，却分享集体成果的行为。"搭便车"不仅会影响团队的整体效率和士气，还可能导致资源分配不均和内部矛盾。设计和应用有效的绩效管理工具与方法，可以识别并纠正这种行为，从而提升团队的整体绩效和士气。

痒点，即企业在绩效管理中感到不适或需要改进的地方。绩效考评是企业管理中的关键环节，但也可能存在诸多挑战和困境。

1. 考评标准难以量化

对于一些非生产性的岗位，如研发等，其工作成果往往难以用具体的数字来衡量，在考评标准上存在一定的模糊性。

2. 主观因素影响较大

绩效考评过程中，领导的主观印象和偏好往往会对考评结果产生较大影响。领导若被主观偏见所左右，就难以做出公正的考评。

依据不同战略目标、不同行业、不同岗位，企业可以从问题表现、企业实践、科学技术进步的诉求等方面梳理绩效管理痒点，见表1-3。

表1-3 不同维度的企业绩效管理痒点及具体分析

不同维度	痒点范畴	具体分析
问题表现	战略目标不明确	考评体系未能与企业的战略目标紧密结合，导致考评失去方向
	行业特性差异	不同行业的考评标准和方法应有所不同，但很多企业未能根据行业特点进行调整
	岗位考评难度	某些岗位的绩效难以量化，如研发人员的创新力、管理人员的领导力等
企业实践	科技公司	研发部门发现，其现有的考评体系过于注重项目完成速度，而忽视了创新性和技术质量，导致研发团队的创新能力受限
	金融机构	考评体系过于复杂，员工难以理解自己的考评标准和得分情况，导致员工对考评体系失去信任
科学技术进步的诉求	个性化考评	可以结合行业特点和岗位特性开发更为智能化的考评系统
	系统化考评	可以利用大数据分析技术，对员工的绩效进行更全面、更客观的评估

应用目标管理和SMART（Specific、Measurable、Achievable、Relevant、Time-bound）原则，设定明确、可衡量的个人和团队目标，是防止"搭便车"的第一步；定期监控关键绩效指标的达成情况，可以清晰地看到每个成员的贡献程度，从而识别出那些可能存在的"搭便车"行为；应用360度考核，可以鼓励团队成员之间互相监督，降低"搭便车"的可能性；建立公开透明的绩效考评和结果反馈的沟通机制也是防止"搭便车"的重要手段。

1.1.3 兴奋点：激发企业活力的关键点

"死店活人开"不仅是一种经营理念，也是一种绩效管理哲学。它强调了人在绩效管理中的核心地位，以及灵活和创新在提升组织绩效中的重要性。合理应用绩效管理工具与方法，可以激发员工的活力和创造力，使"死店"焕发新生。

"死店"在这里可以理解为那些缺乏活力、创新或者业绩不佳的团队或组织。这种情况可能由多种原因导致，比如目标不明确、激励不足、资源浪费、决策盲目或人才流失等。这些问题都是绩效管理需要解决的关键痛点。

"活人开"则强调人的主观能动性和创新性。在绩效管理中，这意味着需要通过有效的工具与方法来激发员工的积极性、灵活性、创新力、创造力。

尽管企业绩效管理存在痛点和痒点，但也有其兴奋点，即能够激发企业活力的关键点。

1. 明确的目标和愿景

《墨子》有言："志不强者智不达。"一个清晰、远大的目标和愿景能够激发员工的斗志和创造力，使企业充满活力。

2. 完善的激励机制

完善的激励机制能够有效地调动员工的积极性和创造性。正如《史记·货殖列传》所言："天下熙熙，皆为利来；天下攘攘，皆为利往。"适当的物质和精神激励是激发企业活力的关键。

3. 良好的企业文化

企业文化是企业的灵魂，能够凝聚人心、激发活力。正如《周易》所言："天行健，君子以自强不息。"一个积极向上的企业文化能够引领企业不断前进。

依据不同战略目标、不同行业、不同岗位，企业可以从问题表现、企业实践、科学技术进步的诉求等方面梳理绩效管理兴奋点，见表1-4。

表1-4　不同维度的企业绩效管理兴奋点及具体分析

不同维度	兴奋点范畴	具体分析
问题表现	战略目标与员工激励相结合	将企业的战略目标分解为员工的个人目标，通过实现个人目标来推动企业整体目标的实现
	行业内创新激励	鼓励员工在本行业内进行从零到一或从一到N的创新，以提升企业核心竞争力，使企业稳固市场地位或抢占更多的市场份额
	岗位特定的激励措施	针对不同岗位制定特定的激励措施，如销售岗位的提成制度、技术岗位的专利奖励等
企业实践	互联网企业	通过设立创新基金，鼓励员工提出并实施创新项目，成功推动多个新产品的开发上市
	制造业企业	通过实施员工持股计划，激发员工的工作积极性和责任感
科学技术进步的诉求	激发企业活力	可以利用先进的信息化平台或内部社交平台，提升员工的沟通与协作效率
	个性化激励方案	可以引入智能化的员工激励系统，监控、评估员工的实时绩效表现

1.1.4　发展新质生产力：绩效的驱动力

在当今快速发展的商业环境中，新质生产力已经成为推动企业持续发展和保持竞争优势的关键要素。新质生产力是企业持续发展的核心动力，而绩效管理则是激发这种动力的关键手段，绩效管理工具与方法对于激发新质生产力具有不可替代的作用。新质生产力指的是通过创新、技术进步或组织变革等方式实现的生产力的质的飞跃，而绩效驱动力则是指能够推动组织和个人绩效持续提升的动力机制。

企业新质生产力是指企业通过创新、技术进步、管理优化等手段，实现生产力的质的飞跃，不仅包括技术层面的革新，还涉及管理理念、组织结构、市场策略等多方面的创新。在当今这个快速变化的时代，发展新质生产力已成为企业保持竞争优势的关键。比如，选取与新质生产力发展密切相关的关键绩效指标（KPI），如研发投入占比、新产品开发周期、市场占有率等，通过定期追踪和分析这些指标的变化，及时调整策略，确保新质生产力的发展符合预期。

新质生产力的"新"是指创新起主导作用，"质"就是全要素生产率大幅提升。它是创新的，而不是陈旧的、落后的，它鼓励每一个员工讲出"我有一些很新鲜的想法……"

发展新质生产力就要摆脱传统经济增长方式，依靠科技进步，同时提高劳动者的素质；发展新质生产力就要摆脱传统生产力发展路径，肯花钱搞研发，同时大力培养战略人才和应用型人才。企业要形成与发展新质生产力相适应的绩效管理体系，更好地体现知识、技术、人才的市场价值。

从绩效管理的角度来看，发展新质生产力与构建有效的绩效驱动力是相辅相成的，它们可在五个维度融合，如图 1-2 所示。

明确企业目标与战略导向	☑ 要发展新质生产力，组织必须首先明确其长期和短期目标，以及实现这些目标所需的战略 ☑ 绩效管理工具与方法应与这些目标和战略紧密相关，确保每一个绩效指标都与发展方向一致。例如，通过平衡计分卡等工具，将战略目标分解为可操作的绩效指标，指导员工努力
激发员工潜能与创新精神	☑ 员工是推动新质生产力发展的关键，绩效管理应该注重激发员工的潜能和创新精神 ☑ 通过设立奖励机制、提供职业发展机会、鼓励团队协作与知识共享，营造富有创新精神的工作环境。在这种环境中，员工更有可能提出新的想法和解决方案，从而推动生产力的质的飞跃
利用数据与技术优化绩效管理	☑ 在数字化时代，数据和技术为绩效管理提供了前所未有的便利 ☑ 通过收集和分析员工绩效数据，可更精准地评估员工的工作表现，发现潜在的问题和改进空间。利用大数据和人工智能技术，预测员工绩效的发展趋势，为制定更科学的绩效管理策略提供依据
构建持续学习与改进的文化	☑ 要发展新质生产力，组织必须建立一种持续学习与改进的文化 ☑ 组织要鼓励员工不断学习新知识、新技术、新能力，并将这些知识和技能应用到实际工作中。组织也应该定期对绩效管理策略进行审查和更新，确保其始终与组织的战略目标保持一致
强化领导力与激发创造力	☑ 领导者在推动新质生产力发展方面起着至关重要的作用 ☑ 领导者应树立榜样，积极参与绩效管理过程，为员工提供明确的反馈和有效的指导。高效的领导可以激发员工的积极性和创造力，进而推动整个组织生产力的提升

图 1-2　发展新质生产力与构建绩效驱动力五维融合

许多企业的生产力提升瓶颈往往隐藏在复杂的业务流程和烦琐的管理体系中。这些瓶颈不仅限制了企业的运营效率,也阻碍了员工的创造力和积极性。绩效管理的难点就在于如何准确地识别并解决这些瓶颈,可以先来对标两个案例。

举个例子:××制造企业生产线的装配环节效率低下,成为生产流程的瓶颈。绩效管理人员对装配环节进行深入分析,找出了效率低下的原因,如员工技能不足、设备老化等,然后针对这些问题,制定相应的改进措施,包括提供员工培训、更新设备、修改关键绩效指标、修订绩效管理制度等。

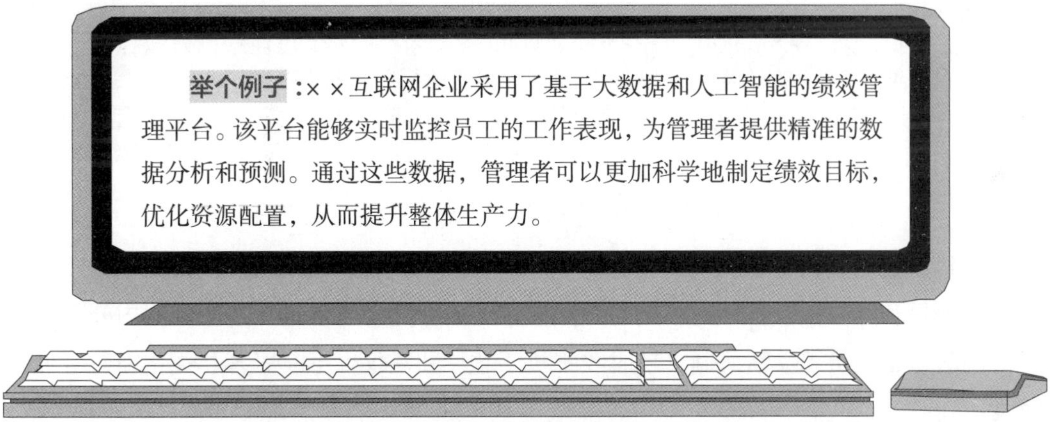

举个例子:××互联网企业采用了基于大数据和人工智能的绩效管理平台。该平台能够实时监控员工的工作表现,为管理者提供精准的数据分析和预测。通过这些数据,管理者可以更加科学地制定绩效目标,优化资源配置,从而提升整体生产力。

可见,更多企业面临如何创新应用绩效管理工具与方法,驱动生产力的质的飞跃的难题。随着科技的发展,越来越多的智能化工具和平台被引入绩效管理,为企业提供了更多的可能性。目前,企业应用绩效管理工具与方法驱动来发展新质生产力应分成以下四个阶段。

1. 明确绩效管理的战略地位

明确绩效管理在企业发展中的战略地位,不仅仅是对员工工作表现的考核,更是推动企业战略目标实现、优化资源配置、提升整体运营效率的关键手段。

2. 选择合适的绩效管理工具与方法

绩效管理工具与方法有很多,企业应根据实际情况进行选择。以下列举了几种常见的绩效管理工具与方法。

(1)关键绩效指标(KPI)的应用。企业可以根据发展新质生产力的重点任务,提炼出KPI,包括技术创新、节能减排等,确保企业和员工的努力方向与经济政策导向一致。

(2)应用目标管理(MBO)设定明确、可衡量的KPI,确保员工明确工作重点,并与企业的整体战略目标相契合,可以设定与经济增长、就业、创新等目标相呼应的绩效指标。

(3)应用360度反馈进行多方位的评价,更全面地了解员工的工作表现,发现优势与改进空间，提高绩效评估的准确性和公正性。

3. 创新应用绩效管理工具与方法的策略

创新应用绩效管理工具与方法有三大策略，如图 1-3 所示。

图 1-3　创新应用绩效管理工具与方法的三大策略

4. 持续改进与优化

定期评估和调整绩效管理的工具与方法体系，确保其与时俱进、适应企业内外部环境的变化。同时，建立员工反馈机制，及时收集员工意见和建议，不断完善和优化绩效管理流程和制度。

1.1.5　人工智能加速度：绩效技术开发

随着 AI 技术的快速发展，其在绩效管理领域的应用也日益广泛。AI 技术不仅为绩效管理带来了前所未有的便捷和高效，还在促进绩效技术开发方面发挥了重要作用。

AI 技术加速绩效技术开发表现在四个方面，如图 1-4 所示。

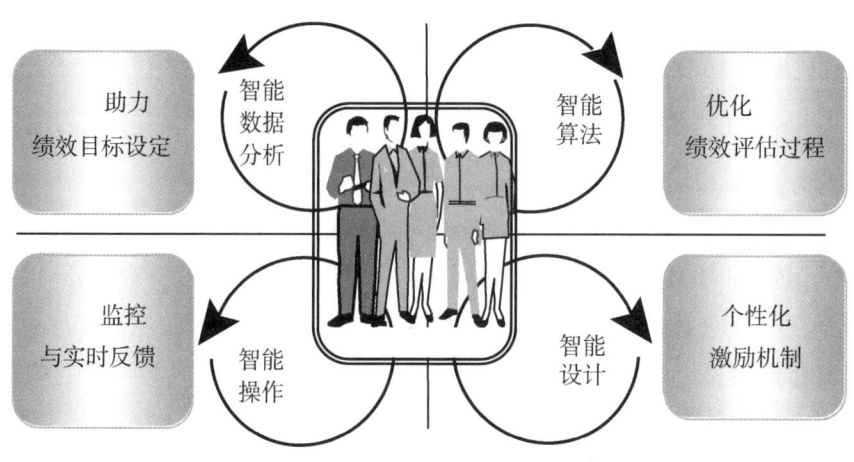

图 1-4　AI 技术在四个方面加速绩效技术开发

1. 智能数据分析助力绩效目标设定

AI 技术能够实时收集、整理和分析大量数据，为绩效目标的设定提供科学依据。通过对历史数据的深度挖掘，可以帮助企业发现业务增长点和潜在风险，从而更合理地设定绩效目标。企业还可以应用 AI 技术，根据市场动态和内部运营情况，动态调整绩效目标与关键成果，做到外部和内部、长期目标与短期目标、财务与非财务、管理业绩和经营业绩等多个方面的平衡，确保目标的时效性和可实现性。

2. 智能算法优化绩效评估过程

传统的绩效评估往往依赖人工判断和主观评价，而 AI 技术的引入使得绩效评估更加客观、准确。基于 KPI 量表，应用智能算法，可以自动计算员工的绩效得分，减少人为因素的干扰，避免错误或失误。同时，AI 技术还可以根据历史数据和算法模型，预测员工未来的绩效表现，为管理者提供决策支持。

3. 监控与实时反馈的智能操作

AI 技术可以实时监控员工的工作表现，为管理者提供及时的反馈和预警。通过智能监控系统，管理者可以随时了解员工的工作进度和完成情况，以便及时发现问题并采取相应措施。AI 技术还可以为员工提供个性化的改进建议和培训资源。

4. 个性化激励机制的智能设计

AI 技术可以根据员工的个性、需求和绩效表现，智能设计个性化的激励机制。比如，通过大数据分析，可以识别出员工最看重的激励因素，如薪资、晋升机会、培训资源等，从而为企业制定更具针对性的激励政策。

AI 技术在绩效管理工具与方法的选择和应用中的创新体现在四个方面，如图 1-5 所示。

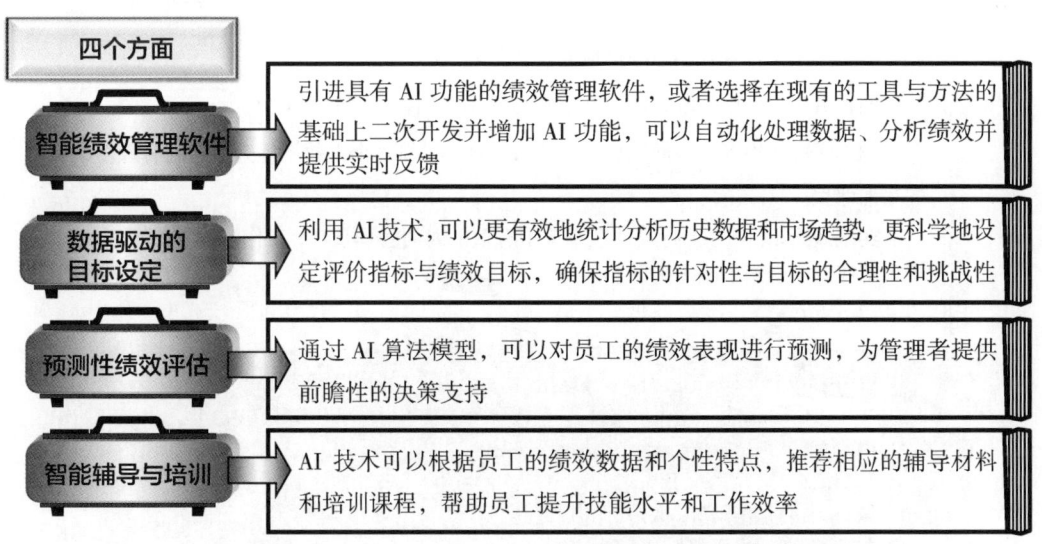

图 1-5　AI 技术在绩效管理工具与方法的选择和应用中的创新

其中，针对智能辅导与培训的创新方面，可以对标四个案例。

举个例子：××公司销售技能提升

AI 推荐：分析发现，该公司销售员工的客户转化率较低，于是推荐了"销售技巧提升"培训课程和相关的辅导材料。

实施效果：该公司员工通过学习和实践课程中的谈判技巧、客户关系管理等知识，其销售业绩明显提升。

举个例子：××公司新晋管理者培训

现状诉求：该公司一位技术骨干被晋升为团队主管，但缺乏管理经验。

AI 推荐：根据技术骨干的情况，推荐了"领导力培训课程"和相关的辅导材料。

实施效果：经过培训，该技术骨干逐渐掌握了团队管理、项目协调等技能，其团队的工作效率和士气都得到了显著提升。

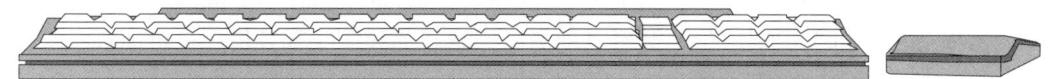

举个例子：××公司时间管理与个人效率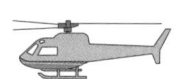

现状诉求：一位行政助理经常感觉时间不够用，工作效率低下。

AI 推荐：识别到这一问题后，为行政助理推荐了"个人效率提升与时间管理"的培训课程。

实施效果：学习后，行政助理掌握了有效的时间管理技巧，工作流程更加顺畅个人工作效率得到了显著提升。

对标案例　××公司辅导材料和培训课程设计方案

××公司辅导材料设计方案如图1-6所示。

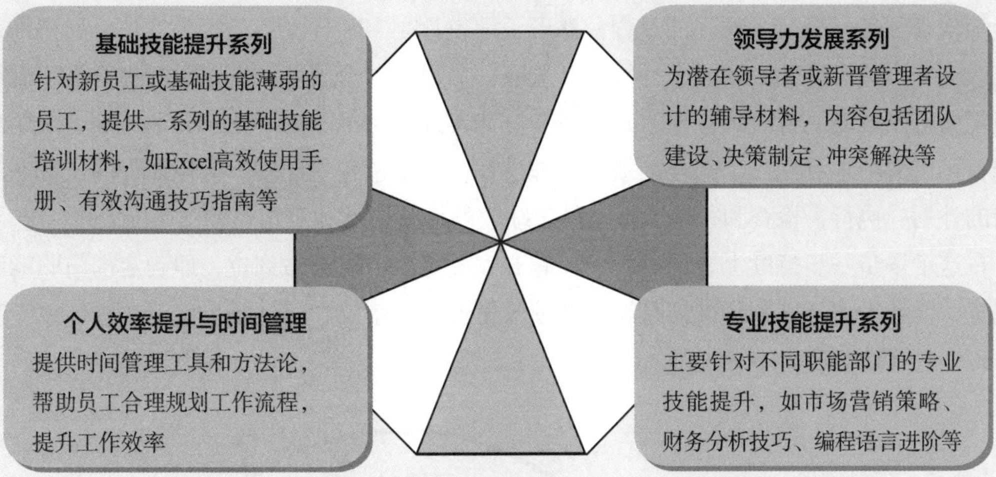

基础技能提升系列
针对新员工或基础技能薄弱的员工，提供一系列的基础技能培训材料，如Excel高效使用手册、有效沟通技巧指南等

领导力发展系列
为潜在领导者或新晋管理者设计的辅导材料，内容包括团队建设、决策制定、冲突解决等

个人效率提升与时间管理
提供时间管理工具和方法论，帮助员工合理规划工作流程，提升工作效率

专业技能提升系列
主要针对不同职能部门的专业技能提升，如市场营销策略、财务分析技巧、编程语言进阶等

图1-6　××公司辅导材料设计方案

××公司培训课程设计方案如图1-7所示。

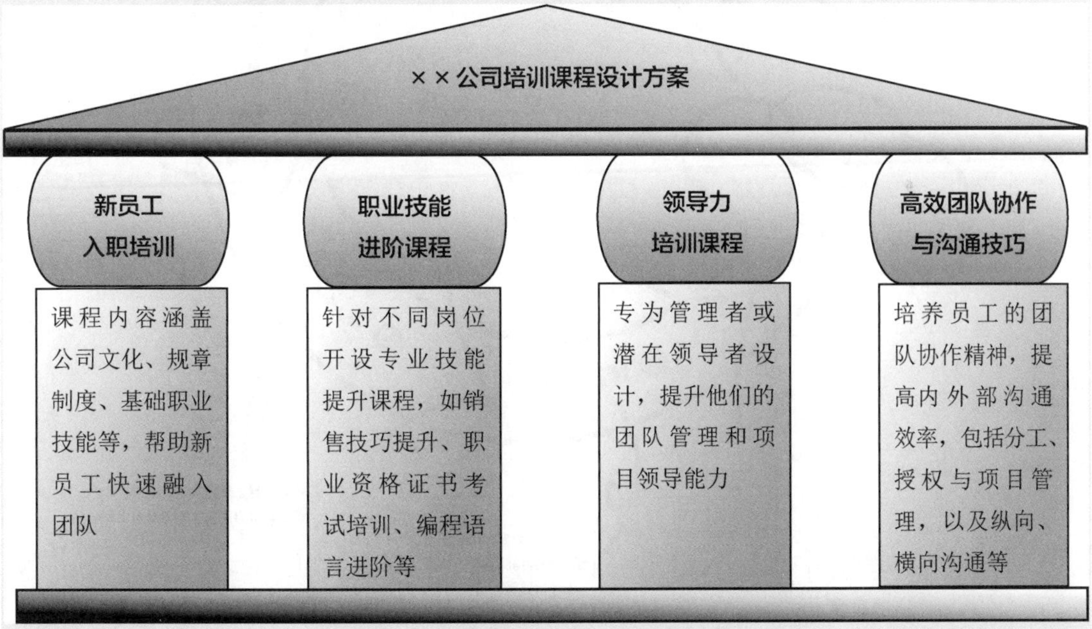

××公司培训课程设计方案

新员工入职培训	职业技能进阶课程	领导力培训课程	高效团队协作与沟通技巧
课程内容涵盖公司文化、规章制度、基础职业技能等，帮助新员工快速融入团队	针对不同岗位开设专业技能提升课程，如销售技巧提升、职业资格证书考试培训、编程语言进阶等	专为管理者或潜在领导者设计，提升他们的团队管理和项目领导能力	培养员工的团队协作精神，提高内外部沟通效率，包括分工、授权与项目管理，以及纵向、横向沟通等

图1-7　××公司培训课程设计方案

综上所述，AI技术在绩效技术的开发中发挥了重要作用，为绩效管理工具与方法的成功运用提供助力。通过智能数据分析、算法优化、个性化激励机制设计、智能监控与反馈等手段，不仅提高了绩效管理的效率和准确性，还为企业创造了更大的价值。在未来，随着AI技术的不断进步和应用领域的拓展，其在绩效管理中的潜力将得到进一步释放。

1.2 绩效管理闭环分析

绩效管理是一个持续循环的过程，涵盖了绩效计划、辅导支持、结果评估、反馈沟通和绩效改进五个关键环节。这五个环节相互关联，形成了一个闭环，旨在不断提升员工的绩效和组织的整体效能。将绩效管理的五个环节与PDCA（Plan、Do、Check、Action）戴明环相结合，可以清晰地看到一个闭环的绩效管理过程，这个过程是动态、循环往复的，旨在通过不断的计划、执行、检查和行动，推动员工绩效的持续提升和组织目标的不断实现。

在这个一步一步持续上升的过程中，有五大关键事项需要做到位，即确定部门职能和岗位职责、设计考评指标和标准体系、设计绩效管理运作系统、设计结果反馈改进体系、制定或修订绩效管理制度。

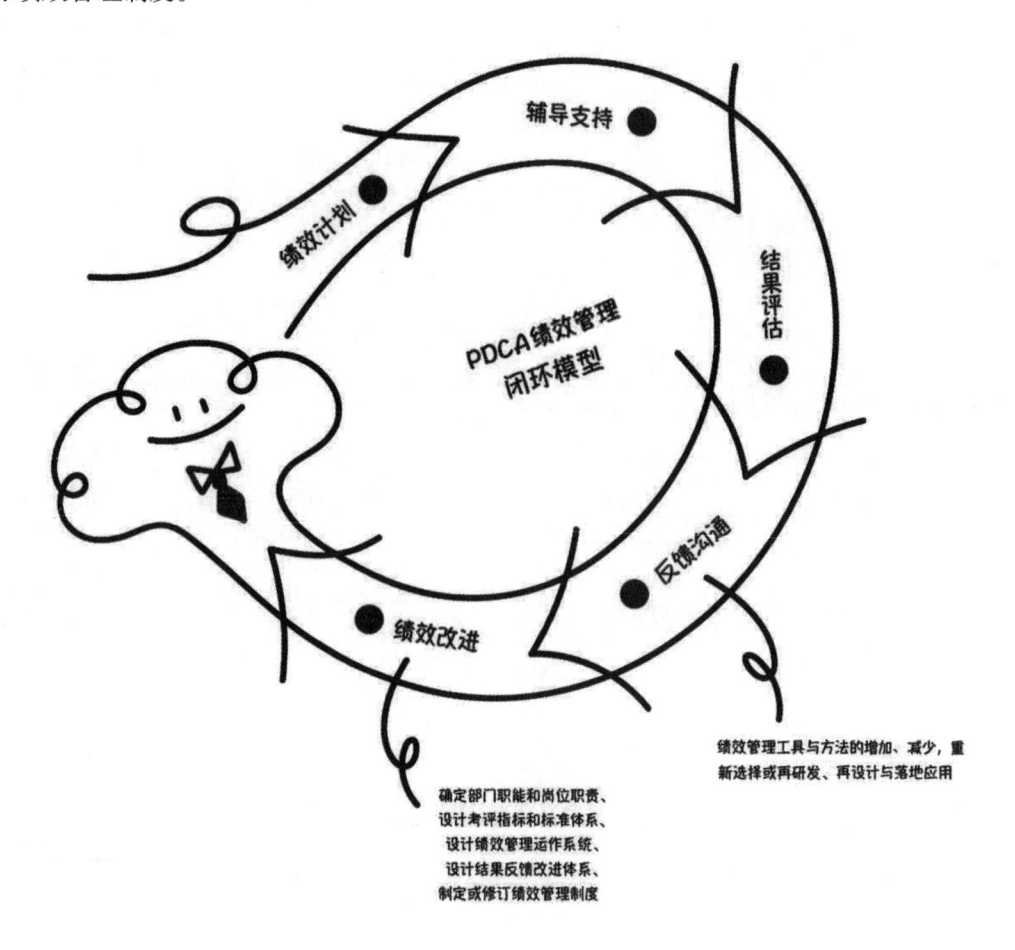

PDCA 绩效管理闭环模型

1.2.1 确定部门职能和岗位职责

部门职能定义了组织内各部门的基本职责和权限,为绩效管理提供了框架和方向。明确部门职能有助于组织实现三大目标,如图 1-8 所示。

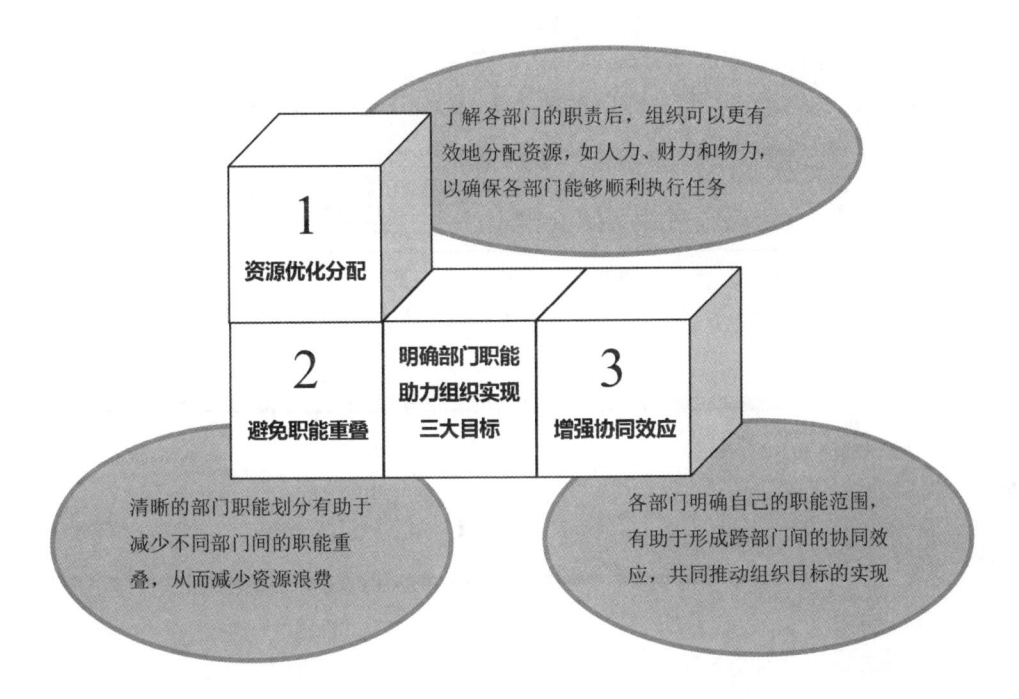

图 1-8 明确部门职能助力组织实现三大目标

岗位职责是对每个职位所需承担的工作任务和责任的详细描述。在绩效管理工具与方法系统设计与选择之前,明确岗位职责具有三个重要作用,如图 1-9 所示。

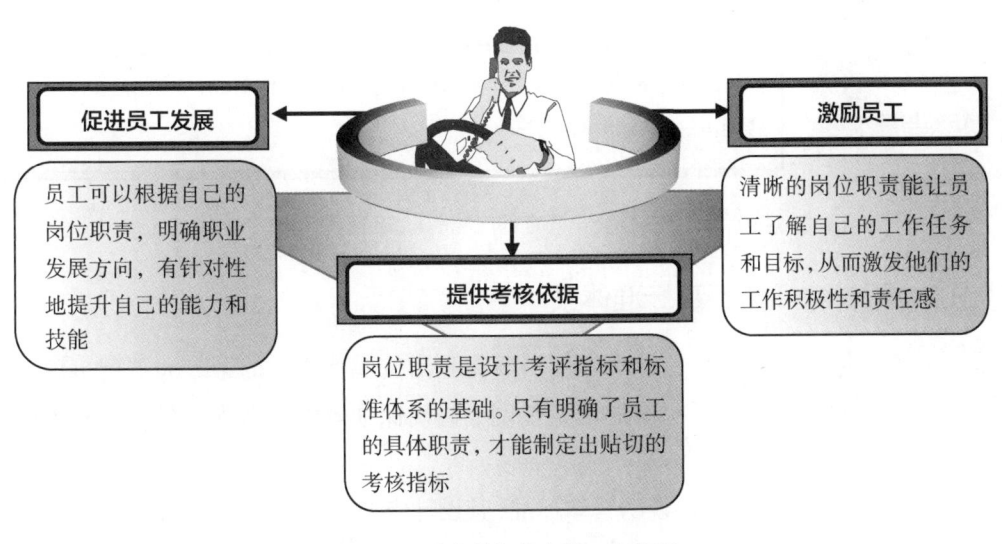

图 1-9 明确岗位职责的三个作用

| 对标案例 | ××科技公司确定部门职能与岗位职责的实践 |

××科技公司是一家快速发展的科技创新型企业,随着公司规模的扩大,为了更有效地进行绩效管理,公司决定重新明确部门职能和岗位职责。公司成立初期,由于员工数量较少,岗位职责和部门职能相对模糊,员工经常需要跨部门协作完成任务。随着公司规模的扩大,这种模式导致员工工作效率低下、责任不明确和资源浪费等问题。

××科技公司确定部门职能与岗位职责的五个步骤如图1-10所示。

五个步骤	确定部门职能与岗位职责 实施要点
梳理组织架构	梳理现有的组织架构,明确各个部门的设置目的和工作重心
明确部门职能	经过深入讨论和分析,公司为每个部门制定了详细的职能描述
细化岗位职责	在每个部门内部,公司进一步明确了各个岗位的职责
文档化和培训	公司将明确后的部门职能与岗位职责以文档形式固定下来,并对全体员工进行培训,确保每个人都清楚自己的职责和权限
定期更新与评估	公司建立了定期审查和更新部门职能与岗位职责的机制,以适应公司发展和市场环境的变化

图1-10 ××科技公司确定部门职能与岗位职责的五个步骤

1.2.2 设计考评指标和标准体系

设计考评指标和标准体系是继确定部门职能和岗位职责之后的第二大关键事项。它为后续的绩效评估和改进提供了明确的衡量尺度,是确保绩效管理客观、公正、有效的重要环节。

考评指标是衡量员工绩效表现的具体标准,其设计应遵循SMART原则,即具体、可衡量、可实现、相关、时限性。设计考评指标时需要考虑三个重点,如图1-11所示。

第1章 绩效管理系统设计

与部门职能和岗位职责对接

考评指标应紧密围绕部门职能和岗位职责来设定,确保每一项指标都能反映员工在工作中的关键绩效领域

量化与质化相结合

考评指标应尽可能量化,以便于客观衡量。对于难以量化的方面,如工作态度、团队协作能力等,可采用质化评价方式,如360度反馈法

全面性与重点性

考评指标应涵盖员工工作的各个方面,同时又要突出重点,确保关键绩效领域得到足够关注

图 1-11 设计考评指标的三个重点

标准体系是考评指标的具体化和细化,它为员工的绩效表现提供了明确的参考标准。设计标准体系时需要注意三个重点,如图 1-12 所示。

明确性

标准体系设计应清晰明确,避免模棱两可的描述,以便员工能够准确理解并达到要求

挑战性

标准应设定在员工通过努力可以达到的水平上,既不过于轻松也不过于困难,以激发员工的积极性和挑战性

动态调整

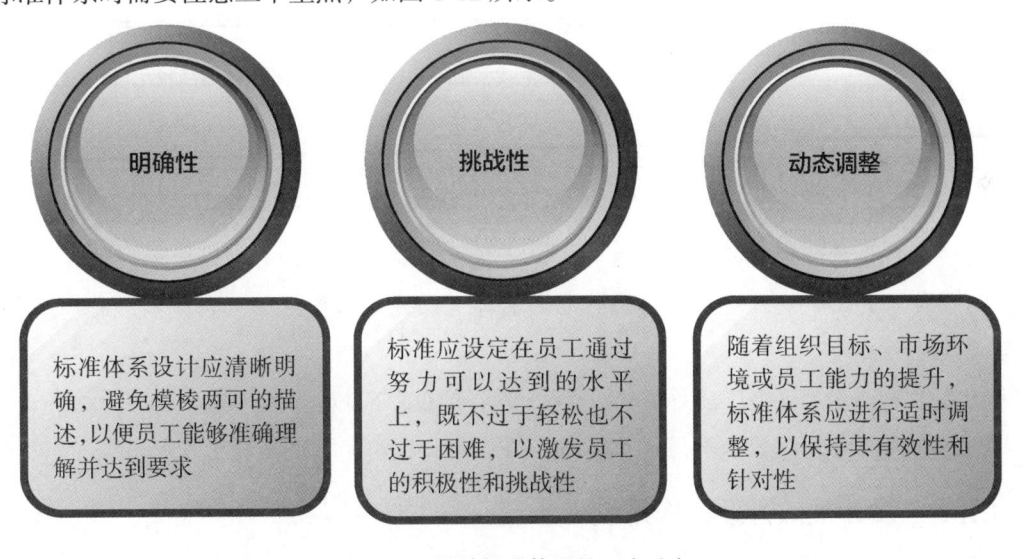

随着组织目标、市场环境或员工能力的提升,标准体系应进行适时调整,以保持其有效性和针对性

图 1-12 设计标准体系的三个重点

> **对标案例** ××零售公司设计考评指标和标准体系的实践
>
> ××零售公司是一家拥有多家连锁超市的企业,为了提升员工绩效和企业整体运营水平,公司决定重新设计考评指标和标准体系。
>
> 过去,××零售公司对员工的考评主要依赖销售额这一单一指标,导致员工过分关注销售数字,而忽视了客户服务、库存管理等其他重要方面。因此,公司希望建立一个更

17

全面、更科学的考评体系。

××零售公司设计考评指标和标准体系的五个步骤如图1-13所示。

五个步骤	考评指标和标准体系
确定关键绩效领域	确定员工需要关注的关键绩效领域,包括销售额、客户满意度、库存管理、团队协作等
设计考评指标	针对每个关键绩效领域,设计具体的考评指标,如销售额方面,除总销售额外,增加平均客单价、单品销售额等;客户满意度方面,设置客户满意度评分、客户投诉率等指标
制定标准体系	为每个考评指标制定明确的标准,如销售额方面,设定了各店铺的月销售额目标;客户满意度方面,设定了满意度评分的合格线,以及客户投诉率的上限
培训与沟通	组织员工培训,详细解释新考评指标和标准体系,并鼓励员工提出建议和意见。管理层与员工进行充分的沟通,确保每个人都清楚新的考评体系
实施与调整	新的考评体系正式实施后,定期收集数据,评估绩效。根据员工的反馈和市场环境的变化,对考评体系进行适时的调整

图1-13　××零售公司设计考评指标和标准体系的五个步骤

通过重新设计考评指标和标准体系,××零售公司实现了较好的对内和对外效果。

(1)员工的工作更加全面和均衡,他们不再仅仅关注销售额,也重视客户服务、库存管理等其他方面。

(2)客户满意度得到了显著提升,客户投诉率明显下降。

(3)公司的整体运营水平得到了提高,销售额和利润也实现了稳步增长。

1.2.3　设计绩效管理运作系统

在绩效管理的整体框架中,设计绩效管理运作系统是确保绩效管理有效执行的核心环节。一个高效的绩效管理运作系统能够将绩效管理的各个环节有机地连接起来,从而实现绩效的持续提升。设计绩效管理运作系统需注意以下问题。

1. 明确绩效管理运作系统的目标和定位

明确绩效管理运作系统的目标和定位,包括确定系统要解决的问题、期望达到的效果,以及其在组织中的战略地位。明确的目标和定位有助于确保绩效管理运作系统的设计和实施与组织的整体战略保持一致。

2. 高效绩效管理运作系统闭环设计

本书创新性地将绩效计划、辅导支持、结果评估、反馈沟通和绩效改进这五个关键环节与 PDCA 绩效循环管理相结合，设计出一套高效的绩效管理运作系统，见表 1-5。

表 1-5 高效绩效管理运作系统五个关键环节闭环设计

五个环节	阶段特点与关键事项	闭环设计
绩效计划（Plan）	阶段特点	绩效计划制订是绩效管理的起点，对应 PDCA 绩效管理闭环的"Plan"阶段
	关键事项	设定明确的目标：企业需要根据自身的发展战略，设定明确、具体的绩效目标，并与员工的个人工作任务紧密结合
	关键事项	制定评估标准：为确保绩效评估的公正性和有效性，应制定科学合理的评估标准
辅导支持（Do）	阶段特点	重点是为员工提供必要的辅导和支持，对应 PDCA 绩效管理闭环的"Do"阶段
	关键事项	提供资源和培训机会：帮助员工提升技术和能力，更好地实现岗位绩效目标
	关键事项	持续跟进：在员工执行任务的过程中，管理者需要持续跟进员工的进度，并提供适时的指导和帮助
结果评估（Check）	阶段特点	绩效评估是对员工工作成果的衡量，对应 PDCA 绩效管理闭环的"Check"阶段
	关键事项	客观评估：通过量化的指标和定性的评价，对工作成果进行客观、全面的评估
	关键事项	识别差距：对比打分结果识别员工绩效与目标之间的差距，以及需要改进的地方
反馈沟通（Communication）	阶段特点	反馈沟通是绩效管理中至关重要的一环，贯穿于整个 PDCA 绩效管理闭环
	关键事项	给予反馈：根据绩效评估结果，及时与员工沟通，给予正面的肯定和建设性的反馈；同时，必须确保反馈的细节化，要包括具体绩效管理工具与方法的增加、减少、重新选择或再研发、再设计
	关键事项	共同制订改进计划：与员工一起讨论并制订具体的绩效改进计划，明确下一步的行动方向；同时，必须确保沟通的有效性，包括具体绩效管理工具与方法的落地应用
绩效改进（Action）	阶段特点	绩效改进是最后一个环节，也是新一轮循环的起点，对应 PDCA 绩效管理闭环的"Action"阶段
	关键事项	实施改进计划：根据反馈沟通环节中制订的改进计划，员工开始实施具体的改进措施
	关键事项	持续监控与调整：管理者需要持续监控员工的改进进度，并根据实际情况进行必要的调整和优化，包括但不限于确定部门职能和岗位职责、设计考评指标和标准体系、设计绩效管理运作系统、设计结果反馈改进体系、制定或修订绩效管理制度等

3. 确保绩效管理运作系统的有效性

确保绩效管理运作系统的有效性有三项措施，如图 1-14 所示。

确保绩效管理运作系统有效性的三项措施：

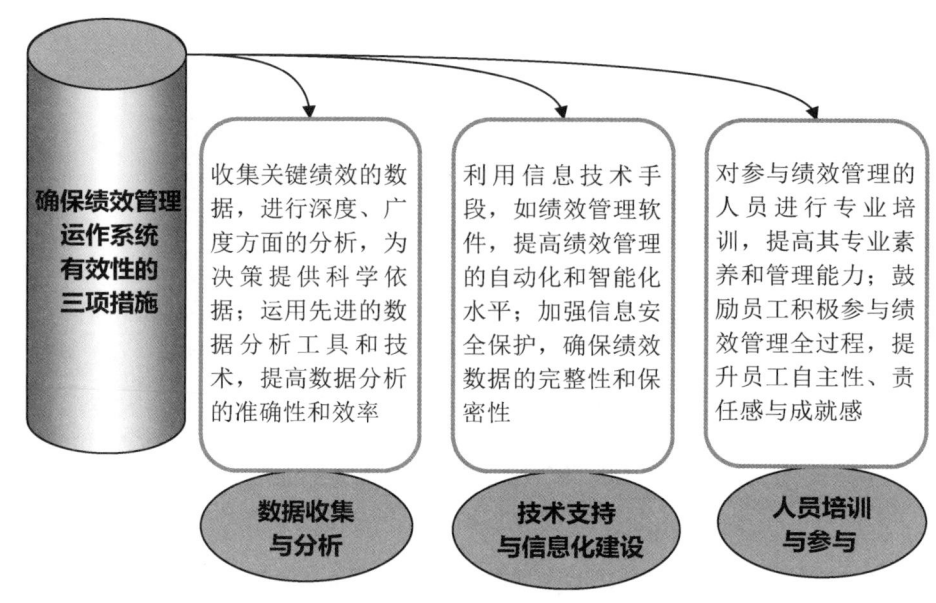

- 收集关键绩效的数据，进行深度、广度方面的分析，为决策提供科学依据；运用先进的数据分析工具和技术，提高数据分析的准确性和效率 —— **数据收集与分析**
- 利用信息技术手段，如绩效管理软件，提高绩效管理的自动化和智能化水平；加强信息安全保护，确保绩效数据的完整性和保密性 —— **技术支持与信息化建设**
- 对参与绩效管理的人员进行专业培训，提高其专业素养和管理能力；鼓励员工积极参与绩效管理全过程，提升员工自主性、责任感与成就感 —— **人员培训与参与**

图 1-14 确保绩效管理运作系统的有效性的三项措施

4. 系统实施与持续优化

设计好的绩效管理运作系统需要在实践中不断检验和优化。通过定期的评估、反馈和改进，确保系统的有效性和适应性。同时，要关注市场动态和组织变化，及时调整系统策略和目标。

1.2.4 设计结果反馈改进体系

1. 绩效考核结果反馈的重要性

绩效考核结果反馈是绩效管理中承上启下的环节，既是对前期绩效计划和执行情况的总结，也是后续绩效改进的基础。有效的绩效考核结果反馈能够帮助员工清晰地了解自己的绩效表现，认识到自己的优点和缺点，从而激发员工改进的动力。

2. 设计结果反馈改进体系要关注的八个方面

设计结果反馈改进体系要关注八个方面，如图 1-15 所示。

（1）及时性：反馈必须及时，以便员工在记忆尚新时了解自己的工作表现，从而更有效地进行调整

（2）准确性：反馈内容必须基于实际数据和具体事例，确保客观公正，避免主观臆断

（3）具体性：反馈应具体到某项工作或某个行为，而不是笼统的评价

（4）建设性：除了指出问题，还应提供可行的改进建议，帮助员工明确改进方向

（5）正面引导：以积极的方式指出不足或待改进的地方，引导员工以正面的态度面对问题和挑战

（6）激励性：肯定员工的努力和进步，激发其持续改进的积极性

（7）互动性：鼓励员工提出自己的看法和建议，形成积极的互动氛围

（8）双向沟通：反馈不是单方面的指责或赞扬，而是需要双方共同参与、深入讨论的过程

图 1-15 设计结果反馈改进体系要关注的八个方面

3. 实施结果反馈改进体系五个步骤

实施结果反馈改进体系五个步骤是收集并整理绩效数据、准备反馈会议、进行有效的反馈沟通、共同制订改进计划、跟踪与调整。

对标案例　××公司绩效考核结果反馈改进体系的实施

××公司是一家中型科技企业,为了提升员工绩效和企业整体运营效率,公司决定优化其绩效管理中的反馈改进环节。

××公司实施绩效考核结果反馈改进体系有五个步骤,如图1-16所示。

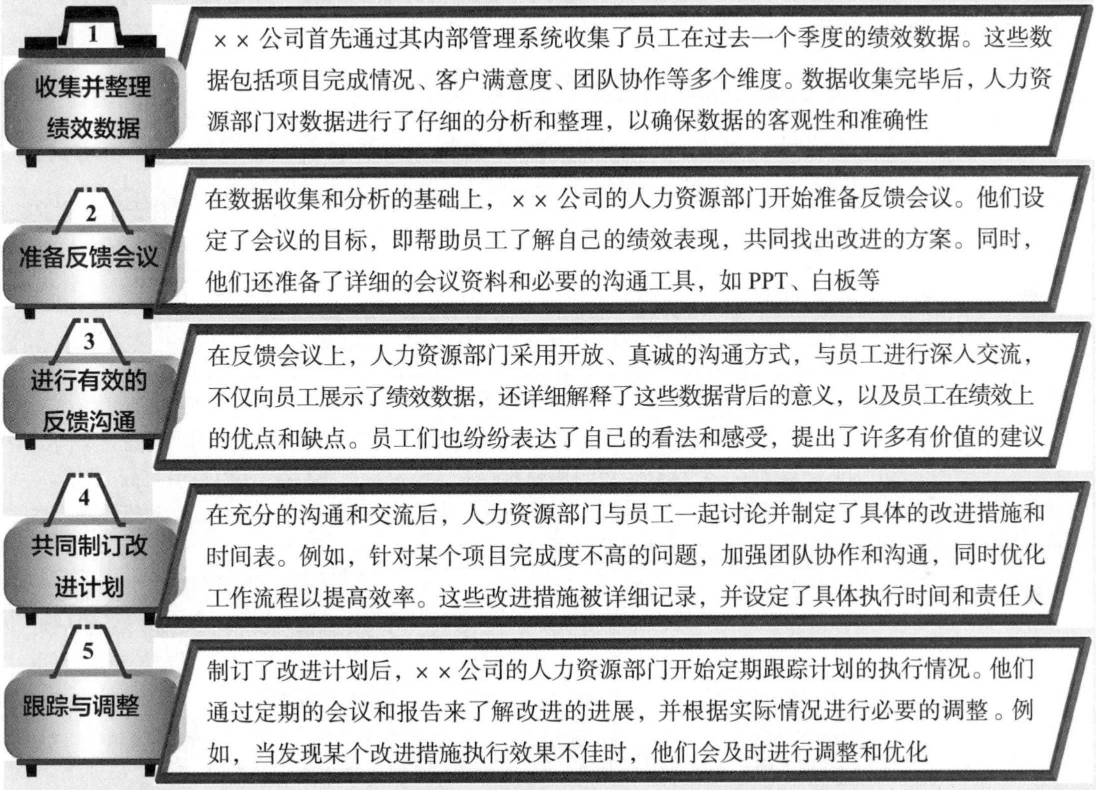

1 收集并整理绩效数据：××公司首先通过其内部管理系统收集了员工在过去一个季度的绩效数据。这些数据包括项目完成情况、客户满意度、团队协作等多个维度。数据收集完毕后,人力资源部门对数据进行了仔细的分析和整理,以确保数据的客观性和准确性

2 准备反馈会议：在数据收集和分析的基础上,××公司的人力资源部门开始准备反馈会议。他们设定了会议的目标,即帮助员工了解自己的绩效表现,共同找出改进的方案。同时,他们还准备了详细的会议资料和必要的沟通工具,如PPT、白板等

3 进行有效的反馈沟通：在反馈会议上,人力资源部门采用开放、真诚的沟通方式,与员工进行深入交流,不仅向员工展示了绩效数据,还详细解释了这些数据背后的意义,以及员工在绩效上的优点和缺点。员工们也纷纷表达了自己的看法和感受,提出了许多有价值的建议

4 共同制订改进计划：在充分的沟通和交流后,人力资源部门与员工一起讨论并制定了具体的改进措施和时间表。例如,针对某个项目完成度不高的问题,加强团队协作和沟通,同时优化工作流程以提高效率。这些改进措施被详细记录,并设定了具体执行时间和责任人

5 跟踪与调整：制订了改进计划后,××公司的人力资源部门开始定期跟踪计划的执行情况。他们通过定期的会议和报告来了解改进的进展,并根据实际情况进行必要的调整。例如,当发现某个改进措施执行效果不佳时,他们会及时进行调整和优化

图1-16　××公司实施绩效考核结果反馈改进体系的五个步骤

4. 实施结果反馈改进体系的三大注意事项

（1）保持中立和客观：避免个人情感和偏见影响反馈的公正性。

（2）关注员工成长：以员工的发展为中心,提供必要的支持和资源。

（3）持续学习与改进：不断优化结果反馈改进体系,以适应组织和员工的发展需求。

1.2.5　制定或修订绩效管理制度

1. 制度的重要性

绩效管理制度是组织内部实施绩效管理的基本规则和准则。它不仅为管理者和员工提供了明确的指导,还确保了绩效管理过程的公平性和一致性。一个完善的绩效管理制度能够提升员工的工作积极性,促进组织目标的实现。

2. 制定的关键要素

（1）明确性：制度应清晰明确地阐述绩效管理的目的、原则、流程和方法，避免模糊性和歧义。

（2）全面性：制度应涵盖绩效管理的所有关键环节，包括计划、执行、评估、反馈和改进等。

（3）灵活性：制度设计应具有一定的弹性，以适应组织内外环境的变化和个体差异。

（4）公平性：制度应确保所有员工在绩效管理过程中受到公平对待，避免主观偏见和歧视。

（5）可操作性：制度中的规定应具有实际可操作性，便于管理者和员工理解和执行。

3. 制度制定或修订的步骤

制度制定或修订的步骤是需求分析与调研、草案编制、内部讨论与征求意见、修订与完善、发布与实施、持续监控与更新。

对标案例　××公司绩效管理制度的制定与修订

××公司是一家快速发展的科技企业，随着业务规模的扩大，公司意识到原有的绩效管理制度已经无法满足现有的发展需求。为了规范绩效管理，提高员工工作效率，公司决定重新制定绩效管理制度。

××公司制定与修订制度有六个步骤，见表1-6。

表1-6　××公司制定与修订制度的六个步骤

序号	具体步骤	制度制定与修订过程
1	需求分析与调研	组织了一次全面的需求分析与调研。通过问卷调查、面对面访谈和小组讨论等方式，深入了解员工对绩效管理的期望和需求，以及管理层对绩效管理的目标和要求。分析了现有绩效管理制度存在的问题和不足，如评估标准不清晰、反馈机制不完善、细节沟通和人文激励不到位等
2	草案编制	充分了解需求和问题后，公司人力资源部开始编制绩效管理制度草案。公司人力资源部参考了行业内的最佳实践，结合了公司的实际情况，制定了包括绩效计划、辅导支持、结果评估、反馈沟通和绩效改进五个关键环节的详细规定。草案中明确了各个环节的职责、流程和方法，以及评估标准和反馈机制
3	内部讨论与征求意见	草案完成后，公司人力资源部组织了多次内部讨论会，广泛征求管理层和员工的意见和建议。在讨论中，员工们积极发言，提出了许多有价值的建议，如加强团队绩效的评估、明确个人绩效与团队绩效的关联等。这些建议被认真记录并纳入了制度草案的修订中
4	修订与完善	根据收集到的反馈，人力资源部对草案进行了多次修订和完善。公司人力资源部调整了评估标准，增加了团队绩效评估的内容，完善了反馈机制等。经过几轮的修订，最终版绩效管理制度更加符合公司实际情况和员工需求
5	发布与实施	经过高层管理者的审批，公司正式发布了新的绩效管理制度。为了确保制度的顺利实施，公司组织了多次培训会议，向员工详细解释制度的内容和要求。同时，公司还建立了专门的绩效管理团队，负责监督和指导制度的执行
6	持续监控与更新	新制度实施后，公司定期对其进行监控和评估。公司通过收集员工的反馈和数据分析，不断发现制度中存在的问题并进行定期与不定期的调整、优化和完善，同时及时废止与公司所处发展阶段不符的制度。例如，针对某些评估标准过于复杂的问题，公司简化了评估流程和方法，提高了评估的效率和准确性

4. 制度制定或修订的三大注意事项

（1）沟通与宣传：在制度制定或修订过程中，加强与员工的沟通，确保他们充分理解并接受新制度。

（2）培训与指导：提供必要的培训和指导，帮助员工和管理者更好地执行新制度。

（3）持续改进：绩效管理是一个动态过程，制度也需要随着时间和环境的变化而不断调整和优化。

1.3 绩效管理大工具箱设计

绩效管理大工具箱

1.3.1 绩效管理工具发展的四大趋势

从时间上来看,绩效管理工具的发展具有先后顺序：早在19世纪初,罗伯特·欧文（Robert Owen）就在应用四色通道；20世纪30年代有了图解评定尺度；20世纪40年代出现了关键事件技术；20世纪50年代有了特征评价工具；在20世纪50年代之后有了目标管理（MBO）和标杆管理；20世纪80年代有了关键绩效指标（KPI）和经济增加值（EVA）；20世纪90年代有了平衡计分卡（BSC）、绩效棱镜和目标与关键成果法（OKR）；现在,企业经常应用的绩效管理工具是关键成功因素（KSF）、关键过程领域（KPA）、关键结果领域（KRA）、岗位职责指标（PRI）、岗位胜任特征指标（PCI）、否决指标（NNI）、360度考核和敏捷绩效工具。

这些绩效管理工具的发展具有四大趋势,如图1-17所示。

绩效管理工具发展的四大趋势

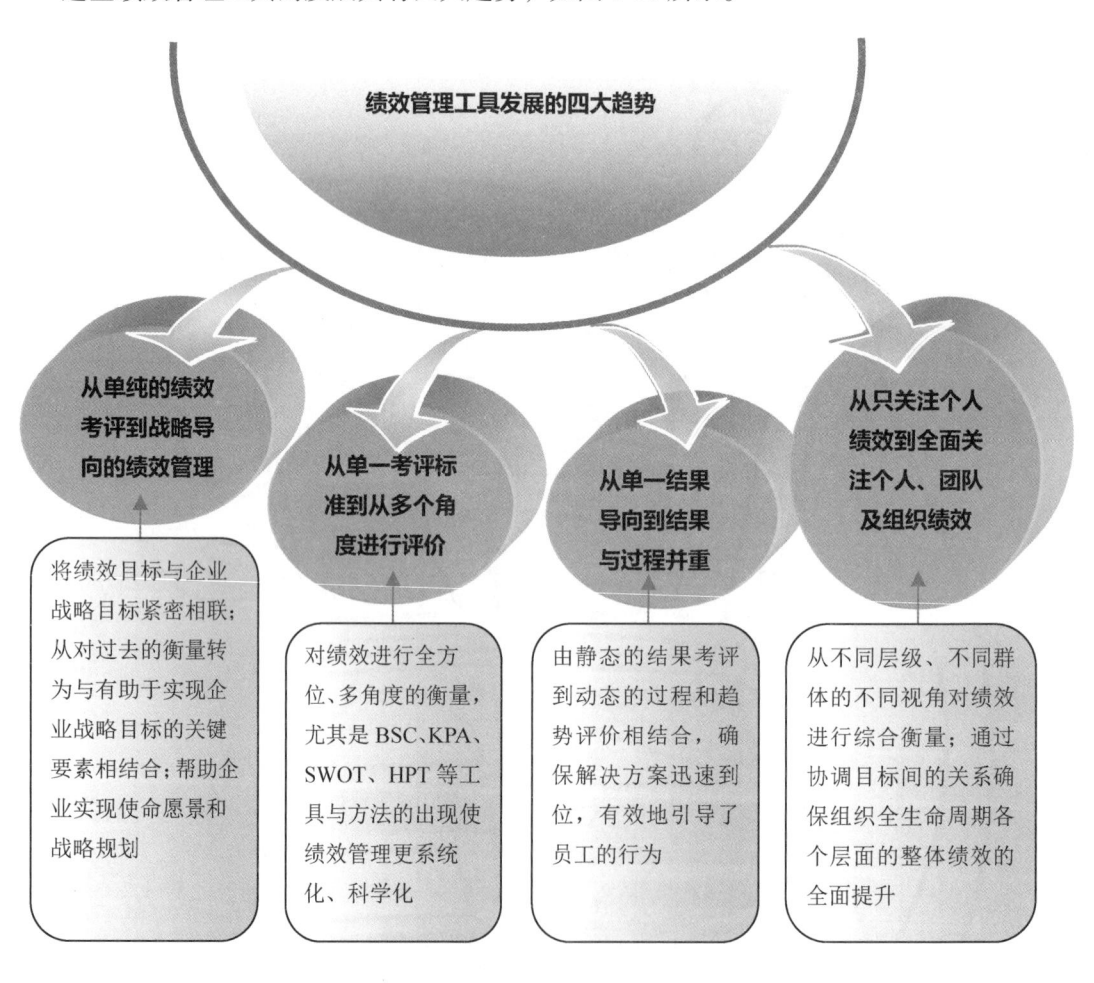

- **从单纯的绩效考评到战略导向的绩效管理**：将绩效目标与企业战略目标紧密相联；从对过去的衡量转为与有助于实现企业战略目标的关键要素相结合；帮助企业实现使命愿景和战略规划
- **从单一考评标准到从多个角度进行评价**：对绩效进行全方位、多角度的衡量，尤其是BSC、KPA、SWOT、HPT等工具与方法的出现使绩效管理更系统化、科学化
- **从单一结果导向到结果与过程并重**：由静态的结果考评到动态的过程和趋势评价相结合，确保解决方案迅速到位，有效地引导了员工的行为
- **从只关注个人绩效到全面关注个人、团队及组织绩效**：从不同层级、不同群体的不同视角对绩效进行综合衡量；通过协调目标间的关系确保组织全生命周期各个层面的整体绩效的全面提升

图1-17 绩效管理工具发展四大趋势

1.3.2 19种绩效管理工具

企业管理模式多种多样,员工的基本素质也各不相同,所以企业绩效管理工具与方法的选择不能以单一模式去"按图索骥"。每一种绩效管理工具与方法都有其独特性。19种绩效管理工具的界定、特色、优势、不足与适用性,见表1-7。

表 1-7 19种绩效管理工具的界定、特色、优势、不足与适用性

序号	工具	分析角度	具体分析
1	四色通道	界定	由罗伯特·欧文提出，用四种颜色代表不同的工作绩效水平
		特色	直观、简单，易于员工理解
		优势	能够快速区分员工绩效，便于管理者进行初步评估
		不足	过于简化，可能忽略绩效的细微差别
		适用性	适用于小型组织或需要快速分类的场合
2	图解评定尺度	界定	使用图形或数字来量化评估员工的工作表现
		特色	标准化、量化，便于统计和比较
		优势	提供了客观的评估标准，减少了主观性
		不足	可能过于机械，忽略了个体差异
		适用性	适用于需要精确量化评估的大型组织
3	关键事件技术	界定	记录员工在工作中的关键行为，以此作为评估依据
		特色	关注具体行为，具有针对性
		优势	能够准确捕捉员工的关键表现，为反馈提供具体案例
		不足	可能忽视非关键事件的绩效贡献
		适用性	适用于重视关键行为影响的组织
4	特征评价工具	界定	根据员工的个性特质和工作风格来评价绩效
		特色	个性化强，关注不同岗位员工工作的特质
		优势	能够深入了解员工的个性与潜力
		不足	评价可能过于主观，缺乏客观标准
		适用性	适用于注重不同类型员工的个性特质和长期发展的组织
5	目标管理（MBO）	界定	通过设定明确的目标来引导和管理员工的绩效
		特色	目标导向，强调结果与过程并重
		优势	明确目标，导向清晰，真正激发员工的积极性、主动性和创造性
		不足	目标设定可能过于刚性，缺乏灵活性
		适用性	适用于目标清晰、可量化的工作场景
6	标杆管理	界定	以行业内或行业外的最佳实践为标杆，进行绩效对比和提升
		特色	外部导向性强，追求卓越；也有内部标杆或行业标杆、流程标杆
		优势	能够快速识别与最佳实践的差距，推动持续改进
		不足	标杆选择需谨慎，否则可能误导改进方向
		适用性	适用于追求行业领先地位的组织
7	关键绩效指标（KPI）	界定	衡量员工重要工作绩效表现的量化指标
		特色	量化、具体、可衡量
		优势	直观反映员工绩效，便于考核与激励
		不足	过于关注短期目标，忽视长期发展
		适用性	适用于需要明确量化指标的工作性质或管理场景

续 表

序号	工具	分析角度	具体分析
8	经济增加值（EVA）	界定	衡量企业创造的真实经济价值的绩效管理工具
		特色	关注价值创造，强调资本成本
		优势	能够真实反映企业的经济绩效
		不足	计算复杂，对数据要求较高
		适用性	适用于追求价值最大化的企业
9	平衡计分卡（BSC）	界定	将组织的愿景和战略分解为可操作的具体目标，并为每个目标制定清晰的绩效衡量指标
		特色	从四个角度（财务、客户、内部业务过程、学习和成长）评价组织绩效
		优势	提供了一种全面的视角来评估组织的绩效，确保战略目标的实现
		不足	实施难度较大，需要投入大量时间和资源；不同部门和指标之间的权重分配可能引发争议
		适用性	适用于需要全面战略规划和绩效评价的大型组织
10	绩效棱镜	界定	从利益相关者的满意度、战略、流程、能力和信息五方面评估组织绩效
		特色	关注组织与利益相关者的关系，以及组织内部的能力和流程
		优势	提供了一个多维度的绩效评价框架，有助于发现组织绩效的短板
		不足	实施过程复杂，需要跨部门的紧密合作
		适用性	适用于需要综合考虑内外部因素来评估绩效的组织
11	目标与关键成果法（OKR）	界定	通过设定明确的目标和可衡量的关键成果来推动组织的战略实施
		特色	强调目标的明确性和成果的可衡量性
		优势	能够确保团队成员对目标有清晰的认识，便于跟踪和评估进度
		不足	过于强调量化指标，可能忽视某些重要的非量化成果
		适用性	适用于创新型企业和项目制组织，及需要明确目标和快速响应的市场环境
12	关键成功因素（KSF）	界定	紧盯组织成功至关重要的少数几个因素，这些因素是组织实现其使命和目标所必须关注和优化的重点
		特色	聚焦于对组织成功具有决定性影响的关键因素
		优势	帮助组织明确战略重点，优化资源配置
		不足	可能过于关注某些方面而忽视其他潜在的重要因素
		适用性	适用于需要明确战略重心和优先级的组织
13	关键过程领域（KPA）	界定	对实现组织目标至关重要的业务流程或活动领域
		特色	关注于关键业务流程的优化和执行
		优势	通过改进关键过程来提高整体绩效和组织效率
		不足	可能过于关注流程而忽视了人的因素和创新的重要性
		适用性	适用于流程导向型企业或需要优化关键业务流程的组织

续 表

序号	工具	分析角度	具体分析
14	关键结果领域（KRA）	界定	组织为了实现其使命和目标而必须取得关键成果的范畴
		特色	强调对组织成功至关重要的结果领域
		优势	帮助组织聚焦于实现关键成果，提高绩效水平
		不足	可能过于关注短期成果而忽视长期战略目标
		适用性	适用于需要明确关键成果领域并集中资源进行突破的组织
15	岗位职责指标（PRI）	界定	基于岗位职责设定的具体绩效指标，用于评估员工在履行其职责方面的表现
		特色	以岗位职责为基础制定明确的绩效标准
		优势	能够确保员工明确自己的工作职责并承担相应的绩效责任
		不足	可能过于关注职责履行而忽视创新和团队协作的重要性
		适用性	适用于岗位职责明确且需要确保职责得到有效履行的组织
16	岗位胜任特征指标（PCI）	界定	用于评估员工是否具备胜任某一岗位所需的关键能力和特质的指标
		特色	关注员工的岗位胜任能力和个人特质
		优势	有助于选拔和发展具备所需能力和特质的员工，提高组织效能
		不足	可能过于关注个体能力而忽视团队和组织的整体能力发展
		适用性	适用于需要明确岗位胜任标准并进行人才选拔与发展的组织
17	否决指标（NNI）	界定	设定不可逾越的绩效红线，一旦触碰即直接否决相关绩效
		特色	强调对某些关键绩效指标的严格遵守和零容忍原则
		优势	能够确保员工严格遵守组织的关键规定和标准，维护组织利益和形象
		不足	可能过于刚性，缺乏灵活性，对某些特殊情况考虑不足
		适用性	适用于对某些关键绩效指标有严格要求且需要确保零违规的组织
18	360度考核	界定	一种全方位的绩效评价方法，从上级、下级、同级、客户和自我特质等多个角度来评估员工的绩效表现
		特色	综合考虑多个评价主体的意见，提供更全面的绩效评价结果
		优势	能够全面反映员工的绩效表现，提高评价的客观性和公正性
		不足	实施过程中可能受到人际关系和主观因素的影响
		适用性	适用于需要全面了解员工绩效表现并进行全方位评价的组织
19	敏捷绩效工具	界定	一种灵活且快速响应的绩效管理方法，强调在快速变化的环境中及时调整绩效目标和考核方式
		特色	注重灵活性和快速响应能力，以适应不断变化的市场需求和组织目标
		优势	能够帮助组织在快速变化的市场环境中保持敏捷性和竞争力
		不足	实施过程可能缺乏稳定性和连续性，需频繁调整绩效目标和考核方式
		适用性	适用于需要灵活应对市场变化和不断创新的组织环境

1.4 绩效管理方法锦囊设计

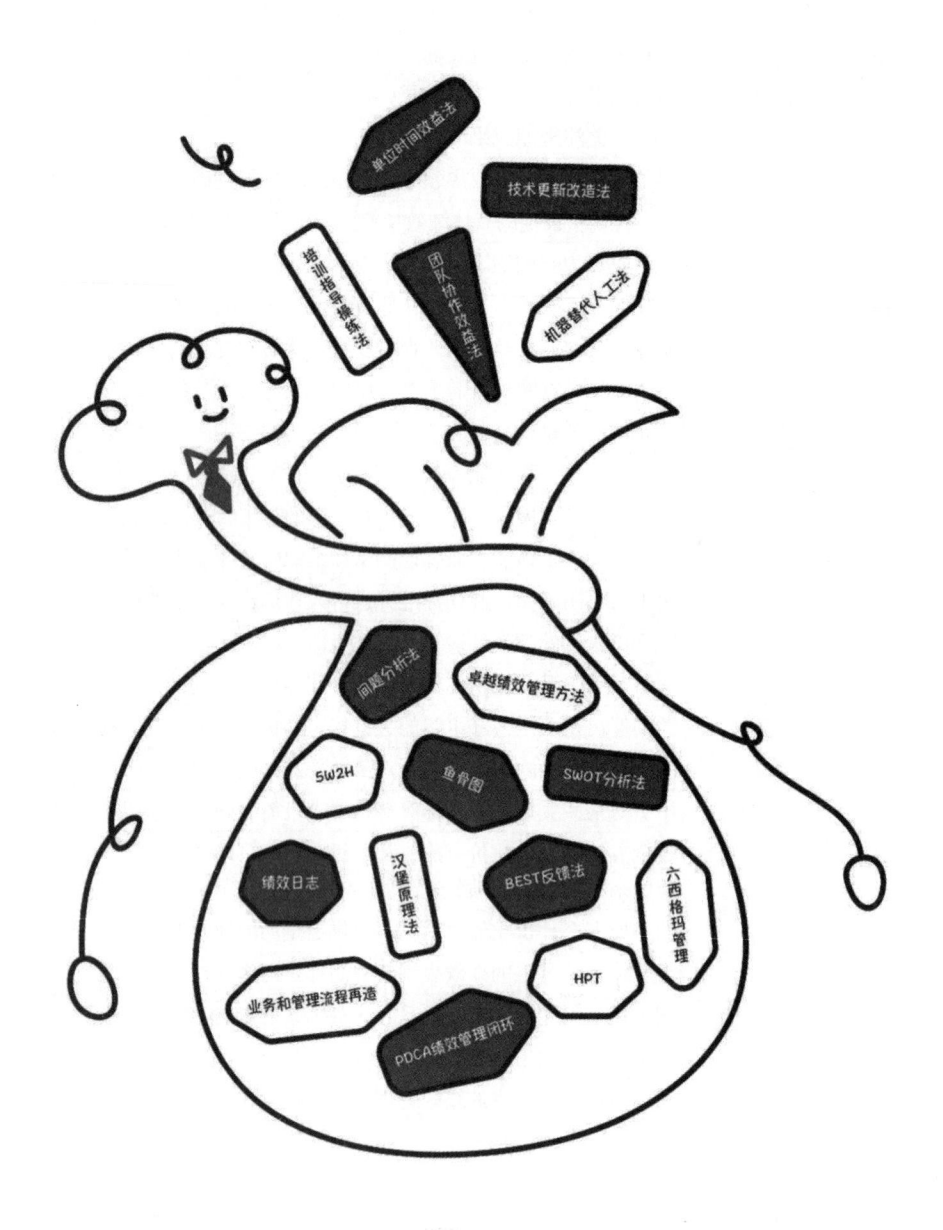

绩效管理方法锦囊

1.4.1 绩效管理方法创新的四大类型

每一种绩效管理方法都有各自的优点、不足与适用范围，只有充分理解其内涵，懂得操作的步骤和注意事项，同时掌握应用的细节与技巧，才能达到事半功倍的效果，才能助力企业整体绩效的大幅提升。根据 12 种方法在绩效管理中的不同用途，又可以分为四大类型，如图 1-18 所示。

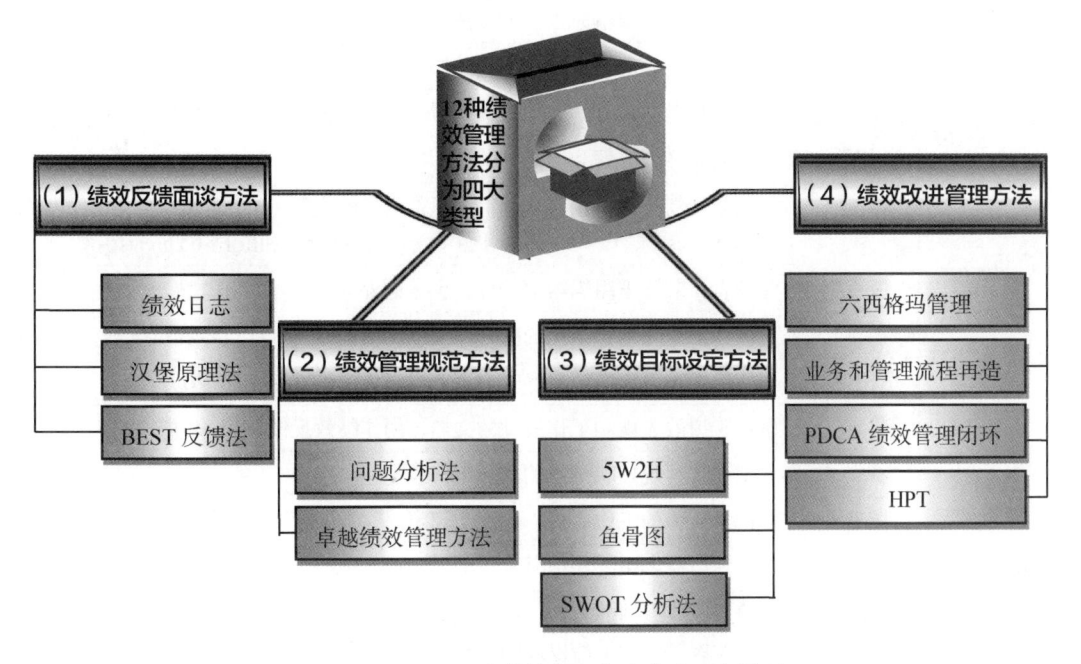

图 1-18　12 种绩效管理方法分为四大类型

1.4.2　12 种绩效管理方法的界定、特点、模型和适用性

每一种绩效管理方法都有其独特性。12 种绩效管理方法的界定、特点、模型和适用性见表 1-8。

表 1-8　12 种绩效管理方法的界定、特点、模型和适用性

序号	方法	独特性	具体分析
1	问题分析法	界定	深入研究和分析组织中存在的问题，从而制定相应的绩效改进措施
		特点	以问题为导向，针对性强，能够帮助组织快速识别和解决问题
		模型	通常包括问题识别、问题分析、解决方案制定和实施、效果评估等步骤
		适用性	适用于那些需要快速解决特定绩效问题的组织
2	卓越绩效管理方法	界定	用来评估组织整体绩效和管理成熟度的一套标准
		特点	综合性强，注重过程和结果的平衡，强调持续改进和创新
		模型	通常包括领导力、战略规划、以客户为中心、测量分析与改进等评价维度
		适用性	适用于追求高标准和持续改进的组织
3	5W2H	界定	包括何时（When）、何地（Where）、为何（Why）、什么（What）、谁（Who）、如何（How）和多少（How much）七个方面
		特点	全面细致，有助于确保目标的明确性和可行性
		模型	通过回答七个方面的问题来设定具体、可衡量的绩效目标
		适用性	适用于需要全面考虑目标设定各个方面的情况

续 表

序号	方法	独特性	具体分析
4	鱼骨图	界定	一种发现问题"根本原因"的方法，也可以用于设定和分解绩效目标
		特点	直观明了，能够清晰地展示问题的层次结构和关联因素
		模型	通过绘制鱼骨图来分解和细化绩效目标，使其更具可操作性和可衡量性
		适用性	适用于需要详细分解和明确绩效目标的情况
5	SWOT分析法	界定	一种战略规划技术，用于帮助组织识别内部的优势（Strengths）和劣势（Weaknesses），以及外部的机会（Opportunities）和威胁（Threats）
		特点	内外结合，既考虑组织内部条件，也考虑外部环境
		模型	通过四象限矩阵分析组织的内外部情况，为绩效目标的设定提供依据
		适用性	适用于需要在设定绩效目标时全面考虑组织内外部因素的情况
6	绩效日志	界定	记录员工绩效表现和工作进度的文档，用作绩效反馈面谈时的参考
		特点	实时记录，客观反映员工的实际工作表现
		模型	定期记录员工的工作表现、进度和问题，并在绩效反馈面谈时与之进行讨论
		适用性	适用于需要持续跟踪和记录员工绩效表现的组织
7	汉堡原理法	界定	一种给予绩效反馈的技巧，即先肯定员工的优点（面包），再提出需要改进的地方（肉饼），最后以鼓励和支持结束（另一片面包）
		特点	先扬后抑再扬，使员工更易于接受反馈
		模型	按照汉堡原理法的三层结构进行绩效反馈面谈，提高沟通效果
		适用性	适用于需要在不打击员工积极性的前提下给予其有效反馈的情况
8	BEST反馈法	界定	一种结构化的绩效反馈方法，包括描述行为（Behavior Description）、表达后果（Express Consequence）、征求意见（Solicit Input）和着眼未来（Talk about Future）四个步骤
		特点	结构化强，注重双向沟通和未来改进
		模型	按照BEST反馈法的四个步骤进行绩效反馈面谈
		适用性	适用于需要结构化、系统化地进行绩效反馈的情况
9	六西格玛管理	界定	一种追求零缺陷的质量管理方法论，通过定义、测量、分析、改进和控制五个阶段来改进流程、减少缺陷
		特点	数据驱动，注重流程优化和质量提升
		模型	DMAIC模型即定义（Define）、测量（Measure）、分析（Analyze）、改进（Improve）、控制（Control）五块内容
		适用性	适用于追求高质量标准和流程优化的组织
10	业务和管理流程再造	界定	对企业业务流程进行根本性的再思考和彻底性的再设计，以获得在成本、质量、服务和速度等方面的显著改善
		特点	突破性、创新性，旨在实现业务流程的高效化和增值化
		模型	包括流程分析、流程设计和流程实施等步骤
		适用性	适用于需要从根本上摒弃繁文缛节从而改进业务流程以提高绩效的组织

续 表

序号	方法	独特性	具体分析
11	PDCA绩效管理闭环	界定	计划（Plan）、执行（Do）、检查（Check）和处理（Action）四个阶段的循环过程，用于持续改进和提升绩效
		特点	循环往复，注重持续改进和闭环管理
		模型	按照 PDCA 循环的四个阶段进行绩效改进管理
		适用性	适用于需要持续改进绩效和不断提升效益的组织
12	绩效干预技术（HPT）	界定	一种以提高个人和组织绩效为目标的方法论，包括绩效分析、原因分析、干预选择和干预实施等步骤
		特点	以人为本，注重绩效问题的深入分析和针对性干预
		模型	通过 HPT 模型的四个步骤进行绩效改进管理
		适用性	适用于需要深入分析绩效问题并采取针对性干预措施的组织

第 2 章

OKR 的应用

20世纪末，安迪·格鲁夫（Andy Grove）在英特尔公司的管理应用上对目标管理（MBO）进行了改进，形成了**目标与关键成果法（Objectives and Key Results，OKR）**。该方法经过谷歌、甲骨文等公司实践并获得显著绩效管理成效后被引入我国，目前国内各类企业争相应用并将其发扬光大。

近年来，OKR作为一种应用最为广泛的绩效管理工具，指导管理者及员工双方都做正确的事，其中**"O"（Objectives）指的是目标，"KR"（Key Results）指的是关键成果**，其本质更倾向于管理思想，需要加速内力驱动。这里先应用OKR，再追根溯源MBO。

OKR应用于企业绩效管理过程中，引导员工与企业的战略方向保持一致，避免员工偏离目标或陷入迷茫，将员工的个人利益与企业利益紧密关联，为个人业绩、为企业创造更多经济效益。

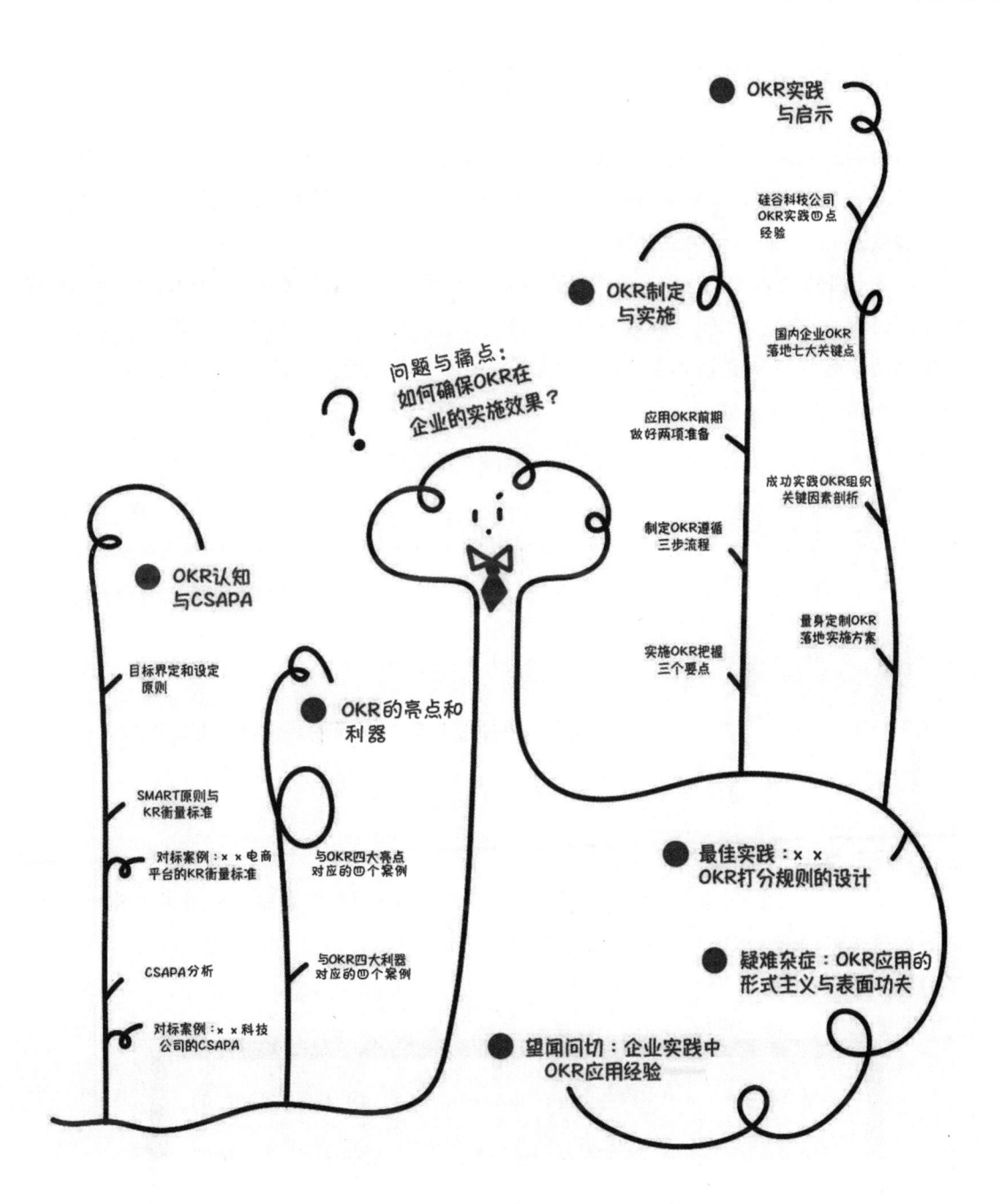

第2章 OKR 的应用

- OKR实践与启示
  - 硅谷科技公司OKR实践四点经验
  - 国内企业OKR落地七大关键点
  - 成功实践OKR组织关键因素剖析
  - 量身定制OKR落地实施方案

- OKR制定与实施
  - 应用OKR前期做好两项准备
  - 制定OKR遵循三步流程
  - 实施OKR把握三个要点

问题与痛点：如何确保OKR在企业的实施效果？

- OKR认知与CSAPA
  - 目标界定和设定原则
  - SMART原则与KR衡量标准
  - 对标案例：××电商平台的KR衡量标准
  - CSAPA分析
  - 对标案例：××科技公司的CSAPA

- OKR的亮点和利器
  - 与OKR四大亮点对应的四个案例
  - 与OKR四大利器对应的四个案例

- 最佳实践：×× OKR打分规则的设计
- 疑难杂症：OKR应用的形式主义与表面功夫
- 望闻问切：企业实践中OKR应用经验

OKR 应用框架体系

问题与痛点：如何确保 OKR 在企业的实施效果？

国内企业在大刀阔斧地应用 OKR 之前，普遍产生了一个问题："如何确保 OKR 在企业的实施效果？"企业在实施 OKR 的过程中存在三大痛点，需要提前认清，这里举例分析。

痛点一：认知偏差与期望过高

很多企业在引入 OKR 时，对其抱有过高的期望，认为只要实施了 OKR，就能立刻实现业绩的大幅提升。然而，OKR 并非万能的，OKR 只是一个目标管理工具，不能替代企业整体的战略规划和运营管理。企业对 OKR 的期望与实际效果产生落差时，往往会导致企业对 OKR 的失望和质疑。

举个例子： ××企业在发展初期，听说OKR能够帮助企业快速成长，于是决定引入。然而，在实施过程中，××企业发现OKR并没有带来预期的业绩增长，反而因为过度关注目标而忽视了市场的实际需求和竞争环境，导致业务发展受阻。

痛点二：OKR 与日常工作脱节

一些企业在制定 OKR 时，往往过于关注宏大的战略目标，而忽视了与日常工作的结合。这导致员工在执行 OKR 时感到迷茫，不知道如何将 OKR 与日常工作相结合，从而影响了 OKR 的实施效果。

举个例子：××中型制造企业在引入OKR后，设定了提高生产效率的 OKR 目标。然而，在实际执行过程中，员工们发现这个目标与他们的日常工作似乎没有直接关系，不知道该如何下手。结果，OKR 成了空中楼阁，没有真正落地到日常工作中。

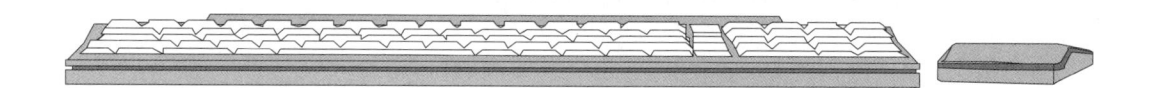

痛点三：缺乏持续跟进和复盘

OKR 的制定只是第一步，更重要的是在实施过程中持续跟进和复盘。然而，很多企业在制定完 OKR 后，就将其束之高阁，没有进行有效的跟进和复盘。这导致 OKR 的实施效果大打折扣，甚至可能偏离原定的目标。

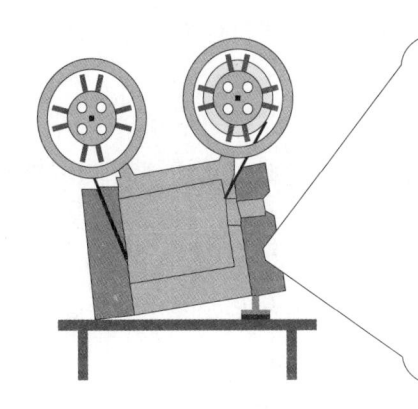

举个例子：××互联网企业制定了提高用户活跃度的 OKR 目标，并设定了相应的关键成果。然而，在实施过程中，由于缺乏持续的跟进和复盘机制，员工们对目标的执行情况并不了解，也无法及时调整策略。结果，到了季度末进行复盘时，发现用户活跃度并没有达到预期的效果。

2.1 OKR 认知与 CSAPA

在《OKR：源于英特尔和谷歌的目标管理利器》一书中，保罗 R. 尼文 (Paul R.Niven) 和本·拉莫尔特（Ben Lamorte）将 OKR 定义为：一套严密的思考框架和持续的纪律要求，旨在确保员工紧密协作，把精力聚焦在能促进组织成长的、可衡量的贡献上。由此可见，OKR 更多的是一个目标管理工具，使用 OKR 能够有效规避员工为了得到奖励而过于注重个人的短期利益，忽视企业长期和整体利益现象的出现。

2.1.1 目标界定和设定原则

OKR 目标界定和设定原则包括四项，如图 2-1 所示。

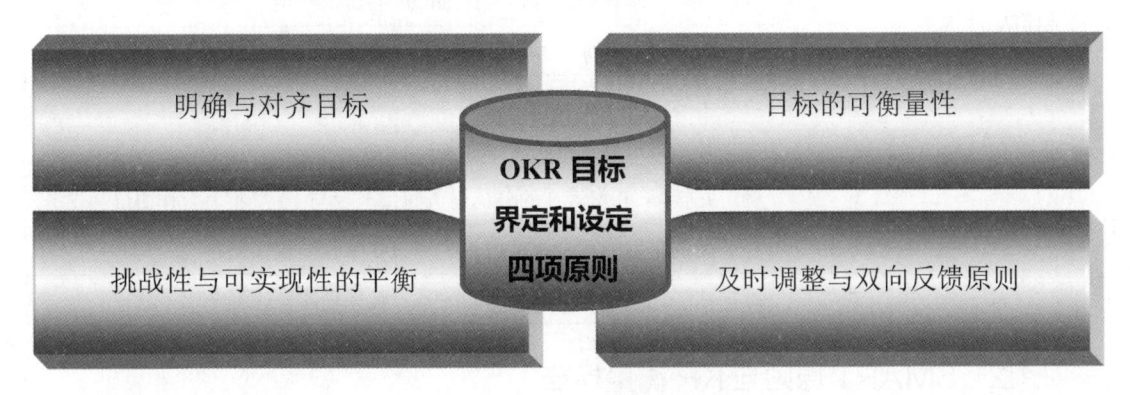

图 2-1 OKR 目标界定和设定四项原则

（明确与对齐目标／目标的可衡量性／挑战性与可实现性的平衡／及时调整与双向反馈原则）

1. 明确与对齐目标

企业的整体目标应该被清晰地定义，并与所有团队成员共享。每个团队成员的个人目标应该与企业的整体目标保持一致。这样，每个员工的工作都能直接支持企业整体目标的实现。

2. 目标的可衡量性

设定 OKR 时，目标应该是定性的，描述想要实现什么；而关键成果则必须是可衡量的，明确说明如何达到这些目标。这样就能跟踪进度，评估是否朝着目标方向和具体标准前进。

3. 挑战性与可实现性的平衡

目标应该具有挑战性，以激发团队的潜能和创新力，但同时也应该是可实现的。应避免设定遥不可及的目标，以免团队失去动力。

4. 及时调整与双向反馈原则

OKR 不是一成不变的，在实施过程中，需要根据市场变化、内部条件以及团队反馈进行适时的调整，确保目标的实际可执行性和相互促进性。

如何把这四项原则应用到实践当中呢？以××初创科技公司为例，该公司致力于开发一款创新的智能家居产品，应用 OKR 设计该公司三个级别的目标（O）与关键成果（KR），见表 2-1。

表 2-1　××初创科技公司的公司级、产品团队、销售团队 OKR 设计示例

OKR 级别	O 和 KR	O 和 KR 设计示例
公司级	目标	成功推出并销售智能家居产品，占据市场份额的 5%
	关键成果	完成产品原型设计并通过内部测试
		与至少 10 家分销渠道商达成合作意向
		在产品推出后的第一个季度内，实现至少 1000 单位的销售量
产品团队	目标	开发并测试符合市场需求的智能家居产品原型
	关键成果	完成用户需求调研，并形成详细的产品需求文档
		在第四季度前完成产品原型的开发和内部测试，确保无重大缺陷
		实现至少 80% 的内部员工对产品原型满意
销售团队	目标	建立分销渠道并达成销售目标
	关键成果	确定并接触 20 家潜在的分销渠道商，至少与 10 家签署合作协议
		在产品发布后的首个季度内，实现 500 单位的直接销售
		维护和深化与已有分销渠道的关系，确保复购率达到 70%

2.1.2　SMART 原则与 KR 衡量标准

在 OKR 框架中，关键成果（KR）是实现目标（O）的具体、可衡量的里程碑。在确定 KR 时，需要遵循 SMART 原则，如图 2-2 所示。

Specific （具体的）	R:	切中目标，适度细化，随情景环境变化
	F:	抽象的、未经细化的，直接复制其他情景中的指标

Measurable （可度量的）	R:	数量化的、行为化的，数据或信息具有可获得性
	F:	主观判断、非行为化描述，数据或信息无法获得

Attainable （可实现的）	R:	在付出努力后可实现，在适当时空范围内可实现
	F:	目标过高，员工经过艰苦努力后也难以达到

Realistic （现实的）	R:	目标必须与现实相关，是可以观察到的
	F:	目标是假设的，是无法观察或证明的

Time-bond （有时限的）	R:	目标完成程度必须与时间相连，以时间作为衡量目标完成进度的标准
	F:	时间概念模糊，期限过长

注：图中R代表正确的使用方法，F代表错误的使用方法

图 2-2　确定 KR 的 SMART 原则

创新性地确定关键成果（KR），可以从以下四个方面入手，示例说明见表 2-2。

表 2-2　确定 KR 的四个方面及示例

序号	方面	具体分析	示例
1	用户导向	将用户需求和满意度作为衡量标准	提高客户满意度 10%
2	业务流程优化	关注内部流程的改进	降低生产成本 5% 并缩短订单处理时间 20%
3	创新与市场拓展	鼓励新产品或新市场的开发	推出至少两款新产品并拓展三个新的国际市场
4	学习与成长	强调团队实力和个人能力提升	完成三轮员工培训，提升团队技能水平

衡量标准是评估关键成果（KR）是否达成的重要依据。衡量标准具备四个特点，示例说明见表 2-3。

表 2-3　评估 KR 的衡量标准的四个特点及示例

序号	特点	具体分析	示例
1	量化指标	使用具体数字来衡量进度和成果	如销售额、用户增长率等
2	质量指标	除了数量足够，还要考虑质量高低	如客户满意度评分、产品合格率等
3	时间效率	衡量完成任务所需的时间	如任务完成的效率、劳动生产率提升比等
4	成本效益	评估并确保目标实现是经济高效的	如投入产出比等

对标案例 ××电商平台的KR衡量标准

以××电商平台为例,其目标是"提升用户体验,增强用户黏性"。其关键成果(KR)和衡量标准的示例与数据来源和指标设计见表2-4。

表2-4 KR和衡量标准的示例与数据来源和指标设计

项目	示例	数据来源和指标设计
KR	提升用户满意度指数至90%以上	通过用户调研收集数据
	将平均会话时长提高20%	通过网站分析工具衡量
	用户流失率降低至5%以下	对比历史数据,实时监控
	用户复购率达到40%	分析用户购买记录
衡量标准	定期进行用户满意度调查,收集数据,确保指数达到90%以上	用户满意度指数指标
	利用网站分析工具监控用户在平台上的停留时间,确保比前一季度提高20%	平均会话时长指标
	对比历史数据,观察用户流失率下降趋势,确保低于5%	用户流失率指标
	分析用户购买记录,计算复购用户比例,达到40%以上	用户复购率指标

2.1.3 CSAPA分析

OKR的本质就是CSAPA,CSAPA即**目标对齐**(Connected)、**支持**(Supported)、**适应性**(Adaptable)、**进展跟踪**(Progress-based)、**挑战性**(Aspirational)这五个单词的首字母组合,其分析见表2-5。

表2-5 OKR个性CSAPA分析

序号	OKR的本质	应用分析	关键点分析
1	目标对齐(Connected)	OKR强调目标之间的连接与对齐,确保个人、团队和组织的目标相互支撑,形成整体合力	聚焦主目标,所有人朝同一个方向努力
2	支持(Supported)	有效的OKR体系需要得到充分的资源、技能和领导力的支持,以确保目标的顺利实现	目标透明,同事之间互相认可、鼓励
3	适应性(Adaptable)	面对变化的市场环境,OKR要能灵活调整以适应新的挑战和机遇	敏捷响应外部变化,及时调整,保证目标的适应性
4	进展跟踪(Progress-based)	OKR体系强调对目标进展的持续跟踪和评估,以便及时调整策略,确保目标的达成	基于目标进展,频繁、持续、有效地进行沟通反馈
5	挑战性(Aspirational)	设定具有挑战性的目标,激发团队的创新力和执行力,推动组织持续进步	通过挑战性目标激发员工的潜能,取得更大的成就

对标案例 ××科技公司的CSAPA

以一家快速发展的××科技公司为例,该公司采用OKR体系来推动业务增长和创新。

1. 目标对齐(Connected)

(1)公司高层设定了"实现年度收入增长30%"的整体目标。销售团队、产品团队和技术团队分别设定了与整体目标对齐的目标。

（2）销售团队设定的目标是"新增客户数量增长50%"。

（3）产品团队设定的目标是"推出两款新产品并提升市场份额"。

（4）技术团队设定的目标是"提升系统性能和稳定性，降低故障率"。

2. 支持（Supported）

（1）公司为销售团队提供了更多的市场推广资源和销售培训，以支持其实现目标。

（2）产品团队得到了额外的研发预算和人才支持，以加速新产品的研发。

（3）技术团队获得了先进的设备和外部专家的指导，以提升系统性能。

3. 适应性（Adaptable）

（1）面对市场竞争加剧，销售团队调整了销售策略，加大了对新兴市场的开拓力度。

（2）产品团队根据市场反馈，及时调整了新产品的功能和定位。

（3）技术团队针对系统性能瓶颈，迅速引入了新的技术解决方案。

4. 进展跟踪（Progress-based）

（1）各部门定期汇报目标进展情况，高层管理团队对各部门的工作进行点评和指导。

（2）各部门通过数据分析和市场调研，持续监控目标的达成情况，及时调整工作策略。

5. 挑战性（Aspirational）

（1）公司鼓励各部门设定具有挑战性的目标，销售团队提出"实现新客户增长率翻倍"。

（2）产品团队立志"新产品上市后三个月内占据市场份额的10%"。

（3）技术团队则设定"将系统故障率降低50%"的挑战性目标。

2.2 OKR的亮点和利器

OKR的四大亮点和四大利器如图2-3所示。

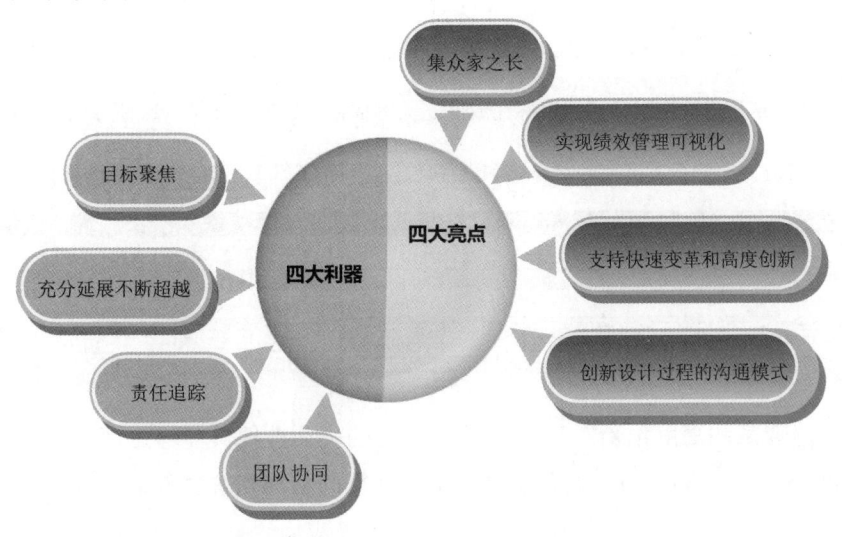

图2-3 OKR的四大亮点和四大利器

2.2.1 与 OKR 四大亮点对应的四个案例

"集众家之长"亮点阐述：OKR 不仅借鉴了传统目标管理的精华，如 SMART 原则，还融合了现代敏捷管理、精益创业等理念，成为一种集众家之长、更加灵活高效的目标管理工具。

> **举个例子：集众家之长**
>
> ××科技公司在引入 OKR 之前，一直使用传统的关键绩效指标（KPI）考核体系。然而，随着市场环境的快速变化，KPI 的刚性和滞后性逐渐显现。为了应对这一问题，公司决定引入 OKR 体系。在新的体系下，公司不仅保留了KPI 中对具体绩效指标的关注，还加入了更多对创新和过程管理的考量，从而实现了 KPI 与 OKR 的有机结合，充分发挥了两者各自的优点。

"实现绩效管理可视化"亮点阐述：OKR 通过明确的目标设定和关键成果的量化，使得绩效管理的过程更加透明和可视化。这种可视化不仅有助于团队成员了解整体进展，还能促使管理层及时发现问题并进行调整。

> **举个例子：实现绩效管理可视化**
>
> ××制造企业为了提升生产效率，引入了OKR 体系。在每个季度初，各部门都会制定自己的 OKR，并通过企业内部平台进行公示。所有员工都可以实时查看各部门的 OKR 进展情况，包括目标完成度、关键成果的达成情况等。这种可视化的管理方式极大地提高了员工的参与感和责任感，也方便了管理层对整体绩效的把控。

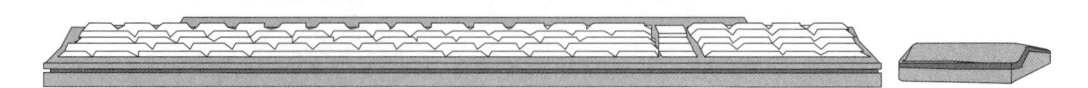

"支持快速变革和高度创新"亮点阐述：OKR 的灵活性使其能够迅速适应市场的变化和企业内部的需求变革，同时鼓励团队成员提出创新性的目标和解决方案。

举个例子：支持快速变革和高度创新

××互联网公司面临市场竞争的激烈变化，需要不断调整产品策略以满足用户需求。通过采用OKR体系，公司能够快速地调整目标和关键成果。同时，OKR体系还鼓励员工提出创新性的想法和解决方案，为公司的持续创新提供了有力支持。例如，某团队在OKR的引导下，成功为产品开发了一项新的社交功能，极大地提升了产品的用户体验和市场竞争力。

"创新设计过程沟通模式"亮点阐述：OKR的制定和实施过程强调团队成员的广泛参与和有效沟通，形成了一种新型的、更加开放和透明的沟通模式。

举个例子：创新设计过程沟通模式

××金融公司引入OKR体系，发现团队之间的沟通变得更加顺畅和高效。在制定OKR的过程中，各部门需要共同讨论和协商，确保目标的一致性和协同性。这种沟通模式不仅促进了团队之间的相互了解和合作，还提高了整体工作效率。同时，员工更愿意表达意见和想法，为公司决策提供更有价值的参考。比如，在某季度OKR制定过程中，销售部门提出了一个创新的营销策略，并得到了其他部门的积极响应。最终，该策略成功实施，业务获得显著增长。

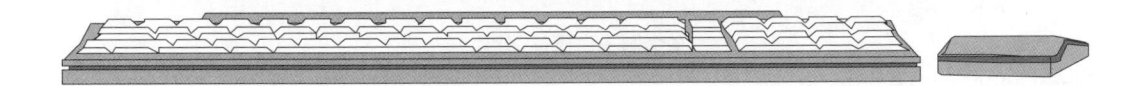

2.2.2 与OKR四大利器对应的四个案例

OKR的核心是目标聚焦，即明确、具体、可衡量的目标设定。OKR可以帮助组织将精力和资源集中在最关键的业务领域，以实现最大的战略价值。

举个例子：目标聚焦

××电商企业在初创期面临资源有限和市场定位的挑战。通过OKR的目标聚焦，团队设定了"在三个月内提升用户活跃度20%"的明确目标。团队围绕这一目标，优化了用户界面，增加了个性化推荐功能，并通过社交媒体营销吸引新用户。三个月后，团队成功实现了用户活跃度的提升目标。

OKR强调团队协同，即各部门和个人目标之间的对齐和协作，以确保整个组织朝着共同的目标努力。

举个例子：团队协同

××软件开发公司采用OKR来改进项目管理流程。在设定OKR时，开发团队、测试团队、产品设计团队和销售团队共同参与了目标的制定。通过协同工作，各团队之间的沟通和交接变得更加顺畅。比如，开发团队在开发新功能时，与产品设计团队紧密合作，确保功能符合用户需求和市场趋势。这种协同工作显著提高了项目的交付速度和质量。

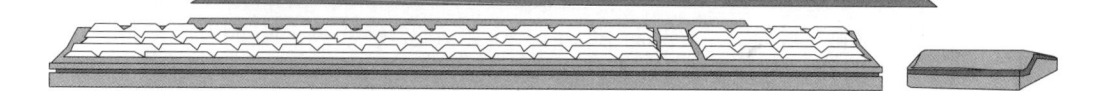

OKR通过设定关键成果来实现责任追踪，确保每个成员都清楚自己的职责，并对目标的达成负责。

举个例子：责任追踪

××制造企业为了提高生产率，使用OKR设定了"降低生产成本10%"的目标，并明确了关键成果为"减少生产过程中的浪费"和"优化生产流程"。每个部门都承担了相应的责任和任务。通过定期追踪关键成果的完成情况，管理层及时发现问题并采取纠正措施。最终，企业成功实现了降低生产成本的目标。

OKR 鼓励团队和个人在达成当前目标的基础上，不断设定更高的挑战，实现自我超越和组织的持续发展。

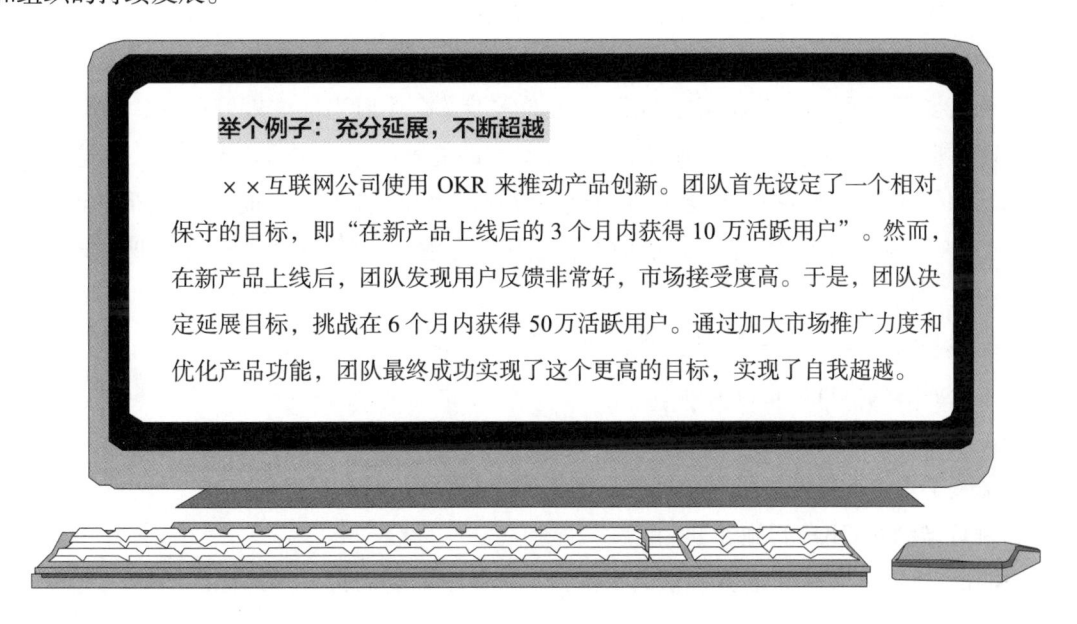

> **举个例子：充分延展，不断超越**
>
> ××互联网公司使用 OKR 来推动产品创新。团队首先设定了一个相对保守的目标，即"在新产品上线后的 3 个月内获得 10 万活跃用户"。然而，在新产品上线后，团队发现用户反馈非常好，市场接受度高。于是，团队决定延展目标，挑战在 6 个月内获得 50 万活跃用户。通过加大市场推广力度和优化产品功能，团队最终成功实现了这个更高的目标，实现了自我超越。

2.3 OKR 制定与实施

基于 OKR 实施过程中的三大痛点，企业 OKR 的制定与实施需要做好两项准备，遵循三步流程，把控三个要点，如图 2-4 所示。

三大痛点	两项准备	三个要点
• 认知偏差与期望过高	• 明确实施目的并评估适配性	• 明确与对齐目标
• OKR 与日常工作脱节		• 持续跟进与评估
• 缺乏持续跟进与复盘	• 制订详细的 OKR 实施计划	• 有效沟通与反馈

| 三步流程 | • 设定明确、可衡量的目标 | • 制定关键成果以衡量目标达成情况 | • 对齐、跟进与调整 |

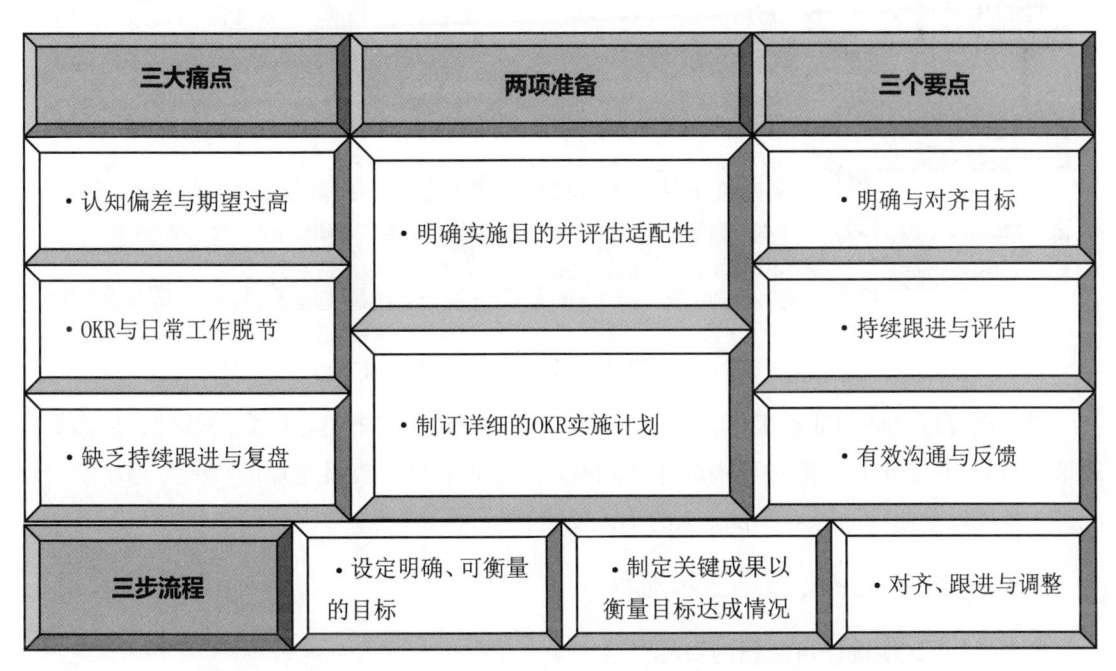

图 2-4 OKR 制定与实施的三大痛点、两项准备、三步流程、三个要点

2.3.1 应用OKR前期做好两项准备

企业在应用OKR时前期应该做好以下两项准备工作。

1. 明确实施目的并评估适配性

企业需要明确为何要选择实施OKR，这通常涉及企业对当前绩效管理现状的反思，以及对OKR能够带来的潜在改进的认识。OKR具有的显著特征，如目标聚焦、公开透明、挑战性和结果导向等，使其成为许多企业改进绩效管理的有力工具。然而，并非所有企业都适合引入OKR。因此，在实施前，企业应进行适配性评估，判断OKR是否与企业的文化、战略和组织结构相匹配。

适配性评估可以通过一系列的诊断问题来进行，例如：

（1）企业的战略目标是否清晰？
（2）企业文化是否支持公开、透明的目标设定和追踪？
（3）员工是否准备好接受更具挑战性的工作目标？

2. 制订详细的OKR实施计划

在明确实施OKR的目的并确认其适配性后，企业需要制订一个详细的OKR实施计划。这个计划应该包括四个关键方面，如图2-5所示。

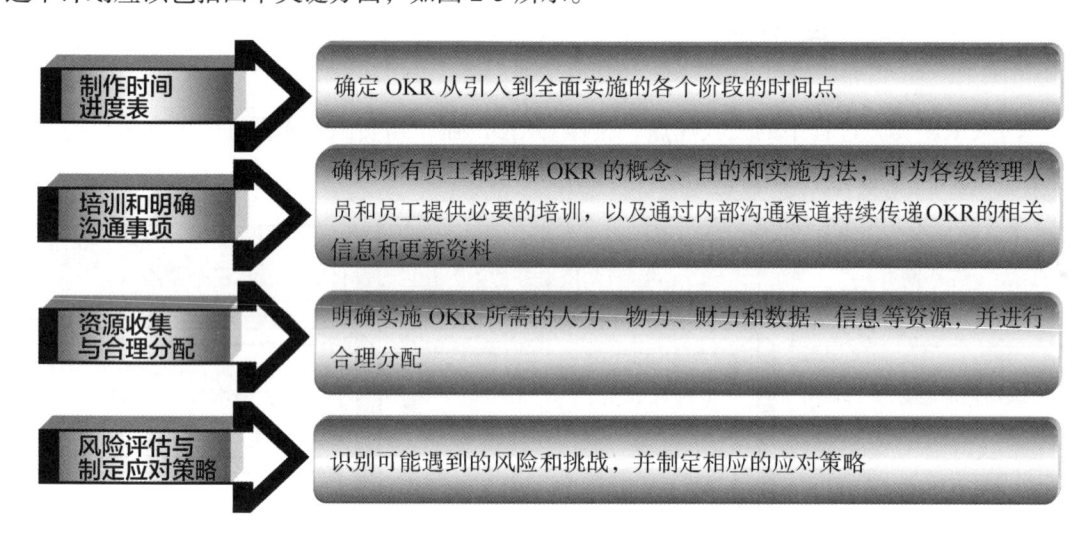

制作时间进度表	确定OKR从引入到全面实施的各个阶段的时间点
培训和明确沟通事项	确保所有员工都理解OKR的概念、目的和实施方法，可为各级管理人员和员工提供必要的培训，以及通过内部沟通渠道持续传递OKR的相关信息和更新资料
资源收集与合理分配	明确实施OKR所需的人力、物力、财力和数据、信息等资源，并进行合理分配
风险评估与制定应对策略	识别可能遇到的风险和挑战，并制定相应的应对策略

图2-5 OKR实施计划的四个关键方面

通过做好以上两项准备工作，企业可以为OKR的顺利实施奠定坚实的基础，从而更有效地解决OKR制定与实施过程中的痛点问题。这不仅有助于提升企业的绩效管理水平，还能进一步推动企业目标的实现和员工的个人发展。

2.3.2 制定OKR遵循三步流程

第一步：设定明确、可衡量的目标。

（1）企业的目标应该与企业的长期战略和愿景保持一致，同时确保这些目标是具体、可衡量的。例如，设定目标为"提高销售额20%"而不是"提高销售额"。

（2）目标应该具有挑战性，以激发团队的积极性和创新精神，但要确保目标是可实现的，以避免员工产生挫败感。

（3）目标的数量要适中，避免过多的目标导致资源和注意力的分散。通常，每个季度设定3~5个主要目标是比较合适的。

第二步：制定关键成果以衡量目标达成情况。

（1）针对每个目标，制定3~5个关键成果，这些关键成果应该是具体、可衡量的里程碑，能够明确反映目标的达成情况。例如，如果目标是"提高销售额20%"，关键成果可以包括"新增客户数量达到××人"或"平均订单金额提高××%"。

（2）关键成果的设定要符合SMART原则，即具体、可衡量、可实现、相关性强且有时间限制。

（3）确保关键成果与目标的紧密关联，以使团队能够清晰地了解他们的工作是如何对整体目标产生影响的。

第三步：对齐、跟进与调整。

（1）在OKR制定完成后，要进行全员对齐，确保每个团队成员都清楚自己的工作和整体目标的关系，以及自己的工作对其他团队成员的影响。

（2）设定定期的跟进会议，以监控进度，并在必要时进行调整。这些会议也是团队成员分享经验、解决问题和协同工作的好机会。

（3）OKR不是一成不变的。在实施过程中，如果发现某些目标或关键成果不切实际或不再符合企业发展的需要，应及时进行调整。

2.3.3 实施OKR把握三个要点

1. 明确与对齐目标

确保企业内各部门和员工的目标与企业的整体战略目标保持一致，形成共同的努力方向。需要用到的工具与方法包括战略地图、OKR研讨会等。

（1）**战略地图**：绘制战略地图可将企业的整体战略分解为各个部门和员工的具体目标，帮助员工清晰地看到自己的工作是如何与整体战略相联系的。

（2）**OKR研讨会**：定期组织OKR研讨会，邀请各部门负责人和员工代表参与，共同讨论和确定各阶段的OKR，确保目标的对齐和一致性。

2. 持续跟进与评估

对OKR的实施过程进行持续的跟进与评估，确保目标能够按计划推进，并及时调整策略以应对变化。需要用到的工具与方法包括OKR进度追踪表、定期回顾会议等。

（1）**OKR进度追踪表**：设计一个简单的进度追踪表，记录每个OKR的进展情况、存在的问题以及下一步的行动计划，这有助于及时发现和解决问题，确保目标的顺利推进。

（2）**定期回顾会议**：每个阶段结束后，组织定期回顾会议，对OKR的完成情况进行总结，分析成功或失败的原因，为后续的工作提供参考。

3. 有效沟通与反馈

建立有效的沟通机制，确保信息的畅通和及时反馈，以便对 OKR 进行必要的调整和优化。需要用到的工具与方法包括企业内部沟通平台、360 度反馈机制等。

（1）**企业内部沟通平台**：利用企业内部沟通平台（如企业微信、钉钉等），定期发布 OKR 的进展情况、存在的问题以及需要的支持，促进各部门之间的信息共享和协作。

（2）**360 度反馈机制**：引入 360 度反馈机制，让员工之间、上下级之间能够相互提供关于 OKR 实施过程中的意见和建议，以便及时发现问题并进行改进。

2.4 OKR 实践与启示

2.4.1 硅谷科技公司 OKR 实践四点经验

硅谷，作为全球科技创新的中心，汇聚了众多顶尖的科技公司。在这样一个高度竞争和快速变化的环境中，如何确保组织高效运转，迅速响应市场变化，是每一家硅谷科技公司都面临的挑战。硅谷科技公司对于 OKR 的实践已经成为一种独特的企业文化。这些公司不仅将 OKR 作为一种管理工具，更将其视为推动创新、保持组织敏捷和聚焦核心使命的关键手段。

1. 创新驱动的 OKR 设定

硅谷科技公司非常注重创新驱动。在制定 OKR 时，这些公司往往会将创新作为核心目标之一。某知名科技公司的一个 OKR 可能就是"推动 ×× 技术的研发与应用，以实现行业领先的创新突破"。这样的目标不仅明确了创新的方向，也激发了团队的创造力和探索欲。

为了实现这一目标，公司可能会设定一系列关键成果，比如"申请 ×× 项相关技术专利""开发并测试 ×× 款创新产品原型"等。这些关键成果都是可衡量的，有助于团队清晰地了解自己的工作进展，从而保持持续的创新动力。

2. 目标聚焦与资源优化

在硅谷，资源是有限的，而市场机会却是无限的。因此，硅谷科技公司应学会如何聚焦目标，优化资源配置。通过设定明确的 OKR，公司能够确保团队的工作始终围绕核心使命和战略目标展开。

一家专注于人工智能技术的公司可能会将"提升 AI 模型的准确性和效率"作为其主要目标。为了实现这一目标，该公司可能会投入更多资源在算法研发、数据收集与模型训练等关键领域，同时削减与主要目标关联度不高的项目预算。

3. 跨团队协作与对齐

硅谷科技公司往往拥有多个产品线或业务部门，因此跨团队的协作与对齐至关重要。通过设定统一的 OKR 体系，各团队能够明确自己的工作如何与整个公司的战略目标相契合。

一个团队可能负责提升产品的用户体验,而另一个团队则专注于提高产品的性能。尽管这两个团队的工作重点不同,但通过共同的 OKR 框架,他们可以明确自己的工作是如何相互支持的,从而实现更好的团队协作和整体绩效。

4. 灵活调整与持续改进

硅谷科技公司深知市场环境的多变性,因此在 OKR 的实践中也注重灵活调整和持续改进。这些公司通常会定期回顾和评估 OKR 的完成情况,并根据市场反馈和内部需求进行必要的调整。

如果某项关键成果的进展不如预期,团队可能会重新分配资源或调整实施策略以确保目标的实现。同时,公司也会鼓励员工提出改进意见和建议,以便不断完善和优化 OKR 体系。

基于硅谷科技公司 OKR 的实践与创新,应用 OKR 需关注四个关键点,如图 2-6 所示。

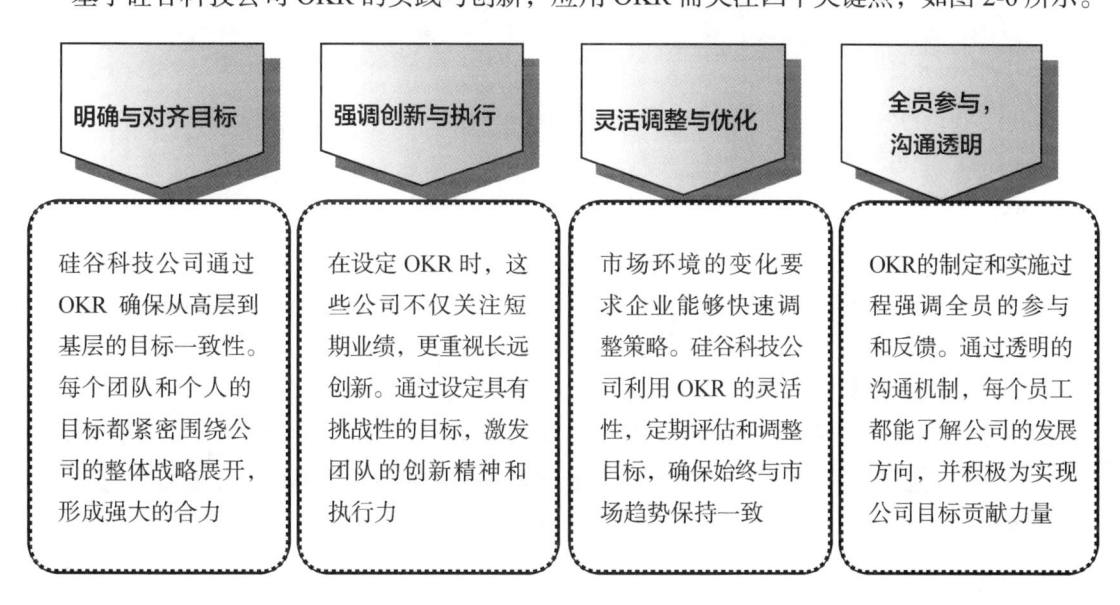

明确与对齐目标	强调创新与执行	灵活调整与优化	全员参与,沟通透明
硅谷科技公司通过 OKR 确保从高层到基层的目标一致性。每个团队和个人的目标都紧密围绕公司的整体战略展开,形成强大的合力	在设定 OKR 时,这些公司不仅关注短期业绩,更重视长远创新。通过设定具有挑战性的目标,激发团队的创新精神和执行力	市场环境的变化要求企业能够快速调整策略。硅谷科技公司利用 OKR 的灵活性,定期评估和调整目标,确保始终与市场趋势保持一致	OKR的制定和实施过程强调全员的参与和反馈。通过透明的沟通机制,每个员工都能了解公司的发展方向,并积极为实现公司目标贡献力量

图 2-6 应用 OKR 的四个关键点

基于硅谷科技公司 OKR 的实践与创新,应用 OKR 需防范三个风险点,如图 2-7 所示。

应用 OKR 的三个风险点

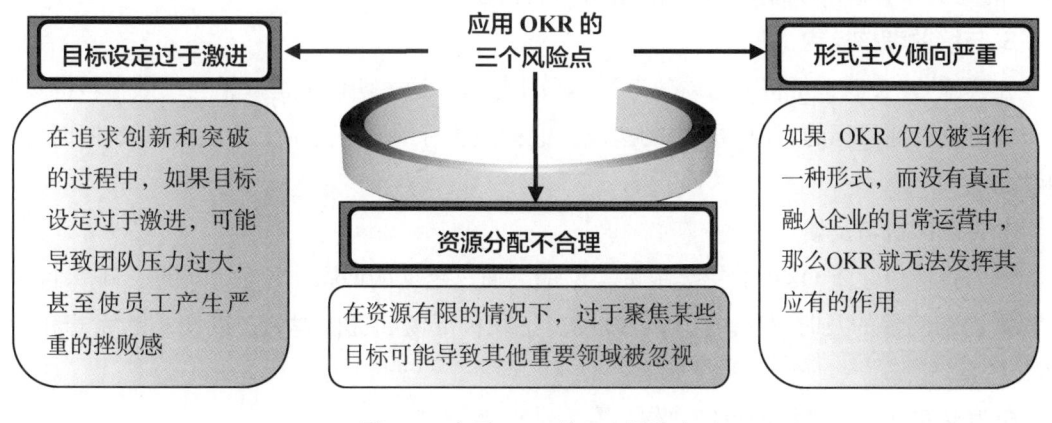

- **目标设定过于激进**:在追求创新和突破的过程中,如果目标设定过于激进,可能导致团队压力过大,甚至使员工产生严重的挫败感
- **资源分配不合理**:在资源有限的情况下,过于聚焦某些目标可能导致其他重要领域被忽视
- **形式主义倾向严重**:如果 OKR 仅仅被当作一种形式,而没有真正融入企业的日常运营中,那么OKR 就无法发挥其应有的作用

图 2-7 应用 OKR 的三个风险点

2.4.2 国内企业OKR落地七大关键点

随着中国经济的快速发展，国内企业面临着日益激烈的市场竞争和不断变化的商业环境。为了提高组织效率和响应速度，越来越多的国内企业引入了OKR。然而，由于文化差异、管理理念和组织结构的特殊性，国内企业在OKR落地过程中遇到了一系列挑战。

国内企业要想使OKR落地要注意七大关键点，如图2-8所示。

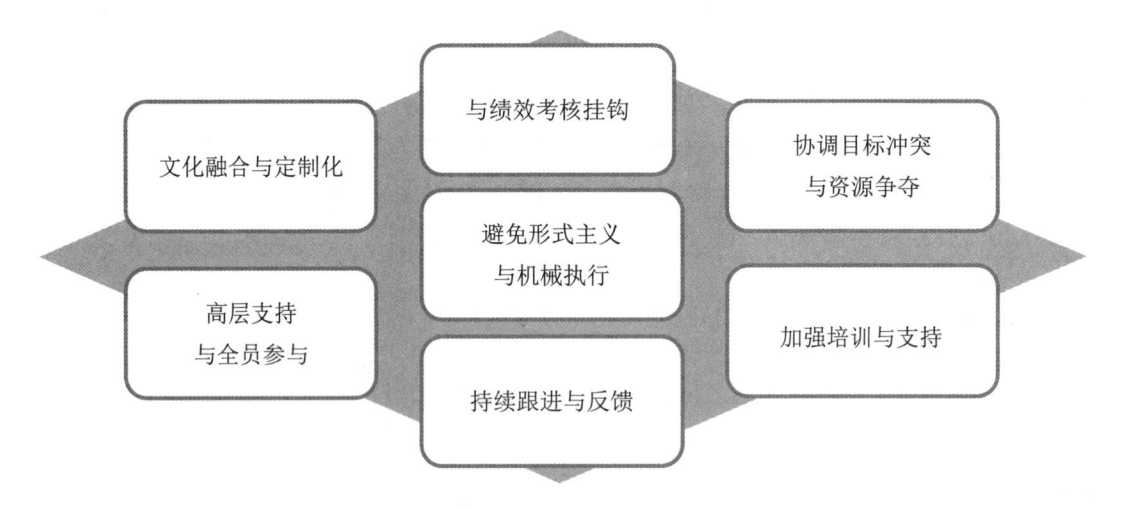

图2-8 国内企业OKR落地的七大关键点

1. 文化融合与定制化

国内企业在引入OKR时，应注重将其与本土文化和管理习惯相结合。如在目标设定上，要更注重实际情况和可行性，避免过于激进或理想化。同时，根据企业的具体需求，对OKR进行定制化改造，以适应不同的行业特点和组织结构。

2. 高层支持与全员参与

高层领导应强化对OKR的支持和推动。高层领导不仅应参与目标的制定和审批，还应积极参与OKR的宣讲和培训，确保全员对OKR有深入的理解和认同。同时，鼓励全员参与OKR的制定和实施，提高员工的归属感和责任感。

3. 与绩效考核挂钩

在实施OKR时，可将其与绩效考核体系相结合。通过明确关键成果与绩效考核的关联，使员工更加关注目标的实现和结果的达成。这种做法有助于提高员工的工作积极性和目标导向性。

4. 持续跟进与反馈

国内企业应注重OKR的持续跟进与反馈。通过定期的回顾、评估和调整，确保目标的顺利推进和问题的及时解决。同时，鼓励员工积极反馈和提供建议，以便不断完善和优化OKR体系。

5. 避免形式主义与机械执行

在OKR落地过程中，有些企业可能过于追求形式的完美和流程的规范，而忽略了OKR

的本质意义。这可能导致员工对 OKR 产生抵触情绪，甚至影响其工作的积极性和创造性。

6. 协调目标冲突与资源争夺

在设定 OKR 时，不同部门或团队之间可能存在目标冲突或资源争夺的情况。这需要企业建立有效的协调机制，确保各部门之间的协同和资源的合理分配。

7. 加强培训与支持

OKR 的成功实施需要员工具备一定的目标管理知识和技能。如果企业未能为员工提供足够的培训和支持，可能导致员工对 OKR 的理解和执行出现偏差。

2.4.3 成功实践 OKR 组织关键因素剖析

国内企业 OKR 落地的六大组织关键因素包括企业文化建设、工作分析与评价、组织结构优化与变革、沟通机制畅通、培训与资源支持、重激励轻处罚等，还需要有配套工具与方法的支撑。OKR 落地的六大组织关键因素分析见表 2-6。

表 2-6 OKR 落地的六大组织关键因素分析

组织关键因素	目标、工具、方法	操作重点与示例
企业文化建设	目标	构建积极向上、注重目标实现与团队协作的企业文化，这对 OKR 的落地至关重要
	价值观梳理与宣传	明确企业核心价值观，并通过内部宣传、员工手册、新员工培训等方式不断强化
	文化活动与庆典	定期组织体现企业文化的活动，如团队建设、年会庆典等，增强员工对企业的认同感
工作分析与评价	目标	对工作进行深入分析、合理评价员工贡献，是 OKR 有效实施的基础
	岗位职责说明书	制定详细的工作分析表，明确岗位职责、工作流程与关键绩效指标
	360 度反馈评价	采用多角度评价方式，包括自评、他评、上级评价等，全面反映员工的工作表现
组织结构优化与变革	目标	灵活且高效的组织结构有助于 OKR 的快速响应与调整
	组织结构图	清晰展示组织层级与部门关系，便于快速定位问题、协调资源
	敏捷团队构建	根据项目需求组建跨部门团队，提高响应速度与创新能力
沟通机制畅通	目标	畅通的沟通机制是确保 OKR 信息准确传递、及时反馈的关键
	内部通信工具与软件平台	如企业微信、钉钉或 OA、ERP、CRM 等，确保信息、数据、资料及时传递，不失真，不泄密
	定期会议与汇报	设定会议与汇报机制，如周会、月会等，保证信息及时同步
培训与资源支持	目标	为员工提供必要的培训与资源，是 OKR 成功实施的保障
	OKR 培训课程	开发针对各层级的 OKR 培训课程，提供线上与线下培训
	资源共享平台	在企业内部建立 OKR 应用的资源共享平台，便于员工学习与交流

续 表

组织关键因素	目标、工具、方法	操作重点与示例
重激励轻处罚	目标	正面激励机制能够激发员工积极性，提高OKR的实施效果
	绩效奖励制度	设定明确的绩效奖励标准，与OKR的完成情况挂钩
	善用非物质激励	如晋升机会、员工认可、荣誉称号等，满足员工的精神需求

2.4.4 量身定制OKR落地实施方案

以下是××公司OKR落地实施的方案，供读者参考。

1. 前言

本实施方案旨在为企业提供一套系统、科学的OKR落地执行方案，以帮助企业明确目标，提升工作效率，实现可持续发展。

2. 实施目标

通过OKR的落地执行，实现以下目标：

（1）企业战略目标与员工个人目标的高度对齐；

（2）提升员工工作效率和执行力；

（3）构建高效、透明的目标管理体系。

3. 实施步骤

第一步：制定与宣讲OKR。

（1）企业高层明确公司级战略目标，并将其分解为可衡量的关键成果；

（2）各部门根据公司目标制定团队级OKR，确保与公司目标对齐；

（3）员工根据个人职责和部门目标，制定个人OKR；

（4）组织OKR宣讲会，确保全体员工理解并认同公司、部门及个人的OKR。

第二步：执行与跟进。

（1）员工按照个人OKR开展工作，并定期自我评估进度；

（2）直线经理定期与员工进行一对一沟通，了解OKR执行情况，提供指导和支持；

（3）各部门定期召开部门会议，分享OKR进展，协调资源，解决问题；

（4）公司高层定期审查公司级OKR的执行情况，及时调整战略方向。

第三步：评估与反馈。

（1）设定固定的评估周期（如季度、半年或年度等）；

（2）员工进行自我评估，总结OKR的完成情况及经验教训；

（3）直线经理对员工进行绩效评估，给予反馈和建议；

（4）公司高层对公司级OKR的完成情况进行总结，确定下一阶段的战略目标。

第四步：调整与优化。

（1）根据评估结果，员工调整个人OKR，以更好地支持部门和公司目标；

（2）部门根据公司战略调整和市场变化，优化团队级 OKR；

（3）公司高层根据市场环境和企业发展情况，更新公司级 OKR。

4. 符合 SMART 原则的 OKR 示例

公司级 OKR 示例见表 2-7。

表 2-7　公司级 OKR 示例

级别	O 和 KR	示例（符合 SMART 原则）
公司级 OKR	O	提升市场份额 10%
	KR1	增加新产品线，覆盖更广泛的消费者群体，年底前推出至少 3 款新产品
	KR2	提高品牌知名度，社交媒体粉丝量增长 50%
	KR3	优化销售渠道，新增 50 家线上/线下分销商

团队级 OKR 示例（以市场营销团队为例）见表 2-8。

表 2-8　市场营销团队的 OKR 示例

级别	O 和 KR	示例（符合 SMART 原则）
团队级 OKR	O	提高品牌知名度和市场影响力
	KR1	组织至少 3 场大型品牌宣传活动，覆盖目标受众超过 10 万人
	KR2	与至少 5 位行业影响力人物合作，进行品牌推广
	KR3	社交媒体内容发布次数提升至每周至少 3 次，互动率提升 20%

个人级 OKR 示例（以市场营销专员为例）见表 2-9。

表 2-9　市场营销专员的 OKR 示例

级别	O 和 KR	示例（符合 SMART 原则）
个人级 OKR	O	提升社交媒体运营效果
	KR1	每日至少发布 1 条高质量社交媒体内容，提升粉丝互动率
	KR2	策划并执行至少 1 次社交媒体线上活动，吸引新用户关注
	KR3	与行业内其他相关账号建立合作关系，扩大品牌影响力

5. 附则

本实施方案自发布之日起执行，如遇特殊情况需调整，须经公司高层审议通过。各相关部门和员工应严格按照本方案执行，确保 OKR 落地执行的效果。

最佳实践：××OKR 打分规则的设计

××的 OKR 打分规则是一个综合考量目标设定、关键成果完成情况和整体绩效评估的规则。这个规则不仅有助于衡量员工的工作成果，还能为公司的战略规划和目标调整提供重要依据。

1. 打分范围与标准的设计

××的OKR评分通常采用0~1.0的等级评分，其中1.0表示目标已完全实现，而0表示完全没有进展。在这个范围内，不同的完成度对应不同的分数。

一般来说，如果OKR的评分为0.6~0.7，表明目标在正确的方向上取得了不错的结果，这是××所期望的理想分数区间。得分过高（接近1.0）可能意味着目标设定缺乏挑战性，而过低（接近0）则可能表明目标过于困难或执行不力。

2. 关键成果评分的设计

每个关键成果会被单独评分，其得分会基于实际的完成情况和预设的目标的对比来确定。

关键成果的完成程度通过一个具体的分数来衡量。如一个完全达成的关键成果会得到1.0的评分，而未完成的则根据完成比例来评分。

3. 目标与关键成果综合评分的设计

在对每个关键成果进行评分后，××会使用这些评分的平均值来对应目标的整体评分。这种方法帮助管理层快速了解整个目标的完成状态。

由于不同的关键成果可能具有不同的权重和重要性，因此在计算整体评分时，可能会根据具体情况进行微调。

4. 评分过程中的注意事项

（1）公开与透明：OKR的评分通常会公开进行，这不仅有助于确保评分的公正性，还能激励员工努力达成目标。

（2）反馈与调整：评分不仅是一个结果，更是一个反馈和调整的过程。员工和管理层会根据评分结果进行沟通和讨论，以便对未来的目标和策略进行调整。

（3）诚实与一致：评分过程中最重要的是诚实和保持一致。这意味着评分应该真实反映工作的实际完成情况，而不应受到其他非工作因素的影响。

疑难杂症：OKR应用的形式主义与表面功夫

OKR在实施过程中可能会遇到形式主义与表面功夫的问题。这些问题不仅会阻碍OKR的有效实施，还可能对企业的战略目标产生负面影响。

OKR应用过程中出现的形式主义与表面功夫的问题和示例见表2-10和表2-11。

表2-10 OKR应用过程中出现的形式主义问题和示例

序号	形式主义	问题和示例
1	目标设定得过于宏大或模糊	某公司设定了一个目标为"成为全球领先的企业"，但没有具体说明在哪个领域领先，也没有明确的关键成果来衡量这一目标。这样的目标过于宏大且模糊，缺乏可操作性和衡量标准
2	关键成果不可衡量	一个关键成果被设定为"提高客户满意度"，但没有具体说明如何提高，也没有设定具体的衡量指标，如客户满意度调查的得分提高多少个百分点

续表

序号	形式主义	问题和示例
3	忽视员工的实际执行能力	公司设定了一个需要高度专业技能和资源的目标，但没有考虑现有员工的实际能力和资源限制，导致目标难以实现
4	缺乏有效沟通和协作	OKR 制定后，仅在管理层之间传达，没有有效地传达给全体员工，导致执行过程中出现偏差和误解
5	评估和反馈机制不健全	公司设定了 OKR，但在执行过程中没有建立有效的评估和反馈机制，导致无法及时了解目标的完成情况，也无法对策略进行调整

表 2-11 OKR 应用过程中出现的表面功夫的问题和示例

序号	表面功夫	问题和示例
1	重形式轻内容	为了迎合 OKR 的实施要求，某些部门或员工可能只关注填写 OKR 表格和汇报文档的形式，而忽略了实际工作的推进和成果的达成
2	数据造假或夸大成果	为了完成 OKR 的考核要求，个别员工或部门可能会夸大实际成果，甚至假造数据，以显示自己达成了关键结果
3	过度强调短期目标	为了追求 OKR 的短期目标达成，而忽视了企业的长期发展规划和战略布局
4	缺乏持续改进的动力	一些员工或部门在达到 OKR 的初步要求后，便停止改进和创新，满足于现状而不愿继续努力提升

望闻问切：企业实践中 OKR 应用经验

"望闻问切"是中医四诊法，通过观察气色、听气息、询问症状和切脉来了解病情。在绩效管理中，这四种方法同样适用。通过分析华为、阿里巴巴、百度、腾讯、小米和知乎等互联网企业在应用 OKR 时的实践，总结出了这些互联网企业在实施 OKR 过程中的经验，特别是 OKR 与 MBO、BSC、KPI、KSF、EVA、标杆管理和卓越绩效管理方法、SWOT 分析法、BEST 反馈法、HPT 等绩效管理工具与方法结合应用的经验。

1. 目标管理的自主性与灵活性（OKR+MBO）

通过结合目标管理（MBO）的理念，这些互联网企业赋予员工更多的自主性和灵活性来设定和实现 OKR。员工参与到目标的制定过程中，不仅提高了目标的可接受性和可实现性，还增强了员工的责任感和主动性。

2. 战略协同与平衡发展（OKR+BSC）

这些互联网企业通过 OKR 明确了各部门和个人的目标，并结合平衡计分卡（BSC）的四个维度（财务、客户、内部运营、学习与成长），确保战略目标在各个层面得到平衡发展。这种结合使得企业能够在追求短期业绩的同时，不忽视长期发展、客户满意度和内部流程的改进。

3. 关键绩效指标的精准衡量（OKR+KPI）

通过将 OKR 与关键绩效指标（KPI）相结合，这些互联网企业能够更精准地衡量目标的达成情况。KPI 为 OKR 提供了量化的评估标准，使得目标的追踪和评估更加客观、准确。这种结合确保了企业在追求目标的过程中，能够持续关注并提升那些对业务成功至关重要的绩效指标。

例如，OKR+KPI 相结合的效果需要基于组织清晰明确且被员工和大众普遍认可的愿景、使命和核心价值观。愿景是指企业未来的发展蓝图，关注的是"到哪里去"的问题，华为的愿景是"丰富人们的沟通和生活"；使命是指企业存在的意义，回答的是"为什么去"的问题，阿里巴巴的使命是"让天下没有难做的生意"；核心价值观是组织精神的灵魂，研究的是"怎么做好"的问题，百度的核心价值观是"简单可依赖"。可见，使命的驱动力来自愿景，愿景的达成需要设定目标，核心价值观是行动的原则，而战略则是实现愿景的路径。所以，公司的愿景、使命和核心价值观是设定战略规划、工作目标、关键成果和引导激励员工行为的基础和前提。

4. 关键成功因素的深入挖掘（OKR+KSF）

在确定 OKR 时，企业会深入分析并确定影响目标达成的关键成功因素（KSF）。这种结合帮助企业更加清晰地认识到实现目标所需要的关键资源和能力，从而有针对性地进行资源配置和能力提升。

5. 价值创造与绩效评估的全面性（OKR+EVA）

经济增加值（EVA）作为一种绩效评估工具，与 OKR 的结合使得企业能够更全面地评估目标的经济价值和实际贡献。这种结合不仅关注目标的达成情况，还考虑了目标对企业整体价值的贡献，从而引导员工更加关注价值创造。

6. 标杆学习与持续改进（OKR+标杆管理）

标杆管理为企业提供了一个向行业内部和外部最佳实践学习的机会。将标杆管理与 OKR 相结合，这些互联网企业能够明确自身在行业中的位置，找到与标杆企业的差距，并设定具体的改进目标。这种结合促进了企业的持续改进和创新。

7. 绩效管理的系统性与卓越性（OKR+卓越绩效管理方法）

卓越绩效管理方法强调系统性、全面性和持续改进，与 OKR 的结合使企业能够从整体绩效管理的角度审视目标的设定和实现过程，确保各个环节的紧密衔接和高效运作。这种结合有助于企业构建一套完善、高效的绩效管理体系。

8. 多元分析与决策支持（OKR+SWOT 分析法、BEST 反馈法、HPT）

在制定和实现 OKR 的过程中，这些互联网企业还综合应用了 SWOT 分析法来评估内外部环境的机会与威胁，应用 BEST 反馈法进行及时、具体、有针对性的反馈，以及应用 HPT 来识别和解决绩效障碍。这些工具与方法的综合应用为企业的决策提供了多元化的分析视角和支持，实现了更加全面、系统、灵活的绩效管理。

第 3 章

MBO 的应用

目标管理（Management by Objectives，MBO）由管理大师彼得·德鲁克于1954年提出。目标管理是指企业明确提出在一定时期内期望达到的战略总目标，然后再由各部门和全体员工确定各自的分项目标和个人目标，并采取各种方法实现总目标的绩效管理工具。

战略总目标、分项目标和个人目标上下一贯、左右相连、彼此制约，融汇成MBO体系，形成一个目标链。MBO系统框架如图3-1所示。

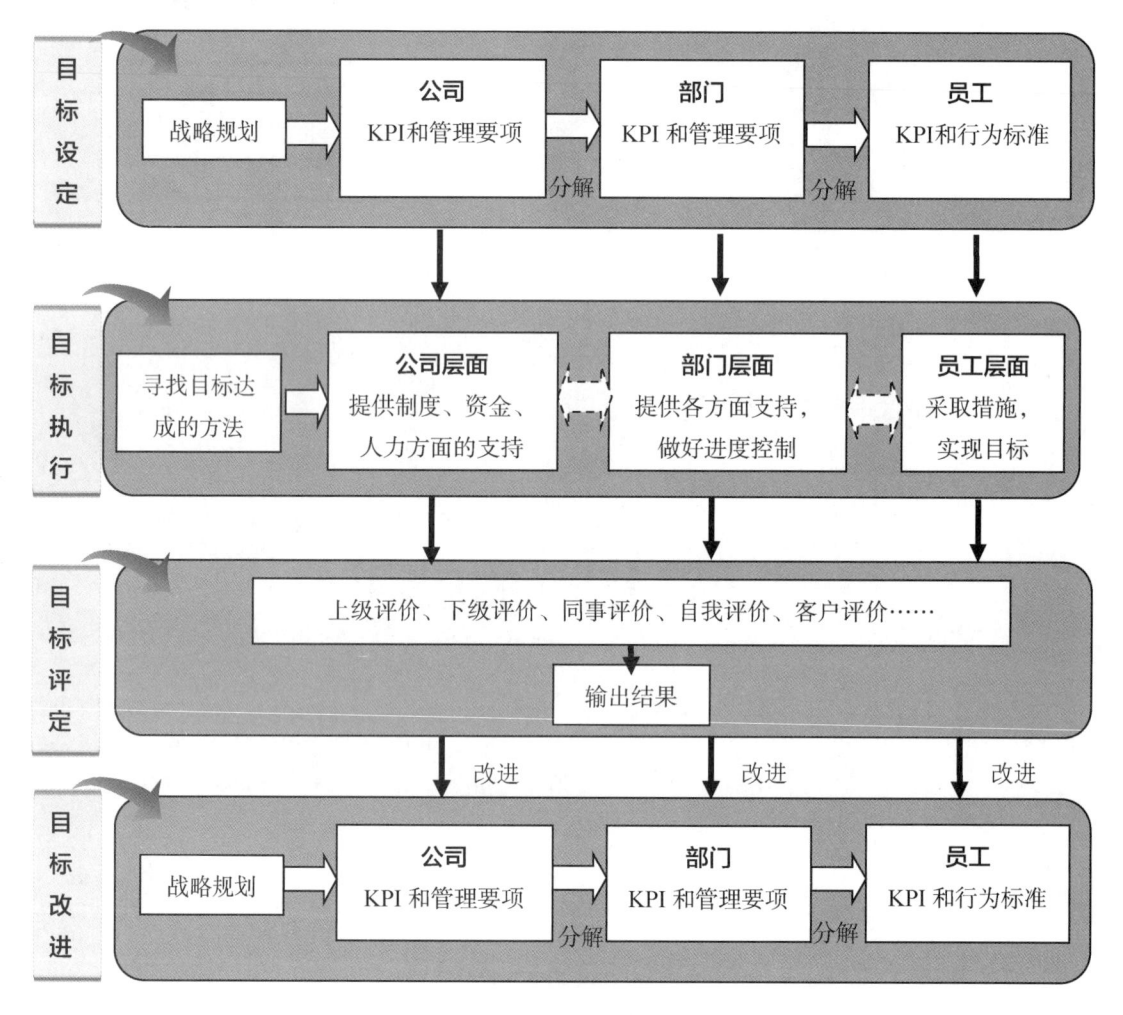

图3-1 MBO系统框架

工作中并不是所有内容都可以用关键绩效指标（KPL）衡量的，还有管理要项和行为标准。管理要项，是反映各公司和部门内部管理状况的关键所在。行为标准，由纳入考核的改进KPL密切相关的一组或若干组行为要项及工作标准组成，是为改进KPL状况服务的。

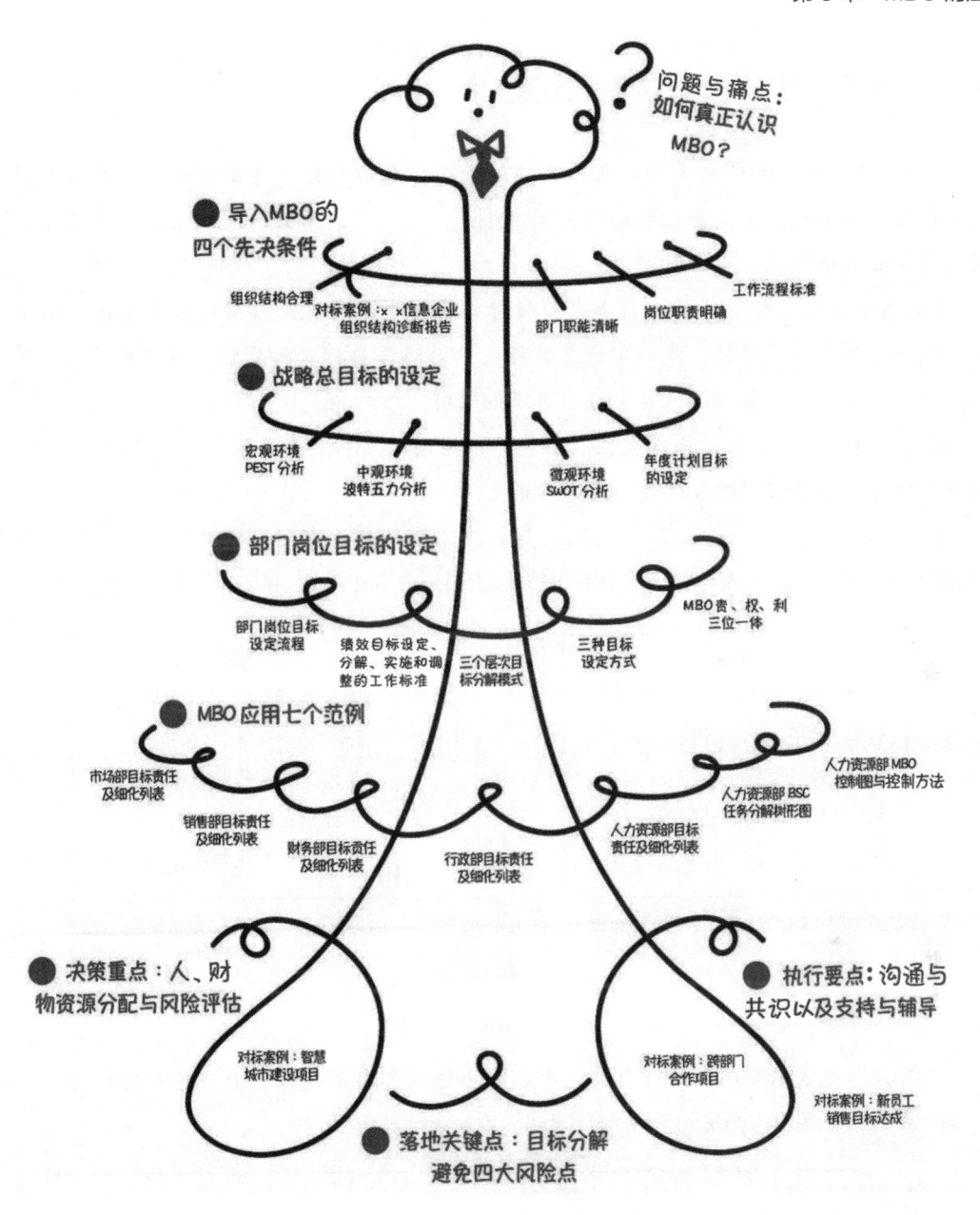

第 3 章　MBO 的应用

问题与痛点：如何真正认识 MBO？

- **导入 MBO 的四个先决条件**
  - 组织结构合理
  - 对标案例：××信息企业组织结构诊断报告
  - 部门职能清晰
  - 岗位职责明确
  - 工作流程标准

- **战略总目标的设定**
  - 宏观环境 PEST 分析
  - 中观环境 波特五力分析
  - 微观环境 SWOT 分析
  - 年度计划目标的设定

- **部门岗位目标的设定**
  - 部门岗位目标设定流程
  - 绩效目标设定、分解、实施和调整的工作标准
  - 三个层次目标分解模式
  - 三种目标设定方式
  - MBO 责、权、利三位一体

- **MBO 应用七个范例**
  - 市场部目标责任及细化列表
  - 销售部目标责任及细化列表
  - 财务部目标责任及细化列表
  - 行政部目标责任及细化列表
  - 人力资源部目标责任及细化列表
  - 人力资源部 BSC 任务分解树形图
  - 人力资源部 MBO 控制图与控制方法

- **决策重点：人、财、物资源分配与风险评估**
  - 对标案例：智慧城市建设项目

- **落地关键点：目标分解避免四大风险点**

- **执行要点：沟通与共识以及支持与辅导**
  - 对标案例：跨部门合作项目
  - 对标案例：新员工销售目标达成

MBO 应用框架体系

问题与痛点：如何真正认识MBO？

MBO具有独特的过程管理特点和系统的管理理念以及结果导向型的评价系统，因而具有广泛的应用性，大到企业的组织管理，小到个人的目标管理，也被应用到企业不同管理领域，如质量管理、生产管理等。

（1）MBO是参与管理的一种形式。目标的实现者同时也是目标的制定者，即由上级与下级一起共同确定目标。先确定出总目标，然后对总目标进行分解，逐级展开，通过上下协商，制定出企业各部门，直至每个员工的目标。

（2）MBO重视结果，强调自主、自觉。但应用了MBO并不等于领导可以放手不管，领导对目标实施过程中的管理是不可缺少的。

（3）作为一种绩效管理工具，MBO与其他工具一样，有其自身的优缺点。企业在应用MBO时要认清其优点与缺点。MBO的优缺点如图3-2所示。

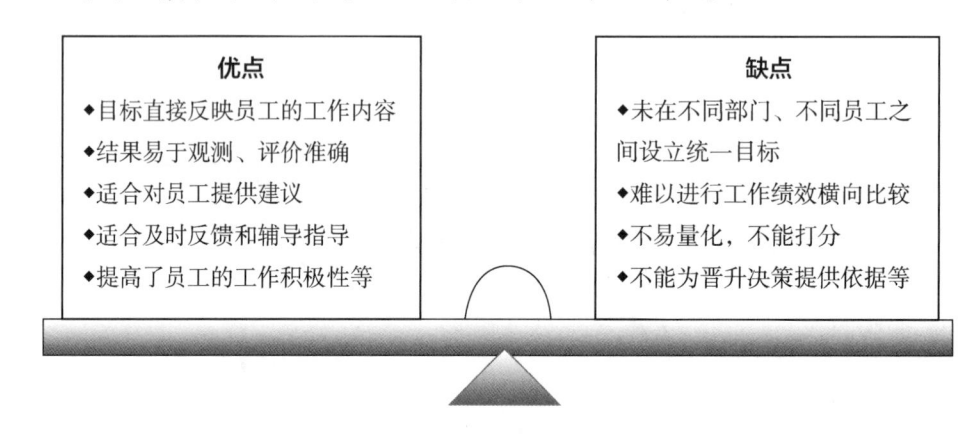

优点
- 目标直接反映员工的工作内容
- 结果易于观测、评价准确
- 适合对员工提供建议
- 适合及时反馈和辅导指导
- 提高了员工的工作积极性等

缺点
- 未在不同部门、不同员工之间设立统一目标
- 难以进行工作绩效横向比较
- 不易量化，不能打分
- 不能为晋升决策提供依据等

图3-2 MBO的优缺点

为有效防范MBO在具体应用过程中可能出现的各种问题，企业应重点把握好以下四大注意事项，如图3-3所示。

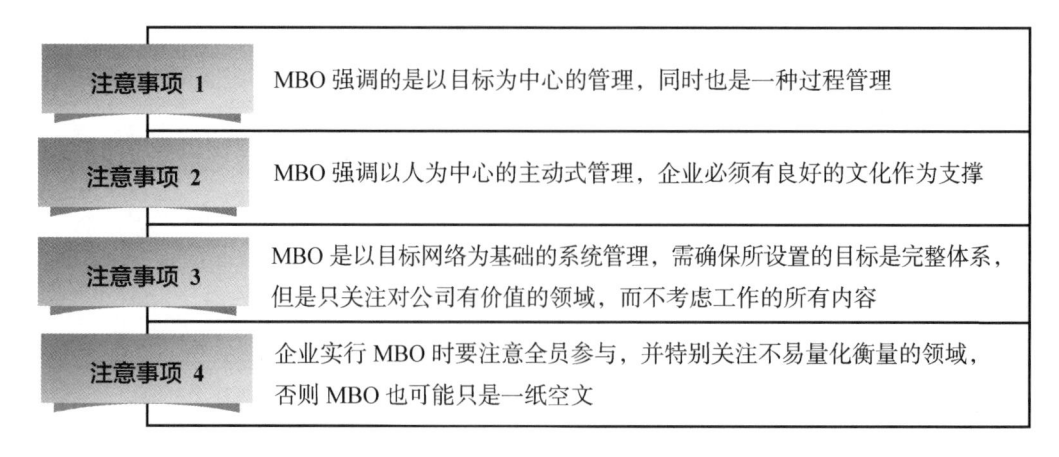

注意事项1	MBO强调的是以目标为中心的管理，同时也是一种过程管理
注意事项2	MBO强调以人为中心的主动式管理，企业必须有良好的文化作为支撑
注意事项3	MBO是以目标网络为基础的系统管理，需确保所设置的目标是完整体系，但是只关注对公司有价值的领域，而不考虑工作的所有内容
注意事项4	企业实行MBO时要注意全员参与，并特别关注不易量化衡量的领域，否则MBO也可能只是一纸空文

图3-3 应用MBO的四大注意事项

3.1 导入 MBO 的四个先决条件

企业导入 MBO 需要具备一定的先决条件，主要包括组织结构合理、部门职能清晰、岗位职责明确、工作流程标准等。企业导入 MBO 的四个先决条件如图 3-4 所示。

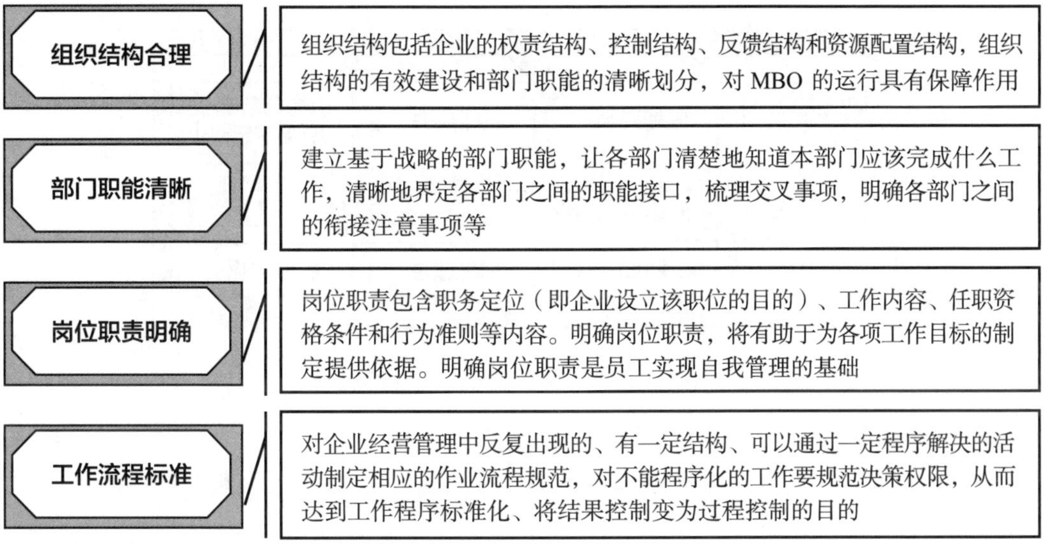

组织结构合理	组织结构包括企业的权责结构、控制结构、反馈结构和资源配置结构，组织结构的有效建设和部门职能的清晰划分，对 MBO 的运行具有保障作用
部门职能清晰	建立基于战略的部门职能，让各部门清楚地知道本部门应该完成什么工作，清晰地界定各部门之间的职能接口，梳理交叉事项，明确各部门之间的衔接注意事项等
岗位职责明确	岗位职责包含职务定位（即企业设立该职位的目的）、工作内容、任职资格条件和行为准则等内容。明确岗位职责，将有助于为各项工作目标的制定提供依据。明确岗位职责是员工实现自我管理的基础
工作流程标准	对企业经营管理中反复出现的、有一定结构、可以通过一定程序解决的活动制定相应的作业流程规范，对不能程序化的工作要规范决策权限，从而达到工作程序标准化、将结果控制变为过程控制的目的

图 3-4 企业导入 MBO 的四个先决条件

3.1.1 组织结构合理

1. 业务结构诊断

业务结构诊断主要是分析企业各项业务的分工协作及资源的配比情况。具体到单项业务，可从业务流程切入，诊断部门的设置是否足以覆盖该业务流程且不重叠。按照罗宾斯对组织的研究，业务部门的划分有四种方式，各种方式有不同的优缺点，如图 3-5 所示。

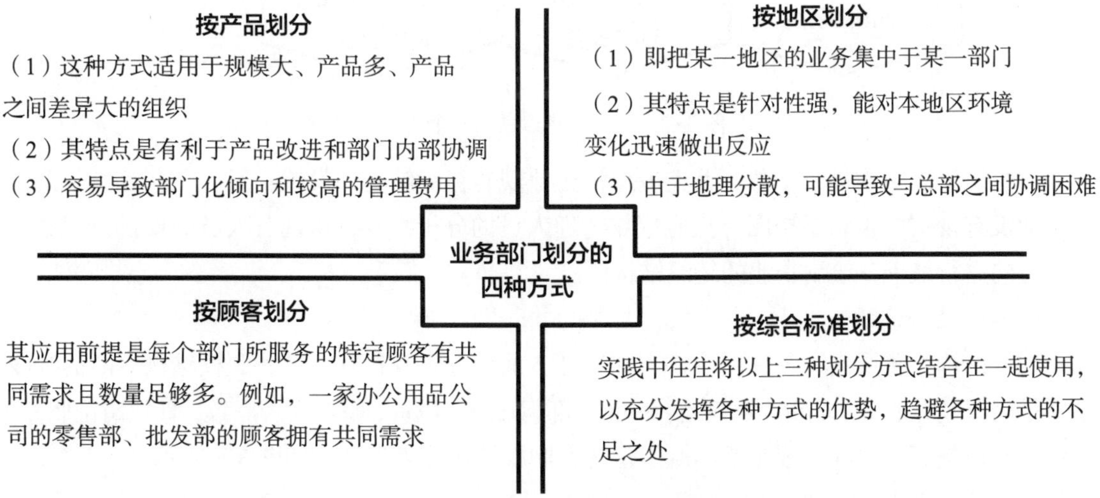

按产品划分
（1）这种方式适用于规模大、产品多、产品之间差异大的组织
（2）其特点是有利于产品改进和部门内部协调
（3）容易导致部门化倾向和较高的管理费用

按地区划分
（1）即把某一地区的业务集中于某一部门
（2）其特点是针对性强，能对本地区环境变化迅速做出反应
（3）由于地理分散，可能导致与总部之间协调困难

业务部门划分的四种方式

按顾客划分
其应用前提是每个部门所服务的特定顾客有共同需求且数量足够多。例如，一家办公用品公司的零售部、批发部的顾客拥有共同需求

按综合标准划分
实践中往往将以上三种划分方式结合在一起使用，以充分发挥各种方式的优势，趋避各种方式的不足之处

图 3-5 业务部门划分的四种方式

2. 职能结构诊断

职能结构指实现组织目标所需的各项职能工作及其比例和关系。职能结构诊断是对各部门在目前的组织系统中的作用、分工、隶属、合作关系是否明确等进行分析，判断企业现有组织结构中各部门职能是否缺失、交叉、冗余、错位等。职能结构诊断包括八个维度，如图 3-6 所示。

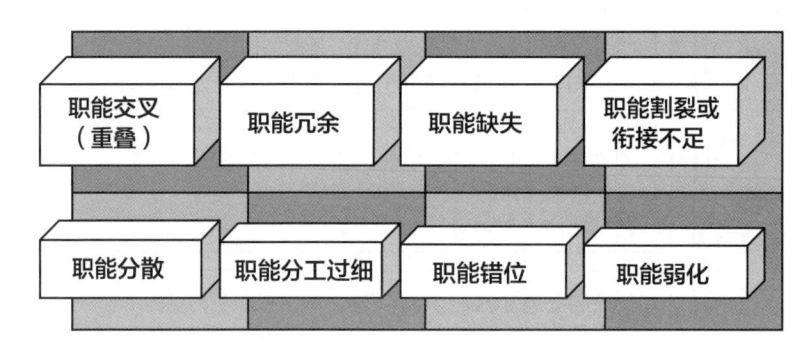

图 3-6　职能结构诊断的八个维度

职能结构诊断可以结合企业价值链进行。对企业价值链上各环节的职能进行逐一分析，就不会出现职能遗漏或重复的现象，思路非常清晰，能确定主要职能改进领域与改进重点。

3. 层次结构诊断

层次结构指管理层次的构成及管理者所管理的人数。层次结构诊断的内容包括现有的组织机构设置状况，高层领导管理层次、管理幅度、管理分工是否明确和合理，管理岗位任务量与配备人员数量与素质适应状况等。层次结构诊断包括六个维度，如图 3-7 所示。

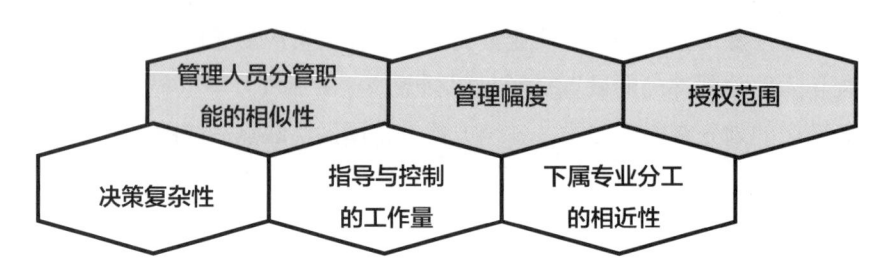

图 3-7　层次结构诊断的六个维度

对组织层次结构进行诊断，首先应厘清企业现有组织结构的设置状况。一些管理不到位的企业没有现成的组织结构图，只能依靠管理人员的分析判断，从现有人员的安排、职务分工等方向进行梳理，绘制企业的组织结构图。

4. 职权结构诊断

职权结构指各层次、各部门在权力和责任方面的分工及相互关系。职权结构诊断的维度主要是高层领导职务、职责、职权是否一致，部门职务、职责、职权是否一致，管理岗位职务、职责、职权是否一致等。按照罗宾斯的理解，职权结构分为三种，如图 3-8 所示。

职权结构的三种类型

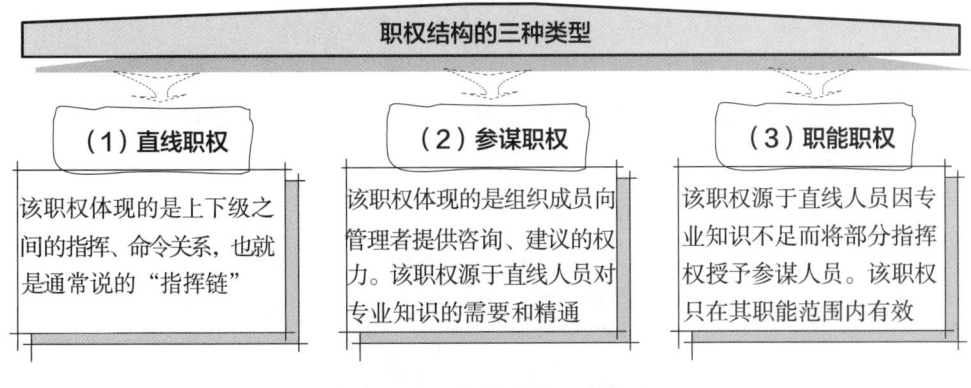

（1）直线职权
该职权体现的是上下级之间的指挥、命令关系，也就是通常说的"指挥链"

（2）参谋职权
该职权体现的是组织成员向管理者提供咨询、建议的权力。该职权源于直线人员对专业知识的需要和精通

（3）职能职权
该职权源于直线人员因专业知识不足而将部分指挥权授予参谋人员。该职权只在其职能范围内有效

图 3-8　职权结构的三种类型

对标案例　××信息企业组织结构诊断报告

××信息企业是国内知名软件开发公司，随着市场需求量的增大及竞争对手的增加，××信息企业明确了以"技术改革和科研创新"为主要奋斗目标的发展方向，但是其组织结构显然不适应新的发展方向，面对市场竞争，反应也过于缓慢。

××信息企业组织结构现状整体描述如下：

（1）该企业目前采用的是以直线职能制为主的组织结构。这种结构虽然在企业发展初期起到了很大作用，但是随着企业的发展，已经不能快速地对外界变化做出反应，而且会导致高层决策的堆积，影响部门之间的横向协调，员工也对组织目标认识不清。

（2）为了技术改革和科研创新，该企业组成了临时结构。临时结构中的技改中心和科研中心是以矩阵制结构组织起来的，作为有效的横向联系方式，减少了纵向层级的信息负载。但是，矩阵制结构很容易让矩阵中的员工陷入双重职权之中，而且需要耗费大量时间解决会议冲突。矩阵制结构中权力的平衡也是让企业领导头疼的事情。

××信息企业组织结构诊断结果及建议见表3-1。

表3-1　××信息企业组织结构诊断结果及建议

序号	诊断结果	诊断建议
1	（1）组织机构庞大，部门设置臃肿，办事效率低 （2）机构设置随意性强，职能分工过细，相近、相似职责分散	（1）精简机构，合并部门，压缩岗位 （2）合并重合或交叉职能、相近或相似职责，进行工作分析夯实人力资源管理基础
2	部门职责界定不够明确，部分职责交叉	重新定义新组织结构下的各部门职责
3	（1）定编较多，因人设岗，人浮于事 （2）"官多兵少"，职能部门管理者管理幅度过小，出现职位虚设现象	（1）采用单一主管负责制，尽量不设副职 （2）岗位设置遵照满负荷原则，一专多能
4	多头指挥或越级管理造成指挥系统低效	清晰界定上下级的工作权限和职能划分，明确管理范围和直接负责对象
5	企业内部沟通协调机制薄弱	明确跨部门业务和管理流程，加强协作
6	（1）战略规划、营销、研发等职能薄弱或缺失 （2）管理信息系统不完善，信息资源浪费严重，信息传递不畅	（1）增加或加强战略、营销、研发等职能 （2）整合疏通信息管理等有关部门的职能

3.1.2 部门职能清晰

基于合理的组织结构，加上职能调查与识别的结果，可以将各部门职能进行汇总和有序排列，然后对这些作业项目进行分解与组合，使每个部门形成若干项清晰的职能。

1. 部门职能分解

部门职能分解主要包括三项内容，如图3-9所示。

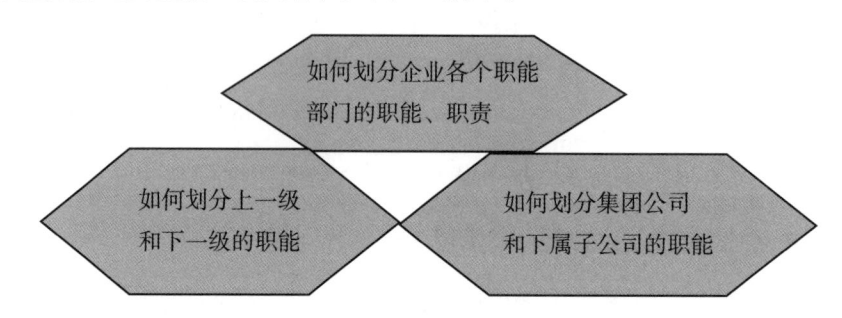

图3-9 部门职能分解的三项内容

2. 部门职能组合

部门职能组合指在对工作项目进行分解与梳理的基础上，将相近或相似的工作内容组合成一个大的项目，并进一步演化成一个职能。

3. 三级职能定位

部门职能分解表的模板见表3-2。

表3-2 部门职能分解表模板

一级职能	二级职能	三级职能

部门职能分解表中的一级职能、二级职能和三级职能表示企业部门职能的具体项目。

一级职能是本部门的主要业务和管理职能，通常比较简单。例如，人力资源部的"一级职能"就是"人力资源开发与管理"。

二级职能是在"一级职能"之下分解的若干项职能。例如，人力资源部的"二级职能"包括人力资源规划编制、人才招聘与配置、员工培训与开发、绩效考核管理、薪酬福利激励和员工日常管理等。

三级职能是"二级职能"作业项目的再分解。例如，人力资源部的"二级职能"中的"员工日常管理"分解成的三级职能为员工录用、员工调转、员工晋升、考勤计算等多项作业项目。

3.1.3 岗位职责明确

岗位分析也称职务分析，是指基于清晰的部门职能，通过全面的信息收集，对某特定的工作做出明确的规定，并确定完成这一工作所需要的知识、技能和素质等任职资格条件的过程。企业通过岗位分析可以明确本企业各个岗位的定位、职责、权力、隶属关系、工作条件，以及完成每项职责必须具备的知识、技术、能力和职业素养。

1. 厘清岗位分析与组织结构、部门职能的关系

岗位分析与组织结构、部门职能之间的关系如图 3-10 所示。

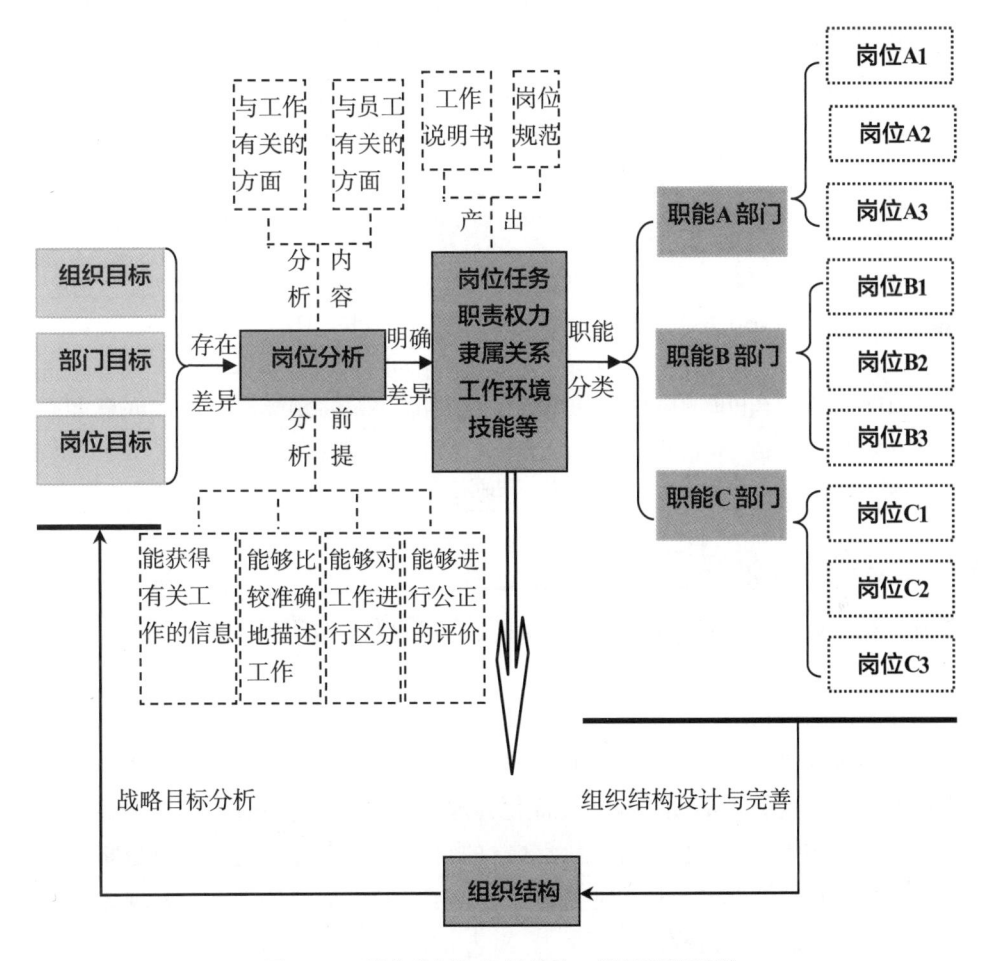

图 3-10　岗位分析与组织结构、部门职能图谱

2. 岗位职责设计

岗位职责设计的内容主要包括工作的责任、权力、方法、工作中的相互沟通和协作等，见表 3-3。

表 3-3　岗位职责设计的五项内容

五项内容	岗位职责设计具体说明
工作责任	工作责任设计就是员工在工作中应承担的职责及压力范围的界定，也就是工作负荷的设定。责任的界定要适度
工作权力	权力与责任是对应的，责任越大，权力范围越广，若二者脱节，会影响员工的工作积极性

续 表

五项内容	岗位职责设计具体说明
工作方法	工作方法设计的内容包括领导对下级的工作方法、组织和个人的工作方法设计等。工作方法的设计具有灵活性和多样性，不同性质的工作根据其工作特点的不同采取的具体方法也不同，不能千篇一律
沟通形式	沟通是信息交流和工作流程顺利进行的基础，包括垂直沟通、平行沟通、斜向沟通等形式
工作协作	整个组织是有机联系的整体，是由若干个相互联系、相互制约的环节构成的，每个环节的变化都会影响其他环节以及整个组织运行，因此各环节之间必须相互合作、相互制约

3. 改进岗位设置

随着企业外部经营环境和内部管理实践的变化，原始的岗位职责设计可能已不再符合企业发展的需求，企业岗位的设置需要不断改进。改进岗位设置可以采用三种方法，见表3-4。

表3-4 改进岗位设置的三种方法

方法	具体说明
工作范围扩大化	高度的专业化不利于岗位之间的信息沟通，容易降低员工活力、抑制员工创新。因此，很多企业在岗位设置时适当扩大岗位工作范围，避免此类问题出现
工作方式团队化	在团队工作中，只存在大致的分工，而没有绝对的岗位界限，更强调团队成员各自在团队中的角色定位、按照能力而不是岗位发挥作用。因而，很多企业采用团队工作的模式
岗位设置弹性化	它是基于能力的岗位设计方法，其主要特征为岗位工作目标和职责较模糊，员工不必拘泥于岗位职责范围，有利于发挥个人特长，进而使企业具有应对市场变化的弹性

3.1.4 工作流程标准

业务流程是企业为达到特定的价值目标而由不同的人员分别完成的一系列活动。活动之间不仅有严格的先后顺序限定，而且活动的内容、方式、责任等必须有明确的安排和界定，使不同活动在不同岗位角色之间进行转手交接成为可能。

管理流程指企业为了控制风险，降低成本，提高服务质量、工作效率以及对市场的反应速度，而做出的一系列管理活动。设计并优化管理流程的目的是提高顾客满意度和企业市场竞争力，进而达到利润最大化、提高经营效益的目的。企业对内应以企业战略目标为根本依据，提高管理流程的效率，平衡企业各方资源，控制总体效率的平衡，实现企业总体绩效；对外要面向客户，提高业务流程的效率。

企业要想长期持续发展，必须时时关注组织结构和流程变革。企业要向管理要效益，应强调整体全局最优而不是单个环节最好。企业要结合具体的业务流程或管理流程设立部门、岗位并清晰职能、职责，通过在流程中建立控制程序来尽量压缩管理层次，最大限度地发挥每个人员的工作潜能和责任心。需要注意的是，流程和结构之间要强调人与人之间的合作性和协调性。

3.2 战略总目标的设定

战略总目标体现的是公司的整体发展方向。

一般情况下，战略总目标只有一个，否则容易造成公司资源分散、不集中，导致目标无法实现。常见的战略总目标主要包括占领市场领先地位、创造高知名度品牌、获得高额品牌利润、获得高增长的现金流量或成为行业内的主要领导者等。

战略总目标的设定需要基于组织所处环境的状况，包括企业所处的宏观环境、中观环境及微观环境。公司在制定战略总目标时必须对公司内外部的环境进行充分的分析。

战略总目标的设定流程为**宏观环境 PEST 分析—中观环境波特五力分析—微观环境 SWOT 分析—年度计划目标的设定**。

3.2.1 宏观环境 PEST 分析

宏观环境分析主要包括政治环境、经济环境、社会文化环境及技术环境，常用的工具是 PEST（Policy、Economic、Society、Technology，PEST）模型，见表 3-5。

表 3-5 战略总目标的宏观环境 PEST 分析

要素	具体内容分析
P（政治）	政府的方针、政策、法律法规、行政命令等
E（经济）	国民经济发展水平和发展速度、消费者收入水平、消费偏好、储蓄情况、就业程度等
S（社会文化）	国家或地区的居民教育程度、文化水平、宗教信仰、风俗习惯、审美观点、价值观念等
T（技术）	国家对科技开发的投资和支持重点、相关领域技术发展动态、研究开发费用总额、技术转移和技术商品化速度、专利及其保护情况等

3.2.2 中观环境波特五力分析

中观环境分析即分析组织所处的产业环境，常用的工具是迈克尔·波特的五力模型，如图 3-11 所示。

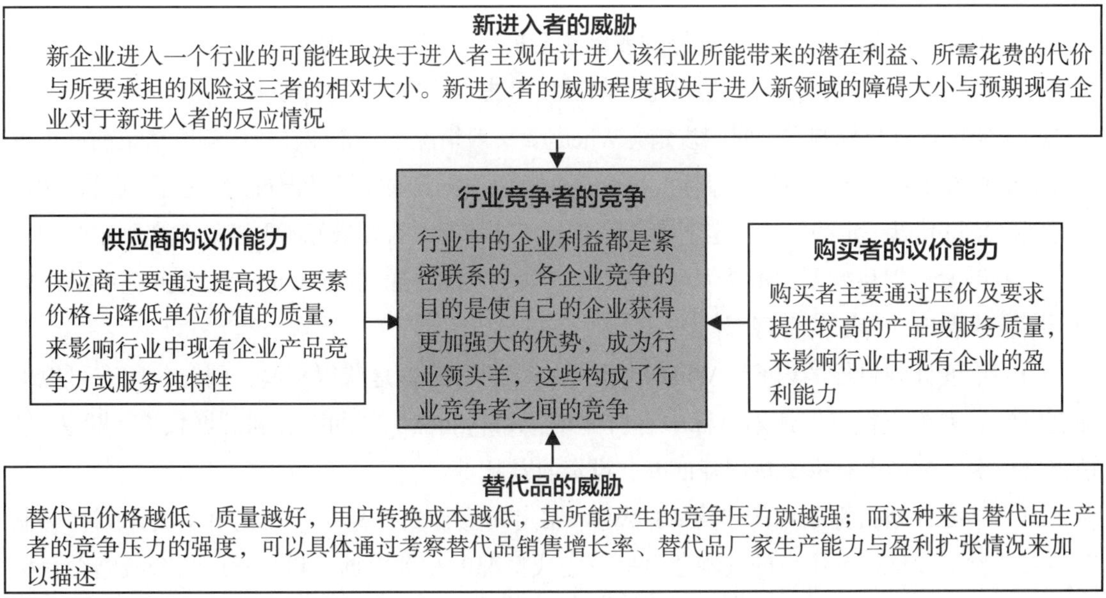

新进入者的威胁
新企业进入一个行业的可能性取决于进入者主观估计进入该行业所能带来的潜在利益、所需花费的代价与所要承担的风险这三者的相对大小。新进入者的威胁程度取决于进入新领域的障碍大小与预期现有企业对于新进入者的反应情况

供应商的议价能力
供应商主要通过提高投入要素价格与降低单位价值的质量，来影响行业中现有企业产品竞争力或服务独特性

行业竞争者的竞争
行业中的企业利益都是紧密联系的，各企业竞争的目的是使自己的企业获得更加强大的优势，成为行业领头羊，这些构成了行业竞争者之间的竞争

购买者的议价能力
购买者主要通过压价及要求提供较高的产品或服务质量，来影响行业中现有企业的盈利能力

替代品的威胁
替代品价格越低、质量越好，用户转换成本越低，其所产生的竞争压力就越强；而这种来自替代品生产者的竞争压力的强度，可以具体通过考察替代品销售增长率、替代品厂家生产能力与盈利扩张情况来加以描述

图 3-11 战略总目标的中观环境波特五力分析

3.2.3 微观环境SWOT分析

微观环境分析即对企业自身的条件和能力进行衡量，常用的工具是SWOT分析法。SWOT分析法根据企业自身的既定内在条件进行分析，找出企业的优势、劣势、机会和威胁。

根据SWOT分析法，战略总目标的微观环境分析见表3-6。

表3-6 战略总目标的微观环境SWOT分析

优势（S）	劣势（W）
1. 擅长什么 2. 组织有什么新技术 3. 能做到别人做不到的什么事情 4. 和别人有什么不同 5. 客户为什么来 6. 最近因何成功 ……	1. 什么事情做不到 2. 缺乏什么"卡脖子"技术 3. 别人有什么比本企业更好的 4. 不能够满足的客户是什么类型 5. 最近因何失败 ……
机会（O）	威胁（T）
1. 市场中有什么适合本企业的机会 2. 可以学到什么技术、技巧、工具与方法 3. 可以提供什么新的技术/服务 4. 可以吸引什么新的客户群体 5. 怎样做到与众不同 ……	1. 最近市场有什么变化 2. 竞争者最近在做什么 3. 能否赶上客户需求的改变 4. 政治、经济环境改变是否会伤害企业 5. 是否有什么事件可能会威胁到企业的生存 ……

3.2.4 年度计划目标的设定

年度计划目标是根据战略总目标而具体设定的利润目标、销售目标、产量目标、成本目标等。

公司的年度计划目标一般由总经理或董事会提出，然后由专职部门以及其他各部门主管负责人参与制定。年度计划目标的设定一般需要考虑四个问题，即3W1H。

（1）年度计划目标制定的时间规定（When）。一般情况下，企业在每个年度结束前一个季度或两个月着手制定下一年度的目标。每个企业可以根据自身实际情况确定年度计划目标制定的时间，并将其以一定的形式固定下来，除非有特殊情况，否则最好不要随意改变制定时间。

（2）年度计划目标制定的人员（Who）。年度计划目标的制定人员一般是由企业最高管理层指定或者成立专职的管理部门。

（3）年度计划目标的内容（What）。企业经营的目的就是获得利润，因此，所有可以增加利润的要素都应在年度计划目标中有所体现，如利润额、利润率、利润增长率、销售额、销售增长率、市场占有率、费用降低率、投资收益比等。

（4）年度计划目标制定的步骤（How）。制定年度计划目标时，应先由年度计划目标制定的人员收集和整理本年度的战略总目标及完成情况的相关数据资料，然后结合战略总目标制定下一年度的计划目标，最后再由最高管理层做出决策。

3.3 部门岗位目标的设定

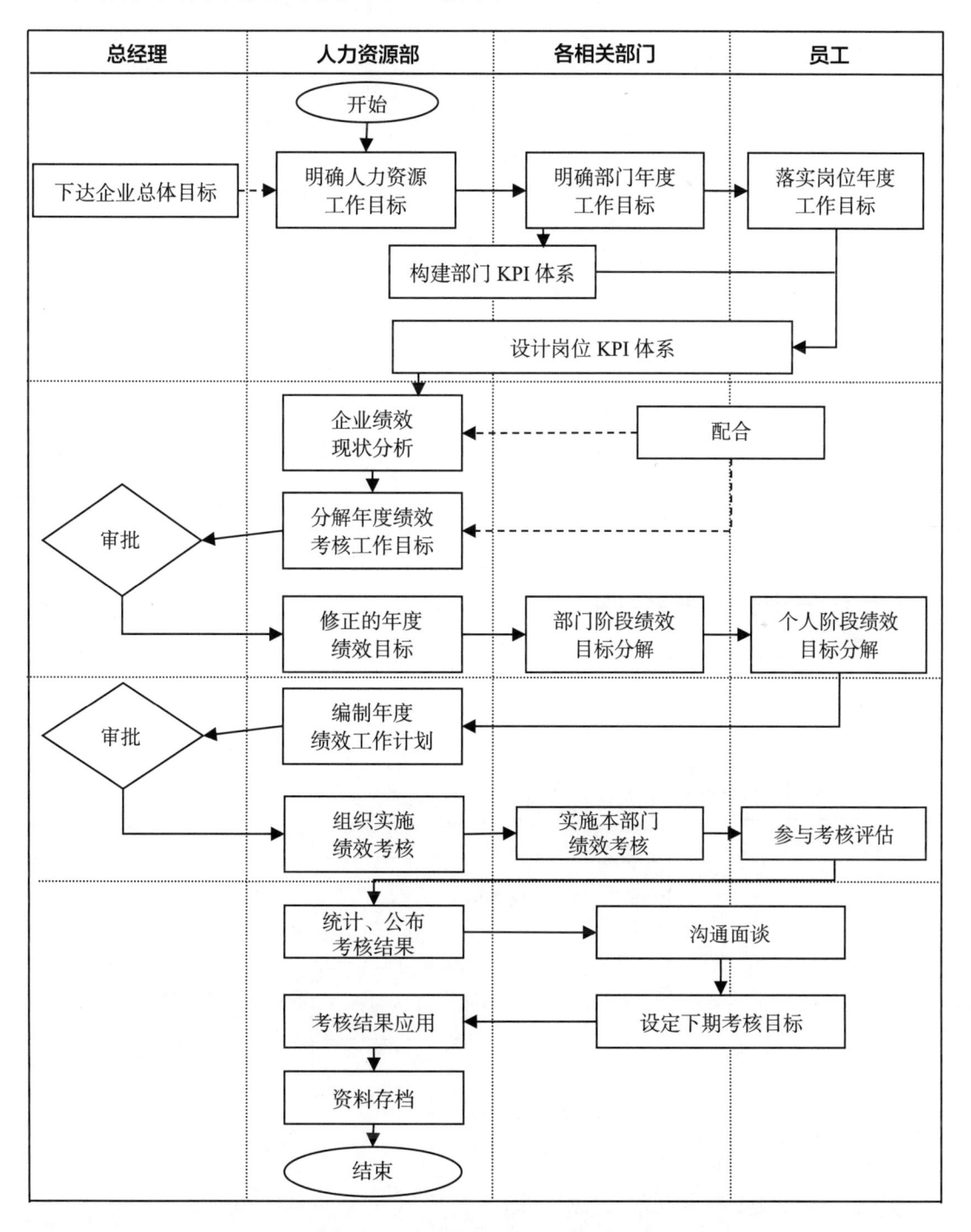

3.3.1 部门岗位目标设定流程

部门岗位目标设定流程示例如图 3-12 所示。

总经理	人力资源部	各相关部门	员工
	开始		
下达企业总体目标 →	明确人力资源工作目标 →	明确部门年度工作目标 →	落实岗位年度工作目标
		构建部门 KPI 体系	
		设计岗位 KPI 体系 ←	
	企业绩效现状分析 ←------	配合	
审批 ←	分解年度绩效考核工作目标 ←------		
	修正的年度绩效目标 →	部门阶段绩效目标分解 →	个人阶段绩效目标分解
审批 ←	编制年度绩效工作计划 ←		
	组织实施绩效考核 →	实施本部门绩效考核 →	参与考核评估
	统计、公布考核结果 →	沟通面谈	
	考核结果应用 ←	设定下期考核目标	
	资料存档		
	结束		

图 3-12 部门岗位目标设定流程示例

3.3.2 绩效目标设定、分解、实施和调整的工作标准

绩效目标设定、分解、实施和调整的工作标准见表 3-7。

表 3-7 绩效目标设定、分解、实施和调整的工作标准

序号	项目	工作执行标准	执行工具
1	绩效目标设定	◆根据企业的发展，各部门为组织绩效目标设定提供相应资料 ◆人力资源部根据各部门提供的资料，分析组织现状 ◆组织领导者根据分析的现状，确定企业及各部门的绩效目标	□企业现状分析报告 □企业年度目标 □各部门年度目标
2	绩效目标分解	◆根据企业及各部门的目标，确定各部门的目标责任人 ◆编制目标责任书，其内容一般包括目的、责任人、责任期限、职责权限、责任内容、奖惩办法等 ◆就编制的目标责任书与各部门相关人员进行讨论、确认 ◆对目标责任书的各项内容进行评估，修改不完善的条款	□目标责任书
3	绩效目标实施	◆人力资源部与各部门根据目标内容，制定目标实施计划 ◆目标实施计划主要包括目标的内容、实现目标的措施、实现目标的时间等内容 ◆对目标实施情况进行记录，编制目标实施记录表	□目标实施计划 □目标实施记录表
4	绩效目标调整	◆整理目标实施的反馈记录 ◆对反馈记录进行分析，编制目标实施分析报告 ◆目标实施分析报告的内容包括目标实施情况、目标达成情况、环境变化情况、目标实施的不足及改进措施等 ◆根据总经理审批的目标实施分析报告及提出的意见、环境变化等实际情况，调整绩效目标与实施措施	□目标实施反馈表 □目标实施分析报告 □目标实施调整计划

3.3.3 三个层次目标分解模式

在确定了公司的总目标之后，必须将总目标沿着企业层级进行层层分解。三个层次目标分解模式如图 3-13 所示。

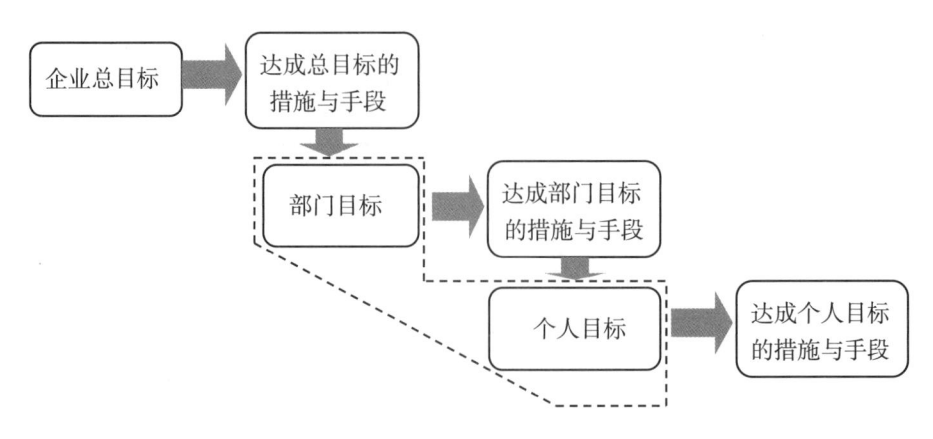

图 3-13 三个层次目标分解模式

部门目标与个人目标分解关注以下四点。

（1）应与企业总目标和经营策略相一致；

（2）部门之间的目标应彼此平衡，个人目标应与本部门的目标协调统一；

(3)应坚持 SMART 原则;

(4)目标必须系统化,添加时间进度表。

3.3.4 三种目标设定方式

相对于传统的目标设定方法,MBO 使用的是参与式目标设定方法,包括由上而下设定目标、由下而上设定目标和协商设定目标等三种方式,如图 3-14 所示。

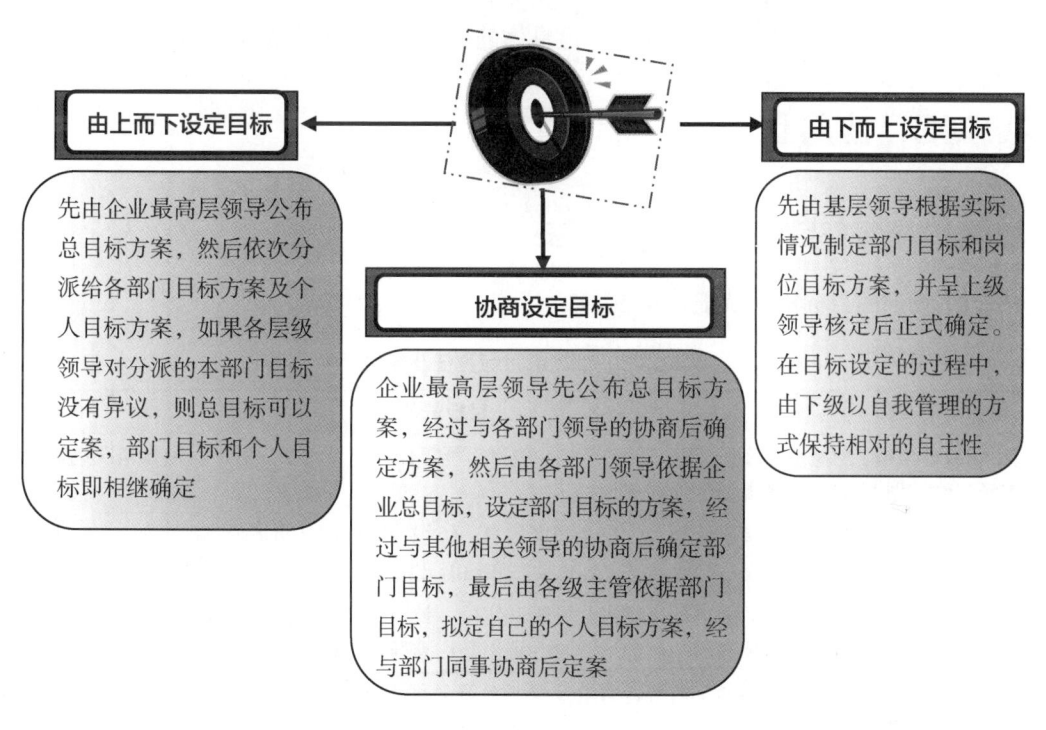

由上而下设定目标:先由企业最高层领导公布总目标方案,然后依次分派给各部门目标方案及个人目标方案,如果各层级领导对分派的本部门目标没有异议,则总目标可以定案,部门目标和个人目标即相继确定

由下而上设定目标:先由基层领导根据实际情况制定部门目标和岗位目标方案,并呈上级领导核定后正式确定。在目标设定的过程中,由下级以自我管理的方式保持相对的自主性

协商设定目标:企业最高层领导先公布总目标方案,经过与各部门领导的协商后确定方案,然后由各部门领导依据企业总目标,设定部门目标的方案,经过与其他相关领导的协商后确定部门目标,最后由各级主管依据部门目标,拟定自己的个人目标方案,经与部门同事协商后定案

图 3-14 三种目标设定方式

3.3.5 MBO 责、权、利三位一体

1. 岗位目标责任书责、权、利对等

每个岗位的目标责任书一般均应包括责、权、利三个部分的内容,如图 3-15 所示。

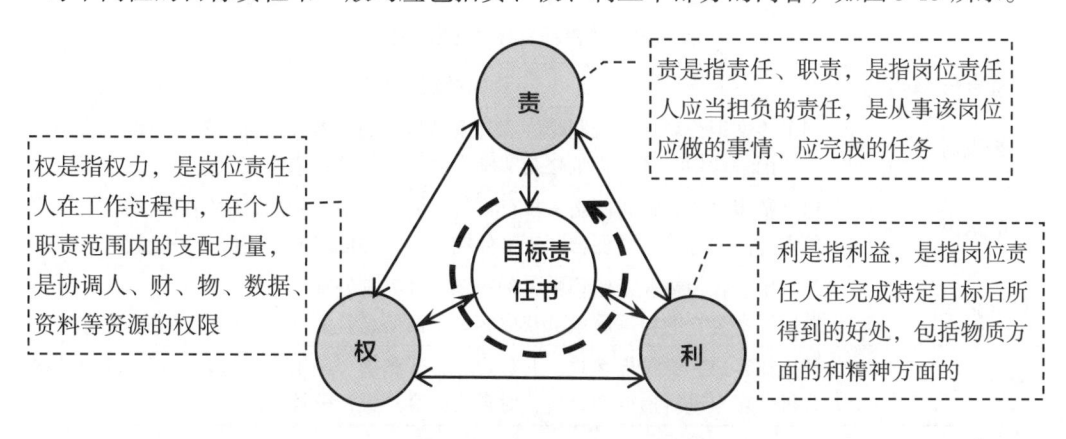

责是指责任、职责,是指岗位责任人应当担负的责任,是从事该岗位应做的事情、应完成的任务

权是指权力,是岗位责任人在工作过程中,在个人职责范围内的支配力量,是协调人、财、物、数据、资料等资源的权限

利是指利益,是指岗位责任人在完成特定目标后所得到的好处,包括物质方面的和精神方面的

图 3-15 目标责任书三项内容

2. 编制目标责任书的三个注意事项

在编制目标责任书时要达成责、权、利的匹配，需要考虑三个注意事项。

（1）责权利三位一体，即责任、权力、利益均统一于责任人一体，责任人既是责任的承担者，也是权力的拥有者，还是利益的享受者；

（2）责、权、利相互挂钩，使责任人能够有责、有权、有利，避免出现有责无权、有责无利等责、权、利脱节的状况；

（3）责、权、利明晰化，使责任人知道具体的责任内容、权力范围和利益大小。

3.4 MBO 应用七个范例

3.4.1 市场部目标责任及细化列表

公司市场部的目标责任及细化见表 3-8。

表 3-8 市场部目标责任及细化

目标责任	目标责任细化
制定市场战略与编制市场工作计划	制定企业市场战略、营销规划，编制市场工作计划及预算，对产品销售情况进行预测，提出未来市场的发展规划
市场调研与分析	制订市场调研计划，收集竞争者信息，组织、实施产品市场份额的调研工作，收集整理市场动态、行业动态、客户动态和政府政策变化等信息，定期撰写《市场调查报告》
市场定位与开发	对企业产品的目标市场进行分析和定位，针对目标消费群体，编制市场开发计划，分析企业各种产品的机会增长点，提出新产品开发建议
产品品牌规划	根据产品特性、消费者需求及企业发展主题，制定产品品牌、包装、渠道、促销等策略，并负责制定企业品牌和形象建设规划
营销推广	制订并实施市场推广计划，为销售工作提供支持

3.4.2 销售部目标责任及细化列表

公司销售部的目标责任及细化见表 3-9。

表 3-9 销售部目标责任及细化

目标责任	目标责任细化
销售规划	（1）制定年度销售规划，编制季度和月度销售计划，做好销售体系的建设与管理 （2）根据销售计划制定销售策略与实施方案，并将其付诸实施
产品销售	（1）建立销售渠道和销售网络，执行订货合同，组织产品的日常销售活动 （2）负责合同的签订，督促合同正常如期履行，并催讨所欠应收业务货款
销售服务	（1）及时反馈客户情况及销售中各种问题，并妥善处理 （2）做好每个客户的售后服务，获取客户反馈信息，并针对其建议制定解决方案
客户管理	（1）开拓新客户，维护老客户，并负责收集、整理、归纳客户资料，建立客户档案 （2）对每个客户进行透彻的分析，对自己的客户进行分档管理

3.4.3 财务部目标责任及细化列表

公司财务部的目标责任及细化见表 3-10。

表 3-10 财务部目标责任及细化

目标责任	目标责任细化
制度建设	（1）依据国际会计准则及国家有关财务工作法律法规，制定财务相关管理制度 （2）组织制定公司财务目标、资本预算、财务政策及操作方法
资金管理	（1）负责公司资金的管理与调配，完成日常收支及记账工作 （2）加强对现金、发票及支票等票据的管理工作，及时编制相应的报表 （3）控制公司资金利用风险，确保合理的资本结构和高效的资金运作
税务筹划	根据公司预算及财务分析资料，结合国家税收政策，制定最优的业务流程及账务处理方式
成本管理	（1）根据公司制造工艺流程及公司管理需求，制定成本核算方法。根据成本核算方法，组织相关部门建立单据流转及归集方法 （2）依据公司管理层需求编制季度、半年度、年度成本分析报告 （3）根据公司管理需求，结合成本分析资料，提出成本控制方案及建议
财务档案管理	收集财务部各岗位财务文件、资料，汇总分类，统一归档封存，按公司档案管理要求定期将财务档案归档

3.4.4 行政部目标责任及细化列表

公司行政部的目标责任及细化见表 3-11。

表 3-11 行政部目标责任及细化

目标责任	目标责任细化
日常行政管理	（1）对公司各项行政事务的综合协调，对企业印章的保管 （2）负责企业年检工作及证照的登记、注册及荣誉申报等
行政资产管理	（1）制定公司低值易耗品和固定资产的管理办法，并监督其他部门执行 （2）负责固定资产的购买、登记造册、维护保养和定期盘点等工作 （3）负责低值易耗品的购买与日常管理
安全及环境管理	（1）负责办公区域的消防安全保障、消防器材的检查和维护等工作 （2）负责公司办公区域的卫生管理，保证办公区的整洁、干净
行政费用控制	制定公司的年度行政费用预算，严格控制各项行政费用的支出
车辆管理	（1）对公司公务车辆进行统一管理、合理调度，对司机进行日常管理 （2）负责公务车辆的保养和维修、车辆的年审及证照的申办等工作

3.4.5 人力资源部目标责任及细化列表

公司人力资源部的目标责任及细化见表 3-12。

表 3-12 人力资源部目标责任及细化

目标责任	目标责任细化
制度建设	（1）负责公司组织机构设置与调整，进行定责、定岗、定编、定额、定员、定薪工作，夯实管理基础 （2）起草、修订、完善人事管理制度，优化工作流程，组织、协调、监督制度和流程落实
人力资源规划	根据公司战略目标和要求，制订中长期人才发展计划，做好各机构和部门年度人员供需预测，协调好招聘、培训、绩效、薪酬各项业务
招聘管理	（1）核定公司年度人员需求计划，拓展招聘渠道，控制招聘成本，组织面试甄选与人才选拔 （2）及时有效地补充公司所需的人力资源，确保人才的数量、质量、层次、结构整体平衡
培训管理	构建岗位胜任力模型，开发人才测评与培训体系，根据公司人才战略发展要求，制订人才培训计划，并组织实施，评估培训效果，形成人才梯队和人才"蓄水池"
绩效管理	（1）制定绩效考核方案，客观、公正实施绩效评估，组织绩效面谈，定期更新KPI库 （2）分析绩效考评结果，为人力资源决策提供依据
薪酬福利管理	（1）定期进行薪酬水平调研，管理工资总额，核算人工成本，提供薪酬激励决策参考依据 （2）遵循工资管理规章制度，根据薪酬市场调研结果，制定员工福利政策并注重精神激励
员工关系管理	（1）协助部门处理员工关系，签订劳动合同、保密协议，以及办理社保、公积金等事项 （2）处理员工申诉，避免劳资纠纷，构建和谐劳动关系

3.4.6 人力资源部 BSC 任务分解树形图

基于平衡计分卡（BSC）的财务、内部运营、客户和学习与成长这四个考核维度，绘制人力资源部的任务分解树形图，以构建针对整个部门绩效评估的全方位视角。

1. 财务维度任务分解树形图

人力资源部财务维度的任务分解树形图如图 3-16 所示。

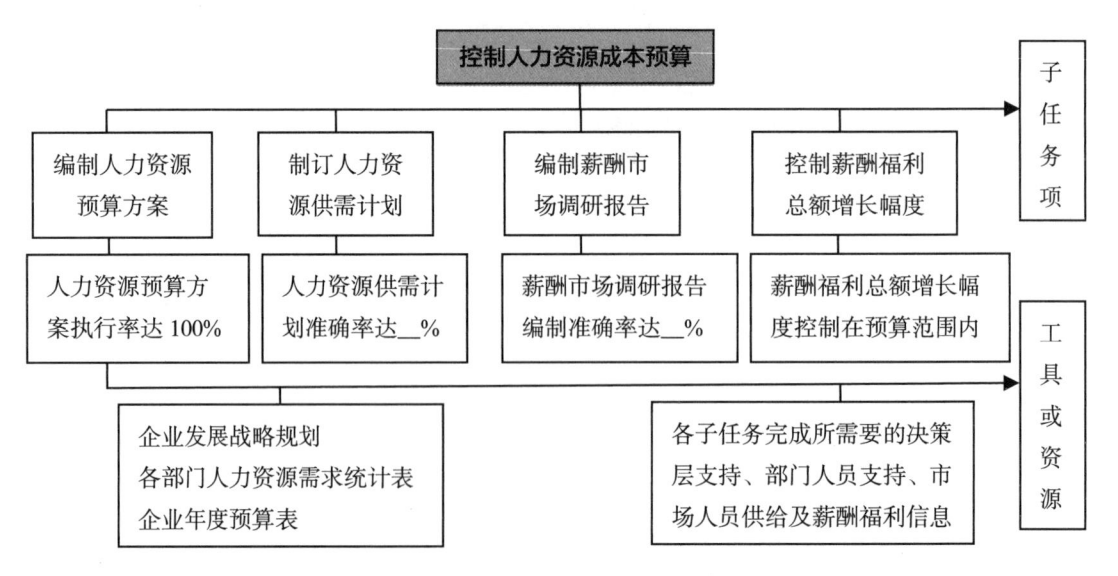

图 3-16 人力资源部财务维度的任务分解树形图

2. 内部运营维度任务分解树形图

人力资源部内部运营维度的任务分解树形图如图 3-17 所示。

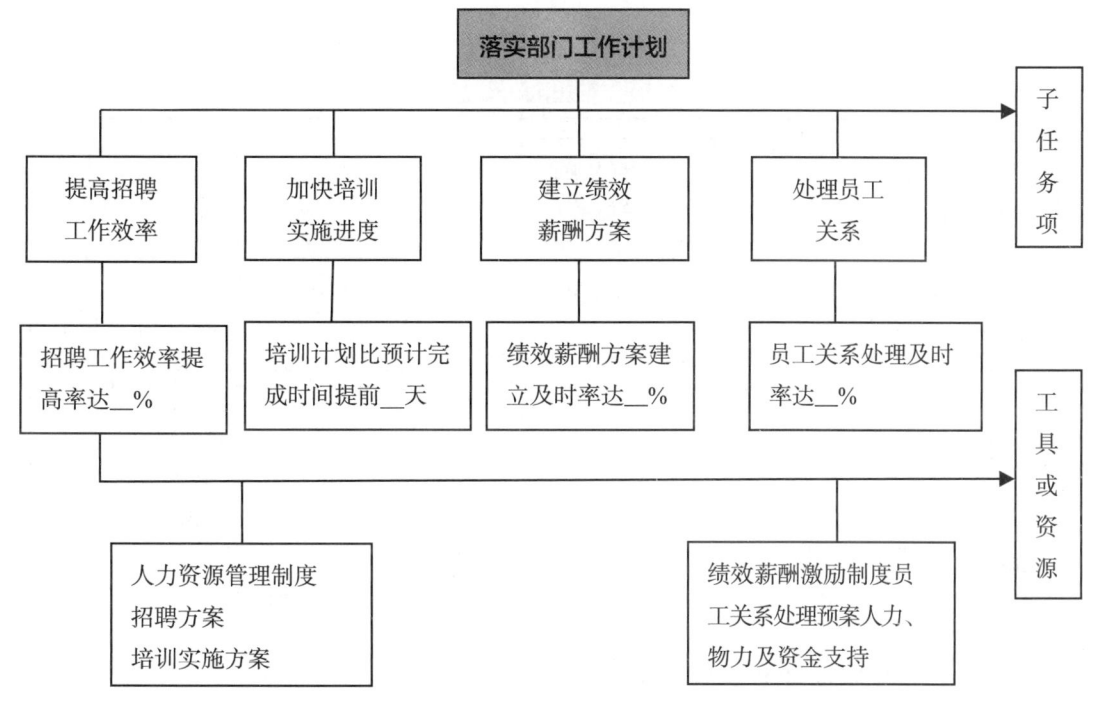

```
                        落实部门工作计划                              →  子任务项

    提高招聘            加快培训            建立绩效           处理员工
    工作效率            实施进度            薪酬方案           关系

    招聘工作效率提      培训计划比预计完    绩效薪酬方案建     员工关系处理及时
    高率达__%          成时间提前__天      立及时率达__%      率达__%
                                                                    →  工具或资源
    人力资源管理制度                        绩效薪酬激励制度员
    招聘方案                                工关系处理预案人力、
    培训实施方案                            物力及资金支持
```

图 3-17 人力资源部内部运营维度的任务分解树形图

3. 客户维度任务分解树形图

人力资源部内部客户维度的任务分解树形图如图 3-18 所示。

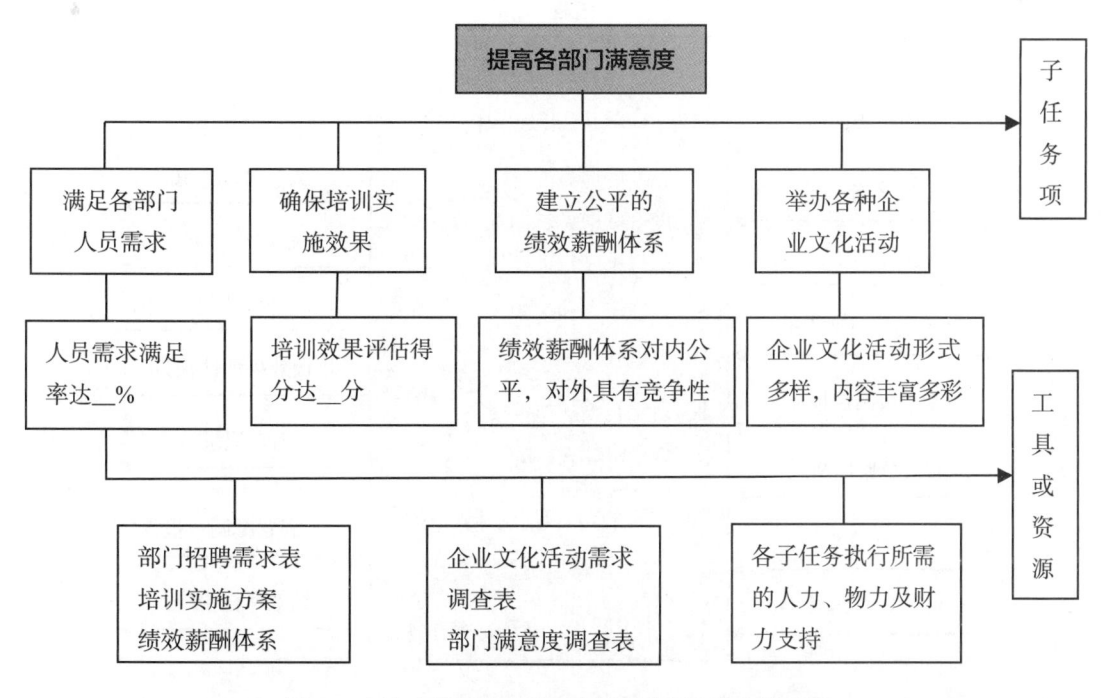

```
                        提高各部门满意度                              →  子任务项

    满足各部门          确保培训实          建立公平的         举办各种企
    人员需求            施效果              绩效薪酬体系       业文化活动

    人员需求满足        培训效果评估        绩效薪酬体系对内公  企业文化活动形式
    率达__%            得分达__分          平,对外具有竞争性   多样,内容丰富多彩
                                                                    →  工具或资源
    部门招聘需求表      企业文化活动需求    各子任务执行所需
    培训实施方案        调查表              的人力、物力及财
    绩效薪酬体系        部门满意度调查表    力支持
```

图 3-18 人力资源部内部客户维度的任务分解树形图

4. 学习与成长维度任务分解树形图

人力资源部学习与成长维度的任务分解树形图如图 3-19 所示。

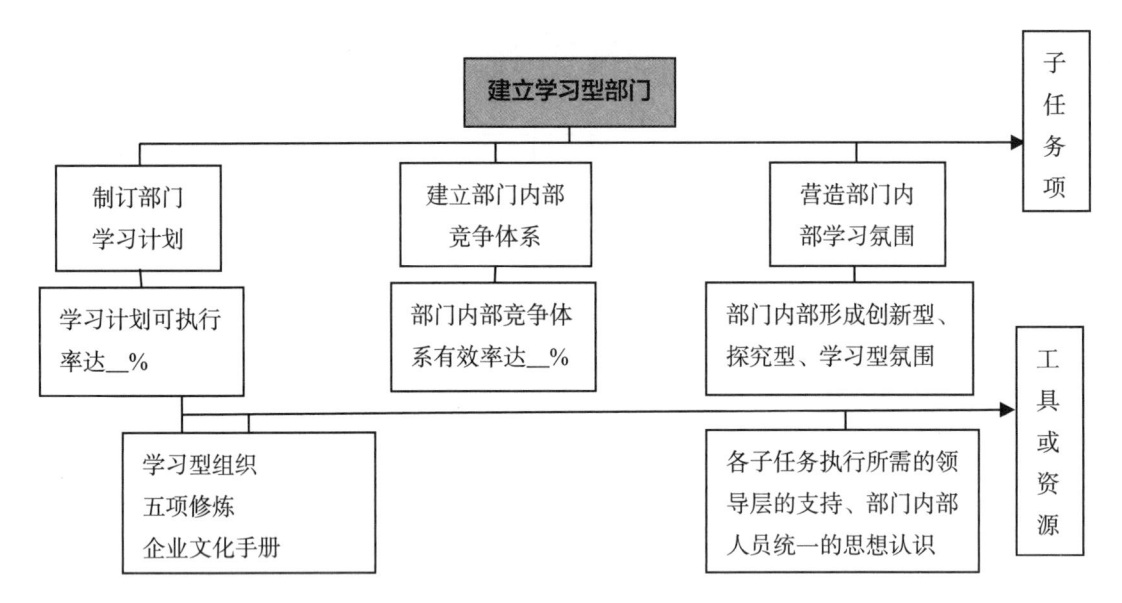

```
                          建立学习型部门
                                │
        ┌───────────────────────┼───────────────────────┐                    子
        │                       │                       │                    任
   制订部门                 建立部门内部              营造部门内             务
   学习计划                 竞争体系                  部学习氛围             项
        │                       │                       │
   学习计划可执行           部门内部竞争体             部门内部形成创新型、
   率达__%                  系有效率达__%              探究型、学习型氛围
        │                                               │                    工
        │                                               │                    具
   学习型组织                                      各子任务执行所需的领       或
   五项修炼                                        导层的支持、部门内部       资
   企业文化手册                                    人员统一的思想认识         源
```

图 3-19 人力资源部学习与成长维度的任务分解树形图

3.4.7 人力资源部 MBO 控制图与控制方法

1. 人力资源部 MBO 控制图

公司人力资源部 MBO 控制图如图 3-20 所示。

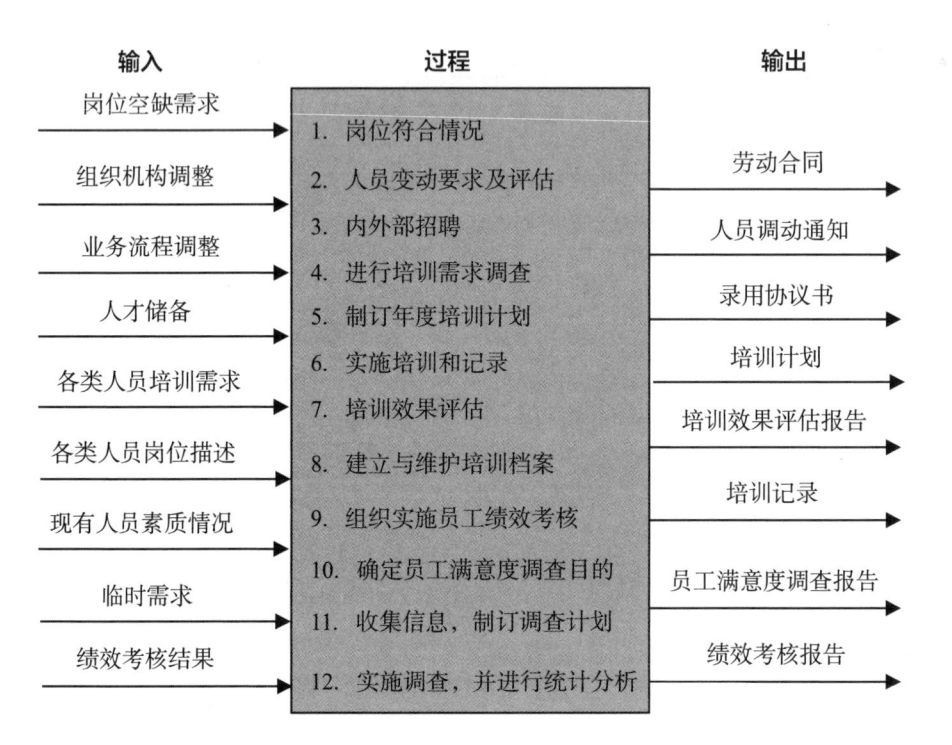

输入	过程	输出
岗位空缺需求	1. 岗位符合情况	劳动合同
组织机构调整	2. 人员变动要求及评估	人员调动通知
业务流程调整	3. 内外部招聘	录用协议书
人才储备	4. 进行培训需求调查	培训计划
各类人员培训需求	5. 制订年度培训计划	培训效果评估报告
各类人员岗位描述	6. 实施培训和记录	培训记录
现有人员素质情况	7. 培训效果评估	员工满意度调查报告
临时需求	8. 建立与维护培训档案	绩效考核报告
绩效考核结果	9. 组织实施员工绩效考核	
	10. 确定员工满意度调查目的	
	11. 收集信息，制订调查计划	
	12. 实施调查，并进行统计分析	

图 3-20 人力资源部 MBO 控制图

2. 常用的 MBO 控制方法

常用的 MBO 控制方法主要有三种，如图 3-21 所示。

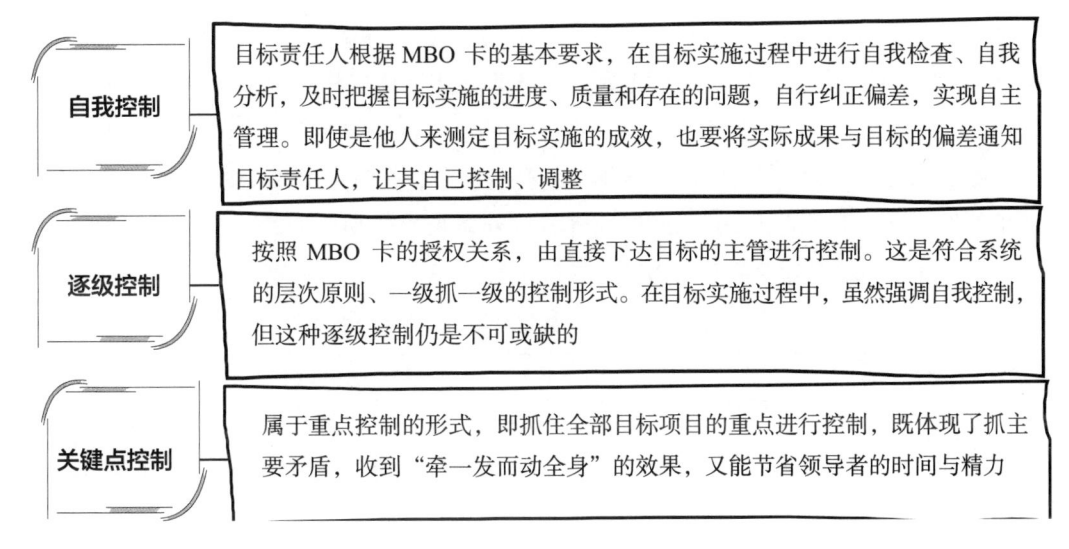

自我控制：目标责任人根据 MBO 卡的基本要求，在目标实施过程中进行自我检查、自我分析，及时把握目标实施的进度、质量和存在的问题，自行纠正偏差，实现自主管理。即使是他人来测定目标实施的成效，也要将实际成果与目标的偏差通知目标责任人，让其自己控制、调整

逐级控制：按照 MBO 卡的授权关系，由直接下达目标的主管进行控制。这是符合系统的层次原则、一级抓一级的控制形式。在目标实施过程中，虽然强调自我控制，但这种逐级控制仍是不可或缺的

关键点控制：属于重点控制的形式，即抓住全部目标项目的重点进行控制，既体现了抓主要矛盾，收到"牵一发而动全身"的效果，又能节省领导者的时间与精力

图 3-21　MBO 控制的三种方法

决策重点：人、财、物资源分配与风险评估

在 MBO 应用的实践中，决策是非常关键的一环，尤其是涉及人、财、物资源的分配和风险评估。

1. 资源分配

（1）**人员分配**。一个优秀的团队不仅需要技术过硬的成员，更需要合理的角色分配。例如，在某软件开发项目中，可以将开发人员按照其技能和经验进行分组，每组负责不同的功能模块。同时，为了确保团队之间的沟通与协作，可以设立项目经理和技术领导两个角色，分别负责项目进度协调和技术难题的解决。

（2）**财务分配**。财务分配影响资金的利用效率。例如，在一次市场营销活动中，可以根据各个推广渠道的效果和预算情况，动态调整广告投放的资金分配，将更多的预算投向转化率高的社交媒体平台，并减少在效果不佳的传统媒体上的投入。

（3）**物资分配**。物资分配直接关系到项目的执行效率和成本控制。例如，一家制造业企业根据生产计划和原材料库存情况，优化物料采购和库存管理流程，通过精确的物料需求计划和及时的库存补充，确保生产线的连续运作，降低停工待料的风险。

2. 风险评估与管理

在目标管理过程中，风险评估是不可或缺的一环。企业需要通过建立风险评估模型，对项目进行全方位的风险识别、评估和控制。以一家创业公司的产品开发为例，在项目启动之初，企业就对技术可行性、市场需求、竞争对手反应等关键因素进行了深入的分析和预测。企业通过制定针对性的风险应对策略，包括建立技术研发团队、开展市场调研、制订灵活的市场

推广计划等，成功地降低了项目风险，加快了产品上市速度。

对标案例　智慧城市建设项目

在一个智慧城市建设项目中，××团队负责了整个项目的目标管理咨询工作。在MBO体系设计中，资源分配方面与具体、可衡量的目标紧密挂钩，××团队根据项目的不同阶段和关键任务，合理调配了人员、财务和物资资源；风险评估方面，××团队重点关注了技术实施风险、政策变化风险和市场接受度风险，并制定了相应的应对措施。最终，该项目在预定的时间内成功完成，并获得了政府和市民的高度认可。

人员、财务、物资资源分配与MBO应用见表3-13。

表3-13　人员、财务、物资资源分配与MBO应用

资源分配	细项划分	MBO设计
人员分配	项目启动阶段	调配具有丰富项目管理经验的人员制订项目计划，确保项目步入正轨
	设计与规划阶段	安排城市规划、信息技术和网络安全等领域的专家，以确保智慧城市的设计方案既科学又实用
	实施与部署阶段	调配技术人员和工程师前往现场，负责设备的安装和调试
	测试与评估阶段	组建质量控制团队，确保所有系统正常运行并满足预期标准
	维护与优化阶段	专业的运维团队接手，负责系统的持续运行和优化。通过明确各阶段的目标，并分配合适的人力资源，确保项目顺利进行
财务分配	项目初期	投入较多资金用于市场调研、项目规划和初步设计
	采购和安装阶段	财务资源主要用于购买硬件设备和支付安装费用
	项目后期	资金更多用于系统的测试、维护和优化。这种分阶段的财务分配方式，确保了资金的合理使用，并有效支持项目的各个阶段目标完成
物资分配	项目规划阶段	提前采购必要的硬件设备、软件许可和网络设备
	实施阶段	确保所有物资按时到达施工现场，以满足施工进度
	后期维护阶段	预留一定的物资用于替换和维修，并合理分配所有人、财、物和信息资源

技术实施、政策变化、市场接受度风险评估与MBO应用，见表3-14。

表3-14　技术实施、政策变化、市场接受度风险评估与MBO应用

风险类型	风险点与应对措施	MBO设计
技术实施风险	风险点	新技术应用的不稳定性、系统兼容性问题等
	应对措施	建立技术研发团队，持续监控技术进展，及时解决技术问题；与供应商紧密合作，确保系统的稳定性和兼容性
政策变化风险	风险点	政府政策调整可能导致项目延期或成本增加
	应对措施	建立与政府部门的沟通机制，及时了解政策动态；在项目计划中预留一定的灵活性和预算空间，以应对可能的政策变化
市场接受度风险	风险点	新市场对新技术的接受程度不确定
	应对措施	开展市场调研，了解市场需求和用户偏好；制订灵活的市场推广计划，提高公众对新技术的认知度和接受度

执行要点：沟通与共识以及支持与辅导

在 MBO 应用的实践中，沟通与共识以及支持与辅导是确保目标达成的两大执行要点。

1. 沟通与共识

在 MBO 的实施过程中，目标不仅仅是一个数字或一句话，而是团队成员共同努力的方向。为了确保目标的顺利实现，团队成员之间必须进行深入、有效的沟通，以达成共识。

对标案例　跨部门合作项目

在某大型企业中，两个不同部门需要合作完成一个重要项目。项目开始前，双方部门负责人组织多次会议，详细讨论项目的目标、计划、分工和预期成果。通过充分的沟通，双方不仅明确了各自的责任和任务，还就如何协同工作、解决可能出现的问题达成了共识。最终，该项目在预定时间内成功完成，且质量达到了预期标准。

跨部门沟通与共识和 MBO 应用见表 3-15。

表 3-15　跨部门沟通与共识和 MBO 应用

OPEE 模型	细项划分	MBO 设计
目标设定（Objective Setting）	明确性	在项目开始前，双方部门负责人通过多次会议，明确了项目的总体目标和阶段性目标。这些目标具体、可衡量，且与公司的整体战略相一致
	共识性	通过充分的沟通，双方部门负责人对项目的目标达成了共识，这为后续的协同工作奠定了坚实的基础
计划制订（Planning）	详细性	根据设定的目标，双方共同制订了详细的项目计划，包括时间表、资源分配、风险评估等
	灵活性	项目计划也考虑了可能出现的变化，并制定了相应的应对措施，以确保项目在面临挑战时能够及时调整
执行与监控（Execution and Monitoring）	协同性	双方部门按照项目计划协同工作，定期召开项目进度会议，分享进展、解决问题，并根据实际情况调整计划
	监控性	通过设定关键绩效指标，实时监控项目的进展情况，确保项目始终沿着设定的目标前进
评估与反馈（Evaluation and Feedback）	客观性	在项目结束后，双方对项目的成果进行了客观评估，总结了成功经验和需要改进的地方
	持续性	评估结果不仅用于此次项目的总结，还为未来类似项目的开展提供了宝贵的经验和教训

2. 支持与辅导

在目标执行过程中，团队成员可能会遇到各种困难和挑战。此时，领导者和团队成员之间的支持与辅导就显得尤为重要。领导者提供必要的资源、指导和鼓励，可以帮助团队成员克服障碍，提升能力，从而更好地实现目标。

对标案例　新员工销售目标达成

某销售公司招聘了一位新员工,并为其设定了明确的销售目标。然而,新员工在开始工作阶段遇到了很多困难,销售业绩不佳。销售经理及时发现了这一问题,不仅给予了新员工精神上的鼓励和支持,还为其提供了具体的销售技巧和客户沟通方法的辅导。在销售经理的帮助下,新员工逐渐适应新岗位,销售业绩也稳步提升,最终成功达成了销售目标。

新员工销售目标达成和 MBO 应用见表 3-16。

表 3-16　新员工销售目标达成和 MBO 应用

OTEE 模型	细项划分	MBO 设计
目标设定（Objective Setting）	具体性	为新员工设定了明确的销售目标,包括销售额、客户数量等具体指标
	可实现性	目标既具有挑战性又考虑到新员工的实际情况和能力,确保其通过努力可以实现
培训与辅导（Training and Coaching）	系统性	针对新员工的销售技能和知识短板,制订了系统的培训计划,包括产品知识、销售技巧、客户沟通等方面的内容
	个性化	根据新员工的表现和需求,提供了个性化的辅导与支持,帮助其快速适应销售岗位
执行与监控（Execution and Monitoring）	自主性	鼓励新员工自主开展销售工作,同时鼓励其定期汇报进展和遇到的问题
	监控性	通过定期检查和沟通,监控新员工的销售进展,确保其按照设定的目标前进
评估与反馈（Evaluation and Feedback）	及时性	定期对新员工的销售业绩进行评估,及时给予其反馈和建议
	激励性	根据评估结果,给予新员工相应的奖励或激励措施,激励其继续努力

落地关键点：目标分解避免四大风险点

在 MBO 应用的实践中,目标分解是一个至关重要的环节,涉及将组织的整体目标细化为更小、更具体的子目标,以便各部门和岗位员工能够明确自己的责任和任务。然而,目标分解过程中存在四大风险点,需要特别注意和避免。

风险点一：目标模糊或不具体

风险描述：如果目标过于笼统或模糊,员工将难以明确自己的具体任务和责任,从而导致执行不力或偏离目标。

应对策略：确保每个目标都是具体、可衡量的,并明确时间节点和成果标准。

举个例子：某制造企业设定了提高生产效率的目标。最初,这一目标表述为"提高生产效率",但这样的描述过于模糊。后来,通过目标分解,这一目标细化为"在接下来的三个月内,通过优化生产流程,将生产线上的单位时间产量提高 10%"。这种具体的目标让员工清楚了努力的方向和要达到的标准。

风险点二：目标之间缺乏协调

风险描述：如果各部门或员工的目标之间缺乏协调，可能会导致内部冲突和资源浪费。

应对策略：在目标分解过程中，加强部门间的沟通与协作，确保各部门的目标相互支持、协调一致。

举个例子：一家互联网公司设定了提升用户体验的目标。在目标分解过程中，设计团队的目标是优化用户界面，而技术团队的目标是提升系统性能。通过定期的跨部门沟通会议，两个团队协同工作，确保用户界面优化的同时，系统性能也得到相应提升，从而共同实现提升用户体验的整体目标。

风险点三：目标过于保守或激进

风险描述：如果目标设定得过于保守，可能无法充分激发员工的潜力；如果目标设定得过于激进，可能会让员工感到挫败。

应对策略：根据组织的实际情况和市场环境，设定既具挑战性又可实现的目标。

举个例子：一家销售公司在设定年度销售目标时，充分考虑了市场趋势、竞争对手情况以及自身能力等因素，最终设定的目标是"比上一年度增长 20% 的销售额"。这一目标既具有挑战性，又基于公司过去的表现和市场分析，被认为是可实现的。员工在努力追求这一目标的过程中，充分发挥了自身潜力，最终实现了销售目标。

风险点四：缺乏持续跟进与调整

风险描述：如果目标设定后缺乏持续的跟进与调整，可能会导致目标与实际执行脱节。

应对策略：建立定期回顾和调整目标的机制，确保目标与实际执行情况保持一致。

举个例子：一家电商平台在设定了提高用户活跃度的目标后，每季度都会对用户活跃度数据进行分析，并根据市场变化和用户反馈调整具体的实施策略。通过持续的跟进和调整，该电商平台不仅实现了用户活跃度的稳步提升，还不断优化了用户体验和服务质量。

第4章

BSC 的应用

平衡计分卡（Balanced Score Card，BSC）是由哈佛大学罗伯特·卡普兰（Robert Kaplan）和戴维·诺顿（David Norton）于 1992 年发明的一种绩效考核管理工具，至今已在全球范围内得到广泛应用。在绩效管理中有效应用 BSC 的三大优势，如图 4-1 所示。

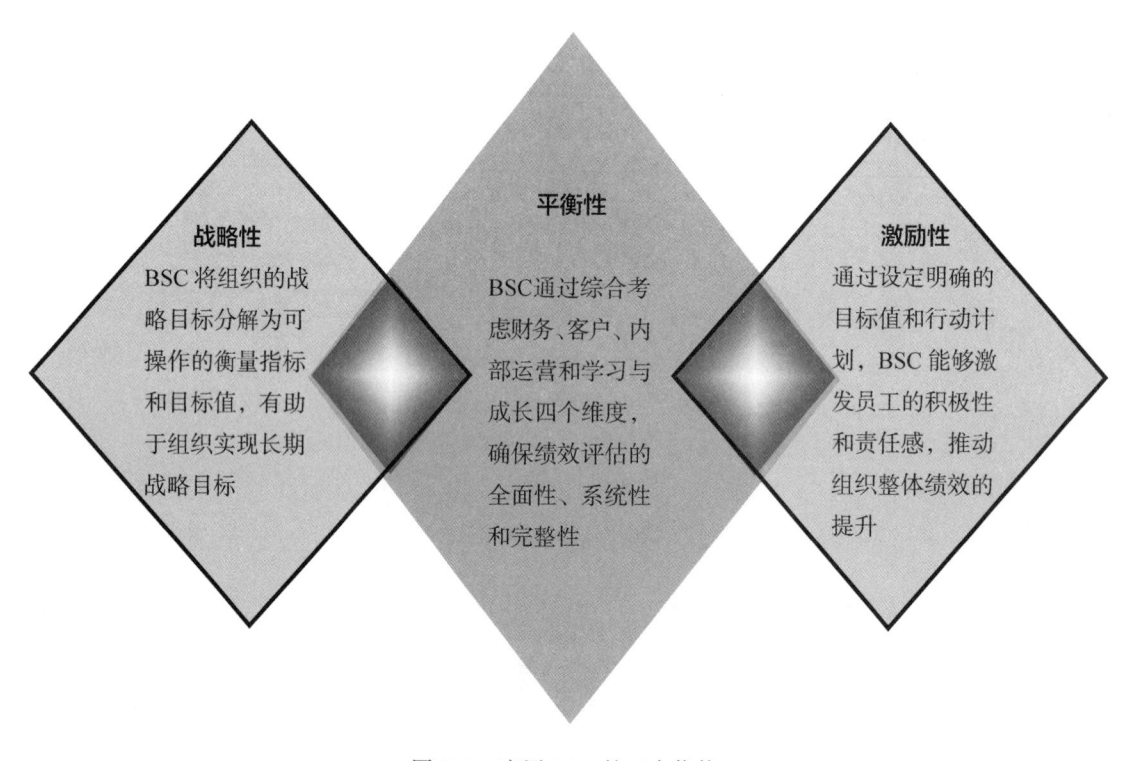

战略性
BSC 将组织的战略目标分解为可操作的衡量指标和目标值，有助于组织实现长期战略目标

平衡性
BSC 通过综合考虑财务、客户、内部运营和学习与成长四个维度，确保绩效评估的全面性、系统性和完整性

激励性
通过设定明确的目标值和行动计划，BSC 能够激发员工的积极性和责任感，推动组织整体绩效的提升

图 4-1 应用 BSC 的三大优势

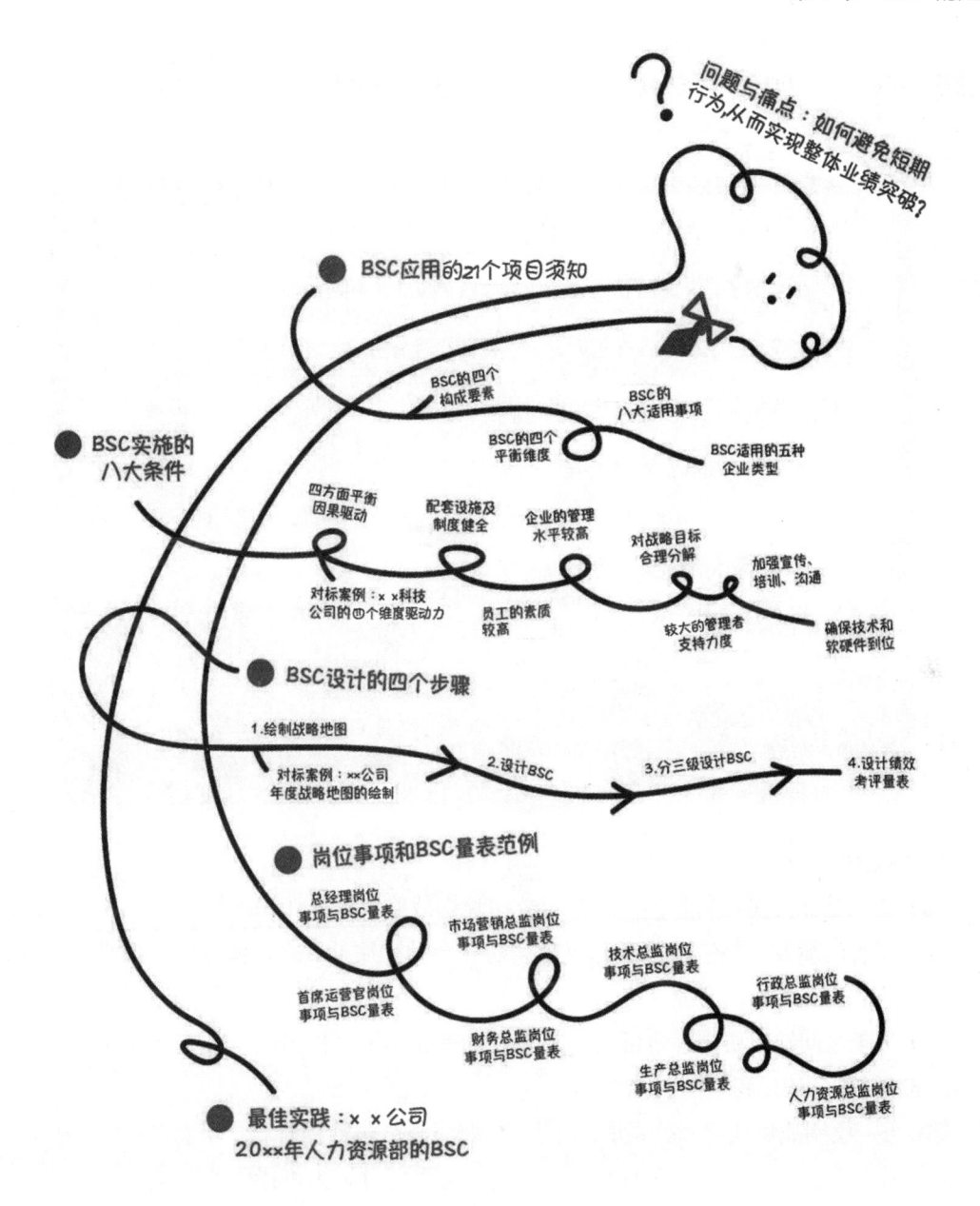

第 4 章 BSC 的应用

问题与痛点：如何避免短期行为，从而实现整体业绩突破？

- BSC 应用的21个项目须知
  - BSC的四个构成要素
  - BSC的四个平衡维度
  - BSC的八大适用事项
  - BSC适用的五种企业类型

- BSC实施的八大条件
  - 四方面平衡因果驱动
  - 配套设施及制度健全
  - 企业的管理水平较高
  - 对战略目标合理分解
  - 加强宣传、培训、沟通
  - 对标案例：××科技公司的四个维度驱动力
  - 员工的素质较高
  - 较大的管理者支持力度
  - 确保技术和软硬件到位

- BSC设计的四个步骤
  - 1. 绘制战略地图
  - 对标案例：××公司年度战略地图的绘制
  - 2. 设计BSC
  - 3. 分三级设计BSC
  - 4. 设计绩效考评量表

- 岗位事项和BSC量表范例
  - 总经理岗位事项与BSC量表
  - 市场营销总监岗位事项与BSC量表
  - 技术总监岗位事项与BSC量表
  - 行政总监岗位事项与BSC量表
  - 首席运营官岗位事项与BSC量表
  - 财务总监岗位事项与BSC量表
  - 生产总监岗位事项与BSC量表
  - 人力资源总监岗位事项与BSC量表

- 最佳实践：××公司20××年人力资源部的BSC

BSC 应用框架体系

问题与痛点：如何避免短期行为，从而实现整体业绩突破？

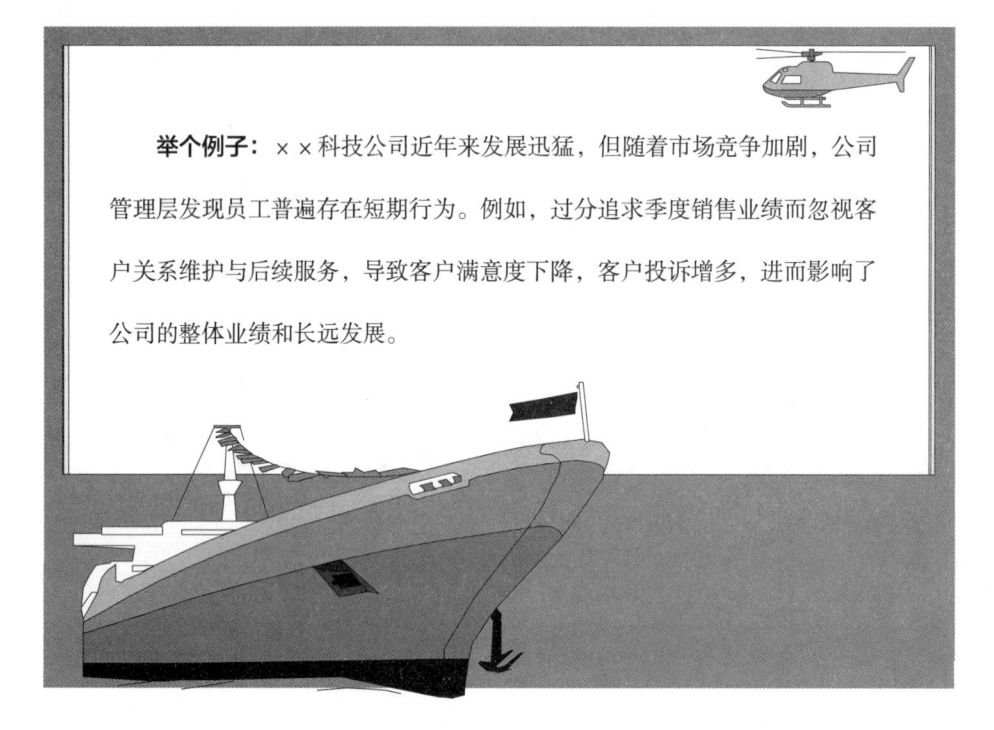

举个例子：××科技公司近年来发展迅猛，但随着市场竞争加剧，公司管理层发现员工普遍存在短期行为。例如，过分追求季度销售业绩而忽视客户关系维护与后续服务，导致客户满意度下降，客户投诉增多，进而影响了公司的整体业绩和长远发展。

1. 绩效痛点分析

（1）员工过分关注短期业绩，缺乏对公司长期战略目标的认识和投入。

（2）现有的绩效考核体系过于侧重短期财务指标，缺乏对客户满意度、内部流程优化和员工成长等非财务指标的考核。

（3）员工之间缺乏协同，各部门之间存在壁垒，沟通过程烦琐，影响整体效率。

2. 应用 BSC 的过程

第一步：绘制战略地图。公司明确了长期战略目标,包括提升客户满意度、优化内部流程、促进员工成长和创新，据此绘制战略地图，将战略目标分解为可操作的行动方案。

第二步：构建 BSC。围绕战略地图，公司构建了 BSC，设置了四个维度的考核指标。在财务维度，保留了原有的销售收入和利润等指标；在客户维度，增加了客户满意度、客户投诉处理及时率等指标；在内部运营维度，引入了流程效率、内部协同等指标；在学习与成长维度，设置了员工培训参与度、创新能力等指标。

第三步：分级实施 BSC。公司将 BSC 分级实施，从公司级到部门级再到员工级，确保各级目标与公司整体战略保持一致。同时，公司鼓励员工参与目标设定和考核过程，提高员工的责任感和归属感。

第四步：绩效反馈与持续改进。公司通过定期的绩效评估会议，分析各项指标的实际完成情况，及时调整行动方案。同时，公司鼓励员工多提建议，不断优化 BSC 创新设计和落地实施。

3. 应用 BSC 的效果

（1）员工对长期战略目标的认识明显提高，短期行为得到有效遏制。

（2）客户满意度显著提升，客户投诉率大幅下降。

（3）内部流程更加高效，部门间协同作战能力增强。

（4）公司整体业绩实现突破，市场份额稳步扩大。

（5）员工的学习与成长意愿增强，创新能力得到提升。

4.1 BSC 应用的 21 个项目须知

BSC 应用的 21 个项目须知如图 4-2 所示。

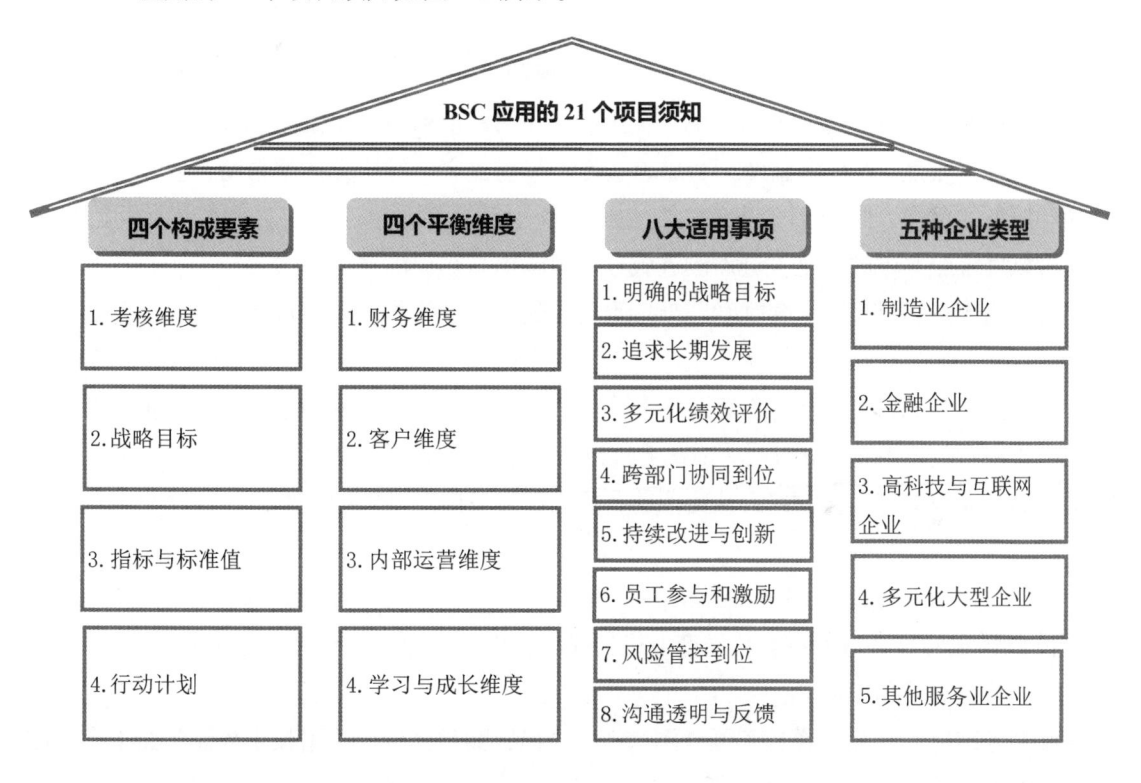

图 4-2 BSC 应用的 21 个项目须知

4.1.1 BSC 的四个构成要素

BSC 由四个要素构成，即考核维度、战略目标、指标与标准值和行动计划，见表 4-1。

表 4-1 BSC 的四个构成要素

序号	要素	具体分析
1	考核维度	BSC 的考核维度包括财务维度、客户维度、内部运营维度和学习与成长维度，这四个维度构成了企业绩效评估的全方位视角

续表

序号	要素	具体分析
2	战略目标	战略目标是企业在各个维度上希望达到的结果，并具有可衡量、可达成和可激发的特点
3	指标与标准值	（1）指标是衡量每个维度下具体业务绩效的标准 （2）标准值则是这些指标的具体数值 （3）指标和标准值的设定需要具备可量化、可衡量、可比较和可控制这四个特性
4	行动计划	行动计划是实现战略目标的具体措施和步骤，需要具备可操作、可监控和可追踪这三个特性

1. 考核维度

（1）财务维度：收入增长率、利润率、现金流量等指标直接反映了企业的盈利能力和经济价值。例如，通过追踪收入增长率，企业可以评估其市场拓展和销售策略的有效性。

（2）客户维度：客户满意度、客户忠诚度、市场占有率等指标能够帮助企业了解客户对产品和服务的反馈，从而及时调整策略，提升客户体验。例如，通过定期的客户满意度调查，企业可以发现服务中的不足，进而改进服务流程，提高客户满意度。

（3）内部运营维度：生产效率、产品质量、服务水平等指标是衡量企业内部运营效率的关键。例如，通过提高生产效率，企业可以降低生产成本，从而在市场竞争中占据优势。

（4）学习与成长维度：员工培训率、员工满意度、员工流失率等指标反映了企业对员工发展的重视程度以及员工的工作状态。例如，通过提供定期的培训和发展机会，企业可以提升员工的专业技能和工作效率，从而推动企业的整体发展。

2. 战略目标

绩效目标需要与企业的战略目标保持一致。例如，企业可以在财务维度上设定实现年收入增长10%的目标，或者在客户维度上设定提高客户满意度达到90%以上的目标。

3. 指标与标准值

在财务维度上，收入增长率可以作为一个指标，而具体的收入增长率数值（如10%）则是该指标的标准值。如果指标是新客户增长率，那么标准值就是（每季度新客户数量增加）5%，企业通过追踪新客户的增长情况来衡量市场拓展的效果。

4. 行动计划

企业需要为每个目标制订详细的行动计划，包括具体的工作任务、时间表、资源分配等。例如，为了实现年收入增长10%的目标，企业可能需要制订扩大市场份额、优化产品定价、提高客户满意度等多方面的行动计划。

综上所述，BSC的四个构成要素相互关联、相互影响，共同构成了企业绩效评估和提升的完整体系。通过深度分析和优化这些要素，企业可以更加全面地了解自身的绩效表现，并制定针对性的改进策略。

4.1.2 BSC 的四个平衡维度

BSC 始终把远景和战略放在其变化和管理过程的核心地位。BSC 构建了"以战略为核心的开放型闭环组织机制",使财务、客户、内部运营和学习与成长四个维度互动互联、浑然一体,如图 4-3 所示。

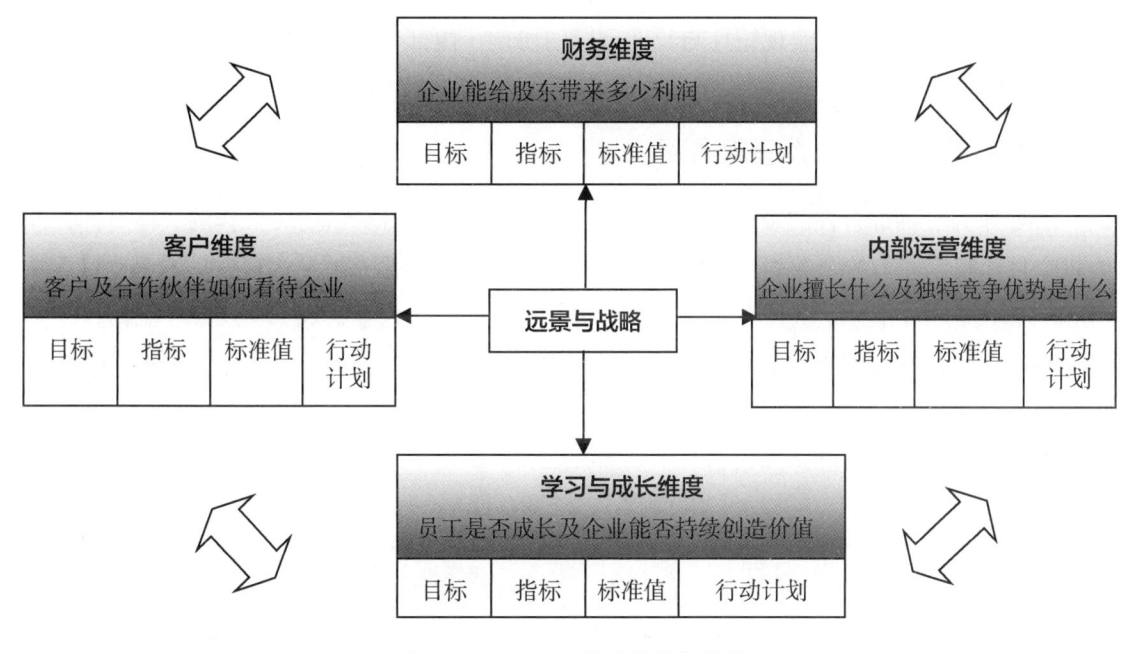

图 4-3　BSC 四个维度的平衡模型

1. 财务维度:企业能给股东带来多少利润

财务维度的指标可以直接衡量企业经营成果,它关注的是企业的盈利能力,即企业能给股东带来多少利润。然而,过分追求短期利润可能会导致对长期价值的忽视。因此,财务维度的平衡在于确保短期盈利的同时,不损害企业的长期发展和持续盈利能力。

2. 客户维度:客户及合作伙伴如何看待企业

客户维度的指标直接反映了企业在市场上的地位和竞争力。要平衡客户维度,企业需要在提高客户满意度和忠诚度的基础上,实现与客户的长期合作关系,并确保这种关系能够转化为实际的销售和利润。

3. 内部运营维度:企业擅长什么及独特竞争优势是什么

内部运营维度关注的是企业的内部流程、效率和核心竞争力。这些方面的优化能够提升企业的运营效率,降低成本,从而增强企业的盈利能力。然而,过分追求内部效率可能导致对外部市场变化的忽视。因此,内部运营维度的平衡在于确保企业内部流程的高效运作,同时保持对外部市场变化的敏感性和灵活性。

4. 学习与成长维度:员工是否成长及企业能否持续创造价值

学习与成长维度关注的是员工的成长、培训和发展,以及企业持续创造价值的能力。然而,过多的投入可能会增加企业的成本负担，而过少的投入则可能导致企业缺乏创新能力和竞争力。因此，学习与成长维度的平衡在于确保企业在满足当前经营需求的同时，为未来的发展打下坚实的基础。

BSC 的四个维度之间存在相互依存、相互影响的平衡关系。企业需要在追求财务目标的同时，关注客户满意度、优化内部运营，并投入适当的资源用于员工的学习与成长。通过平衡这四个维度，企业可以实现短期与长期目标的协调、内部与外部环境的匹配，以及提升持续创造价值的能力。

4.1.3　BSC 的八大适用事项

BSC 作为一种综合性的绩效管理工具，将企业的战略目标分解为可操作的具体目标，并为每个目标制定清晰的绩效衡量指标。BSC 不仅关注财务指标，还强调客户、内部运营、学习和成长等非财务指标，确保企业在追求经济效益的同时，也能实现均衡发展。然而，并不是所有的企业在所有的发展阶段都做好了应用 BSC 的准备工作，以下八个方面便是 BSC 适用的企业管理状况，企业在实施 BSC 之前需要一一比对并修正。

BSC 适用的企业管理状况包括八个方面，见表 4-2。

表 4-2　BSC 适用的企业管理状况的八个方面

序号	八个方面	适用性分析
1	明确的战略目标	BSC 适用于那些已经制定了明确的战略目标的企业。应用 BSC 的企业可以将这些战略目标分解为各个层面的具体目标和指标，从而更好地实现战略落地
2	追求长期发展	对于注重长期发展和可持续发展的企业，BSC 能够帮助其平衡短期财务目标和长期发展需求，确保企业在追求经济效益的同时，不忽视对未来的投资
3	多元化绩效评价	传统上依赖单一财务指标来评价企业绩效的做法已经过时。BSC 通过引入非财务指标，提供了更多元化的绩效评价方式，更全面地反映企业的运营状况
4	跨部门协同到位	BSC 强调各部门之间紧密合作，共同为实现企业战略目标而努力。应用 BSC 需要打破部门壁垒，促进信息共享和资源整合，提高企业的整体运营效率
5	持续改进与创新	BSC 鼓励企业不断进行自我反思和改进。应用 BSC 需要定期回顾和调整绩效指标，以及时发现运营中存在的问题和不足，并采取相应的改进措施
6	员工参与和激励	BSC 通过将企业战略目标与员工个人目标相结合，激发员工的工作积极性和创造力，员工需要清楚地了解自己的工作如何与企业的整体战略相联系
7	风险管控到位	BSC 帮助企业识别和评估潜在的风险因素。企业需要设定相关的绩效指标，以及时监测和应对可能出现的风险和问题，确保企业的稳健运营
8	透明的沟通与反馈机制	实施 BSC 需要建立透明、及时的沟通和反馈机制。这有助于确保所有员工都认同企业的战略目标和绩效评价标准，合力促进企业的持续改进和发展

4.1.4　BSC 适用的五种企业类型

BSC 适用的五种企业类型，见表 4-3。

表 4-3　BSC 适用的五种企业类型

企业类型	分条列项	具体分析
制造业企业	特征	以产品生产和销售为核心业务，拥有复杂的生产流程和供应链管理
	BSC 适用性	BSC 可以帮助制造业企业平衡生产效率、产品质量、成本控制和客户满意度等目标并设置相关指标，以监控整个生产流程的效率，同时确保产品质量，确保客户反馈得到及时响应
金融企业	特征	以提供金融产品和服务为主要业务，如银行、保险公司、证券公司等
	BSC 适用性	金融服务行业对风险管理和客户满意度要求极高。BSC 通过设定风险控制指标、客户满意度指标以及内部运营指标，实现稳健经营和提升服务质量
高科技与互联网企业	特征	以技术创新和快速响应市场需求为特点，产品更新换代迅速，市场竞争激烈
	BSC 适用性	BSC 能够协助高科技与互联网企业平衡技术创新、市场份额扩张、用户体验和人才发展等多个维度，特别是在学习与成长维度强调技术研发和人才培养的重要性
多元化大型企业	特征	业务广泛，可能涉及多个领域或交叉行业，管理复杂度较高
	BSC 适用性	BSC 能够帮助多元化大型企业梳理和整合不同业务板块的战略目标，确保各个业务单元与企业整体战略保持一致。同时，设定跨部门的协同指标，可以促进内部资源共享和合作
其他服务业企业	特征	提供高质量的服务，如餐饮、旅游、教育等，直接影响客户满意度和忠诚度
	BSC 适用性	BSC 通过设定与服务质量、客户反馈等相关的指标，引导企业、部门、团队和个人不断优化服务流程，提升客户体验

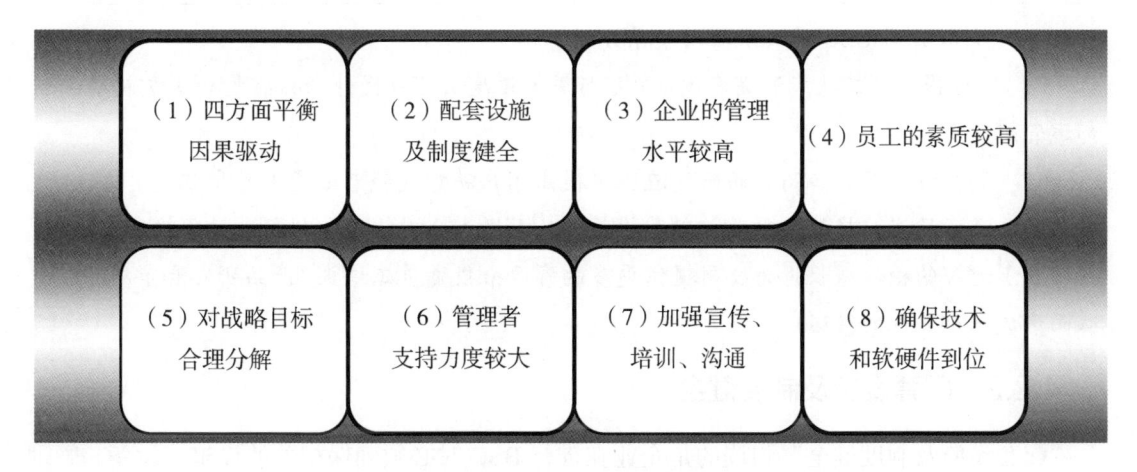

4.2　BSC 实施的八大条件

BSC 实施的八大条件，如图 4-4 所示。

（1）四方面平衡因果驱动　（2）配套设施及制度健全　（3）企业的管理水平较高　（4）员工的素质较高

（5）对战略目标合理分解　（6）管理者支持力度较大　（7）加强宣传、培训、沟通　（8）确保技术和软硬件到位

图 4-4　BSC 实施的八大条件

4.2.1 四方面平衡因果驱动

在 BSC 的框架下,"四方面平衡因果驱动"是指企业在制定战略和目标时,需要综合考虑财务、客户、内部运营、学习与成长这四个维度,并确保各个维度之间形成互为因果、相互促进的关系。这种平衡不仅体现在各个维度的权重分配上,更体现在其内在联系中和协同效应上。具体的"四方面平衡"如下。

(1)长期目标与短期目标的平衡:不能"只见树木,不见森林"。

(2)财务指标与非财务指标的平衡:需要兼顾利润、效益与员工满意度、社会责任等。

(3)客观指标与主观判断指标的平衡:必须将理性与感性、数字与人本原则相结合。

(4)前置指标与滞后指标的平衡:对工作过程或阶段性结果进行衡量的指标为前置指标;对工作的最终成果进行衡量的指标为滞后指标。

对标案例　××科技公司的四个维度驱动力

××科技公司的战略目标是成为行业领先的智能硬件解决方案提供商,通过创新驱动,实现可持续增长。××科技公司的 BSC 四个维度驱动力见表 4-4。

表 4-4　××科技公司的 BSC 四个维度驱动力

四个维度	指标	标准值	行动计划
财务维度	收入增长率	每年至少增长 15%	拓展新市场,增加产品线,以提高收入
	利润率	保持在 10% 以上	优化成本结构,降低生产成本和运营成本
客户维度	客户满意度	达到 90% 以上	定期进行客户满意度调查,及时响应客户需求
	客户保留率	达到 95% 以上	加强售后服务,提高客户忠诚度
内部运营维度	产品研发周期	缩短至 6 个月以内	引入敏捷开发方法,提高研发效率
	良品率	提高到 98% 以上	加强质量控制,提高产品质量
学习与成长维度	培训参与率	达到 100%	每季度、每月、每周定期组织员工培训,提升员工技能
	员工满意度	达到 85% 以上	营造良好的企业文化,提高员工满意度和归属感

××科技公司 BSC 的因果驱动关系分析启示:

(1)通过提高员工技能和满意度(学习与成长维度),可以提升产品质量和研发效率(内部运营维度)。

(2)高质量的产品和高效的研发流程将提高客户满意度和忠诚度(客户维度)。

(3)满意的客户将带来更多订单和推荐,从而增加公司收入和利润(财务维度)。

(4)财务的稳健增长将为公司提供更多的资源来投资员工培训、产品研发和市场营销,从而形成一个良性的循环。

4.2.2 配套设施及制度健全

"配套设施及制度健全"强调的是企业在推行 BSC 时必须确保相关的设施、设备、管理制度、流程、工具等均已完善。BSC 顺利实施需要的配套设施清单和相关制度清单见表 4-5。

表 4-5　BSC 顺利实施需要的配套设施清单和相关制度清单

清单	分条列项	具体分析
配套设施清单	信息管理系统	用于收集、整理和分析 BSC 各项指标的数据
	会议室和培训设施	为 BSC 的讨论、培训和汇报提供合适的场所
	通信设备	确保团队高效沟通，包括视频会议系统、即时通信工具等
	项目管理软件	用于跟踪和管理 BSC 实施过程中的各项任务和进度
相关制度清单	BSC 实施指南	明确实施步骤、责任分配、关键时间节点和预期成果
	数据收集和报告制度	规定如何定期收集、整理和分析 BSC 相关数据，并形成报告
	绩效考核制度	确保员工的绩效与 BSC 的目标紧密挂钩，明确奖惩机制
	培训与沟通制度	规定定期的培训计划和内容，以及多渠道的沟通方式和频率

4.2.3　企业的管理水平较高

企业管理水平的高低直接影响 BSC 能否被有效实施并发挥其应有的作用。企业管理水平较高时，会有下述七个方面的表现，这将有助于 BSC 的顺利实施。

（1）清晰的组织结构和职责划分：高水平的管理确保企业有明确的组织架构，各部门和岗位的职责划分清晰。这种结构性的清晰有助于 BSC 中的战略目标被准确分解到各个层级和部门，确保每个人都明确自己的责任和目标。

（2）高效的决策流程：高水平的管理意味着企业能够快速、准确地做出决策。这对于及时调整 BSC 中的策略和目标至关重要，特别是在快速变化的市场环境中。

（3）强大的执行能力：高水平的管理确保企业团队具备强大的执行能力。一旦 BSC 中的目标和行动计划被确定，企业就能够迅速且有效地将这些计划转化为实际行动。

（4）有效的风险管理和应对机制：管理水平高的企业通常具备完善的风险管理和应对机制。在实施 BSC 过程中，这种机制能够帮助企业及时识别和解决潜在的问题，确保战略目标的顺利达成。

（5）形成持续改进的文化：高水平的管理往往伴随着一种持续改进的文化。企业不仅关注当前的业绩，还致力于不断优化流程、提升效率和创新。这种文化与 BSC 的核心理念相契合，即通过不断的测量、评估和调整来实现长期的战略目标。

（6）透明的沟通和反馈机制：管理水平高的企业注重内部沟通，确保信息在各个层级之间流动畅通。这有助于 BSC 实施过程中的信息共享和目标对齐，同时也为员工提供了及时反馈和调整的机会。

（7）重视正向激励和员工发展：管理水平高的企业通常更加关注员工的成长和激励。通过为员工提供培训和发展机会，以及合理的奖励机制，企业能够激发员工的积极性和创新精神，从而更好地实现 BSC 中设定的目标。

4.2.4　员工的素质较高

员工的素质不仅关系到个人的工作表现，更直接影响企业整体战略目标的实现。高素质的员工能够更好地理解并执行企业的战略意图，为 BSC 的成功实施提供坚实的人力基础。

员工的高素质在 BSC 实施中具体表现为下述七个方面。

（1）战略理解与执行能力强：高素质的员工能够深刻理解企业的战略目标，并将其转化为具体的工作计划和行动。他们不仅能够按照既定的战略方向努力，还能够在遇到挑战时灵活调整策略，以确保目标的实现。

（2）自我学习与成长能力强：在快速变化的市场环境中，员工需要具备持续学习的能力。高素质的员工会主动寻求个人和专业的成长机会，不断更新自己的知识和技能，以适应企业发展的需要。

（3）团队协作能力强：BSC 强调团队的整体绩效，因此员工之间的协作能力尤为重要。高素质的员工懂得如何在团队中发挥自己的作用，与其他成员有效沟通，共同解决问题，推动团队目标的实现。

（4）具备创新能力：在竞争激烈的市场中，创新是企业保持竞争力的关键。高素质的员工具备创新思维和解决问题的能力，能够为企业带来新的想法和解决方案，推动企业的持续发展。

（5）有责任感与主动性：高素质的员工对自己的工作有高度的责任感，不需要过多的外部监督就能主动完成任务。他们不仅能够按时完成本职工作，还会主动寻找改进工作流程和提升效率的机会。

（6）适应变革能力强：BSC 的实施往往伴随着企业战略和组织结构的调整。高素质的员工能够迅速适应这些变革，以积极的心态面对新的挑战和机遇。

（7）诚信与具有职业操守：高素质的员工坚守诚信原则，对待工作认真负责，能够维护企业的声誉和利益。

4.2.5 对战略目标合理分解

"对战略目标合理分解"这一条件确保了企业战略能够转化为具体、可执行的行动计划。应用 BSC 合理分解战略目标的三项原则和六个步骤见表 4-6。

表 4-6 应用 BSC 合理分解战略目标的三项原则和六个步骤

项目	原则和步骤	具体分析
三项原则	SMART 原则	分解后的目标应遵循 SMART 原则，即具体、可衡量、可达成、相关性和有时间限定
	整体与局部的平衡	分解的目标既要体现整体战略意图，又要考虑各部门的实际情况和能力
	纵向与横向的协同	纵向确保各层级目标之间的连贯性和一致性，横向促进各部门之间的协同合作
六个步骤	明确企业战略	需要清晰定义企业的总体战略目标，这是分解的起点
	识别关键成功因素	分析实现战略目标所需要的关键成功因素，这些因素是分解目标的基础
	制定绩效指标	基于关键成功因素，制定 KPI，确保每个 KPI 都与整体战略紧密相连
	层级分解	将整体战略目标逐层分解到各个部门、团队甚至个人，确保每一层级都有明确的目标和责任
	时间规划	为每个分解后的目标设定明确的时间表，包括开始时间、结束时间和关键里程碑
	持续监控与调整	在实施过程中持续监控目标的完成情况，并根据实际情况进行必要的调整

应用 BSC 合理分解战略目标的五大注意事项如下。

（1）避免目标过于宏大或模糊：目标需要具体、明确，以便员工能够理解和执行。

（2）保持灵活性：市场环境和企业内部条件可能会发生变化，因此分解的目标需要有一定的灵活性以适应这些变化。

（3）强化沟通：要确保各级员工都清楚自己的目标和责任，这需要通过有效沟通来实现。

（4）考虑资源限制：充分考虑企业的资源条件，确保分解的目标是实际可行的。

（5）建立反馈机制：建立有效的反馈机制，以便及时发现问题并进行调整。

4.2.6 较大的管理者支持力度

在 BSC 的实施过程中，管理者的支持是至关重要的。这种支持不仅体现在口头承诺上，更体现在具体的行动和资源投入上。管理者应从以下方面提供支持。

（1）战略对齐与明确：管理者应确保企业战略与 BSC 的实施紧密对齐，为整个组织提供清晰、一致的方向。他们需要深入参与战略目标的制定，并确保这些目标在各级组织中得到有效传达和理解。

（2）资源分配：管理者应提供必要的资源支持，包括资金、人力和时间。例如，为 BSC 的实施分配专门的预算，确保项目团队有足够的人力资源和时间来完成任务。

（3）决策参与：在关键决策点上，管理者需要积极参与，提供指导和支持。他们的决策应基于 BSC 的数据和反馈，以确保战略目标的实现。

（4）文化塑造：管理者应积极推动与 BSC 相契合的企业文化，强调绩效管理和持续改进的重要性。他们通过言行来树立榜样，鼓励员工积极参与和支持 BSC 的实施。

管理者支持的具体手段和措施包括但不限于：

（1）建立领导小组：成立由高层领导组成的 BSC 实施领导小组，负责监督和指导整个实施过程。领导小组可以定期召开会议、审查进度、解决问题并提供必要的支持。

（2）提供培训和指导：管理者应确保员工接受与 BSC 相关的培训和指导，以便他们能够理解并有效执行战略目标。这包括内部培训、外部研讨会或在线课程等形式。

（3）建立激励机制：管理者应建立与 BSC 目标相一致的激励机制，以鼓励员工为实现这些目标而努力。这包括绩效奖金、晋升机会或其他形式的认可。

（4）持续改进：管理者应持续关注 BSC 的实施效果，并根据反馈进行调整和优化。他们可以定期审查关键绩效指标，确保这些指标仍然与企业的战略目标保持一致。

（5）建立沟通渠道：管理者应建立有效的沟通渠道，以便员工能够向管理者提供关于 BSC 实施的反馈和建议。这有助于管理者发现问题并及时解决问题，同时增强员工的参与感和归属感。

4.2.7 加强宣传、培训、沟通

1. 宣传的渠道

（1）内部网络平台：利用企业内部网站、App 或内部社交媒体平台，定期发布关于 BSC 的最新动态、成功案例和实施进展，以提高员工的认知度和参与度。

（2）线下宣传栏：在企业内部设置专门的 BSC 线下宣传栏，展示 BSC 的理念、目标和关键绩效指标，以及员工在实现这些目标过程中的贡献。

（3）定期活动：定期组织 BSC 主题活动，如研讨会、分享会或团队建设活动，通过互动形式加深员工对 BSC 的理解。

2. 培训课程的主题

（1）BSC 基础知识：讲解 BSC 的起源、核心理念和实施步骤，有助于员工全面认知 BSC。

（2）战略目标与关键绩效指标（KPI）设定：培训员工如何根据企业战略设定合理的 KPI，并讲解 KPI 与企业整体绩效的关联。

（3）数据解读与反馈：教授员工如何分析和解读 BSC 中的数据，以及如何利用这些数据进行决策和调整。

（4）团队协作与沟通：强调在 BSC 实施过程中团队协作的重要性，并提供有效的沟通技巧和工具。

3. 沟通的方式方法

（1）定期组织绩效会议：定期组织 BSC 实施进展会议，各部门负责人在会上分享实施过程中的经验教训，共同解决问题。

（2）一对一辅导：针对在实施过程中遇到困难的员工，提供一对一的辅导和支持。

（3）跨部门交流：鼓励不同部门之间进行经验分享和交流，以促进跨部门合作和协同。

（4）设立匿名建议箱：设立匿名建议箱，让员工能够自由地提出对 BSC 实施的看法和建议，从而持续改进和优化实施过程。

4.2.8　确保技术和软硬件到位

BSC 实施需要技术和软硬件方面的强有力支撑。BSC 顺利实施需要的技术清单、软件清单和硬件清单见表 4-7。

表 4–7　BSC 顺利实施需要的技术清单、软件清单和硬件清单

清单	分条列项	具体分析
技术清单	数据分析技术	用于收集、整理和分析 BSC 相关的 KPI 数据，以支持决策制定
	云计算技术	提供数据存储和处理能力，确保大量数据的安全存储和高效处理
	大数据技术	处理和分析海量的运营数据，发现潜在趋势和模式，优化业务决策
	人工智能技术	在数据分析、预测和自动化方面提供智能支持，提高决策效率和准确性
	数据可视化技术	将复杂数据转化为直观的图表和报告，便于理解和分析
软件清单	BSC 管理软件	专门设计用于支持 BSC 实施和管理的软件，包括目标设定、数据输入、统计分析和报告输出等功能
	数据库管理系统	用于存储和管理 BSC 相关的数据，支持高效的数据检索和分析
	数据分析软件	如 Excel、SPSS 等，用于数据的深入分析和可视化呈现
	项目管理软件	如 Microsoft Project 或相关工具，用于规划和跟踪 BSC 项目的实施进度
	协同办公软件	如企业微信、钉钉等，支持团队成员之间的沟通和协作

续 表

清单	分条列项	具体分析
硬件清单	高性能计算机	用于运行数据分析软件和管理大量数据，确保较快的数据处理速度
	服务器	提供稳定的数据存储和备份功能，确保数据的安全性和可靠性
	网络设备	如路由器、交换机等，确保数据的快速传输和网络的稳定性
	移动设备	如笔记本电脑、平板电脑等，便于团队成员在移动办公时随时访问和更新 BSC 信息
	数据备份设备	如外部硬盘、磁带机等，用于数据的定期备份和灾难恢复

4.3 BSC 设计的四个步骤

BSC 设计应遵循四个步骤，如图 4-5 所示。

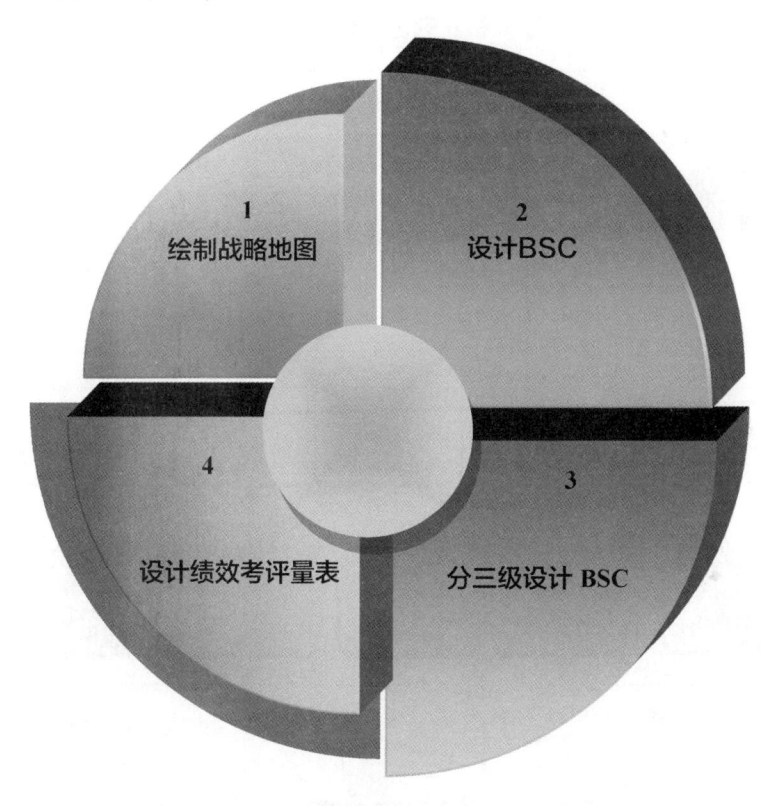

图 4-5 BSC 设计应遵循的四个步骤

BSC 设计的每一个步骤都有其精准的定位。

（1）绘制战略地图是 BSC 设计的第一步，可以为企业提供一种直观的可视化工具，帮助企业清晰地描绘出从战略目标到具体行动的路径。

（2）BSC 是连接战略地图和具体 KPI 的桥梁，确保了企业战略能够转化为可衡量的绩效目标。

（3）通过分级设计，将企业的整体战略层层分解为更具体、更可操作的目标和任务，确保各级员工都能明确自己的职责和目标。

（4）绩效考评量表是评估员工绩效表现的重要工具，帮助企业对员工的工作成果进行客观、公正的衡量。

4.3.1 绘制战略地图

战略地图需要准确地反映企业的战略意图，明确各个战略目标之间的逻辑关系，以及实现这些目标所需的关键行动。绘制战略地图的关键是确保其与企业的长期发展规划相一致，同时应考虑企业的内外部环境因素。同时，需要注意避免战略地图过于复杂或模糊，应保持清晰、简洁，便于员工理解和执行。

对标案例　××公司年度战略地图的绘制

1. 绘制年度战略地图

××公司绘制的20××年度战略地图示例如图4-6所示。

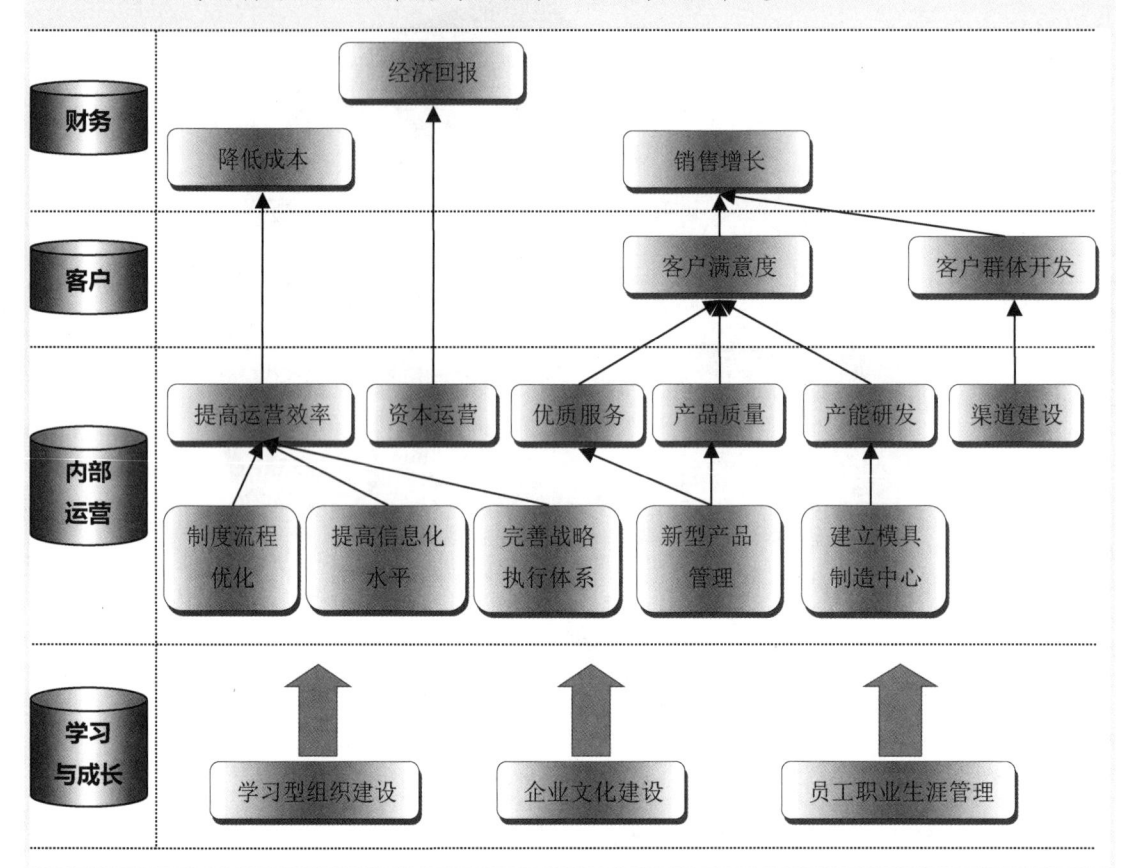

财务	经济回报 降低成本　　销售增长
客户	客户满意度　　客户群体开发
内部运营	提高运营效率　资本运营　优质服务　产品质量　产能研发　渠道建设 制度流程优化　提高信息化水平　完善战略执行体系　新型产品管理　建立模具制造中心
学习与成长	学习型组织建设　　企业文化建设　　员工职业生涯管理

图4-6　××公司20××年度战略地图示例

2. 进行战略主题说明

企业在年度战略地图绘制完成后，需要对战略主题进行逐一解释和说明。××公司20××年度战略地图中每项战略主题的具体说明示例见表4-8。

表 4-8 ××公司 20××年度战略主题说明示例

维度	战略主题	具体说明
财务	经济回报	实现年度销售目标××万元，税前利润率××%，税前利润总额××万元
财务	降低成本	（1）建立标准成本系统，加强对生产、采购、管理、财务和销售等的成本控制，实现总成本的降低 （2）通过对供应商的有效管理，降低采购成本和费用，提高采购作业效率 （3）提高职能管理水平，将管理费用率控制在合理的范围之内 （4）建立公司财务预算体系，合理配置资金，降低财务费用浪费
财务	销售增长	实现企业销售收入增长的既定目标
客户	客户满意度	完善售后服务工作和进行内部运营的优化，提升内部、外部客户的满意度
客户	客户群体开发	（1）建立客户管理系统，开发各类客户群体，提高新产品的盈利贡献 （2）强化营销组织的制度建设，完善市场营销体系，不断开发新客户群体
内部运营	提高运营效率	通过完善企业管理制度与流程，提高企业职能管理水平，提高人均生产效率，提高供应链的协作程度，最终实现企业运营效率的提高
内部运营	资本运营	组织投融资或兼并活动，扩大企业规模，拓展融资渠道，增强融资实力，组建集团式管理构架
内部运营	优质服务	提高营销、采购、生产等各个职能部门的协同程度，提高内部客户满意度
内部运营	产品质量	（1）加强对企业生产过程品质的控制，降低品质问题产生的成本浪费 （2）加强采购、生产、物流等影响产品质量的主要环节的质量管理工作
内部运营	产能研发	（1）通过合理利用设备和提高生产效率来提高产能，满足业务增长的需求 （2）加强研发人员队伍建设，提升技术创新能力，开发新型产品与服务，及时满足客户对产品功能和特性等的需求
内部运营	渠道建设	通过营销渠道建设和营销机构组建，设计支撑企业战略实现的销售体系
内部运营	制度流程优化	导入并整合财务管理制度与流程，实现多体系持续优化、推进和完善
内部运营	提高信息化水平	（1）根据企业发展的要求，不断引入和优化企业 ERP 管理系统，为企业提供一个准确、及时的信息化管理平台 （2）为员工提供 IT 技能培训，提高员工对企业信息系统的了解和应用能力
内部运营	完善战略执行体系	（1）建立企业战略目标管理体系，实施战略分析与战略监控 （2）执行企业经营计划并进行经营分析，确保战略的有效执行 （3）建立 BSC 导向的战略执行体系，最终保证企业战略目标的实现
内部运营	新型产品管理	（1）完善新型产品开发流程，提高新型产品开发成功率和模具生产合格率 （2）加强新产品的品质管理，降低新产品的客户退货率和投诉次数
内部运营	建立模具制造中心	建立模具制造中心，发挥模具设计与制造在生产过程中的重要作用
学习与成长	学习型组织建设	建设学习型组织，为员工的知识、技能的提升创造有利环境
学习与成长	企业文化建设	强化员工对企业文化的认同，增强企业整体凝聚力，开展企业文化培训
学习与成长	员工职业生涯管理	（1）为员工设计合理、有效的职业生涯发展通道，并制定管理标准 （2）加强对员工职业生涯规划的指导和管理，促进员工和企业的发展

3. 识别分解战略主题

企业进行战略主题识别，并将战略主题分解到各个职能部门，然后从各职能部门中寻找到能够驱动战略主题与目标的因素。

××公司20××年度战略地图中战略主题的识别与分解示例见表4-9。

表4-9　××公司20××年度战略主题的识别与分解示例

战略主题＼部门	总裁办	物流部	财务部	HR部	市场部	媒体部	生产部	采购部	工程部	项目部	品管部	体系部
经济回报率	√				√				√			
降低成本	√	√	√	√	√		√	√				
销售增长率	√									√		
客户满意度	√	√			√		√				√	
客户群体开发	√											
提高运营效率	√	√	√	√	√		√				√	√
资本运营	√		√									
优质服务	√									√		
产品质量	√						√	√			√	
产能研发	√						√			√		
渠道建设					√							
制度流程优化	√		√	√	√						√	√
提高信息化水平	√					√						
完善战略执行体系	√											
新型产品管理	√						√		√		√	
建立模具制造中心	√							√				
学习型组织建设	√			√								
企业文化建设	√			√								
员工职业生涯管理	√			√								
战略主题数目	19	4	5	6	9	3	6	3	5	3	5	2

4.3.2　设计BSC

BSC的设计应涵盖财务、客户、内部运营、学习与成长这四个维度，确保企业战略的全面性和平衡性。设计BSC的关键点是为每个维度设定明确、可衡量的绩效指标，以及相应的目标值和行动计划。同时，需要注意每个维度的关键绩效指标应具有挑战性但又可实现，避免设定过于简单或难以实现的目标。

4.3.4中所讲的绩效考评量表就是基于BSC的四个维度设计的。

4.3.3 分三级设计 BSC

分三级设计 BSC，要求第一级为公司级 BSC，明确公司整体战略目标和关键绩效指标（KPI）；第二级为部门级 BSC，将公司级目标分解为部门具体任务；第三级为员工级 BSC，将部门任务进一步细化为员工的个人绩效目标。分三级设计 BSC 的关键点是确保每一级的 BSC 都与上一级保持对齐，形成一条清晰的战略执行链条。同时，在分级设计 BSC 的过程中，应注意充分沟通、协调，确保各级之间的目标一致性和行动协同性。

公司级的 BSC 和 KPI 从年度战略地图和战略主题中确定；部门级的 BSC 和 KPI 从战略主题的识别与分解过程中确定；员工级的 BSC 和 KPI 就是每个岗位的绩效考评量表。

这里需要重点强调，在进行部门级 BSC 设计时，分解目标体系应当注意以下五项要求。

（1）目标分解要与企业总体目标保持方向上的一致，内容逻辑要合理。

（2）目标分解是把总目标进行分解，同时所有分目标相互协调又可以整合为总目标。

（3）在进行目标分解时，须注意各分目标的人、财、物资源的需求和限制因素的影响。

（4）企业目标分解到部门的目标值及再分解到员工岗位的目标值不宜过高或过低。

（5）目标分解应具有一定的时间计划性，每个分目标应设定明确的责任人且实现责、权、利对等。

4.3.4 设计绩效考评量表

绩效考评量表的设计应涵盖 BSC 中设定的所有关键绩效指标（KPI），并为每个 KPI 设定合理的权重和评分标准。设计绩效考评量表的关键点是确保每一个量表中具有数据具有科学性和公平性，能够真实反映员工的绩效表现，同时能够提供有效的激励。在使用绩效考评量表进行考评时，应注意结合员工的实际工作情况和表现，避免机械地套用评分标准，还应定期对绩效考评量表进行修订和完善，以适应企业发展和市场变化的需要。

基于 BSC 的四个维度设计的绩效考评量表详见 "4.4 岗位事项和 BSC 量表范例"。

4.4 岗位事项和 BSC 量表范例

4.4.1 总经理岗位事项与 BSC 量表

××公司总经理岗位事项示例如图 4-7 所示。

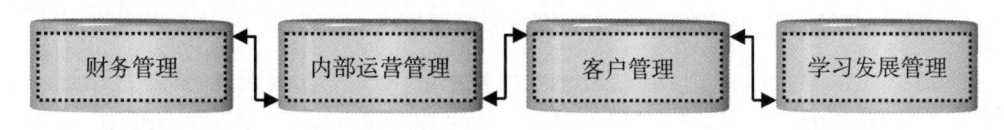

财务管理 ↔ 内部运营管理 ↔ 客户管理 ↔ 学习发展管理

图 4-7　××公司总经理岗位事项示例

××公司总经理岗位 BSC 量表示例见表 4-10。

表 4–10　××公司总经理岗位 BSC 量表示例

编号：F001002		总经理岗位绩效考核量表		
BSC	KPI	指标定义/公式	考核周期	信息来源
财务管理	净资产收益率	$\dfrac{平均股东收益}{净利润}\times100\%$	年度	财务部
	主营业务收入	考核期内公司主营业务总收入额：××万元	年度	财务部
	总资产周转率	$\dfrac{考核期内消耗费用}{平均周转资金}\times100\%$	季度	财务部
	成本费用利润率	$\dfrac{利润总额}{成本费用总额}\times100\%$	季度	财务部
内部运营管理	发展战略目标完成率	$\dfrac{发展战略目标实际达成数}{发展战略目标计划数}\times100\%$	年度	董事会
	业务拓展计划完成率	$\dfrac{业务拓展实际完成量}{业务拓展计划完成量}\times100\%$	月度	市场部
客户管理	市场占有率	企业商品销售量（额）在同类行业该商品的销售量（额）中所占的比例，用百分数表示	年度	市场部
	客户满意度	考核期内重要客户对公司的满意度	季度	客服部
学习发展管理	核心员工流失率	$\dfrac{核心员工流失数量}{核心员工平均数量}\times100\%$	月度	人力资源部
	员工受训率	参加培训的员工人数占总人数的比例情况	月度	人力资源部
失真提示		1.考核数据不准确；2.统计数据遗漏或不准；3.考核期设置跨度较大；4.利润总额与成本总额中的项目存在很大调整空间；5.战略目标标准设置模糊；6.市场环境特殊变化导致计划不能实施；7.市场和计量范围不一；8.客户评价体系缺失；9.离职办理延期；10.培训平台设置不一		

4.4.2　首席运营官岗位事项与 BSC 量表

××公司首席运营官岗位事项示例如图 4-8 所示。

战略目标管理　⇄　人员管理　⇄　外部关系管理

图 4-8　××公司首席运营官岗位事项示例

××公司首席运营官岗位 BSC 量表示例见表 4-11。

表 4-11 ××公司首席运营官岗位 BSC 量表示例

编号：F001004		首席运营官岗位绩效考核量表		
BSC	KPI	指标定义/公式	考核周期	信息来源
战略目标管理	年度发展目标达成率	$\dfrac{年度发展目标实际达成数}{年度发展目标计划数} \times 100\%$	年度	战略部
	年度营业利润总额	考核期内公司经营业务总收入额：××万元	年度	财务部
	资产利用率	$\dfrac{资产实际利用量}{资产计划利用量} \times 100\%$	年度	财务部
人员管理	核心员工保留率	$\dfrac{核心员工剩余人数}{核心员工总人数} \times 100\%$	年度	人力资源部
	员工培训达标率	$\dfrac{培训考核达标人数}{参与培训总人数} \times 100\%$	季度	人力资源部
外部关系管理	客户满意度	考核期内重要客户对公司的满意度	年度	客服部
	供应商关系	合作的供应商在考核期内对相关服务部门的评价得分：××分	年度	供应商
	政府、媒介关系	政府、相关媒体在考核期内对企业的评价得分：××分	年度	外部专业机构
失真提示	1.年度战略发展目标标准设置模糊；2.统计数据遗漏或不准确；3.考核时间与资产利用周期有较大的非重叠区间；4.有关核心员工离职拖延或有新人入职；5.培训考核数据统计遗漏或出错；6.客户评价体系缺失；7.考核期过长或被考核人有意弱化与供应商的关系；8.相关标准未确立，不统一			

4.4.3 市场营销总监岗位事项与 BSC 量表

××公司市场营销总监岗位事项示例如图 4-9 所示。

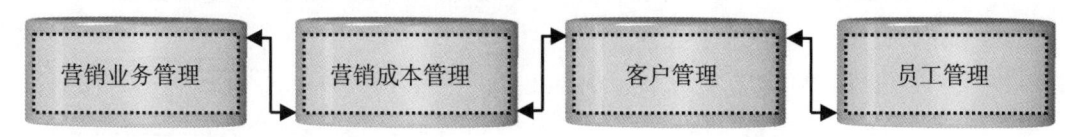

营销业务管理 → 营销成本管理 → 客户管理 → 员工管理

图 4-9 ××公司市场营销总监岗位事项示例

××公司市场营销总监岗位 BSC 量表示例见表 4-12。

表 4-12　××公司市场营销总监岗位 BSC 量表示例

编号：F001005		市场营销总监岗位绩效考核量表		
BSC	KPI	指标定义/公式	考核周期	信息来源
营销业务管理	销售计划达成率	$\dfrac{实际完成销售量（额）}{计划完成销售量（额）} \times 100\%$	年度	销售部
	销售收入增长率	$\dfrac{本期销售收入 - 上期销售收入}{上期销售收入} \times 100\%$	年度	销售部
	市场占有率	公司的产品销量占该类产品在整个市场销售总量的比例	年度	市场部
	品牌认知度	该品牌产品被市场的认可评价得分：××分	年度	市场部
营销成本管理	销售费用率	销售费用占销售收入的比例	年度	销售部
	市场推广费用控制率	$\dfrac{实际推广费用}{计划推广费用} \times 100\%$	年度	市场部
客户管理	新客户开发达成率	实际新客户与计划开发新客户数量的比例	年度	市场部
	客户保有率	$\dfrac{当期保留客户量}{当期客户总量} \times 100\%$	年度	市场部
员工管理	培训计划完成率	$\dfrac{实际完成培训项目数}{计划完成培训项目数} \times 100\%$	年度	人力资源部
	部门员工任职资格达标率	$\dfrac{当期资格达标员工数}{当期员工总数} \times 100\%$	年度	人力资源部
失真提示		1.销售统计数据不准；2.销售数据统计不合理；3.市场范围界定不一；4.市场细分不明晰；5.销售费用与收入口径不一致；6.费用归集、核算不准确；7.产品销售影响客户开发；8.客户数量统计不准；9.培训计划取消或延迟；10.数据统计出错导致员工任职资格考评失准		

4.4.4　财务总监岗位事项与 BSC 量表

××公司财务总监岗位事项示例如图 4-10 所示。

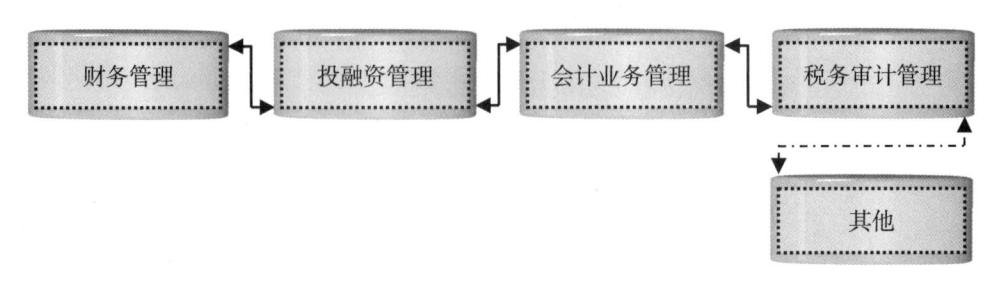

图 4-10　××公司财务总监岗位事项示例

财务管理 → 投融资管理 → 会计业务管理 → 税务审计管理 → 其他

××公司财务总监岗位 BSC 量表示例见表 4-13。

表4-13 ××公司财务总监岗位BSC量表示例

编号：F001006		财务总监岗位绩效考核量表		
BSC	KPI	指标定义/公式	考核周期	信息来源
财务管理	净资产收益率	$\dfrac{\text{平均股东收益}}{\text{净利润}} \times 100\%$	年度	财务部
	主营收入目标达成率	$\dfrac{\text{年度主营业务实际收入}}{\text{年度主营业务收入目标}} \times 100\%$	年度	财务部
	财务预算达成率	$\dfrac{\text{年度财务实际支出}}{\text{年度财务预算支出}} \times 100\%$	年度	财务部
投融资管理	投资计划完成率	$\dfrac{\text{实际投资数额}}{\text{计划投资数额}} \times 100\%$	年度	财务部
	融资计划完成率	$\dfrac{\text{实际融资数额}}{\text{计划融资数额}} \times 100\%$	年度	财务部
会计业务管理	账务处理及时性	总体会计账务处理及时完成情况	年度	财务部
	应收账款周转率	$\dfrac{\text{营业收入}}{\text{平均应收账款余额}} \times 100\%$	年度	财务部
税务审计管理	税务工作计划完成率	$\dfrac{\text{税务工作完成项数}}{\text{税务工作计划项数}} \times 100\%$	月度	外部机构/财务部
	审计工作计划完成率	$\dfrac{\text{审计工作完成项数}}{\text{审计工作计划项数}} \times 100\%$	月度	监事会/财务部
其他	企业内控规范执行性	企业财务管理制度及各种规范的执行评价得分：××分	季度	人力资源部
失真提示	1.考核数据不准确；2.目标考核标准模糊；3.财务预算不合理；4.外部投资环境发生变化；5.外部融资环境发生变化；6.工作任务分工不合理；7.企业生产经营季节性原因；8.税务计划调整；9.审计计划调整；10.企业内部控制规范本身不健全			

4.4.5 技术总监岗位事项与BSC量表

××公司技术总监岗位事项示例如图4-11所示。

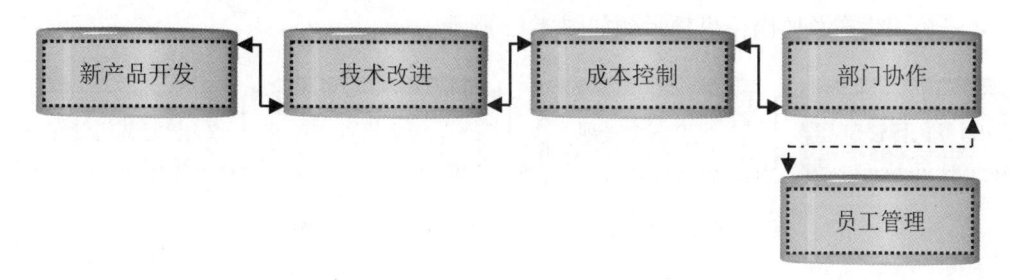

图4-11 ××公司技术总监岗位事项示例

××公司技术总监岗位 BSC 量表示例见表 4-14。

表 4-14　××公司技术总监岗位 BSC 量表示例

编号：F001008		技术总监岗位绩效考核量表		
BSC	KPI	指标定义/公式	考核周期	信息来源
新产品开发	新产品立项数量	新产品能够达到立项标准的数量	年度	技术部
	新产品投入市场稳定性	新产品上市后因技术问题导致不合格产品的批次、数量，或因技术质量问题导致技术更改的次数	年度	技术部销售部市场部
技术改进	工艺改进消耗降低率	（工艺改进前单位产品消耗材料 - 工艺改进后单位产品消耗材料）/工艺改进前单位产品消耗材料 ×100%	年度	技术部
	重大技术改进项目完成数	重大技术改进项目的总体完成数量	年度	技术部
成本控制	技术改造费用	技术改造费用是否控制在预算范围之内	年度	技术部
部门协作	技术服务满意度	有关部门对技术服务的满意度评价情况	年度	其他部门
员工管理	培训计划完成率	$\frac{实际完成培训项目数}{计划完成培训项目数} \times 100\%$	年度	人力资源部
	员工任职资格达标率	$\frac{当期资格达标员工数}{当期员工总数} \times 100\%$	年度	人力资源部
失真提示	1.数据统计错记、漏记或多记；2.数据统计失误；3.有关数据统计缺失、无法查询；4.项目标准模糊或数据缺失；5.材料、市场变化，预算失准；6.部门偏见或标准未统一；7.培训计划取消或延迟未做明确规定；8.考核数据统计出错导致员工任职资格考评失准			

4.4.6　生产总监岗位事项与 BSC 量表

××公司生产总监岗位事项示例如图 4-12 所示。

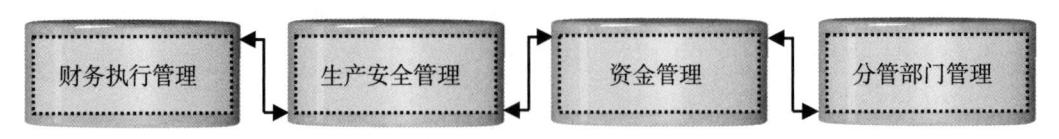

财务执行管理 ⇌ 生产安全管理 ⇌ 资金管理 ⇌ 分管部门管理

图 4-12　××公司生产总监岗位事项示例

××公司生产总监岗位 BSC 量表示例见表 4-15。

表 4-15 ××公司生产总监岗位 BSC 量表示例

编号：F001007		生产总监岗位绩效考核量表		
BSC	KPI	指标定义/公式	考核周期	信息来源
财务执行管理	生产计划完成率	$\dfrac{实际生产量}{计划生产量}\times 100\%$	年度	生产部
	交期达成率	$\dfrac{交期达成批数}{交货总批数}\times 100\%$	年度	生产部
	产能利用率	$\dfrac{实际产能}{设计产能}\times 100\%$	年度	生产部
	生产成本下降率	$\dfrac{上期生产成本-当期生产成本}{上期生产成本}\times 100\%$	年度	财务部
生产安全管理	生产质量合格率	$\dfrac{合格产品数量}{产品总数量}\times 100\%$	月度	质检部
	生产设备完好率	$\dfrac{完好设备数}{在用设备总数}\times 100\%$	年度	生产部
	重大安全事故	年度生产重大安全事故为××	年度	行政部
资金管理	库存资金占用率	$\dfrac{库存平均占用资金额}{全部流动资金额}\times 100\%$	年度	财务部
分管部门管理	核心员工流失率	$\dfrac{核心员工流失数量}{核心员工总数}\times 100\%$	年度	人力资源部
	员工培训计划完成率	$\dfrac{实际完成培训项目数}{计划完成培训项目数}\times 100\%$	年度	人力资源部
失真提示	1.市场影响或计划不合理；2.数据统计不全；3.数据统计失准；4.成本核算范围未统一；5.生产质量检查标准不科学；6.生产设备维护标准不健全；7.安全事故定级不符合法定标准；8.生产计划不合理变动；9.离职手续办理延期；10.统计失误			

4.4.7 行政总监岗位事项与 BSC 量表

××公司行政总监岗位事项示例如图 4-13 所示。

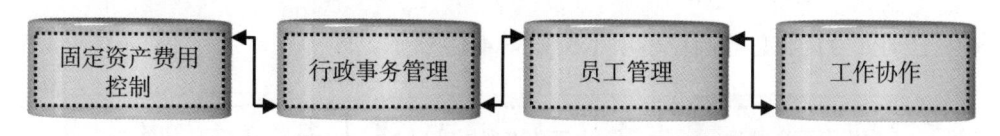

固定资产费用控制 → 行政事务管理 → 员工管理 → 工作协作

图 4-13 ××公司行政总监岗位事项示例

××公司行政总监岗位BSC量表示例见表4-16。

表4-16 ××公司行政总监岗位BSC量表示例

编号：F001010		行政总监岗位绩效考核量表		
BSC	KPI	指标定义/公式	考核周期	信息来源
固定资产费用控制	行政办公费用预算达成率	$\dfrac{行政办公费用实际发生额}{行政办公费用预算额} \times 100\%$	年度	财务部
	固定资产完好率	$\dfrac{固定资产完好数}{固定资产总量} \times 100\%$	年度	财务部
行政事务管理	行政管理制度规范性	行政管理制度规范、完善，不会因制度不完善造成管理混乱现象的发生	年度	行政部
	办公用品采购计划完成率	$\dfrac{办公用品采购计划完成数}{办公用品采购计划数} \times 100\%$	年度	行政部
	危机处理满意度	社会公众和企业内部对危机处理的公认评价	年度	行政部
员工管理	核心员工流失率	$\dfrac{核心员工流失数量}{核心员工总数} \times 100\%$	年度	人力资源部
	核心员工培养计划完成率	$\dfrac{核心员工培养计划实际完成数}{核心员工培养计划总数} \times 100\%$	年度	人力资源部
	员工绩效考核评优率	$\dfrac{员工绩效考核评优人数}{员工总人数} \times 100\%$	年度	人力资源部
工作协作	部门协作满意度	企业内外协作部门对行政工作的满意度评价	年度	其他部门
失真提示	\multicolumn{4}{l}{1.公共部门和临时办公费用口径不一致；2.固定资产完好标准不清晰；3.制度评价体系不完善；4.办公用品市场发生变化；5.社会和企业评价口径不一，评价体系混乱；6.员工离职手续延误办理；7.培训计划取消或延迟；8.评选标准不合理或数据统计失误；9.部门评价体系缺失或不合理}		

4.4.8 人力资源总监岗位事项与BSC量表

××公司人力资源总监岗位事项示例如图4-14所示。

人力资源事务管理 ⇄ 人工成本费用管理　跨部门协作

图4-14 ××公司人力资源总监岗位事项示例

××公司人力资源总监岗位 BSC 量表示例见表 4-17。

表 4-17　××公司人力资源总监岗位 BSC 量表示例

编号：F001011		人力资源总监岗位绩效考核量表		
BSC	KPI	指标定义/公式	考核周期	信息来源
人力资源事务管理	企业人力资源战略规划质量	企业人力资源战略发展规划要符合企业总体发展战略，并具有可行性和价值性	年度	人力资源部、战略部
	人力资源制度有效性	人力资源管理制度要具有完善性和执行效果	年度	人力资源部
	招聘计划完成率	$\dfrac{实际招聘人数}{计划招聘人数} \times 100\%$	年度	人力资源部
	培训计划完成率	$\dfrac{实际完成培训项目数}{计划完成培训项目数} \times 100\%$	年度	人力资源部
	工资奖金计算错误人次	出现工资、奖金计算错误的人次	月度	人力资源部
	考核组织工作完成的及时性	当期未按规定完成考核组织工作时而延迟的天数	年度	人力资源部
	核心员工流失率	$\dfrac{核心员工流失数量}{核心员工总数} \times 100\%$	年度	人力资源部
	员工满意度	员工对公司人力资源工作的综合满意程度	年度	人力资源部
人工成本费用管理	部门费用预算达成率	$\dfrac{部门实际发生费用}{部门费用预算} \times 100\%$	年度	财务部
跨部门协作	部门协作满意度	其他部门对人力资源工作的支持和满意程度	年度	其他部门
失真提示	1.企业发展战略有不合理之处；2.有关部门或员工的执行力不够；3.人才市场发生变化；4.数据统计不准确；5.统计失准；6.员工离职手续延误办理；7.缺乏评价体系或体系不完善；8.部门费用统计口径不一；9.企业内外部运营环境发生变化；10.部门评价体系缺失或不合理			

最佳实践：××公司 20××年人力资源部的 BSC

××公司 20××年人力资源部的 BSC 见表 4-18。

表 4-18 ××公司 20××年人力资源部的 BSC

维度	战略主题	目标编号	战略目标	序号	20××年衡量指标	序号	20××年行动方案
财务	增长战略	F2	有效配置人力资源，确保公司增长目标的达成	M1	人均单产		
	生产力战略	F3	提高人力资源的投入产出效率	M2	人事费用率		
客户	内部客户	C1	提供人力资源的战略性决策支持与人才保障	M3	战略性决策支持与人才保障满意度得分		
		C2	提升员工敬业度	M4	员工敬业度		
内部运营	组织与规划	I1	组织优化与整合，提升组织能力			K1	人才优化配置方案
						K2	组织职能整合与调整方案
		I2	有效实施人力资源战略规划	M5	人力资源战略规划实施计划达成率		
	选拔与配置	I3	以内部培养为主，外部引进为辅，加强关键岗位人才的选拔与配置	M6	关键岗位人才配置率		
				M7	关键岗位人才流失率		
		I4	完善和实施以"业绩、能力、行为"为核心的人才评估系统	M8	岗位匹配度		
	开发与发展	I5	多种方式培训和培养人才，促进人才梯队建设及人才快速成长	M9	关键岗位轮岗比例		
				M10	导师带徒签约及时率		
				M11	导师带徒回顾次数（每季度1次）		
		I6	完善职务管理体系及职业发展通道			K3	关键岗位人才培养方案落地实施
	绩效、薪酬与激励	I7	完善激励机制，强化战略性激励			K4	建立薪酬定期调整机制
		I8	持续优化以"业绩增长为导向"的有市场竞争力的薪酬制度	M12	薪酬竞争力评价指数（对标行业薪酬中位数）	K5	四位一体的全面薪酬激励体系建立及实施
		I9	完善绩效管理体系，将绩效与战略、薪酬激励、发展有效连接			K6	完善普通员工绩效管理体系
	企业文化	I10	通过入职和转正等仪式，引导员工行为	M13	仪式执行到位		
		I11	加强人力资源管理制度与企业文化的融合			K7	人力资源管理制度与企业文化的融合实施方案
	风险防范	I12	规范员工关系管理，防范人力资源的法律风险	M14	劳动仲裁案件数量		
				M15	重大劳动风险零发生		

续 表

维度	战略主题	目标编号	战略目标	序号	20××年衡量指标	序号	20××年行动方案
学习与成长	人力资本	L1	加强人力资源专业人才的配置、培养和发展	M16	关键岗位人才胜任率		
				M17	月度专业辅导、能力素质提升回顾、绩效辅导计划达成率		
	IT资本	L2	持续优化人力资源信息化建设	M18	人力资源信息更新及时准确率		
	组织资本	L3	运行战略执行管理系统,提升组织执行力	M19	平衡计分卡月度跟踪、季度回顾完成率		
		L4	优化部门组织架构、岗位职责和流程,提升组织能力	M20	组织效率提升率	K8	岗位职责整合优化方案
				M21	制度完善及时率、执行到位率		
		L5	将企业文化转化为核心竞争力,对外塑形象,对内塑行为	M22	企业文化落地执行到位率(认知认同、行为规范、无违规违纪)		

第 5 章

KPI 的应用

关键绩效指标（Key Performance Indicators，KPI）是用来衡量企业内部某一岗位员工工作绩效的具体量化指标，可以对工作完成的结果直接进行衡量。KPI 源于对企业总体发展战略目标的分解，并反映最能有效影响企业价值创造的关键驱动要素。

应用 KPI 有四大优势，如图 5-1 所示。

目标聚焦	量化为主
KPI的核心在于"关键"二字，帮助企业聚焦于那些对业务目标影响最大的指标。在纷繁复杂的工作内容中，KPI像一盏明灯，指引团队朝着既定的方向努力	KPI强调量化，使得绩效的衡量更加客观、准确。数字化的表达方式，不仅让团队成员清楚地知道自己的工作成果，也便于管理层进行横向和纵向的对比分析
数据驱动决策	可衡量性
KPI体系强调数据收集和分析，为管理层提供了丰富的决策依据。在数据支撑下，管理层可以更科学、合理地制定战略规划和调整业务策略	每一个KPI都是具体、可衡量的，这避免了模糊性和主观性评价。团队成员可以明确地知道自己的工作是否达标，以及下一步该如何改进

图 5-1　应用 KPI 的四大优势

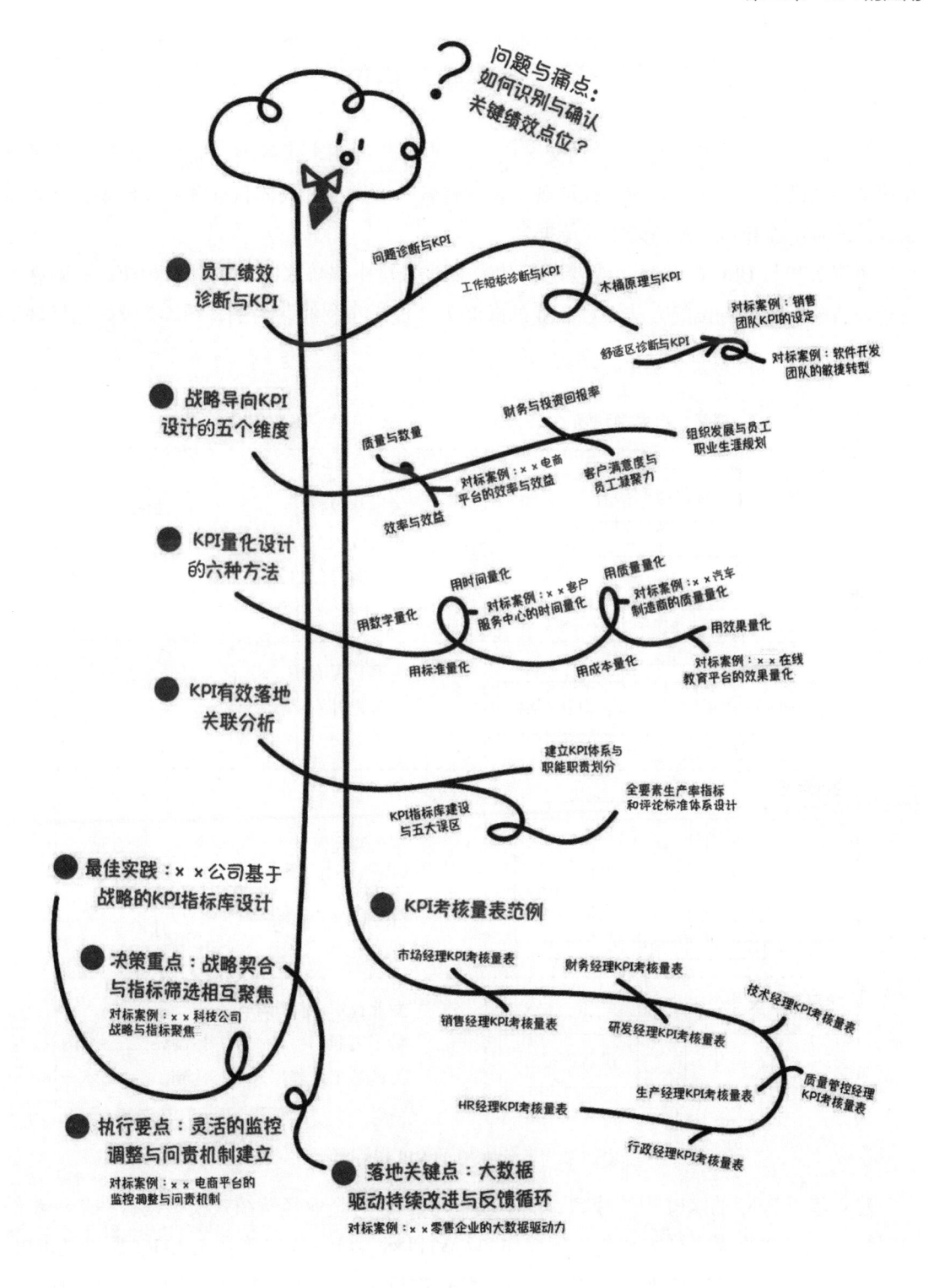

第 5 章 KPI 的应用

问题与痛点：如何识别与确认关键绩效点位？

- **员工绩效诊断与KPI**
  - 问题诊断与KPI
  - 工作短板诊断与KPI
  - 木桶原理与KPI
    - 对标案例：销售团队KPI的设定
  - 舒适区诊断与KPI
    - 对标案例：软件开发团队的敏捷转型

- **战略导向KPI设计的五个维度**
  - 质量与数量
  - 财务与投资回报率
  - 组织发展与员工职业生涯规划
    - 对标案例：××电商平台的效率与效益
  - 客户满意度与员工凝聚力
  - 效率与效益

- **KPI量化设计的六种方法**
  - 用数字量化
  - 用时间量化
    - 对标案例：××客户服务中心的时间量化
  - 用质量量化
    - 对标案例：××汽车制造商的质量量化
  - 用标准量化
  - 用成本量化
  - 用效果量化
    - 对标案例：××在线教育平台的效果量化

- **KPI有效落地关联分析**
  - 建立KPI体系与职能职责划分
  - KPI指标库建设与五大误区
  - 全要素生产率指标和评论标准体系设计

- **最佳实践：××公司基于战略的KPI指标库设计**

- **决策重点：战略契合与指标筛选相互聚焦**
  - 对标案例：××科技公司战略与指标聚焦

- **KPI考核量表范例**
  - 市场经理KPI考核量表
  - 财务经理KPI考核量表
  - 技术经理KPI考核量表
  - 销售经理KPI考核量表
  - 研发经理KPI考核量表
  - 质量管控经理KPI考核量表
  - HR经理KPI考核量表
  - 生产经理KPI考核量表
  - 行政经理KPI考核量表

- **执行要点：灵活的监控调整与问责机制建立**
  - 对标案例：××电商平台的监控调整与问责机制

- **落地关键点：大数据驱动持续改进与反馈循环**
  - 对标案例：××零售企业的大数据驱动力

KPI 应用框架体系

问题与痛点：如何识别与确认关键绩效点位

关键绩效点位是 KPI 与 BSC 的交融点，是在 BSC 的四个维度中，通过 KPI 来具体量化并评估的关键点位。这些点位不仅体现了企业在各个维度上的具体目标和业绩成果，也是企业进行战略实施和绩效评估的重要依据。

厘清 KPI 与 BSC 的关系，或者说在 BSC 四个维度中提炼 KPI 不失为一种快速高效地识别和确认关键绩效点位的方法。以企业的战略为"提高净利润"为例，图 5-2 较好地呈现了 KPI 与 BSC 一一对应的关系。

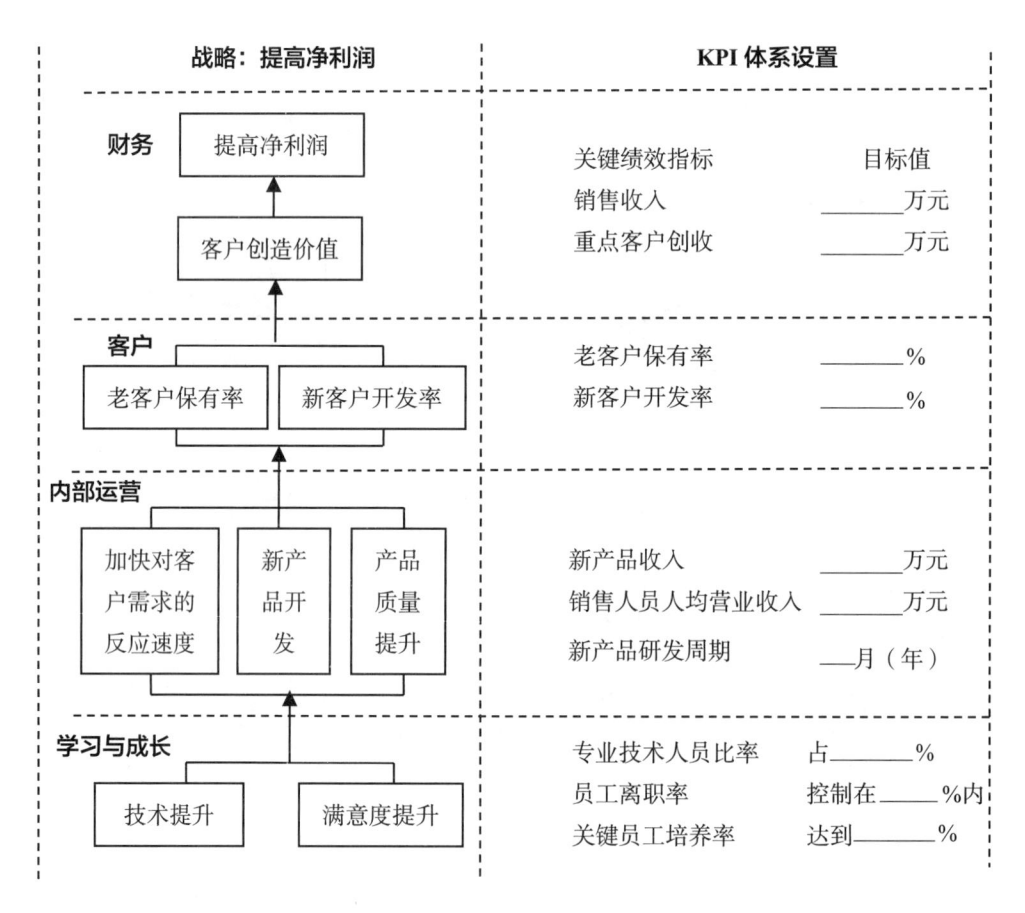

战略：提高净利润	KPI 体系设置
财务：提高净利润 ← 客户创造价值	关键绩效指标　　　目标值 销售收入　　　____万元 重点客户创收　　____万元
客户：老客户保有率、新客户开发率	老客户保有率　　____% 新客户开发率　　____%
内部运营：加快对客户需求的反应速度、新产品开发、产品质量提升	新产品收入　　　____万元 销售人员人均营业收入　____万元 新产品研发周期　____月（年）
学习与成长：技术提升、满意度提升	专业技术人员比率　占____% 员工离职率　　　控制在____%内 关键员工培养率　达到____%

图 5-2　基于 BSC 的 KPI 提炼模型

建立基于 BSC 的 KPI 提炼模型，逻辑就是用 BSC 对企业经营绩效模型进行一步一步的逻辑推导，将企业战略目标转化为可操作的行动目标，最终确定符合 SMART 原则的 KPI。这个模型是将企业战略转化为一整套全方位的运作目标和 KPI 的理论与工具，是对 BSC 的进一步细化。这个模型一方面强调战略的导向作用；另一方面对 KPI 进行结构上的划分，在财务、客户、内部运营和学习与成长四个方面设置指标体系。

5.1 员工绩效诊断与 KPI

员工绩效诊断旨在识别员工在工作中的优势与不足，从而为员工提供有针对性的培训和指导，进而提升整体工作绩效。KPI 是员工绩效诊断的基础。在设计 KPI 时，企业会根据自身的战略目标和业务需求，明确员工在各个岗位上的关键职责和期望成果。这些 KPI 不仅为员工提供了清晰的工作目标，也为后续的绩效诊断提供了客观的衡量标准。员工绩效诊断是对 KPI 实施效果的反馈，可以促进 KPI 的持续优化。

员工绩效诊断的四个方面如图 5-3 所示。

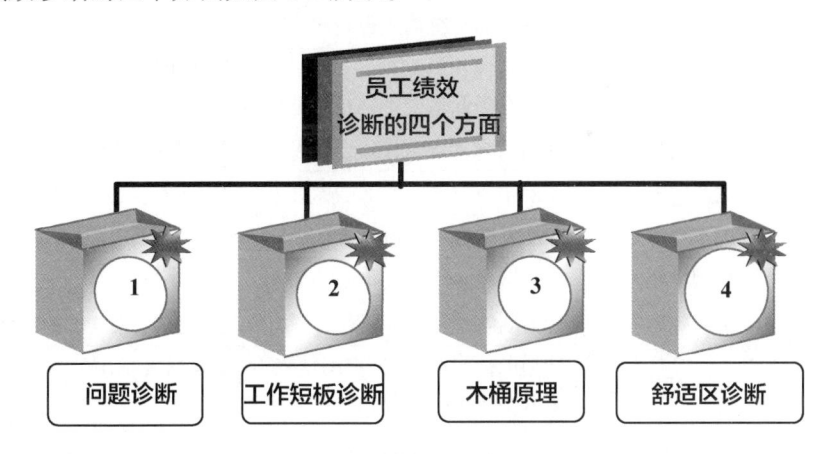

图 5-3 员工绩效诊断的四个方面

5.1.1 问题诊断与 KPI

问题诊断是指对企业绩效产生的问题与影响绩效的原因进行分析、判断及寻找解决措施的过程。企业需要诊断的问题大都可以在 KPI 中找到相应的对应点。或者也可以说，企业问题可以体现在一定的指标上，而在企业管理中，对企业绩效影响较深的因素和问题也可以用 KPI 表现出来。

企业运营与管理常见的问题类型主要涉及研发系统、营销系统、采购系统、生产系统、财务管理系统等多个方面，见表 5-1。

表 5-1 企业运营与管理常见的问题类型及其具体分析

运营管理系统	常见问题	具体分析
研发系统	组织增幅方面	年度新产品订货额占全部销售订货额比例的增长率较小，老产品的净增幅不稳定，同期新老产品销售量也较低
	生产效率方面	计划期内，新产品销售收入减去新产品销售成本后的毛利与研发系统员工平均人数之比的增长率成正比，且增长率较大
	成本控制方面	设定明确的目标，即在计划期内，针对销售的老产品，通过精细的成本管理策略，剔除可比采购成本上升或下降的外部影响后，实现物料成本显著降低的成效

续 表

运营管理系统	常见问题	具体分析
营销系统	销售额增幅方面	计划期内，分别按订货口径计算和按销售回款口径计算的销售额的增长率较小
	生产效率方面	计划期内，产品销售收入减去产品销售成本后的毛利与营销系统平均员工人数之比较小，且整体销售量较低
	成本控制方面	计划期内，销售费用支出占销售收入比例的降低率较小
采购系统	供应增幅方面	计划期内，经检验合格的采购物料及时供应的项次占生产需求的物料采购项次的比例的提高率较大
	生产效率方面	计划期内，到货的物料采购总额与采购系统平均员工人数之比较小，并且采购系统员工数较多
	成本控制方面	按代表性物料品种计算的与上年同期比较或与业界最佳水平比较的采购成本降低率变小，在采购成本中包含采购系统的费用分摊额也较少
生产系统	产值增幅方面	计划期内，按照订货合同及时正确发货的产值占计划产值的比例较小
	生产效率方面	计划期内，生产系统总产值与平均员工人数之比较小，且生产员工较多
	成本控制方面	产品制造成本中制造费用所占比例的降低率太小
财务管理系统	利润增幅方面	计划期内，净利润增长率较小
	生产效率方面	计划期内，财务管理人员平均数占公司员工平均数的比例的降低率较小
	成本控制方面	计划期内，公司管理费用支出（不含研发费用）占销售收入的比例的降低率较小，且公司管理费用总支出较高

问题诊断与 KPI 可以结合使用，通过定期计算和回顾 KPI 的执行结果，管理人员能够清晰了解企业在经营领域中的关键绩效参数，并及时诊断出企业经营与管理中存在的问题，以采取行动予以改进。

5.1.2 工作短板诊断与 KPI

工作短板是指那些影响工作效率、阻碍目标达成的关键因素或环节。公司级 KPI 来源于企业战略目标和年度经营计划，部门级 KPI 和员工级 KPI 则与工作短板高度相关，因为这些工作短板有很大的改善空间。当然，不少企业在运营管理方面也存在一些短板，需要借助 KPI 考核找到关键点位并及时处置。

KPI 设计的目的是识别并衡量这些短板，从而引导企业和个人关注并改善这些关键环节，最终实现整体绩效的提升。其步骤包括识别短板—量化短板—改善短板—优化管理。

（1）**识别短板**：KPI 的设计过程本身就是对工作短板的一次深入剖析和识别。通过设定 KPI，企业能够清晰地看到哪些环节存在不足，哪些环节是需要重点关注的短板。

（2）**量化短板**：KPI 将短板以可量化的形式表现出来，使得改善的目标变得明确且可衡量。例如，如果生产效率低下是短板，那么可以通过设定具体的生产效率提升百分数作为 KPI。

（3）**改善短板**：设定与短板紧密相关的 KPI，并持续跟踪和考核，可以促使相关部门和员工主动关注并努力改善这些短板。KPI 的达成情况直接反映了短板改善的效果。

（4）**优化管理**：针对运营管理中存在的短板，KPI 不仅是一个衡量工具，更是一个优化工具。不断调整 KPI 的设定和考核方式，可以引导组织资源向最需要改进的环节倾斜，从而实现整体运营管理的优化。

不同岗位类型员工可能产生的工作短板的行为表现见表 5-2。

表 5-2　企业不同岗位类型员工可能产生的工作短板的行为表现

员工类型	工作短板	行为表现
管理者	战略规划不足	缺乏长远眼光，不能为公司制定合理的发展战略
	决策失误频繁	在重大问题上做出错误决策，给公司带来损失
	团队管理能力不足	无法有效管理团队，导致团队效率低下，员工流失率高
销售与市场员工	销售业绩不佳	无法完成销售目标，销售额低于预期
	市场敏感度低	对市场趋势和竞争对手动态反应迟钝，不能及时调整销售策略
	客户关系管理不善	与客户的沟通不畅，无法满足客户需求，导致客户满意度低
质量管理员工	质量控制不严	对产品质量把关不严，导致不合格产品流出
	质量改进缓慢	针对质量问题，改进措施的制定和实施缓慢，效果不佳
	质量意识淡薄	在日常工作中忽视质量问题，缺乏严谨的质量控制态度
供应链管理员工	供应商管理不善	与供应商的合作不顺畅，导致供应链中断或成本上升
	库存管理混乱	库存数据不准确，导致库存积压或缺货现象
	物流成本高	运输效率低下，物流成本控制不力
生产员工	生产效率低下	完成任务的时间长，生产速度慢，不能按时完成生产计划
	浪费现象严重	在生产过程中，物料、时间和能源浪费严重，没有充分利用资源
	质量意识不强	生产出的产品存在质量问题，如瑕疵、不符合规格等
人力资源管理员工	招聘效率低下	无法及时招聘到合适的人才，导致岗位空缺
	员工培训不足	未能为员工提供足够的培训和发展机会，影响员工能力提升
	员工关系管理不善	员工满意度低，内部沟通不畅，团队协作问题频发

5.1.3　木桶原理与 KPI

木桶原理，又称"木桶定律""短板理论"，指的是一个木桶能装多少水，并不取决于最长的那块木板，而是取决于最短的那块木板。这个短板就成了这个木桶盛水量的"限制因素"。若要使此木桶盛水量增加，只有换掉短板或将短板加长才行。这一原理在绩效管理领域中常常被用来强调整体性能的均衡和提升，特别关注那些限制整体性能进一步提升的关键因素。

在 KPI 的设计与应用方面，木桶原理提供了一个重要的视角：为了最大化整体绩效，必须识别并优化那些限制绩效的短板。KPI 作为一种量化管理指标，是衡量员工绩效表现的基础，通过设定和跟踪 KPI，企业可以及时发现并改善那些影响整体绩效的短板。

以下是木桶原理与 KPI 关系的创新性阐述，并结合实践案例进行说明。

1. 补齐短板

在设定 KPI 时，企业不仅需要关注传统的业务指标（如销售额、生产率等），还需要深入剖析业务流程，找出可能限制整体绩效的短板。

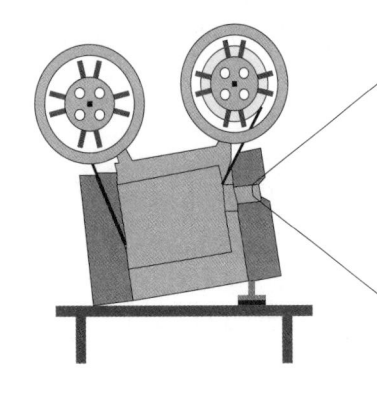

举个例子： ××电商平台在分析客户投诉数据时，发现配送延误是客户投诉的热点问题。于是，该平台将"平均配送时间"和"准时配送率"作为 KPI，通过优化物流配送网络和提高配送效率，显著提升了客户满意度。

2. 均衡发展

木桶原理强调整体性能的均衡发展。在 KPI 设计中，这意味着不仅要关注单一的、突出的绩效指标，还要确保各项指标之间的平衡。例如，在销售团队中，除了关注销售额这一核心指标外，还需要考虑客户满意度、客户回访率等辅助指标，以实现销售与服务质量的均衡发展。

举个例子： ××金融服务公司在设定销售团队的 KPI 时，除了将"新客户增长率"和"销售额"作为核心指标外，还增加了"客户投诉处理时效"和"客户满意度"等指标。这样的设计确保了销售团队在追求业绩时，也重视客户服务和客户关系管理。

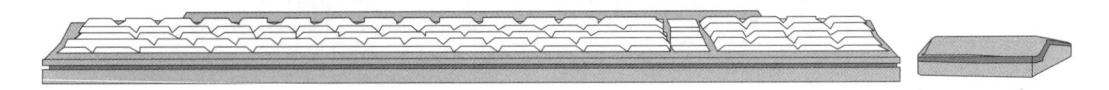

3. 持续优化

木桶原理显示，随着环境和条件的变化，原本的短板可能得到改善，而其他木板可能成为新的短板。因此，KPI 的设计和应用是一个动态的过程，企业需要定期评估和调整。

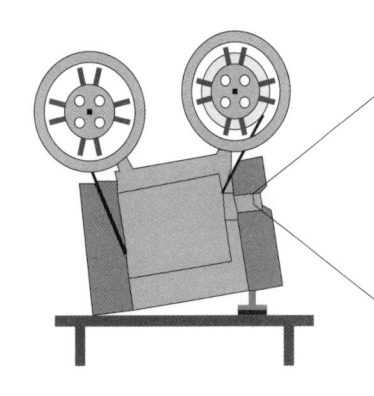

举个例子： ××制造企业原本将"生产成本"作为 KPI 进行优化，实施一系列成本控制措施后取得了显著成果。然而，随着市场竞争加剧，产品质量和客户响应速度成为新的竞争焦点。于是，该企业及时调整了 KPI 体系，将"产品合格率"和"客户响应时间"转为 KPI，以适应市场变化。

5.1.4 舒适区诊断与 KPI

舒适区通常指个体在心理和行为上感到自在和习惯的区域，人们在这个区域内活动时会感到轻松、自在和自信。然而，长时间停留在舒适区内可能会阻碍企业员工的成长和进步，因为这意味着避免工作挑战或丧失新技能学习与提升的机会。

KPI 不仅是一个量化指标，更是一个推动员工挑战自我、实现成长的动力源。一方面，合理的 KPI 设置可以促使员工走出舒适区，接受新的挑战；另一方面，过于苛刻或不切实际的 KPI 可能导致员工感到压力过大，反而选择逃避或回到舒适区内。

下面结合实践案例来剖析舒适区诊断与 KPI 的关系。

对标案例　销售团队 KPI 的设定

某公司销售团队长期在舒适区内工作，团队的销售业绩平稳但缺乏突破。为了激发销售人员的潜力，公司设定了新的 KPI，包括提高销售额 20%、增加新客户开发数，以及提升客户满意度等。这些 KPI 的设定，初衷是引导销售团队走出舒适区，积极开拓市场。

然而，在实施过程中，部分销售人员感到压力巨大，因为新 KPI 要求他们不仅要维持现有客户关系，还要开发新客户，这超出了他们以往的工作范围。面对这种情况，公司及时调整了 KPI 的实施策略，增加了培训和资源支持，帮助销售团队逐步适应新的工作挑战和节奏。经过一段时间的共同努力，销售团队不仅完成了新的 KPI，还拓展了业务范围，整体业绩有了显著提升。

对标案例　软件开发团队的敏捷转型

某软件开发公司决定采用敏捷开发方法，以提高开发效率和响应市场变化的能力。这一转变要求开发团队走出传统的瀑布式开发模式的舒适区，适应快速迭代、持续反馈的新工作方式。

公司设定了与敏捷开发相关的 KPI，如迭代速度、用户故事点完成率、代码质量等。在转型初期，团队成员面临了很大的挑战，因为敏捷开发要求更频繁的沟通和更快的反馈循环。但通过持续的培训和实践，团队逐渐适应了新的工作模式，不仅 KPI 得到了提升，团队成员之间的协作和创新能力也得到了显著提高。

舒适区与 KPI 的关系是一个动态平衡的过程。合理的 KPI 可以推动员工走出舒适区，实现企业和员工的共同成长。然而，过于激进的 KPI 也可能导致员工的反感和抵触，因此企业需要谨慎设定 KPI，并根据实际情况对其进行调整。在实践中，管理者应该结合员工的实际能力和发展需求，制定既具挑战性又切实可行的 KPI，以激发员工的积极性和创造力。

5.2　战略导向 KPI 设计的五个维度

质量与数量、效率与效益、财务与投资回报率、客户满意度与员工凝聚力，以及组织发展与员工职业生涯规划是战略导向KPI设计的五个维度，这五个维度并非孤立的，而是相互关联、相互影响的，通过平衡和优化这些维度，企业可以实现更高效、更稳健的发展。

战略导向KPI设计的五个维度如图5-4所示。

质量与数量	质量与数量是企业产品或服务的基础属性
效率与效益	效率与效益反映了企业的运营水平和盈利能力
财务与投资回报率	财务与投资回报率是企业经济状况的直接体现
客户满意度与员工凝聚力	客户满意度与员工凝聚力是企业文化的两大支柱
组织发展与员工职业生涯规划	组织发展与员工职业生涯规划体现了企业对未来的规划和员工个人成长的重视

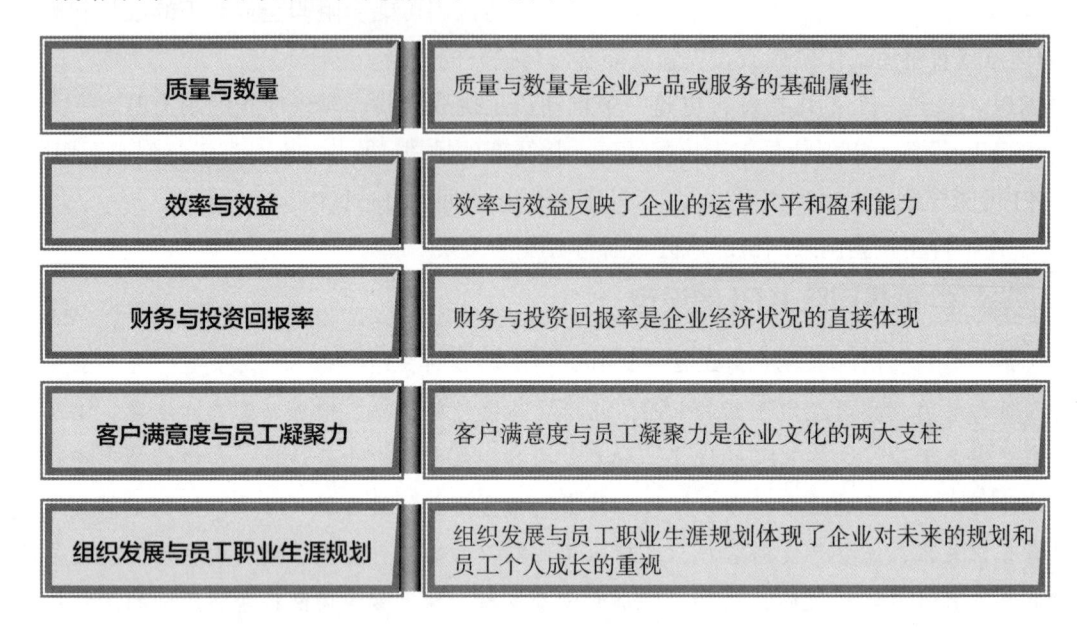

图5-4 战略导向KPI设计的五个维度

高质量的产品或服务能够提升客户满意度，从而提高客户对企业的忠诚度。同时，足够的数量保证能够满足市场需求，为企业带来稳定的收入流。

高效率意味着资源的最优利用，能够降低成本、缩短周期，从而提升整体效益。而高效益则直接关联企业的财务表现，为企业的持续发展提供动力。

财务与投资回报率是衡量企业成功与否的重要指标。良好的财务状况和投资回报率能够吸引更多的投资者，为企业扩张提供资金支持，同时也为员工提供更好的职业发展平台。

客户满意度直接影响企业的市场声誉和长期客户关系，而员工凝聚力则是企业内部稳定性和创新力的源泉。满意的客户和团结的员工共同构成了企业持续发展的基石。

组织的发展需要员工的支持和贡献，而员工的职业生涯规划则与企业的发展紧密相连。一个有着明确发展目标和良好职业规划环境的组织，能够吸引并留住人才，为企业的长远发展储备力量。

5.2.1 质量与数量

在战略导向KPI设计中，"质量与数量"这一维度是基石，直接关系到企业产品或服务的基本属性和市场表现。

1. 质量

质量是企业生存和发展的根本。在KPI设计中，质量维度的指标不仅关注产品或服务的合格率和可靠性，更着眼于持续改进和创新能力的提升。

（1）质量相关特性。质量是指产品或服务满足甚至超越客户需求及期望的程度。质量有三个特性，如图 5-5 所示。

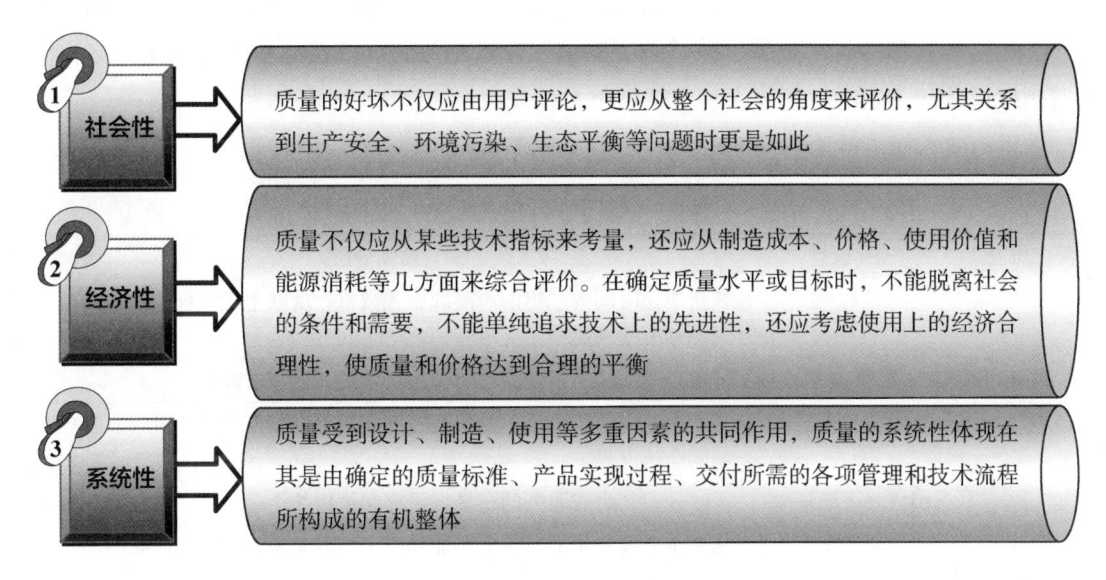

① 社会性：质量的好坏不仅应由用户评论，更应从整个社会的角度来评价，尤其关系到生产安全、环境污染、生态平衡等问题时更是如此

② 经济性：质量不仅应从某些技术指标来考量，还应从制造成本、价格、使用价值和能源消耗等几方面来综合评价。在确定质量水平或目标时，不能脱离社会的条件和需要，不能单纯追求技术上的先进性，还应考虑使用上的经济合理性，使质量和价格达到合理的平衡

③ 系统性：质量受到设计、制造、使用等多重因素的共同作用，质量的系统性体现在其是由确定的质量标准、产品实现过程、交付所需的各项管理和技术流程所构成的有机整体

图 5-5　质量的三个特性

（2）ISO 标准质量原则。ISO 标准质量有八大原则，如图 5-6 所示。

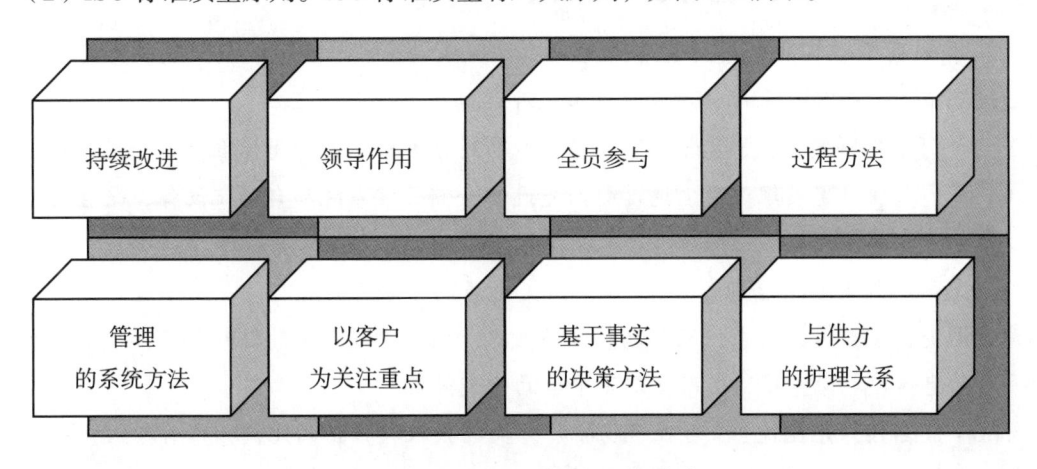

持续改进	领导作用	全员参与	过程方法
管理的系统方法	以客户为关注重点	基于事实的决策方法	与供方的护理关系

图 5-6　ISO 标准质量的八大原则

2. 数量

战略导向 KPI 设计不仅需要从质量的维度进行考虑，也要结合产品数量的情况进行思考，数量维度体现了企业的生产能力和市场占有情况。在 KPI 设计中，数量不仅指产品的生产数量，还包括销售数量、客户数量等多个方面。

质量与数量并不是孤立的，而是需要相互平衡和协调。过高的质量要求可能导致生产成本上升，影响数量的表现；而过度追求数量则可能牺牲质量，损害企业的长期竞争力。因此，企业在设计 KPI 时，必须根据自身的战略目标和市场定位，找到质量与数量之间的最佳平衡点。

5.2.2 效率与效益

效率是衡量企业资源利用和流程优化的关键指标。在战略导向 KPI 设计中，效率体现在生产、运营和管理的各个环节。效益则更侧重于衡量企业的经济效益和市场表现。KPI 中的效益指标通常与企业的盈利能力和市场竞争力相关。

效率与效益维度战略导向 KPI 设计示例见表 5-3。

表 5-3　效率与效益维度战略导向 KPI 设计示例

两个维度	KPI 设计	具体分析
效率	生产效率	衡量单位时间内产出的产品或服务数量，反映生产流程的顺畅程度和资源的有效利用
	决策效率	评估企业在面对市场变化时做出决策的速度和准确性
	流程效率	衡量企业内部各个流程的执行速度和效果，如订单处理时间、客户服务响应速度等
效益	销售收入增长率	反映企业产品或服务的市场接受度和销售能力
	利润率	衡量企业盈利水平，体现企业的成本控制和定价策略
	市场份额	评估企业在市场中的竞争地位，以及相对于竞争对手的表现

对标案例　××电商平台的效率与效益

××电商平台在战略导向 KPI 设计中，特别强调了"效率与效益"这一维度。该平台通过三个方面的 KPI 来评估运营效率和经济效益。

（1）**订单处理效率**：平台设定了从客户下单到订单出库的时间标准，不断优化仓储和物流流程，加快订单处理速度。通过引入先进的仓储管理系统和自动化设备，平台大幅提升了订单处理效率。

（2）**客户满意度与复购率**：客户满意度是效益的一个重要指标，平台通过定期的客户满意度调查，了解客户需求，及时调整服务策略。同时，复购率的提升也直接反映了客户对平台的忠诚度和满意度，进而体现了平台的长期效益。

（3）**广告投入产出比**：平台在市场推广方面的投入与产出的比例（广告投入产出比），是衡量营销效率的关键指标。平台通过精确分析广告投放的数据，优化了广告策略，提高了广告的转化率和回报率。

5.2.3 财务与投资回报率

财务指标是企业常用于绩效评估的传统指标。财务指标显示策略与执行是否改善了企业的利润。典型的财务指标与盈利、股东价值相关联。企业应利用对关键成功因素的理解来帮助自身对客户满意度、内部运营效率、创新和进步等做出分析。

财务指标一方面是从短期的角度对企业已采取行动所产生结果的评价，另一方面是从长期角度与其他关键指标相互驱动、共同指向的结果。因此，财务指标是评价个人与组织绩效、进行绩效改进与组织战略变革的出发点。

财务指标的七种形式如图 5-7 所示。

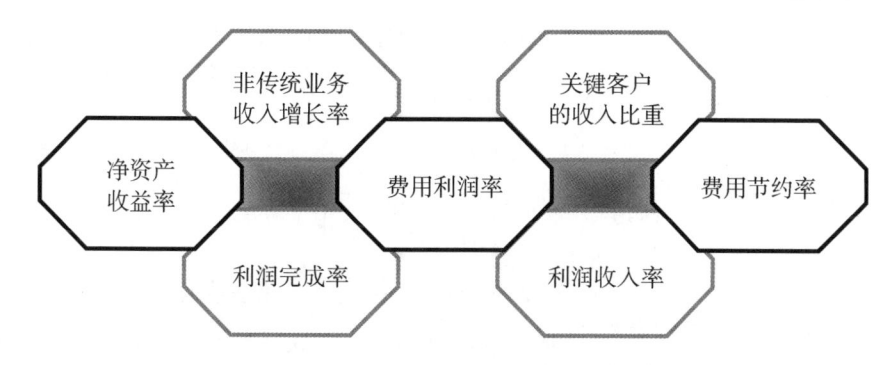

图 5-7 财务指标的七种形式

财务维度战略导向 KPI 设计示例见表 5-4。

表 5-4 财务维度战略导向 KPI 设计示例

公司级 KPI	关键成功因素	部门级 KPI	主要负责部门
总资产周转率	提高应收账款周转率	应收账款周转率	销售部门
		过期应收账款比率	销售部门
		坏账比率	销售部门
		销售员应收账款周转率	销售部门
	提高存货周转率	存货周转率	储运部门、生产部门
		材料周转率	储运部门、生产部门
		产品服务周转率	生产部门、销售部门
	提高固定资产周转率	在建工程按期完工指标	企业发展部门
		固定资产利用率	企业发展部门

投资回报率是衡量企业投资效益的核心指标，反映企业利用资本创造利润的能力。投资回报率主要从税前利润率、资本周转次数两个方面进行考虑，如图 5-8 所示。

投资回报率

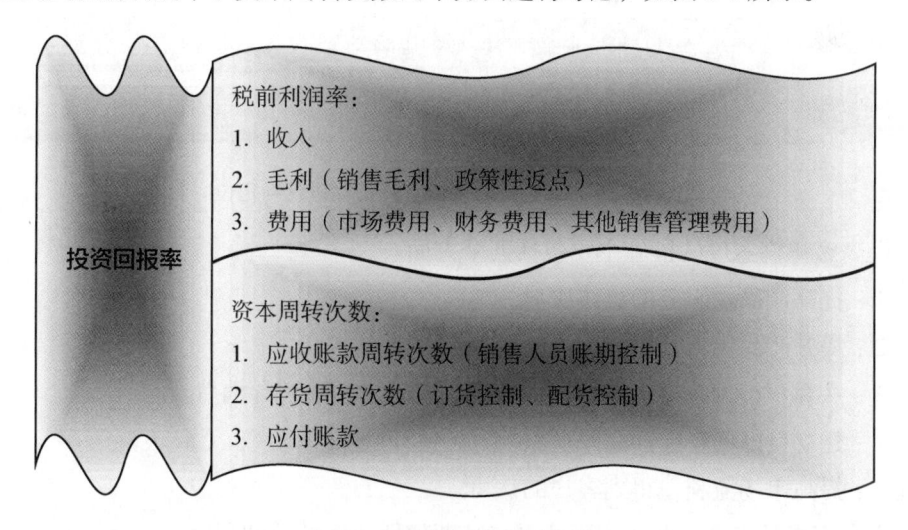

税前利润率：
1. 收入
2. 毛利（销售毛利、政策性返点）
3. 费用（市场费用、财务费用、其他销售管理费用）

资本周转次数：
1. 应收账款周转次数（销售人员账期控制）
2. 存货周转次数（订货控制、配货控制）
3. 应付账款

图 5-8 投资回报率的表现

投资回报率维度战略导向 KPI 设计示例见表 5-5。

表5-5 投资回报率维度战略导向 KPI 设计示例

公司级 KPI	关键成功因素	KPI	关键成功因素	KPI	主要负责部门
投资回报率	提高盈利水平	销售净利润率	增加销售收入	当期销售收入	销售部门
			降低各项成本费用，提高净利润	——	——
	提高资产利用率	总资产周转率	提高投资收益率	投资收益率	财务部门
			提高运营资本周转率	运营资本周转天数	财务部门
			提高长期资本周转率	长期净资产周转率	财务部门
	控制合理的财务结构		资产负债率		财务部门
			资产流动比率		财务部门
			现金利息偿还能力		财务部门

5.2.4 客户满意度与员工凝聚力

客户满意度指客户对时间、质量、性能、服务和成本这五个方面的满意程度。企业必须在这五个方面树立清晰的目标，然后将这些目标细化为具体的 KPI。客户满意度驱动的客户指标设计与定位如图 5-9 所示。

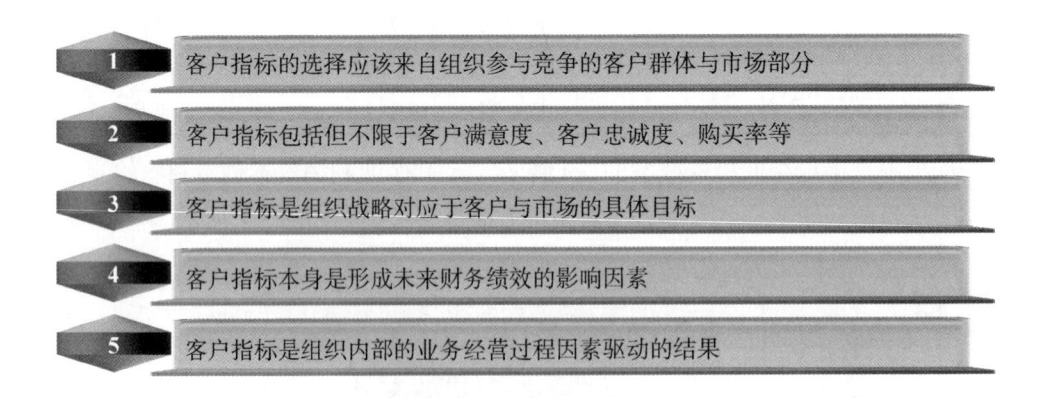

1. 客户指标的选择应该来自组织参与竞争的客户群体与市场部分
2. 客户指标包括但不限于客户满意度、客户忠诚度、购买率等
3. 客户指标是组织战略对应于客户与市场的具体目标
4. 客户指标本身是形成未来财务绩效的影响因素
5. 客户指标是组织内部的业务经营过程因素驱动的结果

图 5-9 客户满意度驱动的客户指标设计与定位

企业提高客户满意度的措施主要包括五个方面。

措施1：提高产品及服务的整体质量。

措施2：提升产品销售及服务人员的礼仪交际能力。

措施3：从客户行为及经济角度进行考虑，有针对性地引导消费。

措施4：建立良好的企业和品牌形象。

措施5：提高市场盈利，得到客户的认可。

员工满意度指员工在企业的实际感受与其期望值比较的认知程度。

员工满意度越高员工凝聚力越强。

影响员工满意度的主要领域和具体因素见表 5-6。

表 5-6 影响员工满意度的五个主要领域和 14 个具体因素

主要领域	具体因素	相关说明
工作环境	工作空间质量	对工作场所的物理条件、企业所处地区环境的满意程度
	工作作息制度	合理的上下班时间、加班制度等
	工作设施设备	工作必需的条件、设备及其他资源是否配备齐全、够用
	工作福利待遇	对薪资、福利、医疗和保险、假期、休假的满意程度
工作群体	合作和谐度	上级的信任、支持、指导,同事的相互了解和理解,以及下属领会意图、完成任务情况
	信息开放度	信息渠道畅通、信息传播准确高效等
工作内容	兴趣相关度	工作内容是否与性格、兴趣相吻合,是否符合个人职业发展目标,是否能最大限度地发挥个人的能力,从工作中获得快乐
	工作强度	对工作强度的要求和容忍度,因人而异。一方面是能否满足个人工作的需要,另一方面是是否超出了个人能承受的负荷量
企业背景	企业了解程度	对企业的历史、企业文化、战略政策的理解和认同程度
	组织参与感	意见和建议得到重视,企业发展与个人发展得到统一,有成就感和归属感等
	企业发展前景	对企业发展前景看好,充满信心
个人观念	理想主义	对企业各方面情况有理想化期望和完美主义要求,易走极端,一旦遇到困难变得愤世嫉俗,产生不满情绪
	消极心态	将人际关系方面的问题和工作中的困难挫折全部归咎于客观原因,难以沟通,人际关系不和谐,产生不满情绪
	狭隘主义	过于重视个人利益,一旦与个人利益有冲突,易产生不满情绪;或是目光短浅,自以为是

5.2.5 组织发展与员工职业生涯规划

组织发展与员工职业生涯规划二者与组织的价值创造是直接相关的。战略导向 KPI 设计是根据企业战略目标、工作流程、岗位职责等调整具体指标,并对当前的绩效体系状况进行分析。战略导向 KPI 在组织发展与员工职业生涯规划维度要想获得成功需要注意以下方面。

(1) 提高技术创新水平。

(2) 提高供应链管理水平。

(3) 提高客户关系管理水平。

(4) 提高职能管理水平。

(5) 建立并持续改善企业流程和制度。

(6) 提高整体劳动生产率。

(7) 持续提高员工技能水平。

(8) 提高员工的满意度。

（9）提高系统应用水平。

（10）创建持续创新、勇于变革的企业文化。

组织发展与员工职业生涯规划主要涉及三大范畴，一是员工的能力，二是信息系统的能力，三是激励、授权与配合度。组织发展与员工职业生涯规划维度战略导向 KPI 设计示例见表 5-7。

表 5–7 组织发展与员工职业生涯规划维度战略导向 KPI 设计示例

公司级 KPI	关键成功因素	部门级 KPI	主要责任部门
组织发展与员工职业生涯规划	开发合理有效的培训计划	培训计划制订的及时性与质量	人力资源部门
	确保员工参加适当培训	每位员工每年的平均培训时间	人力资源部门
		员工培训参与率	人力资源部门及各职能部门
	组织有效的培训	员工培训满意度	人力资源部门
		员工计算机培训的平均时间	人力资源部门
		管理者企业管理平均培训时间	企业发展部门
	合理控制培训费用	培训费用占销售额的比例	人力资源部门

5.3 KPI 量化设计的六种方法

KPI 量化设计可以采用六种方法，如图 5-10 所示。

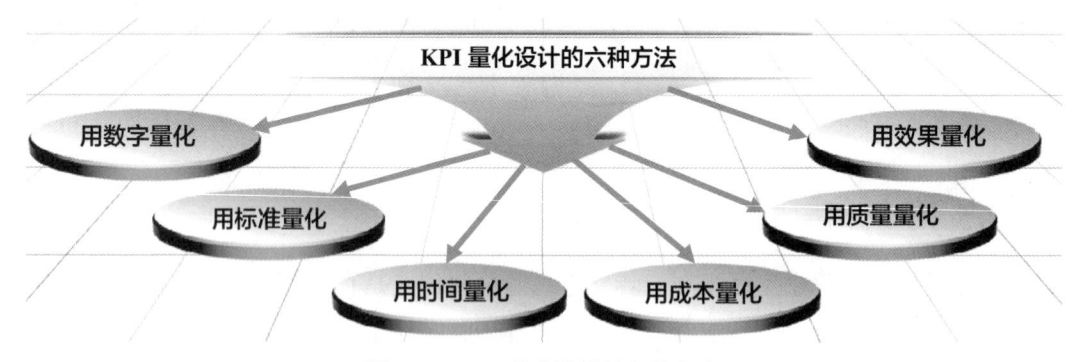

图 5-10 KPI 量化设计的六种方法

5.3.1 用数字量化

用数字量化指用百分数等形式把 KPI 的考核结果呈现出来，用以量化员工的工作产出和工作技能，如产量、产值、销售额、利润率、完成率等。

1. 用数字量化的种类

用数字量化主要有两种分类方法：一种是按照量化指标计量单位的性质划分；另一种是按照量化指标的数据所代表的工作内容划分。

（1）按照量化指标计量单位的性质划分，量化数据可分成数量额度、百分数和频率这三种不同的类型，如图 5-11 所示。

数量额度

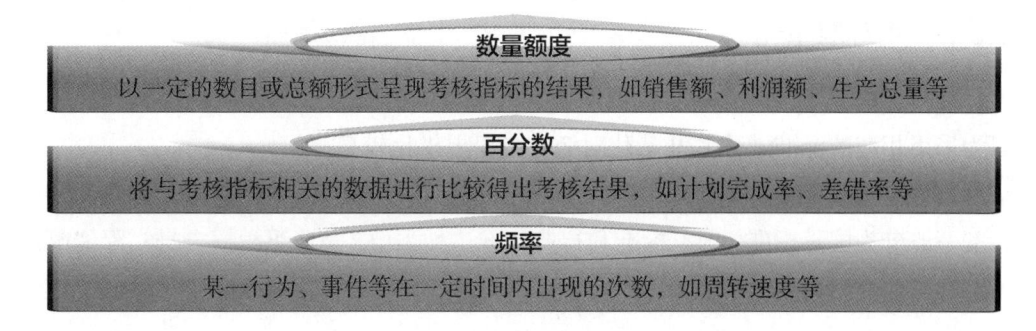

以一定的数目或总额形式呈现考核指标的结果，如销售额、利润额、生产总量等

百分数

将与考核指标相关的数据进行比较得出考核结果，如计划完成率、差错率等

频率

某一行为、事件等在一定时间内出现的次数，如周转速度等

图 5-11　按照量化指标计量单位的性质划分

（2）按照量化指标的数据所代表的工作内容划分，量化数据主要分为工作数量、工作质量、工作效率、业务管理和员工管理五种类型，如图 5-12 所示。

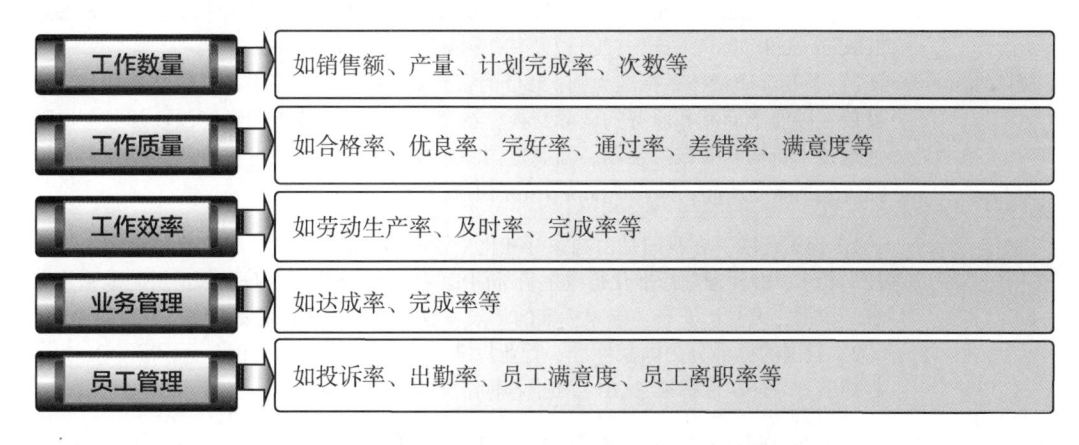

工作数量	如销售额、产量、计划完成率、次数等
工作质量	如合格率、优良率、完好率、通过率、差错率、满意度等
工作效率	如劳动生产率、及时率、完成率等
业务管理	如达成率、完成率等
员工管理	如投诉率、出勤率、员工满意度、员工离职率等

图 5-12　按照量化指标的数据所代表的工作内容划分

2. 用数字量化的计量单位

用数字量化 KPI 涉及对量化结果的计量问题，即计量单位的确定。需要注意计量单位使用的准确性，确保绩效考核的严谨和细致。根据量化指标所反映的结果的性质不同，其计量单位一般有实物单位、价值单位和劳动单位三种类型，如图 5-13 所示。

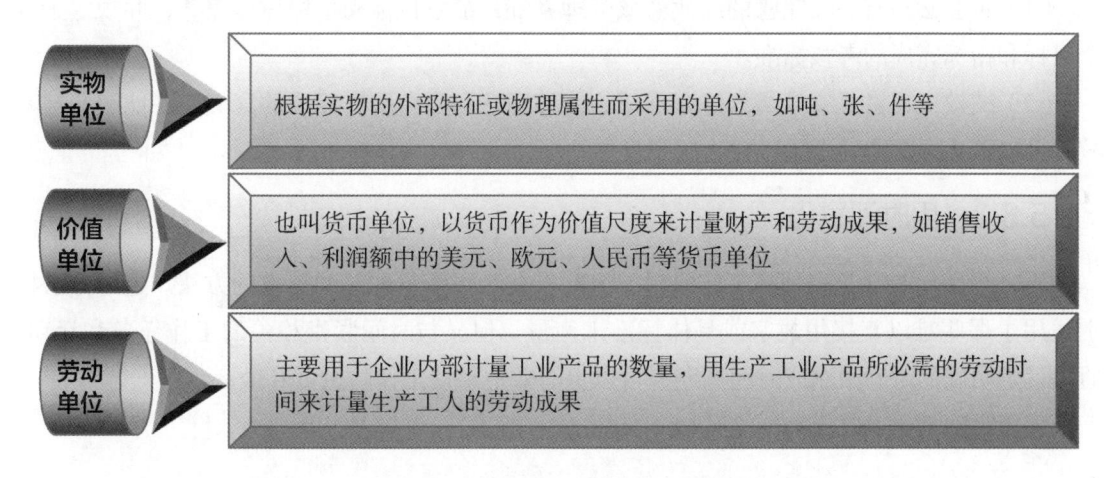

实物单位	根据实物的外部特征或物理属性而采用的单位，如吨、张、件等
价值单位	也叫货币单位，以货币作为价值尺度来计量财产和劳动成果，如销售收入、利润额中的美元、欧元、人民币等货币单位
劳动单位	主要用于企业内部计量工业产品的数量，用生产工业产品所必需的劳动时间来计量生产工人的劳动成果

图 5-13　用数字量化的计量单位划分

5.3.2 用标准量化

用标准对 KPI 进行量化，一方面要明确有哪些可以参考的标准；另一方面需要注意适用性，因为采用相应的标准进行 KPI 量化对企业自身要求比较高。

1. 标准的种类

标准一般分为国际标准、国家标准和行业标准三种类型，企业可根据自身实际情况选用。各种标准的具体介绍见表 5-8。

表 5-8　标准的类型

类型	说明
国际标准	（1）国际标准指国际标准化组织（International Organization for Standardization，ISO）、国际电工委员会（International Electrotechnical Commission，IEC）、国际电信联盟（International Telecommunication Union，ITU）以及其他国际组织所制定的标准 （2）以 ISO 质量体系标准为例：ISO 的宗旨是"在世界上促进标准化及其相关活动的发展，以便于商品和服务的国际交换，在智力、科学、技术和经济领域开展合作"，通过技术机构开展技术活动，已制定国际标准 10300 多个，主要涉及各行各业各种产品（包括服务产品、知识产品等）的技术规范
国家标准	（1）国家标准，在我国是由国家标准化主管机构批准发布的，是在全国范围内统一的技术要求，由国务院标准化行政主管部门编制计划，协调项目分工，组织制定和修订，统一审批、编号、发布。国家标准的年限一般为 5 年，到期就要被修订或重新制定 （2）我国的标准分为国家标准、行业标准、地方标准（DB）和企业标准（QB），并将标准分为强制性标准（GB）和推荐标准（GB/T）两类
行业标准	行业标准，在我国是由各主管部、委（局）批准发布在其范围内统一使用的标准。在我国，化工、冶金等行业都制定了行业标准

2. 用标准量化 KPI 的注意事项

用标准量化 KPI 的企业一般属于规模较大，发展成熟、稳定，经营运作良好的企业。用标准量化 KPI 需要注意以下两点。

（1）企业必须有一套完善的绩效考核管理系统，绩效目标和指标详尽完善，并规定了各个目标和指标完成的考核标准。

（2）绩效考评者具有较高的综合素质，能够理解和明白所有标准的含义，并能够向被考核者准确传达、又能够公平打分，善于反馈沟通。

5.3.3 用时间量化

用时间量化 KPI 是一种将工作成果或 KPI 转化为可衡量的时间标准的方法。这种方法特别适用于那些难以直接用数字或具体标准来衡量，但又与时间紧密相关的工作任务和活动。通过设定明确的时间限制或时间周期，可以更有效地评估工作的进度和效率。

采用时间量化 KPI 具有三个优势，如图 5-14 所示。

第 5 章 KPI 的应用

灵活性与精确性结合

既可以设定具体的时间点来评估任务的完成情况（如项目截止日期），也可以设定一段时间范围来评估工作效率（如处理客户投诉的平均时间）。用时间量化KPI在保持评估灵活性的同时，也提供了精确的衡量标准

强调过程与结果双重考核

不仅关注任务完成的最终结果，还关注任务执行的过程。例如，在项目管理中，通过设定各个阶段的完成时间，可以监控项目的整体进度，确保项目按计划进行

激励与约束并存

明确的时间要求既是一种激励也是一种约束。用时间量化KPI 既鼓励了员工在规定的时间内完成任务，也对员工的工作进度进行了有效的监督和管理

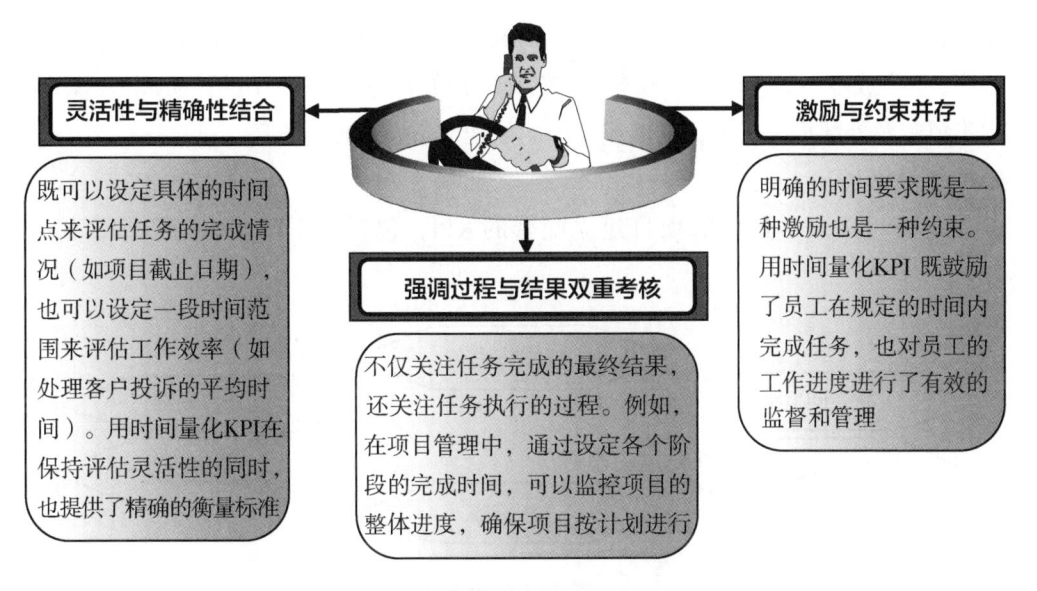

图 5-14 用时间量化 KPI 的三个优势

对标案例　××客户服务中心的时间量化

××客户服务中心采用"时间量化"的方法来评估客服人员的工作绩效。

（1）**响应时间量化**：该客户服务中心设定了客户咨询的平均响应时间标准，如30秒内必须响应客户的咨询。通过监控客服人员的实际响应时间，并与标准时间进行对比，可以清晰地评估出每位客服人员的工作效率和服务质量。

（2）**处理时间量化**：该客户服务中心设定了客户问题处理时间的标准。例如，对于简单问题，客服人员应在5分钟内给出明确答复；对于复杂问题，应在30分钟内给出初步反馈。这样的时间量化标准有助于确保客户问题得到及时有效的解决。

（3）**考核与激励**：该客户服务中心将时间量化指标与员工的绩效考核和激励机制相结合。对于达到或超越时间量化标准的员工给予相应的奖励和晋升机会，从而激发员工的工作积极性和服务热情。

5.3.4 用成本量化

成本是衡量一个企业经营管理绩效的重要指标。用成本量化 KPI 即从成本的角度，细化量化考核工作，落实成本管理职责。这有助于加强组织的成本管理，增强全员成本管理责任意识。

1. 可用成本量化的项目

企业运营过程中可用成本量化的项目包括但不限于以下九类，如图 5-15 所示。

生产成本	质量成本	财务成本
采购成本	管理成本	销售成本
物流成本	仓储成本	研发成本

图 5-15 可用成本量化的项目

企业在用成本量化考核指标时，还可以对其进行进一步的细化，如采购成本中的采购成本节约率，生产成本中的单位生产成本、生产成本下降率，质量成本中的预防成本、鉴定成本、内部损失成本及外部损失成本，物流成本中的配送成本、运输成本等。

2. 成本量化 KPI

针对上述可用成本量化的项目建立配套的 KPI，包括但不限于以下六个，如图 5-16 所示。

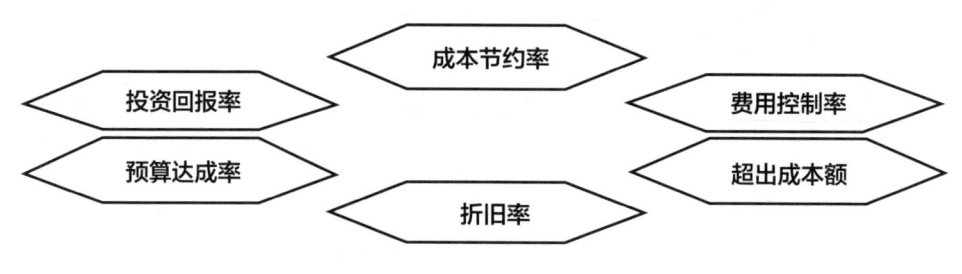

图 5-16　成本量化 KPI 示例

5.3.5　用质量量化

用质量量化 KPI 主要涉及各项任务指标完成成果及其执行过程的精确性、优异性和创造性等。可用质量量化的考核项目及 KPI 示例如图 5-17 所示。

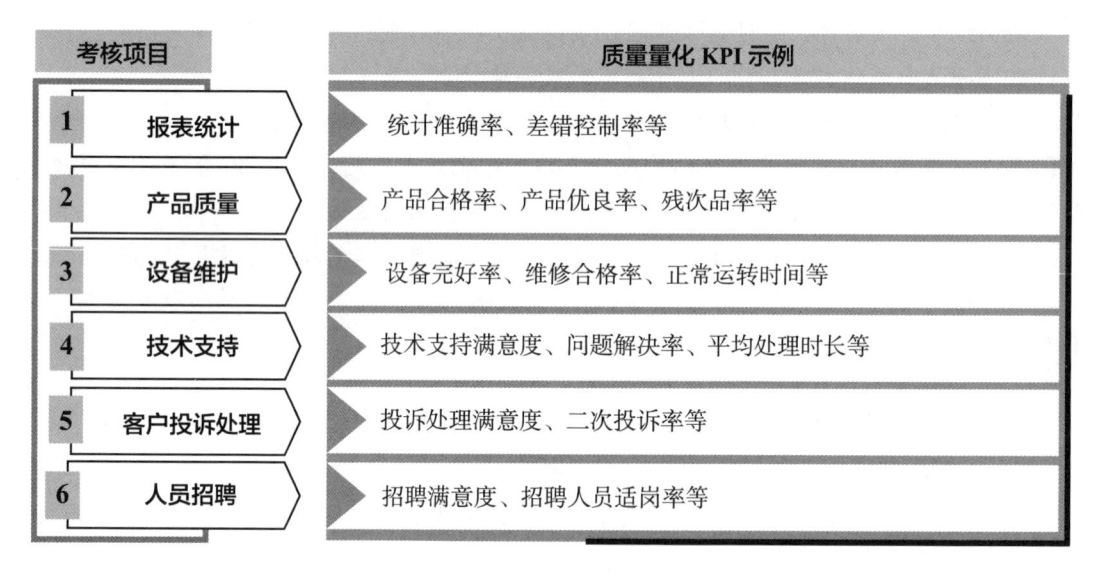

考核项目	质量量化 KPI 示例
1　报表统计	统计准确率、差错控制率等
2　产品质量	产品合格率、产品优良率、残次品率等
3　设备维护	设备完好率、维修合格率、正常运转时间等
4　技术支持	技术支持满意度、问题解决率、平均处理时长等
5　客户投诉处理	投诉处理满意度、二次投诉率等
6　人员招聘	招聘满意度、招聘人员适岗率等

图 5-17　可用质量量化的考核项目及 KPI 示例

用质量量化 KPI 可以实现多维度质量评估，不仅关注产品的基本功能和质量标准，还涉及产品的可靠性、耐用性、用户体验等多个维度；还可以引入行业公认的质量评估标准或第三方认证机构的评价标准，这些标准通常基于大量的数据分析和用户反馈，具有较高的权威性和可信度。另外，通过定期的质量量化评估 KPI，企业可以及时发现产品或服务中存在的问题，并针对这些问题进行持续改进。

> **对标案例** ××汽车制造商的质量量化

××汽车制造商采用"质量量化"的方法来评估其生产的汽车质量。

（1）**建立质量标准**：该汽车制造商首先根据行业标准、法规要求以及客户需求，建立了一套全面的汽车质量评估标准。这些标准涵盖了车身制造、引擎性能、安全配置等多个方面。

（2）**多维度质量检查**：在生产过程中，该汽车制造商会对每一辆汽车进行多维度的质量检查，包括外观检查、性能测试、安全验证等，以确保每一辆出厂的汽车都符合既定的质量标准。

（3）**持续改进与反馈**：通过定期的质量量化评估，该汽车制造商发现某些车型在特定环境下容易出现性能问题。针对这些问题，该汽车制造商及时调整了生产工艺和材料选择，从而提升了产品质量和客户满意度。

（4）**客观评价标准的应用**：为了更客观地评估汽车质量，该汽车制造商还引入了国际知名的汽车质量评估机构的评价标准。这些标准基于大量的用户反馈和数据分析，为该汽车制造商提供了宝贵的改进建议和方向。

5.3.6 用效果量化

用效果量化是KPI量化设计中极具前瞻性和战略意义的方法。这种方法侧重于衡量工作成果或业务活动所带来的实际效果和影响，而不仅仅是关注过程或直接的产出。这种方法强调结果与战略目标的对齐，以及成果对业务整体价值的贡献。用效果量化KPI的四个优势见表5-9。

表5-9 用效果量化KPI的四个优势

优势	要求	具体分析
结果与战略目标对齐	提前明确组织的战略目标，并确定哪些业务活动对实现这些目标至关重要	通过衡量这些活动的实际效果，可以确保团队的努力方向与组织的战略目标保持一致
长期价值追求	与短期的数字、时间或质量指标不同，用效果量化更注重长期的价值创造	鼓励团队思考并优化那些能够带来长期收益和竞争优势的工作流程
客户价值体现	在商业环境中，客户的满意度和忠诚度是衡量成功与否的关键	用效果量化可以更直接地评估其活动对客户价值的影响，从而调整策略以提供更好的客户体验
灵活性与适应性相结合	市场环境在不断变化，组织要快速适应这些变化	用效果量化允许组织根据实际情况调整其KPI，确保始终关注最重要的业务效果

> **对标案例** ××在线教育平台的效果量化

××在线教育平台希望通过提供高质量的教育内容和服务来吸引和留住学员。在设定KPI时，该平台采用了"效果量化"的方法。

（1）**学员留存率**：为了衡量其教育服务的效果，该平台将学员留存率作为一个关键指标。通过提供个性化的学习计划和持续的学习支持，学员的留存率和满意度显著提高。

（2）**课程完成率与考试通过率**：该平台跟踪了学员的课程完成率和考试通过率。这些指标不仅反映了学员的学习效果,也帮助该平台识别哪些课程或教学方法更有效。

(3)**学员反馈与推荐率**:通过收集学员的反馈,该平台能够了解其服务在学员中的口碑。高推荐率意味着学员对服务的高度认可,这是衡量服务效果的一个重要指标。

(4)**收入增长与学员活跃度**:随着服务效果的提升,该平台的收入增长和学员活跃度也相应提高。这些商业效果的改善验证了"用效果量化KPI"方法的有效性。

5.4 KPI有效落地关联分析

5.4.1 KPI指标库建设与五大误区

KPI指标库的建设不仅是一个数据收集和整理的过程,更是企业提升管理效率、明确目标导向、促进持续改进的关键环节。

KPI指标库将企业的战略目标分解为具体、可衡量的指标,有助于企业将这些抽象的战略意图转化为实际的行动方向。KPI指标库不仅记录了历史绩效数据,还可以用于预测未来趋势和制定决策。企业可以根据这些数据进行资源分配的优化,识别出高效和低效的部门或项目,进而做出更明智的投资和资源配置决策。

KPI指标库的建设是一个动态的过程,鼓励企业不断地回顾和分析过去的绩效数据,找出成功和失败的原因,从而促进组织内的学习和持续改进。这种学习循环不仅提升了企业的适应能力,也增强了其在快速变化的市场环境中的竞争力。

KPI指标库的建设往往存在五大误区,见表5-10。

表5-10 KPI指标库建设的五大误区

序号	误区表现	具体分析
1	一味追求指标量化	"不能量化即不能考核""不能量化的关键绩效指标不是KPI"等观点是错误的。在某些企业看来,只有每项工作都有明确的量化标准才便于考核。事实上,将指标完全量化是不现实的,量化指标并不是绩效考核的最终目的,只是确保考核实施的工具而已
2	指标覆盖所有工作内容	所有层级的岗位均涵盖BSC的四个维度,会造成某些岗位的内涵和外延交叉、重合或不切实际,使得员工得出"完成考核指标是偶然的,完不成是必然的;不犯错误是偶然的,犯错误是必然的"类似的结论
3	KPI只能是财务性指标	有些企业认为财务指标是代表股东价值的,是企业生存的根本,这是片面的,因为单一的财务指标导向企业内部,忽视了外部最关键的客户要素或资源管理
4	指标不连贯即不客观	所有指标的设计都要围绕战略目标,所以各项指标是相互关联的,不能"只见树木,不见森林"。KPI指标库编制要全盘考虑,必须与企业资源配置紧密联系
5	"指标"与"标准"相混淆	绩效指标并不是考核的全部内容,考核的很大一部分工作是需要对"标准"进行考核的。例如,项目性工作有时间限制、讲究明确的结果,而程序性工作遵循流程、讲究效率。项目性工作可以用指标考核,而流程性工作则用标准考核

5.4.2 建立 KPI 体系与职能职责划分

建立 KPI 体系需要提前进行职能职责的明确划分，这是确保 KPI 体系高效应用、有序运作的前提和基础。

（1）**明确目标与责任**：通过职能职责的划分，企业可以确保每个部门、每个员工都明确自己的工作目标和责任范围，这有助于减少工作中的模糊地带和推诿现象。

（2）**提升工作效率和执行力**：每个部门和员工都清楚自己的 KPI 和相应的职责时，能够更专注于完成自己的任务，减少不必要的沟通和协调成本。这种专注力将直接转化为工作效率和执行力的提升。

（3）**提升跨部门团队的整体协同作战能力**：明确的职能职责划分有助于各部门之间形成清晰的合作界面，当需要跨部门协作时，各部门都能迅速找到自己的定位，减少协作过程中的摩擦和冲突。

（4）**优化资源配置**：对不同部门和岗位设定 KPI，企业可以更加精准地分配资源，确保资源流向最需要、最能产生价值的领域，有助于提升自己的整体运营效率和盈利能力。

（5）**激发员工积极性与创造力**：员工清楚自己的职责和目标时，更有可能感到工作的意义和价值，从而激发出更大的工作热情和创造力，为企业带来持续的创新动力。

企业在建立 KPI 体系的过程中，总经理、人力资源管理部门、各业务部门和其他职能部门，以及考评者（上级）、被考评者（员工）等岗位的职责与部门的职能见表 5-11。

表 5-11 建立 KPI 体系的职责／职能划分与分析

岗位／部门人员	序号	职责／职能具体分析
总经理的职责		总经理在 KPI 体系建立中扮演着顶层设计和战略引领的角色
	1	确定企业的战略目标和愿景，为 KPI 体系提供方向指引
	2	审批 KPI 体系建设的总体方案，确保其与企业战略相一致
	3	监督 KPI 体系的实施效果，确保其对企业整体绩效的积极影响
	4	协调解决在 KPI 体系实施过程中出现的重大问题和矛盾
人力资源管理部门的职能		人力资源管理部门是 KPI 体系建立和实施的关键执行部门
	1	设计 KPI 体系的框架和流程，确保其科学性和可操作性
	2	组织并协助各部门制定具体的 KPI 指标，确保其与企业战略目标相契合
	3	提供 KPI 体系相关的培训和指导，确保各级员工能够理解和应用
	4	监控 KPI 体系的运行情况，定期收集和分析数据，为管理决策提供支持
	5	根据实施效果，不断优化和调整 KPI 体系
各业务部门的职能		业务部门是 KPI 设置和体系实施的重要参与部门
	1	根据部门业务特点和目标，制定与业务紧密相联的 KPI
	2	确保部门员工充分了解和掌握本部门及个人的 KPI
	3	定期组织部门内部的 KPI 评估和反馈，确保目标的实现
	4	与其他部门和人力资源管理部门保持密切沟通，共同推进 KPI 体系的优化

续表

岗位/部门人员	序号	职责/职能具体分析
其他职能部门的职能	1	根据本部门职能和业务需求，制定与职能相关的KPI
	2	协助人力资源管理部门和各业务部门，提供必要的数据和信息支持
	3	参与KPI体系的优化和改进，提供专业建议和意见
考评者（上级）的职责	1	公平、公正地对下属进行KPI评估和反馈
	2	根据评估结果，指导下属制订改进计划，并跟踪其实施情况
	3	及时与下属沟通，解决在KPI实施过程中遇到的问题和困难
	4	对下属的KPI结果进行汇总和分析，为管理决策提供依据
被考评者（员工）的职责	1	充分了解并认同自己的KPI，明确工作目标和方向
	2	努力工作，积极寻求改进和提升，以达成KPI
	3	主动与上级和同事沟通，寻求支持和帮助，共同推进KPI的实现
	4	参与KPI体系的反馈和优化过程，提出建设性意见和建议

5.4.3　全要素生产率指标和评论标准体系设计

全要素生产率（Total Factor Productivity，TFP）指标的增长通常称为**技术进步率**。TFP主要包括劳动生产率、资本生产率、原材料生产率和能源生产率这四个KPI。

TFP是一个衡量经济体综合应用生产要素效率的指标，如劳动力、资本、原材料、能源等。TFP的增长，反映了除生产要素投入增长之外的产出增长部分，也就是说，TFP衡量了如何通过技术进步和资源优化的使用来提高生产效率。

TFP四个KPI的详细界定及企业应用实践见表5-12。

表5-12　TFP四个KPI的详细界定及企业应用实践

TFP四个KPI	界定与最佳实践	具体分析
劳动生产率	界定	劳动生产率指单位劳动力投入的产出量，反映了劳动力资源的利用效率
	最佳实践	以一家制造业企业为例，通过引入自动化生产线和机器人技术，减少了直接参与生产的工人数量，同时提高了生产效率和产品质量，这种改进显著提升了劳动生产率，降低了人工成本，并增强了产品竞争力
资本生产率	界定	资本生产率指单位资本投入的产出量，衡量了资本使用的效率
	最佳实践	一家科技公司通过精准投放广告和优化产品定位，提高了其产品的市场占有率和客户满意度。这种策略不仅减少了不必要的资本支出，还增加了销售收入，从而有效提高了资本生产率
原材料生产率	界定	原材料生产率指单位原材料投入的产出量，反映了原材料使用的经济性
	最佳实践	一家家具制造企业通过改进设计和生产工艺，减少了木材等原材料的浪费。同时，采用环保材料替代了部分传统原材料，不仅降低了成本，还提升了产品的环保性能，从而提高了原材料生产率
能源生产率	界定	能源生产率指单位能源消耗的产出量，可以衡量能源使用的效率
	最佳实践	一家电力公司通过引进先进的发电技术和节能设备，大幅降低了发电过程中的能源消耗。减少了运营成本，降低了环境污染，提高了能源生产率

通过优化这些 KPI，企业可以更有效地利用生产要素，提高生产效率，降低成本，增强市场竞争力。同时，这些 KPI 的改进也有助于推动企业的可持续发展和环境保护。

TFP 指标和评价标准体系的设计有四大关键。

1.TFP 指标和评价标准体系构建的目标

TFP 指标和评价标准体系构建的目标是通过量化评估劳动生产率、资本生产率、原材料生产率和能源生产率，构建一个能够全面反映企业 TFP 水平的评价体系。该体系旨在帮助企业精准识别生产效率可提升的关键环节，进而引导企业通过技术创新和资源的高效利用来提升生产效率，实现企业的可持续发展。

2.TFP 指标和评价标准体系的构成

TFP 指标和评价标准体系见表 5-13。

表 5-13 TFP 指标和评价标准体系

TFP 四个 KPI	二级指标	项目设置	量化创新设计
劳动生产率	人均产值	计算公式	人均产值 = 总产值 / 员工总数
		量化标准	优秀（A 级）：人均产值 > 行业平均水平 ×1.2
			良好（B 级）：行业平均水平 ×0.9 ≤ 人均产值 ≤ 行业平均水平 ×1.2
			一般（C 级）：行业平均水平 ×0.8 ≤ 人均产值 < 行业平均水平 ×0.9
			较差（D 级）：人均产值 < 行业平均水平 ×0.8
	员工工作效率	指标界定	完成任务所需时间与总工作时间的比例。该指标难以直接量化，可通过任务完成时间与总工作时间的比例来评估；量化标准可根据企业实际情况设定
		计算公式	员工工作效率 =(总工作时间 – 完成任务所需时间)/ 总工作时间
		量化标准	优秀（A 级）：员工工作效率 >0.8
			良好（B 级）：0.6 ≤ 员工工作效率 ≤ 0.8
			一般（C 级）：0.4 ≤ 员工工作效率 <0.6
			较差（D 级）：员工工作效率 <0.4
	员工培训时长	指标界定	反映企业对员工技能提升的投入；量化标准以小时为单位
		计算公式	年均员工培训时长 = 总培训时长 / 员工人数 / 年数
		量化标准	优秀（A 级）：年均员工培训时长 >40
			良好（B 级）：20 ≤ 年均员工培训时长 ≤ 40
			一般（C 级）：10 ≤ 年均员工培训时长 <20
			较差（D 级）：年均员工培训时长 <10

续 表

TFP 四个 KPI	二级指标	项目设置	量化创新设计
资本生产率	资本回报率	计算公式	资本回报率 = 净利润 / 总投资资本
		量化标准	优秀（A级）：资本回报率 > 行业平均水平 ×1.1
			良好（B级）：行业平均水平 ×0.9 ≤ 资本回报率 ≤ 行业平均水平 ×1.1
			一般（C级）：行业平均水平 ×0.8 ≤ 资本回报率 < 行业平均水平 ×0.9
			较差（D级）：资本回报率 < 行业平均水平 ×0.8
	资产周转率	指标界定	量化标准可根据行业或企业历史数据设定
		计算公式	资产周转率 = 销售收入 / 总资产
		量化标准	优秀（A级）：资产周转率明显高于行业平均水平
			良好（B级）：资产周转率接近行业平均水平
			一般（C级）：资产周转率略低于行业平均水平
			较差（D级）：资产周转率远低于行业平均水平
	投资效率指数	计算公式	投资效率指数 = 新增产值 / 新增投资额
		量化标准	优秀（A级）：投资效率指数 > 行业平均水平 ×1.2
			良好（B级）：行业平均水平 ×0.9 ≤ 投资效率指数 ≤ 行业平均水平 ×12
			一般（C级）：行业平均水平 ×0.8 ≤ 投资效率指数 < 行业平均水平 ×0.9
			较差（D级）：投资效率指数 < 行业平均水平 ×0.8
原材料生产率	原材料利用率	计算公式	原材料利用率 = 产品产量 / 原材料消耗量
		量化标准	优秀（A级）：原材料利用率 >0.95
			良好（B级）：0.9 ≤ 原材料利用率 ≤ 0.95
			一般（C级）：0.85 ≤ 原材料利用率 <0.9
			较差（D级）：原材料利用率 <0.85
	废品率	计算公式	废品率 = 废品数量 / 总生产数量
		量化标准	优秀（A级）：废品率 <0.01
			良好（B级）：0.01 ≤ 废品率 <0.02
			一般（C级）：0.02 ≤ 废品率 <0.03
			较差（D级）：废品率 ≥ 0.03
	原材料成本控制率	计算公式	原材料成本控制率 = 实际原材料成本 / 预算原材料成本
		量化标准	优秀（A级）：原材料成本控制率 <0.95
			良好（B级）：0.95 ≤ 原材料成本控制率 ≤ 1
			一般（C级）：1< 原材料成本控制率 ≤ 1.05
			较差（D级）：原材料成本控制率 >1.05

续 表

TFP 四个 KPI	二级指标	项目设置	量化创新设计
能源生产率	单位产值能耗	指标界定	该指标与行业、产品类型和生产工艺紧密相关,需根据具体情况设定;可通过比较企业与行业平均水平的能耗来确定评价等级
		计算公式	单位产值能耗 = 能源消耗总量 / 总产值
		量化标准	优秀(A 级):单位产值能耗低于行业水平的 10% 及以上
			良好(B 级):单位产值能耗接近或略低于行业平均水平
			一般(C 级):单位产值能耗略高于行业平均水平
			较差(D 级):单位产值能耗明显高于行业平均水平
	能源利用效率	指标界定	量化标准可参考原材料利用率的评价标准设定
		计算公式	能源利用效率 = 产品产量 / 能源消耗量
		量化标准	优秀(A 级):能源利用效率超过行业水平的 10% 及以上
			良好(B 级):能源利用效率接近或略高于行业平均水平
			一般(C 级):能源利用效率略低于行业平均水平
			较差(D 级):能源利用效率明显低于行业平均水平
	节能减排指数	指标界定	该指标需根据企业节能减排的具体目标和实施效果来评估;可通过设定具体的节能减排目标,并根据实际完成情况来划定评价等级
		计算公式	节能减排比较效果与基准情景的比较
		量化标准	优秀(A 级):节能减排比较效果显著,超过预期目标
			良好(B 级):节能减排比较效果良好,达到预期目标
			一般(C 级):节能减排比较效果一般,略低于预期目标
			较差(D 级):节能减排比较效果不明显或未达到预期目标

3. 数据收集与分析

(1)数据来源:企业财务报告、生产记录、能源消耗记录等。

(2)数据分析:定期对各项指标进行数据分析,识别生产效率的变化趋势和潜在改进点。

4.TFP 指标和标准应用与优化

(1)监控与报告:定期发布 TFP 指标报告,供管理层决策参考。

(2)持续改进:根据指标分析结果,制定针对性的改进措施,提升全要素生产率。

(3)激励机制:将 TFP 指标和标准与员工绩效考核挂钩,激励员工参与生产效率提升。

在应用 TFP 体系时还有以下四大注意事项。

(1)确保数据的准确性和时效性。

(2)结合企业实际情况,灵活调整指标和标准体系。

(3)重视员工培训和技能提升,以提高劳动生产率和资本生产率。

(4)加强原材料和能源的管理,降低废品率和能耗。

5.5 KPI考核量表范例

5.5.1 市场经理KPI考核量表

××公司市场经理KPI考核量表示例见表5-14。

表5-14 ××公司市场经理KPI考核量表示例

市场经理KPI考核量表					
被考核人		职位		所属部门	
考核人		职位		所属部门	
KPI	绩效目标值	评分标准		权重	评分
市场拓展计划完成率	达到____%以上	每低____%，减____分		15%	
策划方案成功率	达到____%以上	每低____%，减____分		15%	
市场推广活动费用控制率	控制在____%以下	每高____%，减____分		15%	
推广活动销售增长率	达到____%以上	每低____%，减____分		10%	
推广活动效果评分	达到____分以上	每低____分，减____分		10%	
部门管理费用控制	控制在预算以下	每高____万元，减____分		5%	
品牌市场价值增长率	达到____%以上	每低____%，减____分		10%	
传播促销费用率	控制在____%以下	每高____%，减____分		5%	
媒体正面曝光次数	达到____次以上	每增加1次，加____分		5%	
市场调研计划达成率	达到____%以上	每低____%，减____分		5%	
员工绩效考核评分	达到____分以上	每低____分，减____分		5%	
部分KPI的计算公式					
1. 市场推广活动费用控制率 市场推广活动费用控制率 = $\dfrac{实际推广费用}{计划推广费用} \times 100\%$ 2. 传播促销费用率 传播促销费用率 = $\dfrac{传播促销费用}{实际销售额} \times 100\%$					
考核总分			考核日期		
考核人签字			被考核人签字		

5.5.2 销售经理 KPI 考核量表

××公司销售经理 KPI 考核量表示例见表 5-15。

表 5–15　××公司销售经理 KPI 考核量表示例

销售经理 KPI 考核量表					
被考核人		职位		所属部门	
考核人		职位		所属部门	
KPI	绩效目标值	评分标准		权重	评分
销售计划达成率	达到____%以上	每低____%,减____分		25%	
销售回款率	达到____%以上	每低____%,减____分		15%	
销售增长率	达到____%以上	每低____%,减____分		10%	
销售利润率	达到____%以上	每低____%,减____分		10%	
坏账率	控制在____%以下	每高____%,减____分		10%	
销售费用节约率	达到____%以上	每低____%,减____分		5%	
营销方案预期目标实现率	达到____%以上	每低____%,减____分		5%	
新产品销售收入	达到____万元以上	每低____万元,减____分		5%	
新增大客户数量	达到____%以上	每低____%,减____分		5%	
核心产品的市场占有率	达到____%以上	每低____%,减____分		5%	
部门员工绩效提升率	达到____%以上	每低____%,减____分		5%	
部分 KPI 的计算公式					
1. 营销方案预期目标实现率 营销方案预期目标实现率 = $\dfrac{\text{经评估达到预期目标的营销方案}}{\text{年度营销方案总数}} \times 100\%$ 2. 部门员工绩效提升率 部门员工绩效提升率 = $\dfrac{\text{年末员工绩效考核得分} - \text{上一年度绩效考核得分}}{\text{上一年度绩效考核得分}} \times 100\%$					
考核总分		考核日期			
考核人签字		被考核人签字			

5.5.3 财务经理 KPI 考核量表

××公司财务经理 KPI 考核量表示例见表 5-16。

表 5–16　××公司财务经理 KPI 考核量表示例

财务经理 KPI 考核量表					
被考核人		职位		所属部门	
考核人		职位		所属部门	
KPI	绩效目标值	评分标准		权重	评分
部门工作计划完成率	达到____%以上	每低____%,减____分		15%	
部门管理费用控制	控制在预算以下	每高____万元,减____分		10%	

财务经理 KPI 考核量表			
财务体系规范化目标达成率	达到____%以上	每低____%，减____分	10%
公司财务预算控制率	达到____%以上	每低____%，减____分	10%
财务数据准确度	达到____%以上	每低____%，减____分	10%
报表编制准确率	达到____%以上	每低____%，减____分	10%
财务费用降低率	达到____%以上	每低____%，减____分	10%
现金收支准确率	达到____%以上	每低____%，减____分	5%
财务计划编制及时率	达到____%以上	每低____%，减____分	5%
财务分析报告及时率	达到____%以上	每低____%，减____分	5%
财务资料完好率	达到____%以上	每低____%，减____分	5%
员工绩效考核评分	达到____分以上	每低____分，减____分	5%
部分 KPI 的计算公式			
财务体系规范化目标达成率 = $\dfrac{\text{目标达成数}}{\text{计划实现目标总数}} \times 100\%$			
考核总分		考核日期	
考核人签字		被考核人签字	

5.5.4 研发经理 KPI 考核量表

××公司研发经理 KPI 考核量表示例见表 5-17。

表 5-17　××公司研发经理 KPI 考核量表示例

研发经理 KPI 考核量表					
被考核人		职位		所属部门	
考核人		职位		所属部门	
KPI	绩效目标值		评分标准	权重	评分
研发项目阶段成果达成率	达到____%以上		每低____%，减____分	20%	
项目开发完成准时率	达到____%以上		每低____%，减____分	15%	
新产品投资利润率	达到____%以上		每低____%，减____分	15%	
研发成本控制率	达到____%以上		每低____%，减____分	10%	
新产品利润贡献率	达到____%以上		每低____%，减____分	10%	
科研成果转化率	达到____%以上		每低____%，减____分	10%	
开发成果验收合格率	达到____%以上		每低____%，减____分	5%	
科研项目申请成功率	达到____%以上		每低____%，减____分	5%	
实验事故发生次数	控制在____次以下		每增加 1 次，减____分	5%	
员工绩效考核评分	达到____分以上		每低____分，减____分	5%	
产品技术重大创新次数	达到____次以上		每增加 1 次，加____分	加分项	

研发经理 KPI 考核量表	
部分 KPI 的计算公式	
1. 新产品投资利润率 新产品投资利润率 = $\dfrac{新产品利润额}{新产品研发投资总额} \times 100\%$ 2. 开发成果验收合格率 开发成果验收合格率 = $\dfrac{成果验收合格次数}{总验收次数} \times 100\%$	
考核总分	考核日期
考核人签字	被考核人签字

5.5.5 技术经理 KPI 考核量表

××公司技术经理 KPI 考核量表示例见表 5-18。

表 5-18　××公司技术经理 KPI 考核量表示例

技术经理 KPI 考核量表						
被考核人		职位		所属部门		
考核人		职位		所属部门		
KPI		绩效目标值		评分标准		权重	评分
部门计划完成率		达到____%以上		每低____%，减____分		15%	
技术改造费用控制		控制在预算以下		每高____万元，减____分		15%	
标准工时降低率		达到____%以上		每低____%，减____分		15%	
材料消耗降低率		达到____%以上		每低____%，减____分		10%	
技术改进项目完成数		达到____项以上		每低____项，减____分		10%	
技术方案提交及时率		达到____%以上		每低____%，减____分		10%	
技术方案采用率		达到____%以上		每低____%，减____分		10%	
外部学术交流次数		达到____次以上		每减少____次，减____分		5%	
内部技术培训次数		达到____次以上		每减少____次，减____分		5%	
员工绩效考核评分		达到____分以上		每低____分，减____分		5%	
部分 KPI 的计算公式						
1. 技术方案提交及时率 技术方案提交及时率 = $\dfrac{及时提交方案数}{计划提交方案总数} \times 100\%$ 2. 技术方案采用率 技术方案采用率 = $\dfrac{被采用的技术方案数}{提交技术方案数} \times 100\%$						
考核总分			考核日期			
考核人签字			被考核人签字			

5.5.6 质量管控经理 KPI 考核量表

××公司质量管控经理 KPI 考核量表示例见表 5-19。

表 5-19　××公司质量管控经理 KPI 考核量表示例

质量管控经理 KPI 考核量表					
被考核人		职位		所属部门	
考核人		职位		所属部门	
KPI	绩效目标值	评分标准		权重	评分
质检工作及时完成率	达到____%以上	每低____%，减____分		15%	
产品质量合格率	达到____%以上	每低____%，减____分		15%	
原辅材料现场使用合格率	达到____%以上	每低____%，减____分		10%	
产品质量原因退货率	控制在____%以下	每高____%，减____分		10%	
批次产品质量投诉率	控制在____%以下	每高____%，减____分		10%	
质量会签率	达到____%以上	每低____%，减____分		5%	
质量事故及时处理率	达到____%以上	每低____%，减____分		5%	
客户投诉改善率	达到____%以上	每低____%，减____分		5%	
部门管理费用控制	控制在预算以下	每高____万元，减____分		5%	
质量认证一次性通过率	达到____%以上	每低____%，减____分		5%	
产品免检认证通过率	达到____%以上	每低____%，减____分		5%	
质量整改项目按时完成率	达到____%以上	每低____%，减____分		5%	
质量培训计划达成率	达到____%以上	每低____%，减____分		5%	
部分 KPI 的计算公式					
1. 质量事故及时处理率 质量事故及时处理率 = $\dfrac{及时处理的质量事故数}{质量控制报表总份数} \times 100\%$ 2. 质量整改项目按时完成率 质量整改项目按时完成率 = $\dfrac{按时完成的质量整改项目数}{质量整改项目计划数} \times 100\%$					
考核总分			考核日期		
考核人签字			被考核人签字		

5.5.7 生产经理 KPI 考核量表

××公司生产经理 KPI 考核量表示例见表 5-20。

表 5-20　××公司生产经理 KPI 考核量表示例

生产经理 KPI 考核量表					
被考核人		职位		所属部门	
考核人		职位		所属部门	
KPI	绩效目标值	评分标准		权重	评分
内部利润达成率	达到____%以上	每低____%，减____分		15%	

续表

生产经理 KPI 考核量表			
产量计划完成率	达到____%以上	每低____%，减____分	15%
劳动生产效率	提高____%以上	每低____%，减____分	10%
交期达成率	达到____%以上	每低____%，减____分	10%
产品抽检合格率	达到____%以上	每低____%，减____分	10%
质量事故发生次数	控制在____次以下	每增加1次，减____分	10%
生产成本下降率	达到____%以上	每低____%，减____分	10%
生产设备利用率	达到____%以上	每低____%，减____分	5%
生产安全事故发生次数	控制在____次以下	每增加1次，减____分	5%
部门管理费用控制	控制在预算以下	每高____万元，减____分	5%
核心员工流失率	控制在____%以下	每高____%，减____分	5%
部分 KPI 的说明			
1. 劳动生产效率指标考核注意事项 （1）计算投入工时，要扣除因停电、缺料等外部因素所造成的停产工时 （2）劳动生产效率的统计必须每日由车间提报工时记录 2. 核心员工流失率 $$核心员工流失率 = \frac{核心员工离岗数}{核心员工总数} \times 100\%$$			
考核总分		考核日期	
考核人签字		被考核人签字	

5.5.8　行政经理 KPI 考核量表

××公司行政经理 KPI 考核量表示例见表 5-21。

表 5-21　××公司行政经理 KPI 考核量表示例

行政经理 KPI 考核量表				
被考核人		职位		所属部门
考核人		职位		所属部门
KPI	绩效目标值	评分标准	权重	评分
行政工作计划完成率	达到____%以上	每低____%，减____分	10%	
后勤工作计划完成率	达到____%以上	每低____%，减____分	10%	
行政费用预算控制率	达到____%以上	每低____%，减____分	10%	
部门管理费用控制	控制在预算以下	每高____万元，减____分	10%	
行政办公设备完好率	达到____%以上	每低____%，减____分	10%	
办公用品采购按时完成率	达到____%以上	每低____%，减____分	10%	
车辆调度及时率	达到____%以上	每低____%，减____分	10%	
会议组织满意度	达到____分以上	每低____分，减____分	10%	
后勤服务满意度	达到____分以上	每低____分，减____分	5%	

续　表

行政经理 KPI 考核量表					
消防安全事故发生次数	控制在____次以下	每增加1次，减____分	5%	
部门协作满意度	达到____分以上	每低____分，减____分	5%	
员工绩效考核评分	达到____分以上	每低____分，减____分	5%	
部分 KPI 的说明				
1. 车辆调度及时率 车辆调度及时率 = $\dfrac{\text{按出车单要求及时出车次数}}{\text{出车的总次数}} \times 100\%$ 2. 会议组织满意度 会议结束后，针对与会者发放"会议满意度调查表"，计算会议组织满意度评分的算术平均值				
考核总分		考核日期		
考核人签字		被考核人签字		

5.5.9　HR 经理 KPI 考核量表

××公司 HR 经理 KPI 考核量表示例见表 5-22。

表 5-22　××公司 HR 经理 KPI 考核量表示例

人力资源经理 KPI 考核量表					
被考核人		职位		所属部门	
考核人		职位		所属部门	
KPI		绩效目标值	评分标准	权重	评分
人力资源工作计划完成率		达到____%以上	每低____%，减____分	15%	
人力资源成本预算控制率		达到____%以上	每低____%，减____分	10%	
人力资源规划方案提交及时率		达到____%以上	每低____%，减____分	10%	
招聘计划完成率		达到____%以上	每低____%，减____分	10%	
培训计划完成率		达到____%以上	每低____%，减____分	10%	
绩效考核计划按时完成率		达到____%以上	每低____%，减____分	10%	
薪酬调查方案提交及时率		达到____%以上	每低____%，减____分	10%	
核心员工流失率		控制在____%以下	每高____%，减____分	10%	
员工任职资格达标率		达到____%以上	每低____%，减____分	5%	
部门协作满意度		达到____分以上	每低____分，减____分	5%	
员工绩效考核评分		达到____分以上	每低____分，减____分	5%	
部分 KPI 的计算公式				
人力资源成本预算控制率 = $\dfrac{\text{实际发生费用}}{\text{预算费用}} \times 100\%$				
考核总分		考核日期		
考核人签字		被考核人签字		

最佳实践：××公司基于战略的 KPI 指标库设计

××公司基于战略的 KPI 指标库包括全员指标，以及营销 KPI、财务 KPI、生产 KPI、法务 KPI、质量 KPI、研发 KPI、采购 KPI、基建管理 KPI、品牌管理 KPI、审计招标 KPI、信息管理 KPI、战略管理 KPI、行政管理 KPI、人力资源管理 KPI 和子公司 KPI 等。

全员指标包括四个定量指标和四个定性指标。20××年××公司全员指标库 KPI 如图 5-18 所示。

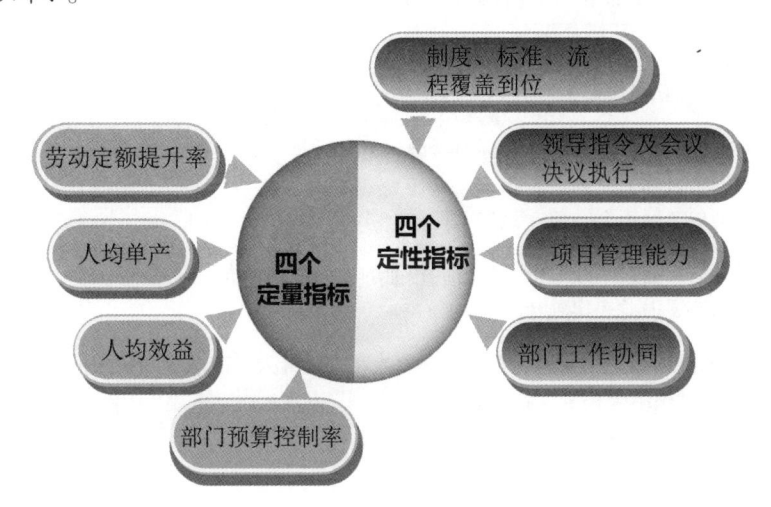

图 5-18　20××年××公司全员指标库 KPI

1. 定量指标

（1）劳动定额提升率说明见表 5-23。

表 5-23　××公司 20××年全员定量指标：劳动定额提升率

KPI：劳动定额提升率			
计量单位	■率（%）　□频次　□数量 □金额　□时间　□其他	考核周期	月度/季度/年度
适用范围	全体员工	数据来源	运营会计部
设置目的	评价考核期内企业劳动定额的真实情况，反映企业生产效率，提高企业生产经营水平			
计算公式	劳动定额提升率 = $\dfrac{\text{工时（或产量）定额提升}}{\text{定额目标值}} \times 100\%$ （1）工时定额提升 = 工时定额−实际耗用工时，其中，工时定额即规定生产单位合格产品或完成某项工作所必需消耗的时间 （2）产量定额提升 = 实际单位工时内完成的产品数−产量定额，其中，产量定额即在单位时间内应完成合格产品的数量			
量化考核	（1）目标值为＿＿%，达到目标值得满分　（2）每低于目标值＿＿%，扣＿＿分 （3）劳动定额提升率低于＿＿%，该项不得分			
使用说明	（1）目标值不能过高或过低，参考行业劳动定额标准设定 （2）依据人力资源部提供测算的劳动定额提升率进行考核			
失真提示	考核数据源出现错记、漏记、多记等现象或数据统计人员疏忽，导致数据统计结果出现偏差，造成考核结果失真			

（2）人均单产说明见表5-24。

表5-24 ××公司20××年全员定量指标：人均单产

\multicolumn{4}{c	}{KPI：人均单产}
计量单位	□率（％） □频次 ■数量 □金额 □时间 □其他	考核周期	月度/季度/年度
适用范围	全体员工	数据来源	运营会计部
设置目的	\multicolumn{3}{l	}{评价考核期内企业的生产效率及效益，促进企业内部形成增产创收的工作氛围}
计算公式	\multicolumn{3}{l	}{人均单产 = $\dfrac{当期生产总量}{当期员工总数} \times 100\%$}
量化考核	\multicolumn{3}{l	}{（1）目标值为___件，达到目标值得满分 （2）每低于目标值___件，扣___分 （3）人均单产低于___件，该项不得分}
使用说明	\multicolumn{3}{l	}{（1）目标值不能过高或过低，参考同行业的人均单产标准设定 （2）依据拓展损益表实施考核}
失真提示	\multicolumn{3}{l	}{考核数据源出现错记、漏记、多记等现象或数据统计人员疏忽，导致数据统计结果出现偏差，造成考核结果失真}

（3）人均效益说明见表5-25。

表5-25 ××公司20××年全员定量指标：人均效益

\multicolumn{4}{c	}{KPI：人均效益}
计量单位	□率（％） □频次 □数量 ■金额 □时间 □其他	考核周期	月度/季度/年度
适用范围	全体员工	数据来源	运营会计部
设置目的	\multicolumn{3}{l	}{评价考核期内企业运营的效益情况，反映企业当期人均产值}
计算公式	\multicolumn{3}{l	}{人均效益 = $\dfrac{当期营业额}{当期员工总数}$}
量化考核	\multicolumn{3}{l	}{（1）目标值为___元，达到目标值得满分 （2）每低于目标值___元，扣___分 （3）人均效益低于___元，该项不得分}
使用说明	\multicolumn{3}{l	}{（1）目标值不能过高或过低，参考企业历史运营效益进行测算 （2）依据人力资源部、运营会计部提供的统计数据进行考核}
失真提示	\multicolumn{3}{l	}{（1）考核数据源出现错记、漏记、多记等现象或数据统计人员疏忽，导致数据统计结果出现偏差，造成考核结果失真 （2）统计口径或计算口径不一致，造成考核结果失真}

（4）部门预算控制率说明见表5-26。

表5-26　××公司20××年全员定量指标：部门预算控制率

	KPI：部门预算控制率		
计量单位	■率（%）　□频次　□数量 □金额　□时间　□其他	考核周期	月度/季度/年度
适用范围	全体员工	数据来源	运营会计部
设置目的		评价考核期内企业各部门预算的落实情况，加强部门成本费用的控制
计算公式		部门预算控制率 = $\dfrac{部门当期实际费用额}{部门当期预算费用额} \times 100\%$
量化考核		（1）＿＿%≤部门预算控制率＜＿＿%，得满分 （2）＿＿%≤部门预算控制率＜最低目标值，得＿＿分 （3）最高目标值＜部门预算控制率≤＿＿%，得＿＿分 （4）部门预算控制率＞＿＿%或＜＿＿%，得0分
使用说明		（1）如发现预算执行与实际差异较大，应由财务中心提出调整预算的具体方案 （2）依据运营会计部提供的预算及财务报表进行考核
失真提示		（1）考核数据源出现错记、漏记、多记等现象或数据统计人员疏忽，导致数据统计结果出现偏差，造成考核结果失真 （2）统计口径或计算口径不一致，造成考核结果失真 （3）企业或部门预算调整后，考核人员未按照调整后的数据进行计算，导致考核所依据的统计数据不准确，考核结果失真

2. 定性指标

（1）制度、标准、流程覆盖到位说明见表5-27。

表5-27　××公司20××年全员定性指标：制度、标准、流程覆盖到位

	KPI：制度、标准、流程覆盖到位			
设置目的		用于评价企业各职能部门的相关制度、标准、流程的制定及执行情况，规范公司各项工作实施，实现管理标准化
指标定义		指考核期内制度、标准、流程执行覆盖到位，无制度、标准、流程缺失和监控不到位
适用范围	全体员工	考核周期	月度/季度/年度
评分标准		（1）每出现一次因制度缺失、关键节点监控不到位给公司造成不良影响，视轻重扣分 （2）给公司造成损失低于＿＿元，扣1分 （3）给公司造成损失高于＿＿元而低于＿＿元，对公司形象产生不良影响，扣2~3分 （4）给公司造成经济损失高于＿＿元，对公司形象产生恶劣影响，扣4~5分
信息来源	战略管理部	应用说明	根据信息管理部备案的投诉数据和各部门反馈信息进行考核

（2）领导指令及会议决议执行说明见表5-28。

表 5-28　××公司 20××年全员定性指标：领导指令及会议决议执行

KPI：领导指令及会议决议执行			
设置目的	用于评价对上级领导指令及会议决议的执行情况，监控工作执行过程，保证指令及决议的顺利完成		
指标定义	指考核期内领导指令及会议决议按时按要求完成		
适用范围	全体员工	考核周期	月度/季度/年度
评分标准	（1）考核期内，领导指令每未完成一项扣 1 分，5 分封顶 （2）考核期内，每有一项会议决议未按时完成，扣____分		
信息来源	直接上级、战略管理部	应用说明	根据战略管理部备案的领导指令记录和会议决议记录，结合上级反馈信息进行跟踪考核

（3）项目管理能力说明见表 5-29。

表 5-29　××公司 20××年全员定性指标：项目管理能力

KPI：项目管理能力			
设置目的	用于评价中高层岗位人员项目管理能力，加强企业项目管理		
指标定义	指具备项目管理能力，能很好地规划项目进度，并根据项目进度计划组织实施项目管理，做好项目质量、安全、风险、合同、成本等管理工作		
适用范围	全体员工	考核周期	季度/年度
评分标准	（1）考核期内，能制订合理的项目计划，按照计划开展项目管理工作，熟练掌握项目管理技术，有效控制项目过程，达成项目目标，得____分 （2）考核期内，协助制订项目计划，并按照计划实施项目管理工作，应用基本项目管理技术促进项目目标达成，得____分 （3）考核期内，根据项目进度计划安排项目管理工作，并监督执行，能应用简单的项目管理工具指导工作，得____分		
信息来源	直接上级	应用说明	根据人力资源部的定期能力测评结果及直接上级的反馈评价信息进行考核

（4）部门工作协同说明见表 5-30。

表 5-30　××公司 20××年全员定性指标：部门工作协同

KPI：部门工作协同			
设置目的	用于评价各部门之间的工作协同情况，加强各部门之间的合作，提高组织效率		
指标定义	指考核期内各部门协同工作顺利进行，无内部投诉		
适用范围	全体员工	考核周期	季度/年度
评分标准	（1）考核期内，各部门协同工作顺利进行，无内部冲突或投诉，得____分 （2）考核期内，各部门协同工作能基本按要求推进，偶有内部冲突投诉，得____分 （3）考核期内，各部门之间的协同工作无法进行，内部冲突或投诉频发，得____分		
信息来源	信息管理部	应用说明	根据信息管理部备案的部门之间投诉、冲突报告及解决记录，以及战略管理部的跟踪情况进行考核

决策重点：战略契合与指标筛选相互聚焦

在 KPI 设计与应用的过程中，战略契合与指标筛选是两个紧密相连、互为支撑的决策重点，二者如同两个相交的圆环，共同指向企业核心价值的实现和增长点的挖掘。

1. 战略契合

企业战略是企业发展的指南针，明确了企业的长远目标和竞争优势。KPI 的设计必须紧密契合企业的战略，确保每一项指标都与战略方向保持一致。这种契合性要求在设计 KPI 时，不仅要考虑当前的业务状况，更要洞察未来的市场趋势，使 KPI 成为推动企业战略落地的有力工具。

战略契合的创新性体现在 KPI 体系能够动态地适应企业战略的变化。当企业战略进行调整时，KPI 体系也应随之而变，始终与战略保持同步。

2. 指标筛选

在 KPI 体系中，指标筛选是一个精益求精的过程，不仅要关注指标的全面性和代表性，更要注重指标的聚焦性和实用性。每一个被选中的指标都应该是企业战略的关键支撑点，能够真实反映企业的核心竞争力和市场地位。

指标筛选的创新性体现在对关键成功因素的深入挖掘和精准把握上，需要应用数据分析、市场调研等方法，科学筛选那些对企业战略实施至关重要的 KPI。

3. 战略契合与指标筛选的聚焦

战略契合与指标筛选的聚焦是 KPI 设计的精髓所在。这种聚焦要求在设计 KPI 时，既要关注企业的整体战略目标，又要深入挖掘各个业务领域的关键成功因素。通过精心筛选和权衡，最终确定的 KPI 应该是企业战略与业务实际的完美结合，既体现了企业的长远愿景，又符合当前的市场环境和资源条件。

这种聚焦的创新性在于打破了传统的以部门或职能为中心的 KPI 设计模式，转而以企业战略为核心，构建起一个高度集成、协同高效的 KPI 体系。这个体系不仅能够真实反映企业的运营状况和发展趋势，还能够引导员工明确工作方向，激发团队潜能，共同推动企业战略转型和升级。

> **对标案例** ××科技公司战略与指标聚焦
>
> ××科技公司是一家专注于智能硬件研发与销售的创新型企业。近年来，随着市场竞争的加剧，该公司决定调整战略，从原先的产品驱动型转变为市场驱动型，更加注重客户需求和市场反馈。为了支持这一战略转型，该公司决定重新设计 KPI 体系。
>
> **1. 战略契合**
>
> （1）明确战略目标：公司的战略目标是成为市场驱动型的智能硬件领军企业，提升客户满意度和市场份额。
>
> （2）KPI 体系设计原则：所有 KPI 必须与公司的新战略保持高度一致，能够反映公司在市场响应速度、客户满意度、产品创新等方面的表现。

2. 指标聚焦与筛选

该公司聚焦与筛选的三大 KPI 见表 5-31。

表 5-31　××科技公司聚焦与筛选的三大 KPI

KPI	项目	聚焦与筛选具体分析
市场响应速度	KPI 聚焦	新产品上市时间、客户需求响应时间等
	筛选理由	这两个指标能够直接反映公司对市场的敏感度和响应能力，是市场驱动战略成功的关键
客户满意度	KPI 聚焦	客户满意度调查得分、客户投诉处理及时率等
	筛选理由	客户满意度是衡量公司市场服务质量的直接指标，对于建立品牌忠诚和口碑至关重要
产品创新	KPI 聚焦	新产品开发周期、专利申请数量、新产品销售收入占比等
	筛选理由	这些指标能够体现公司在产品创新方面的能力和成果，是保持市场竞争力的核心

执行要点：灵活的监控调整与问责机制建立

在 KPI 设计与应用过程中，执行阶段的监控调整与问责机制是确保体系有效运行的关键。这两方面不仅关系到 KPI 体系能否真正落地，还直接影响企业战略目标的实现。

对标案例　××电商平台的监控调整与问责机制

××电商平台近年来面临激烈的市场竞争，为了保持领先地位，该电商平台决定对现有的 KPI 体系进行执行和优化，以确保业务目标的高效实现。

该电商平台灵活监控调整的实践包括以下三个方面。

1. 实时监控销售数据

（1）该电商平台建立了一个数据监控中心，实时追踪各项销售数据，包括商品浏览量、购物车添加量、订单成交量等。

（2）通过这些数据，管理层能够迅速识别销售趋势，以及哪些产品受到市场欢迎，哪些促销策略需要调整。

2. 动态调整促销策略

（1）根据实时监控的销售数据，该电商平台发现某一类商品的销量低于预期。

（2）市场部门迅速响应，调整促销策略，如加大广告投放、推出限时折扣等，以刺激消费者购买。

3. 利用预警系统预防库存积压

（1）该电商平台建立了一套库存预警系统，当某一类商品的库存量接近警戒线时，预警系统会自动提醒采购部门补货。

（2）如果某商品的销量持续下降，预警系统也会提示管理层，以便及时调整采购计划，避免库存积压。

该电商平台问责机制建立的实践包括以下四个方面。

1. 明确各部门 KPI 及责任

对于销售、市场、运营、技术等各个部门，该电商平台都设定了明确的 KPI，并指定了具体的责任人。例如，销售部门负责销售额和订单量的达成，市场部门负责广告投放效果和品牌知名度的提升等。

2. 绩效与奖惩挂钩

该电商平台将员工的绩效考核与 KPI 达成情况紧密挂钩。

对于达成或超越指标的员工，给予相应的奖金和晋升机会。对于未能达成指标的员工，进行绩效面谈，找出原因并提供改进方案。若持续不达标，则考虑调整岗位或进行其他处理。

3. 公开透明的问责过程

当某个部门或员工的 KPI 未达标时，该电商平台会组织公开的问责会议，邀请相关部门和员工参与。在会议上，未达标的部门或员工需要解释原因，并提出改进措施。其他部门也可以提出意见和建议，共同推动问题的解决。

4. 持续改进与学习

（1）该电商平台鼓励员工从失败中汲取教训，不断提升自身能力，并对问责会议中提出的问题和改进措施进行记录和分析。

（2）该电商平台还定期组织内部培训和学习活动，帮助员工提升专业技能和业务水平，以更好地达成 KPI。

落地关键点：大数据驱动持续改进与反馈循环

在当今数据驱动的时代，大数据已成为企业持续改进和优化的关键资源。关键绩效指标（KPI）的设计与应用，也需紧密结合大数据技术，构建一个持续改进与反馈的循环机制。

1. 大数据驱动下的 KPI 洞察

大数据技术助力企业实现实时收集、存储和分析海量数据，从而更准确地洞察业务运行状况。这意味着企业可以基于更丰富的数据维度和更精细的颗粒度来设定指标，确保 KPI 不仅全面反映企业运营状况，还能及时捕捉市场变化和客户需求。

2. 实时反馈与动态调整

通过大数据分析工具，企业可以实时监控 KPI 的达成情况，并获得即时的反馈。这不仅有助于企业快速识别问题和机遇，还能支持 KPI 的动态调整。例如，当某个产品的销售数据低于预期时，大数据分析工具可以迅速揭示背后的原因，是市场需求变化、竞争对手策略调整还是内部运营问题。

3. 预测性分析与前瞻性 KPI

大数据的预测性分析功能可以为企业提供未来市场趋势的洞察。这使得 KPI 设计不再局限于对历史数据的衡量，而是可以融入更多的前瞻性元素。通过设定基于预测模型的 KPI，企业能够更加主动地应对未来挑战，抓住增长机遇。

4. 数据驱动的决策支持与持续改进

大数据不仅提供丰富的信息输入，还支持更科学的决策过程。在 KPI 的应用中，这意味着企业可以基于数据分析结果来制定更合理的目标，并通过监控 KPI 的达成情况来评估策略的有效性。当实际数据与 KPI 出现偏差时，大数据分析工具可以帮助企业识别原因并提出优化建议，从而形成一个持续改进的循环。

对标案例 ××零售企业的大数据驱动力

××零售企业拥有多家实体店铺和线上商城。近年来，随着市场竞争的加剧和消费者行为的变化，该企业意识到需要利用大数据技术来优化其运营和管理。为此，该企业决定基于大数据来重构和优化其 KPI 体系，以实现持续改进和反馈循环。

××零售企业应用大数据的驱动力体现在六个方面，见表 5-32。

表 5-32 ××零售企业应用大数据驱动力的六个方面

序号	驱动力	具体分析
1	数据整合与分析	企业整合了来自各个渠道的数据，包括线上销售数据、实体店销售数据、库存数据、客户反馈数据等
		利用大数据分析工具，对这些数据进行深入挖掘和分析，以识别销售趋势、客户偏好、市场机会等
2	KPI 体系重构	基于数据分析结果，企业重构了 KPI 体系，将原来的以销售额为主导的指标扩展为包括客户满意度、库存周转率、线上转化率、回购率等多个维度的综合指标
		针对每个维度，设定了具体的量化目标和达成标准
3	实时监控与反馈	利用大数据分析工具，企业建立了一个实时的 KPI 监控系统，可以随时查看各个指标的达成情况
		当某个指标出现异常时，系统会自动发出预警，提醒相关人员及时介入和调整
4	动态调整与优化	根据实时监控的数据和反馈，企业定期对 KPI 体系进行动态调整。例如，当发现某一类商品的销售额持续增长时，企业会相应调整该类商品的库存周转率和销售目标
		企业鼓励员工提出对 KPI 体系的改进建议，以确保体系始终与业务目标保持一致
5	数据驱动的决策支持	企业高层定期查看 KPI 监控系统的数据报告，了解整体运营状况和各个部门业绩
		数据报告为高层决策提供有力的支持，如制定销售策略、调整库存管理策略等
6	员工激励与文化塑造	企业将 KPI 达成情况与员工的绩效考核和激励机制相挂钩，对达成或超越指标的员工给予相应的奖励
		企业通过内部培训和分享活动，推广数据分析和持续改进的理念，塑造一种数据驱动的企业文化

form
第 6 章

KSF 的应用

关键成功因素（Key Success Factor，KSF）是哈佛大学教授威廉·扎尼（William Zani）在 20 世纪 70 年代提出的一种信息系统开发规划方法。作为一种针对员工价值的绩效管理工具，KSF 是指对于实现企业或个人目标至关重要的影响因素或限制条件。这些因素或条件是影响绩效、计划进展和项目成功的关键，需要被特别关注和管理。

　　KSF 的核心思想是将员工期待的薪酬与企业期待的绩效相融合，从中寻求二者可接受的平衡点，以此绑定企业和员工成为利益共同体，实现共赢。所以，**KSF 又称为薪酬全绩效模式**。为了最大限度地提高成功的可能性，一家企业应该将其能力与 KSF 深度结合。企业的能力应该根据 KSF 进行评估，以确保 KSF 和企业综合实力高度一致。

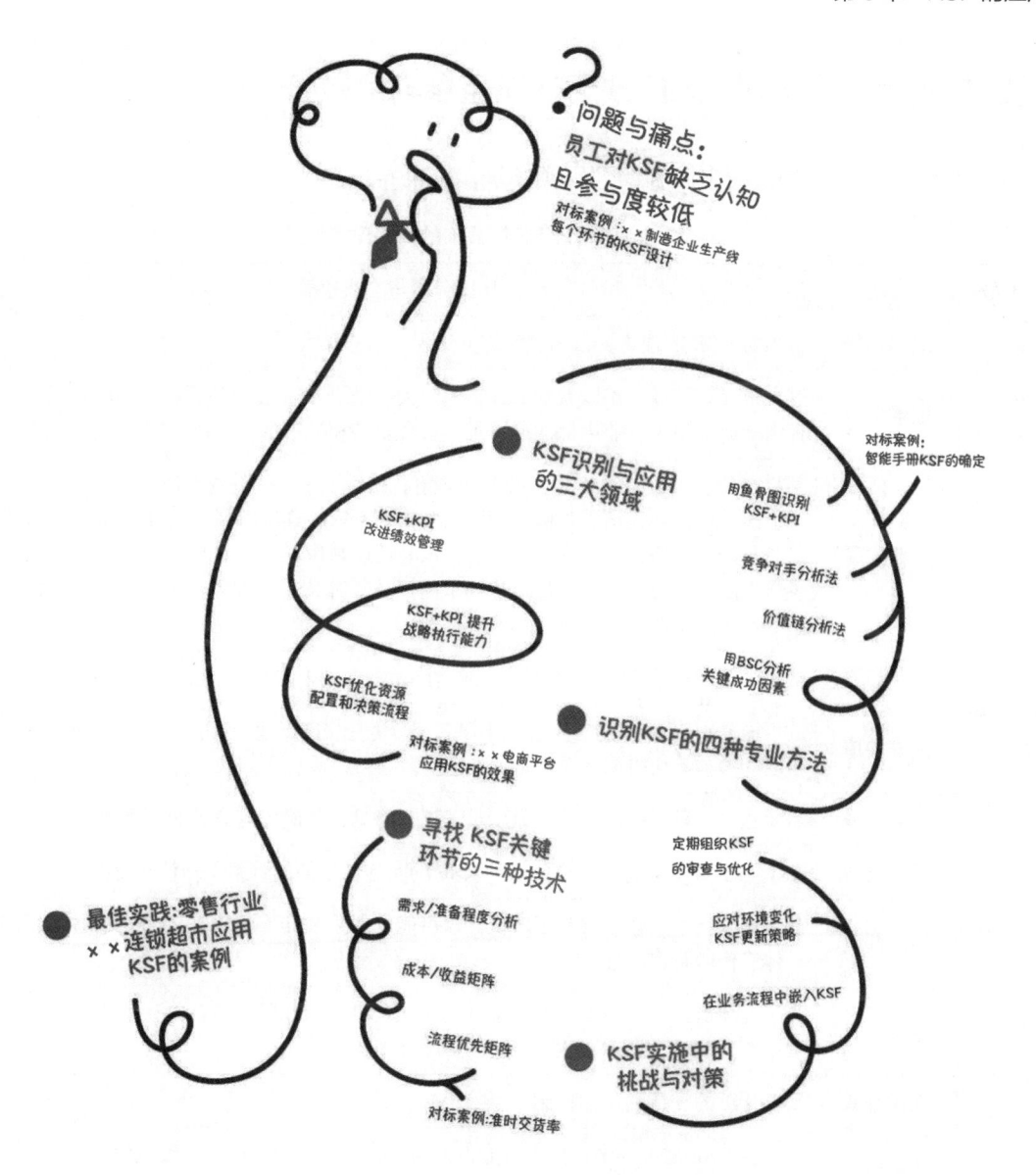

第6章 KSF 的应用

问题与痛点:
员工对KSF缺乏认知
且参与度较低
对标案例:××制造企业生产线
每个环节的KSF设计

- KSF识别与应用的三大领域
  - KSF+KPI 改进绩效管理
  - KSF+KPI 提升战略执行能力
  - KSF优化资源配置和决策流程
  - 对标案例:××电商平台应用KSF的效果

- 识别KSF的四种专业方法
  - 用鱼骨图识别 KSF+KPI
  - 竞争对手分析法
  - 价值链分析法
  - 用BSC分析关键成功因素
  - 对标案例:智能手册KSF的确定

- 寻找 KSF关键环节的三种技术
  - 需求/准备程度分析
  - 成本/收益矩阵
  - 流程优先矩阵
  - 对标案例:准时交货率

- KSF实施中的挑战与对策
  - 定期组织KSF的审查与优化
  - 应对环境变化KSF更新策略
  - 在业务流程中嵌入KSF

- 最佳实践:零售行业××连锁超市应用KSF的案例

KSF 应用框架体系

问题与痛点：员工对 KSF 缺乏认知且参与度较低

企业在应用 KSF 的过程中面临四大现实场景，见表 6-1。

表 6-1　企业应用 KSF 时面临的四大现实场景

序号	处境	具体分析与实践效果
1	现实场景	员工对 KSF 的理念、目的和实施方法了解不够深入
	困难情境	这种情况导致员工难以看到 KSF 与个人职业发展和企业整体目标之间的联系。这种情况通常源于企业内部沟通不足，或者培训和推广 KSF 的方式不够有效
	企业实践	某科技公司为了加深员工对 KSF 的理解，组织了一系列的内部研讨会。在这些研讨会上，该公司邀请了外部咨询顾问和内部专家，详细解释了 KSF 的概念、应用及其与公司战略目标的联系。同时，该公司还制作了详细的 KSF 手册和在线课程，供员工随时学习和参考。通过这些举措，员工对 KSF 的理解明显加深，也更能理解其在工作中的实际应用
2	现实场景	员工觉得 KSF 是管理层负责的，与自己无关，员工参与度低，缺乏热情和积极性
	困难情境	这可能是因为 KSF 的实施过程中没有充分考虑员工的意见和反馈，或者员工认为自己的参与不会带来实质性的改变
	企业实践	需要建立一种开放的文化，鼓励员工提出意见，并确保其意见受到重视
3	现实场景	KSF 与日常工作脱节，员工认为 KSF 的实施与他们的日常工作没有直接联系
	困难情境	员工难以产生兴趣，参与度较低。这可能是因为 KSF 的设计没有充分考虑员工的具体工作职责和环境
	企业实践	为了提高员工的参与度，KSF 需要与员工的日常工作紧密结合，让他们能够在实践中看到 KSF 的实际效果
4	现实场景	缺乏持续的支持和反馈机制
	困难情境	在实施 KSF 的过程中，员工可能得不到及时的反馈和支持，导致他们对 KSF 的信心和参与度逐渐降低
	企业实践	一个有效的 KSF 实施计划应该包括持续的支持、培训和反馈机制。这样，员工在实施过程中遇到问题时能够得到及时的帮助，同时也能看到自己的进步和改变，从而保持对 KSF 的热情和参与度

对标案例　××制造企业生产线每个环节的 KSF 设计

××制造企业为了让 KSF 与员工的日常工作更紧密结合，对生产线上的工作流程进行了重新设计。该企业明确了每个环节的关键成功因素，并将其纳入员工的绩效考核中。这样，员工在日常工作中就能直观地感受到 KSF 的重要性，并努力达成这些关键成功因素。此外，该企业定期组织员工分享会，让员工交流如何在工作中应用 KSF 的经验和心得。

××制造企业生产线上每个环节的 KSF 示例见表 6-2。

表 6-2 ××制造企业生产线上每个环节的 KSF 示例

环节	KSF	具体分析
原料采购	供应商选择与合作	对供应商进行分级管理，确保选择信誉良好、质量稳定的供应商
	原材料质量控制	严格把控进厂原材料的质量，减少生产过程中的质量问题
	采购成本控制	优化采购成本，确保原材料的性价比
生产计划制订	准确性	根据市场需求和生产能力，制订合理的生产计划
	灵活性	生产计划需要具备一定的弹性，以应对市场需求的变化
生产线准备	设备维护与校准	确保生产设备处于良好状态，减少故障率
	物料准备	及时准备所需物料，避免生产中断
生产过程控制	质量控制	严格按照工艺要求进行生产，确保产品质量
	生产效率	优化生产流程，提高生产效率
	安全生产	确保生产过程中的员工安全和设备安全
产品检验与测试	检验标准	制定并执行严格的产品检验标准
	测试方法	采用科学有效的测试方法，确保产品性能的稳定
成品包装与仓储	包装标准	按照客户要求进行包装，确保产品在运输过程中的安全
	仓储管理	合理安排仓储空间，确保产品存储的安全与便利
产品发货与客户服务	发货准确性	确保按照客户要求准时发货，且产品数量、质量无误
	客户服务响应	建立快速响应的客户服务机制，解决客户在使用过程中遇到的问题

6.1 KSF 识别与应用的三大领域

如何识别 KSF 同时又证明应用 KSF 是成功的呢？如果企业中的每个人都知道做的事情不需要面面俱到，要找重点、抓关键、控风险，并且把关键成功因素所代表的事情做好就够了，那么 KSF 的选取与落地就是成功的。因为，这既鼓励了员工走出舒适区，培养了更多的复合型人才，又给员工留了一定的弹性空间。

6.1.1 KSF+KPI 改进绩效管理

KSF 不仅关注 KPI，更致力于将员工的期盼和企业的愿景达成一致，避免内部矛盾，将长期发展希望和短期绩效要求形成统一，更激发员工本身的内驱力，避免简单、粗暴、"压榨式"的绩效管理。美国学者戴维·帕门特（David Parmenter）指出了解企业的 KSF 对于绩效管理具有五个方面的价值。

（1）能够引导确定企业的主导性 KPI。
（2）能够使员工认识到工作的有限顺序、使员工的日常工作与企业的战略联系起来。
（3）与 KSF 不相关或者产生非重要影响的评价指标往往会被淘汰。
（4）意味着减少报告的数量，筛除那些对整个企业而言不重要或无关大局的报告。
（5）鼓励向董事会和高级管理人员提交简明扼要的关于 KSF 进展情况的请求汇报。

应用 KSF 就是通过多方面信息的采集和处理，寻求一个企业成功的关键点，弄清楚到底是什么原因导致企业克敌制胜的，并对企业成功的关键点进行跟踪、监控和把握。

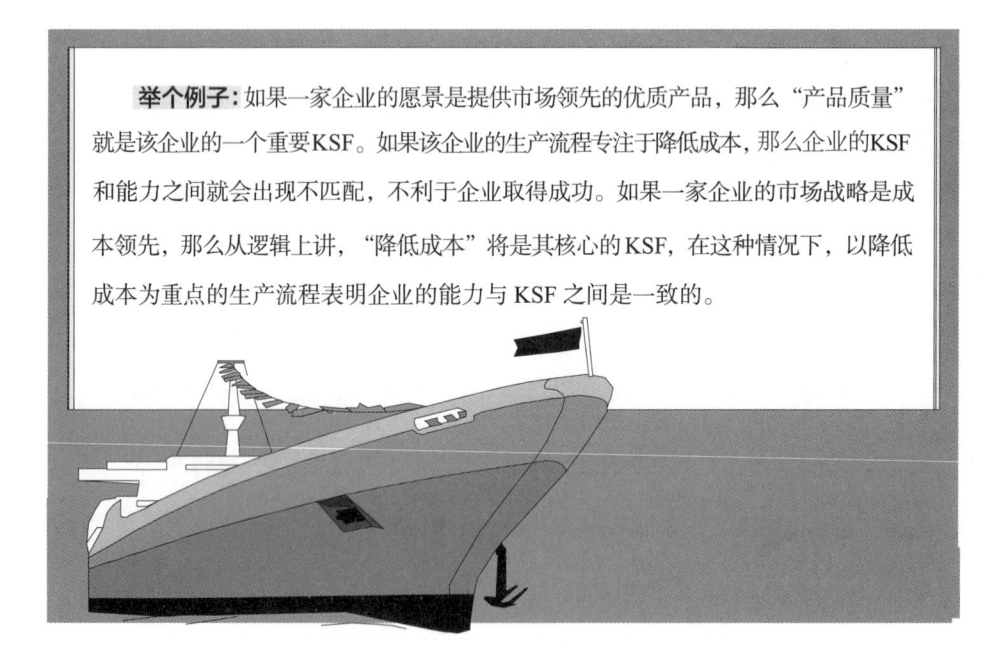

举个例子：如果一家企业的愿景是提供市场领先的优质产品，那么"产品质量"就是该企业的一个重要KSF。如果该企业的生产流程专注于降低成本，那么企业的KSF和能力之间就会出现不匹配，不利于企业取得成功。如果一家企业的市场战略是成本领先，那么从逻辑上讲，"降低成本"将是其核心的KSF，在这种情况下，以降低成本为重点的生产流程表明企业的能力与 KSF 之间是一致的。

6.1.2 KSF+KPI 提升战略执行能力

KSF 通过分析企业获得成功或取得市场领先地位的影响因素，提炼出导致成功的关键绩效模块，再把关键绩效模块层层分解为关键要素，为了便于对这些要素进行量化评价与分析，再将这些要素细分为各项具体的指标，即设计 KPI 体系。

了解 KSF 与 KPI 之间的关系是十分必要的。戴维·帕门特提出，最佳实践表明，不论企业的规模多大，其 KSF 都应该限制在 5～8 个。如果企业准确地找到 KSF，那么就能很简单地提炼出主导性的 KPI，以提升战略执行能力，如图 6-1 所示。

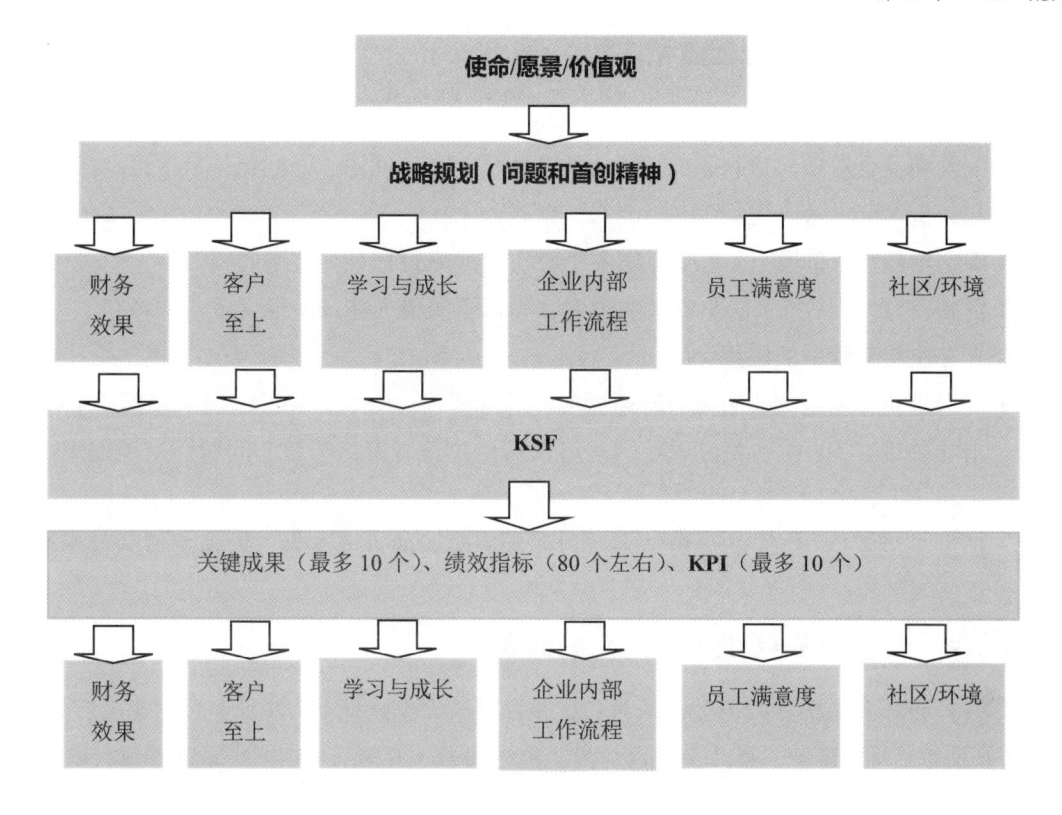

图 6-1　KSF+KPI 与战略执行能力衔接的模型

应用 KSF 有四个步骤，如图 6-2 所示。

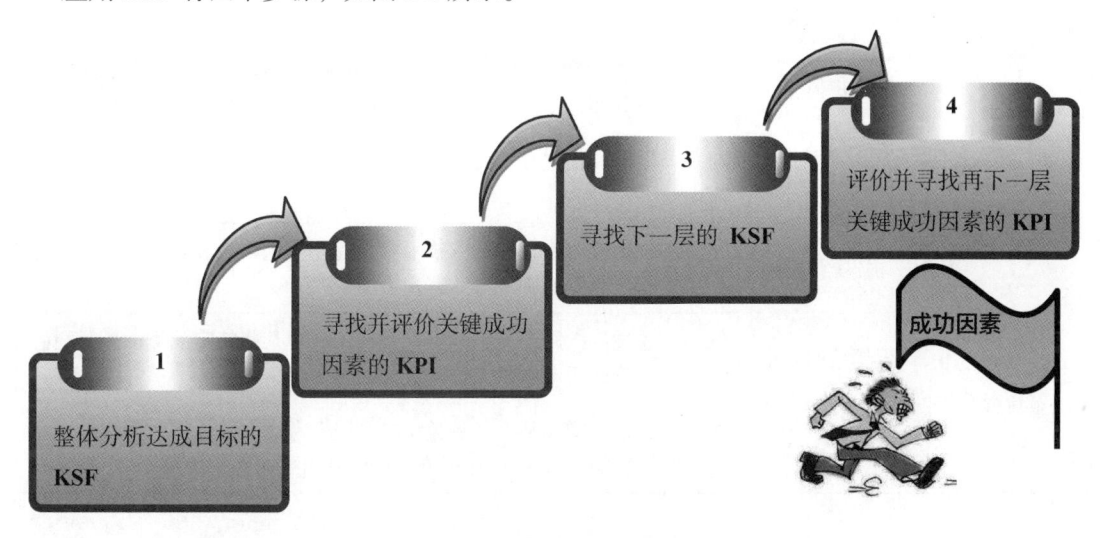

图 6-2　应用 KSF 的四个步骤

在寻找 KSF 时可以应用关系映射方法。其过程是将所有的 KSF 都展示在一个大的白色书写板上，并且画出各个 KSF 之间的联系，标出哪些 KSF 受其他核心因素的影响。需要注意的是，利用箭头显示向内和向外的关系方向，并将箭头标于正确的方向。

6.1.3 KSF优化资源配置和决策流程

1.KSF在资源配置中的作用

资源配置涉及企业如何将有限的资源（如资金、人力、时间等）分配到各个项目和活动中。通过识别和分析KSF，企业可以实现：

（1）确定资源投入的重点：将资源集中于对实现战略目标最为关键的领域。

（2）提高资源使用效率：避免资源的浪费，确保资源投入能产生最大效益的环节。

2.KSF在决策流程中的应用

决策流程是企业制定重要决策时所遵循的步骤和程序。KSF在决策流程中起到两个作用：

（1）指导决策方向：明确关键成功因素可以帮助决策者聚焦于核心问题，避免偏离主要目标。

（2）提供决策依据：KSF的分析结果可以作为决策时的重要参考，增强决策的科学性和准确性。

> **对标案例** ××电商平台应用KSF的效果

以××电商平台应用KSF的效果为例，该电商平台在分析市场环境和自身能力后，确定了五个KSF：用户体验、商品多样性、物流配送效率、营销策略制定与资源分配选择等，见表6-3。

表6-3 ××电商平台应用KSF优化资源配置和决策流程的效果

维度	KSF类型	应用效果分析
资源配置优化	用户体验	投入大量资源在界面设计、交互逻辑优化以及客户服务等KSF上，确保用户能够方便快捷地找到所需商品，并享受高质量的购物体验
	商品多样性	与多个供应商建立合作关系，引入多种类商品，满足用户多样化购物需求
	物流配送效率	建立自有物流体系，并投入技术资源优化配送路线和仓储管理，确保商品能够快速、准确地送达客户手中
决策流程改进	营销策略制定	例如，通过分析用户行为数据，发现用户对某些特定品类的商品更感兴趣，在营销活动中重点推广这些品类
	资源分配选择	例如，是否要增加某个新品类，决策层会考虑这一举措对用户体验、商品多样性等KSF的潜在影响，从而做出更明智的决策

6.2 识别KSF的四种专业方法

6.2.1 用BSC分析关键成功因素

从BSC的角度综合考量，关键成功因素应包括四个方面，如图6-3所示。

图 6-3　BSC 角度的 KSF

1. 客户因素分析

关注外部是 BSC 的核心内容。对企业客户进行分析，站在客户的角度，通过客户的视角看待内部业务进展情况；分析企业客户希望得到什么样的产品，包括什么样的质量、什么样的价格、什么样的性能、什么样的款式等。

站在客户的角度进行分析，能更好地帮助企业换位思考，理解客户对产品和服务的要求，进而寻找企业 KSF 并改善 KPI 体系，更好地为客户提供优质的产品和服务，在实现经营目标的同时赢得社会信誉。

2. 内部运营因素分析

内部运营是 BSC 关注的另一核心内容，通常分析企业采用什么样的运营流程能对客户和业务产生价值，企业围绕着运营应该建立什么样的规章制度才能有效促进企业的发展。内部运营 KSF 分析多围绕着九个方面展开，如图 6-4 所示。

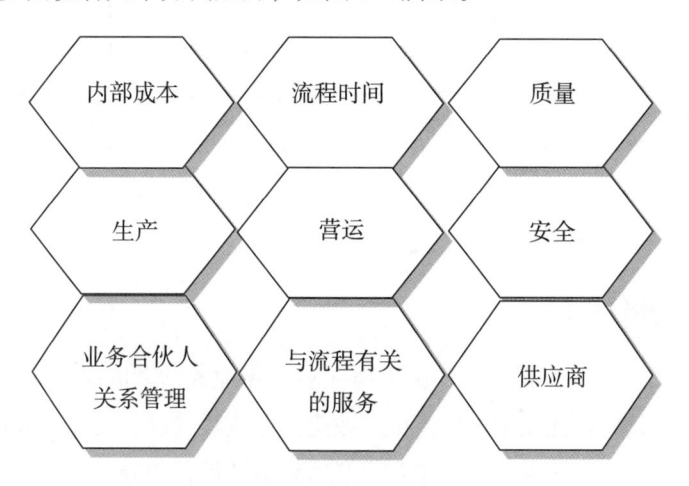

图 6-4　内部运营 KSF 分析

3. 学习与成长因素分析

学习与成长也是 BSC 关注的关键成功因素之一。对学习与成长相关因素的分析，首先强调的是企业应营造能支持组织机构变革、创新与增长的氛围，积极为员工创造培训学习的机会和条件，在企业内部形成良好的自主学习环境，使得全体员工形成一种不断进取、自觉提高自我学习能力和自身专业技能的良好风气，从而带动企业经济效益的不断提升。

围绕此目的，企业必须落实的任务是获得、维持并更新目前的技能与知识，以确保对客户和业务的了解并使客户满意，确保其长期发展的能力。给予这些方面的投资对企业取得长期成功非常关键。学习与成长 KSF 分析多围绕六个方面具体展开，如图 6-5 所示。

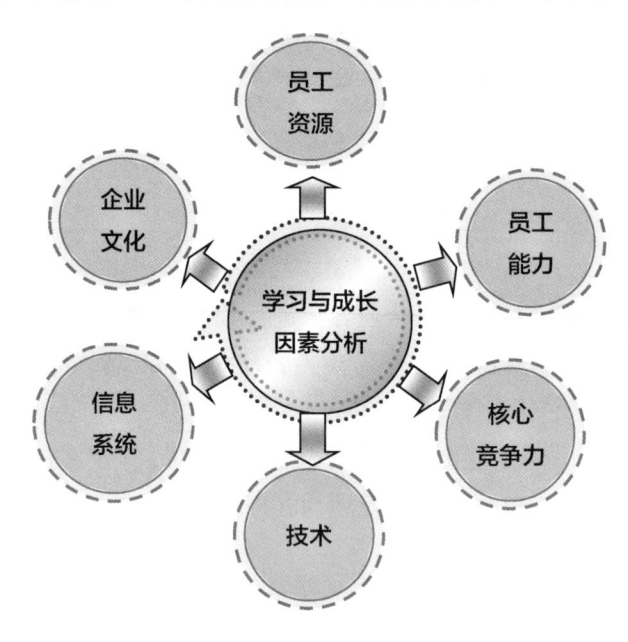

图 6-5 学习与成长 KSF 分析

4. 财务因素分析

对财务因素的分析可明确 BSC 其他三个方面的财务状况。财务因素分析实际上是一种判断的过程，主要工作是评估企业现在或过去的财务状况及经营成果，主要目的是对企业未来的状况及经营业绩进行最佳预测，为经营决策提供可靠依据。

财务因素分析能够帮助企业确定如何准确定位其吸引力，并能够让他人考虑对其进行投资，预测业务对股东和财务投资人的最终回报等。传统的财务 KSF 分析通常包括业务增长、利润率、现金流、投资回报率等。

6.2.2 价值链分析法

价值链是一种按照业务流程或协作关系将企业工作业务活动联结起来的作业链。

价值链分析法是分析和优化企业增值链、改进企业流程管理、实现企业价值的方法。其核心思想是将企业运营过程分解为一系列相互关联的价值活动，并分析这些活动对企业整体价值的贡献。进行价值链分析，可以明确哪些活动对于企业成功至关重要，从而确定企业 KSF。

在实施价值链分析时，首先需要绘制出企业的价值链图，这包括企业的主要业务过程和支持性活动。主要业务过程通常包括产品开发、采购、生产制造、市场营销、销售和服务等，而支持性活动则包括人力资源管理、财务管理和信息技术等。

接下来，需要对每个价值活动进行深入的分析，评估其对企业整体价值的贡献。这包括分析每个活动的成本、效率、质量以及对客户满意度和企业盈利能力的影响。

此外，价值链分析法还可以帮助企业了解其与供应商、客户和竞争对手之间的关系，从而更好地制定战略和运营决策。

1. 价值链管理的本质

企业价值链管理的本质就是通过优化核心业务流程的 KSF，增加企业生产经营活动创造的总价值，以提升企业的市场竞争力。

价值链管理的本质主要体现在以下三个方面。

（1）价值链管理是对价值增值的活动过程进行的系统管理。

（2）价值链管理是对价值增值过程进行的动态管理。

（3）价值链管理是基于信息技术的立体管理。

价值链管理是企业发展的战略选择。企业管理者应该充分认识到价值链管理对于企业发展重要的战略意义，并将价值链管理的 KSF 建立起来，才有可能形成企业的竞争优势。

2. 价值链分析的特点

价值链分析的特点主要包括以下五个方面。

（1）价值链分析的基础是 KSF，而不是成本，这实际上是把问题的着眼点放在企业的外部。

（2）价值链主要由各种价值活动构成，包括基本价值活动的 KSF 和辅助价值活动的 KSF。

（3）价值链的 KSF 不是孤立存在的，上下游企业的价值链对企业本身有很大的影响。

（4）在同一产业中，不同的企业有不同的价值链，不同的 KSF。

（5）在不同的发展时期，同一企业会具有不同的价值链，不同的 KSF。

3. 价值链分析的层次

价值链分析的层次可以划分为微观层次、中观层次和宏观层次，如图 6-6 所示。

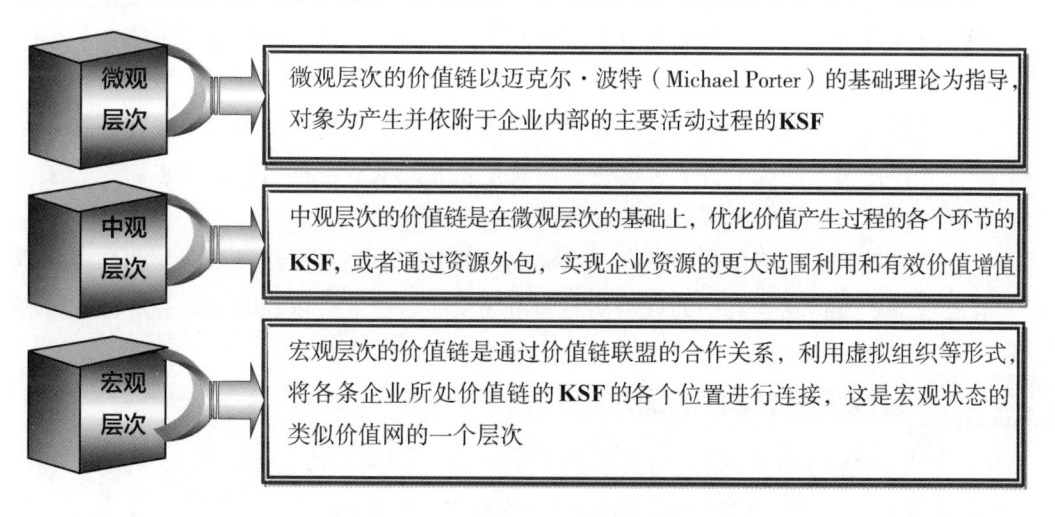

微观层次	微观层次的价值链以迈克尔·波特（Michael Porter）的基础理论为指导，对象为产生并依附于企业内部的主要活动过程的 **KSF**
中观层次	中观层次的价值链是在微观层次的基础上，优化价值产生过程的各个环节的 **KSF**，或者通过资源外包，实现企业资源的更大范围利用和有效价值增值
宏观层次	宏观层次的价值链是通过价值链联盟的合作关系，利用虚拟组织等形式，将各条企业所处价值链的 **KSF** 的各个位置进行连接，这是宏观状态的类似价值网的一个层次

图 6-6　价值链分析的三个层次

4. 价值链管理的工作流程

价值链管理的工作流程图如图 6-7 所示。

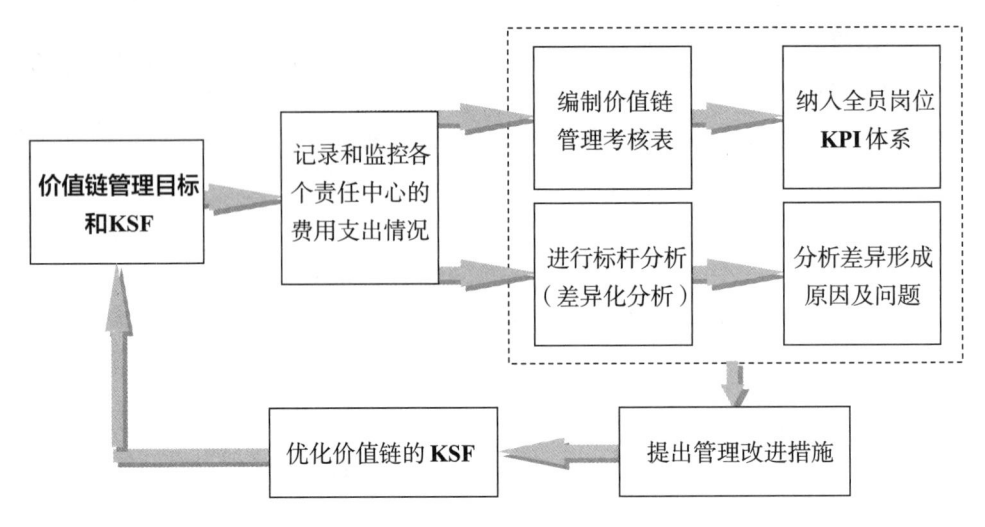

图 6-7　价值链管理的工作流程图

6.2.3　竞争对手分析法

竞争对手分析法是一种通过研究和分析行业内的主要竞争对手来确定企业自身在行业中的竞争地位以及 KSF 的方法。这种方法的核心在于，通过对比和分析竞争对手的战略、运营、产品、市场等各个方面，来揭示企业自身可能存在的优势和劣势，从而明确企业在市场中应关注和加强的关键领域。

（1）竞争对手分析法的实施需要收集大量关于竞争对手的信息，包括竞争对手的市场份额、产品线、定价策略、销售渠道、营销策略、客户服务、技术创新等多个方面。

（2）分析竞争对手的优势和劣势是至关重要的步骤。企业需要评估竞争对手在各个方面的表现，找出其成功的关键因素以及可能存在的弱点。例如，某个竞争对手可能在产品创新方面表现出色，而在市场营销方面则表现相对较差。

（3）通过对比竞争对手的 KSF，企业可以明确自身的竞争地位。如果企业在某些方面与竞争对手相比存在明显的优势，那么这些方面就是企业的 KSF。同时，企业也需要关注那些相对于竞争对手处于劣势的领域，并考虑如何改进和提升。

（4）竞争对手分析法不仅有助于企业识别现有的 KSF，还可以帮助企业预测未来的竞争趋势。通过观察和分析竞争对手的战略动向和市场反应，企业可以及时调整自身的战略和运营计划，以应对市场的变化。

对标案例　智能手册 KSF 的确定

行业背景：智能手机市场

初创企业：一家新兴的智能手机品牌，命名为"智会手机"。

步骤一：确定主要竞争对手

在智能手机市场，选择三个主要竞争对手：苹果、三星和华为。

步骤二：收集竞争对手的信息

苹果：以高端市场为主，强调创新、用户体验和生态系统，iOS 系统、硬件和软件的高度整合是其核心竞争力。

三星：产品线广泛，覆盖高中低各个市场段，以出色的显示屏技术和创新能力著称。

华为：在拍照、5G 技术和电池续航上有明显优势，同时也在努力打造自己的生态系统。

步骤三：分析竞争对手的优势和劣势

苹果：具有强大的品牌影响力和良好的生态系统，但价格较高，且产品更新周期相对固定，可能给新进入者提供机会。

三星：技术实力强，产品线丰富，但近年来在高端市场的品牌影响力有所下降。

华为：在技术和创新上表现出色，但受到国际政治因素的影响，市场份额有所下滑。

步骤四：确定自身的 KSF

基于以上分析，"智会手机"确定了以下几个 KSF：

（1）性价比：针对中低端市场，提供高性价比的产品，与三星和华为竞争。

（2）用户体验：借鉴苹果的经验，注重系统的流畅性和易用性，打造出色的用户体验。

（3）差异化创新：在拍照、续航等消费者关心的领域进行差异化创新，形成自身特色。

步骤五：制定竞争策略

（1）产品定位：主打中低端市场，提供高性价比的手机产品。

（2）技术研发：加大在拍照、续航等领域的研发投入，形成技术优势。

（3）市场营销：借鉴苹果的营销策略，强调用户体验，通过线上线下结合的方式进行品牌推广。

（4）生态系统建设：逐步打造自身的软件生态系统，增强用户黏性。

6.2.4 鱼骨图识别 KSF+KPI

工具只有适合不适合，没有好坏之分，每一种工具都有其应用的目的和适用的情况。鱼骨图是一种透过现象看本质的分析方法。鱼骨图的基本模型如图 6-8 所示。

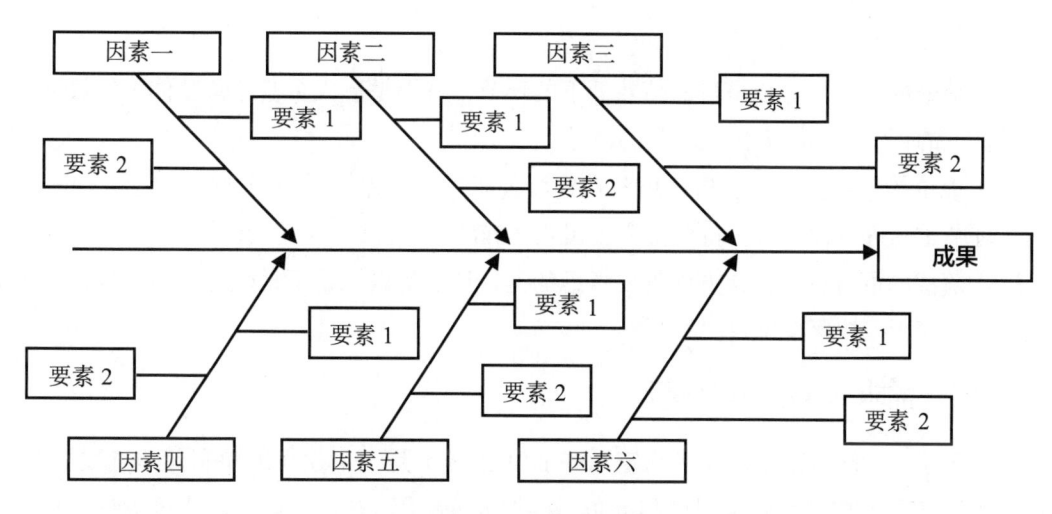

图 6-8 鱼骨图的基本模型

先以"企业战略目标"为鱼头绘制鱼骨图，用几根鱼刺列出对企业战略规划和绩效目标的达成影响最大的 KSF，如图 6-9 所示。

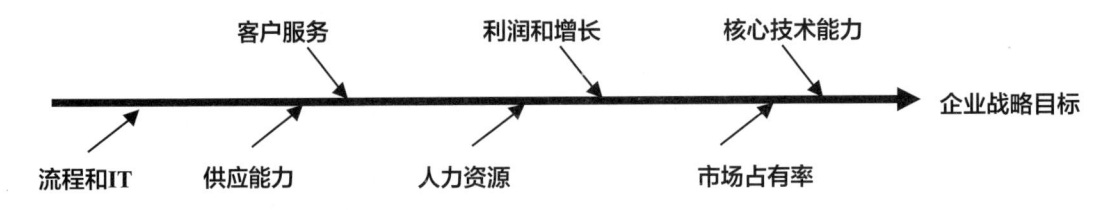

图 6-9　影响企业战略规划和绩效目标的 KSF

再基于价值链和关键环节对各个 KSF 进行全面的系统分解，从而确定 KPI 体系，如图 6-10 所示。

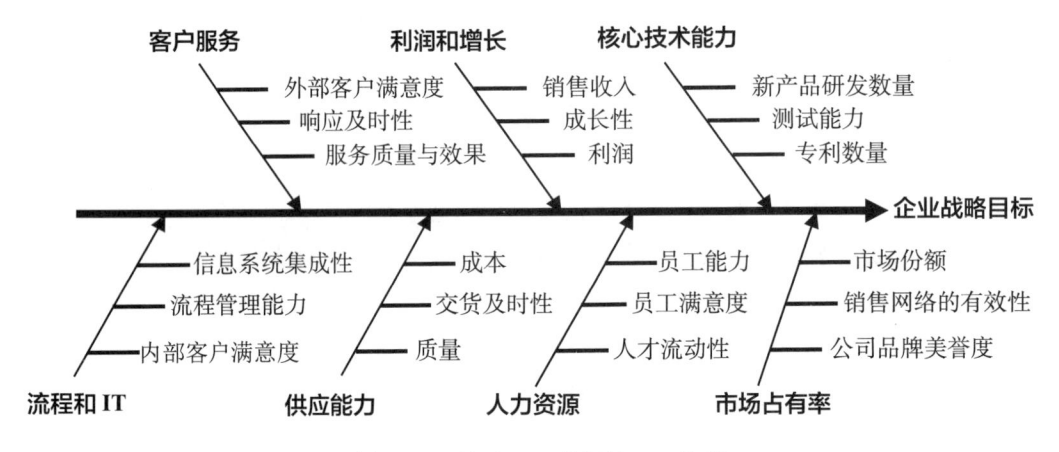

图 6-10　基于 KSF 分解的 KPI 体系

6.3　寻找 KSF 关键环节的三种技术

企业在寻找 KSF 关键环节时，可从三个方面着手。

（1）**绩效的低下性**。凡是目前绩效低下的环节，特别是造成企业运营整体工作效率和经济效益低下的环节，都属于关键环节的范畴。

（2）**地位的重要性**。这是指该环节在整个公司管理流程体系中的地位很重要，也就是，把有关环节重新进行设计后，将对整个公司效率提高和效益提升产生重要影响。

（3）**落实的可行性**。在这方面需要考虑的是，环节的设计是不是较易实施和执行，环节重新设计后能否很快落地见效。

6.3.1　需求/准备程度分析

利用需求/准备程度分析技术确定 KSF 的关键环节是一个建立纵横坐标的过程。首先，把需要鉴别的环节按照其需求程度和准备程度做成分析图；其次，以需求程度为纵坐标，以准备程度为横坐标，采用"五分法"对这两个指标进行打分；最后，将分数点标记在图上。

结论：越远离原点的，其需求程度和准备程度越高，应考虑设为关键环节；越靠近原点的，其需求程度和准备程度越低，说明目前不适宜作为关键环节。

需求／准备程度分析的核心要点和实用价值见表 6-4。

表 6-4　需求／准备程度分析的核心要点和实用价值

项目	实用类型	具体分析
核心要点	指标打分	该技术使用了"五分法"，对需求程度和准备程度这两个指标进行打分。"五分法"允许更细致的评估，相对于简单的"三分法"或"二分法"，提供了更大的区分度，有助于更精确地定位关键环节
	图形化展示	分析图以需求程度为纵坐标，准备程度为横坐标，将各环节的分数点标记在图上。图形化的展示方式直观易懂，便于团队成员之间的沟通和理解
	关键环节确定	根据分数点与原点的距离来判断环节的重要性。远离原点的分数点表示该环节的需求程度和准备程度都较高，因此更适宜被设定为关键环节。反之，靠近原点的分数点则表示该环节目前不适宜作为关键环节
实用价值	需求程度的重要性	需求程度反映了企业或项目对某一环节的渴望或依赖程度。高需求程度的环节通常是实现目标或解决问题的关键，在 KSF 设计中应给予重点关注
	准备程度的影响	准备程度体现了企业或项目在某一环节上的资源、能力和条件等方面的准备情况。高准备程度的环节意味着企业或项目已经具备了实施该环节所需的各项条件，因此更有可能被成功实施并产生预期效果
	综合考量	将需求程度和准备程度相结合，可以更全面地评估各环节的优先级和重要性。这种综合考量有助于避免片面追求某一方面的优化而忽视其他方面的风险和挑战

6.3.2　成本／收益矩阵

成本／收益矩阵是通过分析企业运营的各个环节对客户的重要性及每个环节的实施改进成本大小来全面寻找、综合评价、确定关键环节，以选择 KSF 的方法，如图 6-11 所示。

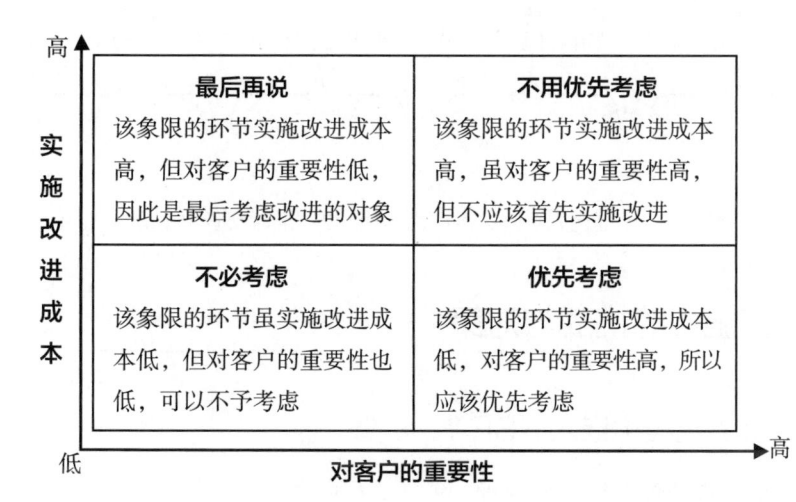

图 6-11　利用成本／收益矩阵技术确定关键环节，选择 KSF

6.3.3 流程优先矩阵

流程优先矩阵通过分析 KSF 对环节的影响程度，将企业内部运营流程的环节分为三大种类。利用流程优先矩阵寻找并确定 KSF 的关键环节需要遵循四个步骤。

第一步：寻找对于 KSF 起关键影响作用的环节，将此类环节记 2 分。
第二步：寻找对于 KSF 起一定作用的环节，将此类环节记 1 分。
第三步：寻找对于 KSF 几乎没有影响作用的环节，将此类环节记 0 分。
第四步：根据得分情况绘制一个矩阵，将得分高的环节确定为关键环节。
流程优先矩阵的具体分析、比较过程见表 6-5。

表 6-5 利用流程优先矩阵寻找 KSF 的关键环节

因素流程	KSF1	KSF2	KSF3	KSF4	KSF5	总分
环节一	1	1	0	2	2	6
环节二	0	1	0	1	0	2
环节三	2	0	1	2	0	5
环节四	0	2	2	0	0	4
环节五	2	0	1	0	0	3
……						

由表 6-5 可知，应将"环节一"确定为 KSF 的关键环节。

对标案例　准时交货率

××生产制造企业以"准时交货率"为 KSF 确定各 KPI 的过程如图 6-12 所示。

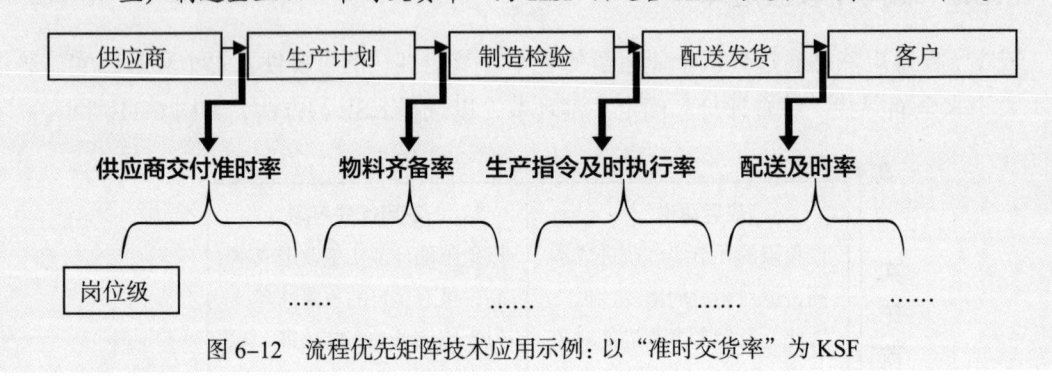

供应商 → 生产计划 → 制造检验 → 配送发货 → 客户

供应商交付准时率　物料齐备率　生产指令及时执行率　配送及时率

岗位级

图 6-12　流程优先矩阵技术应用示例：以"准时交货率"为 KSF

6.4　KSF 实施中的挑战与对策

6.4.1 在业务流程中嵌入 KSF

挑战一：业务流程的复杂性与多样性

企业业务流程可能涉及多个部门、多种技能和多重决策层次，因此，在如此复杂的系统中嵌入 KSF 并非易事。每个业务流程都有其独特性和特定需求，如何确保 KSF 与业务流程的无缝对接，是首先需要面对的挑战。

针对业务流程的复杂性与多样性挑战的对策如图 6-13 所示。

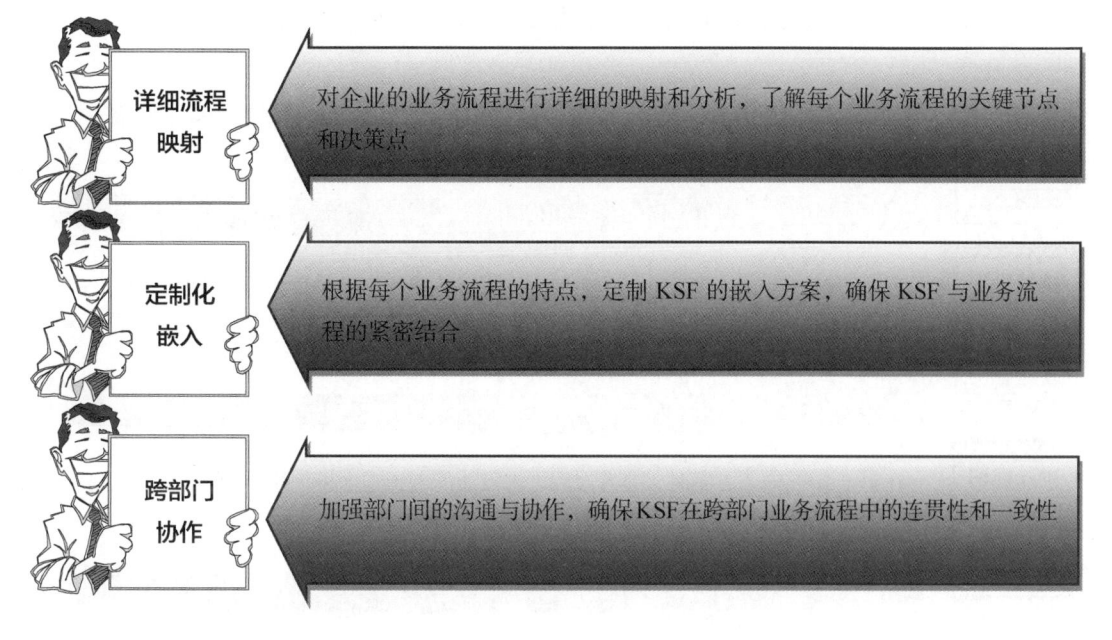

详细流程映射：对企业的业务流程进行详细的映射和分析，了解每个业务流程的关键节点和决策点

定制化嵌入：根据每个业务流程的特点，定制 KSF 的嵌入方案，确保 KSF 与业务流程的紧密结合

跨部门协作：加强部门间的沟通与协作，确保 KSF 在跨部门业务流程中的连贯性和一致性

图 6-13　针对业务流程的复杂性与多样性挑战的三项对策

挑战二：员工对 KSF 的理解和接受度

员工是业务流程的执行者，他们对 KSF 的理解和接受度将直接影响 KSF 在业务流程中的实施效果。如果员工对 KSF 缺乏理解或存在抵触情绪，将会阻碍 KSF 的有效嵌入。

针对员工对 KSF 的理解和接受度挑战的对策如图 6-14 所示。

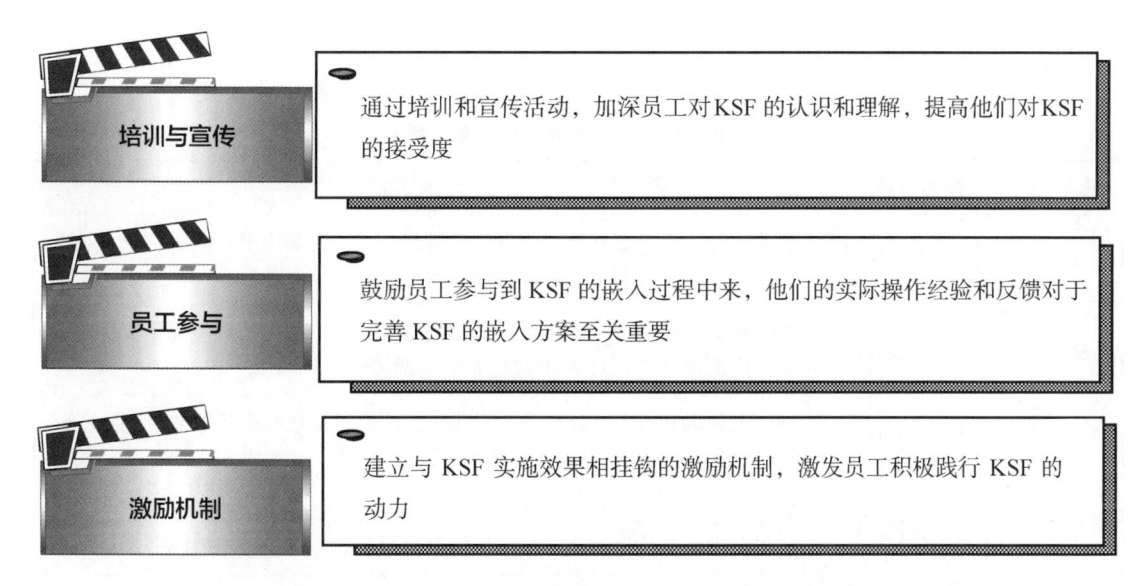

培训与宣传：通过培训和宣传活动，加深员工对 KSF 的认识和理解，提高他们对 KSF 的接受度

员工参与：鼓励员工参与到 KSF 的嵌入过程中来，他们的实际操作经验和反馈对于完善 KSF 的嵌入方案至关重要

激励机制：建立与 KSF 实施效果相挂钩的激励机制，激发员工积极践行 KSF 的动力

图 6-14　针对员工对 KSF 的理解和接受度挑战的三项对策

挑战三：KSF 与业务流程的动态适应性

企业业务流程可能会随着市场环境、客户需求等因素的变化而调整。因此，如何确保 KSF 能够与业务流程的动态变化相适应，也是需要关注的挑战。

针对员工对 KSF 与业务流程的动态适应性的对策如图 6-15 所示。

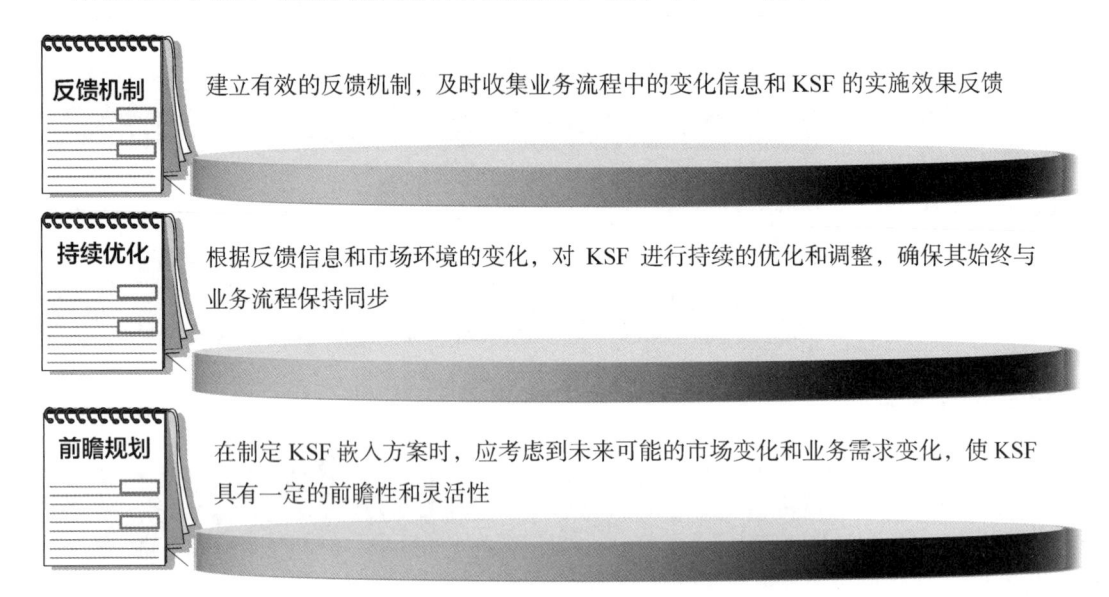

反馈机制：建立有效的反馈机制，及时收集业务流程中的变化信息和 KSF 的实施效果反馈

持续优化：根据反馈信息和市场环境的变化，对 KSF 进行持续的优化和调整，确保其始终与业务流程保持同步

前瞻规划：在制定 KSF 嵌入方案时，应考虑到未来可能的市场变化和业务需求变化，使 KSF 具有一定的前瞻性和灵活性

图 6-15　针对员工对 KSF 与业务流程的动态适应性的三项对策

6.4.2　应对环境变化 KSF 更新策略

市场环境、竞争态势以及内部需求的变化都会直接影响企业的 KSF。例如，新技术的出现可能改变行业格局，客户需求的变化可能要求企业提供新的产品或服务。这些变化都使得原有的 KSF 可能不再适用，需要企业及时进行调整。

KSF 更新策略的四个核心要点见表 6-6。

表 6-6　KSF 更新策略的四个核心要点

序号	核心要点	具体分析
1	持续的市场洞察	企业需要建立一套有效的市场监控机制，通过定期的市场调研、竞争对手分析和客户需求调查，来捕捉市场的细微变化
2	灵活性与敏捷性	KSF 更新策略需要强调灵活性和敏捷性。当市场或内部环境发生变化时，企业应迅速反应，对 KSF 进行相应的调整
3	数据驱动决策	利用大数据和人工智能技术，对收集到的市场信息和内部数据进行深度分析，以数据为依据来指导 KSF 的更新
4	员工参与和培训	员工是企业的重要资产，他们需要了解并适应 KSF 的变化。企业应定期为员工提供相关的培训，并鼓励他们参与到 KSF 的更新过程中来

实施 KSF 更新策略的五个步骤如图 6-16 所示。

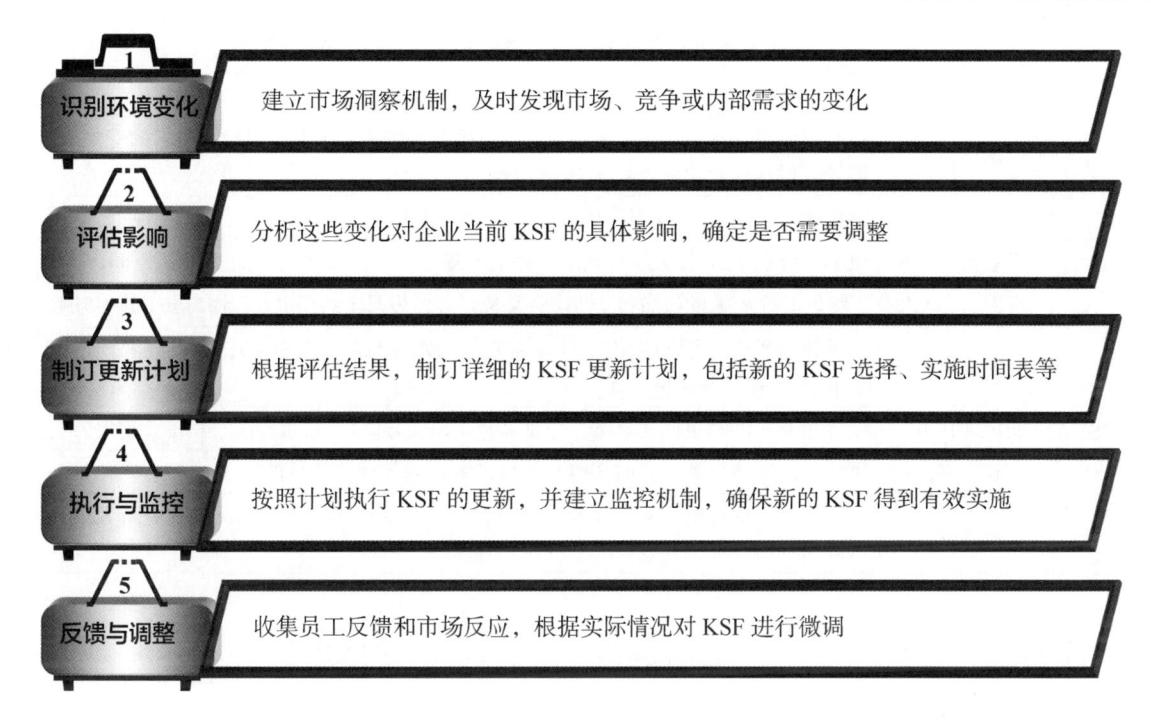

1 识别环境变化	建立市场洞察机制，及时发现市场、竞争或内部需求的变化
2 评估影响	分析这些变化对企业当前 KSF 的具体影响，确定是否需要调整
3 制订更新计划	根据评估结果，制订详细的 KSF 更新计划，包括新的 KSF 选择、实施时间表等
4 执行与监控	按照计划执行 KSF 的更新，并建立监控机制，确保新的 KSF 得到有效实施
5 反馈与调整	收集员工反馈和市场反应，根据实际情况对 KSF 进行微调

图 6-16 实施 KSF 更新策略的五个步骤

实施 KSF 更新策略时，信息收集应遵循的原则如图 6-17 所示。

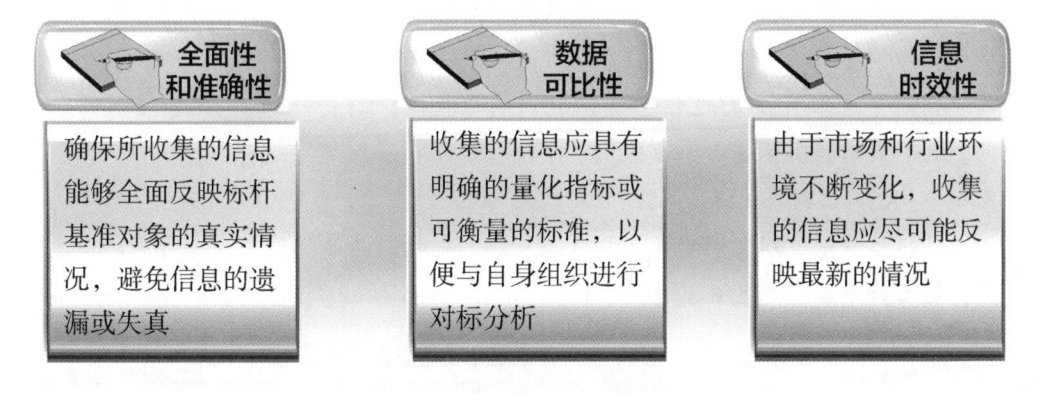

全面性和准确性	数据可比性	信息时效性
确保所收集的信息能够全面反映标杆基准对象的真实情况，避免信息的遗漏或失真	收集的信息应具有明确的量化指标或可衡量的标准，以便与自身组织进行对标分析	由于市场和行业环境不断变化，收集的信息应尽可能反映最新的情况

图 6-17 信息收集应遵循的原则

6.4.3 定期组织 KSF 的审查与优化

随着市场环境、企业战略和内部条件的变化，原有的 KSF 可能不再适用。因此，定期组织 KSF 的审查与优化至关重要，这不仅可以确保 KSF 与企业当前状况保持高度契合，还能促进企业持续改进和创新，以适应不断变化的市场需求。

审查 KSF 的四项主要内容和优化 KSF 的四个关键步骤见表 6-7。

表 6-7 审查 KSF 的四项主要内容和优化 KSF 的四个关键步骤

项目	内容	具体分析
审查 KSF 的四项主要内容	市场环境分析	审查当前市场环境是否发生变化，如竞争对手的策略调整、消费者需求的变化等，以及分析这些变化对企业 KSF 的影响
	企业战略对齐	评估 KSF 是否与企业当前战略保持一致，确保 KSF 支持战略目标的实现
	绩效数据分析	收集和分析 KSF 相关绩效数据，评估 KSF 运营效果，识别问题和改进空间
	反馈与参与度	了解员工对 KSF 的认知和反馈，确保 KSF 能激发员工的积极性和提高员工的参与度
优化 KSF 的四个关键步骤	确定优化目标	根据审查结果，明确优化的目标和方向，如提高某个 KSF 的权重，或者调整某个 KSF 的定义和衡量标准
	制定优化方案	结合企业实际制定优化方案，包括调整 KSF 的选取、权重分配、目标设定等
	实施方案监控	密切关注实施效果，及时调整和优化方案，确保优化目标的实现
	持续改进	优化不是一次性的活动，而是一个持续的过程。企业需要定期回顾和更新 KSF，以确保其始终保持与企业战略和市场环境的一致性

最佳实践：零售行业 ×× 连锁超市应用 KSF 的案例

×× 连锁超市面临的零售环境，无论是线上还是线下，竞争都日趋激烈。对于该连锁超市而言，要想在如此激烈的竞争环境中脱颖而出，必须对自身的运营、管理进行精细化操作。该连锁超市在面对线上和线下零售竞争加剧的双重压力下，选择通过优化绩效管理来提升整体销售业绩，这是一个非常明智的决策。

该连锁超市应用 KSF 的过程包括 KSF 识别与选择、KPI 体系的制定、绩效评估方法的确定、改进策略的实施这四个步骤。

第一步：KSF 识别与选择

该连锁超市首先识别了影响销售业绩的 KSF，包括商品品类管理、库存周转率、客户满意度、员工效率等，见表 6-8。

表 6-8 影响 ×× 连锁超市销售业绩的 KSF

序号	KSF	具体分析
1	商品品类管理	商品品类管理是零售行业的核心。对于超市而言，如何确保商品品类齐全、满足消费者多样化需求，同时又能确保商品的陈列和展示吸引消费者，是提高销售业绩的关键。将商品品类管理列为 KSF 之一，体现了超市对于商品结构和展示的重视程度
2	库存周转率	库存管理是零售行业的生命线。库存过多可能导致资金占用、货品滞销，而库存过少则可能导致缺货，从而影响消费者购物体验。将库存周转率作为 KSF，意味着超市追求高效的库存管理，以确保货品的流通性和新鲜度
3	客户满意度	在消费者主导的时代，客户满意度直接关系到企业的生死存亡。只有满足了消费者的需求，才能获得他们的信任和忠诚。将客户满意度列为 KSF，体现了超市对消费者关系的重视
4	员工效率	员工是超市运营的主体，他们的效率直接影响到超市的运营效率和客户满意度。提高员工效率，不仅可以提高销售业绩，还可以为消费者提供更好的服务体验

第二步：KPI 体系的制定

基于这些 KSF，该连锁超市制定了具体的 KPI 体系，见表 6-9。

表 6-9 基于 KSF 制定的 KPI 体系

KSF	KPI	具体分析
商品品类管理	新品上架速度	衡量从新品决定引入到实际上架销售所需的时间，通常以天数为单位，反映了超市对新品市场的响应速度
	商品陈列合理性	可以通过专家评估或客户反馈来衡量商品陈列是否吸引人、是否符合市场营销策略，体现了超市在商品展示方面的能力
库存周转率	库存天数	衡量库存从入库到被售出所需要的平均天数。较短的库存天数意味着库存周转率高，资金占用少
	缺货率	表示货架上商品缺货的比例或频率。缺货率低说明库存管理有效，能够满足客户需求
客户满意度	客户满意度调查得分	定期进行客户满意度调查，收集数据，并转化为具体的得分，反映客户对超市整体服务的满意程度
	客户投诉率	记录客户投诉的数量与总交易量的比例，是一个反映服务质量和客户满意度的反面指标
员工效率	销售额	衡量每个员工平均创造的销售额，是评价员工销售能力的重要指标
	工作效率	通过完成任务所需的时间、处理事务的速度或单位时间内完成的工作量来衡量，反映员工的工作效率和工作质量

第三步：绩效评估方法的确定

1. 数据收集与分析

（1）对于商品品类管理的 KPI（如新品上架速度、商品陈列合理性），可以通过实地考察、销售数据和客户反馈来进行评估。例如，记录新品从决定引入到实际上架所需的时间，并分析销售数据来验证新品的市场接受度。

（2）库存周转率的 KPI（如库存天数、缺货率）则依赖于库存管理系统的数据，可以定期导出报告，分析库存周转时间和缺货情况，以及对销售的影响。

（3）客户满意度可以通过客户调查问卷、在线评价和客户投诉记录来评估。

（4）员工效率则可以通过工作时长、任务完成情况和销售额等具体数据来衡量。

2. 定性与定量分析相结合

除了纯粹的数据分析，还可以引入专家的定性评估，如对商品陈列的合理性进行视觉评估，或者通过"神秘客户"的方式对服务质量和商品满意度进行实地考察。

3. 对比与标杆分析

将当前的绩效数据与行业平均水平、竞争对手或公司内部的历史数据进行对比，以识别优势和劣势。

第四步：改进策略的实施

基于这些 KSF 和 KPI 体系，该连锁超市制定了具体的改进策略，见表 6-10。

表 6-10 基于 KSF 和 KPI 体系实施改进策略

KSF	改进策略实施与分析
商品品类管理	根据销售数据和客户反馈调整商品结构，引入更多受欢迎的商品，淘汰滞销商品
	定期更新陈列指南，对员工进行陈列培训，确保商品陈列的吸引力和有效性
库存周转率	优化库存管理系统，提高库存准确性，减少误报和漏报
	建立与供应商的更紧密合作关系，以确保及时补货和减少缺货情况
客户满意度	加强对员工的客户服务培训，提升服务态度和质量
	定期分析客户反馈，针对问题制定改进措施，并跟踪实施效果
员工效率	提供必要的培训和开发工具，帮助员工提升工作效率
	设立激励机制，如绩效奖金或晋升机会，以提高员工的工作积极性和效率
持续监控与调整	建立一个持续的监控机制，定期检查和评估各项 KSF 及 KPI
	根据评估结果进行必要的策略调整和优化，确保绩效管理的持续有效性

第7章

EVA 的应用

经济增加值（Economic Value Added，EVA）又称为经济利润、经济附加值，是美国思腾思特（Stern & Stewart）公司于1982年提出并实施的一套以经济增加值理念为基础的财务管理系统、决策机制及激励报酬制度、新财务业绩评价指标的综合应用。

EVA实质上是一种经济利润，导向的是企业整体价值和长远利益，EVA是企业可持续发展的保证。如果EVA为正，表示企业的实际利润超过了所需资本成本，也就是说企业创造了超过投入的价值；如果EVA为负，表示企业的实际利润低于所需资本成本，也就是说企业未能创造足够的价值来弥补投入的资本成本。

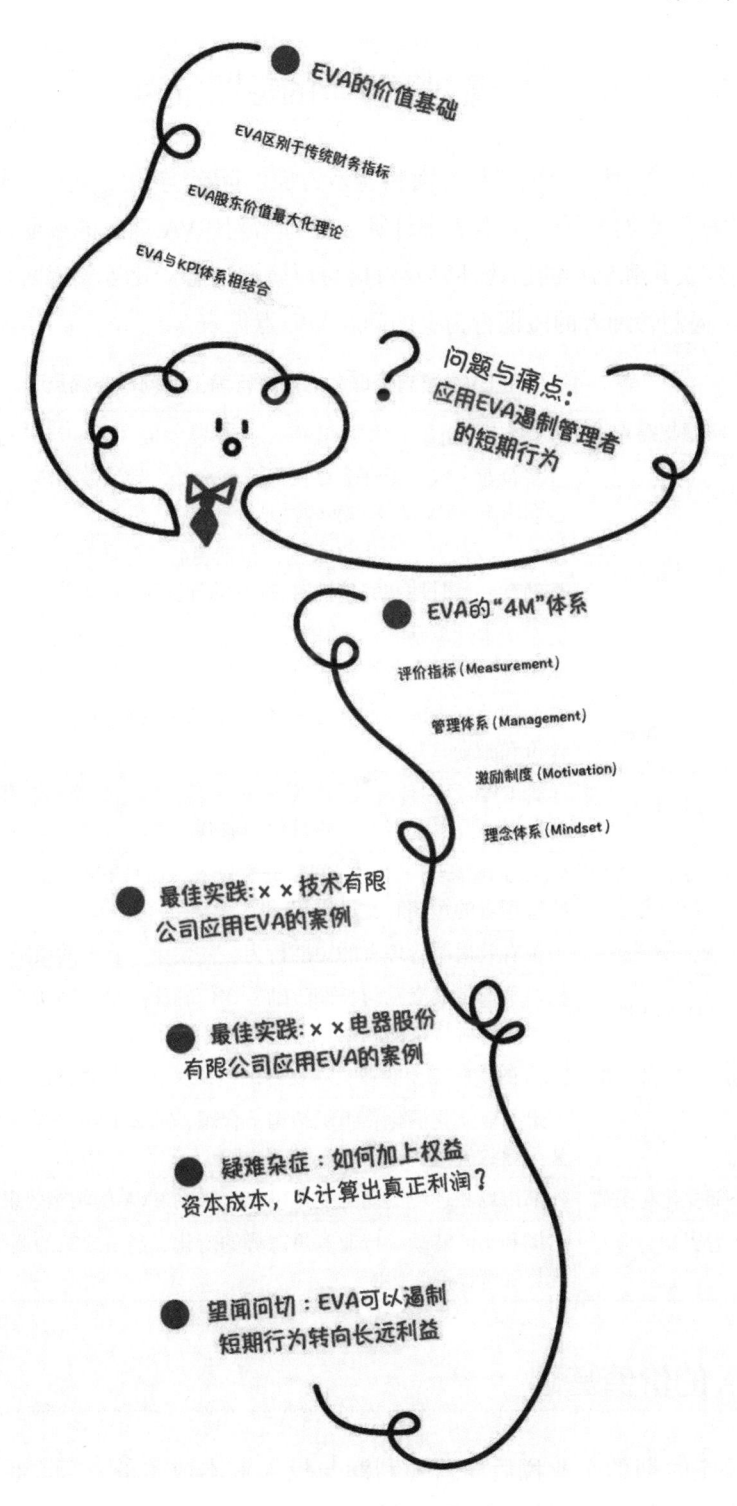

第 7 章　EVA 的应用

- EVA的价值基础
  - EVA区别于传统财务指标
  - EVA股东价值最大化理论
  - EVA与KPI体系相结合

- ？问题与痛点：应用EVA遏制管理者的短期行为

- EVA的"4M"体系
  - 评价指标（Measurement）
  - 管理体系（Management）
  - 激励制度（Motivation）
  - 理念体系（Mindset）

- 最佳实践：××技术有限公司应用EVA的案例

- 最佳实践：××电器股份有限公司应用EVA的案例

- 疑难杂症：如何加上权益资本成本，以计算出真正利润？

- 望闻问切：EVA可以遏制短期行为转向长远利益

EVA 应用框架体系

问题与痛点：应用 EVA 遏制管理者的短期行为

应用 EVA 遏制管理者的短期行为面临着多方面的问题与痛点。为了成功实施 EVA，企业需要关注数据管理与分析、资本成本计算、管理者对 EVA 理念的接受度、激励与约束机制的设计、组织文化和结构的适应性以及市场与环境的动态变化等关键因素。

应用 EVA 遏制管理者的短期行为上的问题与痛点见表 7-1。

表 7-1 应用 EVA 遏制管理者的短期行为上的问题与痛点

六个维度	问题与痛点	具体分析
数据管理与分析	数据管理不规范	许多企业在数据管理上存在不规范之处，导致数据难以有效利用和分析，进而影响 EVA 计算的准确性
	财务数据问题	EVA 计算涉及大量财务数据，包括税后净营业利润、资本成本等。数据的准确性、及时性和完整性对 EVA 的计算至关重要
资本成本计算	计算复杂性	资本成本计算是 EVA 的核心，但这一计算过程可能相当复杂，尤其是在考虑市场风险、资本结构变化等因素时
	计算不准确	不合理的资本成本计算会直接影响 EVA 的准确性，进而影响管理者的绩效评价和激励
管理者对 EVA 理念的接受度	存在阻力	尽管 EVA 是一种有效的绩效管理工具，但一些管理者可能对其理念和方法持怀疑态度，或者在实施过程中遇到阻力
	与短期利益相冲突	EVA 实施需要一定的时间和资源投入，而且 EVA 强调长期价值创造，与某些管理者的短期利益追求相冲突
激励与约束机制的设计	机制缺失	为了有效遏制管理者的短期行为，需要设计合理的激励与约束机制
	落地挑战性	如何平衡短期激励与长期激励、如何确保激励机制与 EVA 目标相一致，是一个具有挑战性的问题
组织文化和结构的适应性	企业文化问题	EVA 的实施需要企业具备良好的组织文化和灵活的组织结构以支持变革
	失败风险	如果企业文化僵化、组织结构不合理，那么 EVA 的实施可能会受到阻碍，甚至导致失败
市场与环境的动态变化	外部变化与阻碍	外部市场和环境的动态变化可能会影响 EVA 的实施效果
	外力影响与应对问题	市场利率的波动、行业竞争态势的变化、经济政策的调整等都会对 EVA 的计算和解读产生影响

7.1 EVA 的价值基础

EVA 指一定时期的企业税后净营业利润与投入资本成本的差额。也就是说，EVA 是基于税后净营业利润和产生这些利润所需资本投入总成本的一种企业绩效管理的财务评价工具。

越来越多的企业意识到，相比单纯的利润指标来说，EVA 作为企业经营的一种绩效管理工具，更能准确地反映企业的经营状况，更能驱动企业管理者为股东创造价值，同时方便股东根据创造的价值对管理者进行考核，还不受时间的限制。

当然，EVA 的应用也有限制之处，主要体现在三个方面：

（1）EVA 主要应用在企业高层管理者的考核中，在普通员工中很难普及。

（2）EVA 反映的是绩效结果、利润数据，忽视对行为过程的考核与评价。

（3）EVA 更多考虑股东的利益，而忽略企业、员工和供应商等其他利益相关者的权益。

7.1.1 EVA 区别于传统财务指标

EVA 是企业每年创造的经济增加值，等于税后净营业利润与全部资本成本之间的差额。其中，资本成本包括债务资本的成本和股本资本的成本。

> 基本公式：EVA=税后净营业利润－总资本成本额
>
> 变形公式：EVA=（税后净营业利润/资金总额－单位资本成本）×资金总额
>
> 其中，资金总额指投入某项业务中的账面资金总额

增加 EVA 的途径有三个，即增加投资资本报酬率、降低单位资本成本、扩大资金总额。接下来，从三个角度来分析 EVA 与传统财务指标的区别。

1. 从定义角度来分析

从定义角度来讲，EVA 的可持续性增长将会带来企业市场价值的增长。这条途径在实践中几乎对所有组织都十分有效，从刚起步的公司到大型企业都是如此。EVA 当前的绝对水平并不真正起决定性作用，重要的是 EVA 的增长，EVA 的连续增长可以为股东财富带来连续增长。

2. 从算术角度来分析

从算术角度来讲，EVA 等于税后净营业利润减去债务和股本成本，是所有成本被扣除后的剩余收入。EVA 是对真正的经济利润的评价，或者也可以说 EVA 是表示企业税后净营业利润与投资者用同样资本投资其他风险相近的有价证券的最低回报相比，超出或低于后者的量值。

如果 EVA 为正，则表明企业获得的收益高于为获得此项收益而投入的成本，即企业为股东创造了新的价值；相反，如果 EVA 为负，则表明股东的收益减少。

3. 从财务角度来分析

从财务角度来讲，EVA 与会计利润有较大不同。EVA 是企业扣除了包括股权在内的所有资本成本之后的沉淀利润，而会计利润没有扣除资本成本。股权资本是有成本的，持股人投资某企业的同时也就放弃该资本投资其他企业的机会。

7.1.2 EVA 股东价值最大化理论

EVA 股东价值最大化理论建立在三个理论基础之上，并有五个方面的理论创新，见表 7-2。

表 7-2　EVA 股东价值最大化理论的三个理论基础和五个理论创新

项目	针对领域	具体分析
理论基础	价值创造	企业的根本目标是创造价值，特别是为股东创造价值。EVA 直接反映了企业为股东创造的经济价值，即税后净营业利润减去资本成本后的余额
	资本成本意识	传统的会计利润忽略了资本成本，而 EVA 则将资本成本纳入考量，强调企业不仅要关注收益，还要关注资本的使用效率
	长期视角	EVA 鼓励企业做出能够创造长期价值的投资决策，而非追求短期的会计利润
理论创新	动态资本结构调整	根据市场环境和企业内部条件的变化，动态调整资本结构，以最低的成本筹集资金，从而实现 EVA 的最大化
	战略与 EVA 协同	制定企业战略时，应充分考虑其对 EVA 的影响。通过战略规划与 EVA 目标的紧密结合，确保企业的长期发展和股东价值的持续增长
	全员参与的价值创造	鼓励全员参与 EVA 的创造过程，通过员工培训和激励机制，使每个员工都能理解并致力于提高 EVA
	基于 EVA 的绩效管理	建立以 EVA 为核心的绩效管理体系，将员工的薪酬和奖励与 EVA 的改善紧密挂钩，从而激发员工创造价值的积极性
	风险与收益的平衡	在追求 EVA 最大化的过程中，要充分考虑风险和收益的平衡。避免盲目追求高收益而忽视潜在风险

1.EVA 是股东衡量利润的方法

资本费用是 EVA 的核心。在传统的会计利润条件下，大多数企业都在盈利。但是，许多企业实际上是在损害股东财富的前提下而盈利的，因为所得利润是小于全部资本成本的。

EVA 纠正了上述错误，并明确指出管理者在使用资本时，必须为资本付费，考虑到包括净资产在内的所有成本。EVA 可以显示一个企业在每个报表时期创造或损害的价值量，或者也可以说，EVA 是股东定义的利润。

2.EVA 使企业决策与股东追求财富的目标保持一致

EVA 可以帮助管理者在决策过程中落实好两条基本财务原则，如图 7-1 所示。

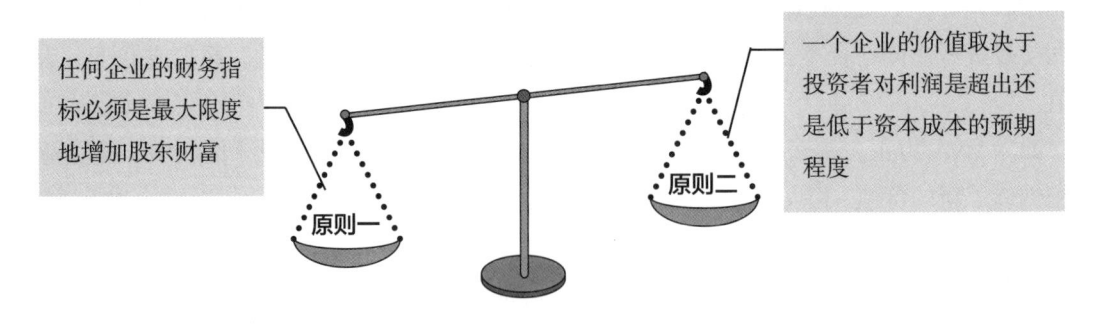

任何企业的财务指标必须是最大限度地增加股东财富

一个企业的价值取决于投资者对利润是超出还是低于资本成本的预期程度

原则一　　原则二

图 7-1　EVA 在决策过程中的基本财务原则

7.1.3　EVA 与 KPI 体系相结合

在企业现有的 KPI 体系中如何引入 EVA 考核指标是一个非常重要的课题。在企业层面，主流的 KPI 组合中，年度指标一般包括年度利润总额、净资产收益率等核心指标。在任期指标组合中，一般包括国有资本保值增值率、任期内营业收入总额、平均营业收入增长率、净资产负债率等指标。

以年度 EVA 总额指标取代年度利润总额指标，是考虑到两者之间具有相当的重合度。一方面，EVA 是利润的一个主要部分，尽管进行较多事项的会计调整，EVA 仍是大多数企业中利润总额或税后净利润的主要部分。另一方面，为追求税后净利润指标的最大化，管理者很可能采用一些"挖掘非主营业务收益"的策略，如通过其他非经常性业务（资产处置、投机证券等）去提高利润。

KPI 与 EVA 有机结合是一项非常奏效的措施。因为 EVA 从股东利益出发，确定了企业的最高目标，而 KPI 则将企业战略目标分解为企业的内部过程和活动，是衡量企业战略实施效果的关键指标体系。

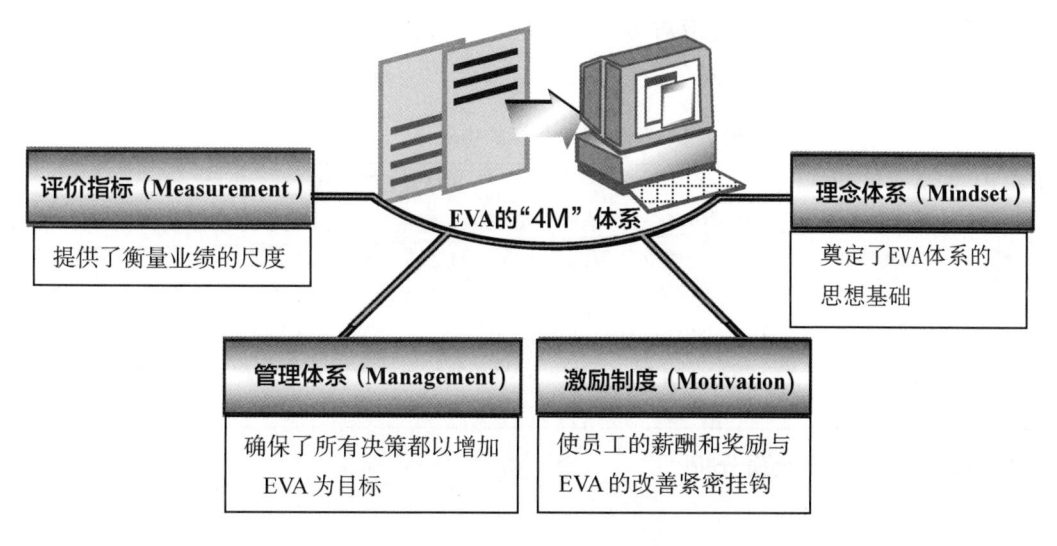

7.2 EVA 的"4M"体系

EVA 的"4M"体系是一个相互关联、相辅相成的整体。这四个方面共同作用使得 EVA 成为一个强大而有效的绩效管理工具。EVA 的"4M"体系如图 7-2 所示。

图 7-2 EVA 的"4M"体系

7.2.1 评价指标（Measurement）

1. EVA 评价指标的独特性

EVA 评价指标的独特性见表 7-3。

表 7-3 EVA 评价指标的独特性分析

序号	EVA 评价指标	独特性分析
1	考虑资本成本	与传统的财务指标（如净利润）不同，EVA 在评价企业经营绩效时，扣除了包括股权和债务在内的全部资本成本。这一特点使得 EVA 能够更真实地反映企业为股东创造的价值

续表

序号	EVA 评价指标	独特性分析
2	强调价值创造	EVA 不仅是一个绩效评价指标，更是一种价值创造的理念。EVA 鼓励企业管理者从价值创造的角度出发，优化资源配置，提高资本使用效率
3	长期导向	EVA 考虑了资本成本，更倾向于反映企业的长期价值创造能力，而非短期的会计利润。这有助于引导企业管理者关注企业的长期发展

2. EVA 评价指标的应用创新

EVA 评价指标的应用创新分析见表 7-4。

表 7-4 EVA 评价指标的应用创新分析

序号	EVA 评价指标	应用创新分析
1	动态调整资本成本率	在实际应用中，可以根据企业的风险水平和市场环境动态调整资本成本率，使 EVA 评价指标更加贴近企业的实际情况
2	结合非财务指标	为了更全面地评价企业的绩效，可以将 EVA 与非财务指标（如客户满意度、员工满意度、市场占有率等）相结合，构建一个综合的绩效评价体系
3	应用于投资决策	EVA 评价指标不仅可以用于评价企业的经营绩效，还可以应用于投资决策中。计算投资项目的 EVA，可以帮助企业判断哪些项目能够为企业创造真正的价值

3. EVA 评价指标的挑战与应对

EVA 评价指标的挑战与应对分析见表 7-5。

表 7-5 EVA 评价指标的挑战与应对分析

序号	EVA 评价指标	挑战与应对分析
1	数据获取与处理难度	计算 EVA 需要准确的数据支持，包括企业的财务报表、市场数据等。因此，企业需要建立完善的数据收集和处理系统，以确保 EVA 计算的准确性
2	管理理念转变	EVA 评价指标的推广和应用需要企业管理者转变传统的管理理念，从追求短期利润转向关注长期价值创造。这可能需要一定的时间和努力
3	与其他评价体系的融合	在实际应用中，EVA 可以与其他绩效评价体系（如 BSC、KPI 等）相融合，以提供更全面的绩效评价视角

4. EVA 计算公式及全面分析

EVA 的计算公式如下。

$$EVA=NOPAT-WACC \times TC$$

在计算公式中，NOPAT 表示税后净营业利润，WACC 表示加权平均资本成本，TC 表示投资资本总额。

EVA 计算公式中的 NOPAT= 营业利润 + 财务费用 + 投资收益 +EVA 税收调整 = 销售额 − 运营费用 − 税收 = 运营收入 ×（1 − 所得税率）。

NOPAT 计算公式中的 EVA 税收调整 = 利润所得税 + 利率 ×（财务费用 + 营业外支出 − 营业外收入）。

EVA 计算公式中的 WACC= 债务资本成本率 ×（债务资本市值 ÷ 总市值）×（1 − 税率）+ 股本资本成本率 ×（股本资本市值 ÷ 总市值）。

7.2.2 管理体系（Management）

EVA 管理体系是以 EVA 作为核心指标，来指导企业的所有决策和运营活动的管理系统。这个体系将 EVA 的理念融入企业的战略规划、资本配置、运营管理和绩效评估等各个环节中，以确保所有的管理活动都以最大化 EVA 为目标。

EVA 管理体系的四个维度见表 7-6。

表 7-6 EVA 管理体系的四个维度

四个维度	管理目标	具体分析
战略规划与目标设定	明确企业目标与发展方向	在 EVA 管理体系中，战略规划的首要任务是明确企业的长远目标和发展方向。这要求企业管理层综合考虑企业内外环境、竞争对手情况以及产业发展趋势，以确保制定的战略能够最大限度地提升 EVA
	转化战略为具体目标	战略规划完成后，需要将战略转化为各部门可执行的具体目标。这些目标应当与 EVA 的提升紧密相连，并能够被量化和评估
绩效评估与监控	绩效评估	绩效评估涉及对各层级和部门实际绩效的定期评估，并将其与设定的 EVA 目标进行对比。这有助于发现企业存在的问题和短板
	实时监控与调整	EVA 管理体系还包括对 EVA 指标的实时监控，一旦发现问题或偏离目标，管理层会迅速做出反应，通过调整策略或资源分配来确保 EVA 的持续增长
激励机制	设定激励措施	通过合理的激励制度来促使员工和管理层关注并努力提升 EVA。这通常包括与 EVA 增长挂钩的奖金、晋升机会或其他形式的奖励
	个人目标与企业目标相一致	激励机制的设计要确保员工的个人目标与企业的整体目标相一致，从而激发员工的积极性和创造力，为 EVA 的提升贡献力量
持续改进与优化	分析问题与制定改进措施	通过定期分析 EVA 的变化和绩效评估结果，管理层能够识别出影响 EVA 的关键因素，并据此制定改进措施
	动态调整与优化	EVA 管理体系不是一成不变的，可以根据市场变化、企业经营状况以及 EVA 指标的表现进行动态调整和优化，以确保持续有效性和适应性

7.2.3 激励制度（Motivation）

在 EVA 的"4M"体系中，激励制度的设计是非常重要的一环，旨在通过合理的奖励和惩罚机制，激发员工的工作积极性，推动企业价值的持续增长。

1. EVA 激励制度的核心原则

EVA 激励制度的核心原则是将员工的个人利益与企业的整体利益紧密结合，让员工能分享企业价值增长的红利。这一原则体现在三个方面，见表 7-7。

表 7-7 EVA 激励制度的核心原则体现的三个方面

序号	三个方面	激励分析
1	价值创造导向	激励制度以 EVA 为核心，鼓励员工通过提高工作效率、降低成本、创新等方式创造更多的企业价值
2	公平与透明	激励制度应公开、透明，确保每个员工都清楚了解奖励和惩罚的标准，以及自己如何能够通过努力获得更多的回报
3	长期与短期结合	激励制度既要关注企业的长期价值增长，也要考虑员工的短期利益，实现企业与员工的共同发展

2.EVA 激励制度的具体实施

EVA 激励制度的具体实施包括五个步骤，见表 7-8。

表 7-8　EVA 激励制度实施的五个步骤

序号	步骤	具体分析
1	设定 EVA 目标	企业根据自身的战略规划和市场环境，设定明确的 EVA 目标。这些目标应具有挑战性但又可实现，以激发员工的斗志
2	建立与 EVA 挂钩的薪酬体系	员工的薪酬与 EVA 的达成情况直接相关。当 EVA 达到预期目标时，员工可以获得相应的奖金或其他形式的奖励
3	实施员工持股计划	为了让员工关注企业的长期发展，可以实施员工持股计划。这样，员工不仅可以获得工资收入，还能通过持有公司股票分享企业的价值增长
4	提供职业发展机会	除了物质奖励，企业还应为员工提供更多的职业发展机会，如培训、晋升等，以满足员工的成长需求
5	采取负面激励措施	当 EVA 未达到预期目标时，企业应采取相应的惩罚措施，如扣减奖金、调整岗位等，以确保激励制度的有效性

3.EVA 激励制度的效果评估与调整

（1）定期评估：企业应定期对 EVA 激励制度的效果进行评估，了解员工对激励制度的满意度、工作积极性等方面的变化。

（2）及时调整：根据评估结果，企业可以对激励制度进行必要的调整，以确保其始终与企业的战略目标保持一致，并能有效激发员工的工作积极性。

7.2.4　理念体系（Mindset）

EVA 的"4M"体系中，理念体系是 EVA 管理框架中最为核心和根本的部分。EVA 理念体系不仅贯穿于整个绩效评价和管理过程中，而且深深影响着企业的文化和价值观。EVA 理念体系主要体现在六个方面，如图 7-3 所示。

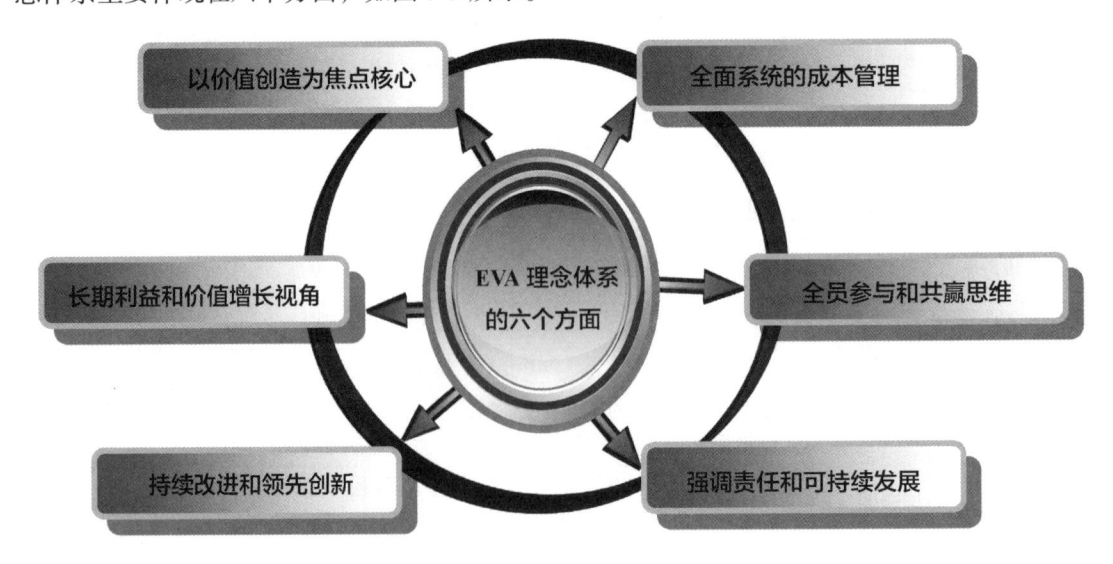

图 7-3　EVA 理念体系的六个方面

1. 以价值创造为焦点核心

EVA 理念体系首先强调的是价值创造。传统的财务指标往往只关注利润表中的数字，而忽视了资金成本和股东价值的真正增长。EVA 则把焦点放在了为股东创造的实际价值上，这一理念的转变鼓励企业管理者从长远角度思考，优化资源配置，削减无效和低效的投资。

2. 全面系统的成本管理

EVA 强调全面系统的成本管理理念，包括运营成本、资金成本等所有相关成本。这种全面性的考虑使得企业在做决策时能够更全面地评估成本与收益，避免短视行为，实现稳健的发展。

3. 长期利益和价值增长视角

EVA 倡导长期主义，即企业不应只着眼于短期利益，而应追求长期的、可持续的价值增长。这一理念有助于企业抑制追求短期业绩的冲动，更加注重长期战略规划和研发投入。

4. 全员参与和共赢思维

EVA 的理念还体现在全员参与和共赢思维。通过实施 EVA 管理体系，企业可以激发全员对价值创造的关注和参与，形成共同的目标和价值观。同时，EVA 的激励制度也使得员工、管理层和股东的利益更加一致，实现了共赢的局面。

5. 持续改进和领先创新

EVA 是一个动态的指标，要求企业不断地审视自身的运营效率和资源配置，寻找改进的空间。同时，只有不断创新，企业才能在竞争激烈的市场中保持领先地位。

6. 强调责任和可持续发展

EVA 导向的企业在追求价值创造的同时，也需要考虑其对环境、社会和公司治理的影响。这种综合性的考量是企业社会责任的体现，也有助于企业实现更为全面和可持续的发展。

最佳实践：××技术有限公司应用 EVA 的案例

××技术有限公司作为全球领先的信息与通信技术解决方案供应商，在面对日益激烈的市场竞争时，决定采用经济增加值（EVA）作为绩效管理的重要指标。通过 EVA 的应用，××公司更加精确地衡量了公司的经营绩效和股东价值创造。

××公司在应用 EVA 的过程中，首先对公司的所有业务单元进行了全面的价值评估。通过计算每个业务单元的 EVA，××公司能够清晰地看到哪些业务是在创造真正的股东价值，而哪些业务则可能在消耗公司的资源。

基于 EVA 的评估结果，××公司进行了一系列的战略调整和资源优化。对于 EVA 表现不佳的业务单元，公司进行了深入的分析和改进，包括**优化业务流程**、**提高运营效率**、**降低成本**等。而对于 EVA 表现良好的业务单元，公司则加大了资源投入，以进一步巩固其市场地位。

通过成功应用 EVA，××公司不仅提高了公司的整体绩效，还实现了股东价值的最大化。公司的盈利能力得到了显著提升，市场竞争力也进一步加强。

1. EVA评估结果的应用

（1）**全面价值评估**：××公司首先利用EVA对公司的各个业务单元进行全面的价值评估。这一过程帮助华为识别了哪些业务单元在创造真正的股东价值，哪些业务单元在消耗公司资源。

（2）**识别问题业务单元**：通过EVA评估，××公司能够准确地识别出EVA表现不佳的业务单元。这些业务单元EVA表现不佳的原因可能有多种，如运营效率低下、成本过高或市场竞争激烈等。

2. 针对EVA表现不佳的业务单元的改进策略

××公司针对EVA表现不佳的业务单元采取的改进策略见表7-9。

表7-9 ××公司针对EVA表现不佳的业务单元的改进策略

五个策略	改进措施	落地效果
优化业务流程	深入分析业务单元的内部流程，找出了可能存在的瓶颈和不必要的环节	对这些流程进行了重构和优化，确保资源能够更高效地流动，并减少浪费
提高运营效率	针对运营效率不高的问题，公司进行了一系列的管理和技术创新	引入先进的生产技术和管理系统，提高生产自动化水平，减少人工干预，从而降低成本并提升效率
降低成本	对成本结构进行了详细的分析，并采取多项措施来降低成本	通过与供应商重新谈合同、寻找更经济的原材料替代品，以及技术创新等来降低生产成本
增强市场竞争力	除了内部优化，公司还致力于提升这些业务单元的市场竞争力	通过加大市场推广力度、改进产品定位和改善客户服务等方式，提升了这些业务单元的市场份额和盈利能力
后续监控与调整	在实施了改进措施后，公司持续监控这些业务单元的EVA表现	通过定期的评估和调整，确保这些改进措施能够持续发挥作用，并根据实际情况进行必要的调整

3. 可能存在的瓶颈与不必要的环节

业务单元可能存在的瓶颈与不必要的环节见表7-10。

表7-10 业务单元可能存在的瓶颈与不必要的环节

可能存在的瓶颈与不必要的环节	具体内容	问题描述与分析
可能存在的瓶颈	供应链管理中的瓶颈	原材料采购周期长，导致生产延迟
		库存管理不当，造成原材料或成品积压
	生产过程中的瓶颈	生产设备老化，导致生产效率低下
		生产线布局不合理，增加了物料搬运和等待时间
	销售与市场营销中的瓶颈	销售渠道不畅，导致产品积压
		市场营销策略不够精准，广告投放效果不佳
	技术研发与创新中的瓶颈	新产品开发周期长，难以跟上市场需求变化
		技术创新能力不足，导致产品缺乏市场竞争力

续 表

可能存在的瓶颈与不必要的环节	具体内容	问题描述与分析
不必要的环节	冗余的审批流程	多层级的审批过程减慢了决策速度
		重复的文档审核和签字环节
	低效的会议和沟通	过多的会议占用了员工的有效工作时间
		正式沟通渠道不畅，导致信息传递延误或失真
	重复的数据录入与处理	不同部门间数据重复录入，造成资源浪费
		手工处理数据环节多，易出错且效率低下
	不必要的报告和文档	过度追求文档形式化，忽略了实际工作效率
		报告内容重复，缺乏针对性和实效性

最佳实践：××电器股份有限公司应用 EVA 的案例

××电器股份有限公司作为国内知名的家电企业，一直致力于提高经营效率和股东回报。为了实现这一目标，格力电器引入了经济增加值（EVA）作为绩效管理的核心指标。

在应用 EVA 之前，格力电器面临着一些挑战，如**成本控制**、**市场拓展**等。通过实施 EVA，格力电器能够更准确地评估各业务部门的绩效，找出存在的问题和改进的方向。

××公司以 EVA 为导向，对公司内部的管理流程进行了全面优化。通过**加强成本控制**、**提高产品质量**、**加大市场营销力度**等措施，公司的 EVA 得到了显著提升。

此外，××公司还将 EVA 与员工的薪酬和晋升体系挂钩，进一步激发了员工的工作积极性和创新能力。员工开始更加关注公司的整体绩效和股东价值创造，积极为公司的发展贡献力量。

通过成功应用 EVA，××公司不仅提高了经营效率，还实现了股东价值的持续增长。公司的市场竞争力得到了进一步加强，品牌影响力也显著提升。

××公司在应用 EVA 的过程中，内部管理流程优化的三项措施见表 7-11。

表 7-11　××公司内部管理流程优化的三项措施

三项措施	EVA 指标	落地效果
加强成本控制	精细化管理	通过精细化管理，××公司对各项费用进行了严格控制和审查，从而减少了浪费。例如，优化采购流程，降低原材料的采购成本；提高生产效率，减少生产过程中的浪费；严格控制管理费用和销售费用等
	技术创新	通过技术创新来降低成本。例如，投入大量资金进行研发，改进生产工艺，提高设备效率等
	供应链管理	与供应商建立长期稳定的合作关系，确保原材料的稳定供应和成本控制；加强仓储和物流管理，降低库存成本和运输成本

续 表

三项措施	EVA 指标	落地效果
提高产品质量	严格的质量控制体系	对原材料采购、生产、加工、检测等各个环节都进行严格把关，确保产品质量的稳定性和可靠性
	持续的技术创新	不断投入研发资源，通过技术创新提升产品性能和质量。例如，开发更高效的制冷技术、更智能的控制系统等，从而提升用户体验和产品竞争力
	质量意识和技能培训	通过定期的培训和教育活动，提高员工对产品质量的认识和重视程度
加大市场营销力度	多元化的营销策略	包括线上线下的广告宣传、促销活动、品牌推广等。通过与电商平台合作、开展线下体验活动等方式，吸引更多消费者关注和购买
	定制化产品服务	根据不同地区和用户的实际需求，定制个性化的空调解决方案，提升客户满意度和忠诚度
	国际市场拓展	通过参加国际展览、与海外分销商合作等方式，提升品牌在国际市场上的知名度和影响力

疑难杂症：如何加上权益资本成本，以计算出真正利润？

权益资本成本是股东要求的回报率，代表了股东对企业未来盈利的预期。在计算真正的利润时，必须将这部分成本考虑在内，以反映企业为股东创造价值的能力。加上权益资本成本，可以更全面地评估企业的盈利状况和绩效表现。

1. 确定权益资本成本的方法

（1）**资本资产定价模型（Capital Asset Pricing Model，CAPM）**：这是一种常用的确定权益资本成本的方法。CAPM 基于市场风险和无风险收益率等因素，通过计算得出股东要求的回报率。在投资决策过程中，投资者可以首先应用 CAPM 来评估不同资产或投资组合的风险和回报关系，然后选择具有吸引力的投资机会，随后通过 EVA 来进一步分析目标企业的真实价值创造能力，以做出更明智的投资决策。

CAPM 是由美国学者威廉·夏普（William Sharpe）等人于 1964 年在资产组合理论和资本市场理论的基础上发展起来的。它主要研究证券市场中资产的预期收益率与风险资产之间的关系，以及均衡价格是如何形成的，是现代金融市场价格理论的支柱，广泛应用于投资决策和公司理财领域。

（2）**债券收益率加风险溢价法**：在没有直接可比的上市公司或行业数据可参考时，可以通过观察相似风险等级公司的债券收益率，并加上一定的风险溢价来估算权益资本成本。

2. 将权益资本成本纳入利润计算

在计算真正的利润时，需从传统意义上的会计利润中扣除包括权益资本成本在内的全部资本成本，得到的利润才是考虑了所有资本成本后的真实盈利状况，具体操作步骤如图 7-4 所示。

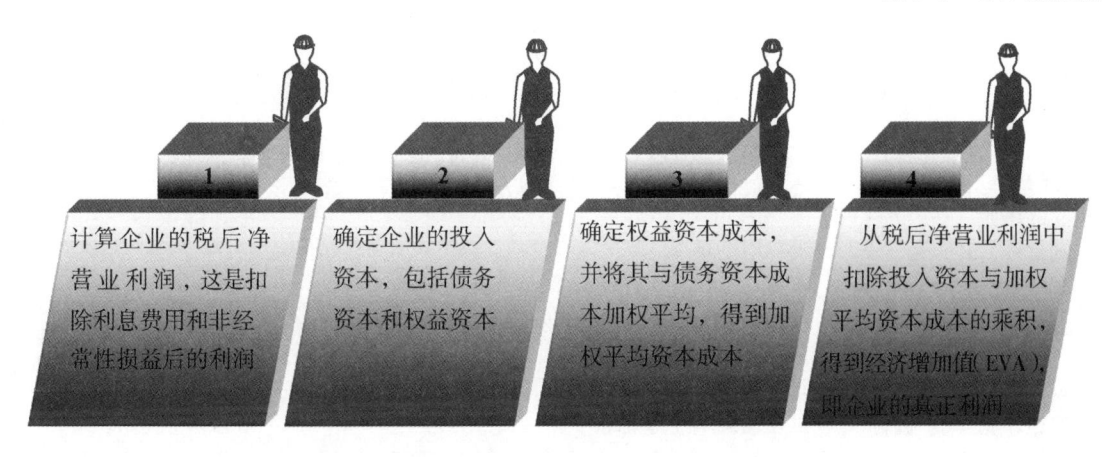

图 7-4　将权益资本成本纳入利润计算的四个步骤

3. EVA 在绩效管理中的应用

将权益资本成本纳入利润计算，可以得到更真实的盈利状况，进而更准确地评估企业的绩效。在绩效管理中，可以利用 EVA 作为核心指标，来衡量企业为股东创造价值的能力。同时，通过将 EVA 与薪酬、晋升等激励机制挂钩，可以进一步激发管理者和员工为股东创造价值的积极性。

综上所述，加上权益资本成本是获得企业真正利润的关键步骤。明确权益资本成本的概念和意义、确定其计算方法以及将其纳入利润计算中，可以得到企业更真实的盈利状况，并据此进行更有效的绩效管理。

望闻问切：EVA 可以遏制短期行为转向长远利益

EVA 不仅是一个财务指标，更是一种价值管理理念。EVA 强调了资本成本的重要性，要求管理者在决策时考虑企业的整体价值和长远利益。通过计算税后净营业利润与全部资本成本之间的差额，EVA 能够真实反映企业为股东创造的价值。用 EVA 确保企业长远利益的四项措施见表 7-12。

表 7-12　用 EVA 确保企业长远利益的四项措施

四项措施	落地关键	措施执行分析
建立基于 EVA 的绩效考核体系	设定合理的 EVA 目标	根据企业的历史数据、市场环境及战略规划，为各级管理者设定具体、可衡量的 EVA 业绩目标
	将 EVA 与薪酬挂钩	设计薪酬体系时，确保管理者的奖金、股票期权等激励措施与 EVA 的达成情况紧密相连。这样，管理者在追求个人利益的同时，也会关注企业的长远利益
	引入长期激励机制	为了鼓励管理者关注企业的长期发展，可以采取股权激励、延期奖金支付等方式，确保管理者的利益与企业的长远发展保持一致

续 表

四项措施	落地关键	措施执行分析
加强EVA理念的培训和宣传	开展EVA培训	定期组织管理者参加EVA相关培训，深化其对EVA理念的理解和认同，提高其应用EVA进行决策的能力
	宣传EVA成功案例	通过内部宣传、分享会等方式，展示其他企业成功应用EVA实现长远发展的案例，增强管理者对EVA的热情和信心
完善EVA的实施环境和支持体系	优化信息系统	确保企业具备高效的信息系统，以便实时、准确地收集和报告EVA相关数据
	建立反馈机制	设立定期的EVA评估会议，让管理者能够及时了解EVA的达成情况，并根据反馈调整经营策略
	提供专业支持	组建专业的EVA咨询团队或引入外部专家顾问，为管理者提供EVA实施过程中的专业指导和支持
持续改进和调整EVA策略	定期评估效果	定期对企业实施EVA的效果进行评估，识别存在的问题和改进空间
	调整EVA目标	根据市场变化情况，适时调整EVA目标，确保其与企业战略保持一致
	鼓励创新	在追求EVA的同时，鼓励管理者积极探索新的商业模式和创新策略，以实现企业的可持续发展

第 8 章

标杆管理的应用

标杆，即针对相似活动的过程和结果，其代表组织所在行业的内部或外部的最佳经营实践和绩效。**标杆管理（Benchmarking）又称"基准管理"或"标杆超越"，**简单来说，就是寻找一种标准或更高的基准，通过与这些标准及其实践经验的比较和分析来改善本企业的绩效管理工作，逐渐接近甚至超过基准的过程。企业可以选择内部绩效高的企业或部门、团队、员工为标准，也可以选择外部绩效高的企业为标准，而外部企业可以是本行业内的，也可以跨界选择对标的参照。

实施绩效标杆管理改进的最直接效果是可以给企业的产品、服务和运营带来大幅度的改善，以及帮助企业正确认识其在市场中的真实地位，找出差距；学习并应用更好的方法来减少缺陷、提高质量和降低成本；利用外部信息建立有效的目标，从而使企业变得更加具有竞争力；激发企业中的个人、团体和整个组织的潜能与潜力，进而打破壁垒、屏障，促进企业创新、变革。

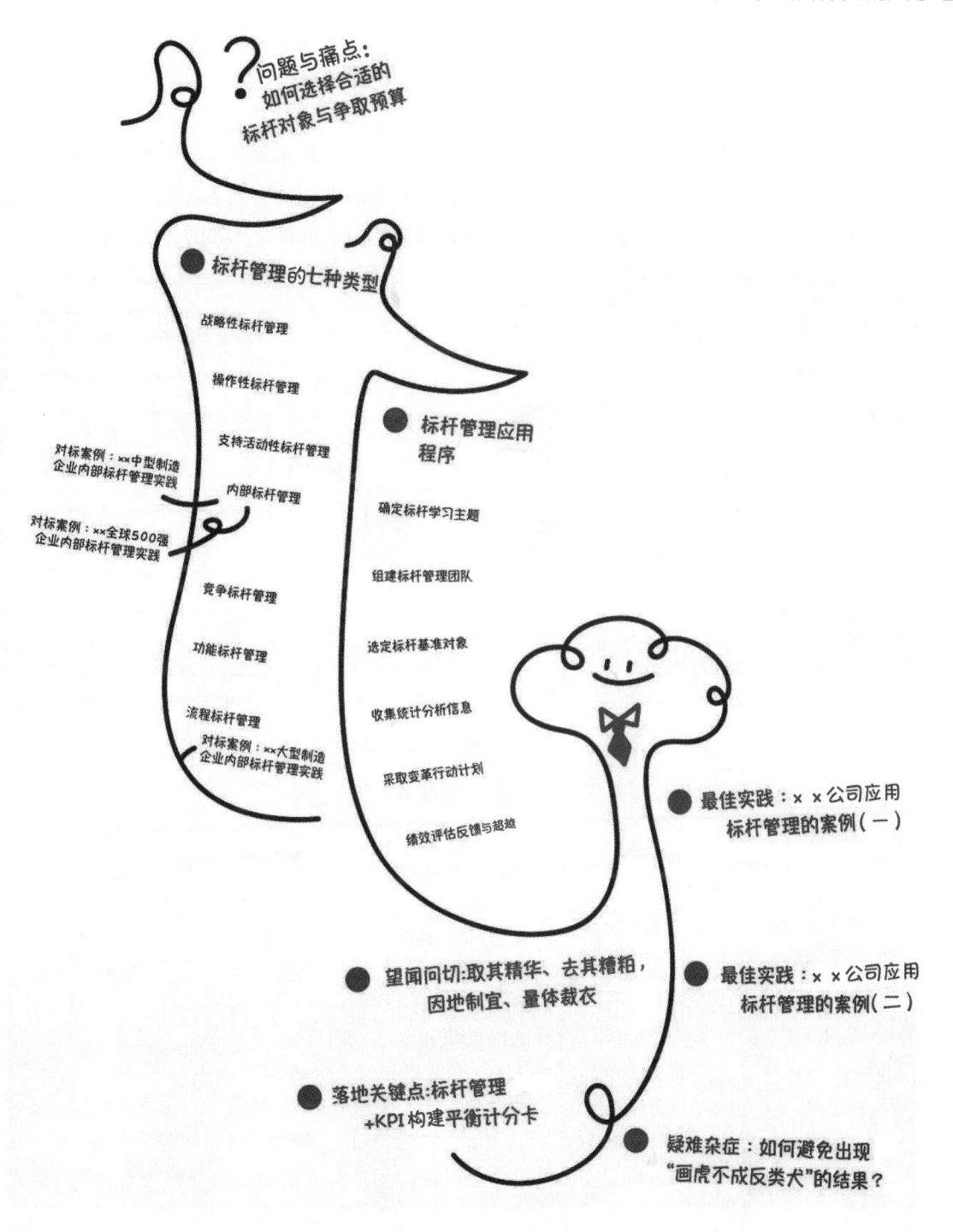

第 8 章 标杆管理的应用

问题与痛点： 如何选择合适的标杆对象与争取预算

● 标杆管理的七种类型
- 战略性标杆管理
- 操作性标杆管理
- 支持活动性标杆管理
- 内部标杆管理
- 竞争标杆管理
- 功能标杆管理
- 流程标杆管理

对标案例：××中型制造企业内部标杆管理实践

对标案例：××全球500强企业内部标杆管理实践

对标案例：××大型制造企业内部标杆管理实践

● 标杆管理应用程序
- 确定标杆学习主题
- 组建标杆管理团队
- 选定标杆基准对象
- 收集统计分析信息
- 采取变革行动计划
- 绩效评估反馈与超越

● 最佳实践：××公司应用标杆管理的案例（一）

● 望闻问切：取其精华、去其糟粕，因地制宜、量体裁衣

● 最佳实践：××公司应用标杆管理的案例（二）

● 落地关键点：标杆管理+KPI构建平衡计分卡

● 疑难杂症：如何避免出现"画虎不成反类犬"的结果？

标杆管理应用框架体系

问题与痛点：如何选择合适的标杆对象与争取预算

选择什么样的标杆需要综合调研并考量企业自身现状和未来诉求。企业要想成长蜕变为行业标杆，是一项系统性工程，可以按照项目制运作，这些都需要人力、物力、财力等多方面的支出。选择合适标杆对象的四大目标与争取预算的四个重要性，如图8-1所示。

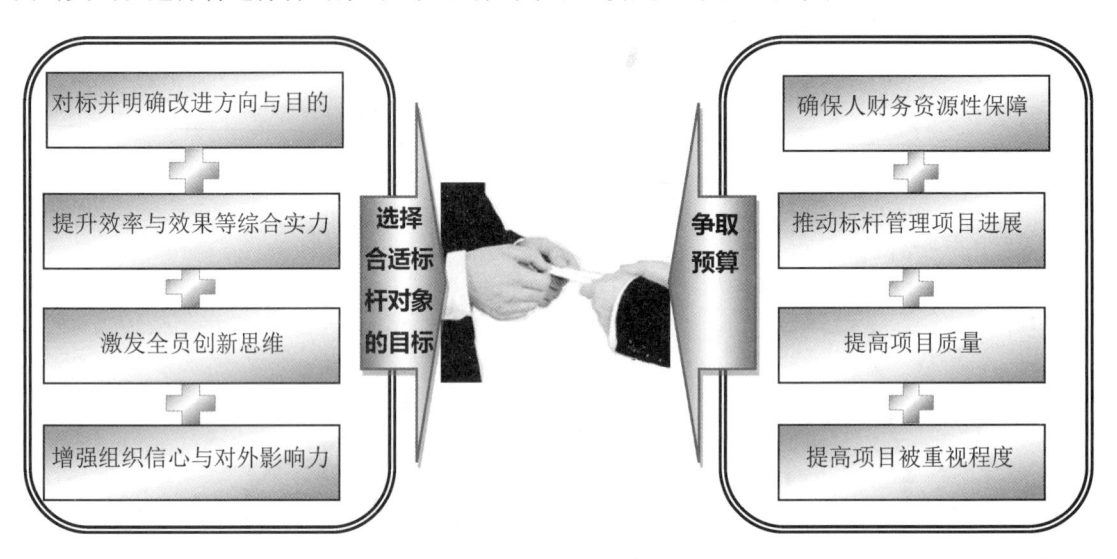

选择合适标杆对象的目标：
- 对标并明确改进方向与目的
- 提升效率与效果等综合实力
- 激发全员创新思维
- 增强组织信心与对外影响力

争取预算：
- 确保人财务资源性保障
- 推动标杆管理项目进展
- 提高项目质量
- 提高项目被重视程度

图8-1 选择合适标杆对象的四大目标与争取预算的四个重要性

选择合适的标杆对象可以遵循五个步骤，如图8-2所示。

选择合适的标杆对象的五个步骤

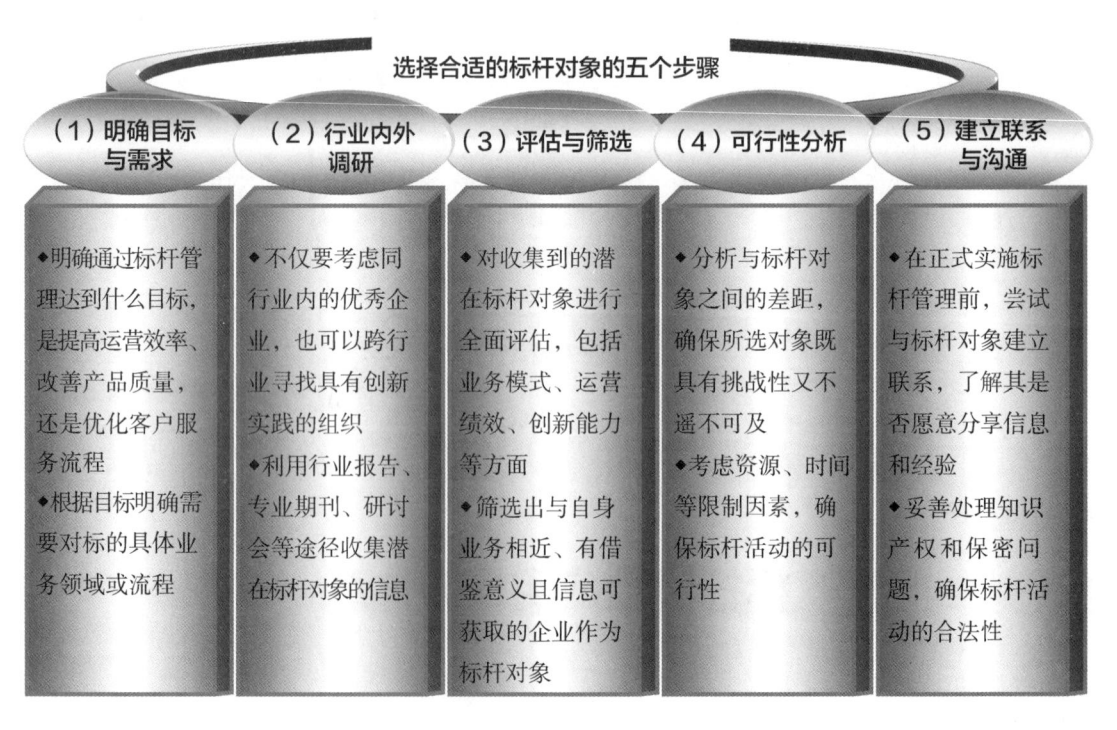

（1）明确目标与需求
- 明确通过标杆管理达到什么目标，是提高运营效率、改善产品质量，还是优化客户服务流程
- 根据目标明确需要对标的具体业务领域或流程

（2）行业内外调研
- 不仅要考虑同行业内的优秀企业，也可以跨行业寻找具有创新实践的组织
- 利用行业报告、专业期刊、研讨会等途径收集潜在标杆对象的信息

（3）评估与筛选
- 对收集到的潜在标杆对象进行全面评估，包括业务模式、运营绩效、创新能力等方面
- 筛选出与自身业务相近、有借鉴意义且信息可获取的企业作为标杆对象

（4）可行性分析
- 分析与标杆对象之间的差距，确保所选对象既具有挑战性又不遥不可及
- 考虑资源、时间等限制因素，确保标杆活动的可行性

（5）建立联系与沟通
- 在正式实施标杆管理前，尝试与标杆对象建立联系，了解其是否愿意分享信息和经验
- 妥善处理知识产权和保密问题，确保标杆活动的合法性

图8-2 选择合适的标杆对象五个步骤

标杆管理实践中争取预算的五条建议如图 8-3 所示。

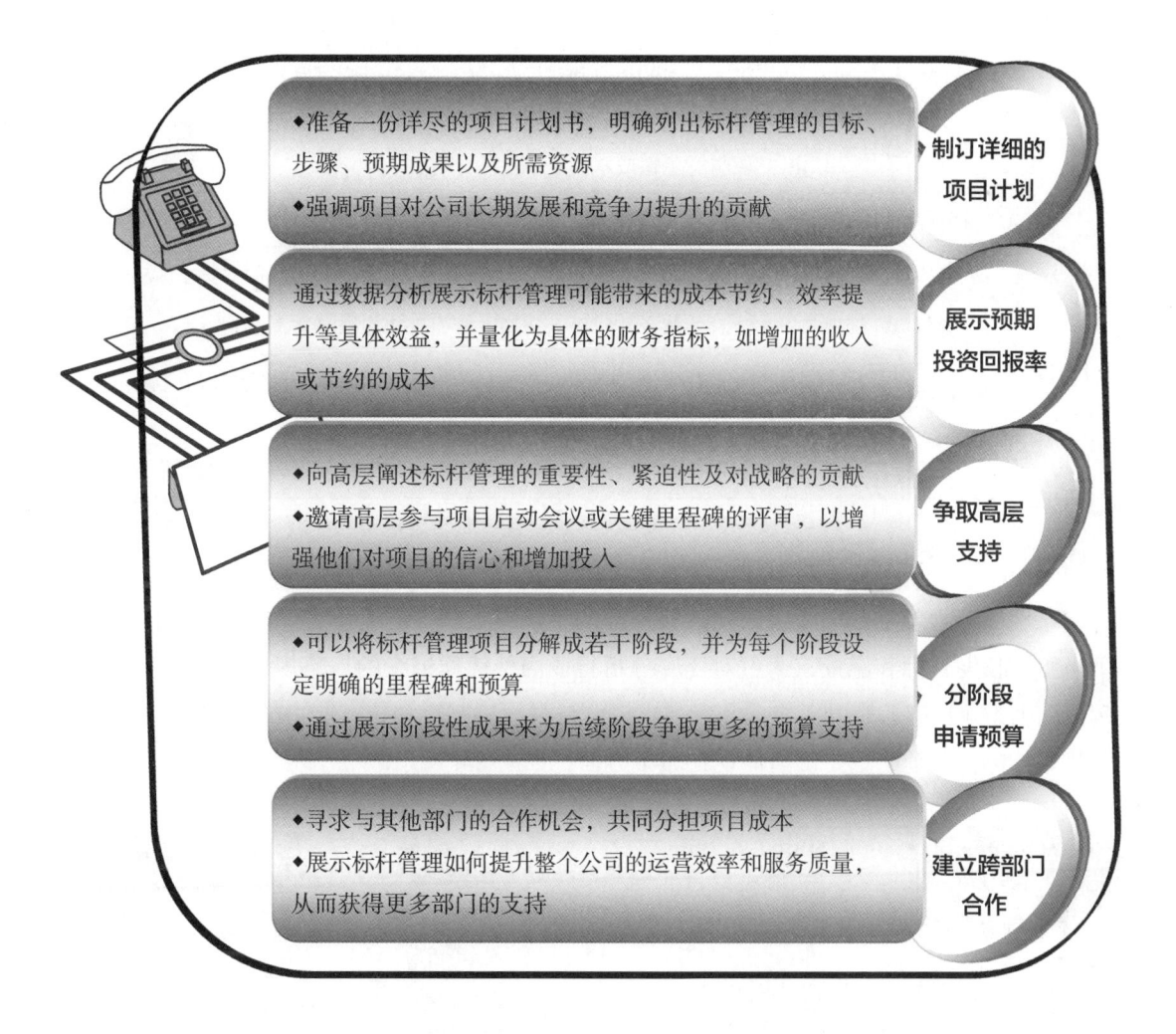

- 准备一份详尽的项目计划书，明确列出标杆管理的目标、步骤、预期成果以及所需资源
- 强调项目对公司长期发展和竞争力提升的贡献

制订详细的项目计划

- 通过数据分析展示标杆管理可能带来的成本节约、效率提升等具体效益，并量化为具体的财务指标，如增加的收入或节约的成本

展示预期投资回报率

- 向高层阐述标杆管理的重要性、紧迫性及对战略的贡献
- 邀请高层参与项目启动会议或关键里程碑的评审，以增强他们对项目的信心和增加投入

争取高层支持

- 可以将标杆管理项目分解成若干阶段，并为每个阶段设定明确的里程碑和预算
- 通过展示阶段性成果来为后续阶段争取更多的预算支持

分阶段申请预算

- 寻求与其他部门的合作机会，共同分担项目成本
- 展示标杆管理如何提升整个公司的运营效率和服务质量，从而获得更多部门的支持

建立跨部门合作

图 8-3　标杆管理实践中争取预算的五条建议

8.1　标杆管理的七种类型

依据不同的角度，标杆管理可以划分为不同的类型。从发展的角度看，标杆管理可分为战略性标杆管理、操作性标杆管理和支持活动性标杆管理三种；从设计的角度看，标杆管理可分为内部标杆管理、竞争标杆管理、功能标杆管理和流程标杆管理四种。标杆管理的类型见表 8-1。

表 8-1　标杆管理的类型

两个角度	标杆管理类型	定位与特点
发展角度	战略性标杆管理	将本公司的战略和对标公司的战略进行宏观和长远的对标
	操作性标杆管理	主要集中于比较成本和产品的差异性，重点是进行功能性分析，一般与竞争性成本和竞争性差异有关
	支持活动性标杆管理	比较与分析企业的支撑功能，如人力资源管理、信息系统管理等
设计角度	内部标杆管理	企业内部部门之间、员工之间为优化管理而进行的对标
	竞争标杆管理	针对外部竞争对手为市场占有而直接在产品方面的对标
	功能标杆管理	以提升质量与管理水平为目的，在对手或本行业间寻求有利于实践工具与方法实施的对标
	流程标杆管理	不受行业领域限制，在相同或类似组织机构运营功能等方面对标

8.1.1　战略性标杆管理

战略性标杆管理主要关注组织在战略层面的整体绩效和核心竞争力。战略性标杆管理着眼于组织的长期目标和愿景，通过对比和分析行业内外优秀组织的战略规划和实施，强调对关键成功因素（KSF）的识别与提升，寻求提升自身战略制定和执行能力的途径。

战略性标杆管理的重要价值体现在三个方面，如图 8-4 所示。

（1）指引方向
战略性标杆为组织提供了明确的发展方向和目标，有助于组织在复杂多变的市场环境中保持清晰的战略定位

（2）提升竞争力
通过学习行业内外优秀组织的战略规划和执行经验，组织可以更有效地配置资源，提升整体竞争力

（3）培养核心能力
战略性标杆管理有助于组织识别和培育自身的核心能力，从而得以在市场中形成独特的竞争优势

图 8-4　战略性标杆管理的三种价值

战略性标杆管理的实施主要包括五个步骤，如图 8-5 所示。

- （1）确定战略目标和KSF：组织首先需明确自身的战略目标和KSF，这是进行战略性标杆管理的基础
- （2）选择标杆对象：根据战略目标和KSF，选择行业内或跨行业的优秀组织作为标杆对象
- （3）数据收集与分析：收集标杆的相关数据和信息，进行深入分析和比较，找出差距和潜在提升空间
- （4）制订改进计划：基于分析结果制订具体的改进计划，包括战略调整、资源配置、流程优化等
- （5）执行与监控：按计划实施改进措施，并定期监控和评估执行效果，确保战略目标的实现

图 8-5　实施战略性标杆管理五个步骤

举个例子： 通用电气（General Electric，GE）的战略性标杆管理

杰克·韦尔奇（Jack Welch）在担任GE的首席执行官期间，积极实施战略性标杆管理。韦尔奇通过对比和分析行业内外的优秀企业，如西门子、飞利浦等，为GE制定了"数一数二"的战略指引企业发展方向，即只保留在行业中处于领先地位的业务，从而大幅提升了GE的整体竞争力和盈利能力。

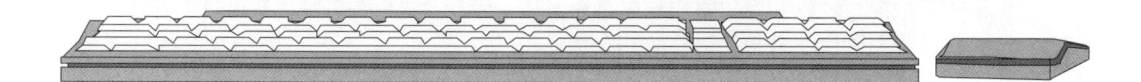

8.1.2　操作性标杆管理

操作性标杆管理主要关注组织内部的具体操作流程和实践活动。操作性标杆管理侧重于分析和比较不同组织在运营层面的最佳实践，以找出提升效率、减少浪费和优化操作流程的方法。操作性标杆管理强调实际操作层面的改进和创新。

操作性标杆管理的重要价值体现在三个方面，如图8-6所示。

流程优化
操作性标杆管理的核心在于对组织内部操作流程的深入分析和优化。通过对比行业内外优秀组织的操作流程，发现自身存在的差距和改进空间

效率提升
通过学习和借鉴其他组织的最佳实践，操作性标杆管理旨在提高组织内部的操作效率，减少不必要的浪费和延误

实践创新
除了模仿和学习，操作性标杆管理还鼓励组织在实践过程中进行创新，以适应不断变化的市场环境和客户需求

图8-6 操作性标杆管理的三种价值

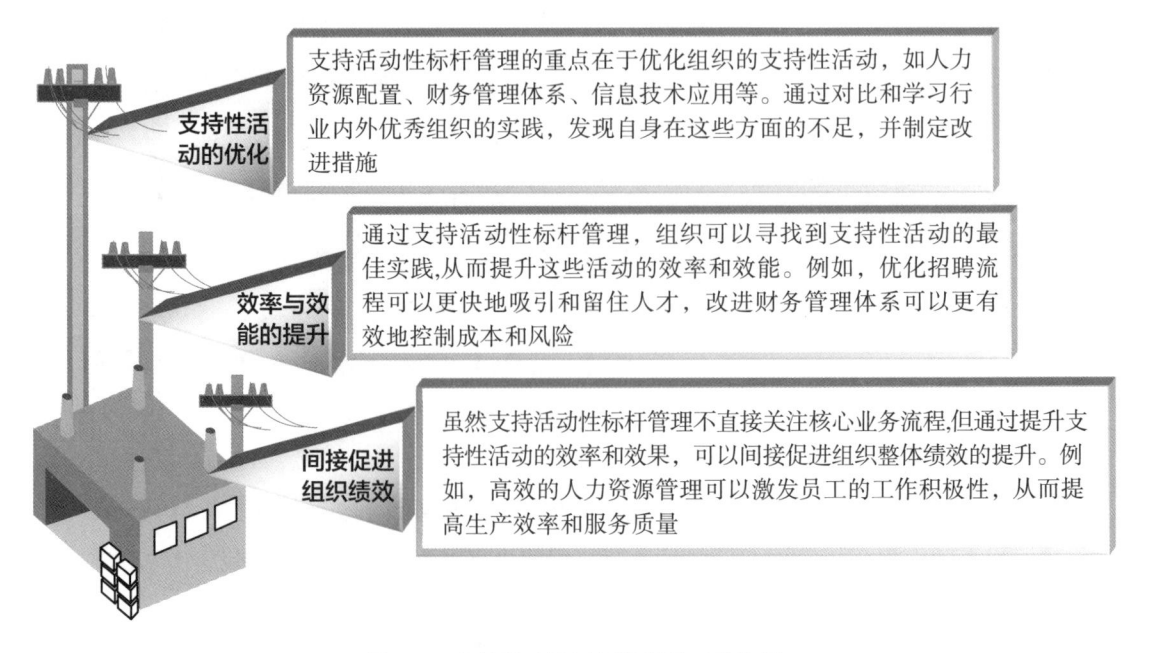

8.1.3 支持活动性标杆管理

支持活动性标杆管理主要关注组织内部的支持性活动，如人力资源管理、财务管理、信息技术管理等。支持活动性标杆管理侧重于分析和比较不同组织在支持性活动方面的最佳实践，旨在提升支持性活动的效率和效果，从而间接促进组织整体绩效的提升。支持活动性标杆管理关注的是辅助核心业务流程的支持性活动，这些活动虽然不直接产生收入，但对于组织的稳健运营和持续发展至关重要。

支持活动性标杆管理的重要价值体现在三个方面，如图8-7所示。

支持性活动的优化
支持活动性标杆管理的重点在于优化组织的支持性活动，如人力资源配置、财务管理体系、信息技术应用等。通过对比和学习行业内外优秀组织的实践，发现自身在这些方面的不足，并制定改进措施

效率与效能的提升
通过支持活动性标杆管理，组织可以寻找到支持性活动的最佳实践，从而提升这些活动的效率和效能。例如，优化招聘流程可以更快地吸引和留住人才，改进财务管理体系可以更有效地控制成本和风险

间接促进组织绩效
虽然支持活动性标杆管理不直接关注核心业务流程，但通过提升支持性活动的效率和效果，可以间接促进组织整体绩效的提升。例如，高效的人力资源管理可以激发员工的工作积极性，从而提高生产效率和服务质量

图8-7 支持活动性标杆管理的三种价值

8.1.4 内部标杆管理

内部标杆管理是以组织内部操作为基准的标杆管理,指以组织内部优秀员工、团队或部门为标杆,通过比较和分析,找出其他员工、团队或部门存在的不足和改进方案,从而提高组织整体水平的管理方法。内部标杆管理主要关注的是组织内部的最佳实践,并以此为标准来推动整个组织的改进和创新。

组织内部的优秀员工、团队或部门作为标杆,优秀员工通常表现出坚守初心,追求进步,具有强烈责任意识,积极主动和勤奋努力等特质,而优秀团队或部门则表现出目标清晰、沟通协作良好以及角色技能互补等特点。他们的最佳实践包括持续学习培训、客户至上、勇于创新尝试以及关注员工成长与福利。这些标杆的特征和实践经验,为组织其他成员提供了学习的典范和努力的方向。

内部标杆管理的主要目的是辨识组织内部最佳职能或流程及其实践,并推广到组织的其他部门,以实现组织内信息共享和整体绩效的提升。内部标杆管理更适用于评估公司内部绩效和潜在问题,促进不同部门之间的沟通和协作。

对标案例 ××中型制造企业内部标杆管理实践

××中型制造企业采用内部标杆管理提升了生产线效率,见表8-2。

表8-2 ××中型制造企业内部标杆管理实践

四个步骤	内部标杆特征	具体管理措施
识别和选择标杆	企业中有一条生产线在效率、质量和成本控制方面都表现优异	这条生产线被选为内部标杆
数据收集与分析	企业管理层对该生产线的操作流程、员工技能水平、设备维护等方面进行了详细的数据收集和分析	该生产线的员工经过专业的技能培训,设备维护得当,且生产流程设计合理,这些都是其高效运作的关键因素
制定改进方案	基于分析结果,企业为其他生产线制定了改进方案	改进方案包括加强员工培训、优化生产流程、加强设备维护等
实施与评估	经过一段时间的实施,其他生产线的效率得到了显著提升	企业定期对改进方案进行评估和调整,以确保持续改进和创新

对标案例 ××全球500强企业内部标杆管理实践

××全球500强企业通过实施内部标杆管理,获得了显著成效,充分证明了内部标杆管理在推动企业业务效率、持续改进和创新方面的有效性,见表8-3。

表 8-3　××全球 500 强企业内部标杆管理实践

步骤	内部标杆特征	具体管理措施
明确标杆选择标准	公司首先明确了标杆的选择标准，包括业绩创新能力、团队协作等方面	在某个项目中选择在成本控制和交付速度上均表现优异的团队作为标杆
数据收集与深度分析	公司成立了一个专项小组，对标杆团队的工作流程、成本控制方法、团队协作模式等进行了深入的数据收集和分析	发现标杆团队采用先进的项目管理软件和高效的沟通机制，实现了成本降低 15% 和交付周期缩短 20%
经验分享与培训	标杆团队的经验被整理成案例，通过内部研讨会、培训课程等方式分享给其他团队	公司邀请了标杆团队的成员进行现场讲解和互动，以确保其他团队能够充分理解和吸收这些经验
实施改进与跟踪评估	在学习标杆团队的经验后，各个团队结合自身实际情况，制定了具体的改进措施	公司建立了跟踪评估机制，定期对各团队的改进措施进行检查和反馈，以确保效果
持续优化与调整	根据跟踪评估的结果，各团队不断调整和优化自身的工作流程和方法	公司鼓励团队之间进行交叉学习和交流，以进一步促进经验的应用

8.1.5　竞争标杆管理

竞争标杆管理，顾名思义，主要是以竞争对手为标杆进行的管理活动。竞争标杆管理的核心在于深入了解和分析竞争对手的产品、服务、工作流程等，从而找出其优势和特点，以便本组织能够进行有针对性的改进和提升。

竞争标杆管理的实施主要包括五个步骤，如图 8-8 所示。

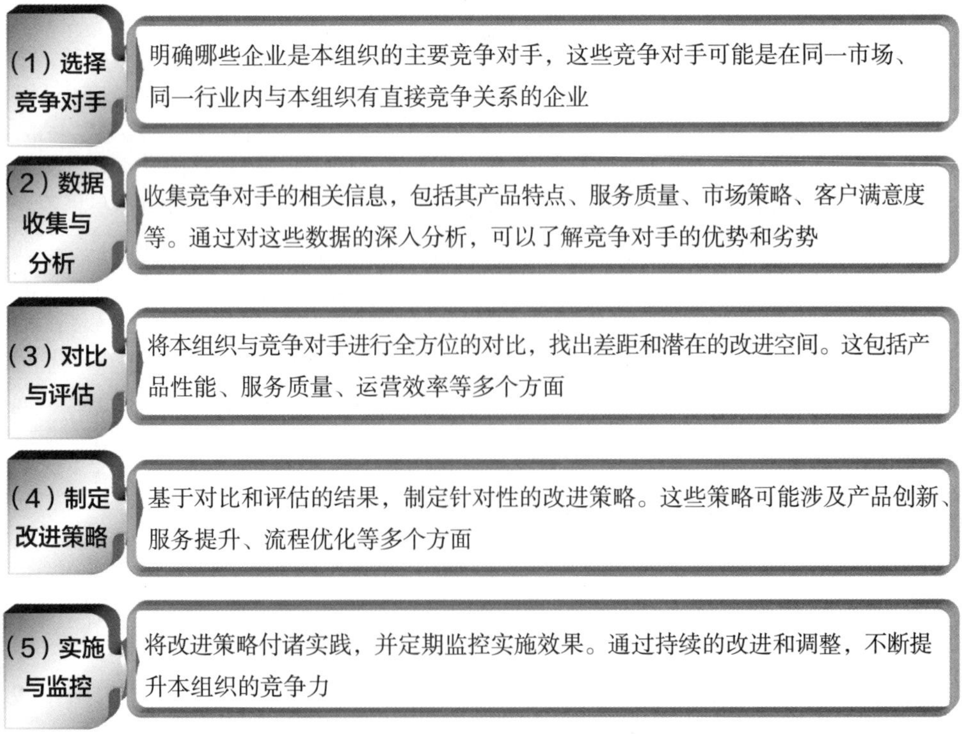

（1）选择竞争对手：明确哪些企业是本组织的主要竞争对手，这些竞争对手可能是在同一市场、同一行业内与本组织有直接竞争关系的企业

（2）数据收集与分析：收集竞争对手的相关信息，包括其产品特点、服务质量、市场策略、客户满意度等。通过对这些数据的深入分析，可以了解竞争对手的优势和劣势

（3）对比与评估：将本组织与竞争对手进行全方位的对比，找出差距和潜在的改进空间。这包括产品性能、服务质量、运营效率等多个方面

（4）制定改进策略：基于对比和评估的结果，制定针对性的改进策略。这些策略可能涉及产品创新、服务提升、流程优化等多个方面

（5）实施与监控：将改进策略付诸实践，并定期监控实施效果。通过持续的改进和调整，不断提升本组织的竞争力

图 8-8　实施竞争性标杆管理的五个步骤

8.1.6 功能标杆管理

功能标杆管理主要是针对某一特定的功能或任务，寻找并执行行业内外在该功能上的最佳实践。功能标杆管理的重点在于识别并学习那些在特定功能上表现卓越的组织或个人，从而改进和提升自身在该功能上的执行效率和效果。

功能标杆管理涉及企业功能的九个方面，见表 8-4。

表 8-4 功能标杆管理涉及企业功能的九个方面

九个功能	精细管理范畴	对标分析
生产与运营管理	生产流程效率	如何高效组织生产线，减少生产时间和成本
	质量管理	产品质量的控制和提高，以及减少次品率的方法
	库存管理	有效的库存控制策略，避免过多或过少的库存
市场营销与销售	市场定位策略	如何准确找到目标市场并进行有效定位
	品牌建设	提升品牌知名度和美誉度的方法
	销售渠道管理	建立和维护高效的销售网络
客户服务与支持	客户满意度提升	提供卓越的客户服务体验，提高客户忠诚度
	投诉处理机制	快速有效地解决客户投诉，提升品牌形象
产品研发与创新	新产品开发流程	高效且创新的产品开发策略
	技术研发能力	提升企业技术研发实力，保持技术领先
供应链管理	供应商管理	选择和维护可靠的供应商网络
	物流效率	优化物流配送网络，提高物流速度和准确性
人力资源管理	员工培训与发展	提供持续的员工培训和发展机会
	绩效管理	建立有效的绩效评估体系，激励员工积极性
财务管理与成本控制	预算管理	制定和执行有效的财务预算
	成本控制	降低运营成本，提高盈利能力
信息技术与系统管理	信息系统建设	建立高效的企业信息系统，支持业务运营
	数据分析与优化	利用数据分析工具优化企业决策
企业文化与团队建设	企业文化建设	塑造积极向上的企业文化氛围
	团队协作与沟通	提升团队间的协作和沟通能力

功能标杆管理对标改进的十大措施见表 8-5。

表 8-5 功能标杆管理对标改进的十大措施

十大措施	对标改进分析
技术升级	引入先进的软件或硬件设备，以提升关键功能的效率和准确性
	利用自动化和人工智能技术来优化流程，减少人为错误，提高工作速度
流程优化	重新设计工作流程，消除不必要的步骤，提高工作效率
	实施流程监控和管理，确保每个步骤都按照既定标准执行
员工培训与发展	提供针对关键功能的专门培训，确保员工具备执行该功能所需的技能和知识
	鼓励员工参加行业研讨会和培训课程，以保持对最新行业趋势和最佳实践的了解

续表

十大措施	对标改进分析
激励机制	设立奖励制度，以激励员工在关键功能上做出更好的表现
	提供晋升机会和职业发展路径，以提高员工的工作满意度和投入度
客户反馈机制	建立有效的客户反馈渠道，了解客户需求和期望，以便及时调整和优化关键功能
	定期对客户满意度进行调查，将反馈整合到改进计划中
跨部门协作	加强不同部门之间的沟通和协作，确保关键功能在整个组织中得到支持和配合
	设立跨部门工作小组，共同解决影响关键功能表现的问题
数据驱动决策	收集和分析与关键功能相关的数据，以了解当前表现，并找出改进的空间
	应用数据分析工具来指导决策，确保改进措施基于实证数据制定
质量控制	建立严格的质量控制流程，确保关键功能的输出始终符合高标准
	定期对关键功能进行质量审计，以及时发现和纠正问题
供应链管理	如果关键功能与供应链管理有关，那么就应优化供应商选择和合作流程，确保高效和高质量的供应链
	建立长期合作关系，并通过合同条款确保供应商的稳定性和可靠性
创新实践	鼓励员工提出创新性的想法和解决方案，以不断改进关键功能
	设立创新基金或内部创业计划，支持员工尝试新的方法和技术

8.1.7 流程标杆管理

流程标杆管理（Process Benchmarking），也称为通用标杆管理（Generic Benchmarking），关注的是工作流程，而不仅仅是某项业务操作或特定的实践。流程标杆管理的核心在于对整个工作流程和操作进行详细的分析和比较，以寻求最佳实践和提高效率。

流程标杆管理的重要价值体现在三个方面，如图8-9所示。

跨组织比较：流程标杆管理不仅限于组织内部或同一行业的比较，也可以跨不同组织进行，从而发现更广泛的优秀实践

全局视角：流程标杆管理要求企业对整个工作流程有深入的了解，而不仅仅是局部环节，这有助于发现流程中的瓶颈和潜在改进点

持续优化：流程标杆管理是一个持续的过程，旨在通过不断的比较和改进来优化工作流程

图8-9 流程标杆管理的三种价值

对标案例　××大型制造企业内部标杆管理实践

××大型制造业企业面临生产效率低下和成本过高的问题。为了改善这一状况，该企业决定实施流程标杆管理，主要有四个步骤，如图8-10所示。

(1) 关键流程识别：企业首先识别出生产线上的关键流程，包括原材料采购、生产计划制订、生产加工、质量检验和产品交付等环节

(2) 数据收集与分析：企业派遣团队到行业内外的优秀企业进行调研，收集相似生产线的数据和最佳实践案例。通过对比分析，发现自身在生产计划制订和生产加工环节存在明显差距

(4) 实施与监控：企业按照改进计划逐步实施改进措施，并设立专门的监控机制来跟踪实施效果。经过一段时间的实施和调整，企业的生产效率得到了显著提升，成本也得到了有效控制

(3) 制订改进计划：基于分析结果，企业制订了详细的改进计划，包括引入先进的生产计划管理系统、优化生产加工流程、提升员工技能等

图 8-10 实施流程标杆管理的四个步骤

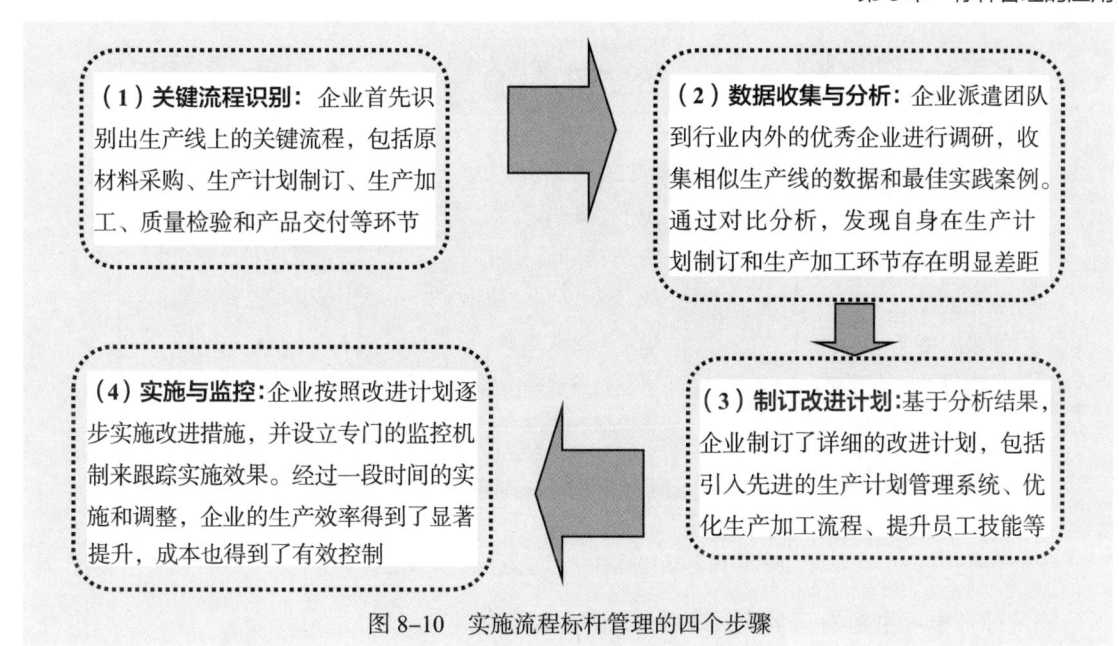

流程标杆管理应用广泛，包括但不限于生产制造流程优化、客户服务流程提升、供应链管理环节优化、财务管理流程规范、人力资源管理与开发流程改进、新产品开发与创新流程等应用场景。

8.2 标杆管理应用程序

应用标杆管理包括六个步骤，如图 8-11 所示。

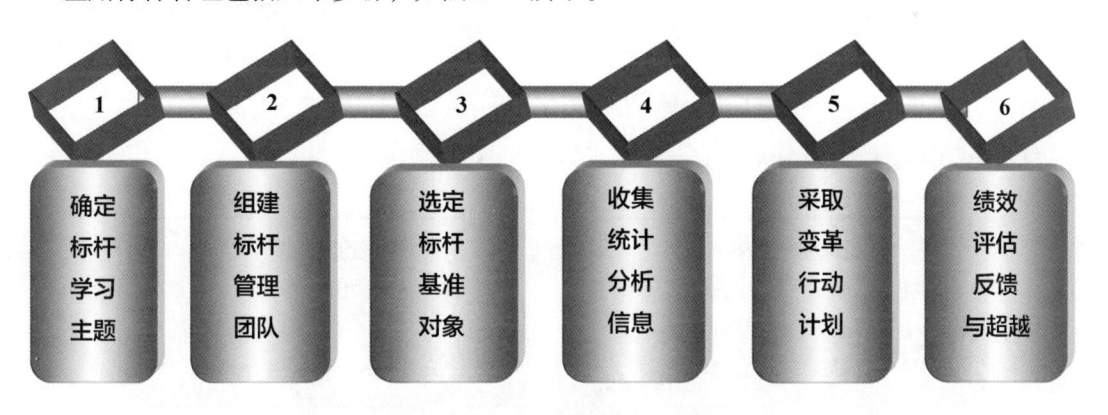

1. 确定标杆学习主题
2. 组建标杆管理团队
3. 选定标杆基准对象
4. 收集统计分析信息
5. 采取变革行动计划
6. 绩效评估反馈与超越

图 8-11 应用标杆管理的六个步骤

8.2.1 确定标杆学习主题

确定标杆学习主题，是应用标杆管理的第一步，也是整个标杆管理过程的基础。这一步的目标是明确企业想要通过标杆学习改进或优化的具体领域或流程。只有明确了学习主题，企业才能有针对性地寻找标杆、收集信息，并制订有效的改进计划。

确定标杆学习主题的三大关键点如图 8-12 所示。

对接企业战略	聚焦关键问题	考虑可行性与影响力
标杆学习主题应与企业的整体战略和目标紧密相关。企业希望通过标杆学习来解决哪些问题、提升哪些能力等都应在这一步明确	标杆学习主题应聚焦于企业当前面临的关键问题或挑战，这些问题可能是影响企业效率、成本、客户满意度等方面的瓶颈	确定的主题应具有可行性，并且在改进后能对企业产生显著的正面影响

图 8-12　确定标杆学习主题的三大关键点

确定标杆学习主题的三个注意事项如图 8-13 所示。

确定标杆学习主题的三个注意事项

- **避免主题过于宽泛**：如果标杆学习主题过于宽泛，可能导致后续的信息收集和分析变得复杂且难以聚焦。因此，应尽可能将主题具体化、明确化
- **确保高层领导支持**：标杆学习是一项跨部门、跨层级的活动，需要高层领导的支持和推动。在确定主题时，应与高层领导充分沟通，确保所选主题符合企业的战略发展方向
- **考虑资源限制**：在确定主题时，还需要考虑企业现有的资源条件，包括人力、物力、财力等。确保在资源有限的情况下，能够有效地开展标杆学习活动

图 8-13　确定标杆学习主题的三个注意事项

标杆学习主题示例如图 8-14 所示。

提高生产效率	降低运营成本
针对企业生产线上存在的效率低下问题，企业希望通过标杆学习寻找行业内外的最佳实践，以提高生产效率	面对日益激烈的市场竞争，企业希望通过标杆学习找到降低运营成本的有效方法，从而提升盈利能力
提高客户满意度	**创新产品研发流程**
为了增强客户黏性、扩大市场份额，企业希望通过标杆学习改进客户服务流程，提高客户满意度和忠诚度	针对新产品研发周期长、成本高的问题，企业希望通过标杆学习探索更高效、更灵活的研发流程和管理模式

图 8-14　标杆学习主题示例

8.2.2 组建标杆管理团队

组建标杆管理团队,是应用标杆管理的关键一步,标杆管理团队将负责整个标杆管理项目的规划、执行与监控。标杆管理团队的质量直接关系标杆管理活动成功与否,因此,必须慎重选择团队成员,并确保他们具备完成任务所需的知识、技能和经验。

组建标杆管理团队的三大关键点如图 8-15 所示。

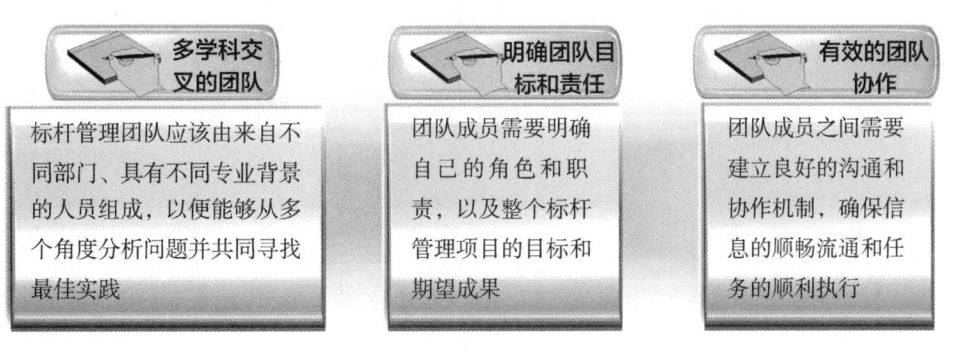

多学科交叉的团队	明确团队目标和责任	有效的团队协作
标杆管理团队应该由来自不同部门、具有不同专业背景的人员组成,以便能够从多个角度分析问题并共同寻找最佳实践	团队成员需要明确自己的角色和职责,以及整个标杆管理项目的目标和期望成果	团队成员之间需要建立良好的沟通和协作机制,确保信息的顺畅流通和任务的顺利执行

图 8-15 组建标杆管理团队的三大关键点

组建标杆管理团队的三个注意事项如图 8-16 所示。

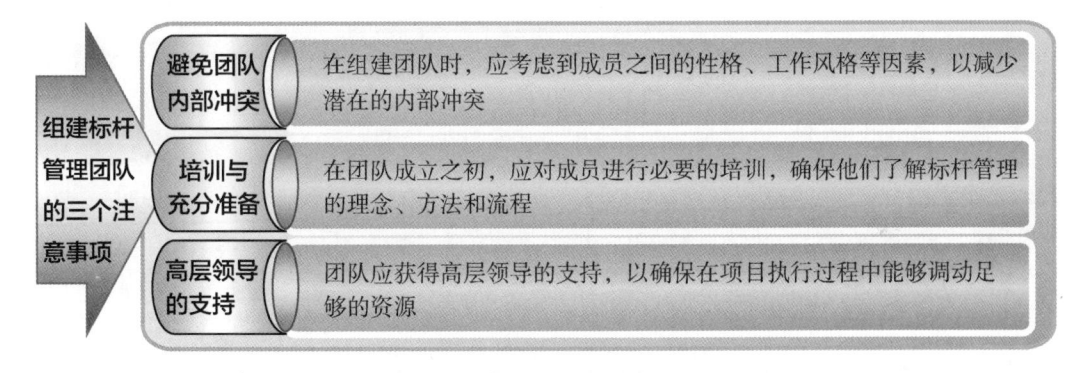

组建标杆管理团队的三个注意事项		
	避免团队内部冲突	在组建团队时,应考虑到成员之间的性格、工作风格等因素,以减少潜在的内部冲突
	培训与充分准备	在团队成立之初,应对成员进行必要的培训,确保他们了解标杆管理的理念、方法和流程
	高层领导的支持	团队应获得高层领导的支持,以确保在项目执行过程中能够调动足够的资源

图 8-16 组建标杆管理团队的三个注意事项

标杆管理团队成员的七个胜任特征见表 8-6。

表 8-6 标杆管理团队成员的七个胜任特征

序号	七个特征	能力和素质分析
1	专业能力	团队成员应具备各自领域的专业知识,能够深入理解标杆学习的主题,并从专业角度提出见解和建议
2	分析能力	团队成员需要具备良好的数据分析能力,能够从收集的信息中提炼出关键要点,为决策提供支持
3	沟通协调能力	团队成员能够在团队内部以及与其他部门进行有效合作
4	创新思维	团队成员能够发现新的标杆学习机会,并提出创新性的改进方案
5	结果导向	团队成员应关注项目的最终成果,确保标杆管理活动的有效性
6	适应性	由于标杆管理可能涉及不同的行业和领域,团队成员需要具备较强的适应能力,能够迅速学习和掌握新知识
7	团队协作精神	团队成员愿意分享知识、经验和资源,共同为项目的成功努力

8.2.3 选定标杆基准对象

选定标杆基准对象，是标杆管理过程中的重要环节。在此步骤中，组织需要识别并选择一个或多个在特定领域内表现卓越的组织或个人，以其作为学习和比较的基准。这一步的目的是找到一个具体的、可衡量的标准，以使组织能够明确自己的差距，并制订相应的改进计划。

选定标杆基准对象的三大关键点如图 8-17 所示。

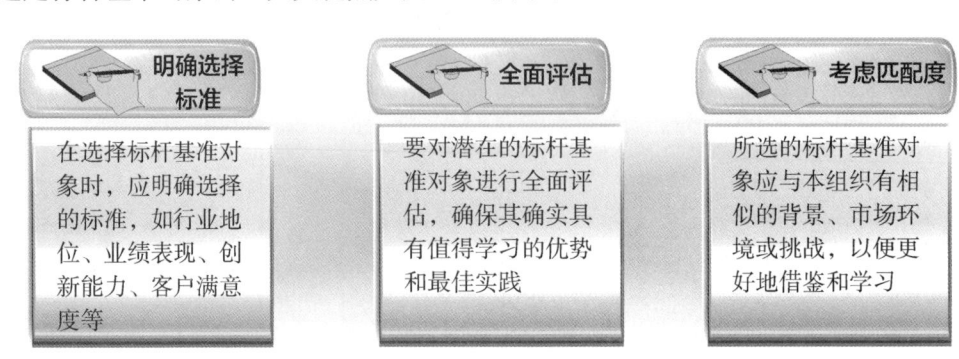

明确选择标准：在选择标杆基准对象时，应明确选择的标准，如行业地位、业绩表现、创新能力、客户满意度等

全面评估：要对潜在的标杆基准对象进行全面评估，确保其确实具有值得学习的优势和最佳实践

考虑匹配度：所选的标杆基准对象应与本组织有相似的背景、市场环境或挑战，以便更好地借鉴和学习

图 8-17　选定标杆基准对象的三大关键点

选定标杆基准对象的三个注意事项如图 8-18 所示。

选定标杆基准对象的三个注意事项

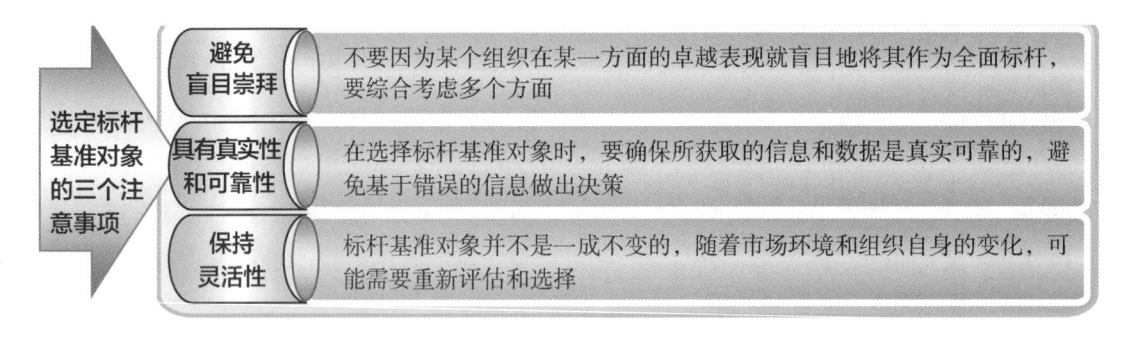

- **避免盲目崇拜**：不要因为某个组织在某一方面的卓越表现就盲目地将其作为全面标杆，要综合考虑多个方面
- **具有真实性和可靠性**：在选择标杆基准对象时，要确保所获取的信息和数据是真实可靠的，避免基于错误的信息做出决策
- **保持灵活性**：标杆基准对象并不是一成不变的，随着市场环境和组织自身的变化，可能需要重新评估和选择

图 8-18　选定标杆基准对象的三个注意事项

标杆基准对象具备的四个特征如图 8-19 所示。

卓越性：标杆基准对象在其所在领域或特定方面应具有显著的优势和卓越表现

可借鉴性：其成功经验和实践应具有可借鉴性，能够为其他组织提供有价值的参考

数据的可获得性：关于标杆基准对象的相关信息和数据应该是可获得的，以便进行详细的比较和分析

相似性：与学习者在某些关键方面（如行业、市场环境、挑战等）应具有一定的相似性，以便学习者更好地进行对标学习

图 8-19　标杆基准对象的四个特征

8.2.4 收集统计分析信息

收集统计分析信息，是标杆管理过程中的一个核心步骤。在此阶段，标杆管理团队需要系统地收集关于标杆基准对象的信息，并对这些信息进行深入分析和统计，以便从中识别出最佳实践、行业趋势和改进机会。这一步对于后续制订有效的变革行动计划至关重要。

收集统计分析信息的三大关键点如图 8-20 所示。

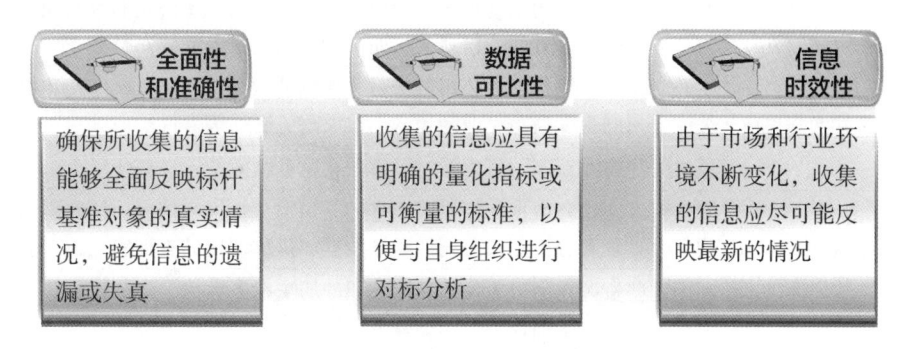

全面性和准确性	数据可比性	信息时效性
确保所收集的信息能够全面反映标杆基准对象的真实情况，避免信息的遗漏或失真	收集的信息应具有明确的量化指标或可衡量的标准，以便与自身组织进行对标分析	由于市场和行业环境不断变化，收集的信息应尽可能反映最新的情况

图 8-20　收集统计分析信息的三大关键点

收集统计分析信息的三个注意事项如图 8-21 所示。

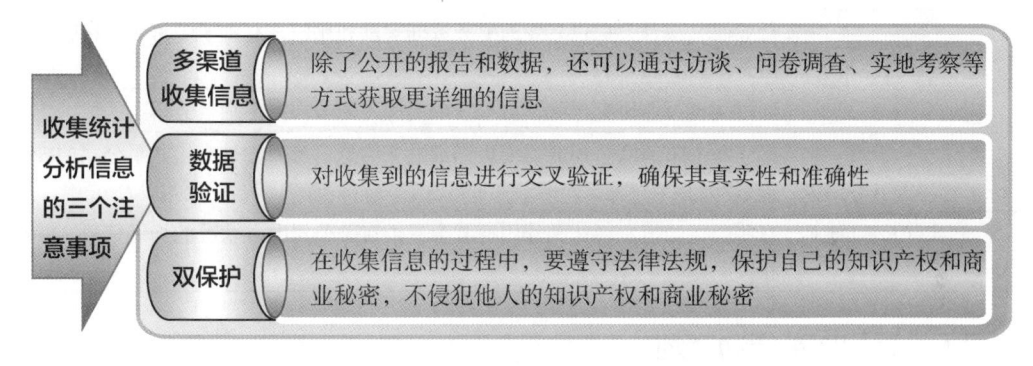

收集统计分析信息的三个注意事项	多渠道收集信息	除了公开的报告和数据，还可以通过访谈、问卷调查、实地考察等方式获取更详细的信息
	数据验证	对收集到的信息进行交叉验证，确保其真实性和准确性
	双保护	在收集信息的过程中，要遵守法律法规，保护自己的知识产权和商业秘密，不侵犯他人的知识产权和商业秘密

图 8-21　收集统计分析信息的三个注意事项

信息的对标范畴主要包括五个领域，见表 8-7。

表 8-7　信息对标范畴的五个领域

序号	五个领域	对标分析
1	运营数据	包括生产效率、成本结构、交货周期等关键运营指标，用于评估标杆基准对象的运营效率和成本控制能力
2	管理实践	涉及组织架构、人力资源管理、供应链管理等方面的最佳实践，以了解标杆基准对象的管理模式和策略
3	市场与客户信息	包括市场份额、客户满意度、客户忠诚度等数据，用于分析标杆基准对象在市场上的竞争力和客户管理能力
4	技术与创新能力	关注标杆基准对象在技术研发、产品创新等方面的表现，以评估其技术领先程度和创新能力
5	财务绩效	通过上市公司年度报告等收集标杆基准对象的财务数据，如收入、利润、现金流等，以全面评估其财务健康状况和盈利能力

财务绩效的收集途径包括但不限于表 8-8 中的途径。

表 8-8 财务绩效收集的途径

序号	途径	具体分析
1	上市公司年度报告	上市公司年度报告中包含了公司的财务报表，如资产负债表、利润表和现金流量表等，这些报表详细反映了公司的财务状况、经营成果和现金流量
		通过分析上市公司年度报告中的财务数据，可以了解公司的盈利能力、偿债能力、运营效率等方面的信息，从而评估公司的财务绩效
2	财经新闻和报道	财经新闻和报道是获取公司最新财务信息的重要渠道。这些新闻和报道通常会关注公司的季度财报、业绩预告、重大财务交易等事件
		通过关注财经新闻，可以及时了解公司财务绩效的动态变化
3	专业财经网站和数据库	专业财经网站和数据库提供了丰富的公司财务数据和信息。这些网站和数据库通常会整理和分析上市公司的财务数据，提供便捷的查询和比较功能
		利用这些资源，可以方便地获取公司的历史财务数据、财务指标、盈利预测等信息，有助于全面评估公司的财务绩效
4	证券交易所公告	证券交易所的公告是获取公司财务信息的官方渠道。公司的重要财务信息体现在财报发布、股权激励计划、重大资产重组等公告中
		关注证券交易所的公告可以确保获取到准确、及时的财务信息
5	行业研究报告	行业研究报告会提供专业的财务数据解读和比较，有助于了解公司在行业中的财务地位和绩效表现
		通过阅读行业研究报告，可以获取更深入的公司财务绩效分析
6	直接联系公司投资者关系部门	对于非上市公众公司或需要更详细财务信息，可以尝试直接联系公司的投资者关系部门
		有些公司的投资者相关部门通常会提供有关公司财务状况的详细信息，并解答相关问题

8.2.5 采取变革行动计划

采取变革行动计划，是连接前期的信息收集与分析阶段和后期的实施与效果评估阶段的桥梁。在这一步中，组织需要根据之前收集的信息和分析的结果，制订出具体的行动计划，旨在缩小与标杆对象的差距，提升组织绩效。

采取变革行动计划的三大关键点如图 8-22 所示。

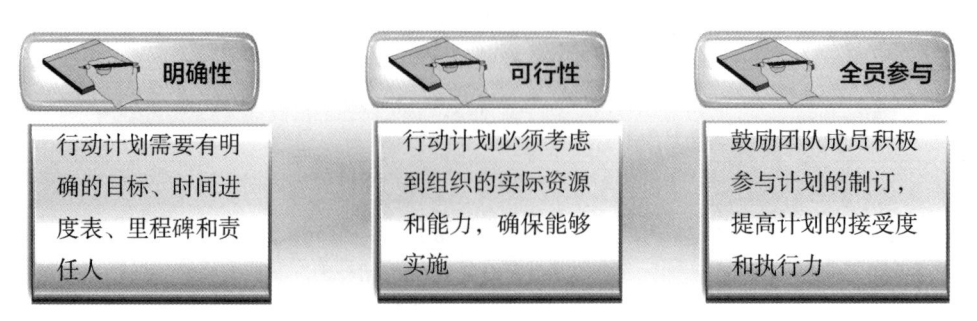

明确性	可行性	全员参与
行动计划需要有明确的目标、时间进度表、里程碑和责任人	行动计划必须考虑到组织的实际资源和能力，确保能够实施	鼓励团队成员积极参与计划的制订，提高计划的接受度和执行力

图 8-22 采取变革行动计划的三大关键点

采取变革行动计划的三个注意事项如图 8-23 所示。

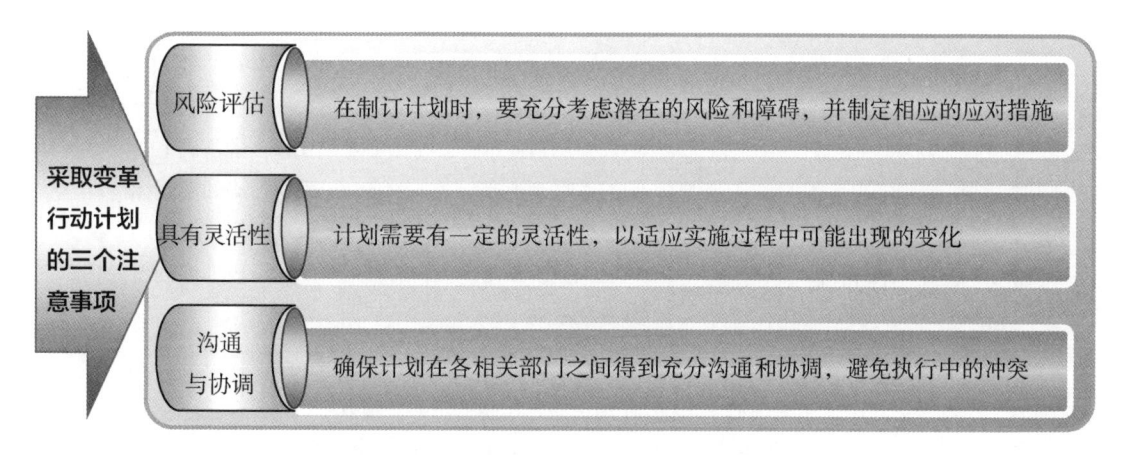

图 8-23 采取变革行动计划的三个注意事项

变革行动计划框架示例见表 8-9。

表 8-9 变革行动计划框架示例

序号	框架体系	变革行动计划具体分析
1	目标设定	明确具体的变革目标，如提高生产效率 10%、降低客户投诉率 20% 等
		设定可衡量的关键绩效指标（KPI）体系
2	计划步骤	列出为实现目标所需采取的具体行动步骤
		分配每项行动的责任人和团队
		设定每项行动的完成时间和里程碑
3	资源配置	确定实施行动计划所需的资源，包括人、财、物、信息、数据等资源
		制订资源调配计划，确保资源的有效利用
4	风险评估与应对措施	识别可能遇到的风险和障碍
		为每种风险制定应对策略和预案
5	监控与调整	设立监控机制，定期评估行动计划的执行情况
		根据实际情况对计划进行必要的调整
6	沟通与协调	制订内部沟通计划，确保各部门之间的信息畅通
		设立协调机制，解决执行过程中的冲突和问题

8.2.6 绩效评估反馈与超越

绩效评估反馈与超越，是应用标杆管理的最后一个步骤，也是检验前面所有工作的关键环节。在这一步中，组织需要对实施变革行动计划后的绩效进行评估，与标杆基准对象进行比较，分析差距，并根据评估结果进行反馈和调整，以实现超越标杆的目标。

绩效评估反馈与超越的三大关键点如图 8-24 所示。

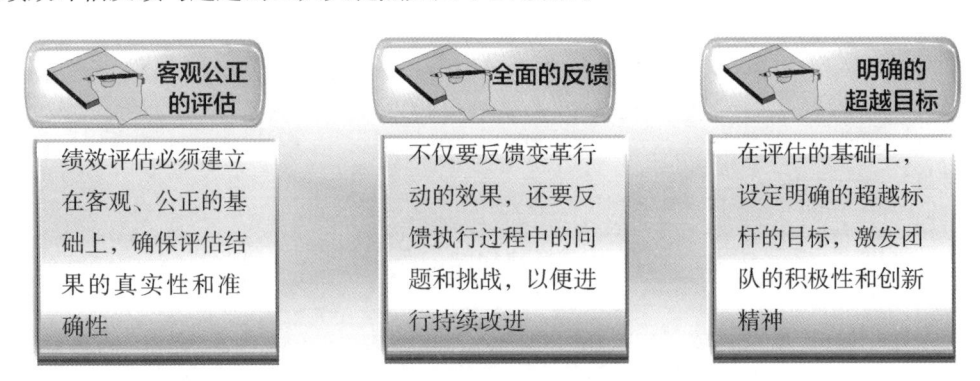

客观公正的评估
绩效评估必须建立在客观、公正的基础上，确保评估结果的真实性和准确性

全面的反馈
不仅要反馈变革行动的效果，还要反馈执行过程中的问题和挑战，以便进行持续改进

明确的超越目标
在评估的基础上，设定明确的超越标杆的目标，激发团队的积极性和创新精神

图 8-24 绩效评估反馈与超越的三大关键点

绩效评估反馈与超越的三个注意事项如图 8-25 所示。

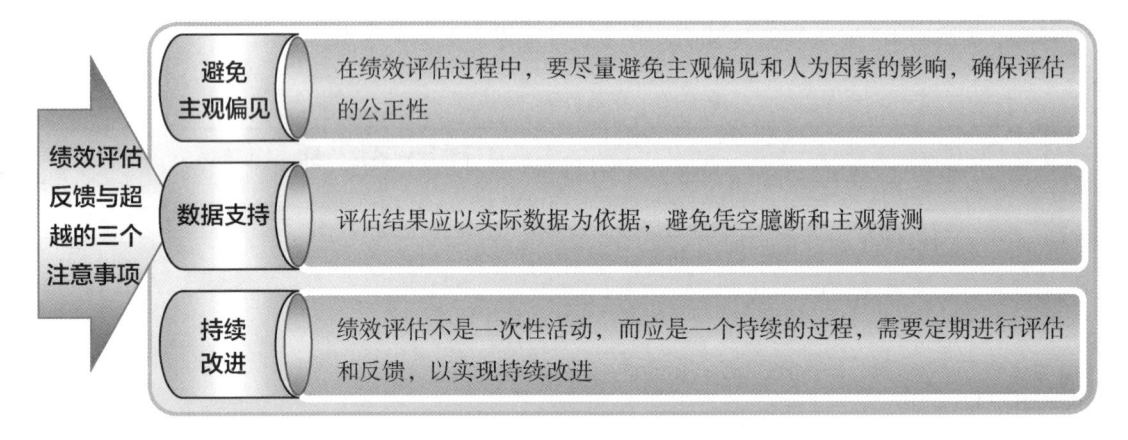

绩效评估反馈与超越的三个注意事项

- **避免主观偏见**：在绩效评估过程中，要尽量避免主观偏见和人为因素的影响，确保评估的公正性
- **数据支持**：评估结果应以实际数据为依据，避免凭空臆断和主观猜测
- **持续改进**：绩效评估不是一次性活动，而应是一个持续的过程，需要定期进行评估和反馈，以实现持续改进

图 8-25 绩效评估反馈与超越的三个注意事项

绩效评估反馈的三个重点和超越程度鉴定的三个标准，见表 8-10。

表 8-10 绩效评估反馈三个重点和超越程度鉴定的三个标准

两个方面	重点和标准	反馈和鉴定具体分析
绩效评估反馈的三个重点	对比标杆	将实施变革后的绩效与标杆基准对象进行对比，分析差距和原因
	识别改进点	根据对比结果，识别出需要改进的环节和关键点
	调整行动计划	根据绩效评估的反馈，调整和优化变革行动计划，以提升实施效果
超越程度鉴定的三个标准	绩效指标提升	与标杆基准对象相比，关键绩效指标（KPI）有显著提升，如生产效率、客户满意度、市场份额等
	创新能力增强	在创新方面超越标杆，能够持续推出新产品、新服务或新业务模式
	组织文化形成和员工成长	组织形成积极向上的文化氛围，员工能力和素质得到显著提升，整体竞争力增强

最佳实践：××公司应用标杆管理的案例（一）

××公司是很多企业的标杆，同时，该公司也实施标杆管理，有更为广泛的标杆，不断追求产品创新和用户体验的提升。

××公司将微软和行业内外的其他优秀企业作为标杆，通过对比分析，发现并改进自身的不足之处。××公司以标杆企业为榜样，学习并借鉴其成功经验，不仅在产品设计、功能创新上追求卓越，还在供应链管理、市场营销等方面进行超越。通过标杆管理，××公司不断提升自身的产品和服务质量，巩固了其在全球消费电子产品市场的领导地位。

××公司在四个方面应用标杆管理的最佳实践见表8-11。

表8-11 ××公司在四个方面应用标杆管理的最佳实践

四个方面	标杆管理诉求	标杆分析及学习内容示例
产品设计方面	在产品设计方面，××公司始终将简洁、直观和用户体验放在首位。通过标杆管理，××公司不断对比学习行业内外的优秀设计理念和实践	××公司将索尼、Bang & Olufsen等知名品牌作为设计标杆，分析其产品的外观设计、材质选择以及用户界面的友好性。这些对比分析会为××公司提供设计灵感和改进方向，使其产品始终保持行业领先的设计水准
功能创新方面	××公司不仅关注市场上的新技术和新趋势，还通过标杆管理，积极寻找并学习其他行业的创新实践	××公司将谷歌、亚马逊等科技巨头作为创新标杆，研究其在人工智能、物联网等领域的前沿技术，这会为××公司的产品注入源源不断的创新活力，使其在智能手机、平板电脑等领域保持领先
供应链管理方面	××公司学习了包括戴尔、丰田等公司在供应链管理方面的优秀实践	通过学习戴尔的直销模式，××公司优化了其库存管理和物流配送系统。××公司还借鉴了丰田的精益生产理念，通过减少浪费、提高效率来降低成本。这使得××公司的供应链管理更加高效、灵活，为其产品的快速上市和高质量生产提供了有力保障
市场营销方面	××公司的广告策略一直以简洁、创意和富有情感共鸣而著称。其独特的品牌形象和广告风格很大程度上受到了标杆企业的影响	××公司将可口可乐等品牌作为市场营销的标杆，分析其广告策略、品牌塑造以及客户关系管理等方面的成功经验。××公司借鉴可口可乐的品牌传播策略，通过简洁明快的广告和独特的品牌形象来吸引消费者

最佳实践：××公司应用标杆管理的案例（二）

在汽车行业中，××公司以丰田、本田等企业为标杆，注重品质管理和持续改进。××公司深入分析这些企业在品质控制和成本控制方面的优秀经验，通过标杆管理，不断提升自身的研发、生产、销售和服务水平。在流程环节上，××公司通过明确目标、选择标杆、深入调研、制订计划、实施改进和持续学习等成功实施了标杆管理。这些努力为××公司带来了显著的业绩提升，增强了市场竞争力。

具体来看，××公司不仅在产品设计和制造工艺上追求卓越，还在供应链管理、客户服务等方面进行全方位的提升。这使得××公司在全球豪华汽车市场上保持了强劲的竞争力，并赢得了消费者的广泛认可。

××公司应用标杆管理的最佳实践见表8-12。

表8-12　××公司应用标杆管理的最佳实践

对标维度	标杆管理定位	应用最佳实践分析
品质管理与持续改进	××公司以丰田和本田等行业领导者为标杆，深入研究其在品质管理和持续改进方面的成功经验	（1）××公司学习了丰田的精益生产方式，通过减少浪费、提高效率来不断优化生产流程 （2）××公司借鉴了本田的问题解决方法和持续改进文化，鼓励员工积极参与品质改善活动，从而不断提高产品质量和生产效率
品质控制与成本控制	在品质控制方面，××公司学习了标杆企业在质量检验、过程控制等方面的先进做法；在成本控制方面，××公司借鉴了标杆企业的成本管理经验	（1）通过引入更严格的质量标准和检测手段，确保产品的一致性和可靠性 （2）通过精细化管理、采购优化、库存控制等手段，有效降低了生产成本，提升了盈利能力
产品设计与制造工艺	××公司在产品设计和制造工艺上追求卓越，不断吸收和借鉴行业内的最佳实践	（1）通过与标杆企业的交流和学习，××公司不断优化产品设计，提高产品的性能和美观度 （2）××公司注重制造工艺的创新和改进，引入先进的生产技术和设备，提高生产效率和产品质量
供应链管理	××公司以行业内的高效供应链为标杆，优化了自己的供应商选择、库存管理和物流配送等环节，确保了供应链的稳定性和高效性	（1）××公司与供应商建立长期稳定的合作关系，实施严格的供应商评价和考核机制 （2）××公司通过引入先进的物流管理系统和技术手段，提高了物流配送的效率和准确性
客户服务	××公司深知优质的客户服务是提升品牌形象和客户满意度的关键。××公司以提供卓越客户服务的企业为标杆，不断提升自身的服务水平	（1）××公司加强员工培训、优化服务流程、引入先进的客户关系管理系统等 （2）××公司为客户提供更加专业、高效和个性化的服务体验

疑难杂症：如何避免出现"画虎不成反类犬"的结果？

标杆管理并不是一蹴而就的，标杆管理并不容易。应用标杆管理的企业首先需要真正了解标杆管理的难点、风险、障碍，然后有针对性地采取解决措施，才能避免出现"画虎不成反类犬"的结果。标杆管理的难点、风险、障碍与解决措施见表8-13。

表 8-13 标杆管理的难点、风险、障碍与解决措施

问题	表现	解决措施
难点	选择合适的标杆对象	不是所有成功的企业都适合作为标杆，选择不合适的标杆可能会导致误导或无效的模仿。企业需要找到与自己业务相似且在某方面表现卓越的企业作为标杆，这样才能确保学到的经验和做法具有实际指导意义
	数据收集与分析的难度	标杆管理需进行大量的数据收集和分析工作，数据的准确性和完整性对于后续改进措施的制定至关重要。企业要准确评估自身与标杆之间的差距，包括针对财务、运营数据、客户满意度等 KPI 的精细化、精准化管理
	文化和组织的差异	每个企业都有其独特的文化和组织结构，直接照搬标杆企业的做法可能并不适用，企业需在借鉴的基础上，结合自身的实际情况进行调整、改变或优化
风险	盲目模仿的风险	如果只是简单地模仿标杆，而没有深入理解其成功背后的原因和条件，可能会导致"画虎不成反类犬"的结果。企业需结合自身的资源和能力，在有选择地学习和借鉴基础之上创新
	核心竞争力的丧失	过分追求与标杆企业的一致性，可能会使企业失去自身特色和核心竞争力。企业需要在模仿与创新之间找到一个平衡点，标杆管理要更好、要更优
	员工的抵触情绪	引入新的管理方法和流程可能会引发员工的抵触情绪，尤其是当这些变革触及他们的利益或工作习惯时。应用标杆管理提前做好员工沟通和培训工作至关重要，鼓励员工参与标杆管理的过程，提高员工的认同感和参与度
障碍	组织内部的阻力	企业内部既得利益者可能会阻碍标杆管理的实施，这些人担心变革可能会损害其利益或地位，标杆管理需建立奖罚和激励机制，需综合协调各方利益，需责权利对等
	资源限制	实施标杆管理需要投入大量的人力、物力和财力，并整体协调运作，需企业高层的支持，标杆管理要有充足的预算与合理的支出计划
	缺乏持续改进的文化	标杆管理不是一次性的活动，而是一个持续改进的过程。如果企业没有建立起持续改进的文化和机制，实施效果会大打折扣。企业需要及时反馈，定期评估标杆管理的效果，并根据自身的实际情况进行调整和改进

望闻问切：取其精华、去其糟粕，因地制宜、量体裁衣

基于标杆管理的"前世""今生""未来"，应用标杆管理应"望、闻、问、切"，取其精华、去其糟粕，因地制宜、量体裁衣。

"前世"：标杆管理的起源与发展

标杆管理的概念最初由美国施乐公司于 20 世纪 70 年代末提出，其初衷是提高产品质量和生产效率。标杆管理本质上是一种通过学习行业内外的最佳实践来提升自身业绩的方法。很快，这种方法被全球各大企业广泛采纳，成为一种重要的管理手段。标杆管理的核心在于不断学习和创新，通过对比最佳实践，发现自身的不足，并采取措施进行改进。

"今生"：标杆管理的现状与应用

在 21 世纪，标杆管理已经成为公认的重要管理工具，广泛应用于生产管理、市场营销、

人力资源管理、财务管理等多个领域。标杆管理不仅被应用于企业，还扩展到了政府部门、学校、医院等各个行业和组织。标杆管理的优势在于极强的可操作性和现实性，以及持续改进的理念。标杆管理鼓励组织跳出传统思维模式，勇于创新和变革，不断追求卓越。

标杆管理在国内也受到了广泛的关注和应用。海尔、联想、李宁等知名企业通过采用标杆管理的方法取得了显著的成功。标杆管理不仅提高了企业的管理水平，还推动了企业的管理进步。

"未来"：标杆管理的趋势与展望

随着信息技术和大数据的快速发展，标杆管理实践应更注重数据分析和知识共享。未来的标杆管理会更加智能化和自动化，通过先进的数据分析工具来识别和采用最佳实践。同时，标杆管理也将更加注重跨界的交流与合作，形成良好的产业生态和共同进步的社会责任氛围。

此外，标杆管理可能会进一步扩展到更多的领域和行业，包括新兴的技术领域，如人工智能、物联网等，继续推动企业不断改进和创新，以适应日益复杂多变的市场环境。

标杆管理的"望、闻、问、切"如图8-26所示。

"望"	观察与洞察：通过观察来洞察行业趋势和最佳实践，密切关注市场动态、技术发展及竞争对手战略动向	倾听与学习：倾听市场的声音，学习他人的经验和教训，主动收集行业内的成功案例和失败案例，从中汲取有价值的信息	"闻"
	比如，通过数据分析，发现某行业领先企业在生产效率、成本控制等方面有显著优势，然后将这些企业作为标杆，深入研究其成功背后的管理工具与方法和技术创新	比如，人力资源管理者通过参加行业研讨会、阅读专业报告等方式，了解其他企业在实施标杆管理过程中的得失，从而避免走弯路、踩坑	
	标杆管理的"望、闻、问、切"		
	企业进行SWOT分析，因地制宜、量体裁衣制定适合自己的标杆管理策略。比如，在引入标杆企业的先进管理方法时，要考虑本企业的适用性和可行性，避免盲目照搬而导致水土不服，要落地有声	通过与标杆企业的深入交流或合作，发现其成功的秘诀，并结合自身实际情况进行有针对性的改进。同时，还要在内部开展广泛的讨论，集思广益，共同寻找加速绩效提升的路径	
"切"	实践与调整：即在实践中不断摸索和升级。标杆管理并非一成不变，而是需要随着市场环境和企业发展阶段的变化而不断调整	交流与探讨：人力资源管理者要勇于向标杆企业提问，深入了解其管理理念和操作方法	"问"

图8-26 标杆管理"望、闻、问、切"

综上所述，"望、闻、问、切"在标杆管理中具有深远的指导意义。通过取其精华、去其糟粕，可以更高效地学习和应用行业内外的最佳实践；通过因地制宜、量体裁衣，可以确保标杆管理策略与企业的实际情况相契合，从而推动企业的持续发展和进步。

落地关键点：标杆管理 +KPI 构建平衡计分卡

早在 1987 年，名为 ADI 的一家半导体公司就进行了"标杆管理 +KPI"的实践尝试，产生了世界上第一张平衡计分卡的雏形。这里作为标杆管理收集统计分析信息的一种工具对标一下，见表 8-14。

表 8-14 ADI 公司第一张"标杆管理 +KPI"平衡计分卡示例

经营时间 指标对比	×× 财年		第一季度		第二季度		第三季度		第四季度	
	标杆	实际	标杆	实际	标杆	实际	标杆	实际	标杆	实际
财务 KPI										
资本收益率										
营业收益率										
营业收入增长										
利润										
……										
客户服务 KPI										
及时交货										
供货时间										
次品率										
……										
内部运营 KPI										
生产周期										
流程错误率										
产能										
……										
新产品开发 KPI										
新产品导入										
新品订货率 / 量										
……										

第 9 章

更多绩效管理工具的应用

在当今竞争激烈的商业环境中，绩效管理工具的应用已成为企业提高运营效率、优化资源配置、激发员工潜能的关键手段。随着技术的不断进步，更多绩效管理工具如雨后春笋般涌现，它们不仅提供了数据驱动的决策支持，还通过智能分析、实时反馈等功能，帮助企业更加精准地识别问题、制定策略。例如，绩效棱镜、KPA、KRA、PRI、PCI、NNI、360度考核、敏捷绩效工具。这些工具的应用不仅提高了绩效管理的效率和准确性，还促进了员工与管理者之间的有效沟通，共同推动企业的持续发展和创新。本章将对这些绩效管理工具进行详细讲解。

9.1 绩效棱镜的应用

绩效棱镜是由英国克兰菲尔德大学研究人员提出的绩效管理框架。绩效棱镜的创建者认为，以往的企业绩效管理框架、模型、工具与方法只能部分地阐明企业绩效管理的复杂性，只是提供了解决这个考核难题某一领域或某一个点的有价值的方法；而绩效棱镜给了企业一个不同的视角、更好的期盼，企业可以从利益相关者那里获得更多，包括来自投资者的资金和信用、来自客户的忠诚和利润、来自员工的想法和技术，以及来自供应商的原料和服务等。

绩效棱镜的出发点是利益相关者，而不是企业战略。在当今竞争激烈的商业环境中，追逐持续进步和长期成功的企业知道谁是自己的核心利益相关者，以及什么是利益相关者所想要的。

9.1.1 绩效棱镜五个棱面的框架

绩效棱镜有五个棱面，即利益相关者的满意（Stakeholder Satisfaction）、利益相关者的贡献（Stakeholder Contribution）、战略（Strategies）、流程（Processes）和能力（Capabilities）。

绩效棱镜五个棱面的框架模型定位如图 9-1 所示。

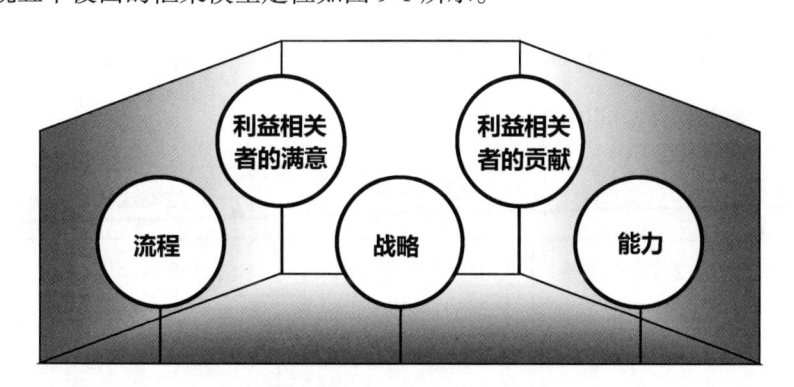

9-1 绩效棱镜五个棱面的框架模型定位

绩效棱镜五个棱面的框架模型特点如下。

（1）利益相关者的满意：企业需要了解并满足主要利益相关者的期望和需求。
（2）利益相关者的贡献：企业需要评估利益相关者对企业的付出，包括资金、时间和资源等。
（3）战略：这一棱面要求企业制定与利益相关者的诉求和贡献相匹配的战略目标和规划。
（4）流程：企业需要建立具备高效、灵活和可持续特点的业务流程，以应对市场的不断变化。
（5）能力：企业必须培养和提升其关键核心竞争力，包括员工技能、组织能力、技术实力等。

9.1.2 应用绩效棱镜的十个步骤

绩效棱镜设计的优点，在于其考虑到了企业的所有利益相关者，即投资者、客户、中介机构、供应商、联盟合伙人、压力集团与股东、银行家、工会、员工、监管部门、企业所在的社区和社会公众（如媒体、消费者保护组织、行业协会等）。

绩效棱镜的应用流程包括十个步骤，见表 9-1。

表 9-1 应用绩效棱镜的十个步骤

十个步骤	应用关键点	落地措施
第一步	检查绩效现状	检查企业绩效测量和管理系统的现状，如绩效管理工具与方法的应用
第二步	回顾利益相关者	回顾多元利益相关者的关切，思考企业是否满足其基本愿望和诉求
第三步	善用技巧和助力	善用"成功图"和"失败图"技巧来帮助揭示现在系统中的缺陷，涉及战略、流程、技术、能力、绩效理念、员工素养等
第四步	创建新绩效模式	创建新的独特的绩效模式，如简化计划过程的输出、提供完整的图表
第五步	用好计划和模式	用好绩效棱镜的计划和模式，作为选择适当问题的重要依据
第六步	设计模板和表单	设计绩效测量的模板和表单，包括目标、频率和数据来源等，比较完整系统的绩效测量包括十项测试
第七步	鉴别与调整	鉴别现存的绩效管理工具与方法，相关的可以合并，相似的可以整合，不适用的可以规避，无效的可以删除等
第八步	实践与评估	实践新的测量工具与方法，搭建适合本企业的绩效测量系统
第九步	应用与验证	应用数据循环决策模型进行验证，采取绩效闭环管理经验助力企业达到最佳的绩效实践水平
第十步	定期评估与更新	定期评估与更新企业的绩效管理工具与方法和测量系统，思考其中的有利因素和问题障碍，并用实践模型反复验证，以获得可持续的竞争优势

9.1.3 绩效棱镜测量的十项测试

绩效棱镜测量的十项测试如图 9-2 所示。

真实性测试：真的在测量企业计划要测量的内容吗？

焦点测试：仅仅在测量企业计划要测量的内容吗？

相关性测试：KPI 对于要跟踪观察的绩效因素而言是一种合适的测量指标吗？

一致性测试：不管是谁来进行测量，总是以相同的方式收集数据和信息吗？

可得性测试：定位和捕捉进行测量所需要的数据和信息容易吗？

绩效棱镜测量的十项测试

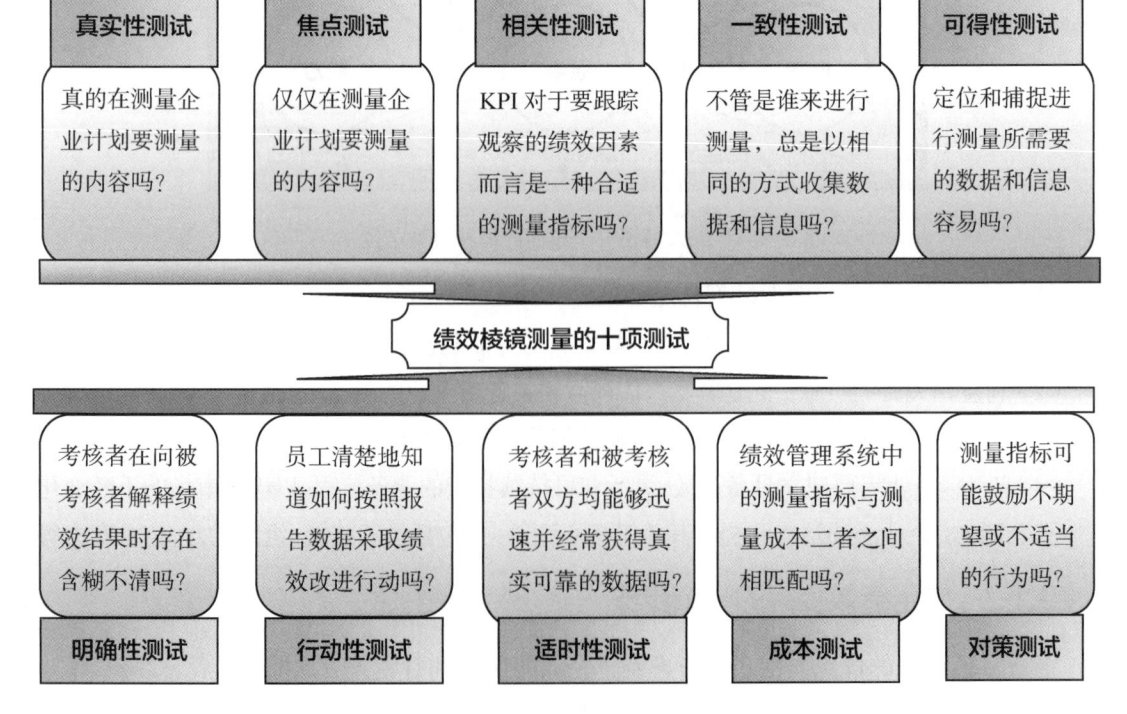

明确性测试：考核者在向被考核者解释绩效结果时存在含糊不清吗？

行动性测试：员工清楚地知道如何按照报告数据采取绩效改进行动吗？

适时性测试：考核者和被考核者双方均能够迅速并经常获得真实可靠的数据吗？

成本测试：绩效管理系统中的测量指标与测量成本二者之间相匹配吗？

对策测试：测量指标可能鼓励不期望或不适当的行为吗？

图 9-2 绩效棱镜测量的十项测试

9.2 KPA 的应用

从人力资源管理和绩效考核的角度来讲，**关键过程领域**（Key Process Area，KPA）可以理解为**关键绩效行动**（Key Performance Action），或者**关键绩效领域**（Key Performance Area）。KPA 是企业需要集中力量去改进并解决问题的领域。

KPA 明示了企业为达到某项能力成熟度所需要解决的具体问题或障碍阻力。每个 KPA 都明确地列出一个或多个**目标**（Goal），并且指明了一组相关联的**关键实践**（Key Practices）。实施这些关键实践就能实现 KPA 的目标，从而达到过程正确或做正确的事项的效果。

9.2.1 KPA 的适用范围

KPA 主要基于"过程改进"和"目标导向"。KPA 强调通过识别和优化关键业务流程，来达到提升组织整体绩效的目的。每个 KPA 都针对企业运营中的某个关键环节，通过设定明确的目标和关键实践，来指导企业集中资源进行改进。这些目标和关键实践是相辅相成的，目标指明了改进的方向，而关键实践则提供了实现这些目标的具体方法和步骤。

KPA 的适用范围非常广泛，几乎可以应用于任何希望提升业务流程效率和效果的组织。无论是制造业、服务业还是政府机构，都可以通过识别和优化 KPA 来提升整体绩效。特别是在项目管理、质量管理、软件开发等领域，KPA 的应用尤为关键。

KPA 在项目管理方面具有极高的适用性，主要体现在六个方面，如图 9-3 所示。

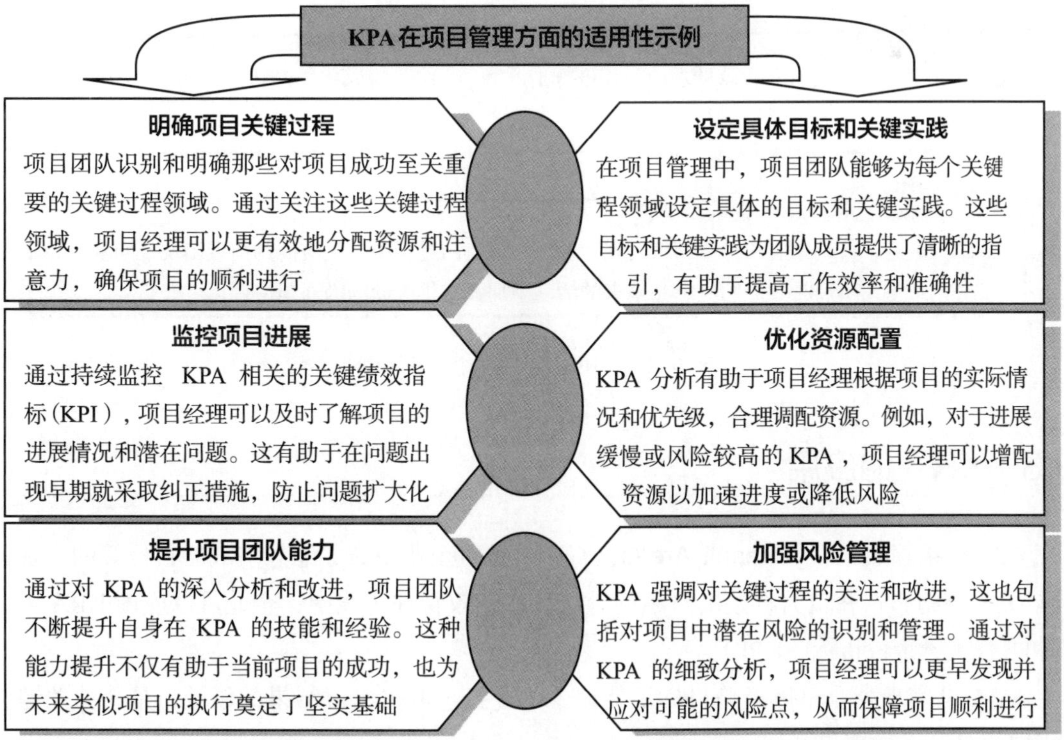

KPA 在项目管理方面的适用性示例

明确项目关键过程
项目团队识别和明确那些对项目成功至关重要的关键过程领域。通过关注这些关键过程领域，项目经理可以更有效地分配资源和注意力，确保项目的顺利进行

设定具体目标和关键实践
在项目管理中，项目团队能够为每个关键过程领域设定具体的目标和关键实践。这些目标和关键实践为团队成员提供了清晰的指引，有助于提高工作效率和准确性

监控项目进展
通过持续监控 KPA 相关的关键绩效指标（KPI），项目经理可以及时了解项目的进展情况和潜在问题。这有助于在问题出现早期就采取纠正措施，防止问题扩大化

优化资源配置
KPA 分析有助于项目经理根据项目的实际情况和优先级，合理调配资源。例如，对于进展缓慢或风险较高的 KPA，项目经理可以增配资源以加速进度或降低风险

提升项目团队能力
通过对 KPA 的深入分析和改进，项目团队不断提升自身在 KPA 的技能和经验。这种能力提升不仅有助于当前项目的成功，也为未来类似项目的执行奠定了坚实基础

加强风险管理
KPA 强调对关键过程的关注和改进，这也包括对项目中潜在风险的识别和管理。通过对 KPA 的细致分析，项目经理可以更早发现并应对可能的风险点，从而保障项目顺利进行

图 9-3　KPA 在项目管理方面的适用性示例

9.2.2 应用 KPA 的六个步骤

KPA 的应用包括识别 KPA、设定目标与关键实践、制订实施计划、执行与监控、评估与反馈、持续改进六个步骤。结合实践剖析 KPA 的应用步骤，如图 9-4 所示。

1. 识别关键过程领域（KPA）

◎某公司行政总监接到任务，需要筹备公司年会并完成公司法人工商登记变更
◎行政总监识别出两个 KPA：年会筹备和法人登记变更

2. 设定目标（G）与关键实践（KP）

◎年会筹备：G 是成功举办年会，KP 包括节目选择、场地和后勤准备、接待工作等
◎法人变更：G 是顺利完成变更手续，KP 包括准备相关文件、与政府部门沟通等

3. 制订实施计划

行政总监将年会筹备和法人登记变更任务分配给行政助理，并制订了详细的实施计划，包括时间节点、责任人等

4. 执行与监控

◎在筹备年会的过程中，行政助理负责节目选择、场地布置和接待工作，同时监控进度，确保各项关键实践按时完成。
◎在法人登记变更过程中，行政助理与相关政府部门保持沟通，确保所需文件齐全并提交

5. 评估与反馈

年会结束后，行政总监对行政助理的工作进行了评价。年会筹备成功，得到广泛好评，法人登记变更也顺利完成。行政总监对行政助理进行了奖励

6. 持续改进

在总结经验时，行政总监和行政助理发现，在年会筹备的过程中与供应商的衔接出现了问题，导致部分物资供应不及时。他们决定在未来的活动中加强与供应商的沟通与协调

图 9-4 应用 KPA 的六个步骤示例

9.3 KRA 的应用

关键结果领域（Key Result Areas，KRA）是对企业使命、愿景与战略目标等的实现起着至关重要的影响和较为直接的贡献的领域。在绩效管理实践中，企业可以应用 KRA 去分析和寻找关键绩效指标（KPI）。

KRA 是实现企业整体战略目标不能缺少的并且须取得满意结果的领域，是企业关键成功因素（KSF）的聚集区域。

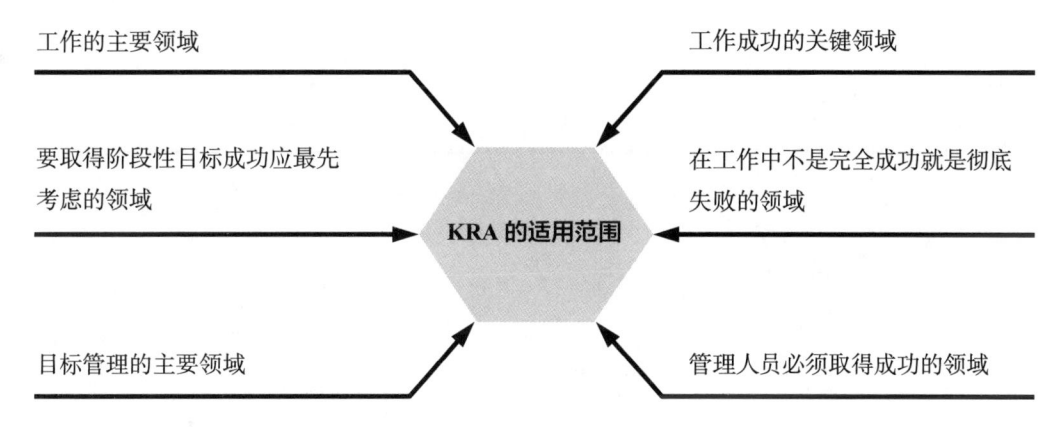

9.3.1 KRA 的适用范围

KRA 的适用范围如图 9-5 所示。

图 9–5　KRA 的适用范围

9.3.2 KRA+KPI 鱼骨图

衡量企业在各个 KRA 上的进展情况，应建立一系列可量化的 KPI，再将 KRA 和 KPI 组合起来，这就形成了鱼骨图。

KRA+KPI 的鱼骨图模板如图 9-6 所示。

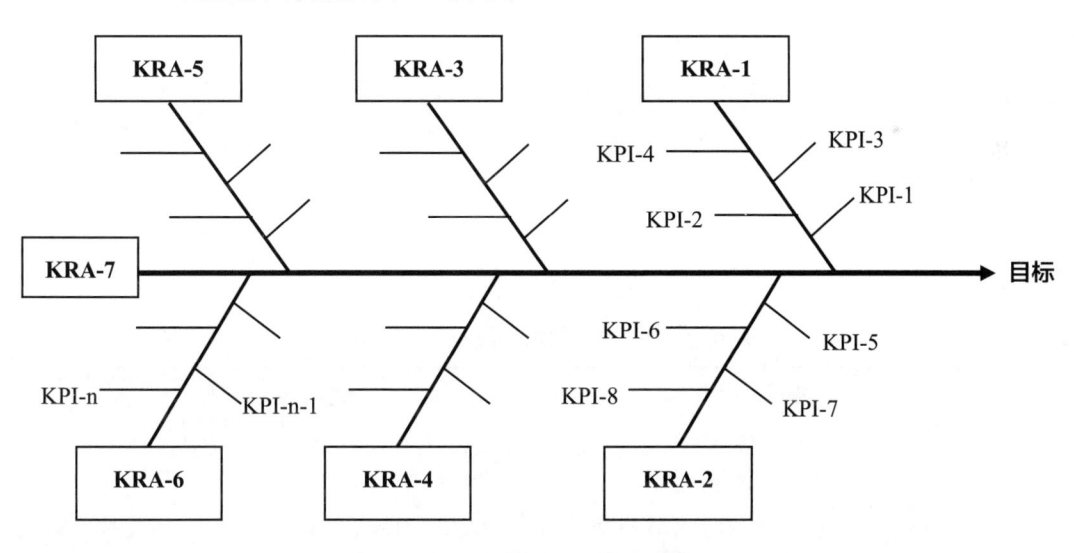

图 9–6　KRA+KPI 的鱼骨图模板

对标案例　××企业级别 KRA+KPI 鱼骨图

××企业级别 KRA+KPI 的鱼骨图示例如图 9-7 所示。

图 9-7　××企业级别 KRA+KPI 的鱼骨图示例

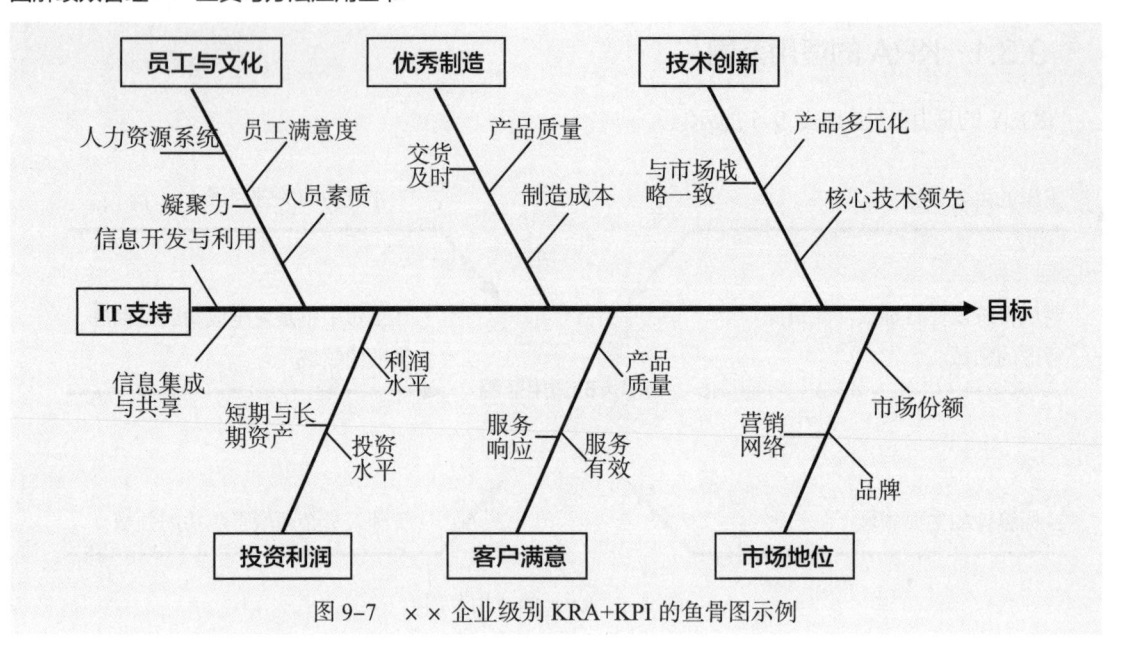

9.3.3　KRA+MBO 实践应用

彼得·德鲁克（Peter Drucker）提出目标管理（MBO），强调目标的重要性，认为企业应该先设定明确、具体的目标，然后根据这些目标进行绩效考核。这一理念与 KRA 的核心思想不谋而合。KRA 正是基于结果导向的绩效管理工具，关注员工在工作中应该取得的关键结果，而不只是员工所执行的具体任务或活动过程。

德鲁克认为企业需要关注八大 KRA，包括市场地位、创新、生产率、实物及金融资产、利润、管理者的表现和培养、员工的表现和态度、公共责任感。这些领域对于企业的成功至关重要，也是企业在设定 KRA 时可以参考的重要依据。

结合德鲁克的理论和 KRA+MBO 的实践应用，可以深度剖析企业需要关注的八大 KRA，见表 9-2。

表 9-2　企业八大 KRA+MBO 深度剖析

八大 KRA	应用关键点	MBO 落地措施
市场地位	企业在市场上的竞争力和市场份额是衡量企业经营成果的重要指标	在 KRA 设计中，可以将其细化为具体的销售目标、市场份额增长目标等
创新	德鲁克强调创新的重要性，认为没有创新就没有发展	在 KRA 中，创新可以体现为新产品开发、技术改进、流程优化等方面的成果
生产率	提高生产率是降低成本、提升竞争力的关键所在	在 KRA 中，可以设定与生产率相关的目标，如单位时间内的产量、成本控制等
实物及金融资产	企业需要关注自身的资产状况，包括设备、库存、现金流等	在 KRA 中，可以设定与资产管理相关的目标，如资产利用率、库存周转率等
利润	利润是企业经营成果的最终体现	在 KRA 中，利润目标可以细化为销售收入、成本控制、利润率等方面的具体指标

续 表

八大 KRA	应用关键点	MBO 落地措施
管理者的表现和培养	德鲁克强调管理者的素质和能力对企业的重要性	在 KRA 中，可以设定与管理者相关的目标，如团队建设、员工培训、领导力提升等
员工的表现和态度	员工是企业最重要的资产之一	在 KRA 中，应关注员工的工作表现、满意度、忠诚度等方面，设定相应的目标以提升员工绩效
公共责任感	企业应承担相应的社会责任	在 KRA 中，可以设定与企业社会责任相关的目标，如环保、公益活动等

9.4 PRI 的应用

岗位职责指标（Position Responsibility Indicator，PRI）是根据部门职能说明书和岗位工作说明书中的岗位职责、工作内容、任务清单和任职资格条件等进行归纳、总结并提炼而成的指标。这些 PRI 所对应的工作内容大多是日常事务。企业通过为每个岗位制定具体的 PRI，确保每位员工都明确自己的工作职责和目标，从而提高整体的工作效率和绩效。

9.4.1 PRI 的适用性和应用步骤

PRI 适用于各类组织，特别是那些注重绩效管理和员工发展的组织。PRI 可以应用于不同的岗位层级和职能领域，包括管理层、销售岗位、生产岗位、技术岗位、行政岗位等。

应用 PRI 主要包括五个步骤，见表 9-3。

表 9-3 应用 PRI 的五个步骤

五个步骤	执行要点	应用注意事项
岗位分析	包括仔细审查部门职能说明书和岗位工作说明书，深入理解岗位的职责、工作内容、任务清单以及任职资格条件	建立在对组织结构和岗位设置充分了解的基础上，确保对岗位的要求和工作内容有准确把握
指标提炼	归纳、总结和提炼出关键的 PRI，能够反映岗位核心职责和工作重点	提炼过程中要注重指标的针对性和实效性，确保所选指标能够真实反映员工的工作绩效
绩效标准设定	每个 PRI 的标准应明确、具体，以便员工清楚自己的工作目标和评估准则	绩效标准的设定需考虑岗位的实际情况和企业的整体目标，确保标准的合理性和可行性
绩效评估	评估过程中要对照 PRI 和相应的绩效标准，给出客观、公正的评价	评估结果应该及时反馈给员工，以便他们了解自己的工作表现，明确改进方向
反馈与改进	为员工提供具体的反馈意见和改进建议，有助于员工了解不足，并制订改进计划	对 PRI 和绩效标准进行调整和优化，以确保其持续适应岗位需求和组织目标的变化

9.4.2 PRI 应用实践示例

××有限公司是一家专注于精密机械部件制造的企业，由于市场需求增长，该企业决定将部分加工业务外协给合作伙伴以扩大产能。为了确保外协加工业务的高效运作，该企业需要为各个岗位制定具体的 PRI 体系。

该企业建立 PRI 体系的应用实践示例见表 9-4。

表 9-4 企业建立 PRI 体系的应用实践示例

PRI 体系	指标细化	应用要点
管理层 PRI 体系	制定外协加工策略	确定外协加工的业务范围和合作伙伴选择标准
		监督外协加工合同的签订和执行情况
		定期评估外协加工效果，调整策略
	协调内外部资源	确保公司内部资源与外协加工资源的有效整合
		协调各部门与外协加工商之间的沟通与协作
	风险控制与决策	识别和评估外协加工过程中的潜在风险
		制订风险应对措施，确保业务稳定进行
市场营销 岗位 PRI 体系	市场拓展 与客户需求分析	调研市场需求，寻找外协加工的潜在客户
		分析客户需求，为外协加工产品定位和市场推广提供依据
	产品推广 与销售渠道建设	制订外协加工产品的市场推广计划
		拓展销售渠道，提高外协加工产品的市场占有率
	客户关系维护 与售后服务	建立并维护客户关系，确保客户满意度
		提供及时的售后服务，解决客户问题
技术研发 岗位 PRI 体系	技术支持与工艺优化	提供外协加工所需的技术支持和解决方案
		优化生产工艺，提高外协加工产品的质量和生产效率
	新产品开发与创新	研发适合外协加工的新产品，满足市场需求
		探索技术创新，提升外协加工产品的竞争力
	技术文档 与知识产权保护	编制和完善外协加工产品的技术文档
		保护公司知识产权，防止技术泄露
仓储物流 岗位 PRI 体系	物料管理与库存控制	确保外协加工所需物料的及时供应
		控制库存水平，避免物料积压和浪费
	物流配送与跟踪	安排外协加工产品的物流配送
		跟踪物流信息，确保产品按时到达客户手中
	仓储安全与质量管理	保证仓库安全，防止物料和产品损坏或丢失
		对外协加工产品进行质量检验和控制
财务管理 岗位 PRI 体系	财务预算与成本控制	制定外协加工业务的财务预算
		监控成本支出，确保成本控制在预算范围内
	账务处理与财务分析	准确记录和处理外协加工业务的账务事项
		进行财务分析，为管理层提供决策支持
	资金管理与风险防范	管理外协加工业务的资金流动
		识别和防范财务风险，确保资金安全

续　表

PRI 体系	指标细化	应用要点
行政管理岗位 PRI 体系	行政事务处理与协调	处理外协加工相关的行政事务
		协调各部门与外协加工商之间的行政沟通
	文档管理与保密工作	管理外协加工业务的文档资料
		确保公司机密信息不被泄露
	行政支持与后勤保障	为外协加工业务提供必要的行政支持
		确保后勤保障工作的高效运作
人力资源管理岗位 PRI 体系	招聘与培训	招聘适合外协加工业务的人才
		组织相关培训，提升员工在外协加工方面的能力
	绩效管理与激励	制定并执行外协加工业务相关岗位的绩效考核标准
		设计激励机制，提高员工参与外协加工业务的积极性
	员工关系与文化建设	维护良好的员工关系，促进团队协作
		推动企业文化建设，提升员工对外协加工业务的认同感

9.5　PCI 的应用

岗位胜任特征指标（Position Competency Indicator，PCI）通常基于岗位分析和工作描述，一般可以通过企业所构建的岗位胜任素质模型获得。PCI 是针对员工成功地完成本岗位的职责和工作任务，应当具备或应当达到的专业知识、技术能力和职业素质标准和要求所制定的绩效考核指标。

9.5.1　PCI 的适用范围

PCI 的适用范围较广泛，但主要应用在以下三个方面。

（1）特定岗位评估：PCI 主要用于评估特定岗位所需的关键胜任特征，适用于那些需要明确界定员工能力标准，以提高工作效率和组织绩效的岗位。

（2）人才选拔与招聘：在招聘过程中，PCI 可作为选拔标准，帮助识别具备所需胜任特征的候选人，提高招聘的准确性和效率。

（3）员工培训与发展：通过 PCI 分析，组织可以确定员工在当前岗位上的能力差距，从而制订针对性的培训计划，促进员工个人发展。

9.5.2　在岗位层面应用 PCI

将 PCI 作为岗位层面的主要考评内容，可以在以下两个方面发挥作用

（1）考察关于岗位在胜任特征上的匹配度，实现有关岗位之间的动态匹配。

（2）考察岗位员工胜任特征审批的发展情况，促成员工职业生涯的良性发展。

对岗位层面的 PCI 进行考评，一般可以分为两个步骤。

（1）测评员工阶段性的岗位胜任素质水平，绘制岗位胜任特征水平线。绘制岗位胜任特征水平线的三个步骤见表 9-5。

表 9-5 绘制岗位胜任特征水平线的三个步骤

三个步骤	依据	落地措施
第一步	岗位员工的职业生涯发展规划说明书	收集员工的胜任素质构成、员工现任岗位和各个目标岗位的胜任特征模型
第二步	岗位的胜任素质构成和胜任特征模型	把岗位胜任特征转化为测评指标，并将 KPI 分级
第三步	岗位员工的实际绩效情况	绘制员工岗位胜任特征水平线

（2）考察员工与其所在岗位的匹配程度。首先，根据岗位胜任特征指标及岗位员工的胜任特征的分级情况，编制等级评分表。然后，对照岗位等级评分表与员工岗位胜任特征水平线对岗位进行评分，即得出 PCI 值。一般可以事先确定 PCI 的权重，并与某岗位员工的KPI、PRI 等进行综合，得出某岗位的整体绩效考评成绩。

对标案例 ××企业市场部经理的岗位胜任特征水平线

××企业市场部经理的岗位胜任特征水平线如表 9-6 所示。

表 9-6 ××企业市场部经理的岗位胜任特征水平线

胜任特征	等级	等级指标及岗位胜任特征水平线			
		四级	三级	二级	一级
1	战略管理能力		●		
2	团队管理能力	●			
3	主动创新能力		●		
4	自我管理能力		●		
5	市场开拓能力		●		
6	问题解决能力	●			
7	战略决策能力	●			
8	人际交往能力		●		

注 "一级"至"四级"，其岗位胜任能力由弱变强。"●"表示该市场部经理的岗位胜任能力特征定位

9.6　NNI 的应用

否决指标（No-No Indicator，NNI）之所以用两个"No"表示，主要是说明此类指标对企业正常运转的重要性和特殊意义。对企业来说，NNI 是绝对不能出现异常情况的，如果哪个部门或个人在这些工作中出现了异常，则企业对其业绩的考评肯定是一票否决的。

NNI 是根据企业实际情况而设定的最重要的 KPI。应用 NNI 的关键在于，如果 NNI 所对应的工作没有做好，将对企业带来最直接且最严重的影响。

9.6.1　NNI 的影响及争议点

（1）NNI 正面影响：能够确保关键利益相关者的权益，防止单方面决策失衡，提高决策的质量和慎重性。

（2）NNI 负面影响：可能导致决策过程僵化，甚至出现"要挟"现象，即某一方利用一票否决权谋取额外利益。

（3）NNI 争议点：一票否决权的适用范围和行使方式常常引发争议，例如在公司治理和人力资源管理中，一票否决权可能阻碍公司的正常运营、人才的选用和发展。

9.6.2　NNI 应用实践示例

> **举个例子：** ××生产制造企业的经营宗旨是生产好产品、创造高利润，而不涉及安全生产的问题。但是，安全工作对于企业的生产发展是至关重要的。一旦出现安全问题，将会给员工的人身安全、企业的财产安全，甚至企业的外部形象带来重大影响，有时甚至是致命的打击。

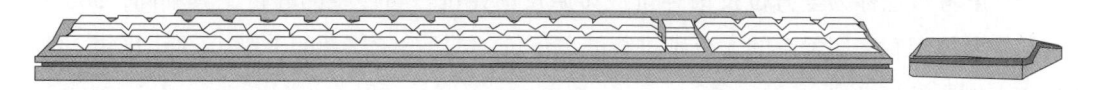

通过上述描述即可判断，该生产制造企业可以将安全工作作为否决指标，即 NNI。如果企业或某部门在安全工作上出现问题，则直接否决其本年度所有的工作绩效，其结果就是该企业的领导者或部门负责人的年度绩效考评成绩为零，即绩效奖金为零。

9.6.3　NNI 的一票否决制

一票否决制指在投票选举或表决中，只要有一张反对票，该候选人或者被表决的内容就会被否定。在行政管理过程中，一票否决还指政府部门干部考核时，一项或特定项任务未完成则整体评估为不合格。一票否决制源于对关键决策的慎重态度，后来逐渐演变为一种确保重要事项得到全体一致同意的方法。

在联合国安全理事会常任理事国中，就实行一票否决制，中国就是这个权利的拥有者之一。一票否决制作为一种绩效管理工具，在政府部门的绩效考核中应用最为广泛，如信访一票否决制、环保一票否决制、食品安全一票否决制和安全生产一票否决制等。

在企业绩效管理中，一票否决制是典型的 NNI。一票否决制可应用在企业重大安全事故上。

企业安全生产一票否决制示例

本企业对有下列情形之一的单位和个人实行一票否决，除在全年综合目标考核时按规定扣分外，还应取消责任单位和责任人当年评先进评优秀的资格。

1. 一般伤亡事故一次死亡 2 人或一次重伤 5 人的；
2. 重大伤亡事故一次死亡 3 人至 9 人或一次重伤 10 人的；
3. 特大伤亡事故一次死亡 10 人以上的；
4. 发生各类安全生产事故直接经济损失达 10 万元以上的；
5. 锅炉、压力容器、起重机械、提升设备、防爆防雷装置等监测检测率未达到 95%以上的；
6. 各类企业厂长、经理和技术安全管理人员取得安全生产管理资格证件未达到 100%的；
7. 特种作业人员持证上岗率未达到 100%的。

9.7　360 度考核的应用

360 度考核也称为**全方位反馈评价**或**多源反馈评价**。与传统的评价工具不同，360 度考核由与被考核者有密切关系的人分别进行匿名评价，包括被考核者的上级、下级、同级、客户，并且本人也要参与自评。

360 度考核体现了**组织调查**（Organization Survey）、**全员质量管理**（Total Quality Management）、**发展回馈**（Developmental Feedback）、**绩效评估**（Performance Appraisal）以及**多源评估系统**（Multisource Assessment System）等多个组织绩效原则，不但符合公开、公平、公正的管理精神，更符合时代的潮流与趋势。

360 度考核的应用模型如图 9-8 所示。

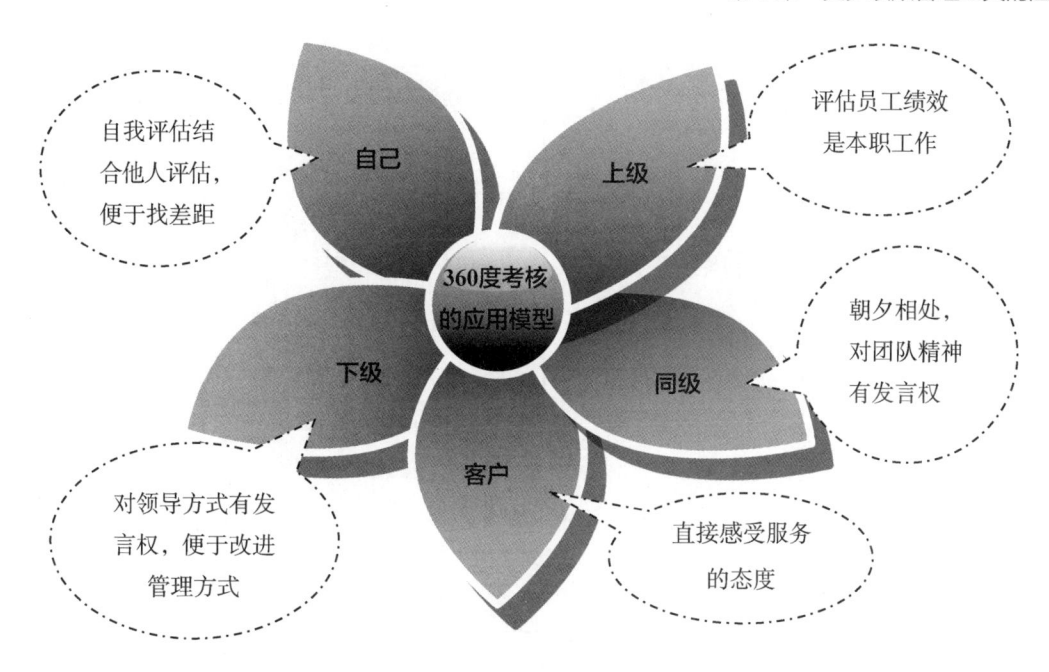

图 9-8　360 度考核的应用模型

9.7.1　360 度考核的适用范围

360 度考核应用广泛，包括领导力发展、个人能力提升、团队建设与优化、培训需求分析、职业规划与人才梯队建设等方面。作为一种绩效管理工具，360 度考核主要适用于员工个人能力发展的评价，而不适用于员工行政管理方面的评价。

出现以下四种情况时，不适合对员工进行 360 度考核，如图 9-9 所示。

360 度考核不适用的四种情况

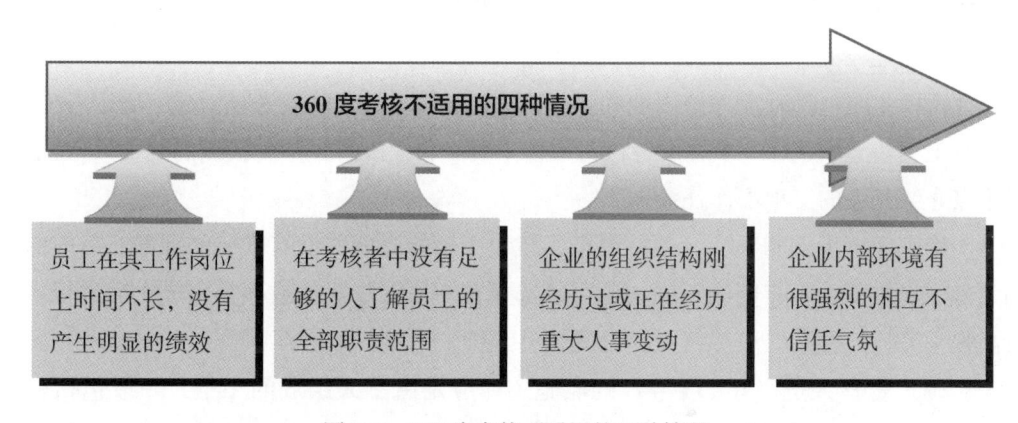

| 员工在其工作岗位上时间不长，没有产生明显的绩效 | 在考核者中没有足够的人了解员工的全部职责范围 | 企业的组织结构刚经历过或正在经历重大人事变动 | 企业内部环境有很强烈的相互不信任气氛 |

图 9-9　360 度考核不适用的四种情况

9.7.2　360 度考核的应用步骤

360 度考核的程序可以分为四个阶段，即准备阶段、设计阶段、实施阶段、评估与反馈阶段，每个阶段的具体工作事项如图 9-10 所示。

```
准备阶段  →  设计阶段  →  实施阶段  →  评估与反馈阶段
```

准备阶段	设计阶段	实施阶段	评估与反馈阶段
获取高层领导的支持	确定考核周期和频率	组织考核评价实施	评估与打分
成立绩效考核小组	确定考核人选	收集并统计考核信息	反馈与面谈
考核工作的培训与宣传	确定考核对象		
	确定考核内容		
	设计调查工具		

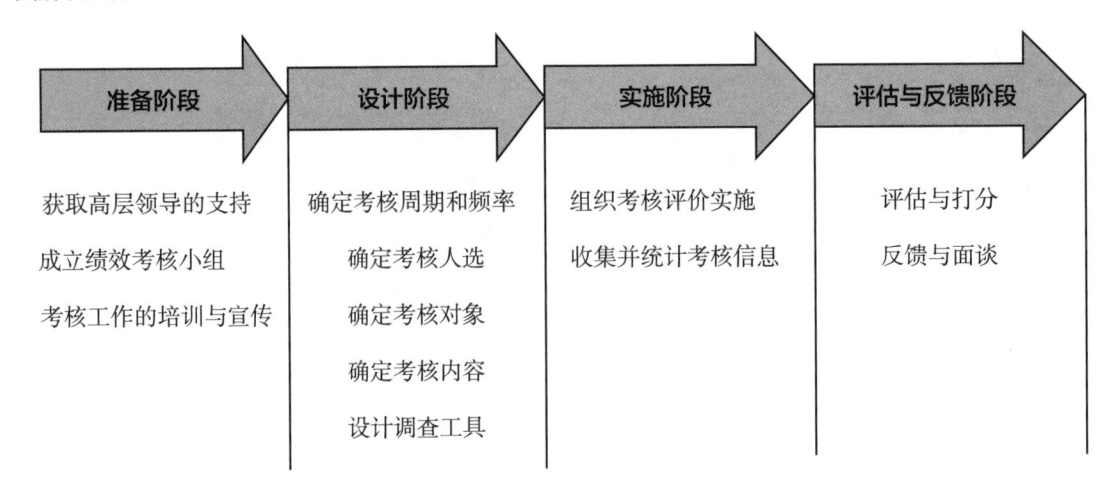

图 9-10 360 度考核的应用流程

1. 准备阶段

（1）获取高层领导的支持。一方面，企业的领导者是考核评价中重要的考核者之一；另一方面，作为上级的领导者从宏观角度决定了绩效管理的政策，指引着绩效考核的方向，同时也是考评得以顺利推进的强大动力和资源的支持者。

（2）成立绩效考核小组。绩效考核小组一般由企业领导者、人力资源部工作者、外部聘请的专业咨询顾问或专家等组成，负责统筹整个绩效考核工作。

（3）考核工作的培训与宣传。考核评价前的培训与宣传工作主要是向员工讲解有关绩效考核的内容，同时说明绩效考核的目的，让员工真正认识到绩效考核对他们的益处，从而消除员工对考核评价工作的顾虑，提高员工参与绩效管理工作的积极性。具体的培训与宣传方式包括培训课程、讲座研讨、集体会议和公司文件传达等。

2. 设计阶段

设计阶段主要包括确定考核周期和频率、确定考核人选、确定考核对象、确定考核内容、设计调查工具等五项工作。其中，考核对象即是员工，考核内容主要依据的是绩效考核量表。这里重点介绍其中的三项工作任务。

（1）确定考核周期和频率。严格说来，绩效考核的周期并没有唯一的标准，一般的考核周期为月度、季度、半年度或年度，还可以选择在一项特殊任务或项目完成之后进行。不宜进行高频率考核，否则既浪费精力和时间，又给员工造成负担。

（2）确定考核人选。360度考核的实施主体应是由多人组成的小组，一般包括被考核者的上级领导、同级同事、下级下属、被考核者本人以及客户等，但并不是所有的上级、同级、下级或工作关系密切的相关人员都适合，而是其中那些与被考核者在工作上接触较多，比较了解被考核者工作表现的人才能作为考核人选。另外，并不是所有的考核者对被考核者的所有考核项目都进行评估，例如，被考核者的服务意识由其服务的对象来评估打分更为合适。

（3）设计调查工具。360度考核的重要工具之一是调查问卷。调查问卷的设计质量关系到评估与打分的效果、信度、效度。因此，设计好调查问卷是本阶段的一项重要工作。

3. 实施阶段

360度考核工作的实施阶段主要包括两项工作，即组织考核评价实施和收集并统计考核信息。在具体的执行过程中，要注意针对如调查问卷的分发、回收统计和保密工作加强监控和管理。另外，人力资源部还要对考核参与人员给予积极的引导，提高其积极性，以确保工作进度和考核信息的真实性、准确性。

4. 评估与反馈阶段

（1）评估与打分。根据收集到的数据资料和各种相关信息，采用科学的工具与方法对被考核者的工作绩效予以评估，输出评估结果。

（2）反馈与面谈。在对被考核者的评估工作完成之后，应及时将考核评价结果的相关信息反馈给被考核者。一般可以由被考核者的直接上级、人力资源部工作人员或者外部咨询顾问或专家，根据评估结果，以正式面谈的方式向被考核者反馈和沟通，帮助其分析工作中哪些地方做得比较好，哪些地方还需改进以及有什么改进措施等问题。

9.7.3 360度考核表单

360度考核表单示例见表9-7。

表9-7 360度考核表单示例

被考核者姓名			职务		上级考核者姓名		职务	
评估周期						考核者		
评估项目			评估等级与评价标准			上级	下级	同级	自我
组织协调能力	差—5	工作杂乱无章，下属之间不能很好地协作							
	一般—10	能对一线工人进行简单的任务分配和协调							
	好—15	能对复杂工作进行分配和协调，并取得他人的支持与配合							
	良—20	很好地安排和协调周围的资源，并领导他人有效开展工作							
	优秀—25	合理、有效地安排协调周围资源，并得到他人的信任和尊重							
语言表达能力	差—5	语言含糊不清，表达的意思不清楚							
	一般—10	能较清晰、流利地表达自己的观点或意见，但过于刻板、生硬							
	好—15	掌握一定的说话技巧，自己的意见或建议能得到他人的认可							
	良—20	能有效地与他人沟通交流，并有一定的说服能力							
	优秀—25	语言清晰、幽默，具有出色的谈话技巧							
创新能力	差—5	没有创新精神，工作易因循守旧							
	一般—10	工作中有一定的创新和独到的见解							
	好—15	能开动脑筋对工作进行改进，但取得的成绩较小							
	良—20	借鉴他人经验改进工作或创新，应用到工作中并取得成绩							
	优秀—25	善于思考，并提出新点子、新想法，对提高企业经营效益做出贡献							

续 表

被考核者姓名		职务		上级考核者姓名		职务			
评估周期						考核者			
评估项目		评估等级与评价标准				上级	下级	同级	自我
计划能力	差—5	没有任何计划，想到什么做什么且经常造成工作延误							
	一般—10	有一点计划，工作随意性较强，本职工作基本能完成							
	好—15	计划性一般，但工作总能很好地完成							
	良—20	计划性较强，偶尔会有计划执行不到位的现象							
	优秀—25	计划性很强，且总能将工作在计划的时间内完成							
得分		考评得分＝上级评分×50%+下级评分×20%+同级评分×10%+自评得分×20%							
被考核者签名						考核者签名			
日期						日期			

9.7.4　720度双环绩效管理

720度双环绩效管理是在360度考核的基础上，主要围绕企业、客户、投资者进行的绩效管理。

720度双环绩效管理模型如图9-11所示。

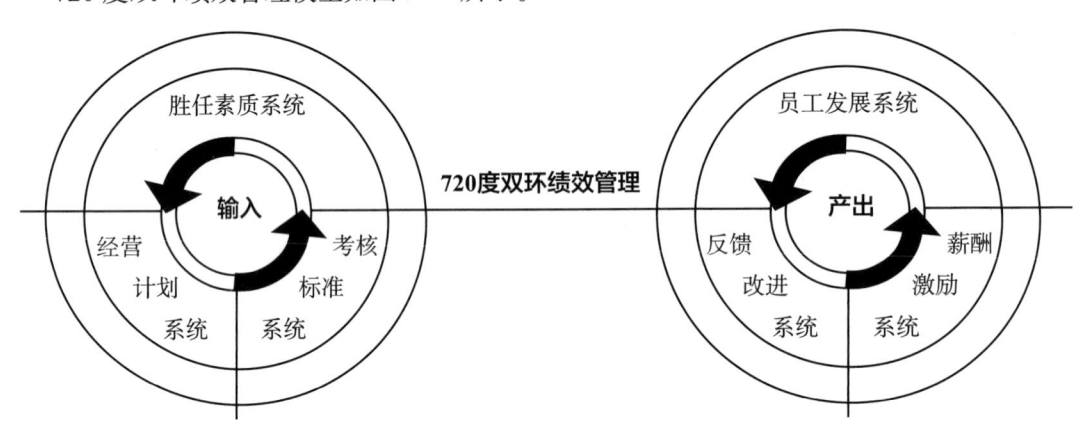

图 9-11　720度双环绩效管理模型

720度双环绩效管理突出的作用和亮点包括三个方面。

（1）720度双环绩效管理能够使企业的高层管理者更加顾及客户和投资者，而不仅仅关注一些核心或骨干员工。

（2）720度双环绩效管理能够使员工有机会更加胜任自己的工作，也能为员工获得更加有前途的职业发展机会创造条件。

（3）如果在720度双环绩效管理过程中让客户参与，对被考核的员工也会有帮助。同时，客户也会有所收获，会感觉到企业是一个负责任的组织。

9.8 敏捷绩效工具的应用

敏捷绩效管理（Agile Performance Management，APM）是一种以动态适应为核心的新型绩效管理工具。APM 通过目标—反馈—评估的闭环机制（横向流程设计）与个体—团队—组织的多层级联动（纵向结构设计），实现对外部环境变化的快速响应。其核心特征表现为：

（1）动态适应性：采用短周期目标迭代（如 OKR）替代固定年度目标，通过持续校准确保战略对齐。

（2）发展导向性：将 70% 的评估权重置于过程性指标（如能力成长、协作贡献），弱化传统考核的问责属性。

（3）双向增值性：依托实时反馈系统和职业发展对话，同步提升组织效能与员工胜任力。该工具通过打破传统绩效管理的刚性结构，在保证业务连续性的同时，构建了更具韧性的人企共赢生态。

9.8.1 敏捷绩效工具的适用范围

1991 年，美国国防部委托理海大学艾科卡研究所等机构共同撰写了《21 世纪制造企业战略》报告，报告指出企业无法对商业环境的变化立即做出有效调整，根据这一现象第一次明确提出了敏捷制造和敏捷制造企业。随着敏捷化思想成功在生产制造领域得到推广和应用，敏捷性研究受到越来越多管理者及学者的关注，出现了组织敏捷性、敏捷供应链管理、敏捷项目管理等新兴研究方向，进一步推进了敏捷绩效的纵深发展。

敏捷绩效管理的原理主要基于敏捷化思想的原则，包括持续协作、频繁的价值交付以及每个阶段的持续改进。这些原则最初源于软件开发，但现在已经广泛应用于其他领域。

实施敏捷绩效，是在公司整体绩效框架与章程下，将公司绩效运营根据业务特征与工作性质进行细化，以便能够进行针对性的绩效模式设计和适应绩效快速安全的变更需求。通过细化绩效运营单元，依托企业绩效文化与管理者的绩效管理能力，实现在公司绩效章程或框架不变的情况下，快速灵活地调整绩效管理策略。

当今处在 **VUCA 时代**，即当前世界面临着**易变性（Volatility）**、**不确定性（Uncertainty）**、**复杂性（Complexity）和模糊性（Ambiguity）**等四种主要挑战。当今这个时代的特征是"科技进步和创新导致的易变性、价值观开放和多元导致的不确定性、社会发展的范式变迁导致的复杂性、传统思维和习惯导致的模糊性"。所以，传统的"年初定目标，年终看结果"的绩效考核方式已经不再适用了。

同时，随着"00 后"和"05 后"年轻人开始大量进入职场，这些新生代员工在绩效管理中的最大特点就是需要得到实时反馈，获得组织的关注、认同和支持。但在传统绩效考核形式下，员工所获得的反馈非常有限，显然不能满足这一要求。

企业迫切需要一种能够适应外部环境变化的绩效管理方法，而敏捷绩效工具正是满足这一需求的有效工具。敏捷绩效工具适用于需要快速响应市场变化、注重员工发展和团队协作的企业。

9.8.2 敏捷绩效工具的特征和关键支柱

敏捷绩效工具的五大特征如图 9-12 所示。

特征1 关注员工成长与发展的"以奋斗者为本"的企业绩效管理文化

特征2 目标完成和绩效评定二者"解耦"

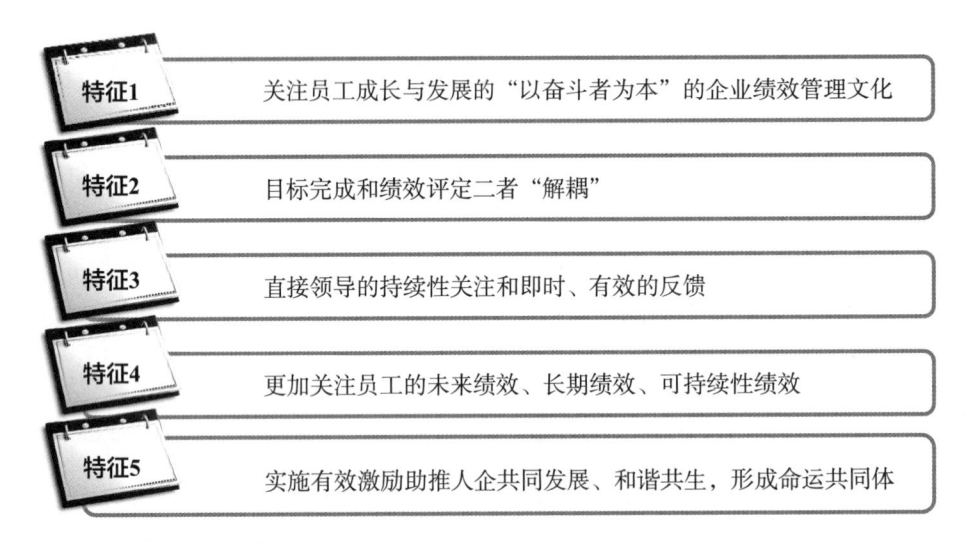

特征3 直接领导的持续性关注和即时、有效的反馈

特征4 更加关注员工的未来绩效、长期绩效、可持续性绩效

特征5 实施有效激励助推人企共同发展、和谐共生，形成命运共同体

图 9-12 敏捷绩效工具的五大特征

下面介绍特征 2 "目标完成和绩效评定二者'解耦'"的内涵和管理实践。

在制定目标时，不把目标完成和绩效得分之间的关系作严格规定，而是在目标完成后，根据员工目标完成质量，以及岗位目标对组织战略目标的关联度和贡献度对员工进行绩效评定，即"事先鼓励发挥，事后论功行赏"。

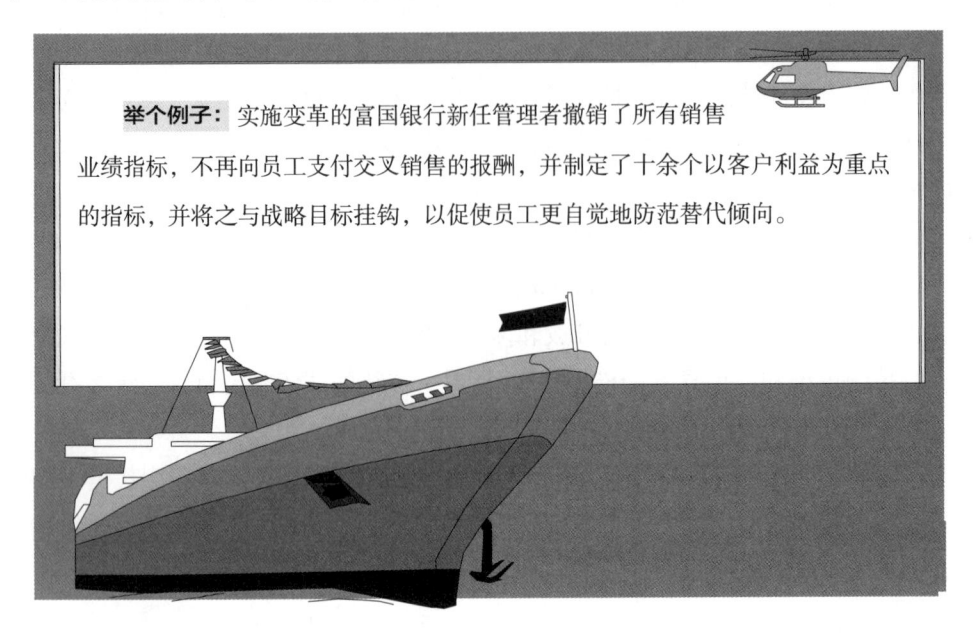

举个例子： 实施变革的富国银行新任管理者撤销了所有销售业绩指标，不再向员工支付交叉销售的报酬，并制定了十余个以客户利益为重点的指标，并将之与战略目标挂钩，以促使员工更自觉地防范替代倾向。

应用敏捷绩效工具有四大关键支柱，如图9-13所示。

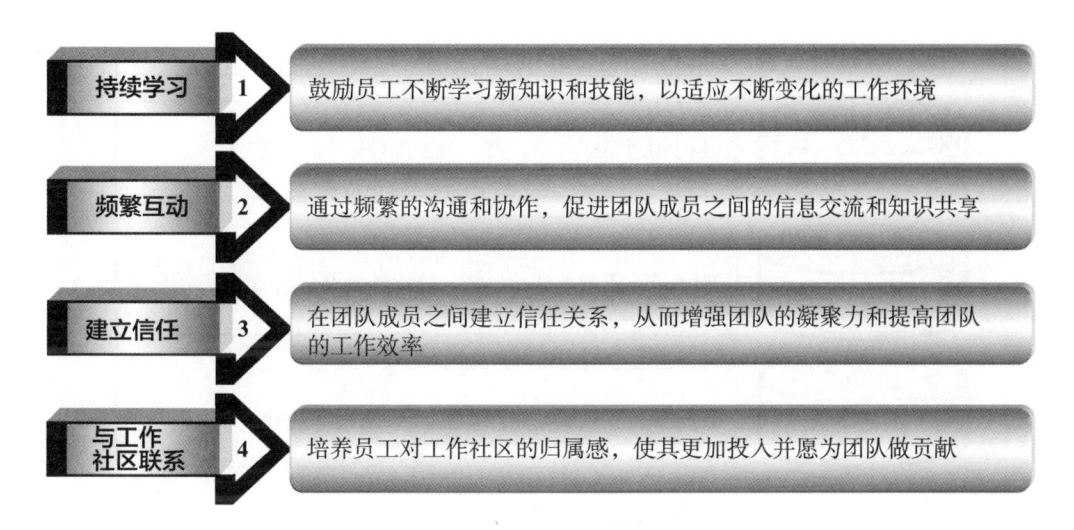

持续学习	1	鼓励员工不断学习新知识和技能，以适应不断变化的工作环境
频繁互动	2	通过频繁的沟通和协作，促进团队成员之间的信息交流和知识共享
建立信任	3	在团队成员之间建立信任关系，从而增强团队的凝聚力和提高团队的工作效率
与工作社区联系	4	培养员工对工作社区的归属感，使其更加投入并愿为团队做贡献

图9-13 敏捷绩效工具的四大关键支柱

9.8.3 敏捷绩效工具应用创新

企业管理者将敏捷软件开发理念中的敏捷性应用到绩效管理实践中，形成敏捷绩效工具。例如，首家取消年度绩效考评的美国大型专业服务公司 Kelly Services，采用了更为频繁和非正式的绩效反馈，对员工实行动态评估考核。紧随其后的德勤事务所、普华永道、埃森哲等专业服务公司，微软、戴尔、通用电气、IBM、Adobe 等技术服务公司，都引入了敏捷绩效工具，主张终止年度绩效评估的考核方式，提倡采用即时的短期化反馈考核方式，重点评估员工未来的工作表现，而非仅仅评估其过去的工作业绩，最终目的应是实现企业和员工的共同成长发展。

马库斯·白金汉（Marcus Buckingham）和艾希利·古德（Ashley Goodall）通过对德勤事务所的绩效管理系统进行分析，认为敏捷绩效管理应是将薪酬决策和对员工日常绩效管理分开，按照季度或者项目期对员工进行"绩效快照"，实时记录员工的业绩表现和业绩成果，采用科学的评级，保证业绩正常的管理过程。

杰克·韦尔奇（Jack Welch）认为企业绩效管理的终极目的不再仅仅是让员工实现目标——期望的绩效，而是要让员工自愿付出超过职责的努力。但如果要达到这一目的，则必须增强员工的组织认同感，而企业员工尤其是知识型员工对企业的认同感更多地表现在企业所提供的岗位是否能够提升其个人能力，但传统绩效管理对员工个人发展关注度远远不够，因此需要企业予以员工充分发挥的空间，对员工进行持续有效激励，包括根据员工阶段表现进行岗位调整、薪资调整，而非等到年终时再进行调整。

国内学者秦琨等在对传统KPI等绩效管理工具弊端剖析的基础上，基于OKR建立了符合我国企业特点的敏捷绩效管理体系，具体分为四个方面，如图9-14所示。

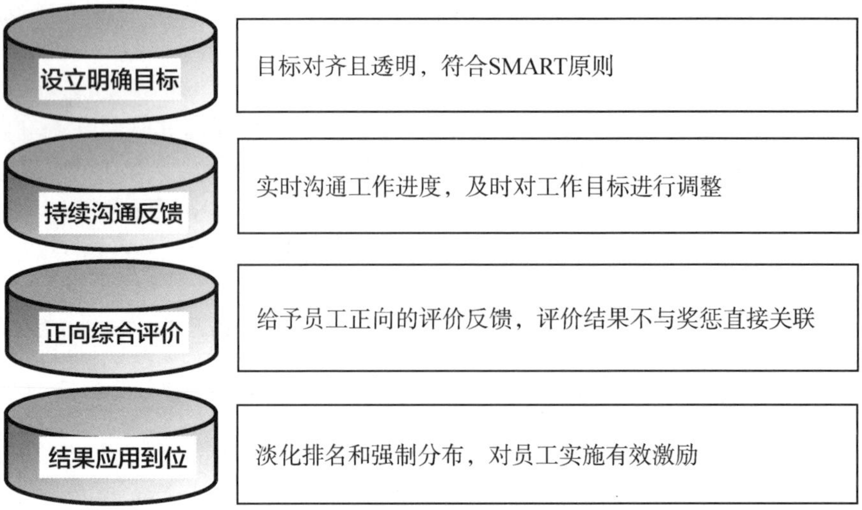

设立明确目标	目标对齐且透明，符合SMART原则
持续沟通反馈	实时沟通工作进度，及时对工作目标进行调整
正向综合评价	给予员工正向的评价反馈，评价结果不与奖惩直接关联
结果应用到位	淡化排名和强制分布，对员工实施有效激励

图 9-14　敏捷绩效管理体系的四个方面

对标案例　××科技公司的敏捷绩效实践

××科技公司是一家专注于软件开发与解决方案的企业，为了在快速变化的市场中保持竞争力，该公司管理层决定引入敏捷绩效工具。

××科技公司应用敏捷绩效工具的五个步骤及具体实施的过程，见表9-8。

表9-8　××科技公司应用敏捷绩效工具的五个步骤及具体实施的过程

五个步骤	工作内容	落地措施
第一步	制定绩效目标	根据公司发展战略和市场需求，制定明确的绩效目标，包括提高软件开发效率、减少Bug数量、增强客户满意度等KPI和标准
第二步	设定绩效评价体系	根据绩效目标设定具体的考核指标和权重，如开发任务的完成时间、代码质量、客户满意度等，同时，还明确了评价标准和考核周期，确保评价过程的透明性和一致性
第三步	持续学习与互动	定期组织内部培训和技术分享会，鼓励员工持续学习新知识和技能，建立跨部门、跨团队的合作机制，促进员工之间的互动和交流，增强团队的凝聚力和创新能力
第四步	建立信任与工作社区的联系感	管理层注重与员工建立良好的信任关系。通过定期的沟通会议、员工座谈会等方式，倾听员工的声音，了解员工的需求和关切。同时，公司还鼓励员工参与决策过程，提升他们的归属感和责任感。这种信任与工作社区的联系感使得员工更加投入工作，提高了整体的工作效率和质量
第五步	调整与优化	根据市场变化和业务需求，不断调整和优化绩效管理策略。如当市场需求发生变化时，及时调整绩效目标和考核指标，以确保绩效管理与公司战略保持一致。同时，根据员工的反馈和建议，完善绩效评价体系和激励机制，激发员工积极性和创造力

第 10 章

卓越绩效管理方法的应用

卓越绩效模式（Performance Excellence Model，PEM）是国际上被广泛认同和应用的一种有效的组织综合绩效管理方法。卓越绩效模式不是目标，而是一种评价方法。卓越绩效模式的核心是强化组织的顾客满意意识和创新活动，追求卓越的经营业绩。

应用卓越绩效管理方法的依据是**国家标准 GB/T 19580—2012《卓越绩效评价准则》**，它是由国家质量监督检验检疫总局和国家标准化管理委员会于 2012 年 3 月 9 日发布的，于 2012 年 8 月 1 日正式实施。该标准借鉴国内外卓越绩效管理的经验和做法，结合我国企业经营管理的实践，从领导、战略、顾客与市场、资源、过程管理、测量、分析与改进，结果等七个方面规定了组织卓越绩效的评价要求，为组织追求卓越提供了自我评价的准则，也可作为质量奖的评价依据。

第10章 卓越绩效管理方法的应用

- 卓越绩效评价模式及应用
  - 建立卓越绩效评价模式的目的
  - 《卓越绩效评价准则》框架模型
  - 强调以顾客和市场为中心
  - 以客观事实为依据
  - 绩效分析和知识管理
  - 经营结果评价与改进

- 卓越绩效标准的建立
  - 企业绩效评价标准值的五项内容
  - 企业效绩评价四方面三类28项指标
  - 组织KPI卓越绩效标准体系
  - 团队KPI卓越绩效标准体系
  - 个人KPI卓越绩效标准体系
  - 卓越绩效标准与职业生涯规划

- 《卓越绩效评价准则》解读
  - 实施目标与适用范围
  - 七个类目的内容
  - 九个基本理念
  - 与ISO9000的关系

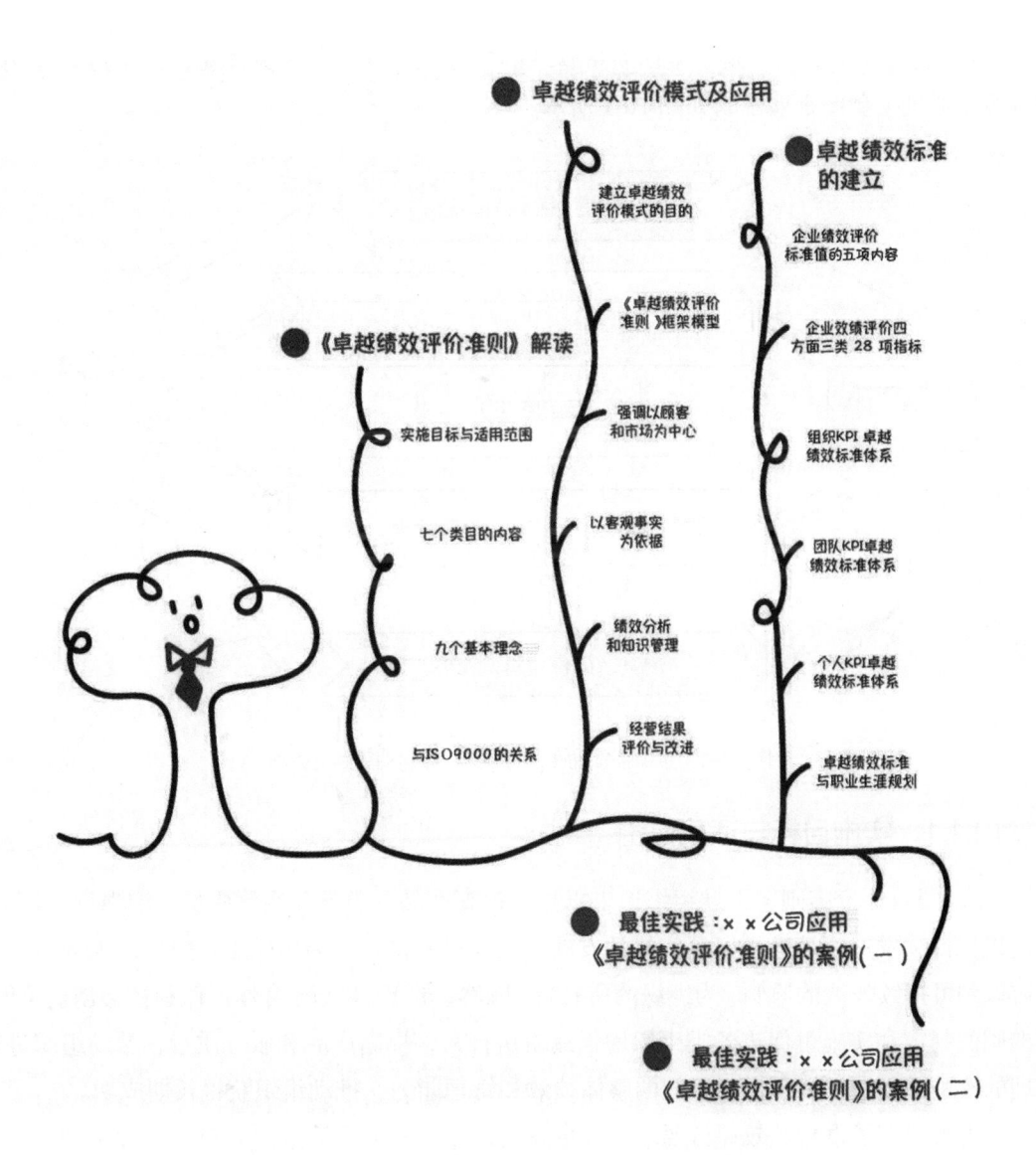

- 最佳实践：××公司应用《卓越绩效评价准则》的案例（一）

- 最佳实践：××公司应用《卓越绩效评价准则》的案例（二）

卓越绩效管理方法应用框架体系

10.1 《卓越绩效评价准则》解读

《卓越绩效评价准则》是对全面质量管理的标准化、规范化和具体化，其全过程控制的内容可以通过模型图来展示，如图10-1所示。

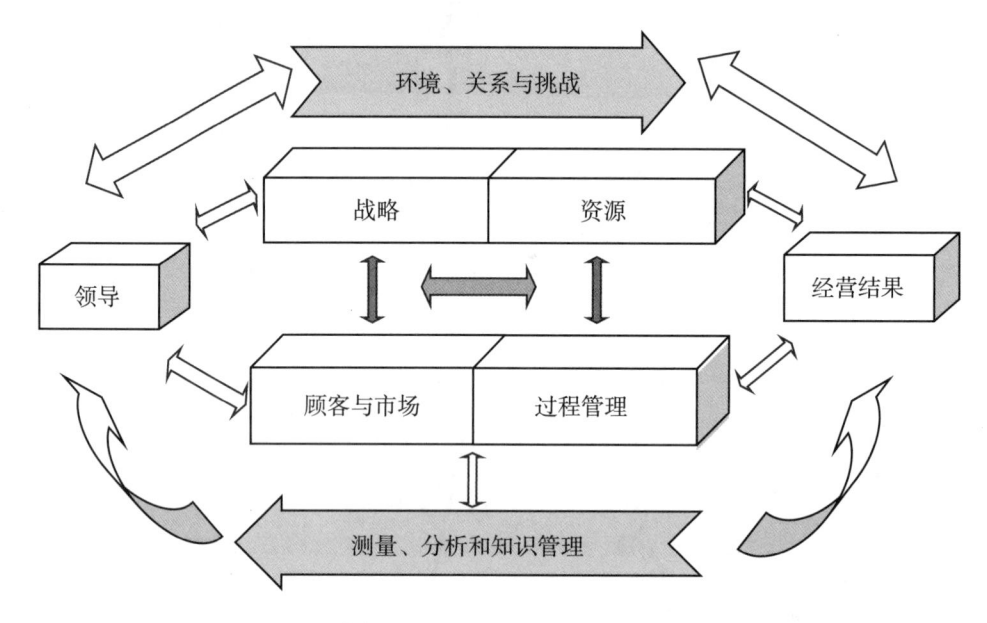

图10-1 《卓越绩效评价准则》全过程控制模型图

10.1.1 实施目标与适用范围

《卓越绩效评价准则》引导组织追求卓越，提高产品、服务和经营质量，增强竞争优势，促进组织持续发展。该准则以落实科学发展观、建设和谐社会为出发点，坚持以人为本、全面协调和可持续发展的原则，为组织的所有者、顾客、员工、供方、合作伙伴和社会创造价值。该准则的制定和实施可促进各类组织增强战略执行力，提高产品和服务质量，帮助组织进行管理的改进和创新，持续提高组织的整体绩效和管理能力，推动组织获得长期成功。

该准则规定了卓越绩效评价要求，是卓越绩效评价的主要依据；《卓越绩效评价准则实施指南》是组织实施该准则配套的指导性技术文件，为组织理解和应用该准则提供指南。该准则反映了当今世界现代管理的理念和方法，是许多成功企业的经验总结，是激励和引导企业追求卓越，成为世界级企业的有效途径。该准则通过综合组织绩效管理工具与方法，使组织和员工个人得到进步和发展，提升组织的整体绩效和能力，为顾客和其他相关方创造价值，并使组织持续获得成功。

该准则适用于追求卓越绩效的各类组织，包括但不限于企业、事业单位等，其为组织追求卓越绩效规定了自我评价的准则。

企业人力资源管理工作者可以应用该准则制定组织、部门和岗位各类人员的绩效管理实施办法。

10.1.2 七个类目的内容

《卓越绩效评价准则》七个类目的内容见表 10-1。

表 10-1 《卓越绩效评价准则》七项内容构成

序号	七项内容	内容解读
1	领导	本条款用于评价组织高层领导在价值观、发展方向、目标、对顾客及其他相关方的关注、激励员工创新和学习等方面的作为，以及组织的治理和履行社会责任的情况
2	战略	本条款用于评价组织的战略目标和战略规划的确定、部署及其进展情况
3	顾客与市场	本条款用于评价组织确定顾客和市场的需求、期望和偏好，建立顾客关系的方法；确定影响赢得、保持顾客，并使顾客满意、忠诚的关键因素的方法
4	资源	本条款用于评价组织高层领导为确保战略规划和目标的实现、为价值创造过程和支持过程所配置的资源，包括人力资源及其他的财务、基础设施、相关方关系、技术
5	过程管理	本条款用于评价组织过程管理的主要方面。组织过程分为价值创造过程和支持过程
6	测量、分析与改进	本条款用于评价组织选择、收集、分析和管理数据、信息和知识的方法，充分和灵活使用数据、信息和知识，改进组织绩效
7	经营结果	本条款用于评价组织在主要经营方面的绩效和改进，包括顾客满意程度、产品和服务的绩效、市场绩效、财务绩效、人力资源绩效、运行绩效，以及组织的治理和社会责任绩效。绩效水平应与竞争对手的水平或标杆相比较并进行评价

10.1.3 九个基本理念

《卓越绩效评价准则》建立在九个基本理念的基础之上，高层领导可以应用这些基本理念引导组织追求卓越，见表 10-2。

表 10-2 《卓越绩效评价准则》九个基本理念

序号	九个基本理念	内容解读
1	具有远见卓识的领导	以前瞻性的视野、敏锐的洞察力，确立组织的使命、愿景和价值观，带领全体员工实现组织的发展战略和目标
2	战略导向	以战略统领组织的管理活动，获得持续发展和成功
3	顾客驱动	将顾客当前和未来的需求、期望和偏好作为改进产品和服务质量、提高管理水平及不断创新的动力，以提高顾客的满意和忠诚程度
4	社会责任	为组织的决策和经营活动对社会的影响承担责任，促进社会的全面协调可持续发展
5	以人为本	员工是组织之本，一切管理活动应以激发和调动员工的主动性、积极性为中心，促进员工的发展，保障员工的权益，提高员工的满意程度
6	合作共赢	与顾客、供应方及其他相关方建立长期伙伴关系，互servicing为对方创造价值，共同发展
7	重视过程与关注结果	组织的绩效源于过程，体现于结果。因此，既要重视过程，更要关注结果。要通过有效的过程管理，实现卓越的结果
8	学习、改进与创新	培育学习型组织和个人是组织追求卓越的基础，传承、改进和创新是组织持续发展的关键
9	系统管理	将组织视为一个整体，以科学、有效的方法，实现组织经营管理的统筹规划、协调一致，提高组织管理的有效性和效率

10.1.4　与 ISO 9000 的关系

《卓越绩效评价准则》有利于引导组织的自我学习，激励组织追求卓越绩效，提高产品质量，提升服务能力，增强竞争优势。通过树立典范并分享成功的经验，鼓励和推动更多的组织应用这套准则。

这套准则是国内外许多成功组织的实践经验总结，为组织的自我评价和外部评价提供了很好的依据。这套准则的制定和实施可帮助组织提升整体绩效和能力，为组织的所有者、顾客、员工、供方、合作伙伴和社会创造价值，有助于组织获得长期的市场成功，便于各类组织在质量管理实践方面进行沟通和共享，它成为一种理解、管理绩效并指导组织进行规划和获得学习机会的工具。

《卓越绩效评价准则》与 ISO 9000 的关系密切。ISO 9000 是质量管理体系标准，是符合性标准，目的是证实企业有能力稳定地提供满足顾客需求和适用法律法规要求的产品。而《卓越绩效评价准则》对企业提出了更高的要求，为企业提供了对标追求卓越绩效的经营管理模式。该准则用量化指标（1000 分）平衡地评价企业经营的业绩，是评价企业卓越绩效成熟度的标准，兼容了 ISO 9001 和 ISO 9004 等标准。

10.2　卓越绩效评价模式及应用

10.2.1　建立卓越绩效评价模式的目的

企业建立卓越绩效评价模式的目的主要有以下四个。

（1）适应日趋激烈的国际市场竞争形势，引导企业积极应对市场竞争，重视产品和服务质量，不断改进管理方法，提高管理水平。

（2）"创"新观念、新思路、新方法。探索卓越绩效管理模式与其他质量管理方法之间的关系，尝试将其有机整合，从符合性上升到追求卓越的高度。

（3）帮助企业建立一个经营模式的总体框架。激励中小企业追求卓越，关注战略、社会责任和经营绩效等，注重资源配置和质量改进，并与可持续发展、科学发展观、品牌战略、诚信体系相结合、促进对质量改进和全面质量管理的关注和理解，以实现长期成功。

（4）发挥质量管理奖的激励，引导和促进作用。使用质量管理奖标准进行自我评价，与优秀企业、竞争对手、标杆进行水平对比，找出差距，促进改进与学习，将其成功经验向广大企业分享。

10.2.2　《卓越绩效评价准则》框架模型

企业追求卓越绩效首先要建立卓越绩效评价模式。卓越绩效评价理论的发展与质量控制方法的广泛结合应用产生了卓越绩效评价模式。《卓越绩效评价准则》框架模型的实施内容如图 10-2 所示。

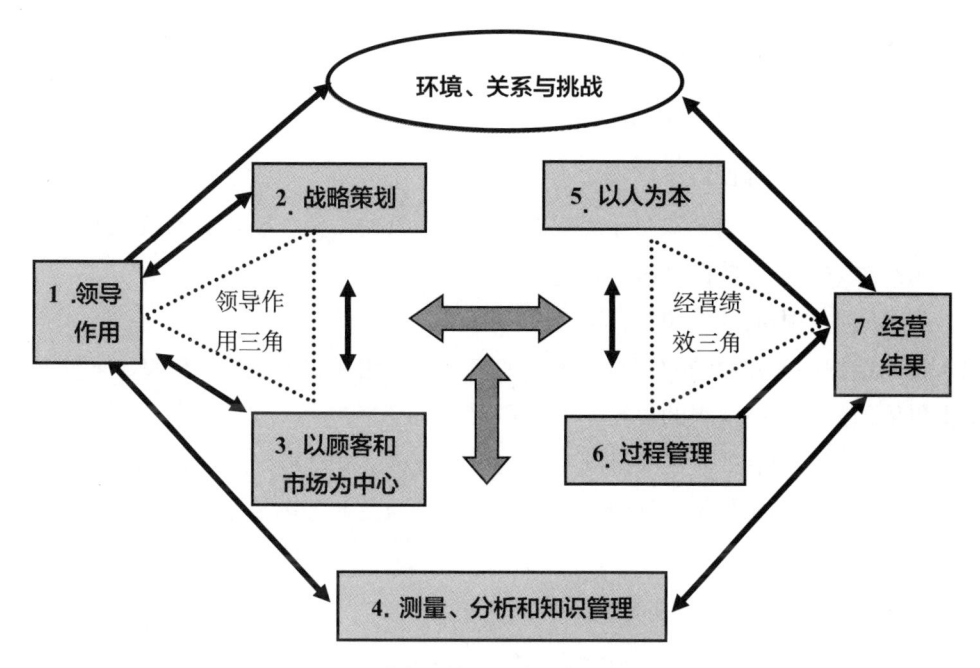

图 10-2 《卓越绩效评价准则》框架模型

《卓越绩效评价准则》框架是一套综合的、系统化的、动态化的管理模式。其中，"领导、战略、顾客与市场"构成领导作用三角，是驱动性的；"资源、过程管理、经营结果"构成经营绩效三角，是从动性的；而"测量、分析和知识管理"中的数据、信息和知识对于基于事实的管理和竞争性改进而言至关重要，构成了绩效管理系统的基础。

10.2.3 强调以顾客和市场为中心

卓越绩效评价模式强调以顾客和市场为中心的管理理念，把以顾客和市场为中心作为组织质量管理的首要原则。卓越绩效评价模式把顾客满意和顾客忠诚即顾客感知价值作为关注点，是当今全球化市场的必然要求。

组织的经营管理过程就是创造顾客价值的过程，为达到更高的顾客价值，就需要系统、协调一致的经营过程。组织要树立顾客导向的经营理念，认识到质量和绩效是由组织的顾客来评价和决定的。组织必须考虑产品和服务如何为顾客创造价值，达到顾客满意，并由此提高组织绩效。

组织既要关注现有顾客的需求，还要预测未来顾客的期望和发掘潜在的顾客。顾客导向的卓越绩效评价模式要体现在组织运作的全过程，因为很多因素都会影响顾客感知的价值和满意，包括组织要与顾客建立良好的关系，以增强顾客对组织的信任、信心和忠诚。在预防缺陷和差错产生的同时，组织要重视快速、热情、有效地解决顾客的投诉和抱怨，留住顾客并驱动改进。

另外，在满足顾客基本要求的基础之上，组织还要努力掌握新技术、增强能力以及掌握竞争对手的发展状况，为顾客提供个性化和差异化的产品和服务，对顾客需求和满意度变化保持敏感性，做出快速、灵活的反应。

10.2.4 以客观事实为依据

卓越绩效评价模式强调以客观事实为依据，是基于调研、事实和分析的管理理念，是一种科学的做事态度。测量内容取决于组织的战略和经营的需要，通过测量获得关键过程、结果输出和组织绩效的重要数据、信息和资料。

以客观事实为依据的绩效测量具备三大特征。

（1）说明组织如何建立绩效测量系统，如何有效应用相关的数据和信息，监测日常运作及组织的整体绩效，支持组织的决策、改进和创新。

（2）说明组织如何有效应用关键的对比数据和信息，支持组织的决策、改进和创新。

（3）说明组织如何确保绩效测量系统适应发展方向及业务需要，并确保对组织内外部的快速变化保持敏感性。

绩效测量的六项内容如图 10-3 所示。

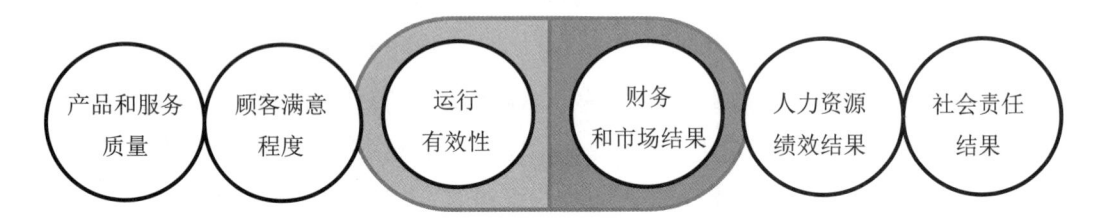

图 10-3 绩效测量的六项内容

绩效测量的六项内容从不同的角度反映了利益相关者的平衡。通过分析测量得到的数据和信息，可以发现其中变化的趋势，找出重点问题和 KSF，识别其中的因果关系，用于组织进行绩效的评价、决策和改进，而且还可以将组织的绩效水平与竞争对手或标杆的"最佳实践"进行比较，识别组织的优势和劣势，促进组织绩效的持续提升。

组织绩效测量应从三个方面开展，如图 10-4 所示。

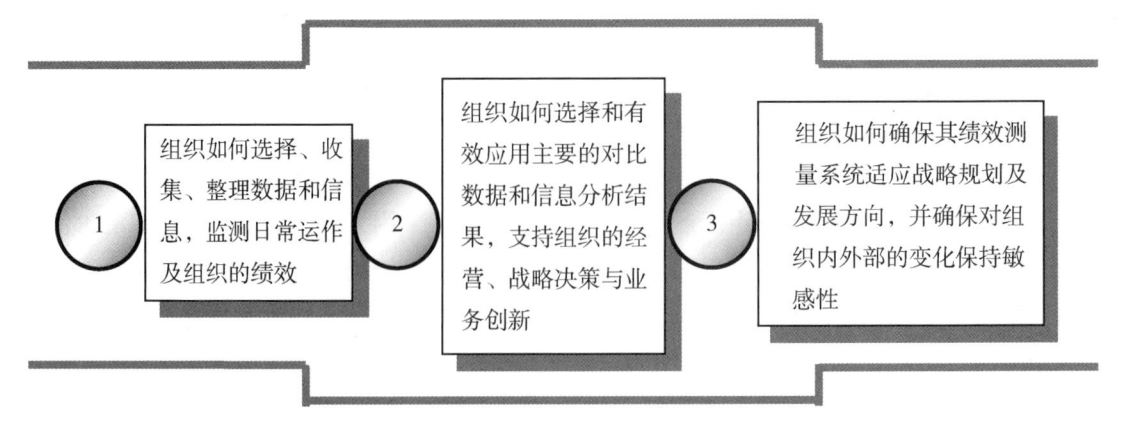

图 10-4 组织绩效测量的三个方面

10.2.5 绩效分析和知识管理

绩效分析和知识管理的前提是收集信息和整合知识资源，包括五个方面。

（1）如何识别和开发信息源，如何确保获得和提供所需的数据和信息，并使员工、供方和合作伙伴及顾客易于获取相关数据和信息。

（2）如何配备获取、传递、分析和发布数据和信息的设施，如何建立和运行信息系统，如何确保信息系统硬件和软件的可靠性、安全性、易用性。

（3）如何使信息系统适应组织的发展方向及业务需要。

（4）如何有效地管理组织的知识资产，收集和传递来自员工、顾客、供方和合作伙伴等方面的相关知识，识别、确认、分享和应用最佳实践。

（5）如何确保数据、信息和知识的准确性、完整性、可靠性、及时性、安全性和保密性。

在进行绩效分析时，组织通常从多个维度说明如何分析其绩效，包括组织如何分析、评价组织绩效，以及如何在战略制定过程中开展绩效分析等；组织如何将分析结果传递到各部门、各层次，为其决策提供有效的支持。

组织还应该说明如何确保员工、供方和合作伙伴以及顾客所需数据和信息的质量和可用性，确保这些数据和信息易于获取，并说明组织积累和共享知识的方法。

10.2.6 经营结果评价与改进

绩效分析和评价要把握好两大关键，即经营结果评价与改进。

（1）如何分析、评价组织绩效，包括如何评价组织的成就、竞争绩效以及长、短期目标和实施计划的进展，如何评价组织的应变能力。

（2）如何根据绩效评价结果，确定改进的优先次序，并识别创新的机会；如何将这些优先次序和创新机会及其举措在组织内展开，适当时展开到关键供方和合作伙伴，以达到协调一致。

用于评价组织在主要经营方面的绩效和改进内容，包括顾客满意程度、产品和服务绩效、市场绩效、财务绩效、人力资源绩效、运行绩效，以及组织的治理和社会责任绩效等。绩效水平应与竞争对手的水平或标杆相比较。经营结果评价与改进内容见表10-3。

表10-3 经营结果评价与改进内容

维度	细分	与竞争对手或标杆比较具体内容
顾客与市场的结果	以顾客为中心结果	（1）顾客满意程度主要测量结果的当前水平和发展趋势 （2）顾客满意程度在本行业中的水平以及与竞争对手和本行业标杆对比的结果 （3）顾客忠诚程度主要测量结果的当前水平和发展趋势
	产品和服务结果	（1）组织主要产品和服务绩效的主要测量指标及其当前水平和发展趋势 （2）组织主要产品和服务绩效与竞争对手的绩效相比较的结果 （3）组织产品和服务质量在国内以及国际同类产品和服务行业中的水平比较结果 （4）组织主要产品包括名牌产品和服务具有的特色及创新成果
	市场结果	（1）包括市场占有率、市场地位、业务增长和新增市场等 （2）市场绩效与竞争对手和本行业标杆绩效的对比结果，在国内外同行业中的水平

续 表

维度	细分	与竞争对手或标杆比较具体内容
财务结果	—	具体包括主营业务收入、投资收益、营业外收入、利润总额、总资产贡献率、资本保值增值率、资产负债率、流动资金周转率等综合指标
资源结果	人力资源结果	（1）简化岗位划分、岗位轮换、工作环境改进、留住员工和内部晋升比率，以及管理人员比例的变化等 （2）建议的数量、岗位成绩的提高以及交叉培训等方面 （3）工作环境改进、合理化建议和质量管理小组的数量、员工满意的程度等
资源结果	相关方绩效结果	组织应描述基础设施、信息、技术、相关方关系等资源方面的绩效结果
资源结果	过程有效性结果	（1）全员劳动生产率、周期、供方和合作伙伴绩效以及其他有效性的测量结果 （2）战略和战略规划完成情况的主要测量结果
组织的治理和社会责任结果	—	（1）组织治理的主要测量指标及其当前结果和发展趋势 （2）组织的产品、服务和经营对环境保护、能源消耗、资源综合利用、安全生产、产品安全、公共卫生等社会影响的主要测量结果，包括满足和超越法律法规要求，促进可持续发展等方面 （3）组织的诚信等级、相关方信任程度等道德行为的主要测量结果 （4）组织履行公民义务、支持公益事业的主要测量结果

10.3 卓越绩效标准的建立

卓越绩效标准具有三大特点，见表10-4。

表10-4 卓越绩效标准的三大特点

三大特点	具体分析
标准要求非规定性、非强制性	卓越绩效标准关注的是结果，而非程序、工具或组织结构；鼓励组织去开发和展示其创造性、灵活性和多样性，以满足标准的基本要求，持续增值，取得突破性的改进；工具、技术、系统和组织结构的多样性常常取决于企业经营类型、规模大小、分工协作关系和战略发展阶段，以及员工能力和责任感等因素；标准关注共同的要求，而非共同的程序，以鼓励工具与方法的革新和多元化
标准自身持续改进	标准需根据工作的提升而不断改进，原则上标准的调整要保证每年至少一次
标准的一致性	企业使命、愿景、价值观与经营战略和经营结果要保持高度的一致性

10.3.1 企业绩效评价标准值的五项内容

国务院国资委考核分配局编制的《企业绩效评价标准值2023》是依据《中央企业综合绩效评价管理暂行办法》等有关规定，全国国有企业有关财务数据、国家统计部门有关统计资料、各行业协会有关运行材料等，并结合针对2022年度国民经济各行业运行情况的客观分析，应用数理统计方法测算出的。

企业绩效评价标准值包括五项内容，如图10-5所示。

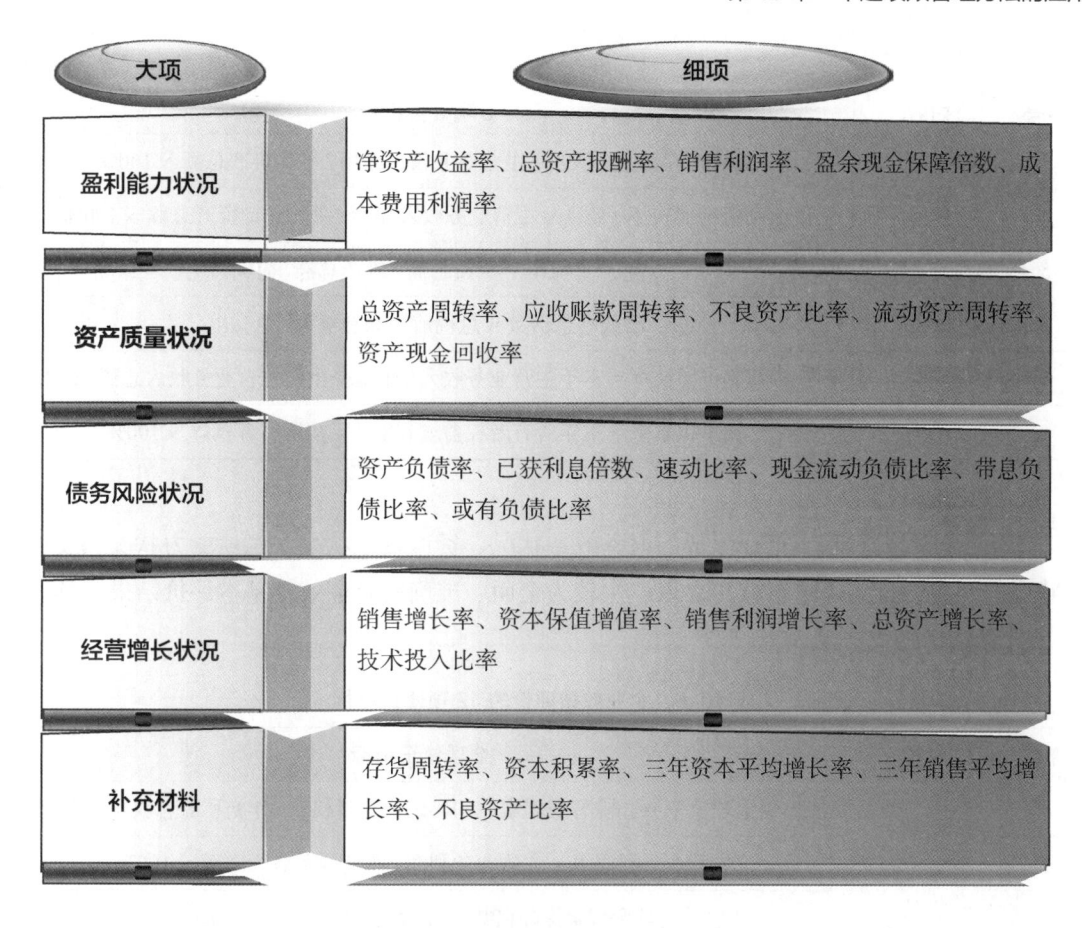

大项	细项
盈利能力状况	净资产收益率、总资产报酬率、销售利润率、盈余现金保障倍数、成本费用利润率
资产质量状况	总资产周转率、应收账款周转率、不良资产比率、流动资产周转率、资产现金回收率
债务风险状况	资产负债率、已获利息倍数、速动比率、现金流动负债比率、带息负债比率、或有负债比率
经营增长状况	销售增长率、资本保值增值率、销售利润增长率、总资产增长率、技术投入比率
补充材料	存货周转率、资本积累率、三年资本平均增长率、三年销售平均增长率、不良资产比率

图 10-5　企业绩效评价标准值的五项内容

10.3.2　企业效绩评价四方面三类 28 项指标

根据《国有资本金效绩评价规则》制定《企业效绩评价操作细则（修订）》，目的是进一步加强企业监督管理，规范企业经营效绩评价行为，完善企业效绩评价方法，确保企业效绩评价结果的科学、客观和公正。企业效绩评价指标由反映企业财务效益状况、资产营运状况、偿债能力状况和发展能力状况四方面内容的基本指标、修正指标和评议指标三个层次共 28 项指标构成。

1. 基本指标

基本指标是评价企业效绩的核心指标，由反映企业财务效益状况、资产营运状况、偿债能力状况和发展能力状况评价内容的 8 项计量指标构成，用以形成企业效绩评价的初步结论，见表 10-5。

表 10-5　企业效绩评价的 8 项计量指标

序号	内容	8 项计量指标
1	财务效益状况	净资产收益率 = 净利润 / 平均净资产 ×100%
2		总资产报酬率 = 息税前利润总额 / 平均资产总额 ×100%

续表

序号	内容	8项计量指标
3	资产营运状况	总资产周转率（次）= 主营业务收入净额 / 平均资产总额 ×100%
4		流动资产周转率（次）= 主营业务收入净额 / 平均流动资产总额 ×100%
5	偿债能力状况	资产负债率 = 负债总额 / 资产总额 ×100%
6		已获利息倍数 = 息税前利润总额 / 利息支出
7	发展能力状况	销售（营业）增长率 = 本年主营业务收入增长额 / 上年主营业务收入总额 ×100%
8		资本积累率 = 本年所有者权益增长额 / 年初所有者权益 ×100%

2. 修正指标

修正指标用以对基本指标形成的财务效益状况、资产营运状况、偿债能力状况、发展能力状况的初步评价结果进行修正，以产生较为全面、准确的企业效绩基本评价结果，具体由12项计量指标构成，见表10-6。

表10-6 企业效绩评价的12项修正指标

序号	内容	12项修正指标
1	财务效益状况	资本保值增值率 = 扣除客观因素后的年末所有者权益 / 年初所有者权益 ×100%
2		主营业务利润率 = 主营业务利润 / 主营业务收入净额 ×100%
3		盈余现金保障倍数 = 经营现金净流量 / 净利润
4		成本费用利润率 = 利润总额 / 成本费用总额 ×100%
5	资产营运状况	存货周转率（次）= 主营业务成本 / 存货平均余额 ×100%
6		应收账款周转率（次）= 主营业务收入净额 / 应收账款平均余额 ×100%
7		不良资产比率 = 年末不良资产总额 / 年末资产总额 ×100%
8	偿债能力状况	现金流动负债比率 = 经营现金净流量 / 流动负债 ×100%
9		速动比率 = 速动资产 / 流动负债 ×100%
10	发展能力状况	三年资本平均增长率 =[（年末所有者权益总额 / 三年前年末所有者权益总额）$^{\frac{1}{3}}$ −1]×100%
11		三年销售平均增长率 =[（当年主营业务收入净额 / 三年前主营业务收入净额）$^{\frac{1}{3}}$ −1]×100%
12		技术投入比率 = 当年技术转让费支出与研发投入 / 主营业务收入净额 ×100%

3. 评议指标

评议指标是用于对基本指标和修正指标评价形成的评价结果进行定性分析验证，以进一步修正定量评价结果，使企业效绩评价结论更加全面、准确。评议指标主要由8项非计量指标构成，如图 10-6 所示。

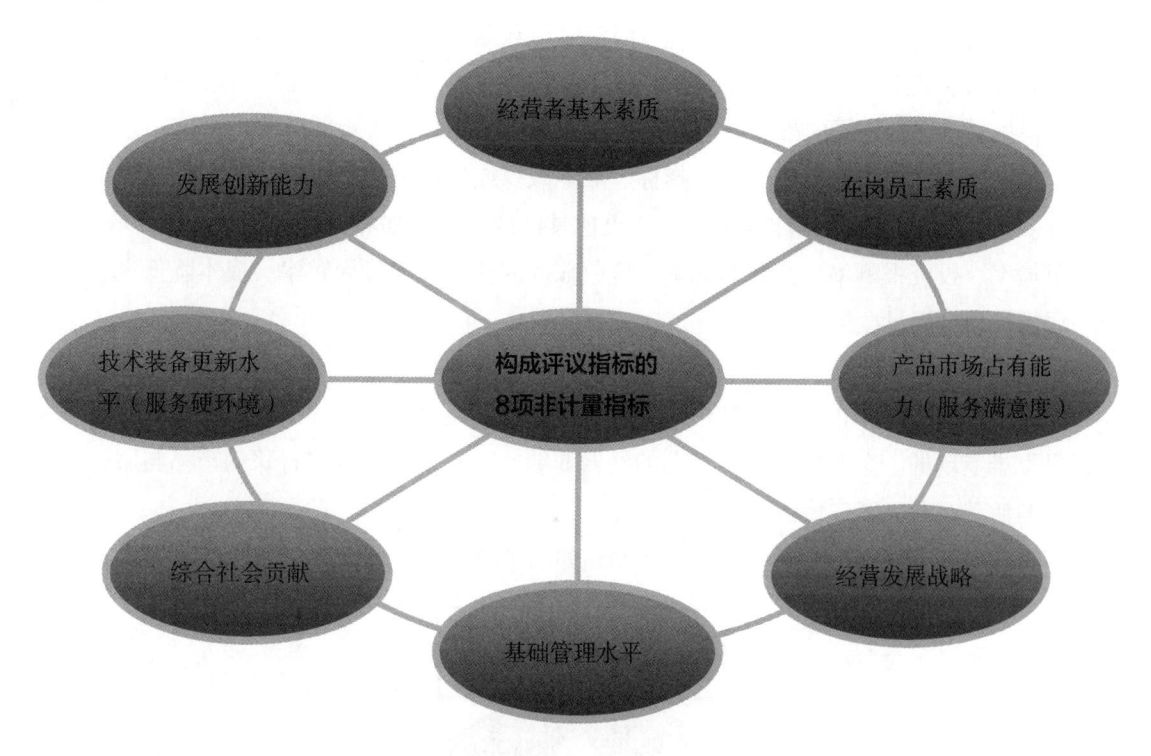

图 10–6 构成评议指标的 8 项非计量指标

10.3.3 组织 KPI 卓越绩效标准体系

组织 KPI 卓越绩效标准体系的建立可从平衡计分卡（BSC）所包含的四个维度着手，如图 10-7 所示。

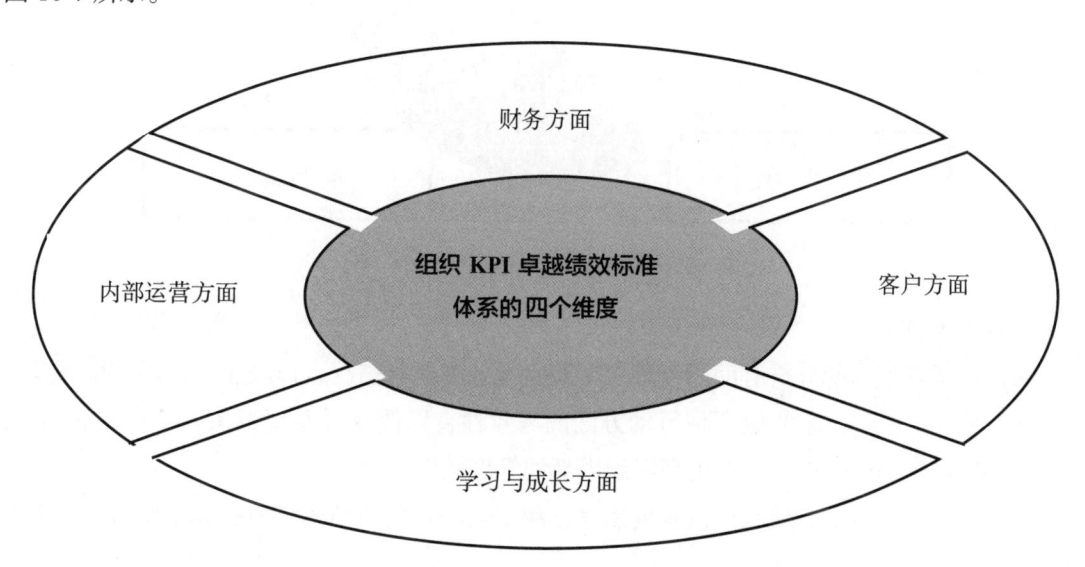

图 10–7 组织 KPI 卓越绩效标准体系的四个维度

1. 财务方面

从财务的角度看，企业有"成长""保持""收获"三大战略方向，与此相配合，就会形成三个财务性主题，即"收入—成长""成本降低—生产力改进""资产利用—投资战略"。企业应根据所确定的不同的战略方向、战略主题采用不同的业绩衡量指标。

财务绩效指标主要包括收入增长指标、成本减少或生产率提高指标、资产利用或投资战略指标。企业也可以根据具体要求，设置更加具体的指标，如经济增加值、净资产收益率、资产负债率、投资报酬率、销售利润率、应收账款周转率、存货周转率、成本降低率、营业净利润额和现金流量净额等。

2. 客户方面

客户在组织 KPI 中占有重要地位，因为如果无法满足或达到客户的需求，企业的愿景及目标是很难实现的。企业要想取得长期的经营业绩，就必须有受客户青睐的产品与服务，因此企业的活动必须以客户价值为出发点。

客户方面的绩效指标主要包括五个方面，如图 10-8 所示。

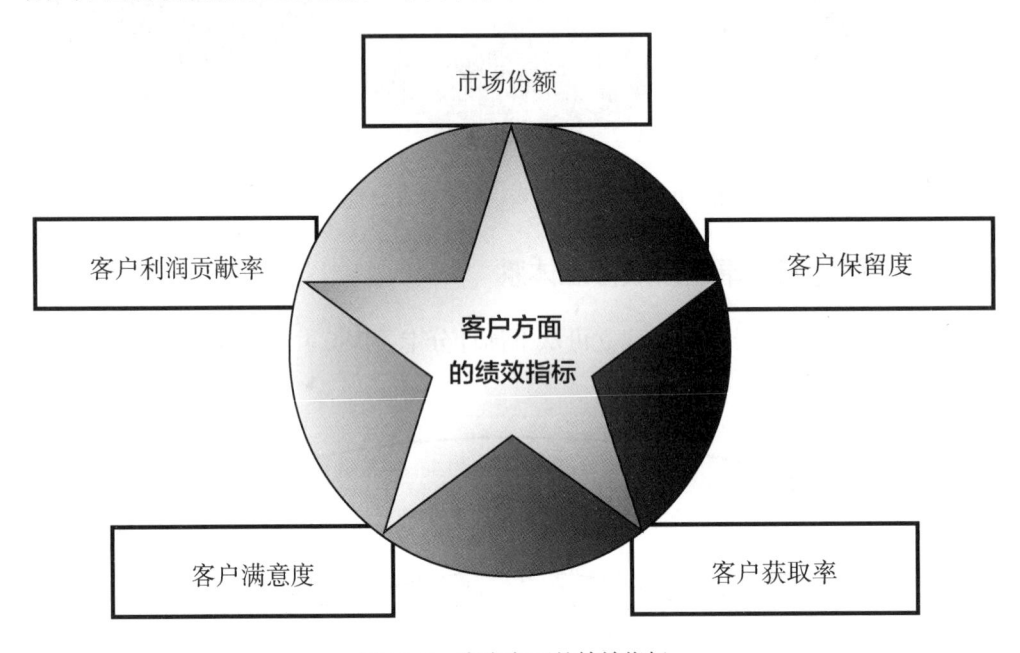

图 10-8　客户方面的绩效指标

3. 内部运营方面

对内部运营流程的分析有助于管理层了解企业业务运行情况，以及企业产品和服务是否满足客户需求；同时，企业应评估行动方法的有效性，以便及时发现组织内部存在的问题，并采取相应措施加以改进，进而提高组织内部的管理效率。

从组织发展和资源有效利用的角度出发，组织内部运营方面的绩效指标主要包括三方面内容，见表 10-7。

表 10-7　组织内部运营方面的绩效指标

指标方向	具体 KPI
评价企业创新能力的指标	新产品开发所用的时间、新产品销售额在总销售额中所占的比例、比竞争对手率先推出新产品的比例、所耗开发费用与营业利润的比例、第一设计出的产品中可完全满足客户要求的产品所占的比例、在投产前需要对设计加以修改的次数等
评价企业生产经营绩效的指标	产品生产时间和经营周转时间、产品和服务质量、产品和服务成本等
评价企业售后服务业绩的指标	企业对产品故障的反应时间和处理时间、售后服务的一次成功率、客户付款的时间等

4. 学习与成长方面

在建立组织 KPI 卓越绩效标准的过程中，可以基于平衡计分卡理论中"学习与成长"维度的核心理念，将企业的员工、技术和组织文化作为决定因素，分别衡量员工保持率、员工生产力、员工满意度的增长等指标，以考评员工的才能、技术结构和企业组织文化等方面的现状与变化。

如果企业改善了这些方面，则员工的潜能就可能得以充分发挥，企业的技术能力就会进一步得到提高，企业的组织文化氛围就会向更好的方向发展。

学习与成长方面的绩效指标见表 10-8。

表 10-8　学习与成长方面的绩效指标

指标方向	具体 KPI
评价员工能力的指标	员工满意程度、员工保持率、员工工作效率、员工培训次数、员工知识水平等
评价企业信息能力的指标	信息覆盖率、信息系统反应的时间、接触信息系统的途径、当前可能取得的信息与期望需要的信息的比例等
评价激励、授权与协作	员工所提建议的数量、被采纳建议的数量、个人和部门之间的协作程度等

10.3.4　团队 KPI 卓越绩效标准体系

团队 KPI 卓越绩效标准体系可从四个方面建立和衡量，如图 10-9 所示。

图 10-9　团队 KPI 卓越绩效标准体系的建立和衡量

1. 目标达成

实现既定的组织分配目标是团队存在和自我的价值所在，不同性质的团队需要达成的目标是不同的，与团队相关的目标大致可以分为十种类型，如图 10-10 所示。

- 盈利目标
- 成本目标
- 生产任务达成情况
- 产品质量
- 客户服务
- 新客户开发
- 老客户保有
- 销售额
- 保障性目标
- 其他

团队目标的十种类型

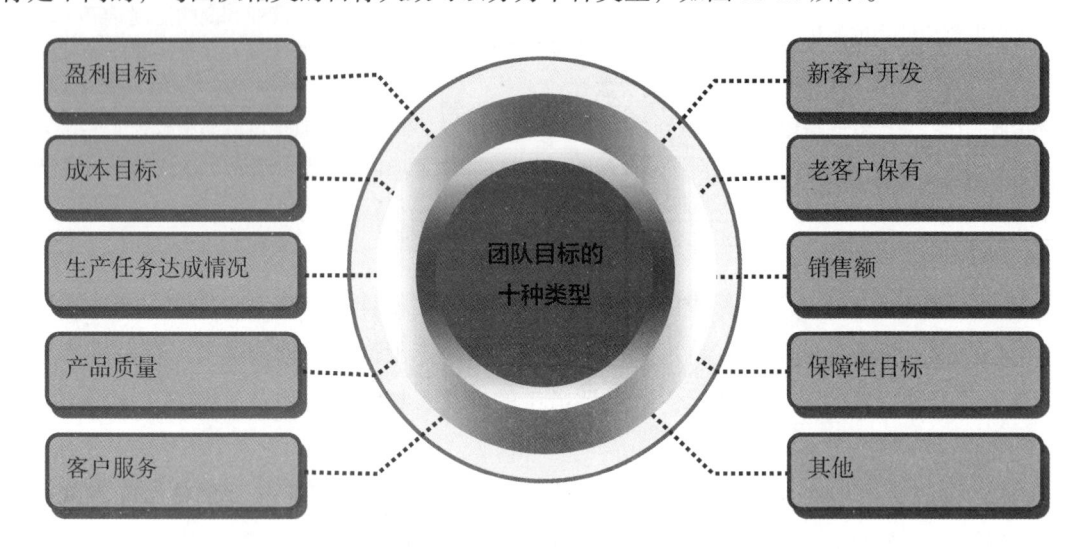

图 10-10　团队目标的十种类型

2. 人才培养

团队成员需要不断提升和发展，这是团队发展的需要，也是团队成员个人职业生涯规划和实现的需要。团队的人才培养情况可从九个方面进行衡量，如图 10-11 所示。

- 培训计划完成率
- 培训有效转化率
- 人才流失率
- 新员工保有率
- 领导管理风格
- 人员晋升率
- 充分授权程度
- 有效沟通频率
- 工作指导频率

图 10-11　衡量团队人才培养情况的九个方面

3. 合作能力

团队所表现出来的优势应当是 1+1 > 2 的优势，这就要求团队成员随着工作任务的变化随时调整自己以适应他人、服务他人。或许团队成员不都是全能的人员，但他们一定是各有所长的，所有成员结合起来就是一个没有短板的木桶。

团队成员的合作能力可从五个方面考核，如图 10-12 所示。

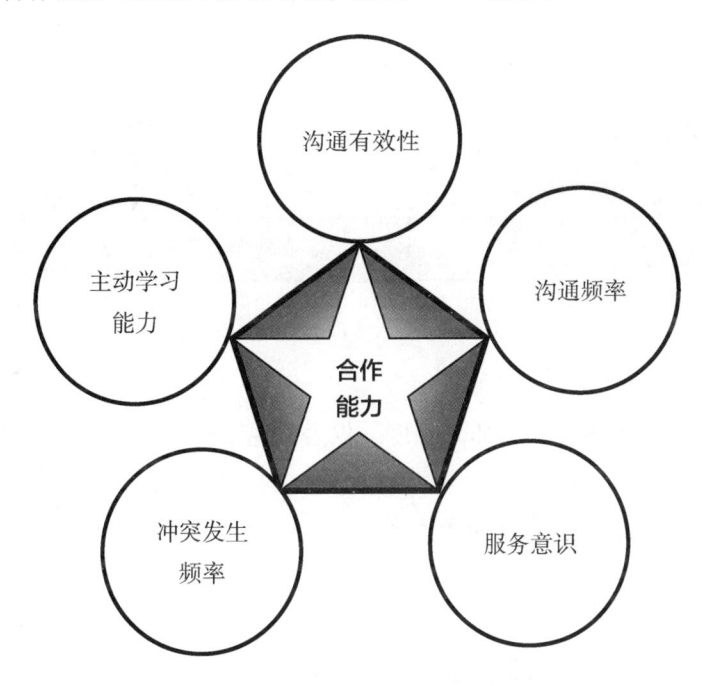

图 10-12　团队合作能力的五个 KPI

4. 岗位适应性

岗位适应性是指团队中各岗位的任职者是否能够满足本岗位的需要，同时满足组织协作的需要。要想组建一个具有战斗力的团队，团队成员不一定都是最优秀的，但是一定是最适合各岗位的。岗位适应性的考核可从六个角度衡量，如图 10-13 所示。

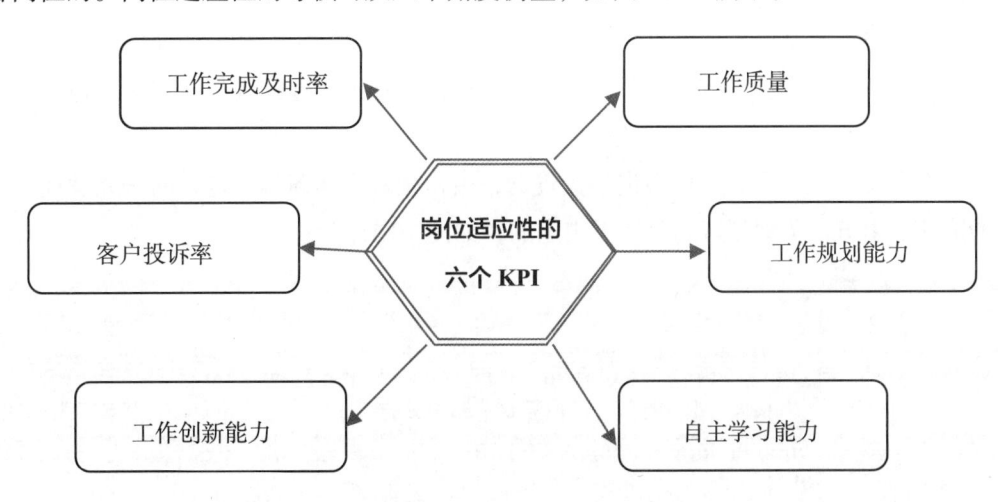

图 10-13　岗位适应性的六个 KPI

10.3.5　个人 KPI 卓越绩效标准体系

个人 KPI 卓越绩效标准体系可以从五个方面建立和衡量，如图 10-14 所示。

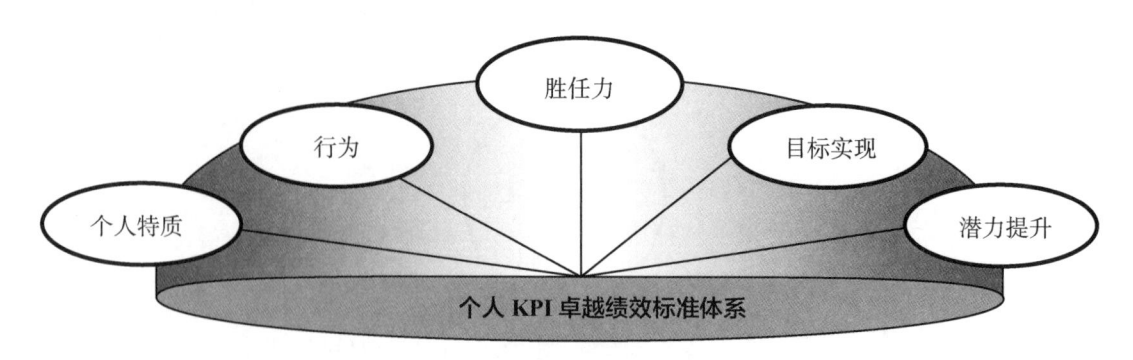

图 10-14　个人 KPI 卓越绩效标准

1. 个人特质

进行员工评估时，对其基本特质如态度、仪表、主动性等的评估是基础评估。但是对这些基本特质的评估往往都是主观的、不可量化的，因此很难界定。进行员工个人特质评估时，那些与工作绩效无关的基本特质可不考虑；那些与工作绩效有关的特质可以用来做评估标准。例如，当适应性、判断力、仪表和态度等与工作相关时，可以作为评估标准。

2. 行为

当组织中一些岗位的工作成果无法衡量时，可对任职者完成工作的过程进行考核，如工作行为表现等。例如，评估管理者所采用的行为标准是领导风格；而对团队中的个体，则可从激励他人、团队合作或客户服务意向等着手评价。

组织中，将组织希望的行为作为评估标准的原因在于，一旦该行为被认可和奖励，员工就会愿意重复这些行为。如果行为取得了预想的结果，就可以将这些行为作为评价标准。

3. 胜任力

胜任力是指能将某一工作中有卓越成就者与普通者区分开来的个人的深层次特征。对于不同的工作，胜任力的含义有所不同，因此，在评价过程中选择的胜任力应该是与工作成果密切相关的。

由人力资源管理学会和全球咨询联盟资助，由密歇根大学商学院进行的研究发现，人力资源的成功是由五个关键领域的胜任力决定的，如图 10-15 所示。

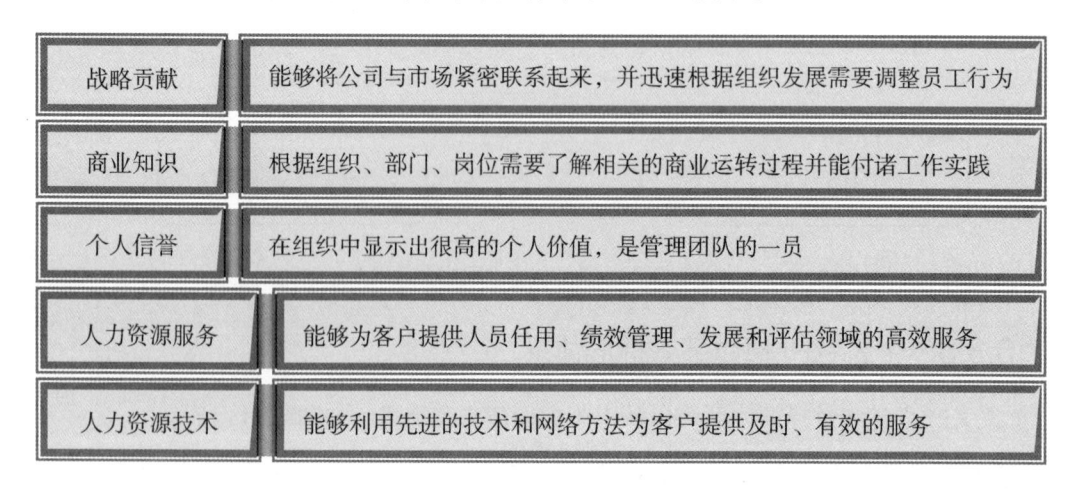

战略贡献	能够将公司与市场紧密联系起来，并迅速根据组织发展需要调整员工行为
商业知识	根据组织、部门、岗位需要了解相关的商业运转过程并能付诸工作实践
个人信誉	在组织中显示出很高的个人价值，是管理团队的一员
人力资源服务	能够为客户提供人员任用、绩效管理、发展和评估领域的高效服务
人力资源技术	能够利用先进的技术和网络方法为客户提供及时、有效的服务

图 10-15　影响人力资源成功的五个关键领域的胜任力

4. 目标实现

有些组织是以结果为导向的，在这类组织中，目标实现程度就是绩效结果的衡量依据和标准。

对于在组织中处于不同层级的员工来说，要实现的目标是不同的，例如，低层级岗位的目标是满足客户的要求，按照规定的时间提供服务；高层级岗位的目标是为组织获得可观的盈利和良好的市场地位等。但是组织中的目标应该是向上传递的，低层级目标逐级支撑高层级目标的实现。

在目标管理及目标实现的过程中，管理者和员工双方需要充分沟通，管理者需要说明员工应该如何进一步发展和实现特定目标。为了促进目标的实现，双方应该就员工下一个评定周期的目标和管理者需要提供的援助和资源达成一致。这是员工评估过程中最积极的因素，会促进员工的积极行为。

5. 潜力提升

很多组织评估员工绩效时所采用的方法和标准都只关注员工过去的行为和结果，但是从组织长远发展的角度来看，组织更应该关注未来，关注有助于员工发展的行为和结果，以及关注公司目标的实现。这个过程中应该包含对员工潜力的评定，将潜力纳入评估过程会保证更有效的职业规划和发展。

10.3.6 卓越绩效标准与职业生涯规划

组织的各级卓越绩效标准体系建立之后，就应该与组织职业生涯管理工作相结合，以促进组织和员工合作共赢的实现。

成功的职业生涯规划对于组织的招聘选拔、吸引优秀人才以及保持员工工作积极性和热情等方面都具有重要意义。从广泛的意义上来说，组织进行职业生涯管理工作，能提高员工的工作质量，促使员工形成积极向上的工作态度并提高他们对企业的忠诚度。因此，组织职业生涯管理应体现四个方面的目标，见表10-9。

表10-9 组织职业生涯管理的四个目标

四个目标	具体分析与说明
实现员工的组织化	对于新进入组织的员工，不管其是否具备相关的工作经验，都要完成对新岗位、新组织文化的适应和转变，同时得到新组织团队和成员的认可和接纳
实现员工与组织发展相统一	职业生涯规划工作的开展，一方面为员工指明了发展的方向，另一方面也为员工发展提供了基础和条件。在给予员工必要的帮助与指导，使员工个人成才的同时，又能满足组织的需要，双方关系协调发展达到"双赢"目标
确保技能提升和潜能开发	职业生涯规划的依据是员工个人的特点，要考虑不同员工的特殊需要，并据此设计不同的职业发展途径，以扬长避短，更好地发挥每位员工的优势。不同年龄、性别、学历和兴趣爱好的员工按照不同的方向和途径发展，使其获得更为平等的就业和发展机会，从而使员工在追求更高层次的自我价值实现的同时，企业得到持续稳定的发展
促进企业事业的长久发展	职业生涯规划是企业吸引和留住人才的重要措施，能为企业各层级人员提供培训和发展机会，指明晋升渠道、路径，使企业员工以负责任的态度和创造性的精神投入日常工作中，保证企业工作的有效运行，促进企业事业的长久发展

最佳实践：××公司应用《卓越绩效评价准则》的案例（一）

××公司是一家在国内具有较大影响力的化肥生产企业。××公司秉承"视客户如员工、视员工如客户"的经营理念和"提供优质'××'牌产品，使顾客满意"的质量方针，通过自主研发和产学研合作，不断加大新产品、新材料的研究开发力度，不断提升产品质量和产品档次，公司产品赢得了国内外用户的肯定。

"坚持绿色生态发展，建设智慧科技工厂"是××公司的核心发展战略。公司将充分利用坚实的产业基础和完善的经营管理，继续加强和巩固磷复肥主业在行业内的地位，把公司打造成绿色、环保、智能、高效的一流化工高新技术生产企业，实现高质量发展。

1. ××公司建立的质量管理体系

（1）**ISO 9000族标准**：××公司在1997年就开始按照ISO 9000族标准的要求建立质量体系，并在2000年4月获得了质量管理体系认证证书。这表明公司高度重视质量管理，并致力于通过国际标准来提升产品和服务的质量。

（2）**环境管理体系和职业健康安全管理体系**：除了质量管理体系，××公司还相继导入了环境管理体系和职业健康安全管理体系，并取得了相应的认证证书。这显示了公司对环境保护和员工健康的承诺，同时也是其实现卓越绩效的重要基础。

2. 实施卓越绩效管理

（1）**组织机构保障**：公司于2008年引入卓越绩效管理模式，并成立了专门领导小组和工作小组，由总经理担任第一责任人。这种组织结构的设置确保了卓越绩效管理工作的有效开展。

（2）**培训先导**：××公司注重员工的培训和提升，认为"工欲善其事，必先利其器"。这种培训先导的理念有助于提高员工的技能水平和工作效率，从而推动公司整体绩效的提升。

3. 完善绩效考核制度

××公司针对公司具体情况，对原有的绩效考核制度进行了修订、完善和补充。新制度结合了各部门的工作职责特点，明确了绩效考核的指导思想、考核范围、对象、内容、方法、要求及时间跨度等，使其更加全面、细致，可操作性和实用性更强。这一做法与卓越绩效管理中的要求相吻合，即建立科学、合理的考核制度，为企业的绩效管理提供制度保障。

4. 具体绩效考核措施

××公司绩效考核的三项措施见表10-10。

表10-10　××公司绩效考核的三项措施

三项措施	具体分析与说明
目标与行为考核相结合	××公司的绩效考核制度中，既有目标考核，如产量或产出、消耗、质量合格率等指标，又有行为考核，如工艺参数控制标准、设备操作标准等。这种综合性的考核方式能够全面评价员工的工作表现

续 表

三项措施	具体分析与说明
专项考核的激励作用	除了常规目标考核和行为考核，××公司还采用了专项考核方式，如小改小革、成本节约奖、创新建议奖等。这些专项考核旨在激励员工在特定方面做出突出贡献，从而推动公司整体绩效的提升
考核结果的公示与激励	××公司每月都会公布考核成绩，这不仅提高了员工的工作积极性和主观能动性，还使得员工能够及时了解自己的工作表现，并据此进行调整和改进。同时，公司还通过设立奖励制度来激励员工实现绩效目标

5. 以顾客为中心的质量管理

（1）**用户满意工程**：××公司把用户满意工程作为质量管理的根本目标，坚持全面质量管理的思想。通过大力实施用户满意工程，结出了累累硕果，取得了卓越绩效。这一做法与《卓越绩效评价准则》中的顾客与市场导向相契合，体现了企业对市场和顾客需求的重视，也为公司赢得了良好的口碑和市场份额。

（2）**严格的产品质量标准**：××公司按照用户对肥料的使用要求来制定产品企业标准，并在一些指标上大大超过国家标准的要求。这种严格的产品质量标准不仅提升了用户满意度，还进一步增强了公司的市场竞争力。

例如，在机播用户对化肥产品的粒度提出不同要求的情况下，××公司能够迅速调整产品标准，以满足用户需求。这体现了卓越绩效管理中对产品质量和顾客满意度的重视。

××公司用户满意工程的核心理念是顾客至上。××公司自成立之日起，就把"提供优质'××'牌产品，使顾客满意"作为质量方针。这一理念贯穿于公司的整个经营过程中，体现了公司对顾客满意度的高度重视。

××公司用户满意工程的具体实施分三个阶段，如图10-16所示。

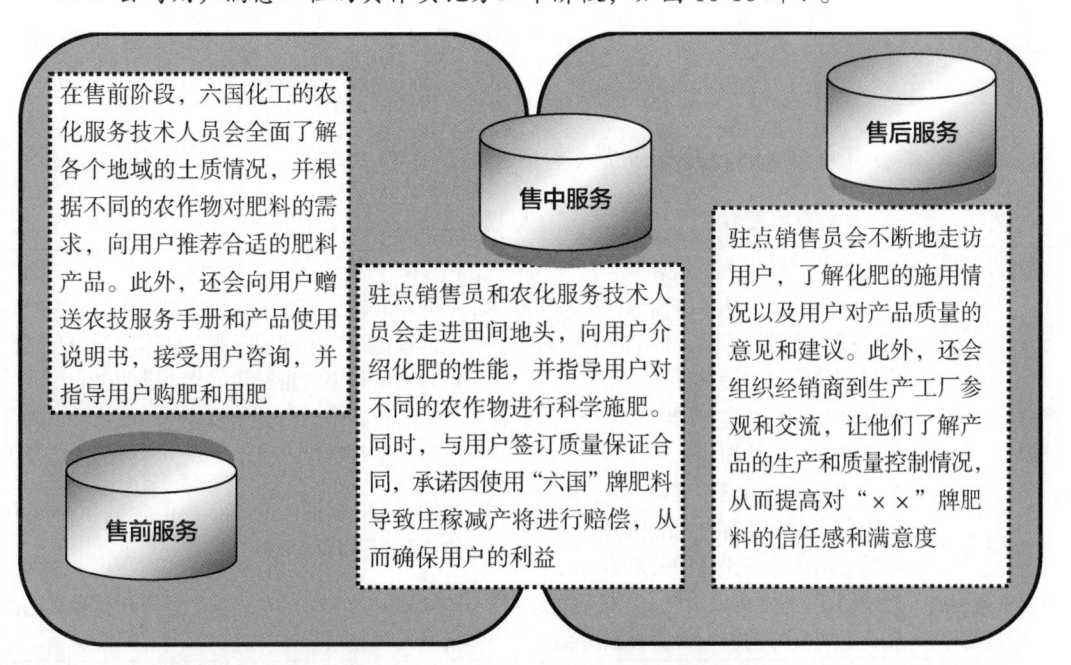

售前服务：在售前阶段，六国化工的农化服务技术人员会全面了解各个地域的土质情况，并根据不同的农作物对肥料的需求，向用户推荐合适的肥料产品。此外，还会向用户赠送农技服务手册和产品使用说明书，接受用户咨询，并指导用户购肥和用肥

售中服务：驻点销售员和农化服务技术人员会走进田间地头，向用户介绍化肥的性能，并指导用户对不同的农作物进行科学施肥。同时，与用户签订质量保证合同，承诺因使用"六国"牌肥料导致庄稼减产将进行赔偿，从而确保用户的利益

售后服务：驻点销售员会不断地走访用户，了解化肥的施用情况以及用户对产品质量的意见和建议。此外，还会组织经销商到生产工厂参观和交流，让他们了解产品的生产和质量控制情况，从而提高对"××"牌肥料的信任感和满意度

图10-16　××公司用户满意工程实施的三个阶段

最佳实践：××公司应用《卓越绩效评价准则》的案例（二）

××公司是全球智能设备视窗及外观防护、结构件与电子功能件行业高新技术制造企业，集设计、生产、服务于一体，产品广泛应用于手机、平板电脑等领域。面对激烈的市场竞争和对产品质量要求趋严，××公司选择了应用《卓越绩效评价准则》来提升企业管理水平和市场竞争力。公司践行自主创新、与客户协同创新的"双轨创新机制"，已通过 ISO 9001 质量管理体系和 ISO 14001 环境管理体系认证。

通过应用《卓越绩效评价准则》，××公司在产品质量、客户满意度和市场竞争力等方面取得了显著的提升。例如，产品质量合格率和客户满意度均达到了行业领先水平。企业的管理体系也得到了进一步完善，形成了高效、规范的运营环境，为企业的可持续发展奠定了坚实基础。

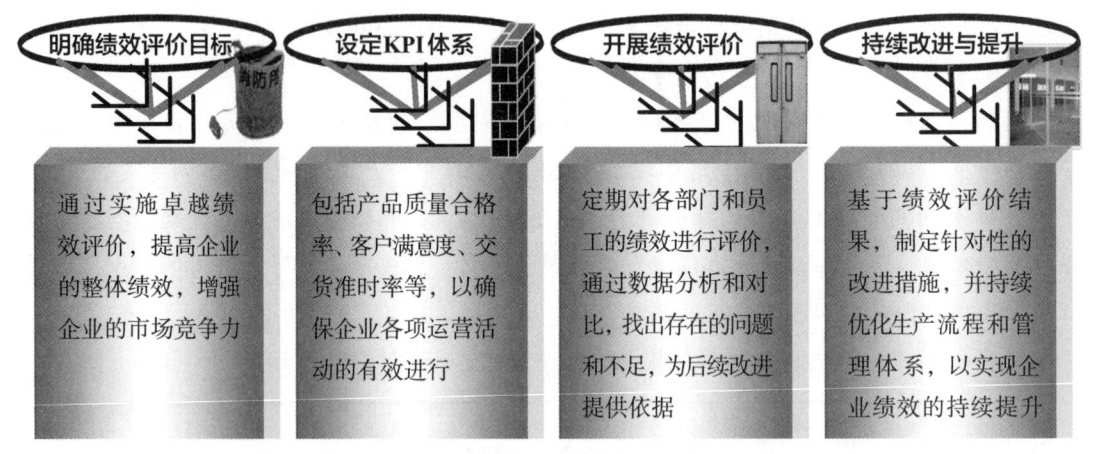

（1）××公司应用《卓越绩效评价准则》的四个步骤如图 10-17 所示。

明确绩效评价目标	设定KPI体系	开展绩效评价	持续改进与提升
通过实施卓越绩效评价，提高企业的整体绩效，增强企业的市场竞争力	包括产品质量合格率、客户满意度、交货准时率等，以确保企业各项运营活动的有效进行	定期对各部门和员工的绩效进行评价，通过数据分析和对比，找出存在的问题和不足，为后续改进提供依据	基于绩效评价结果，制定针对性的改进措施，并持续优化生产流程和管理体系，以实现企业绩效的持续提升

图 10-17　××公司应用《卓越绩效评价准则》的四个步骤

（2）××公司应用《卓越绩效评价准则》的实践见表 10-11。

应用表 10-11　××公司《卓越绩效评价准则》的实践

划分维度	实践措施	效果分析
质量管理与产品认证体系	这一体系覆盖了从供应商选择、来料检测到产线质量管控、成品检测的各个环节，确保产品质量的持续提升	定期开展体系内部审核和管理评审，以及时纠正体系运行中出现的问题，这体现了××公司对质量管理的重视和持续改进的决心
客户导向与客户满意度管理	派驻客服人员在客户端随时连线，及时发现产品异常并处理相关问题	出货前所有产品都会模拟客户产品抽检，确保产品质量符合标准要求，减少客户抱怨与投诉
员工绩效与奖罚制度	奖励涉及员工的工作表现、创新能力、项目成果及贡献度等方面；惩罚则包括警告、降职、减薪或终止雇佣关系等	这种奖罚分明的制度有助于维护公司的核心价值观和团队合作氛围
限制性股票激励计划	设定明确的业绩考核目标和相应的奖惩机制，形成良好均衡的价值分配体系	该计划有助于将股东利益、公司利益和核心团队个人利益结合在一起，实现共同发展

（3）××公司设置绩效评价标准值的四个建议见表 10-12。

表 10-12　××公司设置绩效评价标准值的四个建议

标准值	建议	效果分析
优化应收账款周转率	建议公司加强客户信用管理，缩短应收账款回收周期，降低坏账风险	将应收账款周转率作为销售部门的重要考核指标，以激励销售团队积极催收账款
持续提升存货周转率	建议公司加强供应链管理，优化库存结构，减少库存积压	可以与供应商建立更紧密的合作关系，实现原材料的及时供应，降低库存成本
加强产品质量和客户满意度考核	建议公司将产品质量和客户满意度作为重要的绩效考核指标	通过定期的产品质量检查和客户满意度调查，及时发现并解决问题，提升产品质量和服务水平
关注员工多维度绩效	引入除传统财务指标之外的员工工作效率、创新能力、团队合作能力等指标	通过多维度评估，可以更全面地了解员工的绩效表现，为员工提供更有针对性的培训和发展机会

第 11 章

SWOT 分析法的应用

SWOT 分析法于 20 世纪 80 年代初由美国旧金山大学的管理学教授海因茨·韦里克（Heinz Weihrich）提出，它经常被用于企业目标制定、竞争对手分析等领域。

SWOT 分析法根据企业自身的既定内在条件进行分析，找出企业的优势、劣势及核心竞争力。其中，S 代表 Strength，即**竞争优势**；W 代表 Weakness，即**自身劣势**；O 代表 Opportunity，即**潜在机会**；T 代表 Threat，即**外部威胁**。S 和 W 属于内部因素，O 和 T 属于外部因素。

SWOT 分析法不受企业类型、企业规模及管理方式的限制，被众多企业所采用，特别是在设定企业绩效目标时备受推崇。这里的绩效目标应是一个企业"能够做的"（即组织的强项与弱项）和"可能做的"（即环境的机会与威胁）之间的有机组合。

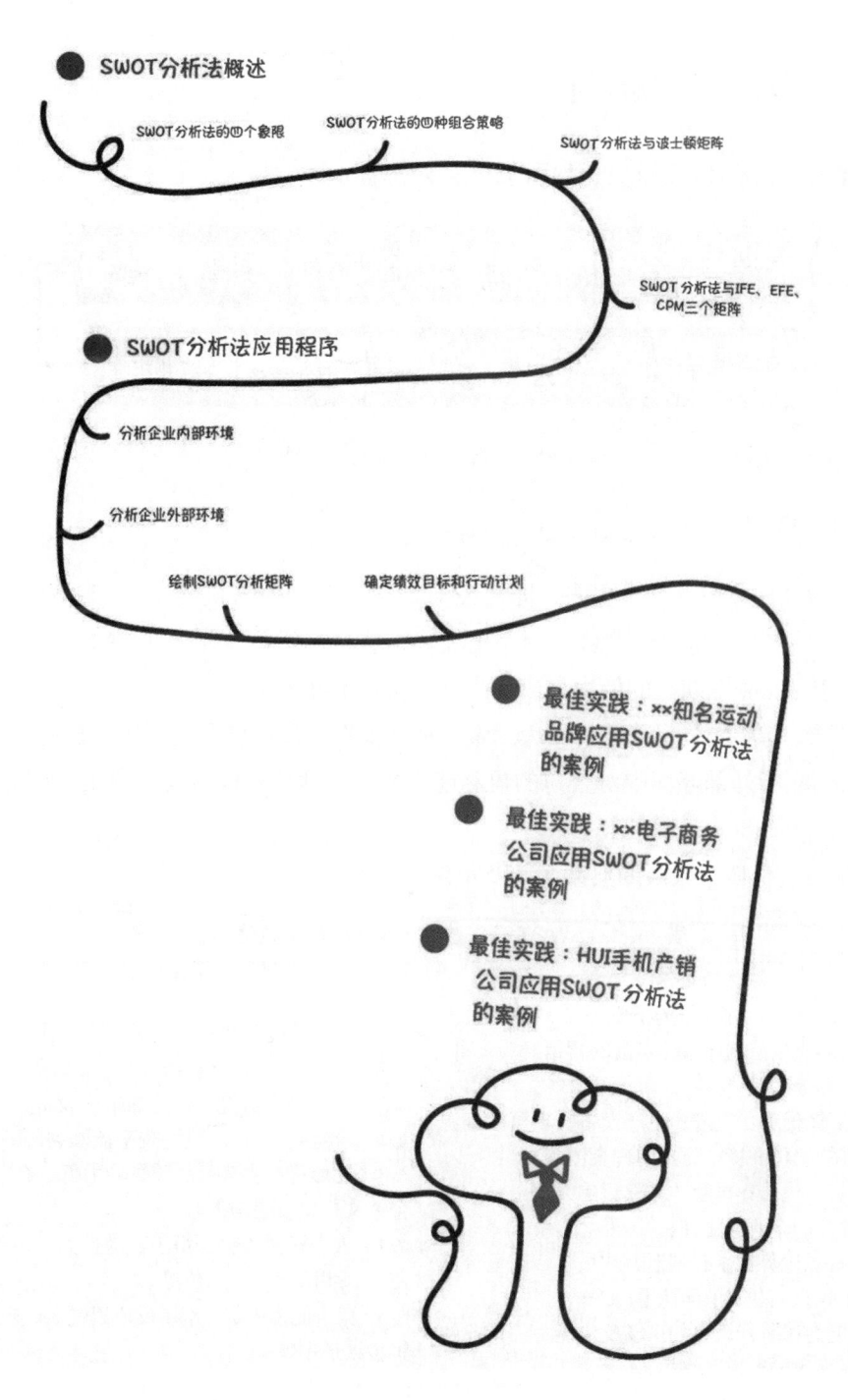

第11章　SWOT 分析法的应用

- SWOT分析法概述
  - SWOT分析法的四个象限
  - SWOT分析法的四种组合策略
  - SWOT分析法与波士顿矩阵
  - SWOT分析法与IFE、EFE、CPM三个矩阵
- SWOT分析法应用程序
  - 分析企业内部环境
  - 分析企业外部环境
  - 绘制SWOT分析矩阵
  - 确定绩效目标和行动计划
- 最佳实践：xx知名运动品牌应用SWOT分析法的案例
- 最佳实践：xx电子商务公司应用SWOT分析法的案例
- 最佳实践：HUI手机产销公司应用SWOT分析法的案例

SWOT 分析法应用框架体系

11.1　SWOT 分析法概述

SWOT 分析法有 12 个重点，如图 11-1 所示。

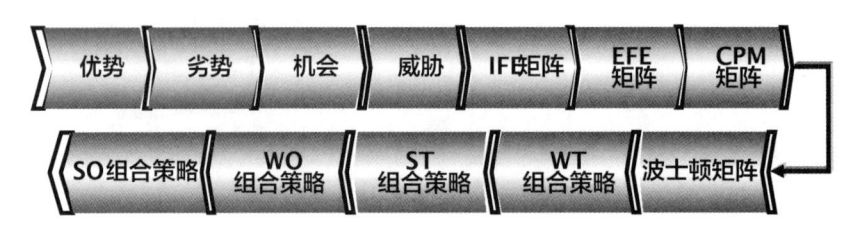

图 11-1　SWOT 分析法的 12 个重点

11.1.1　SWOT 分析法的四个象限

SWOT 分析法划分为四个象限，即优势（S）、劣势（W）、机会（O）和威胁（T）。

（1）优势：指一个企业超越竞争对手的能力，或是指公司具有竞争力的方面。

（2）劣势：指企业缺乏的能力，或是指公司做得不好的某些方面。

（3）机会：指影响公司战略的重大因素。抓住潜在的最佳机会，企业才能得到迅速发展。

（4）威胁：指外部环境中对公司的盈利能力和市场地位构成威胁的因素，因此要消除或减轻其影响。

SWOT 分析法四个象限的典型范畴及示例，见表 11-1。

表 11-1　SWOT 分析法四个象限的典型范畴及示例

优势（S）	劣势（W）
（1）技术技能优势：独特的生产方法、雄厚的技术实力、完善的质量控制体系、丰富的营销经验、卓越的客户服务等。 （2）有形资产优势：先进的生产设备、丰富的资源储备、良好的工作环境、充足的现金流等。 （3）无形资产优势：卓越的品牌影响力、出众的企业形象、优秀的企业文化等。 （4）人力资源优势：富有创造力的员工、凸显价值的关键员工、充满朝气的团队等。 （5）竞争能力优势：敏锐的市场反应能力、行业的领袖地位、强大的渠道和终端等 ……	（1）技术技能劣势：过时的生产方法、不完善的质量控制体系、缺乏营销经验、粗糙的制作工艺等。 （2）有形资产劣势：老化的生产设备、资源储备量小、糟糕的工作环境、现金流断裂等。 （3）无形资产劣势：品牌影响力低、企业形象差、企业文化建设缓慢等。 （4）人力资源劣势：员工流动性大、员工缺乏创造力、团队建设不到位等。 （5）竞争能力劣势：市场反应迟钝、行业排名靠后、销售渠道不畅 ……
机会（O）	威胁（T）
（1）向其他区域、领域扩张的机会。 （2）市场需求增长强势，适合快速扩张。 （3）技术向新产品、新业务方向转移，客户群增多。 （4）可向前或向后整合，进入企业上游或下游产业。 （5）具有并购竞争对手的能力，并找准了并购对象 ……	（1）市场中出现了强大的竞争对手。 （2）替代品的出现，抢走公司主要产品的部分市场份额。 （3）顾客消费需求发生了不利于产品销售的变化。 （4）市场需求量减少，客户群缩小。 （5）发生经济危机，主要业务受到严重影响 ……

11.1.2 SWOT 分析法的四种组合策略

SWOT 分析法的四种组合策略见表 11-2。

表 11-2 SWOT 分析法的四种组合策略

SWOT 分析法的四种组合策略	优势（S）	劣势（W）
机会（O）	SO 组合策略——依靠内部优势，抓住外部机会	WO 组合策略——规避自身劣势，抓住外部机会
威胁（T）	ST 组合策略——分析内部优势，监控外部威胁	WT 组合策略——消除劣势因素，化威胁为机遇

11.1.3 SWOT 分析法与波士顿矩阵

波士顿矩阵，又称为市场增长率—相对市场份额矩阵、波士顿咨询集团法、四象限分析法、产品系列结构管理法（BCG）等。

通过波士顿矩阵分析业务单元的市场增长率和相对市场份额，将企业的业务单元划分为四个象限，如图 11-2 所示，从而帮助企业明确各业务单元的竞争地位和发展潜力。

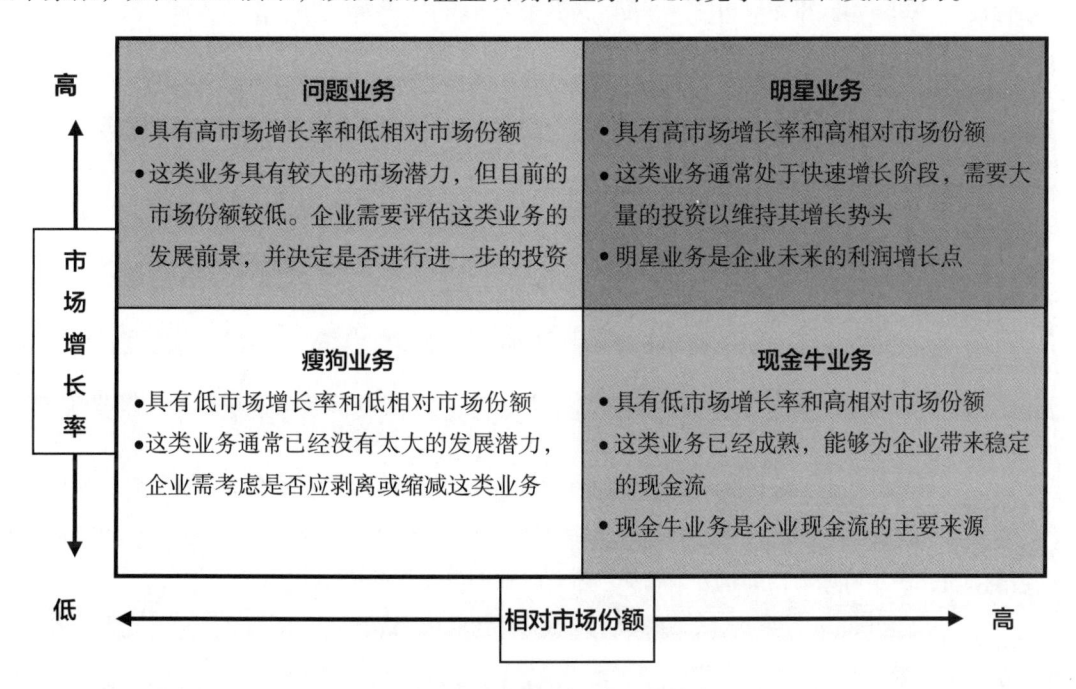

问题业务
- 具有高市场增长率和低相对市场份额
- 这类业务具有较大的市场潜力，但目前的市场份额较低。企业需要评估这类业务的发展前景，并决定是否进行进一步的投资

明星业务
- 具有高市场增长率和高相对市场份额
- 这类业务通常处于快速增长阶段，需要大量的投资以维持其增长势头
- 明星业务是企业未来的利润增长点

瘦狗业务
- 具有低市场增长率和低相对市场份额
- 这类业务通常已经没有太大的发展潜力，企业需考虑是否应剥离或缩减这类业务

现金牛业务
- 具有低市场增长率和高相对市场份额
- 这类业务已经成熟，能够为企业带来稳定的现金流
- 现金牛业务是企业现金流的主要来源

图 11-2 波士顿矩阵的四个象限

波士顿矩阵和 SWOT 分析法都是企业战略分析的重要工具，二者之间存在密切关系。

（1）互补性：波士顿矩阵主要关注企业各业务单元的市场增长率和相对市场份额，而 SWOT 分析法则更注重分析企业的内部优势、劣势以及外部的机会和威胁。这两种方法可以从不同的角度为企业提供全面的战略分析。

（2）共同目标：结合应用这两种方法可以帮助企业制定更加有效的战略。波士顿矩阵通过划分业务单元的类型，为企业提供资源配置和战略方向的指导；而SWOT分析法则通过分析企业的内外部环境，为企业提供战略制定的基础。

（3）相互印证：同时应用这两种方法，可以相互印证分析结果。波士顿矩阵识别出的明星业务和现金牛业务可能是SWOT分析中的内部优势，而问题业务和瘦狗业务则可能暴露企业的某些内部劣势。同时，SWOT分析中的外部机会和威胁也可能影响波士顿矩阵中各业务单元的发展前景。

11.1.4 SWOT分析法与IFE、EFE、CPM三个矩阵

1. 内部因素评价矩阵（IFE矩阵）

内部因素评价（Internal Factor Evaluation，IFE）矩阵，又称为内部因素评价法，是一种对组织内部因素进行深入分析的工具。这个矩阵主要用于评估企业内部的优势和劣势，并对其进行量化评分，从而为企业提供一个清晰、全面的内部环境视图。

IFE矩阵的应用步骤如图11-3所示。

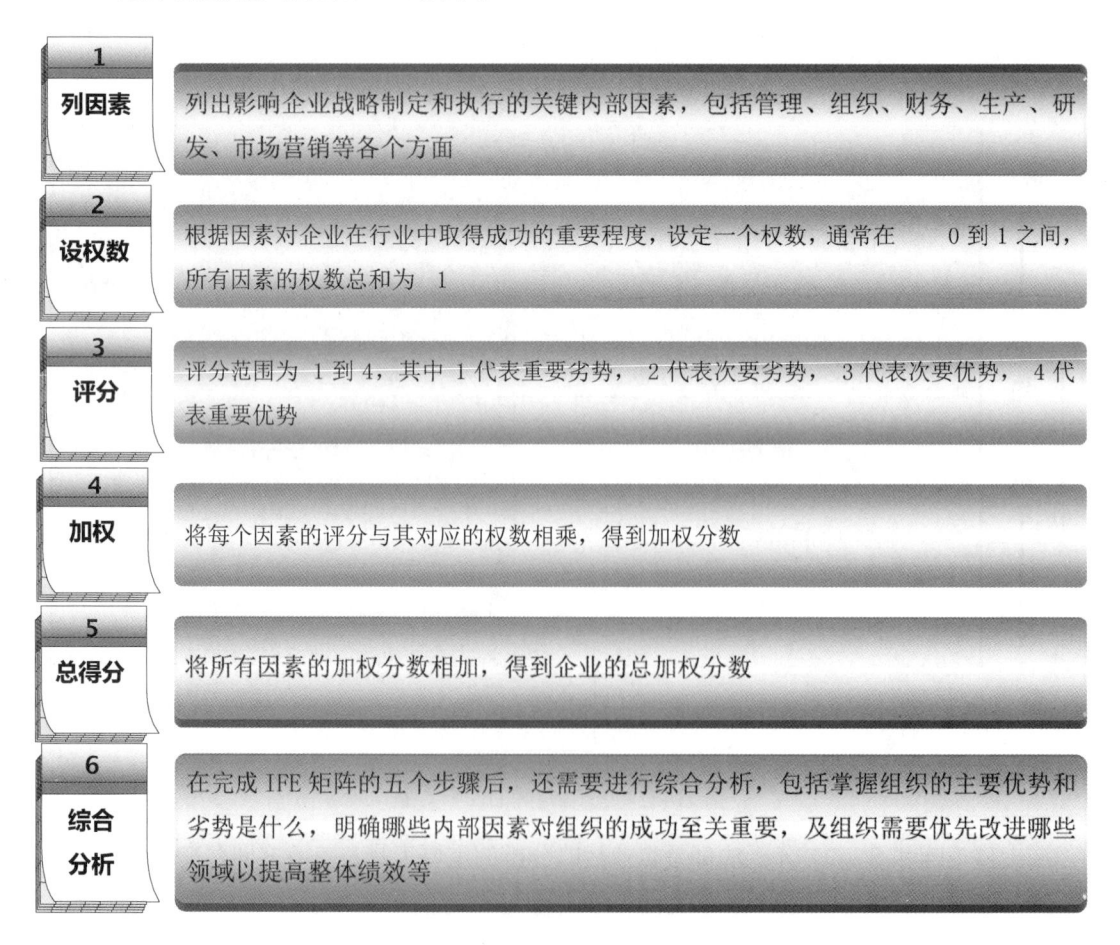

1 列因素	列出影响企业战略制定和执行的关键内部因素，包括管理、组织、财务、生产、研发、市场营销等各个方面
2 设权数	根据因素对企业在行业中取得成功的重要程度，设定一个权数，通常在0到1之间，所有因素的权数总和为1
3 评分	评分范围为1到4，其中1代表重要劣势，2代表次要劣势，3代表次要优势，4代表重要优势
4 加权	将每个因素的评分与其对应的权数相乘，得到加权分数
5 总得分	将所有因素的加权分数相加，得到企业的总加权分数
6 综合分析	在完成IFE矩阵的五个步骤后，还需要进行综合分析，包括掌握组织的主要优势和劣势是什么，明确哪些内部因素对组织的成功至关重要，及组织需要优先改进哪些领域以提高整体绩效等

图11-3 IFE矩阵应用步骤

IFE 矩阵有助于企业全面了解自身的内部环境，明确自身的优势和劣势。通过对各因素的评分和加权处理，企业可以更加客观地评估自身在各方面的表现。IFE 矩阵不仅可用于现状评估，还可用于战略规划过程中的内部环境分析，以及作为制定、评价和选择战略的基础。

应用 IFE 矩阵时，还需要注意以下几点。

（1）IFE 矩阵侧重于企业内部环境的分析，而 EFE 矩阵则主要关注外部环境的机会与威胁。

（2）在使用 IFE 矩阵时，应确保所列出的内部因素全面且具代表性。

（3）IFE 矩阵权数的设定和评分应基于充分的市场调研和内部分析，以确保客观性和准确性。

（4）IFE 矩阵是一个动态工具，应随着企业内部环境的变化而定期更新。

2. 外部因素评价矩阵（EFE 矩阵）

外部因素评价（External Factor Evaluation，EFE）矩阵，又称为外部要素评价法，是用于对企业外部环境的机会与威胁进行综合分析的一种工具。

EFE 矩阵的应用有五个步骤，如图 11-4 所示。

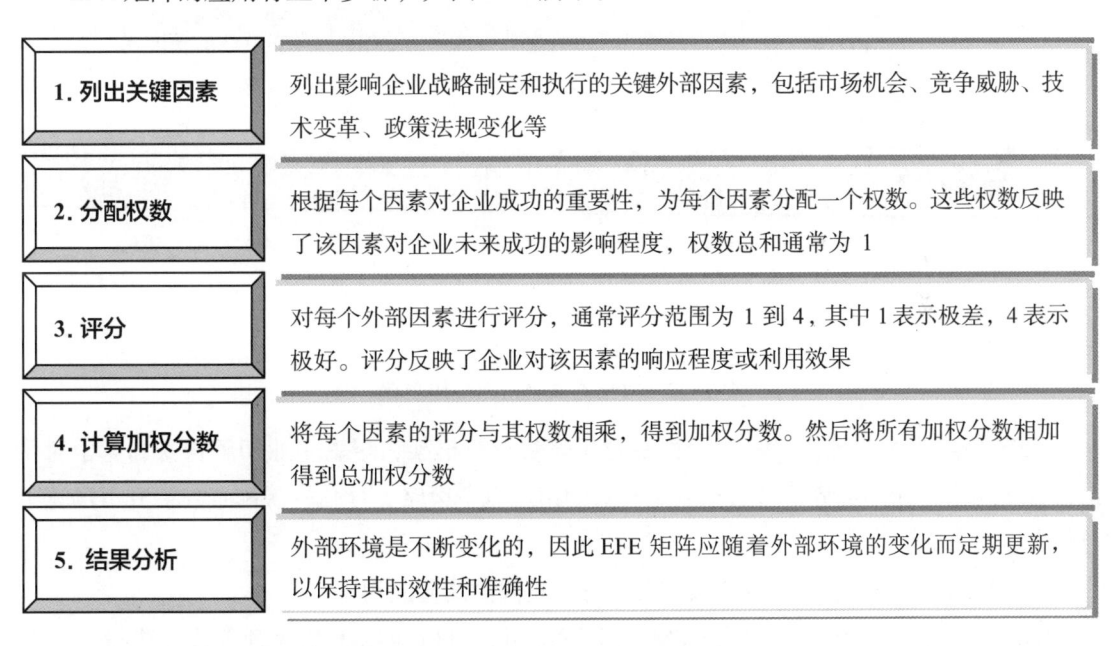

1. 列出关键因素	列出影响企业战略制定和执行的关键外部因素，包括市场机会、竞争威胁、技术变革、政策法规变化等
2. 分配权数	根据每个因素对企业成功的重要性，为每个因素分配一个权数。这些权数反映了该因素对企业未来成功的影响程度，权数总和通常为 1
3. 评分	对每个外部因素进行评分，通常评分范围为 1 到 4，其中 1 表示极差，4 表示极好。评分反映了企业对该因素的响应程度或利用效果
4. 计算加权分数	将每个因素的评分与其权数相乘，得到加权分数。然后将所有加权分数相加得到总加权分数
5. 结果分析	外部环境是不断变化的，因此 EFE 矩阵应随着外部环境的变化而定期更新，以保持其时效性和准确性

图 11-4 应用 EFE 矩阵的五个步骤

3. 竞争态势分析矩阵（CPM 矩阵）

竞争态势分析（Competitive Profile Matrix，CPM）矩阵，又称为竞争态势评价法，是一种用于分析企业竞争对手的战略地位以及主要竞争对手的特定优势与劣势的工具。应用 CPM 矩阵可以帮助企业了解自身在市场中的竞争地位，以及识别出主要竞争对手的优势和劣势。

CPM 矩阵的应用有五个步骤，如图 11-5 所示。

CPM 矩阵的应用步骤

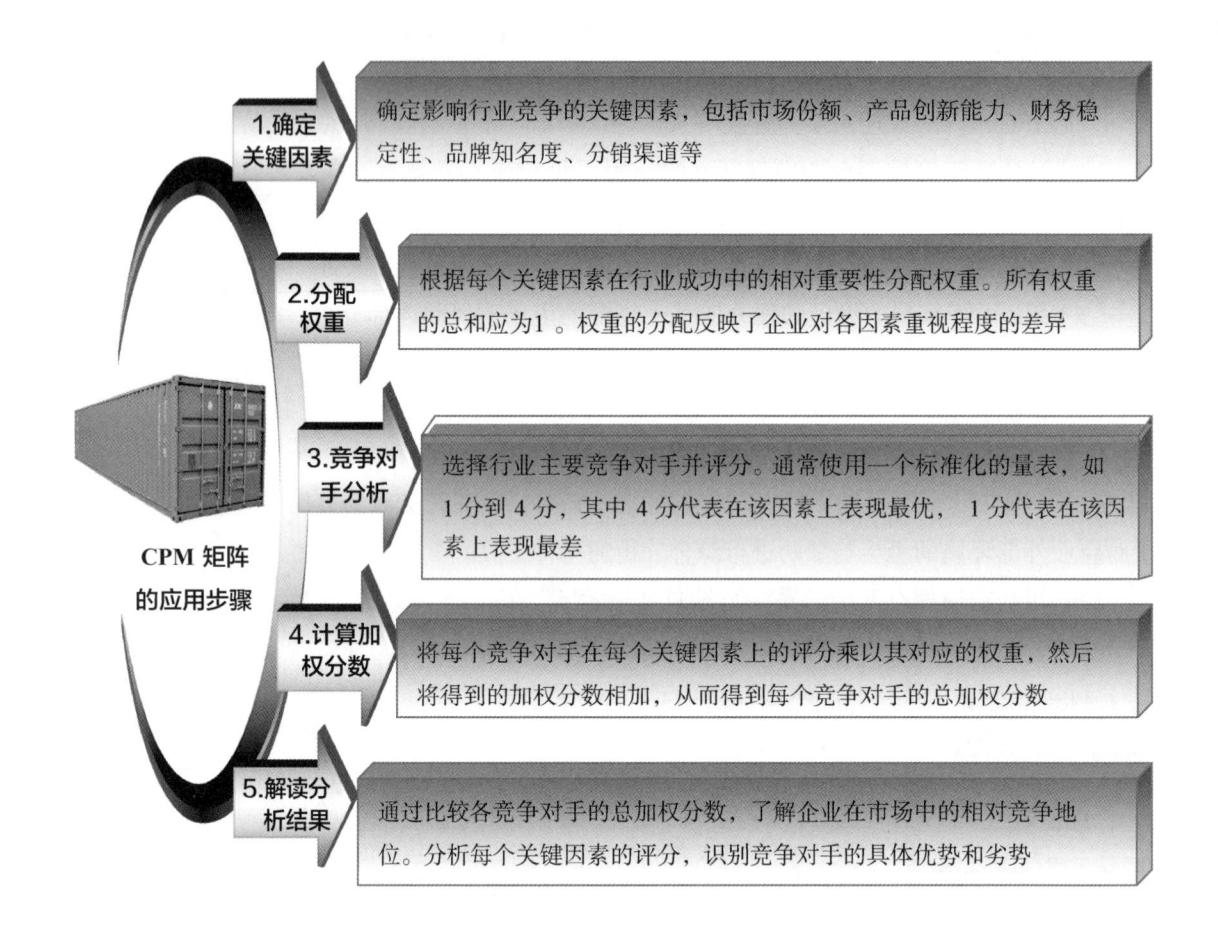

1. 确定关键因素：确定影响行业竞争的关键因素，包括市场份额、产品创新能力、财务稳定性、品牌知名度、分销渠道等

2. 分配权重：根据每个关键因素在行业成功中的相对重要性分配权重。所有权重的总和应为 1。权重的分配反映了企业对各因素重视程度的差异

3. 竞争对手分析：选择行业主要竞争对手并评分。通常使用一个标准化的量表，如 1 分到 4 分，其中 4 分代表在该因素上表现最优，1 分代表在该因素上表现最差

4. 计算加权分数：将每个竞争对手在每个关键因素上的评分乘以其对应的权重，然后将得到的加权分数相加，从而得到每个竞争对手的总加权分数

5. 解读分析结果：通过比较各竞争对手的总加权分数，了解企业在市场中的相对竞争地位。分析每个关键因素的评分，识别竞争对手的具体优势和劣势

图 11-5 CPM 矩阵的五个应用步骤

CPM 矩阵为企业提供了一个全面的竞争态势分析框架，帮助企业了解自身和竞争对手在行业中的位置和优劣势，这对于制定有效的市场竞争策略、优化资源配置、提升市场竞争力具有重要意义。

4. SWOT 分析法与 IFE、EFE、CPM 三个矩阵的结合应用

SWOT 分析法与 IFE、EFE、CPM 三个矩阵组合可以应用于绩效管理快速决策实施模型中。

绩效管理快速决策实施模型是一个可循环的系统模型，主要分为五个阶段，即绩效信息输入阶段、绩效决策匹配阶段、绩效决策实施及事前评价阶段、绩效决策实施及事后评价阶段、绩效决策控制及反馈阶段。绩效管理快速决策实施模型如图 11-6 所示。

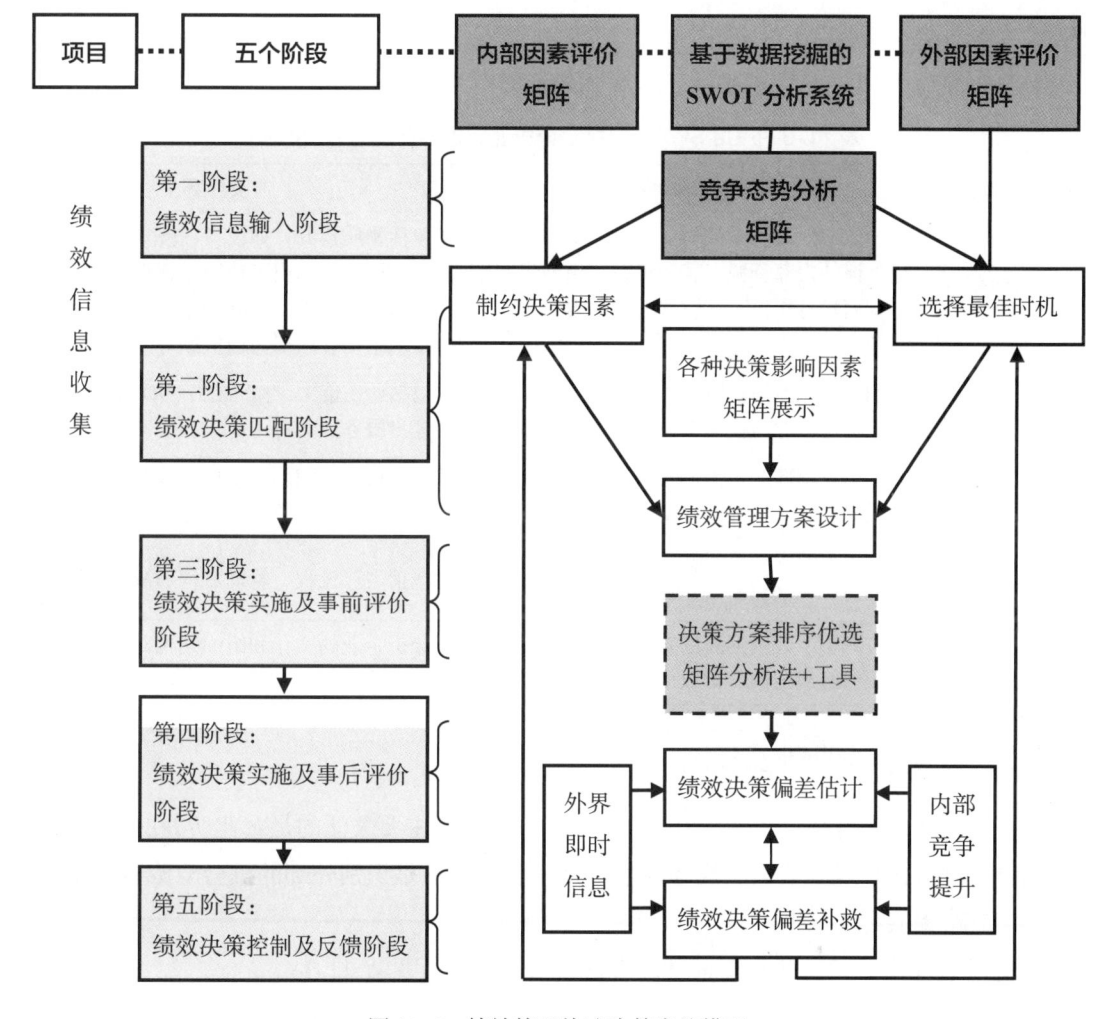

图 11-6　绩效管理快速决策实施模型

11.2　SWOT 分析法应用程序

应用 SWOT 分析法包括四个步骤，如图 11-7 所示。

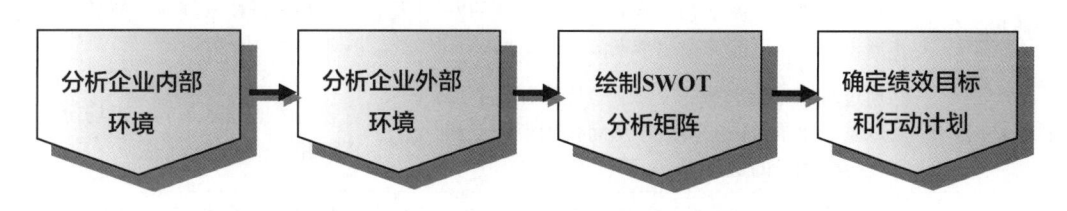

图 11-7　应用 SWOT 分析法的四个步骤

11.2.1　分析企业内部环境

分析企业内部环境是应用 SWOT 分析法的第一步，核心目的是了解企业内部的优势和劣势。这一步至关重要，因为这可以为企业提供一个自我反思和评估的机会，帮助企业认清

273

自己在资源和能力方面的长处和短处。

应用SWOT分析法分析企业内部环境涉及五项内容，见表11-3。

表11-3 应用SWOT分析法分析企业内部环境的五项内容

五个维度	分析效果	涉及内容
资源评估	通过评估内部资源，企业可以了解自己在哪些方面具有优势，在哪些方面需要改进	包括物质资源，如设备、技术、资金；人力资源，如员工技能、知识水平、管理团队的能力；组织资源，如企业文化、组织结构、内部沟通机制等
能力分析	识别哪些能力是独特并难以被竞争对手模仿的，将这些能力视为企业的核心竞争优势	包括研发能力、生产能力、市场营销能力、客户服务能力等
价值链分析	分析企业内部的价值创造过程，有助于企业发现提高效率、降低成本或增加价值的机会	从原材料采购到最终产品或服务的提供，了解在每个环节上的优势和劣势
内部流程审视	优化内部流程，可以提高企业运营效率，减少浪费，并增强对市场变化的响应能力	包括生产流程、管理流程、决策流程等
企业文化和组织结构	积极向上、鼓励创新的企业文化，以及灵活高效的组织结构，可以成为企业的竞争优势	分析企业的文化和组织结构对企业绩效的影响

11.2.2 分析企业外部环境

分析企业外部环境是应用SWOT分析法的关键环节，主要关注的是企业所处的市场环境、行业趋势、竞争格局以及政策法规等因素。这一步的目的是识别外部的机会与威胁，从而为企业制定战略提供重要依据。

应用SWOT分析法分析企业外部环境涉及五项内容，见表11-4。

表11-4 应用SWOT分析法分析企业外部环境的五项内容

五个维度	分析效果	涉及内容
市场环境分析	市场环境分析有助于企业判断市场的发展趋势和潜在机会，例如，目标市场规模持续扩大对于企业来说就是一个重要的增长机会	深入了解目标市场的规模、增长率、消费者偏好和购买力等信息
行业趋势分析	行业趋势和发展动态可能为企业带来新的发展机遇，也可能为企业带来潜在的威胁	及时捕捉并分析技术创新、产品升级换代、行业法规变化等
竞争格局分析	通过对比分析市场定位和竞争优势，企业可以发现竞争对手的弱点，从而找到突破点和差异化竞争的机会	了解竞争对手的战略布局、市场份额、产品特点和营销策略等信息
政策法规分析	政策法规的变化可能对企业的运营产生重大影响	包括税收政策、环保政策、行业政策等，确保企业合规运营并充分利用政策红利
利益相关者分析	利益相关者的态度和行为可能对企业的运营产生重要影响，因此企业需要与利益相关者建立良好的合作关系并关注利益相关者的动态	涉及供应商、分销商、投资者、员工和社区等

11.2.3 绘制 SWOT 分析矩阵

在进行了企业内部环境和外部环境的深入分析后，则开始绘制 SWOT 分析矩阵，这是将前两个步骤的分析结果进行综合和整理的关键环节。将那些对企业发展有直接的、重要的、迫切的或久远的影响因素优先排列出来，而将那些间接的、次要的、可缓的或短暂的影响因素排列在后面。

SWOT 分析矩阵是一个 2×2 的表格，把各种影响因素列在相应象限，分别代表企业的优势（Strengths）、劣势（Weaknesses）、机会（Opportunities）和威胁（Threats）。

1. 整理优势与劣势

将企业内部环境分析中识别出的优势和劣势分别填入 SWOT 分析矩阵的对应位置。优势可能包括独特的技术、强大的品牌、高效的管理团队、专利或专有技术等。劣势可能包括缺乏某些关键资源、高成本结构、品牌知名度不足等。

2. 罗列机会与威胁

将企业外部环境分析中识别出的机会和威胁填入 SWOT 分析矩阵。机会可能包括市场需求增长、新技术出现、政策扶持等。威胁可能包括新竞争者的进入、政策法规的变化、客户需求的变化等。

3. 矩阵的关联性分析

在填写完 SWOT 分析矩阵后，需要分析各个元素之间的关联性。例如，某些优势可能有助于企业抓住某些机会，或者某些劣势可能使企业更容易受到某些威胁的影响。这种关联性分析有助于企业更全面地了解其战略地位。

4. 战略匹配与选择

通过 SWOT 分析矩阵，企业可以清晰地看到其内部优势和劣势与外部机会和威胁之间的匹配关系。这有助于企业制定与其内部资源和外部环境相匹配的战略。例如，利用内部优势去抓住外部机会，或者通过消除内部劣势来减少外部威胁的影响。

5. 可视化与沟通

SWOT 分析矩阵的可视化形式使得复杂的信息更容易被理解和沟通。这有助于企业内部的决策者和利益相关者达成共识，并围绕共同的战略目标进行协作。

11.2.4 确定绩效目标和行动计划

在完成了企业内部环境分析、企业外部环境分析和 SWOT 分析矩阵绘制之后，确定绩效目标和行动计划是应用 SWOT 分析法的最终落脚点。这一步的基本思路是：发挥优势因素，克服劣势因素，利用机会因素，化解威胁因素；考虑过去，立足当前，着眼未来。这一步的目的是基于之前的分析，确定明确、可衡量的绩效目标和具体、可行的行动计划。

1. 确定绩效目标

（1）对齐企业战略：绩效目标应该与企业的整体战略保持一致。根据 SWOT 分析的结果，明确企业在短期和长期内希望达到的关键绩效指标（KPI）。

（2）符合 SMART 原则：绩效目标应遵循 SMART 原则，即具体（Specific）、可衡量

（Measurable）、可达成（Achievable）、相关性（Relevant）和时间限定（Time-bound）。这样的目标既清晰又具有挑战性，便于追踪和评估。

（3）平衡内外部因素：绩效目标应考虑企业内部的优势和劣势，以及外部的机会和威胁，确保目标的制定既符合企业实际情况，又能抓住市场机遇。

2. 制订行动计划

（1）利用优势和机会：根据SWOT分析矩阵中识别的企业内部优势和外部环境中的机会，制订行动计划以最大化这些优势和机会。例如，如果企业拥有技术优势，且市场上对高技术产品需求大增，行动计划可能包括加大研发投入，快速推出新产品。

（2）改进劣势和应对威胁：针对企业内部劣势和外部威胁，制定改善和防御策略。例如，如果企业品牌知名度不高，且面临新竞争者的威胁，行动计划可能包括加强品牌营销和推广，同时优化产品以区别于竞争对手。

（3）资源分配和优先级设定：根据行动计划的紧迫性和重要性，合理分配资源，并设定实施的优先级，确保关键行动计划得到足够的支持和关注。

（4）风险评估与应对：对行动计划进行风险评估，识别潜在的问题和挑战，并制定相应的应对措施。这有助于减少计划执行过程中的不确定性。

（5）监控与调整：设定定期评估机制，监控行动计划的执行情况和绩效目标的实现程度。根据实际情况及时调整行动计划，以确保其有效性和适应性。

最佳实践：××知名运动品牌应用SWOT分析法的案例

1.××知名运动品牌的SWOT分析矩阵

××知名运动品牌的SWOT分析矩阵见表11-5。

表11-5　××知名运动品牌的SWOT分析矩阵

优势（S）	劣势（W）
（1）强大的品牌影响力 （2）先进的研发能力 （3）广泛的分销网络	（1）高昂的产品价格 （2）依赖少数核心市场 （3）产品线更新速度较慢
机会（O）	威胁（T）
（1）健康生活方式趋势 （2）新兴市场的增长 （3）科技创新带来的可能性	（1）竞争对手的激烈竞争 （2）消费者偏好的快速变化 （3）原材料成本上涨

2.××知名运动品牌的绩效目标

（1）提升品牌在新兴市场的知名度。

（2）加大研发投入，加快产品线更新速度。

（3）通过成本控制和效率提升，降低产品价格。

3.××知名运动品牌的行动计划

（1）开展新兴市场品牌推广活动，与当地体育文化活动相结合。

（2）加大研发投入，设立创新基金，鼓励新产品开发。

（3）优化供应链管理，降低生产成本，同时寻找更高效的分销渠道。

最佳实践：××电子商务公司应用SWOT分析法的案例

1.××电子商务公司的SWOT分析矩阵

××电子商务公司的SWOT分析矩阵见表11-6。

表11-6　××电子商务公司的SWOT分析矩阵

优势（S）	劣势（W）
（1）高效的物流系统 （2）强大的数据分析能力 （3）优秀的客户服务	（1）对某些供应商的依赖 （2）高昂的营销成本 （3）技术故障的风险
机会（O）	威胁（T）
（1）电子商务市场的持续增长 （2）跨境电商的兴起 （3）新技术的应用（如人工智能、大数据等）	（1）竞争对手的激烈竞争 （2）数据安全和隐私问题 （3）消费者购物习惯的变化

2.××电子商务公司的绩效目标

（1）提高物流效率，缩短配送时间。

（2）降低营销成本，同时保持或提升品牌知名度。

（3）减少技术故障，提升用户体验。

3.××电子商务公司的行动计划

（1）投资建设更智能化的物流系统，利用新技术优化配送路线。

（2）调整营销策略，利用社交媒体和口碑营销降低营销成本。

（3）加强技术研发和安全性保障，减少技术故障和数据安全风险。

最佳实践：HUI手机产销公司应用SWOT分析法的案例

HUI是一家专门从事手机生产和销售的公司。该公司利用SWOT分析法进行自我诊断，分析了自己的优势、劣势、机会和威胁。

HUI品牌产品与竞品的优势、劣势分析见表11-7。

表11-7　HUI品牌产品与竞品优势、劣势对比列表

品牌	客户关系	渠道建设	市场服务	人员技能	财务管理	售后服务	产品资源	物流配送	代理政策	反应速度
HUI品牌	5	4	3	4	4	3	2	3	3	3
A品牌	4	3	3	2	3	3	3	4	4	4
B品牌	3	3	2	3	3	3	4	3	4	4

续 表

品牌	客户关系	渠道建设	市场服务	人员技能	财务管理	售后服务	产品资源	物流配送	代理政策	反应速度
C品牌	3	2	3	4	4	3	5	4	4	3
比较结果	S	S	S	S	S	W	W	W	W	W

注：S表示优势；W表示劣势。

由表11-7分析可知，HUI品牌产品有着多个方面的优势和劣势，见表11-8。

表11-8 HUI品牌产品的优势与劣势分析

分析维度	具体内容
优势	◎ 渠道相对合理，网络覆盖较全 ◎ 客户关系良好，客户认同度较高 ◎ 员工专业化水平较高 ◎ 财务管理机制较健全 ◎ 能够为客户提供培训等增值服务
劣势	◎ 售后服务薄弱 ◎ 产品线较短，机型较为单一 ◎ 物流配送不及时 ◎ 代理政策不利于与其他对手竞争 ◎ 市场反应速度较慢

HUI品牌产品与竞品的机会、威胁分析：目前的手机市场容量在不断扩大，但由于产品同质化和生产厂家的增加，市场竞争日益激烈，外部环境也发生了较大的变化。

（1）手机牌照放开后，进入门槛降低，"山寨"手机争夺三线市场。

（2）经销商选择厂家的余地变大，厂家对渠道的支持越来越多。

（3）手机厂商不断向下整合，努力拓展二、三线市场，意在决胜终端。

（4）运营商不断打压产品价格，并与某些品牌深度合作。

因此，HUI品牌产品将面对以下机会和威胁，见表11-9。

表11-9 HUI品牌产品的机会与威胁分析

分析维度	具体内容
机会	◎ "终端突破"战略符合未来发展方向 ◎ 新增产品线，有利于扩大市场份额 ◎ 品牌建设卓有成效 ◎ 竞争对手的自销策略伤害了经销商，有利于优化渠道 ◎ 运营商力推5G业务，正不断加大对5G的研发和市场拓展
威胁	◎ 渠道策略改变，产品单一有可能损害客户关系 ◎ 许多厂家都开始实行渠道扁平化，直接与终端的大型经销商合作 ◎ 一些运营商、经销商开始建立自己的品牌 ◎ 三种5G标准并行，加大了技术投资难度 ◎ 新进入者增多，人才和市场的竞争愈演愈烈

第 12 章

BEST 反馈法的应用

BEST 反馈法，又称为"刹车原理"，是一种有效的绩效结果反馈方法。其中，B 代表 Behavior Description，即描述行为；E 代表 Express Consequence，即表达后果；S 代表 Solicit Input，即征求意见；T 代表 Talk about Positive Outcomes，即着眼未来。BEST 反馈法指绩效结果反馈者指出绩效问题所在并描述了问题所带来的后果之后，在征询被反馈者的意见或建议的时候，反馈者应给予被反馈者发表自己见解的权利，以聆听者的姿态听取被反馈者的建议或意见，并鼓励其自行寻求解决办法，反馈者梳理确认和最后总结。

BEST 反馈法的核心在于促进员工自我反思和自我改进，从而实现绩效的提升。

BEST 反馈法在绩效管理领域具有广泛的应用场景，不仅特别适合用于性格内敛的员工，也适用于大型或中小型等各种类型的组织和团队。尤其是在面对复杂项目或重要任务时，BEST 反馈法能够帮助反馈者即管理者和被反馈者即员工更加清晰地识别问题、分析原因并找到有效的解决方案。同时，这一方法也适用于不同层级的员工，基层员工到中高层管理者都可以通过应用该方法来实现自我提升和团队效能改进。

第12章　BEST 反馈法的应用

- BEST反馈法区别于三种绩效面谈法
  - BEST与单向劝导式绩效面谈法
  - BEST与双向倾听式绩效面谈法
  - BEST与解决问题式绩效面谈法

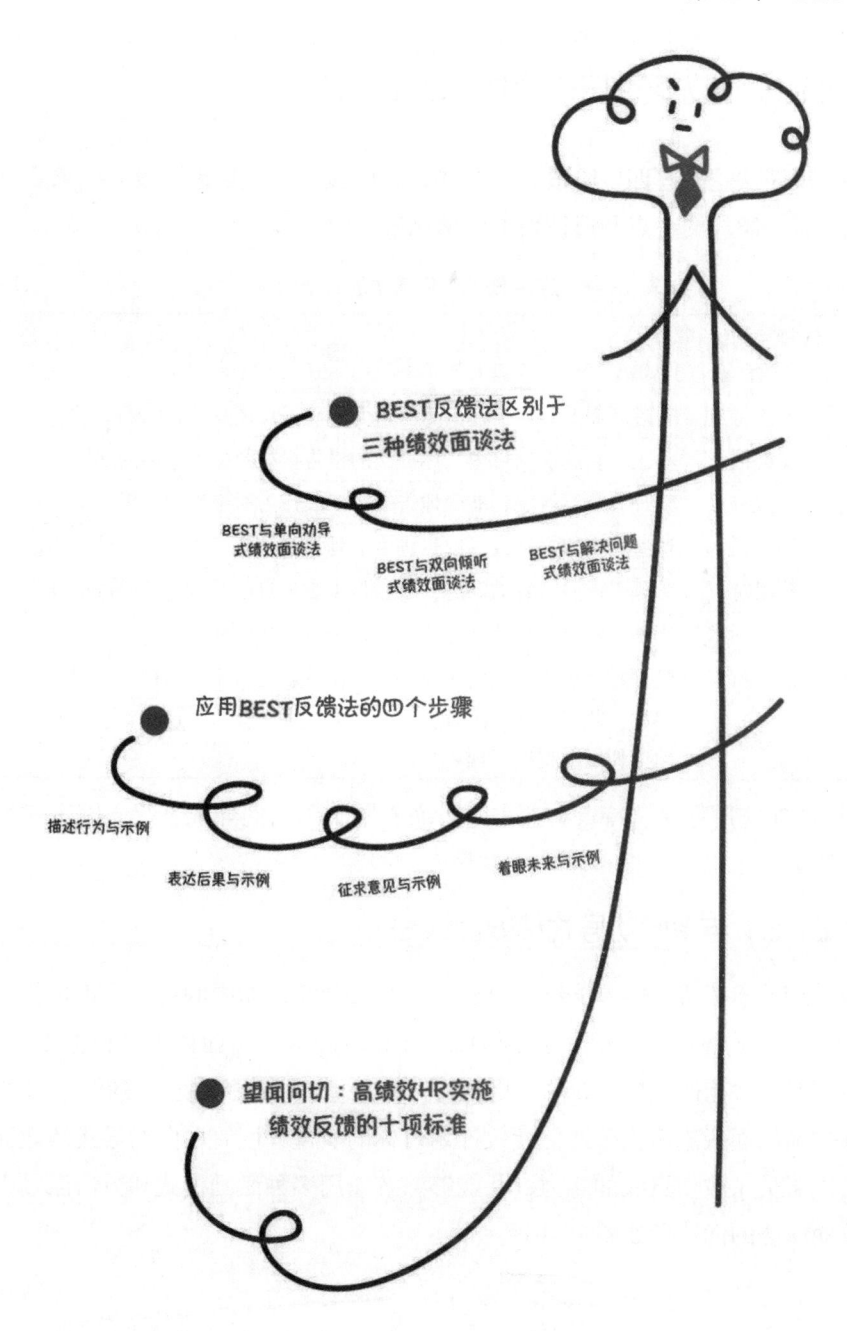

- 应用BEST反馈法的四个步骤
  - 描述行为与示例
  - 表达后果与示例
  - 征求意见与示例
  - 着眼未来与示例

- 望闻问切：高绩效HR实施绩效反馈的十项标准

BEST 反馈法应用框架体系

12.1 BEST 反馈法区别于三种绩效面谈法

应用 BEST 反馈法主要有四个阶段，即描述行为阶段、表达后果阶段、征求意见阶段和着眼未来阶段，各个阶段的特点和反馈话术示例见表 12-1。

表 12-1 应用 BEST 反馈法的四个阶段

四个阶段	特点与话术	具体内容
描述行为阶段	阶段特点	管理者需要具体描述员工的行为，确保反馈具体、明确
	反馈话术	小王，在这次项目中，你提交的报告存在数据不准确的问题。
表达后果阶段	阶段特点	管理者需要客观、准确地告知员工其行为所带来的后果
	反馈话术	这些错误数据导致了项目进度的延误，增加了团队的额外工作量。
征求意见阶段	阶段特点	管理者以聆听者的姿态，鼓励员工表达自己的看法和改进措施
	反馈话术	小王，你对此有什么想法？你认为应该如何改进？
着眼未来阶段	阶段特点	管理者与员工共同商讨改善计划，并表达对未来的积极期望
	反馈话术	很好，我同意你的改进方案。希望在未来你能更加注意数据的准确性，避免类似问题再次出现。

BEST 反馈法在应用程序、特点和话术等方面不同于单向劝导式、双向倾听式与解决问题式等绩效面谈法。

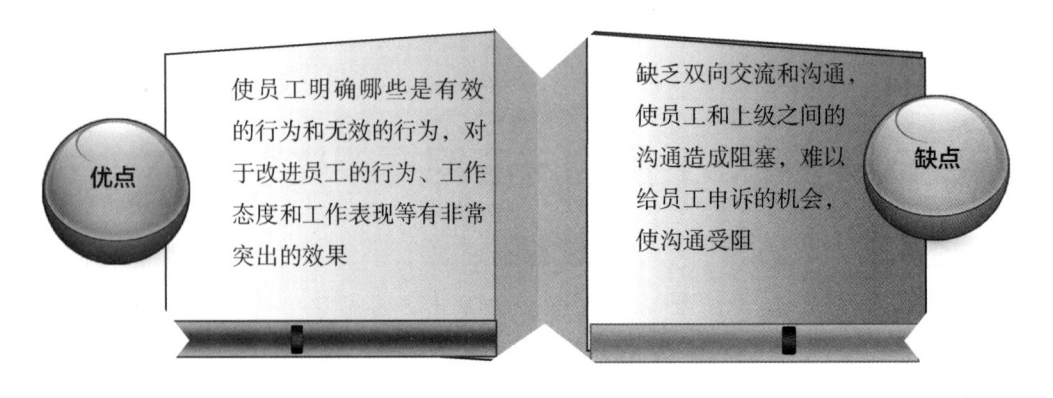

12.1.1 BEST 与单向劝导式绩效面谈法

单向劝导式绩效面谈法指的是上级通过对员工个人现实工作中的行为表现进行剖析，说明哪些是正确的、有效的行为，哪些是错误的、无效的行为，由面谈人员根据工作说明书，尽可能地说服下属，并让他们提出新的、更高的工作目标，不断提高员工的绩效水平。

单向劝导式绩效面谈法适用于评估绩效计划目标的实现程度。单向劝导式绩效面谈法要求上级需具备说服员工改变自我的能力，并能够熟练应用多种激励模式和方法激励下属。单向劝导式绩效面谈法的优缺点如图 12-1 所示。

优点：使员工明确哪些是有效的行为和无效的行为，对于改进员工的行为、工作态度和工作表现等有非常突出的效果

缺点：缺乏双向交流和沟通，使员工和上级之间的沟通造成阻塞，难以给员工申诉的机会，使沟通受阻

图 12-1 单向劝导式绩效面谈法的优缺点

应用单向劝导式绩效面谈法主要分为三个阶段，包括上级剖析员工表现、建立新的绩效目标及绩效提升，如图 12-2 所示。

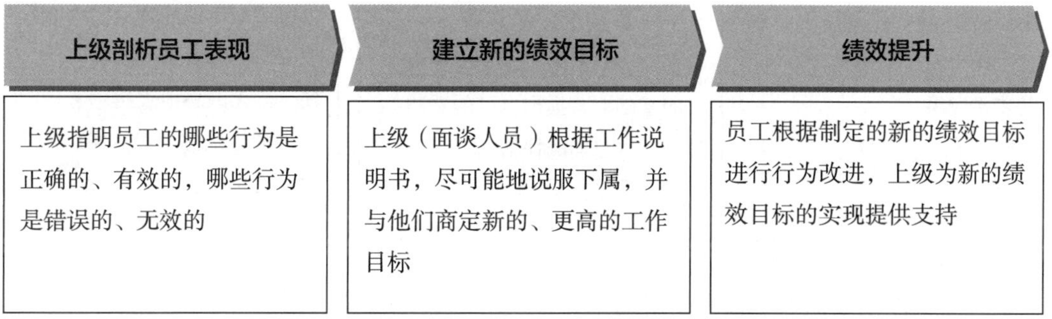

上级剖析员工表现	建立新的绩效目标	绩效提升
上级指明员工的哪些行为是正确的、有效的，哪些行为是错误的、无效的	上级（面谈人员）根据工作说明书，尽可能地说服下属，并与他们商定新的、更高的工作目标	员工根据制定的新的绩效目标进行行为改进，上级为新的绩效目标的实现提供支持

图 12-2　应用单向劝导式绩效面谈法的三个阶段

BEST 反馈法与单向劝导式绩效面谈法的核心区别在于沟通方式和员工参与度。单向劝导式绩效面谈法以管理者为主导，通常采用"告知—说服"模式，管理者直接指出问题并提出改进方案，员工被动接受，缺乏双向互动。这种模式容易引发抵触情绪，尤其是对性格内敛的员工效果较差。

而 BEST 反馈法强调结构化引导和员工自主性。通过描述行为（B）、表达后果（E）客观呈现问题，再通过征求意见（S）鼓励员工主动思考解决方案，最后着眼未来（T）达成共识。这种方法避免了单向说教的弊端，通过倾听和提问激发员工的自我反思，更易获得认同并推动行为改变。

12.1.2　BEST 与双向倾听式绩效面谈法

双向倾听式绩效面谈法指的是上级通过对员工个人现实工作中的行为表现进行剖析，说明哪些是正确的、有效的行为，哪些是错误的、无效的行为，员工适当地给予回应，并就绩效考核的相关问题与上级进行讨论，共同制定下一考核周期的工作目标，以不断提高员工的绩效水平。

应用双向倾听式绩效面谈法可以为员工提供参与考评以及与上级进行交流的机会，也可以在员工工作中遇到困难时鼓励其寻找原因和改进方法，达到消除或减少员工不良情绪的目的。本方法适用于表现积极的员工。

双向倾听式绩效面谈法要求参加者事先准备一些问题，而且要掌握提问和倾听的时机，其目的是让下属了解上级对其优缺点的评价，并就此做出反应。这种方法的主要缺点是：难以向被考评者立即提出下一步工作改进的具体目标，虽然员工对考评结果感到满意，但其工作的改进程度不会太大。

应用双向倾听式绩效面谈法主要分为三个阶段，包括下属自评、上级总体评价员工及下属再次发表意见，如图 12-3 所示。

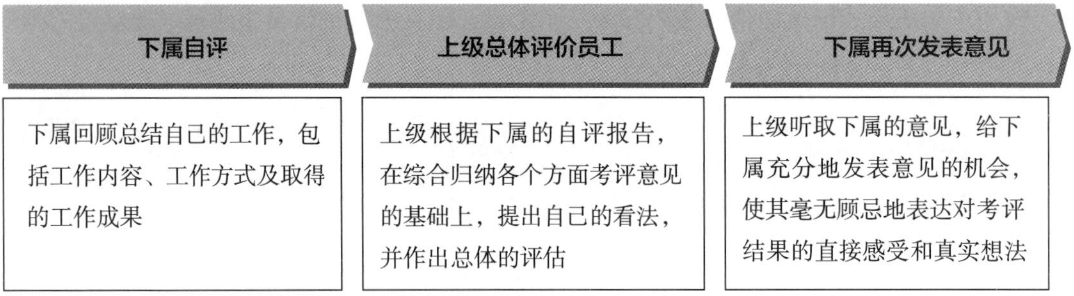

下属自评	上级总体评价员工	下属再次发表意见
下属回顾总结自己的工作，包括工作内容、工作方式及取得的工作成果	上级根据下属的自评报告，在综合归纳各个方面考评意见的基础上，提出自己的看法，并作出总体的评估	上级听取下属的意见，给下属充分地发表意见的机会，使其毫无顾忌地表达对考评结果的直接感受和真实想法

图 12-3　应用双向倾听式绩效面谈法的三个阶段

双向倾听式绩效面谈法注重平等对话，管理者通过开放性问题了解员工想法，但缺乏对问题的系统性剖析和行动引导，可能导致讨论分散或停留在表面。

BEST 反馈法则在倾听基础上增加了明确的框架和导向性。前两步（B、E）确保问题清晰呈现，后两步（S、T）将倾听转化为具体行动。员工在"征求意见"（S）阶段提出的建议会被反馈者梳理总结，并最终落实到"未来改进"的共识中。这种结构既保留了双向沟通的优势，又避免了泛泛而谈，尤其适合解决复杂绩效问题。

12.1.3　BEST 与解决问题式绩效面谈法

解决问题式绩效面谈法以解决员工的实际问题为主要宗旨，主管人员应倾听员工的工作陈述，及时关注员工遇到的困惑、困难、需求，以及工作满意度等各种问题，并对问题逐一进行剖析，以达成共识，从而促进员工不断进步。该种方式主要适用于促进员工潜能开发和全面发展的面谈。

应用解决问题式绩效面谈法具有一定的难度，主管人员或考评者需要参加相关的培训课程，以提高管理技巧和水平。

解决问题式绩效面谈法的应用程序与双向倾听式绩效面谈法的应用程序相似，但解决问题式绩效面谈法更注重创造一种活跃的、开诚布公的、能够进行有效交流的环境和氛围，主管人员在面谈时更注重倾听员工提出的问题，并对提出的问题进行解决。

解决问题式绩效面谈法聚焦于快速找到解决方案，通常直接分析问题原因并制定计划，可能忽略员工对问题的认知和情感接纳过程。

BEST 反馈法更注重心理层面的引导。通过"描述行为"和"表达后果"让员工理性认识问题影响，再通过"征求意见"赋予其参与感，最后以"着眼未来"强化正向激励。这种分阶段推进的方式能降低防御心理，尤其适用于敏感问题或高压力情境。相比之下，BEST 不仅解决问题，更通过员工自我驱动实现持续改进，长期效果更显著。

12.2　应用 BEST 反馈法的四个步骤

应用 BEST 反馈法主要包括四个步骤，如图 12-4 所示。

第 12 章 BEST 反馈法的应用

1. B Behavior Description 描述行为
具体性、客观性、清晰性、及时性

2. E Express Consequence 表达后果
客观性、明确性、相关性

3. S Solicit Input 征求意见
开放性、倾听与理解、尊重与平等、反馈的整合

4. T Talk about Positive Outcomes 着眼未来
设定明确目标、制订行动计划、鼓励与支持

图 12-4 应用 BEST 反馈法的四个步骤

12.2.1 描述行为与示例

在 BEST 反馈法中,"描述行为"是首要步骤。这一步要求反馈者以客观、中立的方式,清晰地阐述被反馈者的具体行为或绩效表现。这种描述应该是基于事实的,不带有主观评价或情感色彩,仅仅是对工作中的客观事实进行准确的重现。

"描述行为"的四个核心要点见表 12-2。

表 12-2 "描述行为"的四个核心要点

序号	核心要点	内容及示例
1	具体性	描述行为时要尽可能具体,包括时间、地点、涉及的人物以及行为的具体内容,这样的描述有助于被反馈者清晰地理解所指的是哪一个具体事件
2	客观性	描述应基于可观察的事实,避免个人意见、判断或情绪的干扰。例如,不说"你总是迟到",而应该说"上周三和周五的会议,你分别迟到了 10 分钟和 15 分钟"
3	清晰性	使用简单明了的语言,确保信息能够准确无误地传达给被反馈者,避免使用模糊或含糊不清的表述
4	及时性	反馈应尽可能在行为发生后立即进行,以确保被反馈者对事件的记忆仍然清晰,也便于及时纠正和改进

在描述行为时,可以设计句式结构来帮助绩效结果反馈者保持客观和具体。

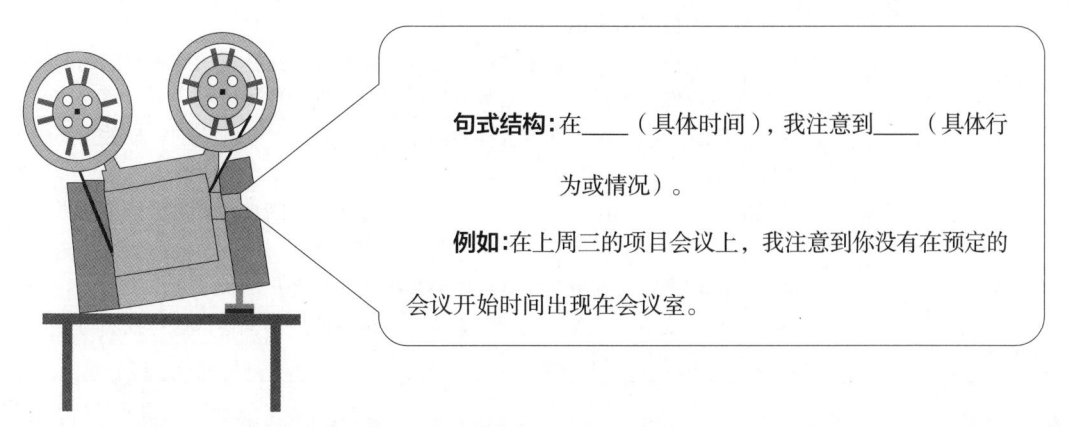

句式结构:在____(具体时间),我注意到____(具体行为或情况)。

例如:在上周三的项目会议上,我注意到你没有在预定的会议开始时间出现在会议室。

"描述行为"作为应用BEST反馈法的第一步，其重要性在于为后续的反馈和沟通奠定一个客观、公正的基础。准确地描述行为，可以减少误解和冲突，帮助被反馈者清晰地认识到自己的行为表现，从而更有效地进行改进。同时，这也体现了对员工的尊重，让员工感受到自己的行为和表现是被公正、客观地看待的。

"描述行为"的潜在挑战与应对策略如图12-5所示。

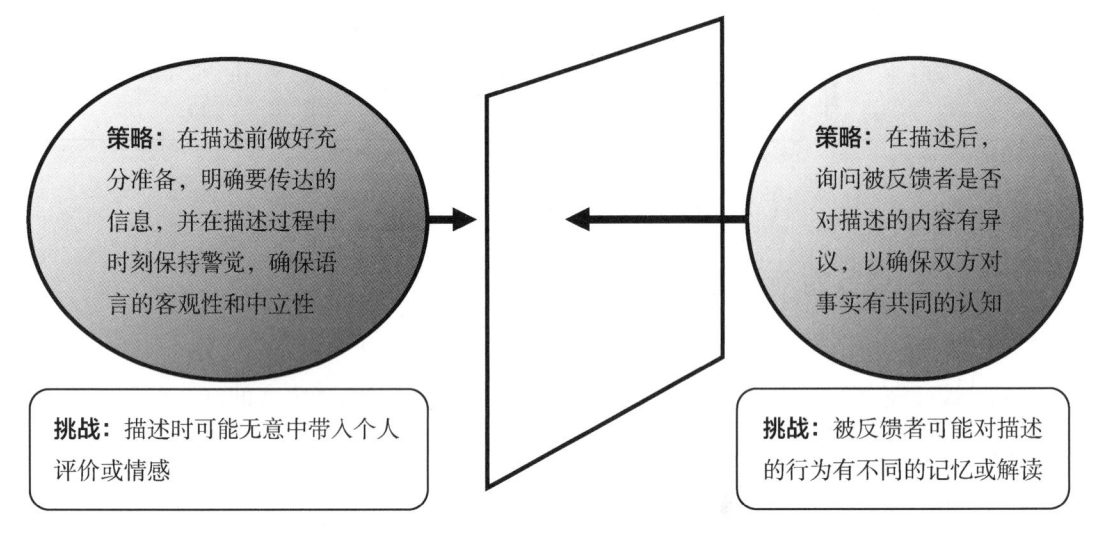

策略：在描述前做好充分准备，明确要传达的信息，并在描述过程中时刻保持警觉，确保语言的客观性和中立性

策略：在描述后，询问被反馈者是否对描述的内容有异议，以确保双方对事实有共同的认知

挑战：描述时可能无意中带入个人评价或情感

挑战：被反馈者可能对描述的行为有不同的记忆或解读

图12-5 "描述行为"的两大挑战与应对策略

12.2.2 表达后果与示例

在应用BEST反馈法的四个步骤中，"表达后果"是第二步，是反馈过程中的重要环节。这一步要求反馈者明确、客观地指出被反馈者的行为所带来的后果或影响。通过这一步，被反馈者能够更清楚地理解自己行为的重要性以及可能产生的结果。

"表达后果"的三个核心要点见表12-3。

表12-3 "表达后果"的三个核心要点

核心要点	项目	具体内容
客观性	特点	在表达后果时，反馈者需要保持客观，确保所述后果是基于事实的，而非主观臆断或个人情绪的表达
	示例	小王，你上周提交的报告中出现了几处数据错误。这些错误导致我们的客户对我们的专业性产生了质疑，这是客户反馈的邮件，你可以看一下
	话术	我注意到你的报告中存在的数据问题，这些问题已经对我们的客户关系产生了实际影响
明确性	特点	后果的描述需要具体、明确，以便被反馈者能够清晰地理解自己行为的影响
	示例	小李，你在上次会议中没有提出任何新的市场策略。因此，我们错过了向客户展示我们创新能力的机会，这可能会影响我们与客户的长期合作关系。
	话术	由于你在会议中的表现，我们失去了一个很好的展示机会，这对我们与客户的长期关系可能有不利影响

续 表

核心要点	项目	具体内容
相关性	特点	所表达的后果应与描述的行为直接相关，确保反馈的连贯性和针对性
	示例	小张，你最近几次的迟到已经影响到了团队的整体效率。每次你迟到，我们都需要等待你开始会议，这浪费了大家宝贵的时间
	话术	你的迟到行为与我们团队的工作效率直接相关。每次你的迟到都会导致我们团队的会议推迟，这影响了整个团队的工作节奏和效率

在表达后果时，可以使用具体数据或实例来支持观点。

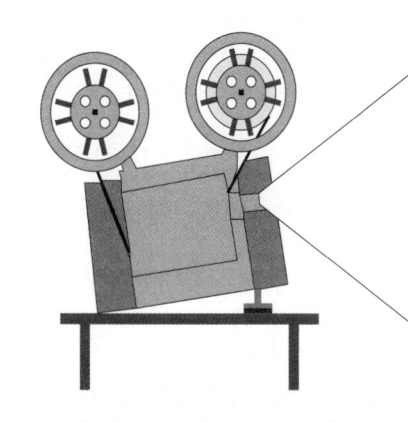

例如： 由于你的迟到，我们错过了与客户的重要会议，这可能导致我们失去这次合作的机会。

避免： 避免使用过于情绪化或攻击性的语言，保持冷静和专业的态度。确保后果的表达与之前描述的行为紧密相连，形成逻辑上的连贯性。

"表达后果"这一步在应用 BEST 反馈法的过程中具有三个方面的重要价值。

（1）增强自我意识：通过了解自身行为带来的后果，被考评者能够加深对自我行为的认知和理解。

（2）促进行为改变：明确知道行为的后果，可以激励被考评者调整自己的行为，以避免不良后果的发生。

（3）加强团队沟通：清晰的后果表达有助于团队成员之间的沟通和理解，减少误解和冲突。

"表达后果"的潜在挑战与应对策略如图 12-6 所示。

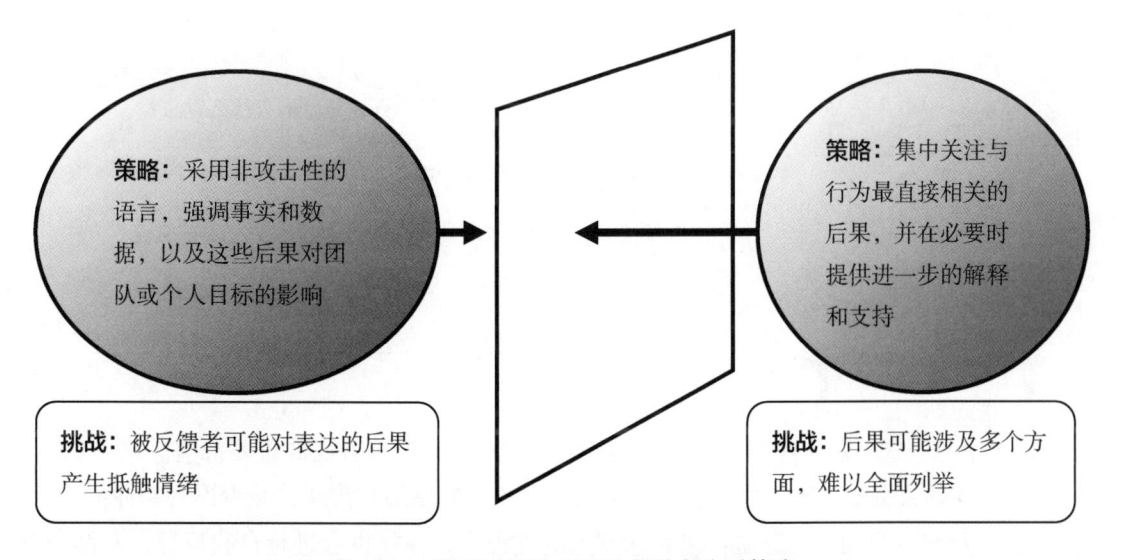

策略： 采用非攻击性的语言，强调事实和数据，以及这些后果对团队或个人目标的影响

策略： 集中关注与行为最直接相关的后果，并在必要时提供进一步的解释和支持

挑战： 被反馈者可能对表达的后果产生抵触情绪

挑战： 后果可能涉及多个方面，难以全面列举

图 12-6 "表达后果"的两大挑战与应对策略

12.2.3 征求意见与示例

在BEST反馈法的应用程序中,"征求意见"是第三步。这一步的核心目的是促进双向沟通,让被反馈者有机会表达自己的看法和感受,从而提升反馈的接受度和效果。

"征求意见"的四个核心要点见表12-4。

表12-4 "征求意见"的四个核心要点

核心要点	项目	具体内容
开放性	特点	在征求意见时,应保持开放和接纳的态度,鼓励被反馈者自由表达
	示例	小王,关于你最近的工作表现,我想听听你自己的看法和感受。请畅所欲言,无论是正面的还是需要改进的地方,我都希望听到你的真实想法
	话术	我们非常欢迎并鼓励你分享你的观点和建议,这对我们共同改进工作流程和环境非常重要
倾听与理解	特点	积极倾听被反馈者的意见,并努力理解其观点背后的原因和动机
	示例	当你提到在项目中遇到的挑战时,我能理解你的困惑和压力。请继续分享你是如何应对这些挑战的,以及你希望我们如何支持你
	话术	我在倾听你的意见,并试图理解你所面临的情境。请告诉我更多细节,以便我们共同找到解决方案
尊重与平等	特点	确保沟通过程中双方地位平等,尊重被反馈者的意见和感受
	示例	小李,虽然我是你的上级,但在这个讨论中,我希望我们能以平等的身份交流。你的意见和建议对我来说非常重要,请不吝分享
	话术	在这里,每个人的声音都被尊重和重视。请自由地表达你的想法,我们一起探讨如何做得更好
反馈的整合	特点	将被反馈者的意见纳入考虑,为后续的行为改进和计划制订提供参考
	示例	非常感谢你的参与和提出的宝贵意见。我会将这些反馈整合到我们的改进计划中,并确保你的声音被听到和考虑
	话术	你的反馈对我们非常重要,我们将认真考虑你的建议,以改进我们的工作和服务

在"征求意见"过程中,可以采用开放式问题,并记录下被反馈者的关键意见,以便后续分析和参考。

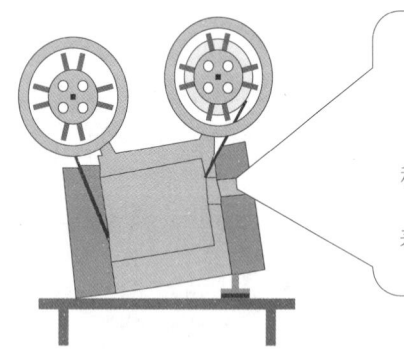

> **例如**:你对我刚才提到的行为和后果有什么看法?
>
> **避免**:在征求意见时给出评价或判断,以保持沟通的顺畅和客观。当被反馈者表达意见时,通过点头、眼神交流等方式表示理解和接纳。

"征求意见"这一步在应用BEST反馈法的过程中具有四个方面的重要价值。

(1)提升沟通效果:通过征求意见,可以增强双方的理解和沟通,减少误解和冲突。

(2)促进自我反思:被反馈者在表达意见的过程中,往往也会进行自我反思,有助于其认识到自身行为的影响。

（3）增强合作意愿：被反馈者感到自己的意见被尊重和重视时，更可能愿意与反馈者合作，共同改进行为。

（4）完善反馈流程：被反馈者的意见可以为后续的反馈和改进提供宝贵的参考信息。

"征求意见"的潜在挑战与应对策略如图 12-7 所示。

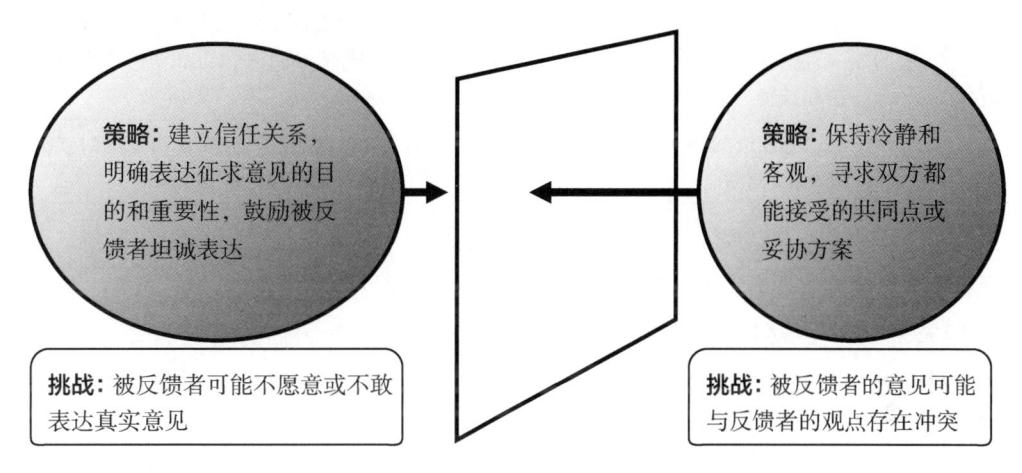

图 12-7 "征求意见"的两大挑战与应对策略

12.2.4 着眼未来与示例

"着眼未来"是应用 BEST 反馈法的最后一步，也是至关重要的一环。这一步要求反馈者与被反馈者共同展望未来，设定明确的目标和行动计划，以实现积极的改变和提升。通过"着眼未来"，可以确保反馈过程不只是停留在问题的指出上，而是推动被反馈者采取实际行动，从而实现个人或团队的成长和进步。

"着眼未来"的三个核心要点见表 12-5。

表 12-5 "着眼未来"的三个核心要点

核心要点	项目	具体内容
设定明确目标	特点	与被反馈者一起设定明确、可衡量的目标。这些目标应该是具体的、可实现的，并且与被反馈者的工作和个人发展紧密相联
	示例	小王，关于你最近的客户服务态度，我觉得我们可以设定一个明确的目标。在接下来的一个月内，我们努力将客户满意度提升到 90% 以上，你觉得如何
	话术	为了让你在这方面有所改进，我认为我们应该设定一个清晰、可衡量的目标。比如，我们可以将下个月的客户满意度目标设定为 95%，这样大家就有一个明确的方向去努力
制订行动计划	特点	为了确保目标的实现，需要制订详细的行动计划。这包括确定具体的行动步骤、时间表和资源需求等。行动计划应该是可操作的、可衡量的，并且需要被反馈者积极参与和承诺
	示例	为了达到上述目标，我们可以一起制订一个行动计划。每周至少进行两次客户服务培训，每天下班前花 30 分钟回顾当天的客户服务案例，找出可以改进的地方，并在第二天的客户服务中进行调整
	话术	要实现我们设定的目标，一个详细的行动计划是必不可少的。我建议我们每周安排一次小组讨论，分享各自在服务中遇到的问题和解决方案，这样可以更快地达到我们的目标

续 表

核心要点	项目	具体内容
鼓励与支持	特点	在设定明确目标和制订行动计划后，反馈者需要给予被反馈者必要的鼓励与支持。这包括提供资源、解答疑问、分享经验和给予正面的反馈等。通过持续的鼓励和支持，可以增强被反馈者的信心和动力，促进其积极实施行动计划
	示例	小李，我知道改进服务态度并不容易，但请相信你有这个能力。在整个过程中，我会一直陪在你身边，提供必要的支持和帮助。每当你有所进步，我都会给予你及时的反馈和鼓励
	话术	在这条改进的路上，你并不孤单。我会时刻关注你的进展，并在你需要的时候给予帮助。记住，每一次的尝试和努力都是值得肯定的，我相信你能做到

在实施过程中，反馈者要持续关注被反馈者的进展，并给予必要的鼓励和支持。可以通过定期的跟进会议、提供额外资源等方式来确保行动计划的顺利实施。

"着眼未来"这一步在应用BEST反馈法的过程中具有三个方面的重要价值。

（1）明确方向：通过设定目标和制订行动计划，为被反馈者提供了明确的方向和指引，有助于其更加有针对性地改进和提升。

（2）激发动力：明确的目标和可行的行动计划可以激发被反馈者的内在动力，促使其更加积极地投入改进过程中。

（3）促进持续改进：通过着眼未来并设定长期目标，可以推动被反馈者实现持续的改进和发展，从而不断提升个人和团队的整体绩效。

"着眼未来"的潜在挑战与应对策略如图12-8所示。

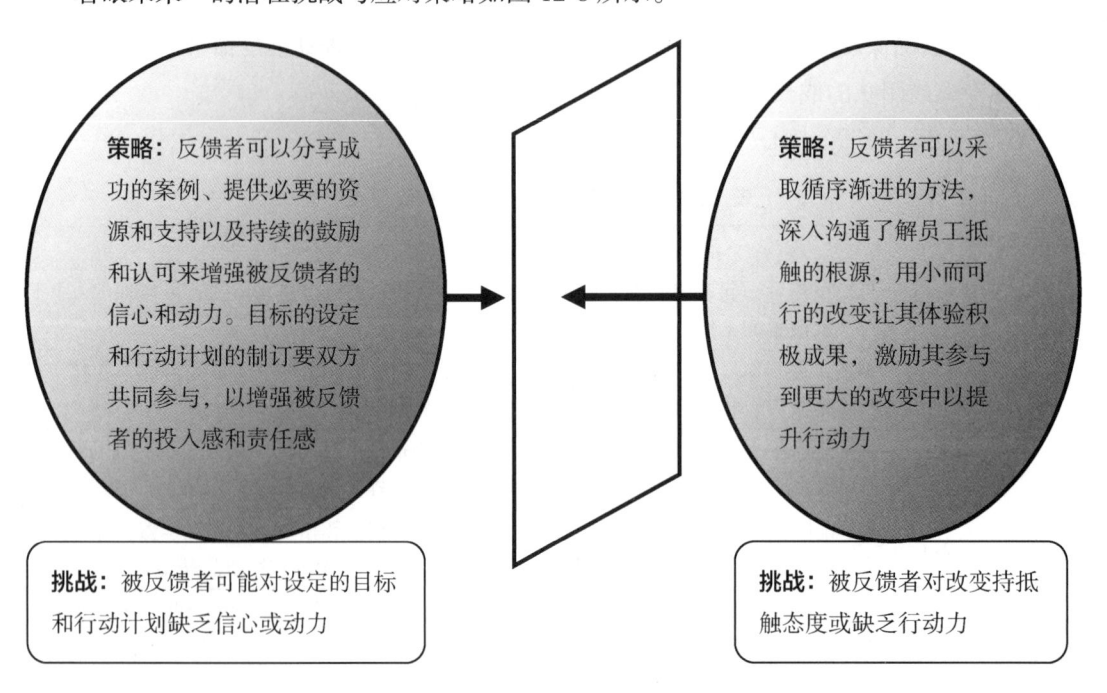

策略： 反馈者可以分享成功的案例、提供必要的资源和支持以及持续的鼓励和认可来增强被反馈者的信心和动力。目标的设定和行动计划的制订要双方共同参与，以增强被反馈者的投入感和责任感

策略： 反馈者可以采取循序渐进的方法，深入沟通了解员工抵触的根源，用小而可行的改变让其体验积极成果，激励其参与到更大的改变中以提升行动力

挑战： 被反馈者可能对设定的目标和行动计划缺乏信心或动力

挑战： 被反馈者对改变持抵触态度或缺乏行动力

图12-8 "着眼未来"的两大挑战与应对策略

望闻问切：高绩效 HR 实施绩效反馈的十项标准

基于"望闻问切"，高绩效 HR 实施绩效反馈的十项标准，见表 12-6。

表 12-6 高绩效 HR 实施绩效反馈的十项标准

核心要点	标准	实践案例
"望"：观察与洞察	观察员工表现	某科技公司人事经理小刘注意到研发团队的小张经常加班，但项目进度却不尽如人意。通过细心观察，小刘发现小张在团队协作中表现较差，很少与其他成员交流
	洞察企业需求	随着市场竞争的加剧，××电商平台急需提升用户体验。人事总监李女士洞察到这一需求，开始关注客服团队的绩效，并制订相应的培训和激励计划
"闻"：倾听与理解	倾听员工声音	一家制造业企业生产线上的小王向人事反映，设备老化导致生产效率低下。人事小张认真倾听并记录了小王的反馈，随后向管理层提出设备更新的建议
	理解员工需求	一家金融公司的销售人员小李表达了对当前薪酬体系的不满。人事小陈通过深入沟通，理解了小李对更公平薪酬体系的期望，并着手进行改进
"问"：提问与引导	提问启发思考	人事小张通过提问引导市场营销团队成员思考如何提高市场推广效果："你们觉得我们目前的营销策略有哪些可以改进的地方？"这激发了团队的创新思考
	引导自我提升	在培训会上，人事小李鼓励新员工通过自我反思来提升工作表现："请大家回顾一下自己的工作，思考在哪些方面可以做得更好？"这样的引导帮助员工找到了自我提升的方向
"切"：诊断与改进	诊断绩效问题	一家物流公司的人事小王注意到配送团队的准时率下降。通过数据分析，他诊断出问题出在配送路线的规划上，于是提出了优化建议
	制订改进计划	一家教育机构的人事小赵与教师团队一起制订了提高教学质量的改进计划，包括定期的教学培训和学生反馈机制的建立
BEST 反馈法的融合应用	融合 B	一家零售公司的人事小刘在向销售经理提供反馈时，具体描述了他的销售技巧和客户服务表现，而不是简单地给出"好"或"不好"的评价
	融合 E、S、T	一家 IT 公司的项目经理小张的项目延期了。人事小王与他沟通时，首先表达了项目延期对公司和客户的影响，然后征求了小张对解决问题的看法，并共同制订了未来的改进计划

融合 B：描述行为的话术与示例

话术："在过去的季度里，我注意到你在与客户的沟通中展现了出色的产品知识和解答能力。特别是在上个月的客户会议上，你能准确解释我们产品的特点和优势，同时还针对客户的需求提供了专业的建议。这种细致入微的服务态度，对于提升客户满意度非常有帮助。"

示例：HR 在与销售团队的成员进行绩效反馈时，可以具体描述某位销售人员与客户沟通时的表现："我记得在上个季度的某个重要客户洽谈中，你不仅详细展示了我们的产品特性，还根据客户的行业背景提供了个性化的解决方案。这种对客户需求的深入理解和主动服务的精神，是我们销售团队中非常宝贵的品质。"

融合 E、S、T：表达后果、征求意见、着眼未来的话术与示例

话术："关于最近的项目延期，这对我们公司的整体运营和客户信任度造成了一定的影响。我非常希望能听到你对这个问题的看法，以及你认为我们应该如何改进工作流程，来避免类似情况再次发生。你的经验和见解对于我们持续改进并提升项目管理能力至关重要。"

示例：在软件开发项目中，项目延期是一个常见问题。HR 与项目经理讨论这个问题时，可以采用如下方式："项目的延期交付导致我们无法按时向客户展示成果，这可能会影响客户对我们的信任和未来的合作机会。我想听听你对这次延期的分析，以及你有何建议来改进我们的项目管理和团队协作，确保未来的项目能够按时高质量地完成？"通过这样的对话，HR 不仅表达了问题的严重性，还鼓励项目经理提出解决方案，共同推动改进。

第 13 章

HPT 的应用

绩效干预技术（Human Performance Technology，HPT），又称人效技术、绩效干预模式等，指通过确认绩效差距设计有效益和效率的干预措施，获得所期望的组织、团队和员工绩效。HPT涉及行为心理学、教学系统设计、组织开发和人力资源管理等多学科理论。

绩效干预技术模型（Human Performance Technology Model，HPTM）是一种结构化而非线性的文字描述或列表的形式，是一种提高企业绩效的技术指南。HPTM用于揭示工作环境的复杂性和所有要素之间的相互影响，从而给绩效管理者提供改进整体绩效的操作步骤，也用于组织设计和变革管理，改善员工个体的绩效。

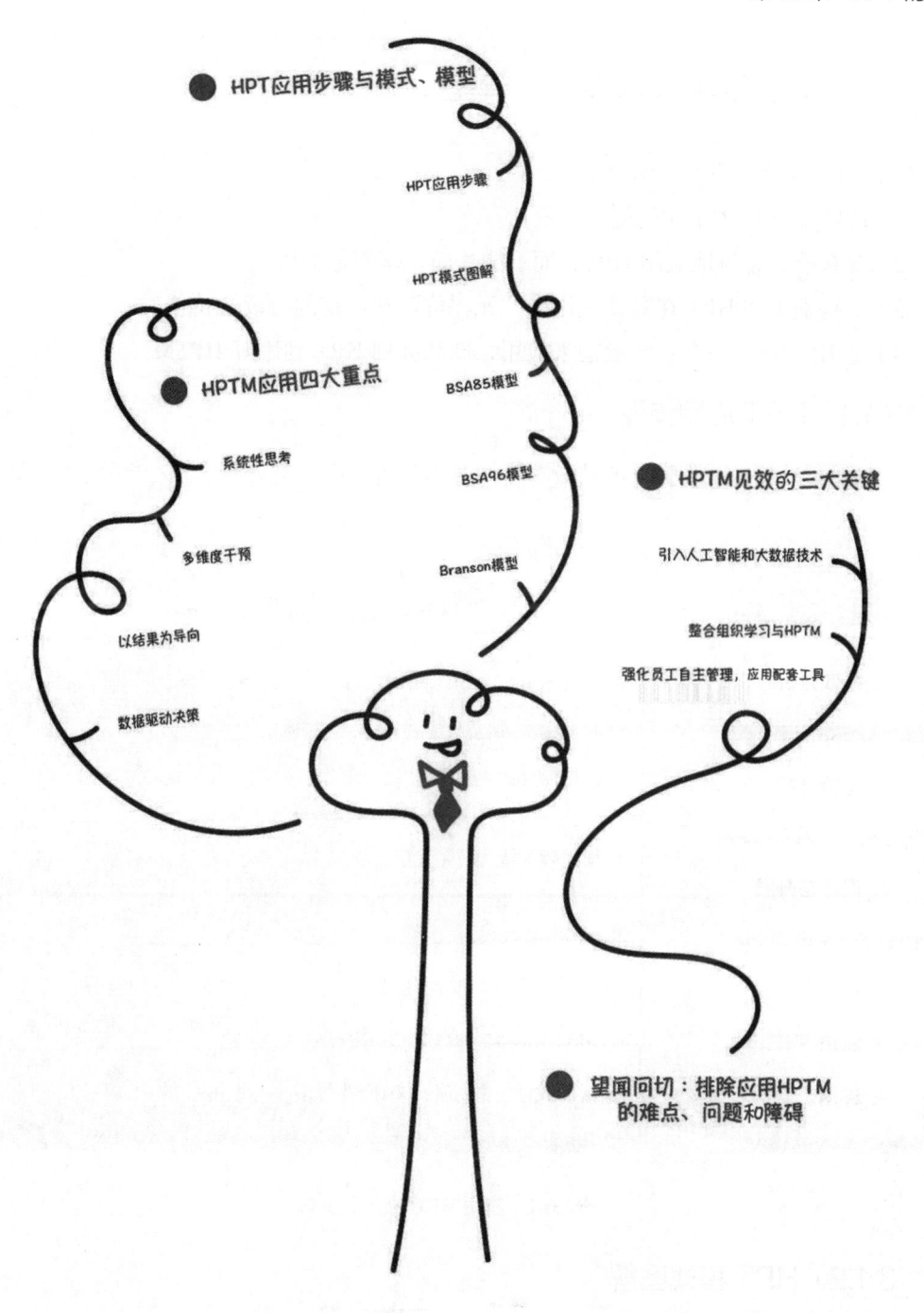

第13章 HPT 的应用

- HPT应用步骤与模式、模型
  - HPT应用步骤
  - HPT模式图解
  - BSA85模型
  - BSA96模型
  - Branson模型

- HPTM应用四大重点
  - 系统性思考
  - 多维度干预
  - 以结果为导向
  - 数据驱动决策

- HPTM见效的三大关键
  - 引入人工智能和大数据技术
  - 整合组织学习与HPTM
  - 强化员工自主管理，应用配套工具

- 望闻问切：排除应用HPTM的难点、问题和障碍

HPT 应用框架体系

295

13.1 HPT 应用步骤与模式、模型

应用 HPT 需要注意四大事项。

（1）HPT 更加侧重于如何提高绩效。

（2）要系统、完整地应用 HPT，而不能片面、割裂地使用。

（3）要特别关注 HPT 在具体应用中"元评价"和审定的持续性价值。

（4）把 HPT 当成一个系统模型来应用，即从会用 HPT 到用好 HPTM。

13.1.1 HPT 应用步骤

应用 HPT 包括五个步骤，即绩效分析、差距分析、设计与开发、执行和评估，如图 13-1 所示。

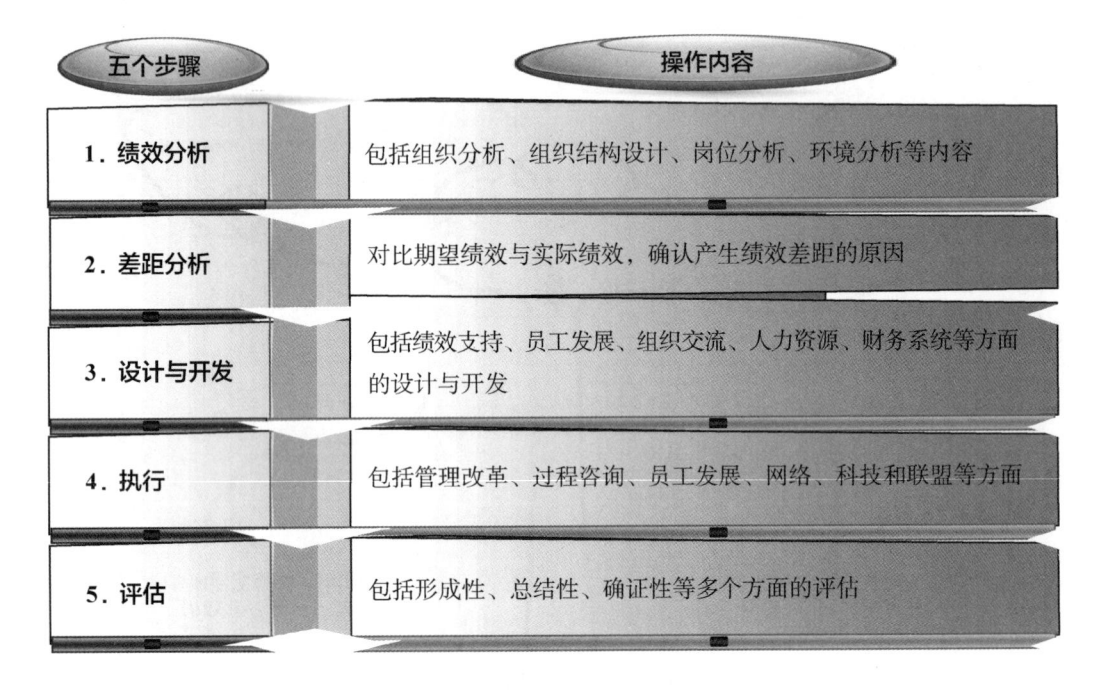

五个步骤	操作内容
1．绩效分析	包括组织分析、组织结构设计、岗位分析、环境分析等内容
2．差距分析	对比期望绩效与实际绩效，确认产生绩效差距的原因
3．设计与开发	包括绩效支持、员工发展、组织交流、人力资源、财务系统等方面的设计与开发
4．执行	包括管理改革、过程咨询、员工发展、网络、科技和联盟等方面
5．评估	包括形成性、总结性、确证性等多个方面的评估

图 13-1　应用 HPT 的五个步骤

13.1.2 HPT 模式图解

HPT 模式强调组织内部分析的重要性，通过系统思考找出问题，针对问题设计与开发合理的绩效支持系统和管理工具与方法，并不断改善绩效管理，如图 13-2 所示。

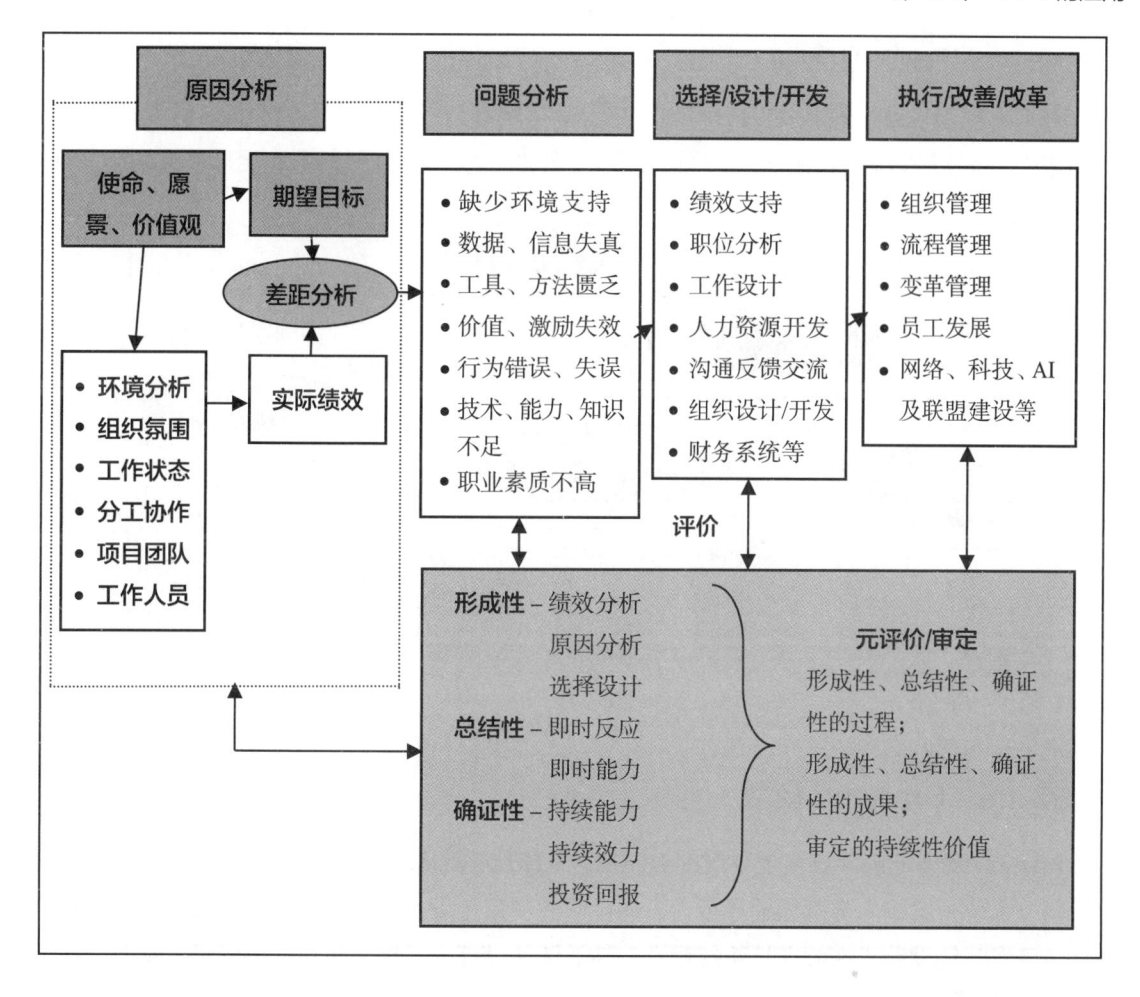

图 13-2　HPT 模式图解

13.1.3　BSA85 模型

BSA85 模型是一种典型的 HPTM，主要从执行、管理和实施三个维度分别阐述对绩效管理的具体干预工作，如图 13-3 所示。

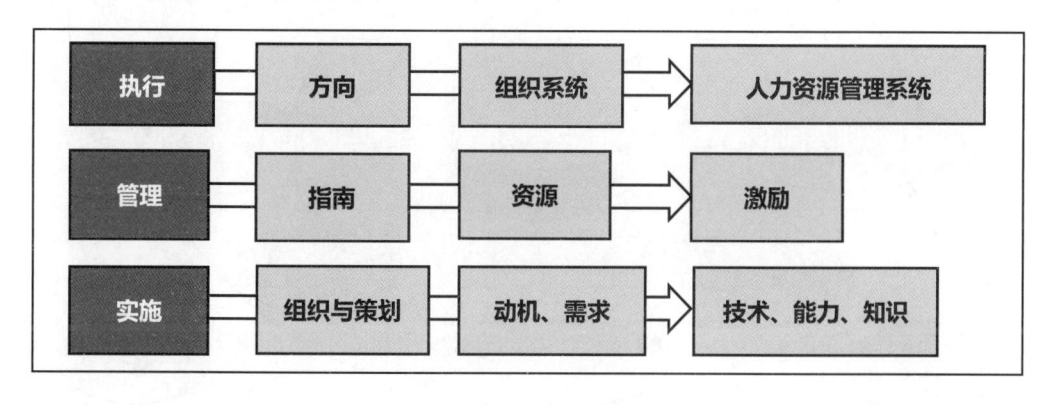

图 13-3　BSA85 模型

297

13.1.4 BSA96 模型

BSA96 模型也是一种典型的 HPTM，主要从影响绩效结果的外部因素和内部因素展开分析，阐述对绩效的影响，如图 13-4 所示。其中，外部因素包括有形资源和无形环境两个方面。

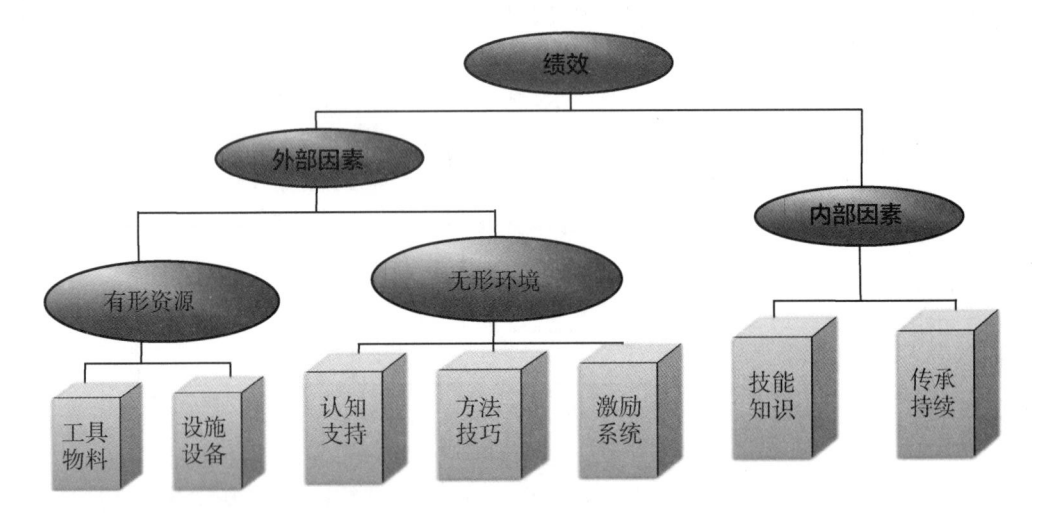

图 13-4　BSA96 模型

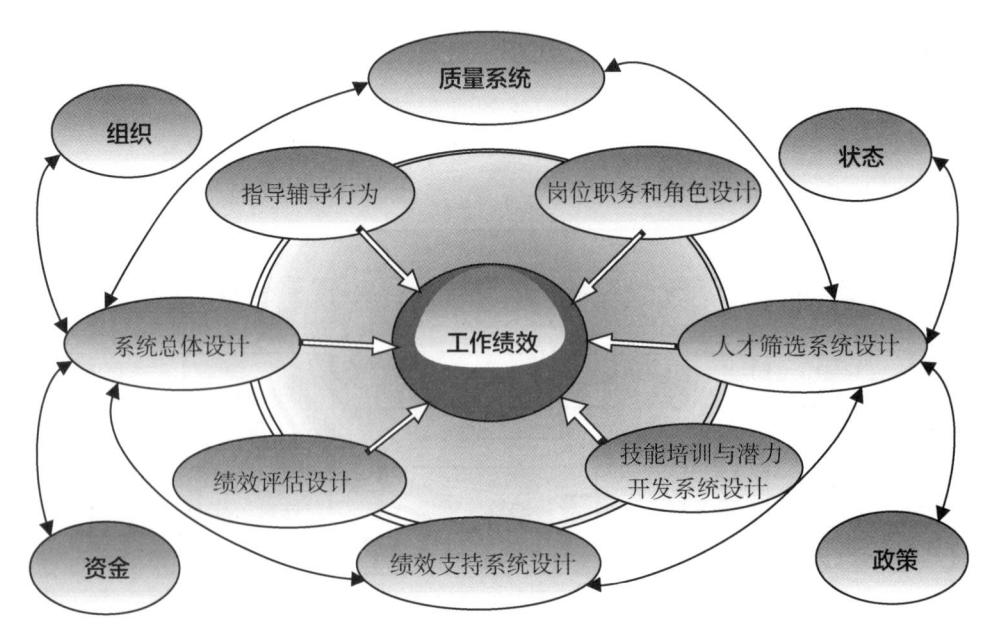

13.1.5 Branson 模型

Branson 模型是包含更多子系统的 HPTM，从组织内部影响工作绩效的全方位管理工作展开分析，强调了组织内部指导辅导行为、岗位职务和角色设计、人才筛选系统设计、技能培训与潜力开发系统设计、绩效支持系统设计、绩效评估设计、系统总体设计等管理系统对工作绩效带来的影响，如图 13-5 所示。

图 13-5　Branson 模型

13.2 HPTM 应用四大重点

应用 HPTM 需关注四大重点，包括系统性思考、多维度干预、以结果为导向和数据驱动决策等，如图 13-6 所示，尤其需要把握好其应用价值、挑战与对策。

图 13-6 应用 HPTM 需关注的四大重点

13.2.1 系统性思考

系统性思考强调在分析和解决问题时，要从整体和全局的角度出发，考虑各个部分之间的相互关联和影响。在 HPTM 中，这种思考方式不仅关注单一的绩效问题，还关注问题背后的系统结构和动态关系。

系统性思考的重要性体现在三个方面。

（1）避免片面的解决方案：通过系统性思考，咨询顾问能够设计出更加全面和有效的干预措施，而不是仅仅针对表面问题提出片面的解决方案。

（2）提升整体绩效：通过全面分析和关联思考，可以更有效地识别并消除影响绩效的根本原因，从而提升组织的整体绩效。

（3）增强组织韧性：系统性思考有助于组织建立起更加稳健和灵活的结构，以应对不断变化的内外部环境。

系统性思考在 HPTM 中的应用价值主要体现在三个方面，如图 13-7 所示。

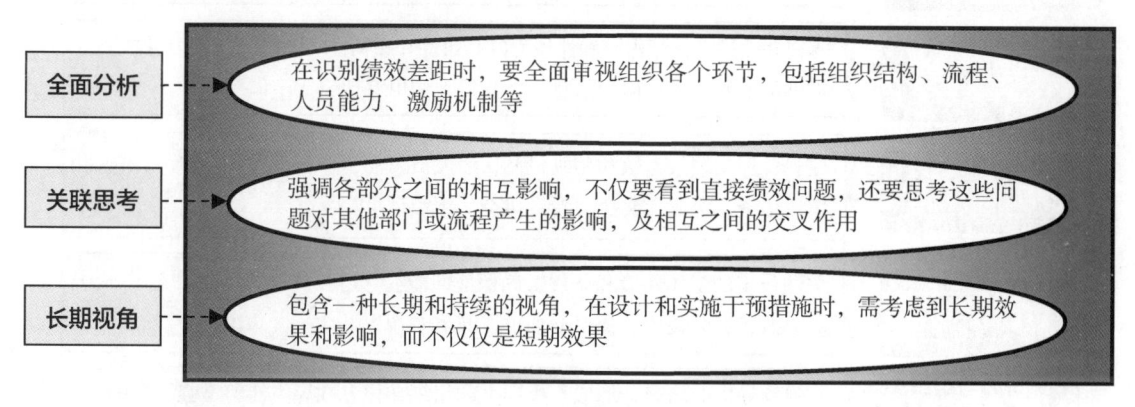

图 13-7 系统性思考在 HPTM 中的应用价值

在实践中，系统性思考可能面临诸多挑战，如信息的复杂性、资源的限制等。为了克服这些挑战，可以采取三大对策，如图 13-8 所示。

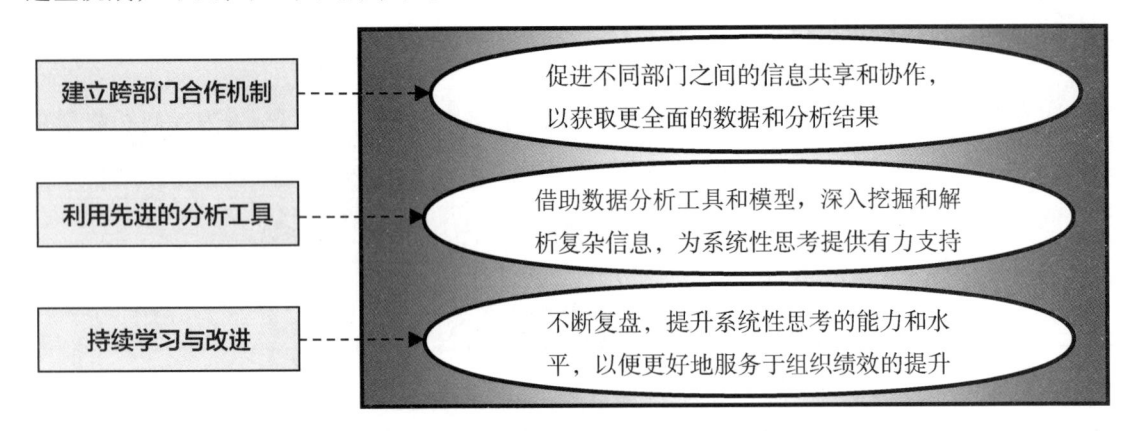

```
建立跨部门合作机制 ----> 促进不同部门之间的信息共享和协作，以获取更全面的数据和分析结果

利用先进的分析工具 ----> 借助数据分析工具和模型，深入挖掘和解析复杂信息，为系统性思考提供有力支持

持续学习与改进 ----> 不断复盘，提升系统性思考的能力和水平，以便更好地服务于组织绩效的提升
```

图 13-8　系统性思考在 HPTM 中的应用对策

13.2.2　多维度干预

多维度干预意味着在识别出绩效差距后，不是仅从单一角度或层面去解决问题，而是综合考虑多个维度和方面的因素，设计出全方位、多层次的干预措施。这种干预方法旨在全面优化影响绩效的各种因素，从而更有效地缩小或消除绩效差距。

多维度干预的重要性体现在两个方面。

（1）全面性：多维度干预能够全面审视并解决影响绩效的各种问题，避免单一解决方案可能带来的片面性。

（2）个性化：不同的组织和员工面临的问题可能各不相同，多维度干预允许根据实际情况定制个性化的解决方案。

多维度干预在 HPTM 中的应用价值主要体现在五个方面，如图 13-9 所示。

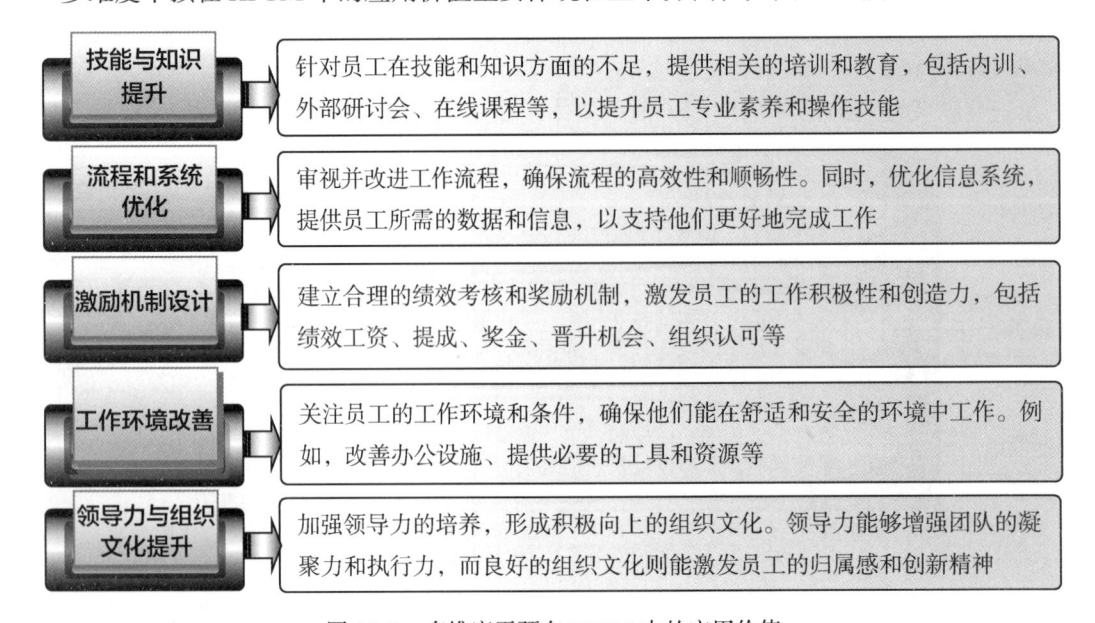

技能与知识提升	针对员工在技能和知识方面的不足，提供相关的培训和教育，包括内训、外部研讨会、在线课程等，以提升员工专业素养和操作技能
流程和系统优化	审视并改进工作流程，确保流程的高效性和顺畅性。同时，优化信息系统，提供员工所需的数据和信息，以支持他们更好地完成工作
激励机制设计	建立合理的绩效考核和奖励机制，激发员工的工作积极性和创造力，包括绩效工资、提成、奖金、晋升机会、组织认可等
工作环境改善	关注员工的工作环境和条件，确保他们能在舒适和安全的环境中工作。例如，改善办公设施、提供必要的工具和资源等
领导力与组织文化提升	加强领导力的培养，形成积极向上的组织文化。领导力能够增强团队的凝聚力和执行力，而良好的组织文化则能激发员工的归属感和创新精神

图 13-9　多维度干预在 HPTM 中的应用价值

在实践中，多维度干预可能面临资源限制、员工抵触心理等挑战。为了克服这些挑战，可以采取三大对策。

（1）优先级排序：根据问题的紧迫性和重要性对干预措施进行排序，优先解决关键问题。

（2）员工参与：鼓励员工参与到干预措施的设计和实施中来，增强他们的参与感和归属感。

（3）持续沟通：保持与员工的持续沟通，解释干预措施的必要性和预期效果，缓解员工的抵触情绪。

13.2.3　以结果为导向

以结果为导向意味着在设计和实施干预措施时，始终将预期的绩效结果作为出发点和归宿点。这要求明确界定所期望的绩效结果，并以此为导向来确定具体的干预计划和行动方案。换句话说，所有的努力都是为了达到预期的绩效结果。

以结果为导向的重要性体现在三个方面。

（1）目标清晰：以结果为导向确保所有人对最终目标有清晰的认识，从而能够集中精力去实现这些目标。

（2）效率提升：明确的目标导向可以减少浪费和无效努力，提高干预措施的效率。

（3）持续改进：通过对比实际结果与预定目标，可以识别差距和需要改进的领域，促进持续改进的文化。

以结果为导向在 HPTM 中的应用价值主要体现在四个方面，如图 13-10 所示。

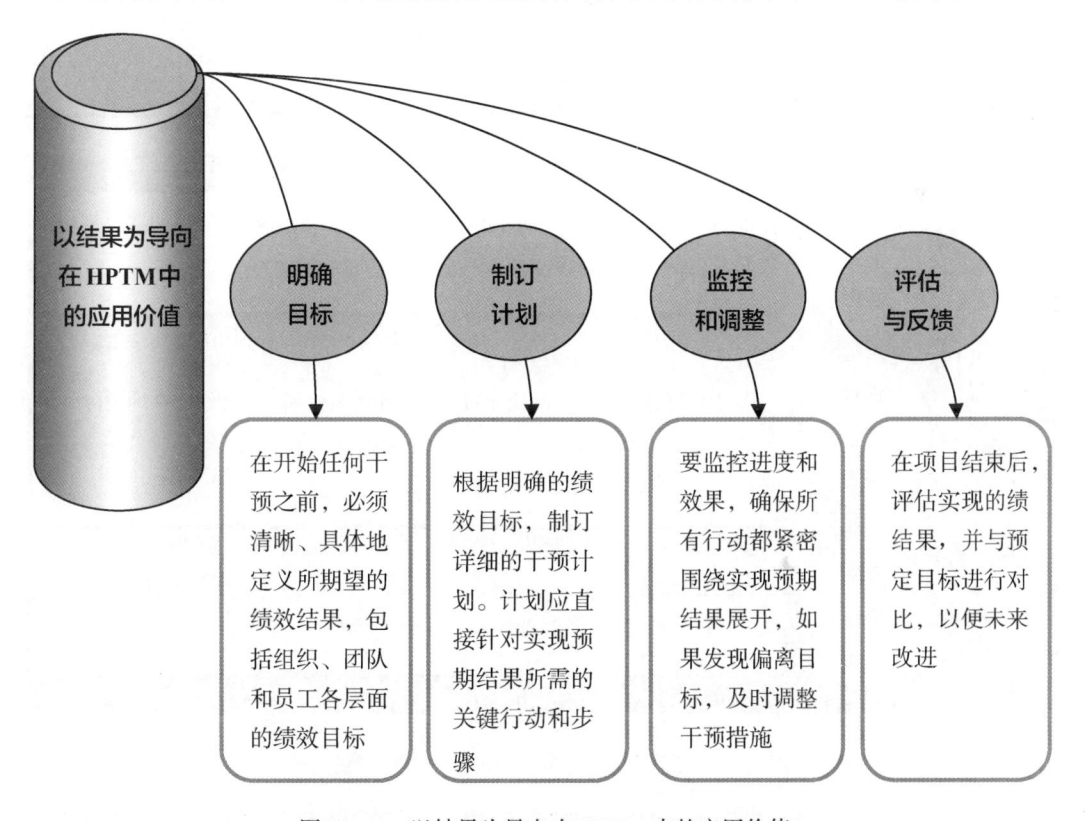

图 13-10　以结果为导向在 HPTM 中的应用价值

在实践中，以结果为导向可能面临目标设定不合理、结果难以量化等挑战。为了克服这些挑战，可以采取三大对策。

（1）使用 SMART 原则：使用 SMART 原则来设定目标，确保目标是具体、可衡量、可实现、相关且有时限的。

（2）持续沟通：确保所有利益相关者都对目标有清晰的认识，并通过持续沟通来保持对目标的关注和承诺。

（3）灵活调整：在实施过程中保持灵活性，根据实际情况调整目标和干预措施，以适应不断变化的环境和需求。

13.2.4 数据驱动决策

数据驱动决策强调在制定决策时，应主要依据客观、量化的数据，而非仅凭主观判断或经验。在实践中，这意味着要收集和分析与绩效相关的各种数据，以便更准确地识别绩效差距、设计干预措施并评估其效果。

数据驱动决策的重要性主要体现在三个方面。

（1）提高决策的准确性和客观性：数据驱动决策能够减少主观偏见和误判，使决策更加科学和有效。

（2）优化资源配置：通过数据分析，可以更加精准地了解哪些领域需要投入更多资源，从而实现资源的合理配置和利用。

（3）降低风险：基于数据的决策有助于预测和评估潜在风险，从而采取相应的预防措施。

数据驱动决策在 HPTM 中的应用价值主要体现在三个方面，如图 13-11 所示。

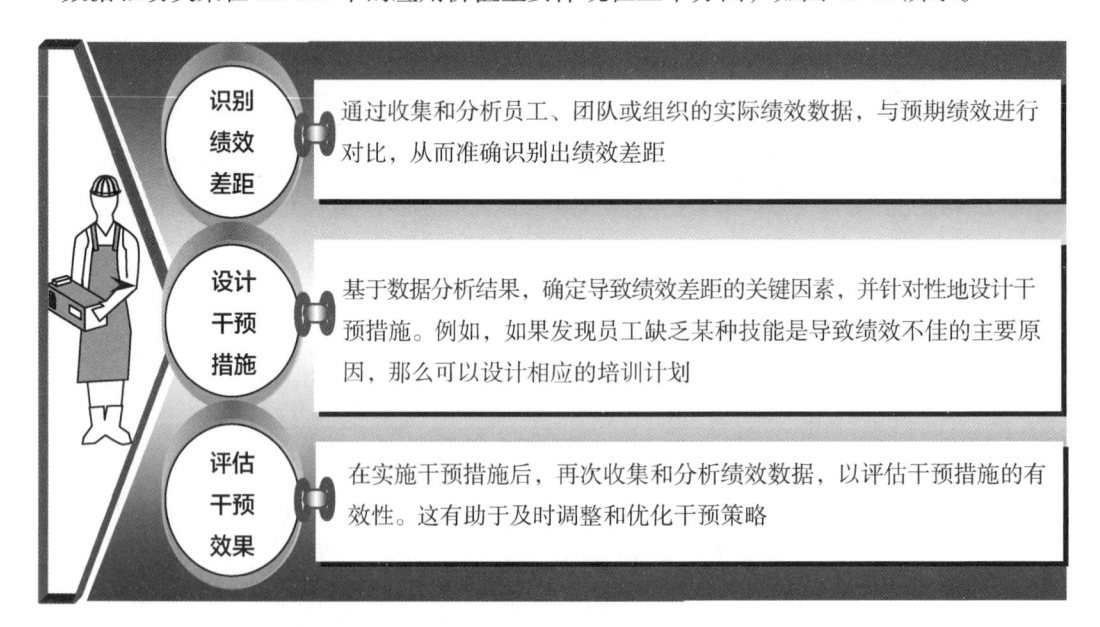

识别绩效差距	通过收集和分析员工、团队或组织的实际绩效数据，与预期绩效进行对比，从而准确识别出绩效差距
设计干预措施	基于数据分析结果，确定导致绩效差距的关键因素，并针对性地设计干预措施。例如，如果发现员工缺乏某种技能是导致绩效不佳的主要原因，那么可以设计相应的培训计划
评估干预效果	在实施干预措施后，再次收集和分析绩效数据，以评估干预措施的有效性。这有助于及时调整和优化干预策略

图 13-11　数据驱动决策在 HPTM 中的应用价值

在实践中，数据驱动决策可能面临数据获取困难、数据质量不高等挑战。为了克服这些挑战，可以采取三大对策。

（1）建立完善的数据收集系统：确保能够全面、准确地收集与绩效相关的各种数据。
（2）提高数据质量：对数据进行清洗和校验，以确保数据的准确性和可靠性。
（3）培养数据分析能力：加强团队成员的数据分析培训，提高他们利用数据进行决策的能力。

13.3 HPTM 见效的三大关键

13.3.1 引入人工智能和大数据技术

在当今快速发展的数字化时代，HPTM 的成功实施与多个关键因素紧密相连。其中，引入人工智能和大数据技术成为提升绩效的首要环节，其重要性主要体现在四个方面，如图 13-12 所示。

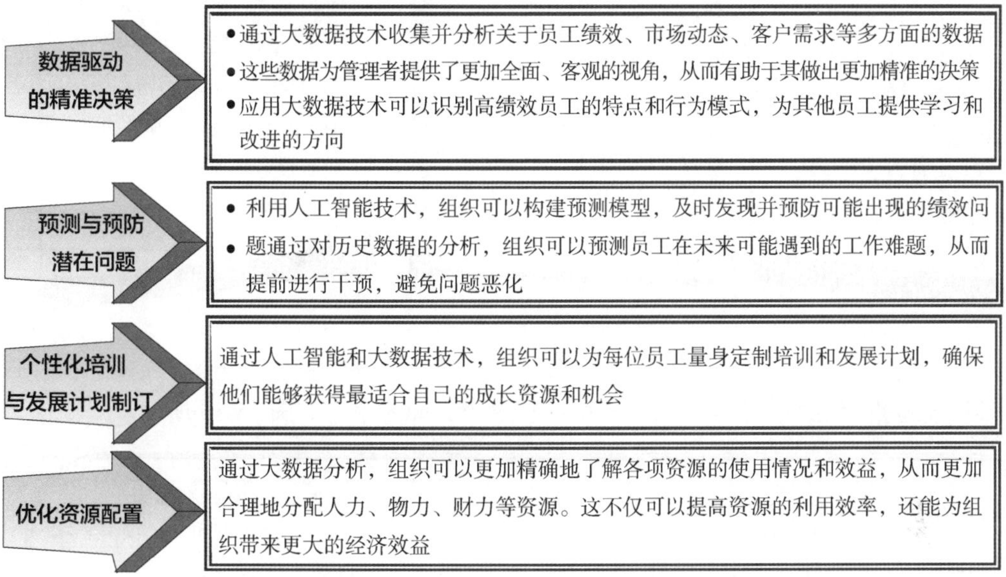

数据驱动的精准决策
- 通过大数据技术收集并分析关于员工绩效、市场动态、客户需求等多方面的数据
- 这些数据为管理者提供了更加全面、客观的视角，从而有助于其做出更加精准的决策
- 应用大数据技术可以识别高绩效员工的特点和行为模式，为其他员工提供学习和改进的方向

预测与预防潜在问题
- 利用人工智能技术，组织可以构建预测模型，及时发现并预防可能出现的绩效问题
- 通过对历史数据的分析，组织可以预测员工在未来可能遇到的工作难题，从而提前进行干预，避免问题恶化

个性化培训与发展计划制订
- 通过人工智能和大数据技术，组织可以为每位员工量身定制培训和发展计划，确保他们能够获得最适合自己的成长资源和机会

优化资源配置
- 通过大数据分析，组织可以更加精确地了解各项资源的使用情况和效益，从而更加合理地分配人力、物力、财力等资源。这不仅可以提高资源的利用效率，还能为组织带来更大的经济效益

图 13-12　引入人工智能和大数据技术对成功实施 HPTM 的重要性

要想有效引入人工智能和大数据技术，组织需要做好四件事情，如图 13-13 所示。

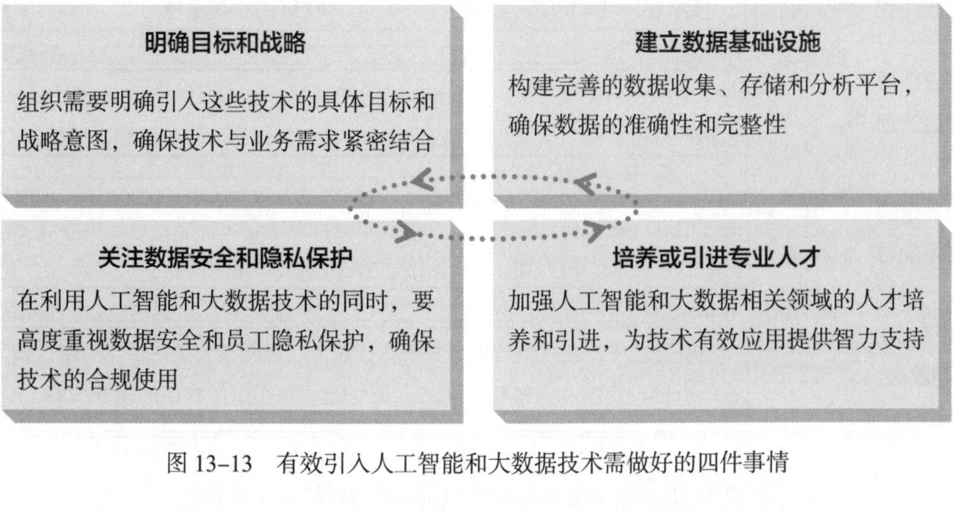

明确目标和战略
组织需要明确引入这些技术的具体目标和战略意图，确保技术与业务需求紧密结合

建立数据基础设施
构建完善的数据收集、存储和分析平台，确保数据的准确性和完整性

关注数据安全和隐私保护
在利用人工智能和大数据技术的同时，要高度重视数据安全和员工隐私保护，确保技术的合规使用

培养或引进专业人才
加强人工智能和大数据相关领域的人才培养和引进，为技术有效应用提供智力支持

图 13-13　有效引入人工智能和大数据技术需做好的四件事情

13.3.2 整合组织学习与HPTM

组织学习是指组织通过不断获取、创造新知识和应用新工具与方法，来提升自身适应环境变化和应对挑战的能力。将组织学习与HPTM整合可以获得三个方面的效益，如图13-14所示。

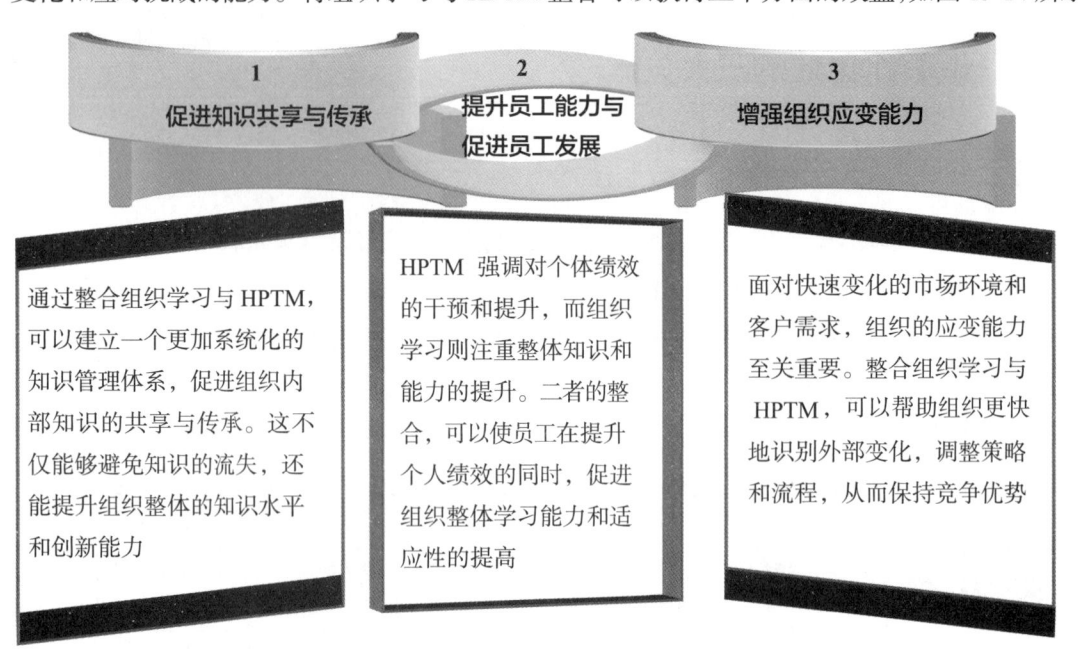

1 促进知识共享与传承

通过整合组织学习与HPTM，可以建立一个更加系统化的知识管理体系，促进组织内部知识的共享与传承。这不仅能够避免知识的流失，还能提升组织整体的知识水平和创新能力

2 提升员工能力与促进员工发展

HPTM强调对个体绩效的干预和提升，而组织学习则注重整体知识和能力的提升。二者的整合，可以使员工在提升个人绩效的同时，促进组织整体学习能力和适应性的提高

3 增强组织应变能力

面对快速变化的市场环境和客户需求，组织的应变能力至关重要。整合组织学习与HPTM，可以帮助组织更快地识别外部变化，调整策略和流程，从而保持竞争优势

图13-14 整合组织学习与HPTM的三大效益

要想有效地整合组织学习与HPTM，可以从五个方面入手，如图13-15所示。

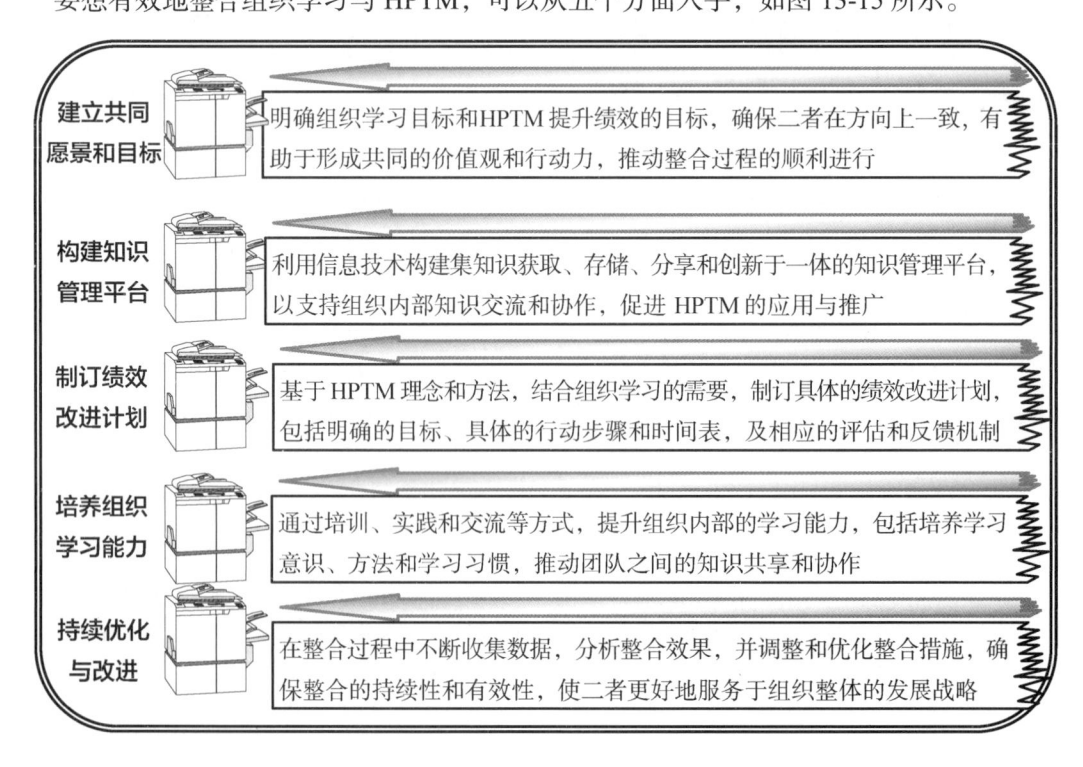

建立共同愿景和目标：明确组织学习目标和HPTM提升绩效的目标，确保二者在方向上一致，有助于形成共同的价值观和行动力，推动整合过程的顺利进行

构建知识管理平台：利用信息技术构建集知识获取、存储、分享和创新于一体的知识管理平台，以支持组织内部知识交流和协作，促进HPTM的应用与推广

制订绩效改进计划：基于HPTM理念和方法，结合组织学习的需要，制订具体的绩效改进计划，包括明确的目标、具体的行动步骤和时间表，及相应的评估和反馈机制

培养组织学习能力：通过培训、实践和交流等方式，提升组织内部的学习能力，包括培养学习意识、方法和学习习惯，推动团队之间的知识共享和协作

持续优化与改进：在整合过程中不断收集数据，分析整合效果，并调整和优化整合措施，确保整合的持续性和有效性，使二者更好地服务于组织整体的发展战略

图13-15 整合组织学习与HPTM需做好的五件事情

13.3.3 强化员工自主管理，应用配套工具

组织在应用HPT的过程中，既需要强化员工自主管理，也需要应用表单等配套工具。《HPT员工绩效自主分析表单》见表13-1。

表 13–1　HPT 员工绩效自主分析表单

绩效分析项目	分析对象	期望绩效	实际绩效	绩效差距
组织环境分析（外部绩效支援）	股东			
	竞争者			
	其他利益相关者			
工作环境分析（内部绩效支援）	组织资源			
	管理工具			
	管理方法			
	人事管理及策略			
岗位职务分析（工作设计和绩效支援）	岗位职务职责			
	岗位所需技能			
	工作程序步骤			
	工作标准权重			
员工胜任力分析（个体的绩效支援）	知识、技术、能力			
	综合素养和驱动力			
绩效分析总结				
备注				

望闻问切：排除应用 HPTM 的难点、问题和障碍

"望闻问切"是一种有效排除应用 HPTM 的难点、问题和障碍的方法。通过观察、倾听、沟通和诊断，可以更好地理解企业和员工的需求，推动 HPTM 顺利实施并取得预期效果。

"望"——观察与识别难点

在应用 HPTM 时，首先要"望"，即通过观察来识别可能存在的难点和问题，如图 13-16 所示。

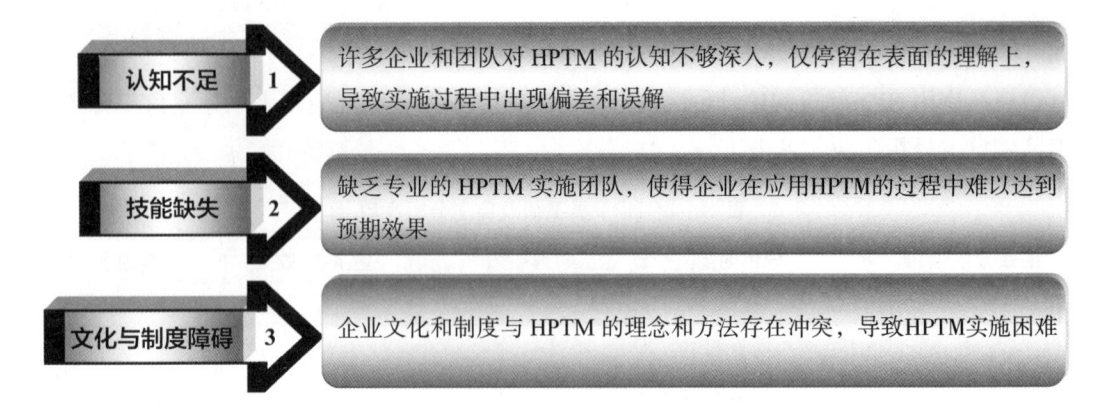

认知不足	1	许多企业和团队对 HPTM 的认知不够深入，仅停留在表面的理解上，导致实施过程中出现偏差和误解
技能缺失	2	缺乏专业的 HPTM 实施团队，使得企业在应用HPTM的过程中难以达到预期效果
文化与制度障碍	3	企业文化和制度与 HPTM 的理念和方法存在冲突，导致HPTM实施困难

图 13-16 "望"——观察与识别三大难点与问题

"闻"——倾听与理解需求

"闻"是指倾听企业和员工的声音，理解他们的需求和困惑。实施 HPTM 需关注两点，如图 13-17 所示。

员工反馈	1	员工是HPTM实施的重要参与者，往往能真实反映实施过程中的问题和难点
业务需求	2	不同的业务场景和需求对 HPTM 的实施有不同的要求，需要细致了解并灵活调整实施策略

图 13-17 "闻"——倾听与理解需求需关注两点

"问"——主动沟通与发现问题

"问"是指主动与企业、员工进行沟通，发现并记录问题。实施 HPTM 需做到两个关键，如图 13-18 所示。

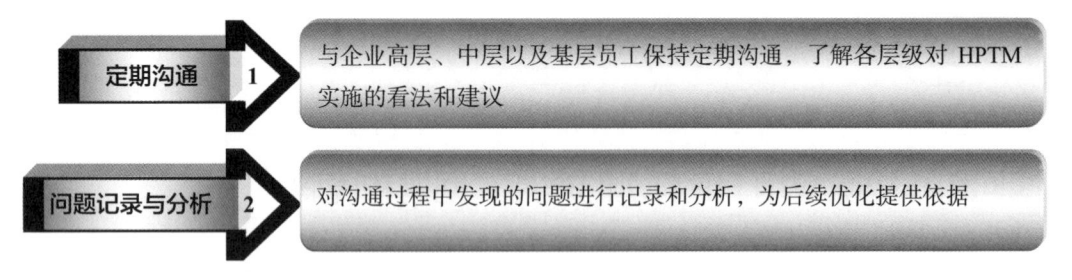

定期沟通	1	与企业高层、中层以及基层员工保持定期沟通，了解各层级对 HPTM 实施的看法和建议
问题记录与分析	2	对沟通过程中发现的问题进行记录和分析，为后续优化提供依据

图 13-18 "问"——主动沟通与发现问题的两个关键

"切"——诊断与解决问题

"切"是指通过对问题的深入分析，找到切实可行的解决方案。针对 HPTM 实施过程中的难点和问题，可以采取四项措施，如图 13-19 所示。

第13章 HPT 的应用

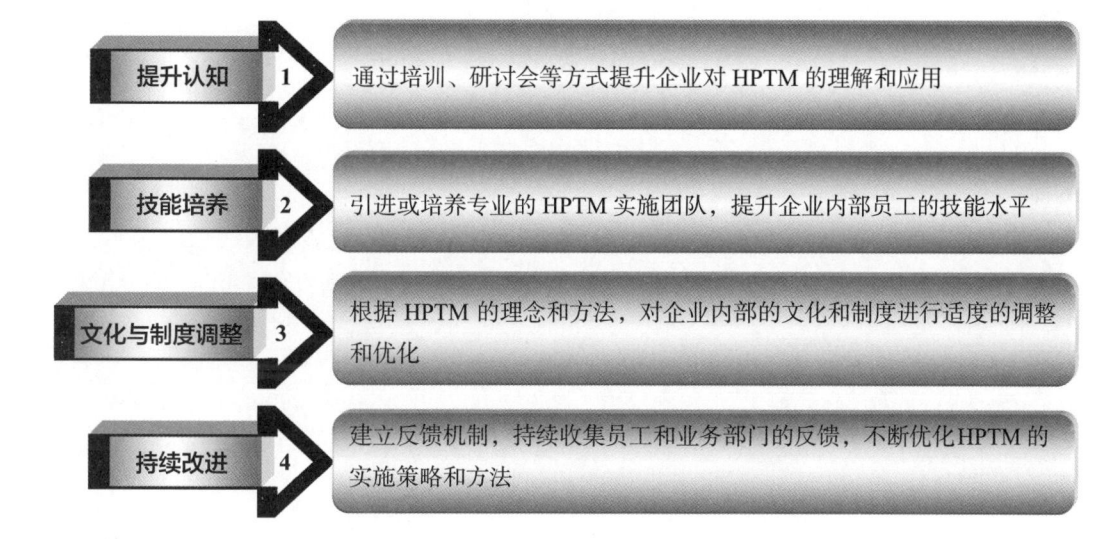

提升认知	1	通过培训、研讨会等方式提升企业对 HPTM 的理解和应用
技能培养	2	引进或培养专业的 HPTM 实施团队，提升企业内部员工的技能水平
文化与制度调整	3	根据 HPTM 的理念和方法，对企业内部的文化和制度进行适度的调整和优化
持续改进	4	建立反馈机制，持续收集员工和业务部门的反馈，不断优化HPTM 的实施策略和方法

图 13-19 "切"——诊断与解决问题的四项措施

第 14 章

其他绩效管理方法的应用

在当今快速变化的商业环境中，绩效管理已经超越了传统的评估框架，转向采用更加多元化和灵活的方法。除了常见的关键绩效指标，其他绩效管理方法的应用也日趋广泛，如问题分析法、5W2H、鱼骨图、绩效日志、汉堡原理法等。这些绩效管理方法为企业提供了更全面的视角和更精准的策略，本章将对这些绩效管理方法进行详细讲解。

14.1 问题分析法的应用

问题分析法指的是按解决问题的思维过程，首先寻找问题所在，再确定问题发生原因的系统方法。采用此种方法时，应当按照已经发生或即将发生的绩效管理问题、业务问题或者流程问题编写相应的绩效管理规章制度。

用好问题分析法，一方面可以诊断企业绩效管理工作中存在的问题，另一方面通过此种方法制定绩效管理规章制度可以起到规避风险的作用，减少甚至避免以后的绩效管理工作中再次出现同样的问题。

14.1.1 问题分析法应用步骤

应用问题分析法主要分为四个步骤，包括确定问题、进一步分析问题、找出问题发生原因、根据问题及其发生的原因编写规章制度，如图 14-1 所示。

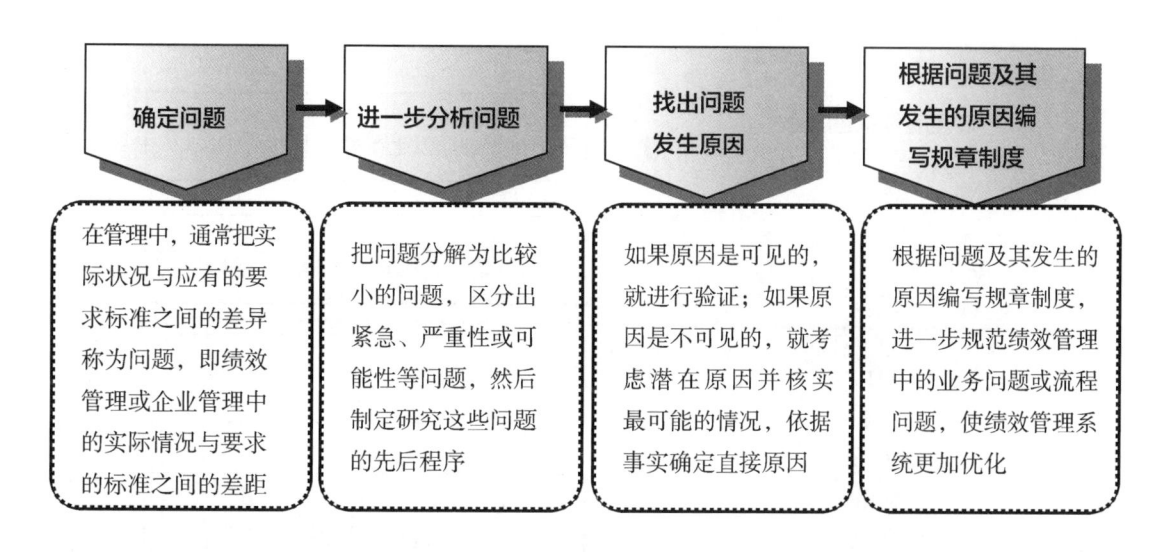

确定问题	进一步分析问题	找出问题发生原因	根据问题及其发生的原因编写规章制度
在管理中，通常把实际状况与应有的要求标准之间的差异称为问题，即绩效管理或企业管理中的实际情况与要求的标准之间的差距	把问题分解为比较小的问题，区分出紧急、严重性或可能性等问题，然后制定研究这些问题的先后程序	如果原因是可见的，就进行验证；如果原因是不可见的，就考虑潜在原因并核实最可能的情况，依据事实确定直接原因	根据问题及其发生的原因编写规章制度，进一步规范绩效管理中的业务问题或流程问题，使绩效管理系统更加优化

图 14-1 应用问题分析法的四个步骤

用好问题分析法的关键是选择合适有效的分析工具。较常用的是 5why 分析，又称五问技术，也就是针对一个问题连续以五个"为什么"来自问或询问，以追究其真正原因。虽为五个"为什么"，但应用时不限定只做"五次为什么的探讨"，目标是找到真正原因，所以，有时可能只问三次"为什么"，有时也许要问十次"为什么"。这种方法最初是由丰田公司的佐吉提出的，后来丰田公司在发展完善其制造方法学的过程之中也采用了这一方法。

5why 分析主要从三个层面来实施。

（1）为什么会发生？即基于"制造"的角度。

（2）为什么没有发现？即基于"检验"的角度。

（3）为什么没有从系统上预防事故？即基于"体系"或"流程"的角度。

每个层面连续五次或 N 次的询问，可得出最终结论。只有以上三个层面的问题都探寻出来，才能发现根本问题，并寻求解决方法。

14.1.2　5why 漏斗模型应用

问题分析法是对已经发生或即将发生的管理问题、业务问题或流程问题进行分析，寻找原因，解决问题。应用问题分析法配套的一个工具就是 **5why 漏斗模型**。

5why 漏斗模型是一种分析问题的方式，其分析以层层递进的形式，从现象到根源对问题进行深度剖析，就像一个漏斗一样层层过滤，形象地绘制成一个图形，如图 14-2 所示。

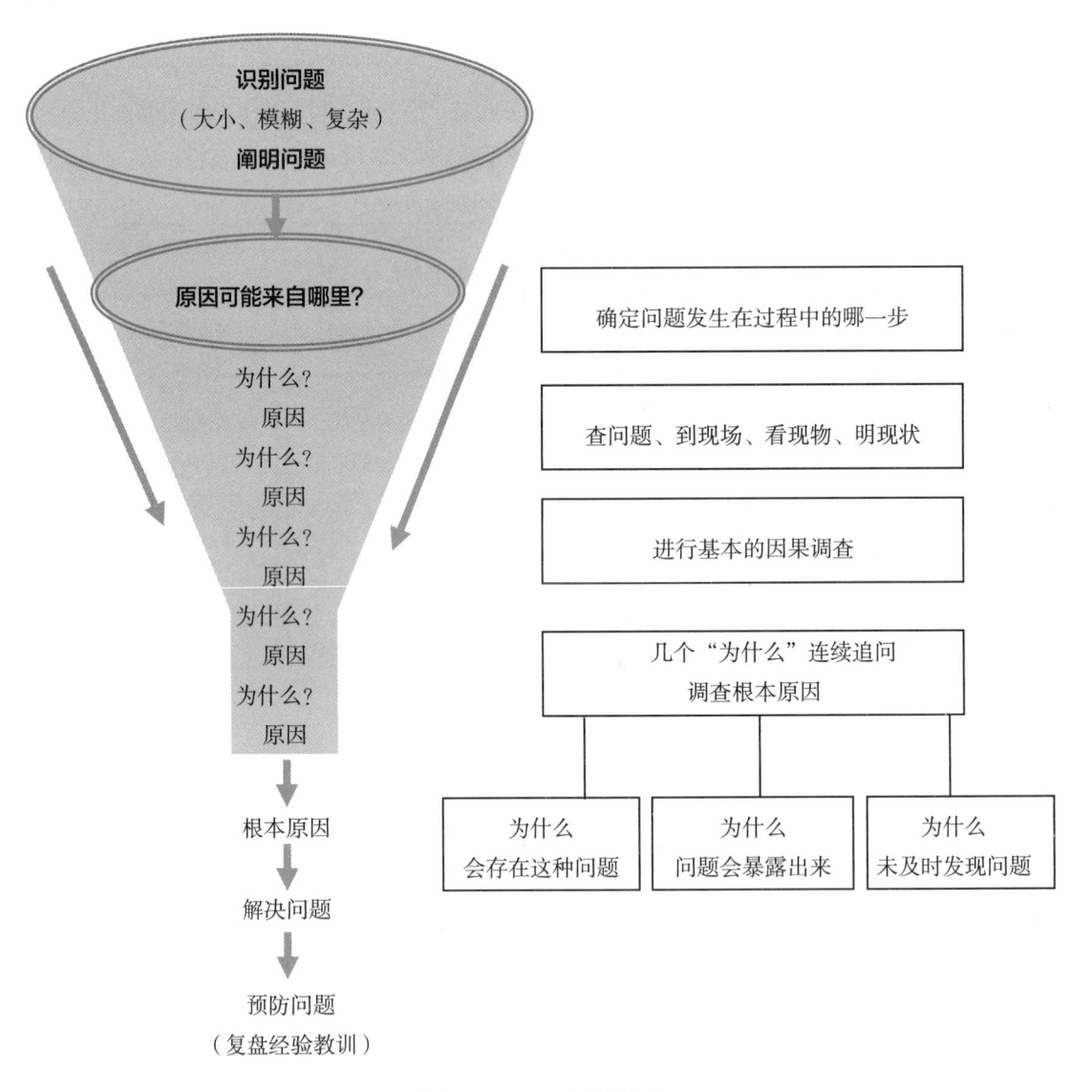

图 14-2　5Why 漏斗模型

> **对标案例** 问题分析法应用实践
>
> ××餐厅经理在某日巡店时,看到这样一个场景"餐厅门外一位怒气冲冲离开餐厅的客人在前面走,服务人员则跟在其后连连道歉",于是餐厅经理到店内向该服务人员了解情况,具体对话过程如下。
>
> 餐厅经理:"为什么客人生气地离开了餐厅?"
>
> 服务人员:"因为客人在大堂门口滑倒了。"
>
> 餐厅经理:"为什么客人会在大堂门口滑倒?"
>
> 服务人员:"因为大堂门口的地砖有油渍。"
>
> 餐厅经理:"为什么大堂门口的地砖有油渍?"
>
> 服务人员:"因为近期打烊后后厨的垃圾经前门处理,有油水滴漏。"
>
> 餐厅经理:"为什么后厨的垃圾会经前门处理?"
>
> 服务人员:"因为餐厅后门被装修工程材料挡住了,后厨推车无法进出。"
>
> 餐厅经理:"为什么会有装修工程材料挡在后门?"
>
> 服务人员:"本写字楼中某层的一家企业在装修,工程材料堆码在那儿有一段时间了。"
>
> 通过以上发问,餐厅经理了解到造成客户抱怨的原因,并于第一时间找到餐厅相关负责人,让其与施工单位联系,施工单位当即将工程材料往东边移动了,保证了后门通道的通畅。
>
> 可见,餐厅经理有效地用问题分析法寻找、根治问题,杜绝了一次又一次向客户道歉而不做出改进的行为。
>
> 这位服务人员事后表示,作为一名新员工,以为及时向客人道歉就已经把工作做到位了,还真的不是,而且该服务人员通过经理学到了分析问题、查找原因、一次性解决重复发生的问题的好方法,以后也可以把这种方法用到其他地方。

14.2 5W2H 的应用

5W2H 是一种分析与解决问题的方法,广泛应用于企业管理、产品设计、流程优化等多个领域。在绩效管理领域,5W2H 不仅可以应用于目标设定的过程中,还可以应用在团队执行的过程中。

企业在设定绩效目标时,首先需要针对目标实现的环境进行**分析(Why)**,然后还要明确绩效目标的**内容(What)**,目标实现的**层级、部门或区域(Where)**,目标实现的**时间限制(When)**,由**谁来做(Who)**,具体**如何实现目标(How)**及目标实现所需要的**资源支持(How Much)**等内容,这也正是 5W2H 的核心内容。

14.2.1 5W2H 应用步骤

应用 5W2H 的步骤包括分析目标制定的背景、明确目标的具体内容、确定目标实现的时间限制及人员和目标实施步骤等,如图 14-3 所示。

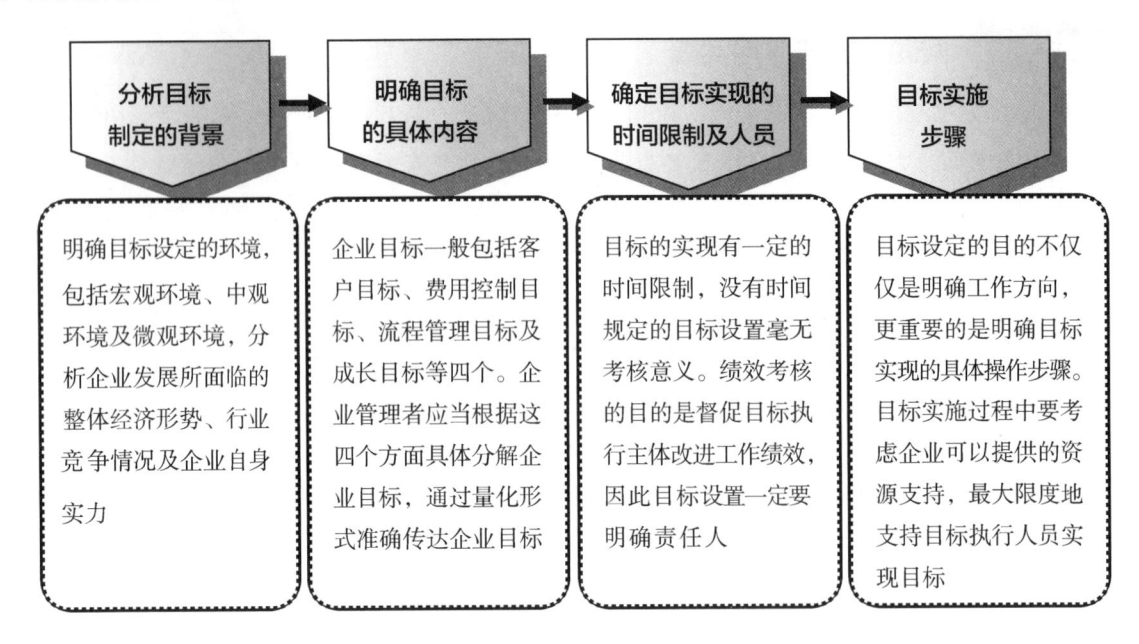

```
┌─────────────┐    ┌─────────────┐    ┌─────────────┐    ┌─────────────┐
│  分析目标   │ →  │   明确目标  │ →  │ 确定目标实现的│ →  │  目标实施   │
│  制定的背景 │    │  的具体内容 │    │ 时间限制及人员│    │    步骤     │
└─────────────┘    └─────────────┘    └─────────────┘    └─────────────┘
```

明确目标设定的环境，包括宏观环境、中观环境及微观环境，分析企业发展所面临的整体经济形势、行业竞争情况及企业自身实力	企业目标一般包括客户目标、费用控制目标、流程管理目标及成长目标等四个。企业管理者应当根据这四个方面具体分解企业目标，通过量化形式准确传达企业目标	目标的实现有一定的时间限制，没有时间规定的目标设置毫无考核意义。绩效考核的目的是督促目标执行主体改进工作绩效，因此目标设置一定要明确责任人	目标设定的目的不仅仅是明确工作方向，更重要的是明确目标实现的具体操作步骤。目标实施过程中要考虑企业可以提供的资源支持，最大限度地支持目标执行人员实现目标

图 14-3　应用 5W2H 的四个步骤

14.2.2　应用 5W2H 的注意事项

根据 5W2H 的内容界定，该方法不受企业类型和管理方式的限制。应用 5W2H 设定目标的注意事项见表 14-1。

表 14-1　应用 5W2H 设定目标的注意事项

5W2H	应用在目标设定项目中	应用在某一具体目标内容设计中
为什么做（Why）	明确目标设定的背景和需达到的效果	明确具体目标实现必须解决的问题
做什么（What）	根据背景确定企业总体目标规划	识别和确定具体的目标内容，明确目标的关键环节，将总体目标细化并层层分解
在哪里做（Where）	明确目标设定各个环节的实施领域、地点、环境等空间范围	明确具体目标事项设计的管理层级，包括企业、部门、团队、项目小组、岗位等
何时做（When）	明确目标设定项目的工作日程安排表	明确具体目标内容事项开展的时间限制
由谁做（Who）	用正式文档明确说明每位成员的职责	明确具体目标中各内容事项的执行主体
怎么做（How）	根据目标设定项目的执行阶段，项目成员按照目标计划和责权执行，严格控制目标实现里程碑和变更申请与处理	明确完成具体目标所需的步骤、环节、节点，将每个步骤的结构框架进行合理细化，确定目标的所有步骤事项和关键点、风险点
做多少（How Much）	目标项目实现需要企业其他相关资源的支持，包括人力支持、绩效管理制度、预算物料，以及可能的外部资源等	明确完成具体目标设定后，最终要达到的效果，并提出改进方案

对标案例 5W2H 团队执行法应用实践

5W2H 不仅可以应用于目标设定的过程中,还可以应用在团队执行的过程中。5W2H 团队执行法可以作为一种高绩效团队变通执行的分析方法,对团队管理和生产活动过程中的决策和执行非常有帮助。通过 5W2H 对团队事项和工作任务进行分析,有助于弥补考虑问题时的疏漏。

应用 5W2H 团队执行法的操作步骤如图 14-4 所示。

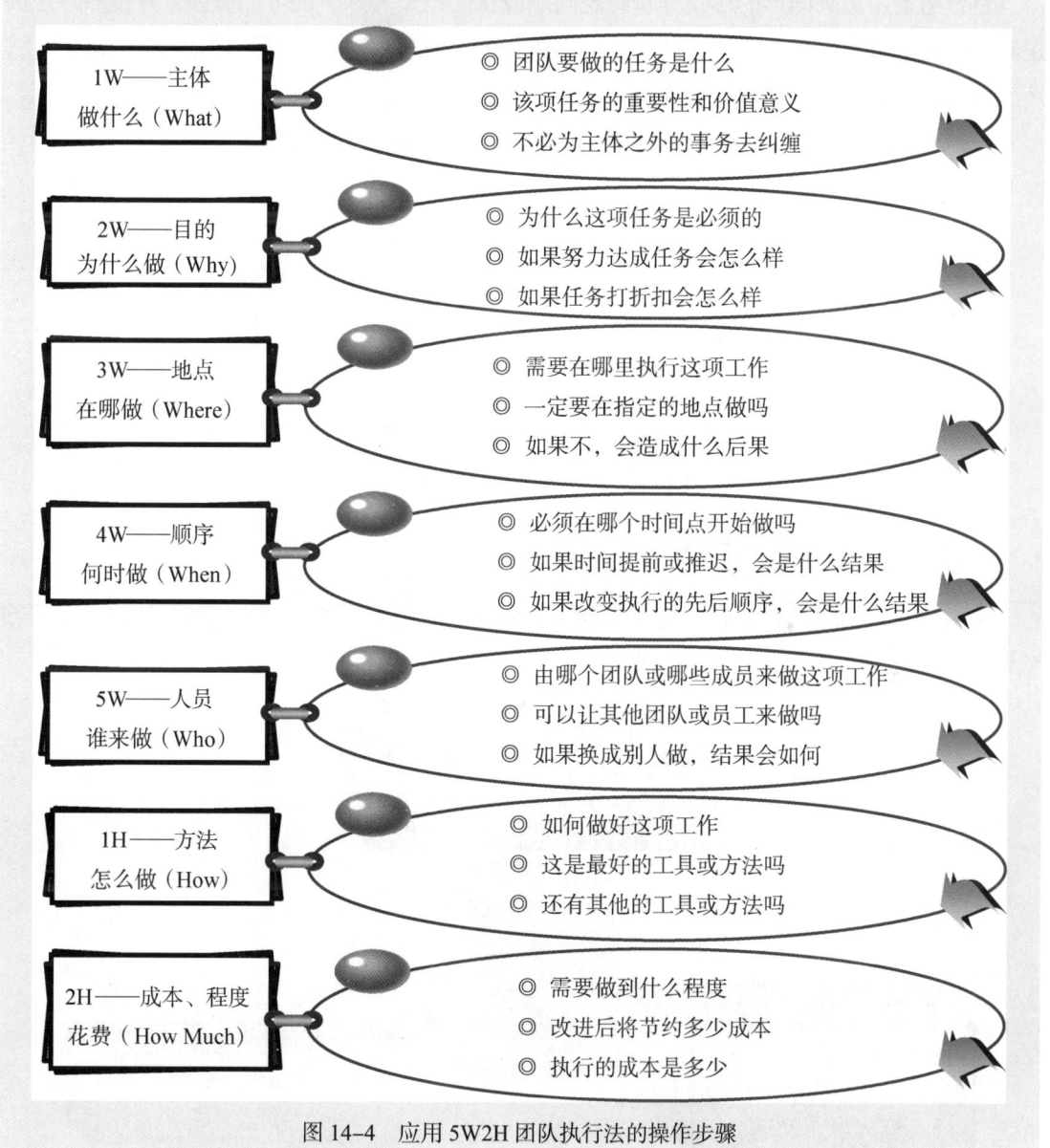

1W——主体 做什么(What)
- 团队要做的任务是什么
- 该项任务的重要性和价值意义
- 不必为主体之外的事务去纠缠

2W——目的 为什么做(Why)
- 为什么这项任务是必须的
- 如果努力达成任务会怎么样
- 如果任务打折扣会怎么样

3W——地点 在哪做(Where)
- 需要在哪里执行这项工作
- 一定要在指定的地点做吗
- 如果不,会造成什么后果

4W——顺序 何时做(When)
- 必须在哪个时间点开始做吗
- 如果时间提前或推迟,会是什么结果
- 如果改变执行的先后顺序,会是什么结果

5W——人员 谁来做(Who)
- 由哪个团队或哪些成员来做这项工作
- 可以让其他团队或员工来做吗
- 如果换成别人做,结果会如何

1H——方法 怎么做(How)
- 如何做好这项工作
- 这是最好的工具或方法吗
- 还有其他的工具或方法吗

2H——成本、程度 花费(How Much)
- 需要做到什么程度
- 改进后将节约多少成本
- 执行的成本是多少

图 14-4 应用 5W2H 团队执行法的操作步骤

14.3 鱼骨图的应用

问题的特性总是受到一些因素的影响，通过头脑风暴法找出这些因素，并与特性值结合起来，按相互关联性整理而成的层次分明、条理清楚，并标出重要因素的图形就叫特性要因图。因其形状如鱼骨，所以又叫鱼骨图，它是一种透过现象看本质的分析方法。

鱼骨图是用鱼刺图形的形式分析特定问题或状况以及其产生的可能原因，并按照一定的逻辑层次表示出来的一种绩效管理方法。鱼骨图的具体呈现方式是将问题的现象列在鱼头上，产生问题的可能原因分别列在鱼骨刺上。

"占领市场优先地位"关键成功因素（KSF）鱼骨图如图 14-5 所示。

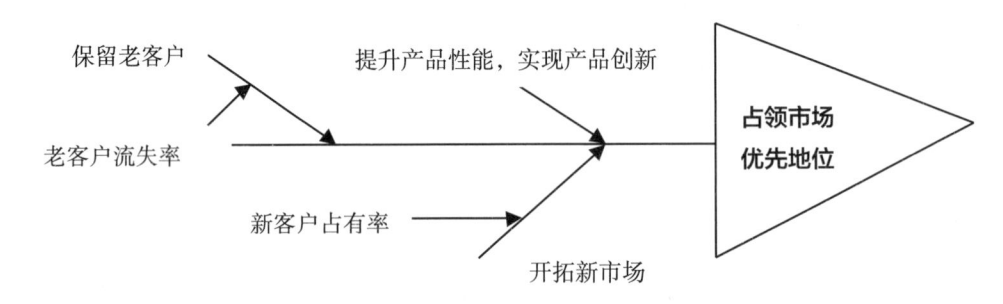

图 14-5 "占领市场优先地位"KSF 鱼骨图

14.3.1 鱼骨图的三种类型

根据应用目的不同，鱼骨图可以划分为三种不同的类型，即整理问题型鱼骨图、原因型鱼骨图、对策型鱼骨图，如图 14-6 所示。

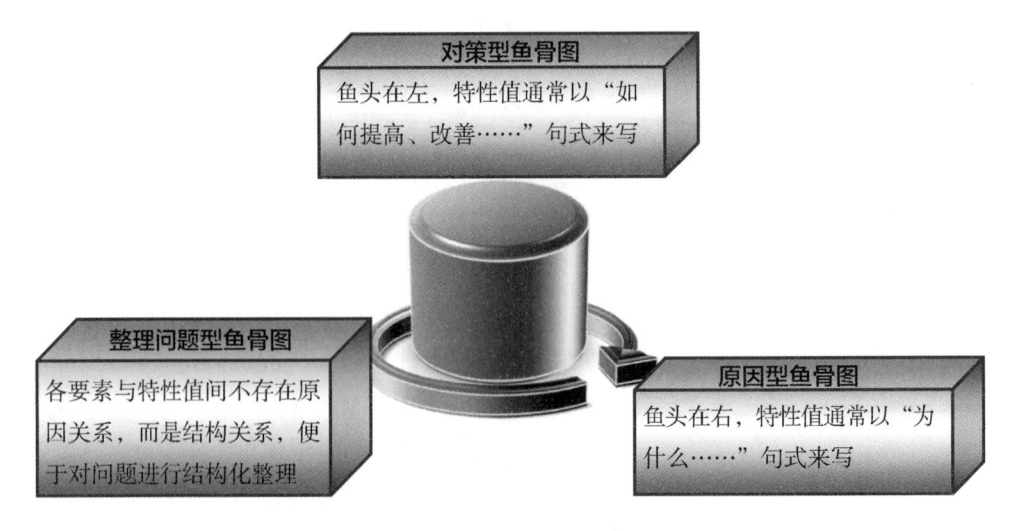

对策型鱼骨图：鱼头在左，特性值通常以"如何提高、改善……"句式来写

整理问题型鱼骨图：各要素与特性值间不存在原因关系，而是结构关系，便于对问题进行结构化整理

原因型鱼骨图：鱼头在右，特性值通常以"为什么……"句式来写

图 14-6 鱼骨图的三种类型

为了进一步提高应用鱼骨图分析的效率，规避应用鱼骨图的风险，应当采取三大预防措施，如图 14-7 所示。

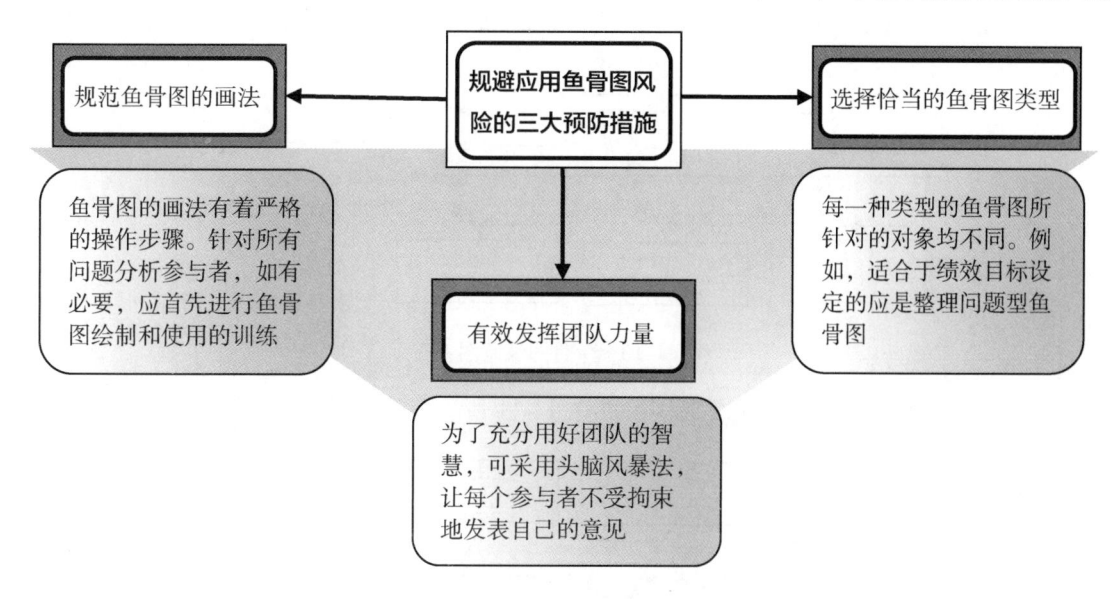

图 14-7　规避应用鱼骨图风险的三大预防措施

14.3.2　鱼骨图的绘制步骤

第一步，先确定要分析的问题（结果或成果），再由左方画一条线（此线称作主骨），箭头对准问题代表造成问题的原因，如图 14-8 所示。

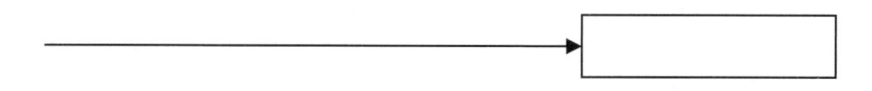

图 14-8　鱼骨图编制图例 1

第二步，找出大原因（图例中用矩形框表示），通常是人员、机器、材料、方法、管理、环境等。画一条线（此线称作次骨），箭头指向主骨，如图 14-9 所示。

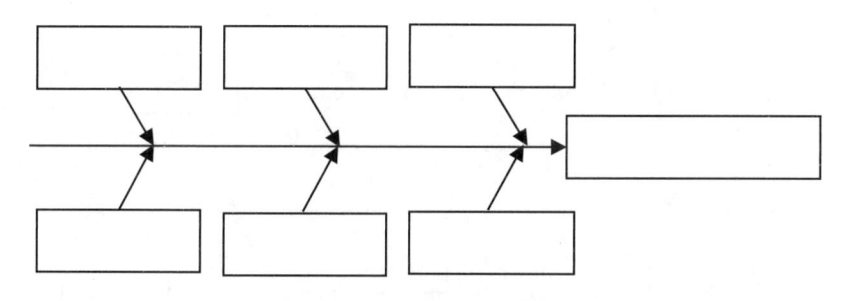

图 14-9　鱼骨图编制图例 2

第三步，找出大原因的小原因。画出一条线（此线称作小骨），与主骨平行，箭头指向次骨，如图 14-10 所示。

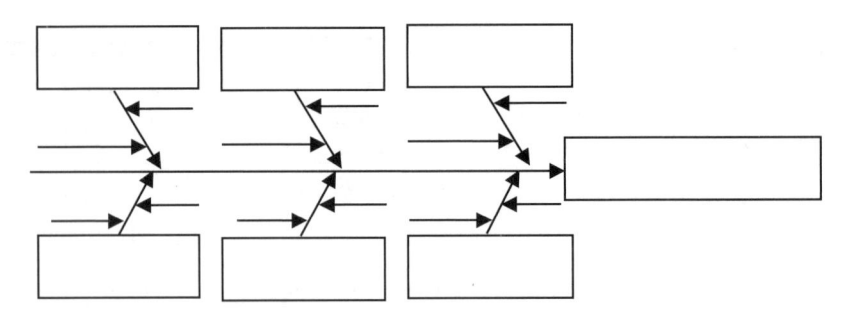

图 14-10　鱼骨图编制图例 3

第四步，逐步过滤，圈出主要原因，如图 14-11 所示。

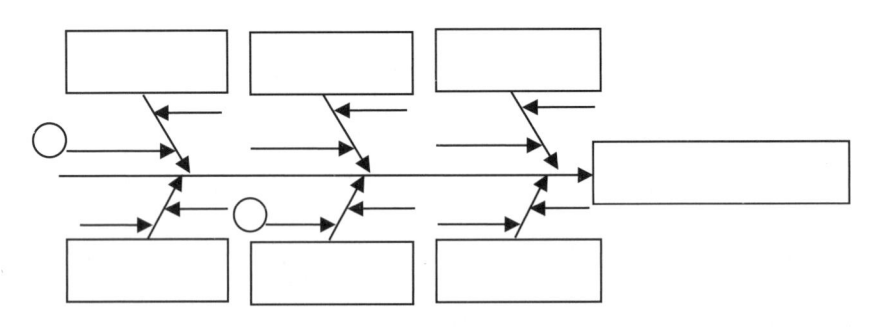

图 14-11　鱼骨图编制图例 4

第五步，对主要原因进行再分析。

第六步，依据提出的原因逐项拟定改善计划，直至取得成果。

14.3.3　鱼骨图分析模型与示例

鱼骨图分析模型，如图 14-12 所示。

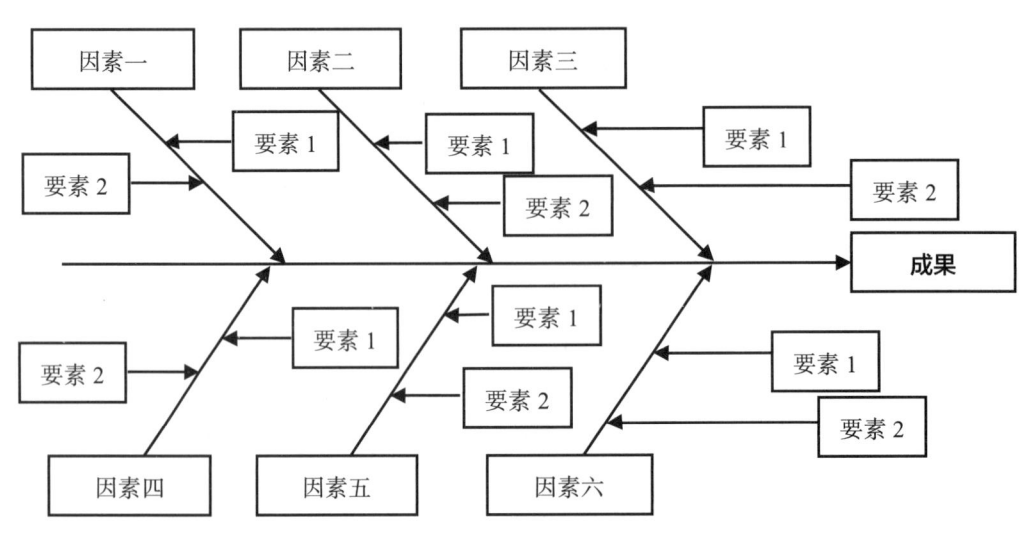

图 14-12　鱼骨图分析模型

绩效目标设定鱼骨图示例如图 14-13 所示。

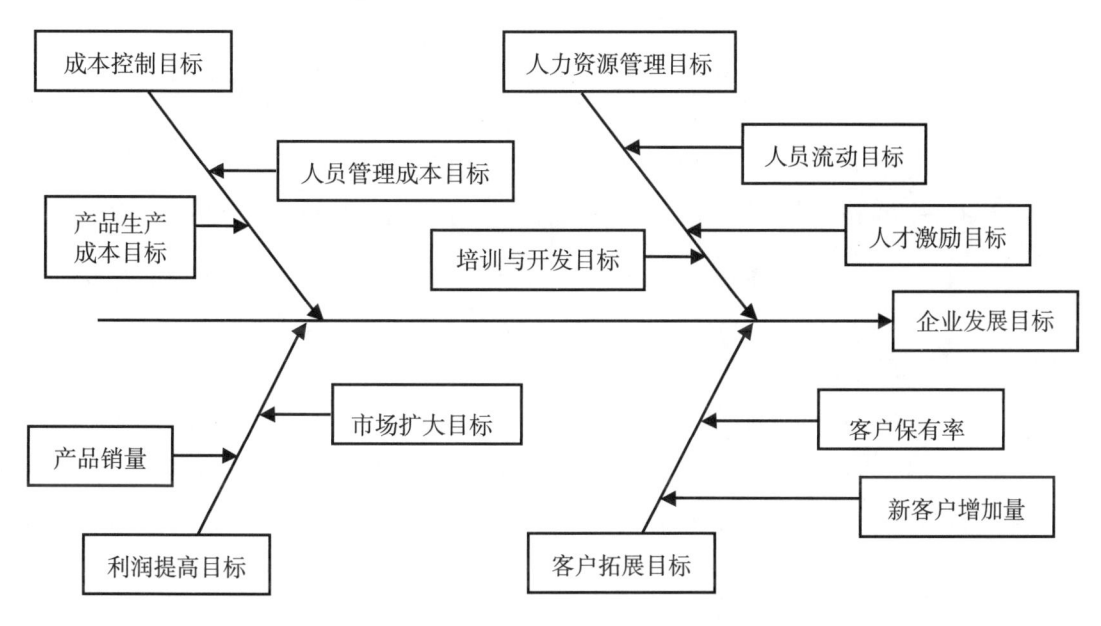

图 14-13 绩效目标设定鱼骨图

如果一张鱼骨图不能将绩效目标尽可能细化，则应当借用第二张甚至更多鱼骨图来将目标细化。如果认为图 14-13 中的小骨上的"培训与开发目标"这个目标还不够精细的话，可以再绘制另一张鱼骨图将其进一步细化分析，如图 14-14 所示。

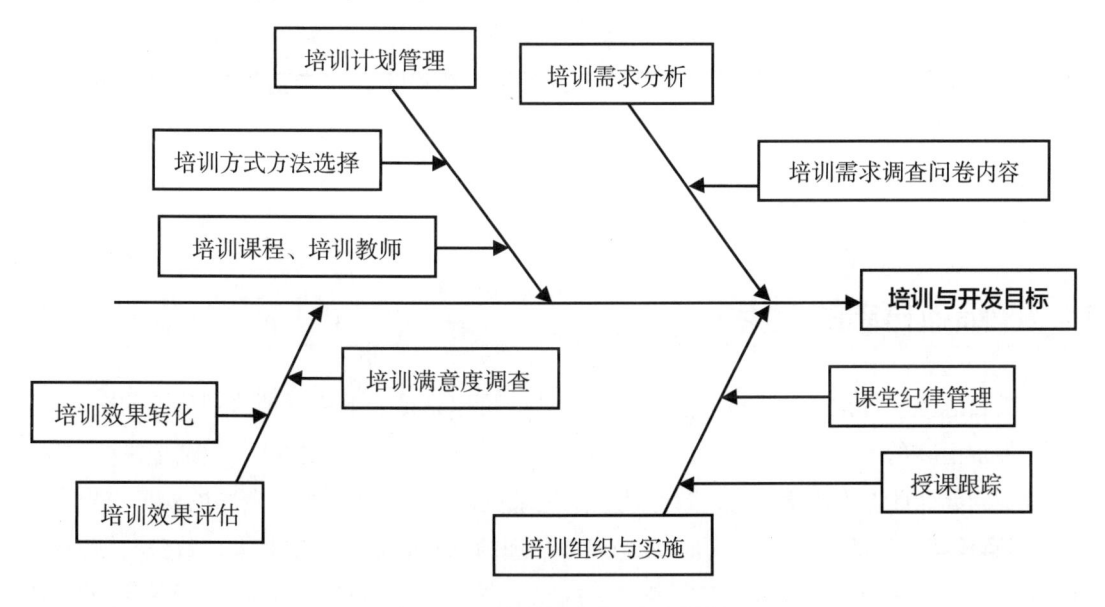

图 14-14 培训与开发目标鱼骨图

对标案例　××公司鱼骨图应用实践

××公司的产品销量提升缓慢，其销售团队就用鱼骨图针对"为什么销量提升缓慢"问题进行了深度剖析，如图 14-15 所示。

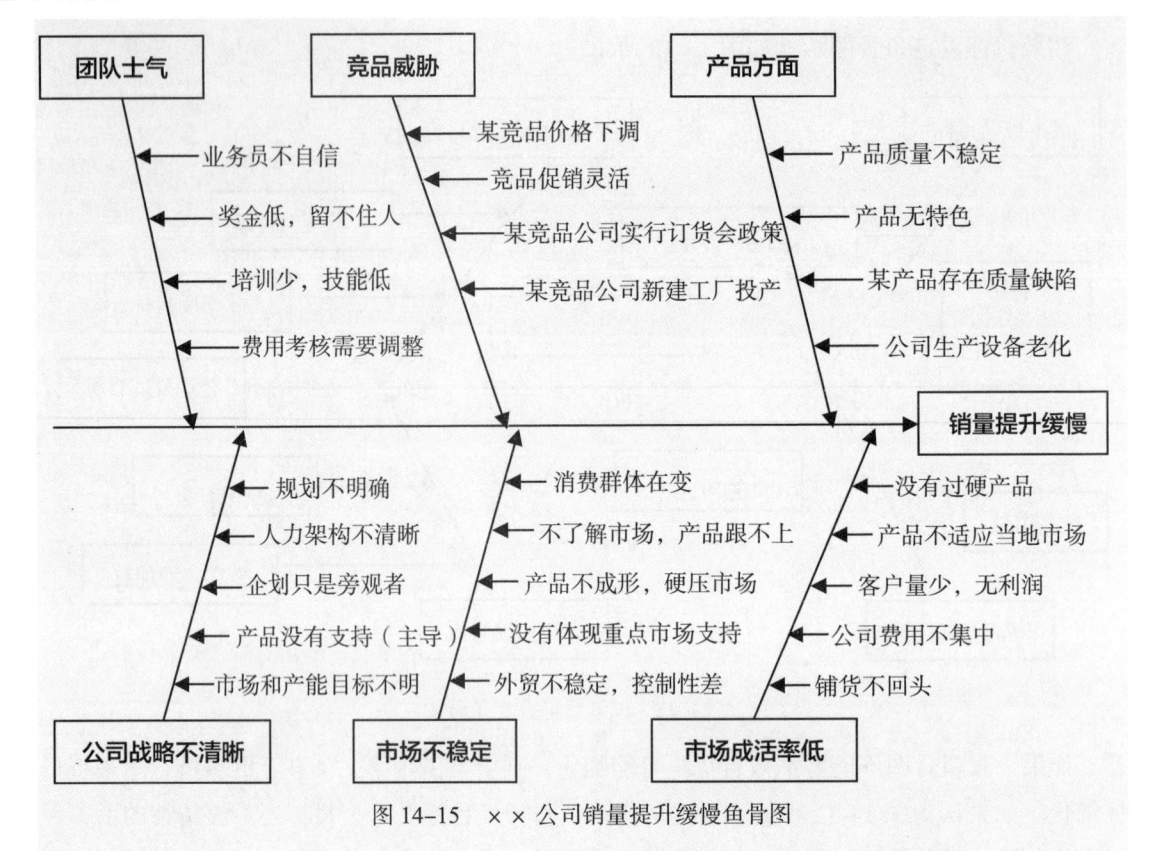

```
        团队士气              竞品威胁              产品方面
          │                   │                    │
          ├── 业务员不自信      ├── 某竞品价格下调    ├── 产品质量不稳定
          │                   │                    │
          ├── 奖金低，留不住人  ├── 竞品促销灵活      ├── 产品无特色
          │                   │                    │
          ├── 培训少，技能低    ├── 某竞品公司实行     ├── 某产品存在质量缺陷
          │                   │   订货会政策        │
          ├── 费用考核需要调整  ├── 某竞品公司新建    ├── 公司生产设备老化
          │                   │   工厂投产          │
──────────┴───────────────────┴────────────────────┴──────────► 销量提升缓慢
          │                   │                    │
          ├── 规划不明确        ├── 消费群体在变     ├── 没有过硬产品
          │                   │                    │
          ├── 人力架构不清晰    ├── 不了解市场，      ├── 产品不适应当地市场
          │                   │   产品跟不上        │
          ├── 企划只是旁观者    ├── 产品不成形，      ├── 客户量少，无利润
          │                   │   硬压市场          │
          ├── 产品没有支持(主导)├── 没有体现重点     ├── 公司费用不集中
          │                   │   市场支持          │
          ├── 市场和产能目标不明├── 外贸不稳定，     ├── 铺货不回头
          │                   │   控制性差          │
       公司战略不清晰         市场不稳定            市场成活率低
```

图 14-15　××公司销量提升缓慢鱼骨图

销售人员为了分析为什么出现"销量提升缓慢"的现象，把"销量提升缓慢"放在了鱼头部分。经过分析，他们发现"产品方面""团队士气""竞品威胁""公司战略不清晰""市场不稳定""市场成活率低"等是主要原因，就把这些因素放在了主骨部分；在主骨"产品方面"，主要是因为"产品无特色"等，就把这些因素放在了主骨"产品方面"的次骨上。

这样"销量提升缓慢"的鱼骨图就做好了，造成该问题的原因一目了然，销售团队就可以针对问题来确定解决方案了。

14.4　绩效日志的应用

绩效日志是一种记录和追踪员工绩效的方法，可以帮助企业更好地鉴别员工的岗位工作表现，发现潜在的问题，并制订改进计划。应用绩效日志面临三大挑战，包括记录的真实性和准确性问题、日志的持续性与一致性及员工记录负担、绩效数据信息资料的安全与隐私等。

"日事日毕，日清日高"不仅是海尔OEC管理的标准和宗旨，也是大多数公司绩效管理的基本要求。时间消费记录法是苏联科学家柳比歇夫的传记《奇特的一生》中所提到的方法。柳比歇夫数十年如一日，坚持每天记录自己做的事情，展现了如何合理、高效地利用时间，也证明了记工作日志的习惯帮助他成为知识渊博的昆虫学家、科学家和作家。

绩效日志作为一种绩效管理方法，与上述两种理念是一致的。绩效日志是由任职者按时间顺序，详细记录自己在一段时间内的工作内容与工作过程，经过归纳、分析，达到任务目标量化、便于日后考核述职的一种有效方法。

与好绩效日志配套的一种方法就是关键事件分析法，即针对某一岗位中重要的、能导致该工作成功与否的任务和职责要素进行搜集、分类、汇总，将能反映不同绩效水平的、可观察到的行为表现进行描述，作为绩效等级评价的标准。在这里，关键事件指的是绩效日志中记录的关键事件。

14.4.1 绩效日志的四大特点

绩效日志包括结构化绩效日志和非结构化绩效日志两种。其中，结构化绩效日志更常用。

结构化绩效日志通常是由公司提供统一格式，例如事先由综合部门或各部门主管设计好详细的绩效日志表单，让被考评者按照要求及时地填写评估内容，按时间顺序记录工作过程，然后进行归纳、提炼、总结，从而获取所需的工作信息。

应用绩效日志进行工作分析和记录时，应该随时填写日志表单，如以 1 小时、3 小时，甚至是 10 分钟、15 分钟为一个周期，而不应该在下班前一次性填写，以避免记忆不清或偏差，做与没做、做好与没做好是完全不同的，这样也是为了确保填写内容的真实性和有效性。

在实际应用绩效日志的过程中要把握好绩效日志的四大特点，如图 14-16 所示。

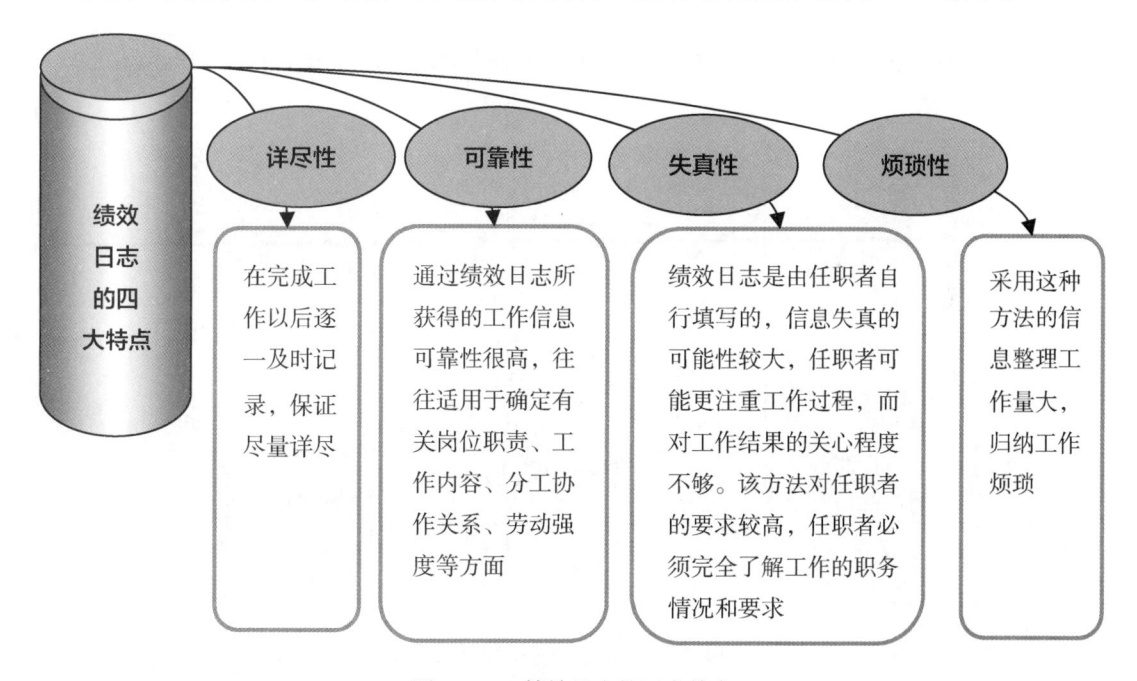

图 14-16 绩效日志的四大特点

14.4.2 关键事件分析法

在应用关键事件分析法时，考评者要求被考评者把在工作活动中所表现出来的非同寻常的好行为或不良行为（或事故）统统记录下来，然后在一定的期限内，根据所记录的特殊事件来讨论员工的工作绩效，以便于指导、改进或者作为转正评估的参考。

应用关键事件分析法进行绩效工作分析时应遵循三个步骤，如图14-17所示。

重点是对岗位关键事件的识别，这对被考评者提出了非常高的要求，一般非本行业、对专业技术了解不深的新人很难在很短时间内识别该岗位的重要事件是什么，如果出现偏差，将对调查的整个结果带来巨大的影响。所以，新员工要多向老员工学习，而老员工要树立终身学习的理念

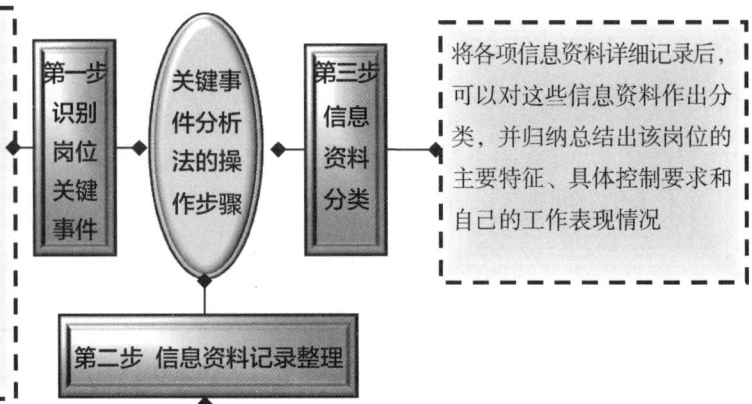

第一步 识别岗位关键事件
关键事件分析法的操作步骤
第三步 信息资料分类
第二步 信息资料记录整理

将各项信息资料详细记录后，可以对这些信息资料作出分类，并归纳总结出该岗位的主要特征、具体控制要求和自己的工作表现情况

1. 导致该关键事件发生的前提条件是什么？ 2. 导致该关键事件发生的直接和间接原因是什么？
3. 该关键事件的发生过程和背景是什么？ 4. 新员工在该关键事件中的行为表现是什么？
5. 该关键事件发生后的结果如何？ 6. 老员工控制和把握关键事件的能力如何？

图14-17 应用关键事件分析法的三个步骤

采用关键事件分析法进行绩效考核评估时应注意四个方面，如图14-18所示。

关键事件应具有岗位代表性

关键事件表述要言简意赅

关键事件分析法应用须知

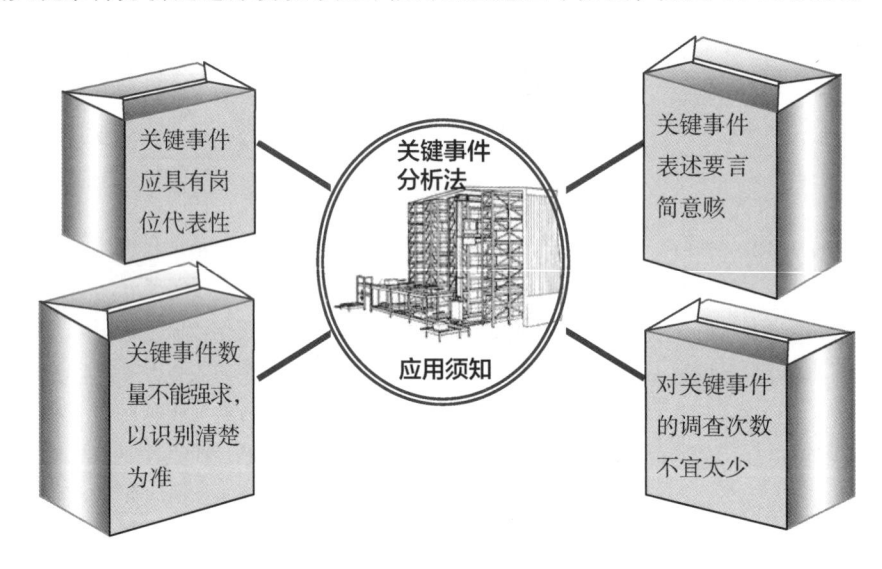

关键事件数量不能强求，以识别清楚为准

对关键事件的调查次数不宜太少

图14-18 关键事件分析法应用须知

14.4.3 绩效日志表单设计

绩效日志简版表单设计示例见表14-2。

表14-2 绩效日志简版表单设计示例

序号	工作活动名称	工作活动内容	工作活动结果	时间消耗	备注
1	起草文书	竞标文件	有模板，1500字	2小时	报批、修改

续表

序号	工作活动名称	工作活动内容	工作活动结果	时间消耗	备注
2	复印材料	劳动合同空白模板	20份	15分钟	归档
3	……	……	……	……	……
4					
5					
……					

绩效日志写实版表单设计示例见表 14-3。

表 14-3 绩效日志写实版表单设计示例

序号	开始时间	结束时间	工作活动内容	KPI	问题描述
1					
2					
3					
4					
5					
……					

14.5 汉堡原理法的应用

汉堡原理法适用于对"安分守己"型员工和"积极冒进"型员工的绩效面谈。在绩效面谈中，这种方法有助于使批评更容易被员工接受，同时保持员工的积极性和自尊心。

14.5.1 应用汉堡原理法的误区

应用汉堡原理法进行绩效面谈时要注意避免四大误区，如图 14-19 所示。

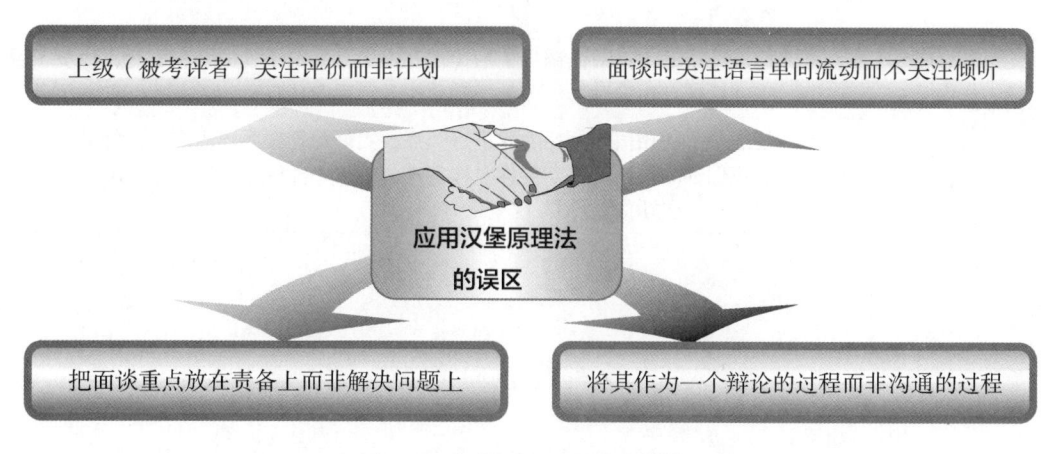

图 14-19 应用汉堡原理法的误区

应用汉堡原理法的误区：
- 上级（被考评者）关注评价而非计划
- 面谈时关注语言单向流动而不关注倾听
- 把面谈重点放在责备上而非解决问题上
- 将其作为一个辩论的过程而非沟通的过程

14.5.2　汉堡原理法的应用步骤

汉堡原理法的应用步骤为先肯定员工，再批评员工，最后以肯定方式结束面谈，如图14-20所示。

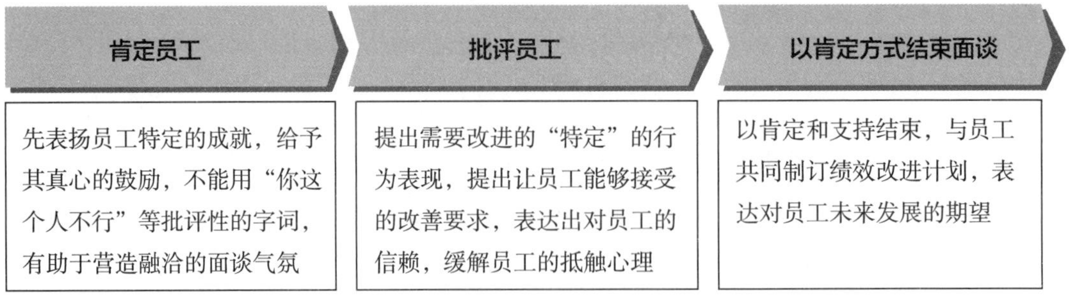

肯定员工	批评员工	以肯定方式结束面谈
先表扬员工特定的成就，给予其真心的鼓励，不能用"你这个人不行"等批评性的字词，有助于营造融洽的面谈气氛	提出需要改进的"特定"的行为表现，提出让员工能够接受的改善要求，表达出对员工的信赖，缓解员工的抵触心理	以肯定和支持结束，与员工共同制订绩效改进计划，表达对员工未来发展的期望

图 14-20　应用汉堡原理法的三个阶段

14.5.3　汉堡原理法的话术设计

汉堡原理法的话术设计示例见表14-4。

表 14-4　汉堡原理法的话术设计示例

三层汉堡	定位与话术	具体内容与示例
上层面包 表扬	应用定位	在面谈开始时，对员工的工作表现给予正面的评价和肯定，这就像汉堡的上层面包，为接下来的"馅料"做铺垫
	沟通话术	经理："小张，你这个季度的销售业绩非常出色，你的积极性和努力我们都看在眼里，你对客户的热情服务也得到了很多好评。"
中间馅料 批评	应用定位	针对员工在工作中存在的问题或不足提出批评和建议，需要坦诚，但也要注重方式，避免伤害员工的自尊心
	沟通话术	经理："不过，我也注意到你在与客户沟通时，有时会过于急躁，没有充分了解客户需求就急于推销产品。这可能会导致客户的反感，甚至损失一些潜在客户。"
下层面包 肯定和支持	应用定位	面谈结束时，再次强调员工的优点和潜力，并给予其鼓励和支持，让员工感受到虽然存在问题，但仍然受到组织的重视和信任
	沟通话术	经理："我相信你有能力改进这一点，更好地把握客户需求。你的潜力和才能我们都非常认可，期待你在接下来的工作中能够更加注重策略和方法，取得更大的成功。"

第 15 章

绩效改进与效益提升

通过有效的绩效管理系统评估与诊断，并应用绩效管理工具与方法进行PDCA绩效管理闭环持续改进，企业可以实现显著的效益提升，这些效益包括但不限于四个方面，即员工素质和工作绩效提升、组织目标更好更快地实现、员工忠诚度与客户满意度提高、优秀人才流失率大幅降低。

本章具体介绍了绩效管理评估与诊断的八个方面，绩效改进常用的五种方法，六西格玛管理及业务流程再造和管理流程再造，PDCA绩效管理闭环相关内容，本章框架图如图15-1所示。

| 绩效管理评估与诊断的八个方面 | 绩效改进常用五种方法 | 六西格玛管理及业务流程再造和管理流程再造 | PDCA绩效管理闭环 |

绩效改进与效益提升

1	2	3	4
员工素质和工作效率提升	组织目标更好更快地实现	员工忠诚度与客户满意度提高	优秀人才流失率大幅降低
明确的绩效目标和及时的反馈沟通能够激励员工工作效率和个体素质全面提升	绩效管理与企业战略紧密结合，一点一滴地调整、优化、改进有助于各级目标的高效实现	公平、公正的绩效考评和全方位、立体化的激励机制能够使员工产生强烈的归属感，并做出承诺	应用专业、科学的工具与方法的绩效管理能够筛选合格员工，降低高绩效员工的流失率，从而减少招聘和培训成本

图15-1 框架图

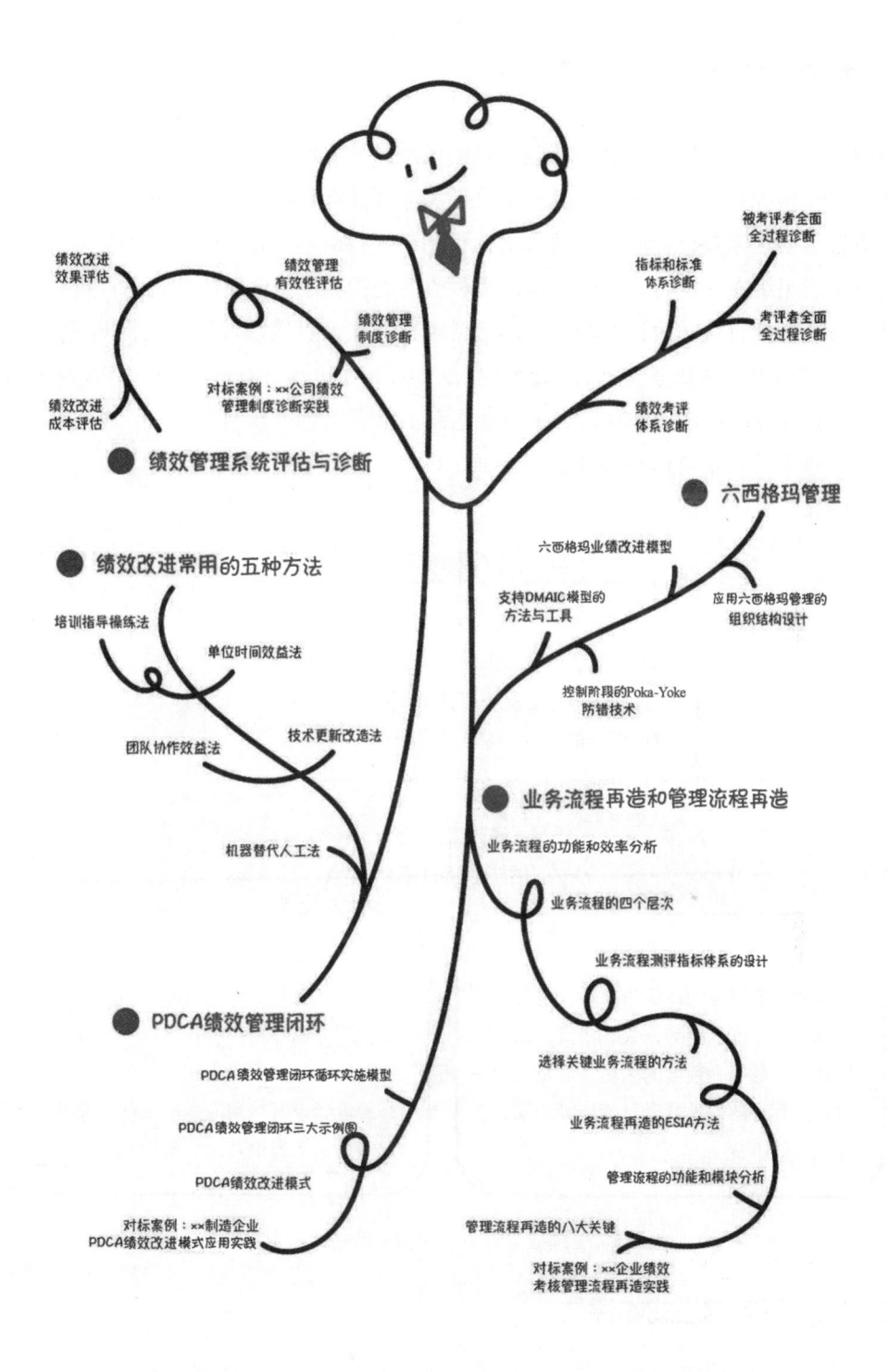

第15章 绩效改进与效益提升

绩效管理系统评估与诊断
- 绩效改进效果评估
- 绩效改进成本评估
- 绩效管理有效性评估
- 绩效管理制度诊断
- 对标案例：××公司绩效管理制度诊断实践
- 指标和标准体系诊断
- 被考评者全面全过程诊断
- 考评者全面全过程诊断
- 绩效考评体系诊断

六西格玛管理
- 六西格玛业绩改进模型
- 支持DMAIC模型的方法与工具
- 应用六西格玛管理的组织结构设计
- 控制阶段的Poka-Yoke防错技术

绩效改进常用的五种方法
- 培训指导操练法
- 单位时间效益法
- 团队协作效益法
- 技术更新改造法
- 机器替代人工法

业务流程再造和管理流程再造
- 业务流程的功能和效率分析
- 业务流程的四个层次
- 业务流程测评指标体系的设计
- 选择关键业务流程的方法
- 业务流程再造的ESIA方法
- 管理流程的功能和模块分析
- 管理流程再造的八大关键
- 对标案例：××企业绩效考核管理流程再造实践

PDCA绩效管理闭环
- PDCA绩效管理闭环循环实施模型
- PDCA绩效管理闭环三大示例图
- PDCA绩效改进模式
- 对标案例：××制造企业PDCA绩效改进模式应用实践

绩效改进与效益提升框架体系

15.1 绩效管理系统评估与诊断

绩效评估是绩效诊断的前提和基础，是绩效改进的方向盘。绩效评估是指应用一定的评价方法、量化指标及评价标准，对组织或员工为实现其职能或目标所确定的绩效目标的实现程度，以及为实现绩效目标所安排预算的执行结果进行的综合性评价。简而言之，绩效评估就是对员工或组织在一定时期内的工作表现和成果进行客观、全面的衡量和评价。

绩效诊断包括直接绩效诊断与间接绩效诊断。其中，直接绩效诊断是指对绩效管理活动中的各个环节以及相关因素进行全面分析判断的过程；间接绩效诊断是在绩效诊断活动中，找出绩效管理存在的问题，并及时发现企业组织上存在的相关联问题。

绩效管理系统评估与诊断涉及三个层面，即员工层面、管理者层面及组织环境层面，如图 15-2 所示。

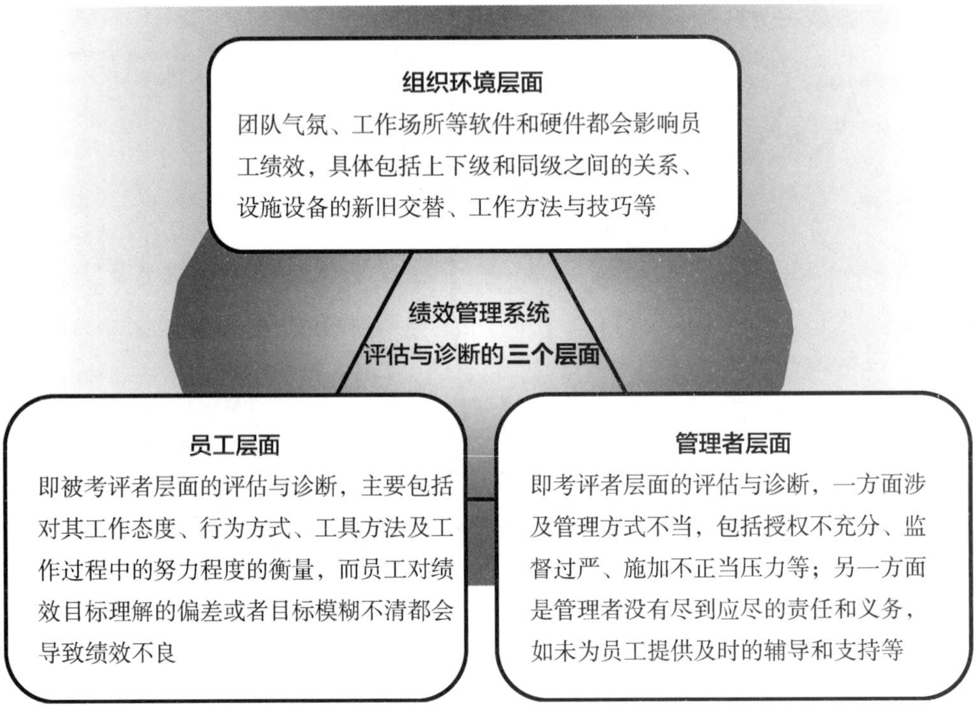

组织环境层面
团队气氛、工作场所等软件和硬件都会影响员工绩效，具体包括上下级和同级之间的关系、设施设备的新旧交替、工作方法与技巧等

绩效管理系统评估与诊断的三个层面

员工层面
即被考评者层面的评估与诊断，主要包括对其工作态度、行为方式、工具方法及工作过程中的努力程度的衡量，而员工对绩效目标理解的偏差或者目标模糊不清都会导致绩效不良

管理者层面
即考评者层面的评估与诊断，一方面涉及管理方式不当，包括授权不充分、监督过严、施加不正当压力等；另一方面是管理者没有尽到应尽的责任和义务，如未为员工提供及时的辅导和支持等

图 15-2 绩效管理系统评估与诊断的三个层面

15.1.1 绩效改进成本评估

成本作为一个极为重要的经济指标，是企业进行绩效评价的关键内容。对绩效改进成本的评估主要是通过与绩效改进的回报对比来实现。因此，绩效改进成本评估可以采用投资回报率等指标。

1. 确定绩效改进成本

绩效改进成本主要包括绩效改进分析成本、绩效改进内容设计成本、绩效改进实施成本、绩效改进效果跟踪管理成本等，即投入的人力、物力和财力的消耗。

2. 选择绩效改进成本评估指标

投资回报率是绩效改进所带来的收益与其成本的比值，作为评价成本的一个重要指标，可以较好地评估绩效改进成本。但是，投资回报率仅是其中的一个 KPI。

绩效改进成本指标是评估绩效改进措施所需成本以及这些成本带来的效益的 KPI 体系，可以细化为直接成本指标、间接成本指标和效益指标等，见表 15-1。

表 15-1 绩效改进成本 KPI 体系

划分维度	KPI 体系	涵盖内容与具体分析
直接成本指标	培训成本	包括为员工提供的绩效改进培训费用，如培训师费用、培训材料费用等。这些成本可以直接衡量，并用于评估培训对绩效提升的效果
	技术引入成本	如果绩效改进涉及新技术的引入，那么相关技术的购买、安装和维护成本也应纳入考虑。这些成本可以帮助企业了解技术投入对绩效改进的贡献
	人员调整成本	在绩效改进过程中，可能需要对人员进行调整，包括招聘新员工、解雇不合格员工等。这些人员调整所带来的成本也是直接成本的一部分
间接成本指标	管理成本	包括制订绩效改进计划、监督计划执行以及评估改进效果等管理活动所产生的成本。这些成本有助于企业了解管理投入对绩效改进的影响
	沟通成本	在绩效改进过程中，加强内部沟通是非常重要的。因此，与沟通相关的成本，如会议费用、信息交流平台的维护费用等，也应纳入考虑
	机会成本	企业在实施绩效改进时，可能会放弃其他潜在的收益机会。这些被放弃的收益就是机会成本，也是评估绩效改进成本时需要考虑的因素
效益指标	投资回报率（ROI）	通过对比绩效改进前后的成本和效益，可以计算出投资回报率。这个指标有助于企业了解绩效改进措施的经济效益
	成本效益比（CER）	通过对比绩效改进前后的成本和效益，可以计算出成本效益比。如果成本效益比大于 1，表示绩效改进措施取得了良好的效果
	员工满意度的提升	绩效改进措施往往旨在提高员工的工作效率和满意度。因此，员工满意度的提升可以作为评估绩效改进效果的一个重要指标

3. 分析绩效改进的数据

将所得到的数据进行转化，即将各数据转化为货币价值，将前期投入的成本与最终实现的价值进行对比，如果比例小于 1，说明绩效改进的投入是有所得的；如果比例大于 1，说明此次绩效改进投入处于亏损状态。

15.1.2 绩效改进效果评估

绩效改进效果评估常用的方法是柯氏四级评估模式。**柯氏四级评估模式（Kirkpatrick Model）**由威斯康辛大学的教授唐纳德·L. 柯克帕特里克（Donald L. Kirkpatrick）于 1959 年提出，应用领域广泛，在评估领域具有难以撼动的地位。

应用柯氏四级评估模式对绩效改进效果进行评估主要包括四个阶段，如图 15-3 所示。

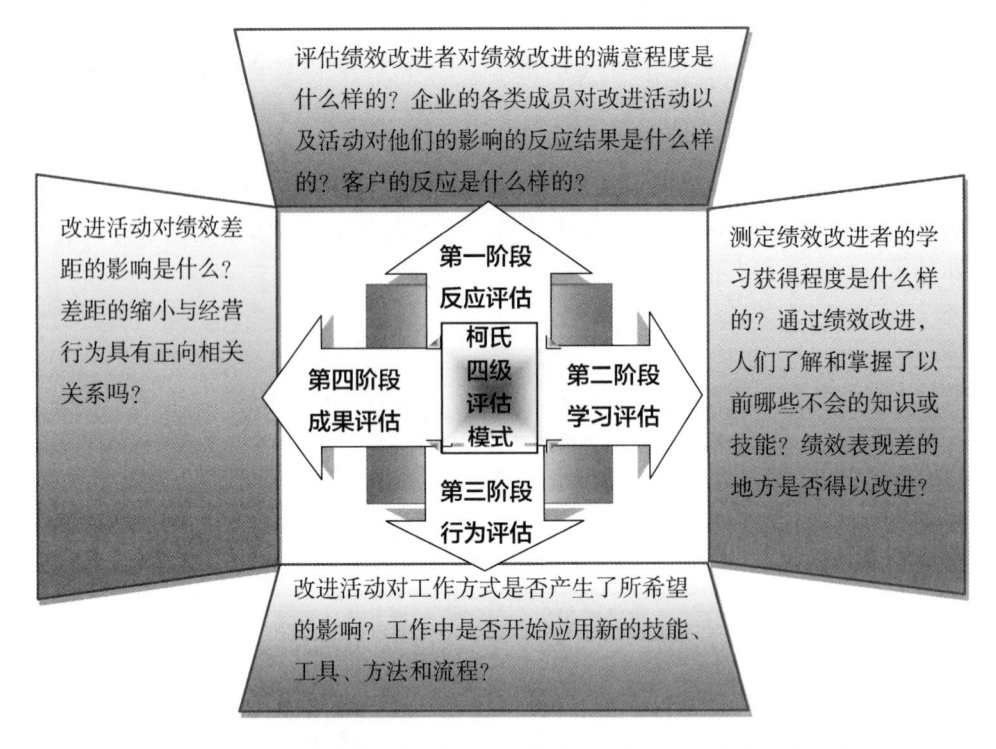

图 15-3　应用柯氏四级评估模式对绩效改进效果进行评估的四个阶段

15.1.3　绩效管理有效性评估

由于企业的规模大小、发展水平、行业性质、管理者能力水平的不同，各个企业的绩效管理体系存在很大差异。在众多的绩效管理体系中，无法评价哪一种绩效管理体系是最佳的，但企业可以通过对自身绩效管理有效性的评估，不断优化和改进绩效管理系统。

绩效管理有效性评估可以从五个维度进行，如图 15-4 所示。

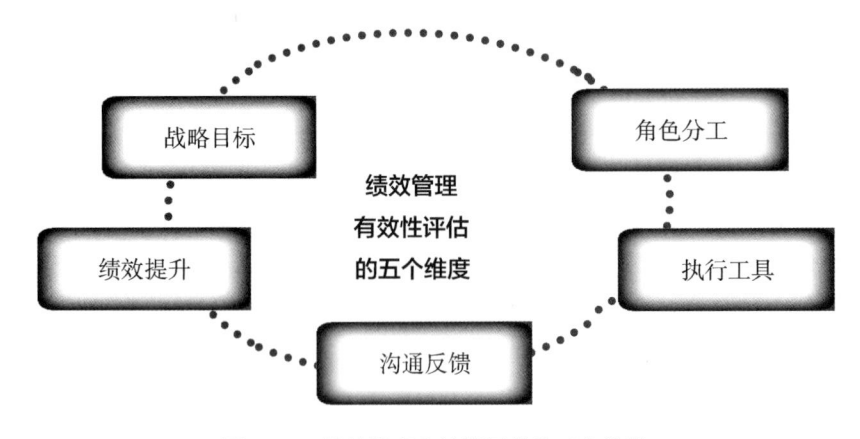

图 15-4　绩效管理有效性评估的五个维度

1. 战略目标

如果没有战略作为基础，绩效管理就没有了依托，就无法发挥其综合效用。绩效管理最终要致力达成的目标，是帮助企业分解并落实企业的战略目标。绩效管理在战略实施过程中的地位与作用如图 15-5 所示。

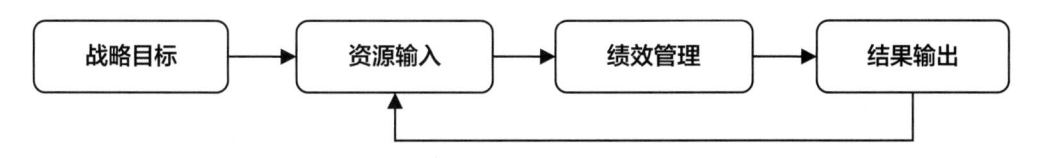

战略目标 → 资源输入 → 绩效管理 → 结果输出

图 15-5　绩效管理在战略实施过程中的地位与作用

企业实施有效的绩效管理，应首先制定战略目标，并把战略目标分解到年度，形成年度经营计划，然后再通过绩效管理目标的分解和落实，形成部门绩效目标，以及员工岗位的关键绩效指标。因此，评估企业绩效管理有效性的第一个标准是查看企业的战略目标是否清晰、明确，是否已经得到有效分解。

2. 角色分工

如果企业没有把员工在绩效管理中的角色分工做好，可能会导致绩效管理执行变形，流于形式。在绩效管理中，企业管理者和员工的角色可以分成四个层次，分别是最高管理者、人力资源部、直接主管和员工。绩效管理中管理者和员工的角色分工如图 15-6 所示。

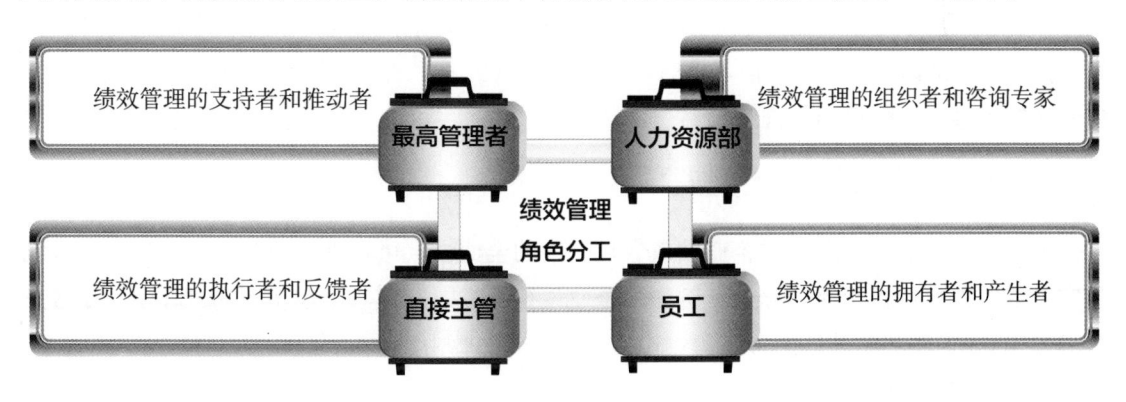

- 最高管理者：绩效管理的支持者和推动者
- 人力资源部：绩效管理的组织者和咨询专家
- 直接主管：绩效管理的执行者和反馈者
- 员工：绩效管理的拥有者和产生者

绩效管理角色分工

图 15-6　绩效管理的角色分工

3. 执行工具

要实现绩效管理的有效执行，人力资源部门还要设计出简单实用的执行工具，作为绩效管理过程的控制工具加以应用。完善的员工绩效管理执行工具至少包括六个，见表 15-2。

表 15-2　绩效管理执行工具

执行工具	具体说明
员工 KPI 管理表	用来确立员工绩效指标的工具，在绩效沟通与辅导面谈中经常应用，使员工明白自己的工作目标，使管理者准确地掌握员工的绩效是否在预定的轨道运行
员工绩效档案	用来记录员工的绩效表现并建立绩效档案，主要是为了保证管理者对员工所做出的绩效评价是基于事实而不是想象，保证绩效评价的公平与公正
员工绩效反馈表	管理者对员工进行绩效反馈时应基于员工的 KPI 来谈，并使用绩效反馈表来记录沟通的过程，形成绩效反馈记录，为下一步帮助员工制订绩效改进计划打下基础
员工绩效改进计划	绩效面谈结束时，管理者应针对员工在前一绩效周期内表现出来的不足，提出建设性的建议，并与员工一起制订绩效改进计划，以便在下一绩效周期内加以改进

续　表

执行工具	具体说明
员工绩效申诉表	用来帮助员工对自己在考核评价中所遭遇的不公正待遇进行申诉，以保证绩效管理制度的严谨性、客观性和有效性
绩效管理满意度调查表	用来帮助企业对所实施的绩效管理制度以及管理者在执行绩效制度时的表现进行调查，使企业与管理者不断做出及时有效的调整，使绩效管理制度得到改进和完善

4. 沟通反馈

实际上，绩效管理的过程就是管理者和员工就绩效问题进行充分沟通并达成一致的过程，绩效结果反馈和沟通面谈是必不可少的。因此，在对企业的绩效管理有效性进行评价时，不能仅仅考察其制度体系建设是否合理，更要看绩效沟通的环境是否良好、绩效沟通的渠道是否顺畅、绩效沟通的习惯是否已经建立。

5. 绩效提升

在绩效评价结束后，企业需要按照绩效管理制度的规定，使用好绩效评价的结果，使绩效系统朝着良性循环的方向发展，使员工个人的绩效水平和组织整体的绩效水平不断提升。另外，企业还应该定期对整个绩效管理系统进行诊断，包括但不限于绩效管理制度、考评体系、指标和标准以及考评者、被考评者等的诊断，以从中发现存在的问题和不足，加以改进，使绩效管理系统不断得到改善和提高。

15.1.4　绩效管理制度诊断

绩效管理制度诊断即针对企业绩效管理制度的全面性、可行性、科学性、合理性以及制度实际落实情况进行诊断和分析。例如，企业现行的绩效管理制度在执行的过程中，哪些条款得到了落实，哪些条款遇到了障碍难以贯彻，绩效管理制度存在哪些明显的不科学、不合理、不现实的地方需要修改和调整等。

对标案例　××公司绩效管理制度诊断实践

××公司是一家上市公司的控股子公司，属于成长型高新技术企业。随着公司的生产能力不断扩大，原来的绩效管理制度明显跟不上企业的发展需求。公司请专门的绩效咨询公司进行了诊断。××公司绩效管理制度诊断见表15-3。

表15-3　××公司绩效管理制度诊断

对标项目	绩效管理制度问题诊断与对策分析
问题表现	（1）部门利益与个人利益相冲突，现行绩效管理制度往往频繁调整，每个部门制定相对适合自己的绩效考核方式，导致人力资源部门管理工作量加大 （2）员工经常发现绩效考核结果出错，找上级领导反映得到的回复却是这是人力资源部门的事情，员工去找人力资源部门的时候却被要求直接找自己的上级领导 （3）每次提拔的总是与领导关系好的员工，那些表现积极、对待工作认真负责，却不善于和领导搞好关系的员工得不到晋升机会。结果是员工积极性下降，抱怨之声不绝于耳。然而出台一个能为各方所接受的企业绩效管理制度又令管理层伤透脑筋，难以吸引、留住优秀员工，人才流失率大幅度上升

续　表

对标项目	绩效管理制度问题诊断与对策分析
制度诊断	（1）绩效管理制度过于粗犷，绩效考核结果处理非程序化，缺乏有效的申诉机制 （2）绩效考核结果未与职务晋升、薪酬分配紧密挂钩，人才选拔和任免主观偏好较大 （3）高层管理者缺乏明确而持续的激励机制，MBO、BSC、KPI 和绩效标准的制定未经过具体分析，员工行为偏离企业总体目标，缺乏有效的导向和制约纠偏机制 （4）缺乏员工职业生涯规划管理，内部晋升通道设计与执行不合理，薪酬分配缺乏合理的业绩依据，薪酬与岗位职责、业绩考核脱节
改进措施	（1）创新建立一套系统的组织运营体系，进行组织结构再造和管理、业务流程再造，废止、修订或更新、完善绩效管理和薪酬激励制度等 （2）明确部门职责、岗位责任，在制定部门职能汇编和岗位工作说明书汇编的基础上，建立一套有效的绩效考核、反馈与改进体系，实现绩效管理的公平、公正、公开 （3）建立绩效申诉机制，修正绩效考核体系偏差，实现及时反馈、全面沟通、合作共赢 （4）基于胜任力模型和绩效考核结果建立薪酬分配体系和人才晋升通道 （5）制订员工技能培训与潜力开发计划，再造人力资源管理流程和业务子系统，包括招聘、选拔、任命、激励等，制订人才发展计划，增强员工的使命感、责任感和归属感

15.1.5　绩效考评体系诊断

绩效考评体系诊断需要从设计、实施、效果和反馈等多个维度进行全面深入的分析和评估，见表 15-4。

表 15-4　对绩效考评体系的多维度诊断

划分维度	诊断细项	具体分析
绩效考评体系设计诊断	考评目标与组织战略一致性	诊断绩效考评体系的首要任务是检查考评目标是否与组织的整体战略相一致。绩效考评体系应该支持并推动组织战略的实现，而不是与之脱节
	考评方法的科学性与合理性	分析诊断绩效考评体系采用的工具与方法是否科学、合理，能否真实反映员工的工作绩效，如分析诊断 MBO、BSC、KPI、标杆管理、360 度考核和 5W2H 等工具和方法
	考评周期的适当性	考评周期的设置是否合理，能否既保证考评的及时性，又避免过于频繁的考评给员工带来不必要的压力
绩效考评体系实施诊断	考评流程的顺畅性	诊断考评流程是否顺畅，是否存在不必要的环节或瓶颈，影响考评的效率和准确性
	考评数据的可靠性	考评数据是绩效考评体系的基础，需要诊断数据的来源是否可靠、数据收集是否全面、数据处理是否准确
	员工参与度	员工的有效参与是绩效考评体系成功实施的关键。诊断时应关注员工对绩效考评体系的认知度、参与度和满意度
绩效考评体系效果诊断	考评结果的公正性与准确性	考评结果是否公正、准确，能否真实反映员工的工作表现和贡献，是绩效考评体系效果诊断的重点
	考评结果的激励作用	考评结果应该对员工产生激励作用，促使其提升工作绩效。诊断时需要评估考评结果是否达到了这一效果
	考评体系对组织绩效的影响	一个有效的绩效考评体系应该对组织绩效产生积极影响。诊断时需要分析绩效考评体系与组织绩效之间的关联性和影响程度

续表

划分维度	诊断细项	具体分析
绩效考评体系反馈诊断	反馈机制的完善性	绩效考评体系是否建立了完善的反馈机制，以便员工了解自己的工作表现，明确改进方向
	反馈的有效性	诊断反馈是否及时、具体、有针对性，能否帮助员工改进工作绩效
	员工对反馈的接受度	员工对考评反馈的接受程度如何，是否认为反馈公正、有用，并愿意根据反馈进行调整和改进

15.1.6 指标和标准体系诊断

绩效考核指标和标准体系诊断即对绩效考核指标与标准体系是否全面完整、是否具有科学性、合理性、可行性，以及有哪些 KPI 和标准需要修改调整等进行的分析与判断，以对绩效指标和标准体系做出调整与完善。

1. 绩效考核指标体系的诊断

绩效考核指标应与企业战略目标相一致，突出重点并具有一定的可操作性。对绩效考核指标进行诊断，需要着重从六个方面来进行，如图 15-7 所示。

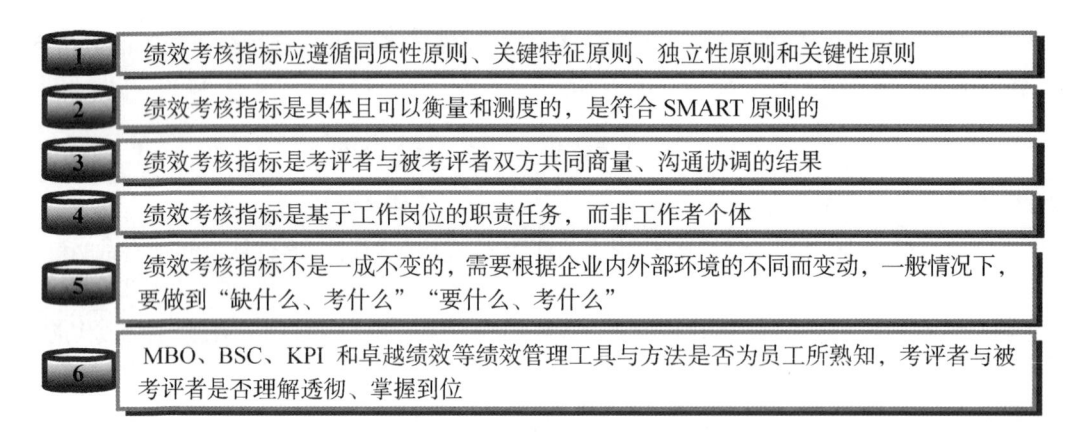

1. 绩效考核指标应遵循同质性原则、关键特征原则、独立性原则和关键性原则
2. 绩效考核指标是具体且可以衡量和测度的，是符合 SMART 原则的
3. 绩效考核指标是考评者与被考评者双方共同商量、沟通协调的结果
4. 绩效考核指标是基于工作岗位的职责任务，而非工作者个体
5. 绩效考核指标不是一成不变的，需要根据企业内外部环境的不同而变动，一般情况下，要做到"缺什么、考什么""要什么、考什么"
6. MBO、BSC、KPI 和卓越绩效等绩效管理工具与方法是否为员工所熟知，考评者与被考评者是否理解透彻、掌握到位

图 15-7 绩效考核指标体系诊断的内容

绩效考核指标体系诊断力场图解如图 15-8 所示。

约束力
- 目标设置过多
- 目标分解过程复杂
- 工作分析过程较长
- 工作职能、职责模糊
- 设计方法操作困难
- 设计人员要求较高

绩效指标体系诊断力场图解

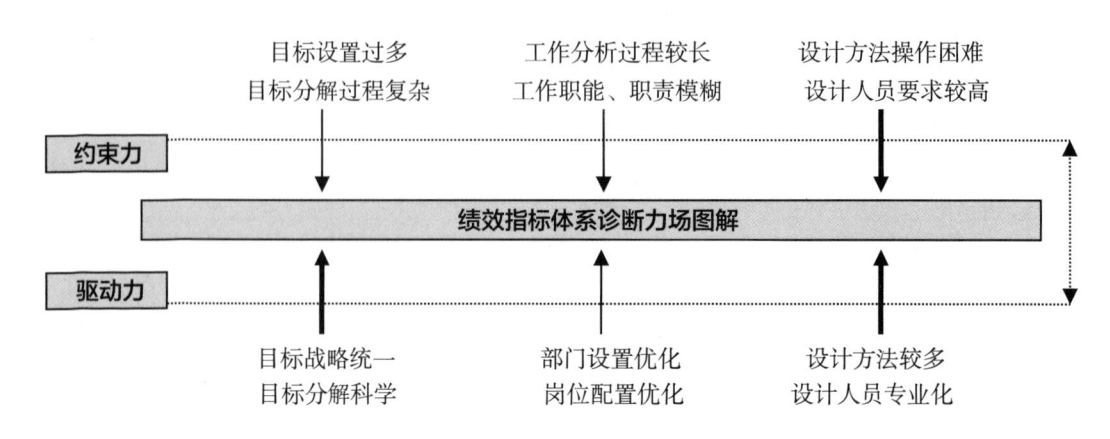

驱动力
- 目标战略统一
- 目标分解科学
- 部门设置优化
- 岗位配置优化
- 设计方法较多
- 设计人员专业化

图 15-8 绩效考核指标体系诊断力场图解

2. 绩效考核标准体系的诊断

绩效考核标准体系诊断主要是对绩效考核标准的完整性、协调性和比例性进行分析和评价，见表 15-5。

表 15-5 绩效考核标准体系诊断的内容

序号	诊断内容	具体内容说明
1	完整性	完整性就是各种绩效考核标准之间相互补充、扬长避短，共同构成一个系统，反映了标准体系的配套性特征
2	协调性	协调性是指各种绩效考核标准之间在质的规定性方面相互衔接、相互一致、协调发展，反映了标准体系的统一性与和谐性。 协调性主要包括两种形式：一种是相关性的协调，如定性标准、同类别尺度标准就是同一种类型具有一致性；而另一种是延伸性的协调，体现在四个方面： ●跨类别标准的衔接：延伸性的协调首先体现在不同类型的考核标准之间的顺畅衔接。例如，在定量标准和定性标准之间，可以设计一种转化机制，使得两者在评价员工绩效时能够相互补充，形成一个全面的评价体系 ●层级式标准的配合：在绩效考核标准体系中，往往存在不同层级的标准，如公司级、部门级和岗位级标准。延伸性的协调要求这些不同层级的标准之间能够相互配合，上一层级的标准要为下一层级的标准提供指导和约束，确保整个标准体系的统一性和协调性 ●时间维度的连贯性：绩效考核往往是一个持续的过程，延伸性的协调还体现在时间维度上的连贯性。即不同时间段的考核标准之间要保持一定的稳定性和连续性，避免出现大起大落或相互矛盾的情况 ●结果应用的协同性：绩效考核的结果往往与员工的薪酬、晋升、培训等紧密相关。延伸性的协调要求这些结果应用方面也能够协同工作，形成一个良性的闭环，激励员工不断提升自己的绩效
3	比例性	比例性是指各种标准之间存在一定的数量比例关系，反映了标准体系的统一性和配比性

15.1.7 考评者全面全过程诊断

对考评者全面全过程的诊断，包括明确在执行绩效管理的规章制度以及实施考评的各个环节中，有哪些成功的经验可以推广，有哪些问题亟待解决，考评者自身的职业品质、管理素质、专业技能存在哪些不足，有哪些亟待提高等。考评者全面全过程诊断的内容见表 15-6。

表 15-6 考评者全面全过程诊断的内容

划分维度	诊断细项	具体分析
执行绩效管理规章制度	成功的经验	规章制度设计合理，能够确保绩效管理的公平性和有效性
		制度得到了有效执行，员工普遍遵守，绩效管理流程顺畅
		制度中的激励机制能够有效提升员工的工作积极性和工作效率
	亟待解决的问题	制度可能存在不完善之处，需要根据实际情况进行调整和优化
		部分员工对制度的理解和执行存在偏差，需要加强培训和指导
		制度执行过程中可能遇到各种实际问题，需要及时解决以确保其顺利实施

续表

划分维度	诊断细项	具体分析
实施考评的各个环节	成功的经验	考评流程设计科学、合理，能够全面、客观地评价员工的工作表现
		考评过程中注重与员工沟通和反馈，促使员工明确个人的工作目标和改进方向
		考评结果能够真实反映员工的工作表现，为后续的薪酬调整、晋升等提供依据
	亟待解决的问题	考评流程可能存在烦琐之处，需要简化以提高效率
		考评过程中可能存在主观偏见或不公平现象，需要加强监督和管理
		考评结果的使用可能不够充分或合理，需要完善相关的激励机制和约束机制
考评者自身的职业品质、管理素质、专业技能	职业品质	优势：考评者具备公正、客观、负责任的职业品质，秉持中立态度进行评价
		不足：可能缺乏足够的职业道德意识，容易受到外界因素的干扰或影响
	管理素质	优势：具备较强组织协调能力和团队管理能力，能够有效推进绩效管理工作
		不足：可能缺乏足够的管理经验和技巧，难以有效应对各种管理挑战和问题
	专业技能	优势：具备扎实的专业知识和丰富的实践经验，准确评价并提出针对性建议
		不足：可能缺乏必要的专业技能或知识更新速度较慢，难以适应不断变化的工作环境和需求。同时，也有一些考评者在沟通和反馈技巧方面存在不足，需要加强培训和实践以提高其专业技能水平

15.1.8 被考评者全面全过程诊断

对被考评者全面全过程的诊断，包括明确在企业绩效管理的各项活动中，员工持有何种态度，通过参与绩效管理活动，员工有何转变，在实际工作中取得何种成果，员工的职业品质和素养有哪些提高等。被考评者全面全过程诊断的内容见表 15-7。

表 15-7 被考评者全面全过程诊断的内容

划分维度	诊断细项	具体分析
员工态度	对绩效管理的初始态度	观察员工在绩效管理活动开始时的态度，是否积极、配合，或对绩效管理有何种误解或抵触情绪
	态度的变化	随着绩效管理活动的推进，观察员工的态度是否有所转变，是否从最初的抵触或中立转变为积极支持和参与
员工转变	行为上的转变	通过参与绩效管理活动，员工是否在工作行为上有所改变，如是否更加遵守规章制度，是否更加高效地完成工作任务等
	思想上的转变	员工是否对绩效管理有了更深入的理解，是否认识到绩效管理对个人和组织发展的重要性，从而在思想上更加重视绩效管理
实际工作成果	工作效率提升	员工是否提高了工作效率，是否能够在规定时间内更高质量地完成工作任务
	工作质量提升	员工的工作质量是否有了明显的提升，如错误率降低、客户满意度提高等
	创新与贡献	员工是否展现更多的创新意识和实践能力，为企业发展做出更大贡献
职业品质和素养的提高	职业素养提升	员工是否表现出更高的职业素养，如更加敬业、负责等
	专业技能提升	员工的专业技能是否得到了提升，是否能够更好地胜任本职工作
	沟通与协作能力增强	员工是否在与同级、上级、客户的沟通和协作中表现出更强的能力，是否能够有效地解决各种问题

15.2 绩效改进常用的五种方法

绩效改进是绩效考核的后续应用阶段，是连接绩效考核和下一循环计划目标制定的关键环节。绩效改进是指通过确认绩效考核结果，分析工作绩效存在不足和差距的原因，据此制定一系列的改进绩效方法和策略。

绩效改进常用的五种方法如图 15-9 所示。

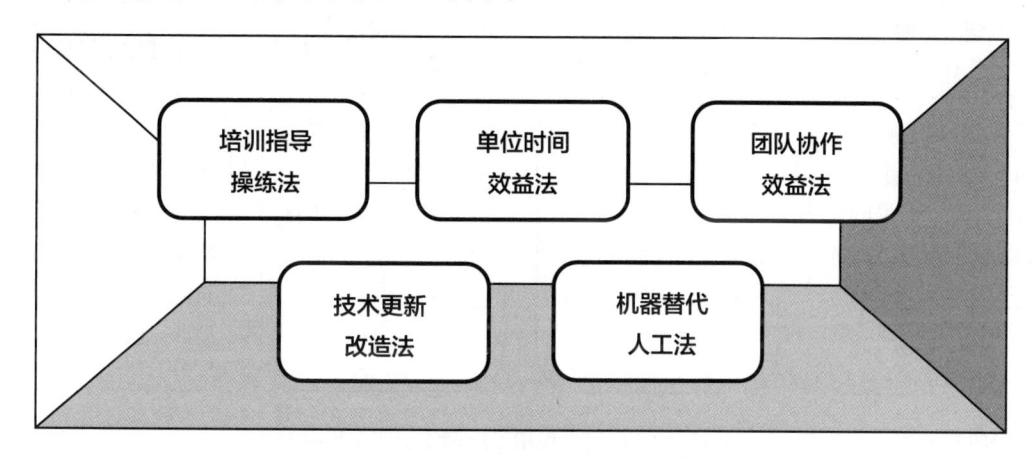

图 15-9　绩效改进常用的五种方法

15.2.1 培训指导操练法

培训指导操练法是一种通过系统的培训和指导，使员工掌握必要的知识和技能，从而提高工作效率和绩效的方法。这种方法强调理论与实践相结合，注重员工在实际操作中的应用和提高。具体而言，培训指导操练法是一种有组织的知识传递、技能传递、标准传递、信息传递、信念传递和技巧训练的行为改造与反复训练的方法。为了达到统一的科学技术规范和标准化作业，通过目标规划设定、知识和信息传递、技能熟练演练、作业达成评测、结果交流公告等现代信息化流程，让员工通过一定的教育技术和手段的训练，达到预期的水平。

培训指导操练法贯穿于绩效管理的整个过程。员工通过培训，可在工作中降低因失误造成的损失，同时，通过训练获得新技术、新方法并掌握新规则、新工具，使工作质量和工作效率不断提高，从而提高企业效益。培训指导操练法在绩效改进中主要涉及三个方面的训练。

（1）**理念的培训教育**。理念的培训教育是使员工在思维方式和观念上对绩效改进的认知达到一定高度，使其树立与组织发展目标、变革创新相适应的新观念和新思维方式，培养其从新角度看问题的能力。

（2）**心态的培训教育**。心态的培训教育是绩效改进过程中容易被忽略的一方面，这方面的训练旨在为员工创造圆满完成某项任务的心理条件，包括绩效改进态度的改善、树立完成绩效改进计划的自信心等。

（3）能力的培训教育。 能力的培训教育是绩效改进的基础，包括对完成任务的理解与支持，这种支持涉及技术、管理、协调和辅助等多方面。

应用培训指导操练法实现绩效改进目标包括四个步骤，如图15-10所示。

应用培训指导操练法的四个步骤

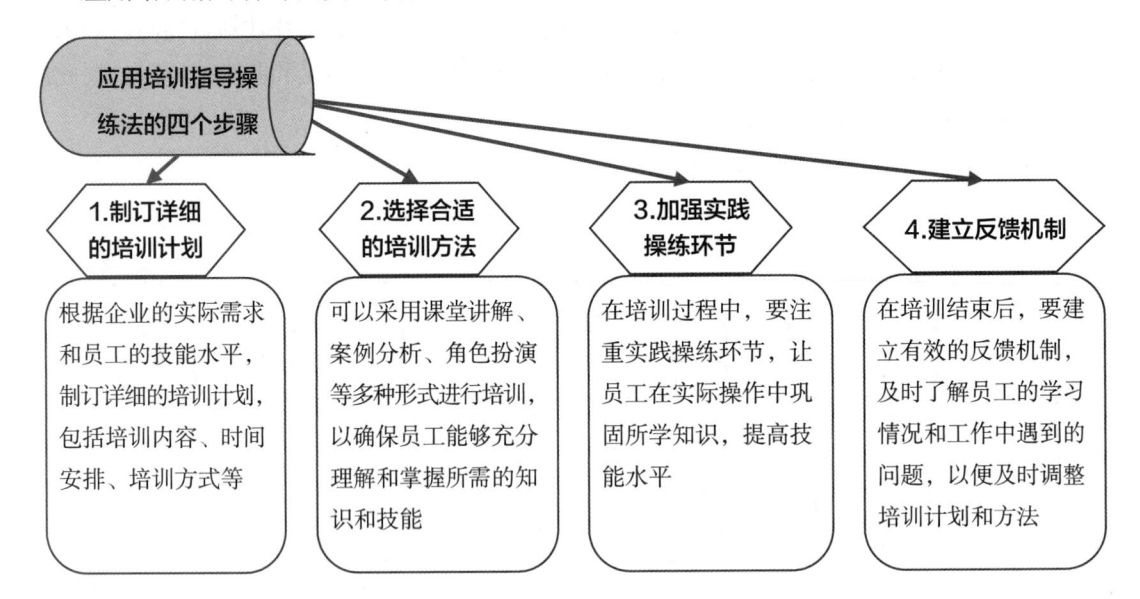

1. 制订详细的培训计划
根据企业的实际需求和员工的技能水平，制订详细的培训计划，包括培训内容、时间安排、培训方式等

2. 选择合适的培训方法
可以采用课堂讲解、案例分析、角色扮演等多种形式进行培训，以确保员工能够充分理解和掌握所需的知识和技能

3. 加强实践操练环节
在培训过程中，要注重实践操练环节，让员工在实际操作中巩固所学知识，提高技能水平

4. 建立反馈机制
在培训结束后，要建立有效的反馈机制，及时了解员工的学习情况和工作中遇到的问题，以便及时调整培训计划和方法

图 15-10　应用培训指导操练法的四个步骤

15.2.2　单位时间效益法

企业绩效、部门绩效及个人绩效需要改进在很大程度上是因为工作效率不够高，绩效改进人员需要考虑如何提高自己的单位时间效益，在规定的时间内创造更多产出。提高单位时间效益是实现"向管理要效益"的重要途径之一，能够促进企业人、财、物的良好运转，增强企业的市场竞争力。单位时间效益的提高意味着在规定时间内完成的有效产量得到了提高，企业生产力随之也得到提高，这有助于企业的可持续经营。

1. 单位时间效益相关公式

工作效益=有效工作量/工作时间

单位时间效益=单位有效工作量/单位工作时间

有效的工作必须是符合目标要求、符合质量要求、符合时效要求的

2. 提高单位时间效益的途径

（1）做好时间管理。时间管理的目的是用最短的时间或在规定的时间内，把事情做好。进行时间管理的主体是个人，个人通过自我管理来改变工作习惯和工作方法，使自己创造更多价值。

（2）提高有效工作量。科学技术是第一生产力，企业所处的环境在不断地变化发展，为

提升企业竞争力，必须不断地进行技术更新。管理者的管理能力、培训开发能力、激励能力等，对员工心理素质和知识或技能的提升有重大的影响。通过技术、管理、培训等手段提高员工的综合素质，进而可以提高其有效工作量。

3. 单位时间效益法的实施步骤

实施单位时间效益法有五个步骤，如图 15-11 所示。

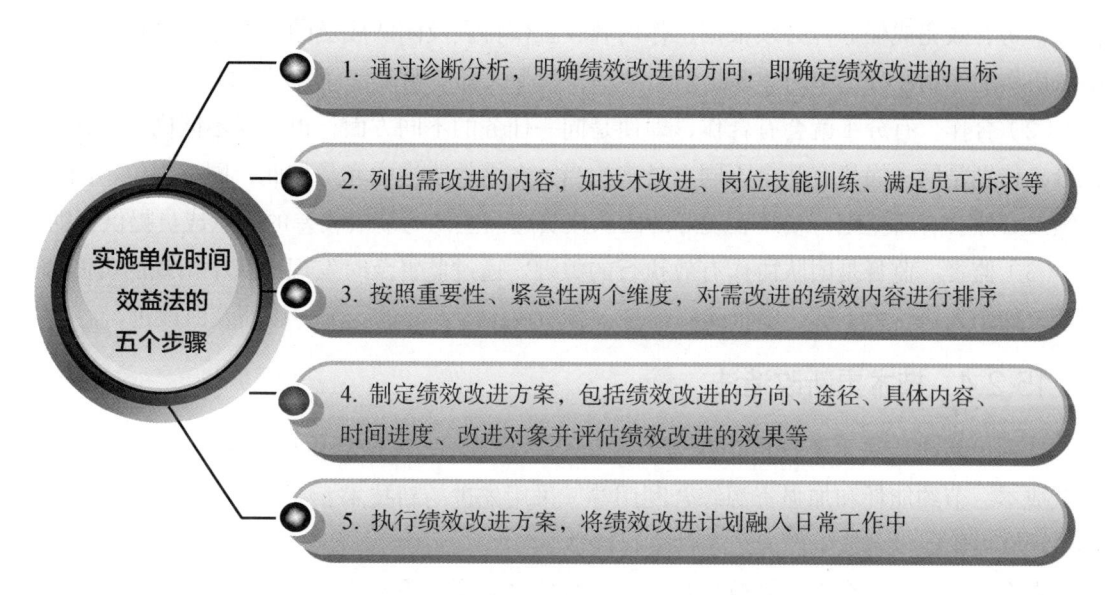

实施单位时间效益法的五个步骤：
1. 通过诊断分析，明确绩效改进的方向，即确定绩效改进的目标
2. 列出需改进的内容，如技术改进、岗位技能训练、满足员工诉求等
3. 按照重要性、紧急性两个维度，对需改进的绩效内容进行排序
4. 制定绩效改进方案，包括绩效改进的方向、途径、具体内容、时间进度、改进对象并评估绩效改进的效果等
5. 执行绩效改进方案，将绩效改进计划融入日常工作中

图 15-11　实施单位时间效益法的五个步骤

15.2.3　团队协作效益法

团队协作是指以实现企业战略发展为目标，通过资源共享和协同努力，调动团队所有成员的积极性，驱除团队内部所有不和谐和不公正的因素，对表现优秀者进行嘉奖，对表现差的进行批评，从而使团队协作产生一股强大而持久的力量。

团队协作可以促进团队整体绩效的改善。通过发扬团队精神，企业可以节省成本；通过协作精神，员工可以帮助其他人改进绩效，使资源利用达到最大化。

1. 应用团队协作效益法的前提

团队协作不是参照管理学中的管理方法就可实现的，在采用此方法之前，团队要做好三个方面的基础工作。

（1）团队信任的建立。信任是团队协作效益法实施的基本条件，若彼此间没有信任，根本就不可能存在良性合作。建立信任首先要求团队内部所有成员勇于承认自己的缺点，富有责任感，敢于承担错误，对他人在工作中的错误和缺点要采取委婉的方式指出并帮助他人改进；同时，对他人在团队内的贡献要及时给予肯定，虚心向他人学习。

（2）良性冲突的建立。团队内部每个成员都有自己的性格特点和做事方式，应该允许这种多样性的存在，适当引导良性冲突的建立。良性冲突会激励团队内部成员不断进取，追求卓越。

（3）团队执行力的建立。执行力是实现团队协作的支撑。一个有凝聚力的团队，在执行任务中能够做到步骤协调一致，不允许任何一个人掉队，影响团队协作的效果。强大的执行力是应对信息不完善的关键。

2. 应用团队协作效益法的三大关键点

（1）分工。应用团队协作效益法不能一味地强调协作，团队会接受来自组织分配的各项任务，为有效完成任务，必须根据工作内容、工作特点及团队成员的工作能力进行分配，而团队协作的作用在分工中的体现是信息共享，每个人都应明确责任各尽所能。

（2）合作。有分工就会有合作，即便是同一任务的不同方面，也需要不同岗位责任人的配合，特别是同一岗位有几个不同人员来担当。在绩效改进中亦是如此，同一岗位不同员工的绩效必然会有所差距，绩效表现好的团队成员应当主动为绩效较差的团队成员提供帮助。

（3）监督。监督是团队协作有效执行的关键。通过监督及时发现团队中出现的负面影响因素，如个人执行力不够、虚报瞒报信息、背后议论等不好的行为，以便及时改进。

15.2.4　技术更新改造法

技术更新改造法主要是指企业为了提高经济效益、提高产品质量、促进产品升级换代、降低成本、节约能耗和加强资源综合利用等，采用先进的新技术、新工艺、新设备、新材料等对现有设施、设备或生产工艺条件进行改造。

在企业、部门及个人绩效改进过程中，当然也会涉及需要更新技术的情况，特别是在生产制造业，绩效结果在很大程度上会受到技术的先进与落后、产品更新迭代速度的影响。掌握先进技术，极可能会大幅提高工作效率。

技术更新改造法一方面强调企业及时引进先进技术和设备，另一方面强调技术人员和操作工人的技术创新能力和技能娴熟度。在新的社会经济条件下，员工的技术素质的不断更新和提高是应用先进技术的必要条件。应用技术更新改造法不仅提升了员工个体的绩效、企业整体的效益，还有利于提升社会经济发展的综合效益。

15.2.5　机器替代人工法

应用机器替代人工法有利于绩效改进并提高企业整体绩效。机器替代人工法与技术更新改造法的区别在于，技术更新改造法主要强调企业个体的技术专利，而机器替代人工法强调从整个社会角度来看待技术的先进性。机器替代人工法的核心思想是通过引入自动化技术、智能机器人或相关机械设备来替代传统的人工操作流程，以达到提高生产效率、降低成本、增强产品质量稳定性等目的。

1. 刘易斯拐点的出现，需要机器替代人工

很长一段时间内，生产制造行业的利润主要是由于劳动力供应的充足甚至过剩，使企业生产人工成本大幅度降低。而近年来，刘易斯拐点在劳动力市场上逐渐显现，使企业生产逐渐失去劳动力成本优势。

刘易斯拐点的实质在于拐点出现后，劳动力价格将由过去仅需与维持农村人口最低生活水平的既定工资一致变为由市场供求决定，劳动力供给曲线由平坦变为陡峭，导致劳动力价格迅速上升。

2. 人口红利减弱，人工价格上升

所谓人口红利，是指一个国家的劳动年龄人口占总人口比重较大，抚养率比较低，为经济发展创造了有利的人口条件，整个国家的经济呈高储蓄、高投资和高增长的局面。人口红利不意味着经济必然增长，但经济增长一旦步入快车道，则人口红利势必会成为经济增长的有力助推剂，人口红利对生产企业的影响主要体现在劳动力供给上。

然而，近年来人口老龄化速度逐渐加快，劳动力供给减少，人工价格上升，导致企业生产的成本增加，人口红利对企业发展的推动作用逐渐减弱。

3. 高端化和信息化的制造升级之路

劳动力成本上升以及对于加工精度要求的不断提高推动企业进行设备升级，企业通过使用更先进的高端设备来进一步提高绩效水平，从而提高自身的竞争力。在高端化和信息化的要求下，高、精、尖的机器生产替代人工生产已经成为制造业改造升级的必由之路。

尽管机器替代人工法具有诸多优势，包括提高生产效率、降低成本、提高产品质量等，但在实施过程中也可能面临一些挑战。第一，技术更新和员工培训是必要的，以确保员工能够操作和维护新的自动化设备。第二，对于某些复杂或创造性任务，机器可能还无法完全替代人类。第三，自动化设备的引入可能需要对企业现有的生产流程和组织结构进行调整。

15.3 六西格玛管理

六西格玛（Six Sigma）管理，又称 **6σ 管理**，是在 20 世纪 90 年代中期开始被通用电气从一种全面质量管理方法演变成为一种高度有效的企业流程设计、改善和优化的管理技术。而 **DMAIC 模型**则是实施六西格玛管理中最具操作性的模式，主要侧重于对已有流程的质量改善。

15.3.1 应用六西格玛管理的组织结构设计

企业要全面实施六西格玛管理，必须在内部建立专门的组织并配备具体的人员，见表 15-8。

表 15-8 实施六西格玛管理的组织结构及职责

组织结构	职责定位	具体工作职责与分工协作
六西格玛管理委员会	企业实施六西格玛管理的最高领导机构，主要成员由公司领导层担任	（1）设立六西格玛管理初始阶段的各种职位 （2）确定改进项目及改进次序，并进行资源分配 （3）定期评估各项目的进展情况，并对其进行指导 （4）解决项目小组在实施六西格玛管理时遇到的困难和障碍

续 表

组织结构	职责定位	具体工作职责与分工协作
执行领导 （Executives）	由一位副总裁以上的高层领导担任，要求具有较强的综合协调能力	（1）建立企业的六西格玛管理愿景 （2）确定企业战略目标和企业绩效度量系统 （3）在企业中建立促进和应用六西格玛管理方法与工具的环境
倡导者 （Champion）	实施六西格玛管理的关键角色	（1）设定项目目标、方向和范围 （2）组织实施六西格玛管理的人员培训 （3）协调项目所需的各方面的资源 （4）制定六西格玛管理项目选择标准并批准项目 （5）向执行领导报告六西格玛管理的进展情况 （6）负责六西格玛管理实施的沟通与协调 （7）处理各项目小组之间的重叠和纠纷等
黑带大师 （MBB – Master Black Belt）	六西格玛管理专家的最高级别，一般为统计专家，黑带大师的人数很少，只占黑带人数的1/10	（1）协助确定组织六西格玛管理的推进战略与计划 （2）协助执行领导和倡导者选择和管理六西格玛管理项目 （3）协调和指导跨职能六西格玛管理项目的实施 （4）培训和指导黑带和绿带，确保其掌握适用工具和方法 （5）确定六西格玛管理衡量标准、项目认证和黑带/绿带认证准则，开发企业六西格玛管理教材
黑带 （BB – Black Belt）	六西格玛管理的中坚力量，由企业内部选拔产生，负责全职实施六西格玛管理	（1）领导六西格玛管理项目团队，实施并完成六西格玛管理项目 （2）向团队成员提供工具与方法的培训 （3）识别改进机会并选择最有效的工具和技术实现改进 （4）及时向倡导者和管理层报告六西格玛管理项目的进展情况 （5）将通过项目实施获得的知识传递给组织和其他黑带 （6）向绿带提供及时的项目指导和关于项目实施的培训 （7）向团队传达六西格玛管理理念，建立对六西格玛管理的共识
绿带 （GB – Green Belt）	六西格玛管理的执行者，在企业中的人数最多	（1）分析并解决质量问题 （2）参与实施质量的改进 （3）负责一些难度较小的六西格玛管理项目

15.3.2 六西格玛业绩改进模型

六西格玛业绩改进模型（DMAIC）是实施六西格玛管理的一套操作方法，主要侧重对已有流程的质量改善，DMAIC的五个英文字母分别表示D（Define，界定）、M（Measure，测量）、A（Analyze，分析）、I（Improve，改进）、C（Control，控制）。DMAIC模型如图15-12所示。

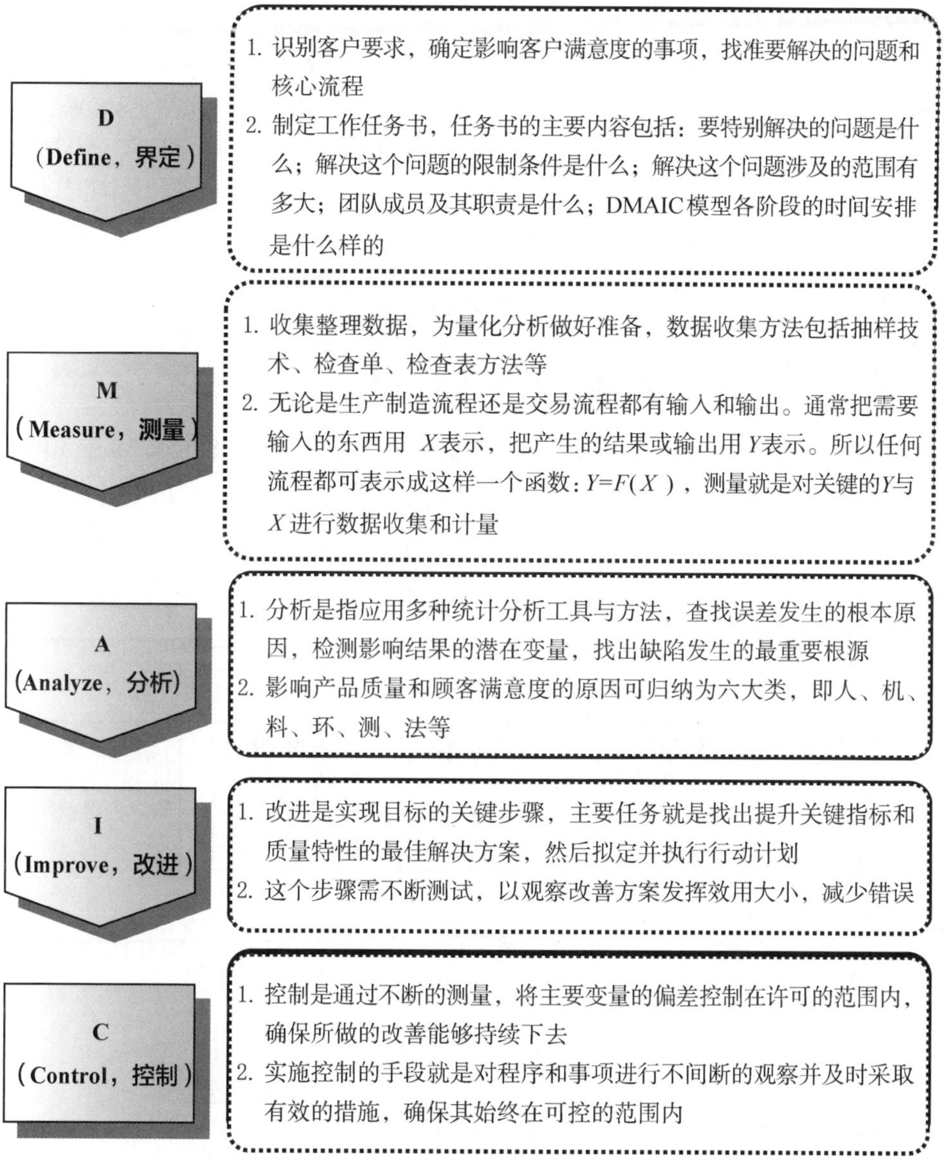

第 15 章 绩效改进与效益提升

D（Define，界定）
1. 识别客户要求，确定影响客户满意度的事项，找准要解决的问题和核心流程
2. 制定工作任务书，任务书的主要内容包括：要特别解决的问题是什么；解决这个问题的限制条件是什么；解决这个问题涉及的范围有多大；团队成员及其职责是什么；DMAIC 模型各阶段的时间安排是什么样的

M（Measure，测量）
1. 收集整理数据，为量化分析做好准备，数据收集方法包括抽样技术、检查单、检查表方法等
2. 无论是生产制造流程还是交易流程都有输入和输出。通常把需要输入的东西用 X 表示，把产生的结果或输出用 Y 表示。所以任何流程都可表示成这样一个函数：$Y=F(X)$，测量就是对关键的 Y 与 X 进行数据收集和计量

A（Analyze，分析）
1. 分析是指应用多种统计分析工具与方法，查找误差发生的根本原因，检测影响结果的潜在变量，找出缺陷发生的最重要根源
2. 影响产品质量和顾客满意度的原因可归纳为六大类，即人、机、料、环、测、法等

I（Improve，改进）
1. 改进是实现目标的关键步骤，主要任务就是找出提升关键指标和质量特性的最佳解决方案，然后拟定并执行行动计划
2. 这个步骤需不断测试，以观察改善方案发挥效用大小，减少错误

C（Control，控制）
1. 控制是通过不断的测量，将主要变量的偏差控制在许可的范围内，确保所做的改善能够持续下去
2. 实施控制的手段就是对程序和事项进行不间断的观察并及时采取有效的措施，确保其始终在可控的范围内

图 15-12 DMAIC 模型图解

15.3.3 支持 DMAIC 模型的方法与工具

DMAIC 模型的每个阶段都有一系列工具与方法支持该阶段目标的实现。每个阶段应用的典型工具与方法见表 15-9。

表 15-9 DMAIC 模型各阶段应用的典型工具与方法

五个阶段	活动要点	典型工具与方法
界定阶段（D 阶段）	项目启动	头脑风暴法、排列图、亲和图、树形图、流程图、CT 分解、效益计算等
测量阶段（M 阶段）	测量 Y，确定项目基线	运行图、过程能力分析、分层法、散布图、时间序列图、水平对比法、直方图、抽样计划、测量系统分析等

续表

五个阶段	活动要点	典型工具与方法
分析阶段 （A阶段）	确定关键影响因素	因果图、抽样技术、散布图、箭线图、假设检验、回归分析、方差分析、5Why漏斗模型、多变量分析、参数设计等
改进阶段 （I阶段）	设计并验证改进方案	试验设计、过程仿真、过程能力分析、利益相关者分析、表决方法、防错技术等
控制阶段 （C阶段）	保持成果	控制计划、控制图、过程流程图、标准操作程序、**防错技术、故障树分析**等

15.3.4 控制阶段的 Poka-Yoke 防错技术

Poka-Yoke 防错技术由日本丰田公司的工程师欣吉欧·希格（Shigeo Shingo）利用被称作 Poka-Yoke（Pronounced POH-kah YOH-kay）的设备创立的一套质量管理方法。

Poka-Yoke 可以是任何一种机械装置，能够防止人为错误的发生或者让人一眼就能够找到出现错误的位置。应用 Poka-Yoke 防错技术的具体实施原则、步骤和工具如图 15-13 所示。

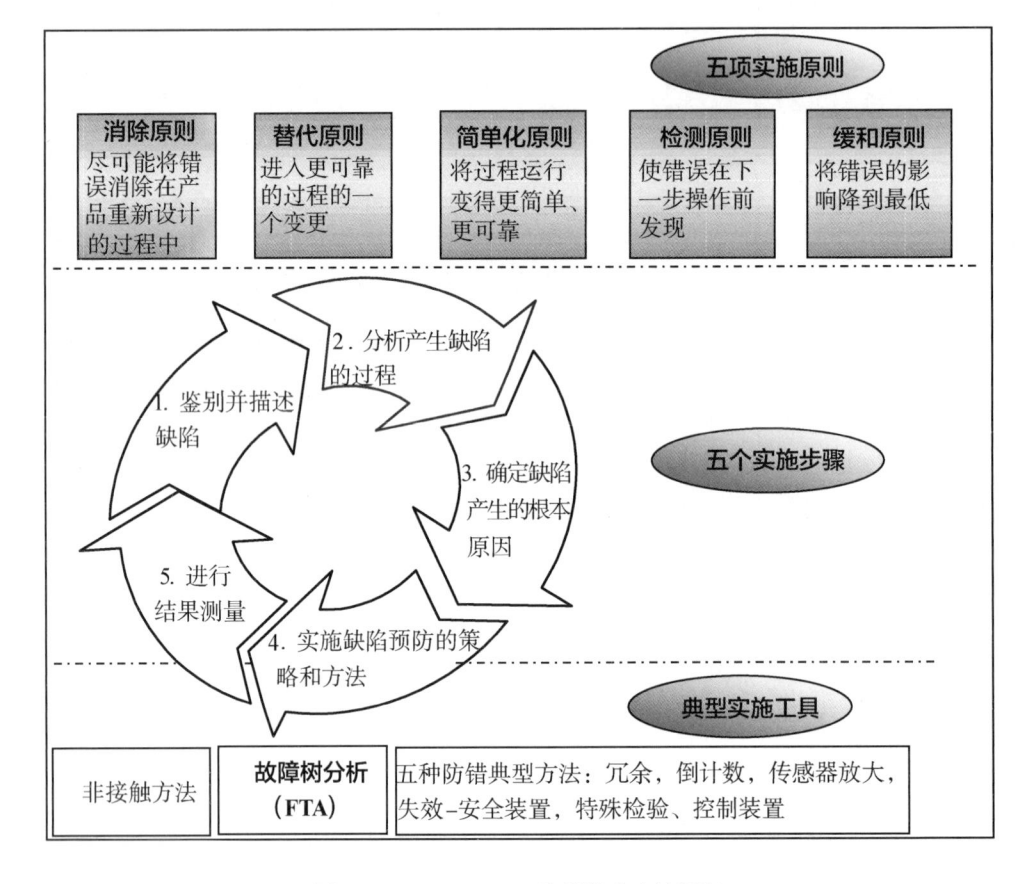

五项实施原则

- **消除原则**：尽可能将错误消除在产品重新设计的过程中
- **替代原则**：进入更可靠的过程的一个变更
- **简单化原则**：将过程运行变得更简单、更可靠
- **检测原则**：使错误在下一步操作前发现
- **缓和原则**：将错误的影响降到最低

五个实施步骤

1. 鉴别并描述缺陷
2. 分析产生缺陷的过程
3. 确定缺陷产生的根本原因
4. 实施缺陷预防的策略和方法
5. 进行结果测量

典型实施工具

非接触方法、**故障树分析（FTA）**、五种防错典型方法：冗余、倒计数、传感器放大、失效-安全装置、特殊检验、控制装置

图 15-13　Poka-Yoke 防错技术实施图解

20 世纪 60 年代初，美国贝尔实验室的沃森（Watson）博士首先提出了故障树分析方法，然后波音公司的科学家又对该方法加以改进，使之适用于计算机处理。

故障树分析（Fault Tree Analysis，FTA）是以故障树作为模型对系统进行可靠性分析的一种方法。故障树分析根据系统可能发生的事故或已经发生的事故结果，去寻找与该事故发生有关的原因、条件和规律，同时可以辨识出系统中可能导致事故发生的危险源。

15.4　业务流程再造和管理流程再造

业务流程再造，又称**业务流程重组**（Business Process Redesign，BPR），是指通过资源整合、资源优化，最大限度地满足企业和供应链管理体系高速发展需要的一种方法。也就是企业为了提高运转效率，提高整体绩效水平，对原来的业务流程进行重新设计，从根本上重新思考、彻底改造业务流程，优化管理资源和市场资源配置，提高企业管理系统的效率。

业务流程再造法，就是重新设计和安排企业的整个生产、服务和经营过程，使之合理化的方法。也就是企业对原来生产经营过程的各个方面、每个环节进行全面的调查研究和细致分析，对其中不合理、不必要的环节进行彻底变革。

管理流程再造，作为业务流程再造的延伸与深化，专注于企业内部的管理体系与运作流程的优化与重构。它不仅关注直接产生价值的业务活动，更着重于提升这些业务活动背后的管理效率与决策质量。管理流程再造旨在通过系统性的分析与设计，重新构建企业的管理架构、流程、信息系统及文化，以实现管理效能的显著提升，进而支撑业务流程的顺畅运行与企业战略目标的实现。

管理流程再造的核心内容包括但不限于组织结构优化、流程精简与标准化、决策机制改革、信息系统集成、绩效管理体系重构等。

管理流程再造是一个复杂而持续的过程，需要企业高层领导的支持、全体员工的参与以及持续的投入与优化，方能实现管理效能的显著提升与企业竞争力的增强。

15.4.1　业务流程的功能和效率分析

当市场供需平衡被打破，科学技术条件发生变化使得现有作业程序难以适应时，业务流程的功能、作业的效率或组织结构的效能就会降低。因此，企业必须从三个方面分析现行的业务流程存在的问题，见表 15-10。

表 15-10　业务流程的功能和效率分析

序号	类别	具体内容分析与说明
1	功能障碍	技术上具有不可分性的团队工作会使个人可完成的工作额度发生变化，导致原来的作业流程支离破碎造成管理成本增加，或者核算单位太大造成权责利脱节，还会造成组织机构的不适应
2	重要性	（1）不同的作业流程环节对企业的影响是不同的 （2）随着市场的发展，顾客对产品、服务的需求在变化，作业流程中的关键环节以及各环节的重要性也在变化
3	可行性	（1）根据市场、技术变化的特点及企业的现实情况，分清问题的轻重缓急，找出流程再造的切入点 （2）深入现场，具体观测、分析现有作业流程的功能、制约因素以及关键问题

15.4.2 业务流程的四个层次

业务流程管理是将各类业务流程简单化、自动化的业务过程，主要是对企业的业务流程做一个全面的分析，以明确哪些阶段、环节对企业很重要，哪些不太重要，然后针对这些流程进行描述、设计、分析，最后通过信息技术等对这些流程实时地进行支持与完善。

企业的业务流程一般分为生产层、运作层、计划层和战略层四个层次，需要先区分每层的功能，再确定管理范围和方法，见表15-11。

表 15-11　业务流程的四个层次

层次	功能	管理范围	影响时间	使用方法
生产层	设备和工艺的实时控制	设备	非常短	流程控制
运作层	制定和实施流程管理	车间	较短	流程调整和优化
计划层	资源能力计划和预算	企业或部门	较长	统计方法、资源优化
战略层	战略调整和流程设计	整个企业	非常长	经济分析、战略决策

15.4.3 业务流程测评指标体系的设计

业务流程测评指标体系详解见表15-12。

表 15-12　业务流程测评指标体系详解

KPI 体系设计		业务流程测评具体分析
业务流程成本	指标说明	应用作业成本管理理论可以获得全部业务流程成本信息，具备良好的作业成本管理基础的企业可从资源成本、流程成本和作业成本三个方面来综合分析业务过程的运行成本
^	资源成本	分析资源成本时，可从非消耗类资源成本和消耗类资源成本来考虑。资源成本还可分为资源变动成本、资源长期变动成本和资源固定成本
^	流程成本	（1）按价值类型，业务流程中的作业可分为增值作业和非增值作业，流程总成本也由相应部分构成 （2）按资源类型统计，每个作业的成本由流程变动成本、流程长期变动成本、流程固定成本构成，流程的总成本也由相应部分构成 （3）按时间类型统计，每个作业的成本由标准成本和超时成本构成
^	作业成本	作业成本由作业变动成本、作业长期变动成本和作业固定成本构成
业务流程效率	指标说明	业务流程效率，即业务流程在一定的期间内能提供的产品或服务的数量。业务流程效率指标可从以下两方面分析，即业务流程运行时间或速度，业务流程等待处理的任务队列长度
^	流程时间	（1）流程周期时间，即业务流程执行一次任务运转的全部时间 （2）流程执行时间，即业务流程执行一次任务中运转时间的总和 （3）流程等待时间，即业务流程执行一次任务中任务等待时间的总和 （4）流程非活动时间，即业务流程执行一次任务中非作业时间的总和
^	队列长度	分析流程或作业前等待处理任务的等待队列长度和事务处理过程中的平均等待队列长度，等待队列长度反映了业务流程处理事务的能力

续 表

KPI 体系设计		业务流程测评具体分析
业务流程质量	指标说明	业务流程质量包括两类，一是流程在执行过程中应达到的流程产品或服务质量标准，二是针对流程顾客需要应达到的适用性标准
	产品质量标准	比较流程提供产品或服务与企业制定的质量标准，若其达到质量标准则认为业务流程质量满意，若未达到，则认为业务流程质量不满意
客户满意度	指标说明	业务流程的客户满意度是指流程的输出满足客户需求的程度，也称为业务流程的有效性
	流程客户满意度	流程客户满意度是客户在接受了相应的产品或服务之后所产生的满足状态和程度。根据流程为客户提供产品或服务的特点，通过预调查，可以确定影响流程客户满意度的评价指标体系
	重要程度	每个指标因素对客户的重要性是不同的，因此对客户满意程度的影响也不同。在进行客户满意度测评时，必须确定各指标因素的相对重要程度，并对其进行量化
	综合满意度	根据抽样调查结果，计算出业务流程各项评价指标的客户满意度和各项指标的相对重要性比例，进一步可计算出整个业务流程所提供的产品或服务的综合满意度指标

15.4.4　选择关键业务流程的方法

业务流程再造应该建立在全面诊断分析的基础之上，根据流程对企业发展的重要程度、运行情况等来确定流程的优先级别，即关键业务流程的梳理与选择。

关键业务流程指的是现有流程中急于改进的流程，确定时应根据企业总体经营目标和关键业务特点，选择合适的方法进行改进。选择关键业务流程的方法如图 15-14 所示。

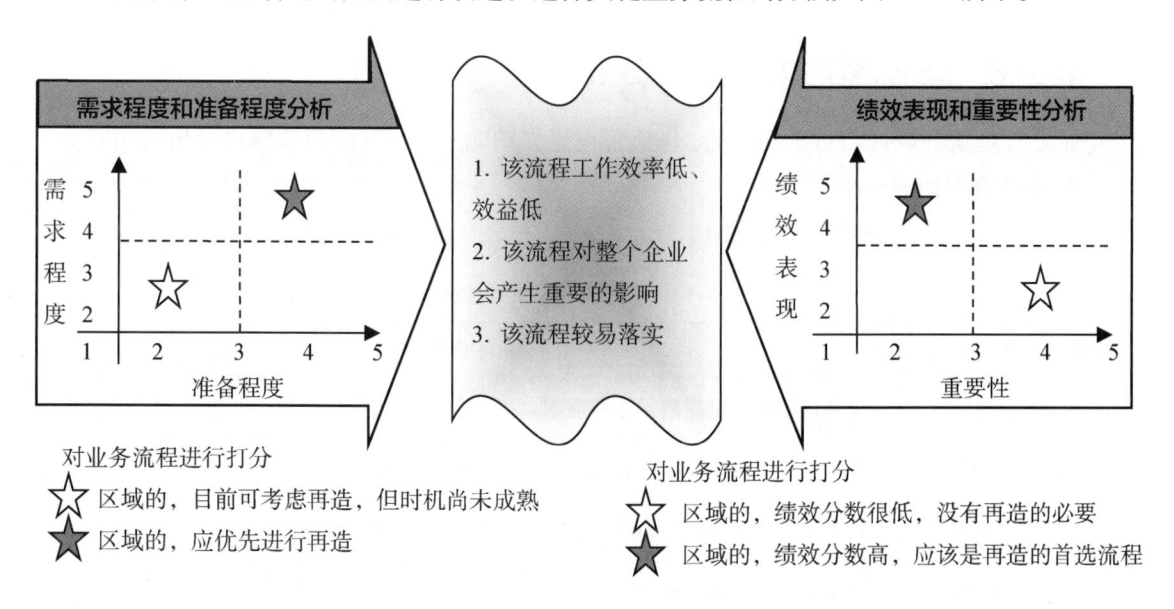

图 15-14　选择关键业务流程的方法

15.4.5 业务流程再造的 ESIA 方法

业务流程再造的典型方法为 ESIA 方法，其中，E 代表 Eliminate，即减少/清除；S 代表 Simplify，即简化；I 代表 Integrate，即整合；A 代表 Automate，即自动化。

应用 ESIA 方法可以减少流程中非增值活动以及调整流程的核心增值活动。ESIA 方法应用说明见表 15-13。

表 15-13 ESIA 方法应用说明

ESIA	方法操作项目
减少/清除	活动间的等待、过量产出、不必要的运输、重复加工、过量库存、缺陷/失误、重复活动、反复检验、跨部门协调
简化	（1）表格。许多表格在流程中根本没有实际作用，重新设计表格可以减少不必要的工作量 （2）程序。整合一些工作内容，提高流程结构性效率 （3）沟通。简化沟通过程，避免沟通的复杂性 （4）物流。调整任务顺序或增加信息的提供，简化物流
整合	（1）活动。将活动进行整合，整合后使一个人完成一系列简单活动，实现流程与流程之间的"单点接触"，提高工作效率 （2）团队。由专家组成团队，形成"个案团队"或"责任团队" （3）顾客（流程下游）。整合客户组织和自身的关系，将自己的服务融入顾客组织的流程里 （4）供应商（流程上游）。消除企业和供应商之间的一些不必要的手续，建立信任和伙伴关系，整合双方流程
自动化	（1）数据采集与运输。减少数据采集，并缩短单次采集的间隔时间 （2）数据的分析。通过分析软件，对数据进行整理与分析，提高对信息的利用率 （3）减少乏味工作。减少脏活、累活与乏味的工作

15.4.6 管理流程的功能和模块分析

企业管理流程设计与再造的前提，包括管理流程功能分析与管理流程模块分析两个方面。

1. 管理流程功能分析

管理流程十大功能分析见表 15-14。

表 15-14 管理流程十大功能分析

序号	十大功能	具体内容
1	定义流程	定义管理流程类型以满足企业需求
2	设计流程	应用工具与方法，简单、高效地设计工作管理流程图
3	定义规则	在管理流程中触发执行自定义的脚本，完成特定的管理工作
4	分配任务	分配工作任务，包括系统中的一些工作任务

续表

序号	十大功能	具体内容
5	分配人员	在每一个工作点可以分配工作人员。另外，管理者可以把工作委托给其他人完成，也可以在运行时确定工作人员
6	启动工作	选择要处理的工程图纸或文档，启动工作流后可处理后续工作
7	接收流程	接收本人要处理的管理流程
8	执行任务	利用管理流程执行分配给自己的任务
9	发送流程	可以将管理流程发送到下一个节点
10	监控流程	可以及时掌握管理流程的进展情况，解决管理流程运行中出现的问题

2. 管理流程模块分析

管理流程三大模块分析如图 15-15 所示。

图 15-15　管理流程三大模块分析

15.4.7　管理流程再造的八大关键

企业管理流程再造主要包括八个方面的内容，如图 15-16 所示。

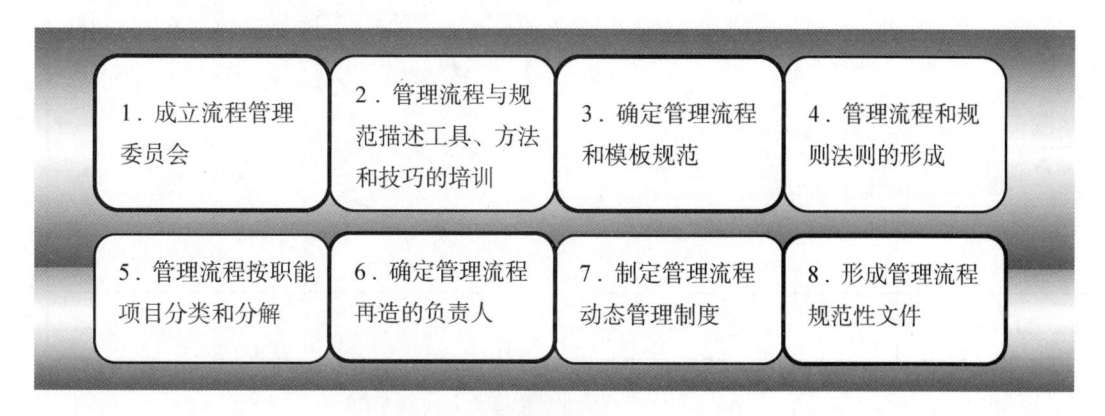

图 15-16　管理流程再造的八大关键

对标案例 ××企业绩效考核管理流程再造实践

××企业绩效考核管理流程再造人员和部门分工与权限图解如图15-17所示。

流程名称	绩效考核管理流程图		流程编号	RL001
			密　级	二级
总经理	人力资源总监		人力资源部	员工
A	B		C	D

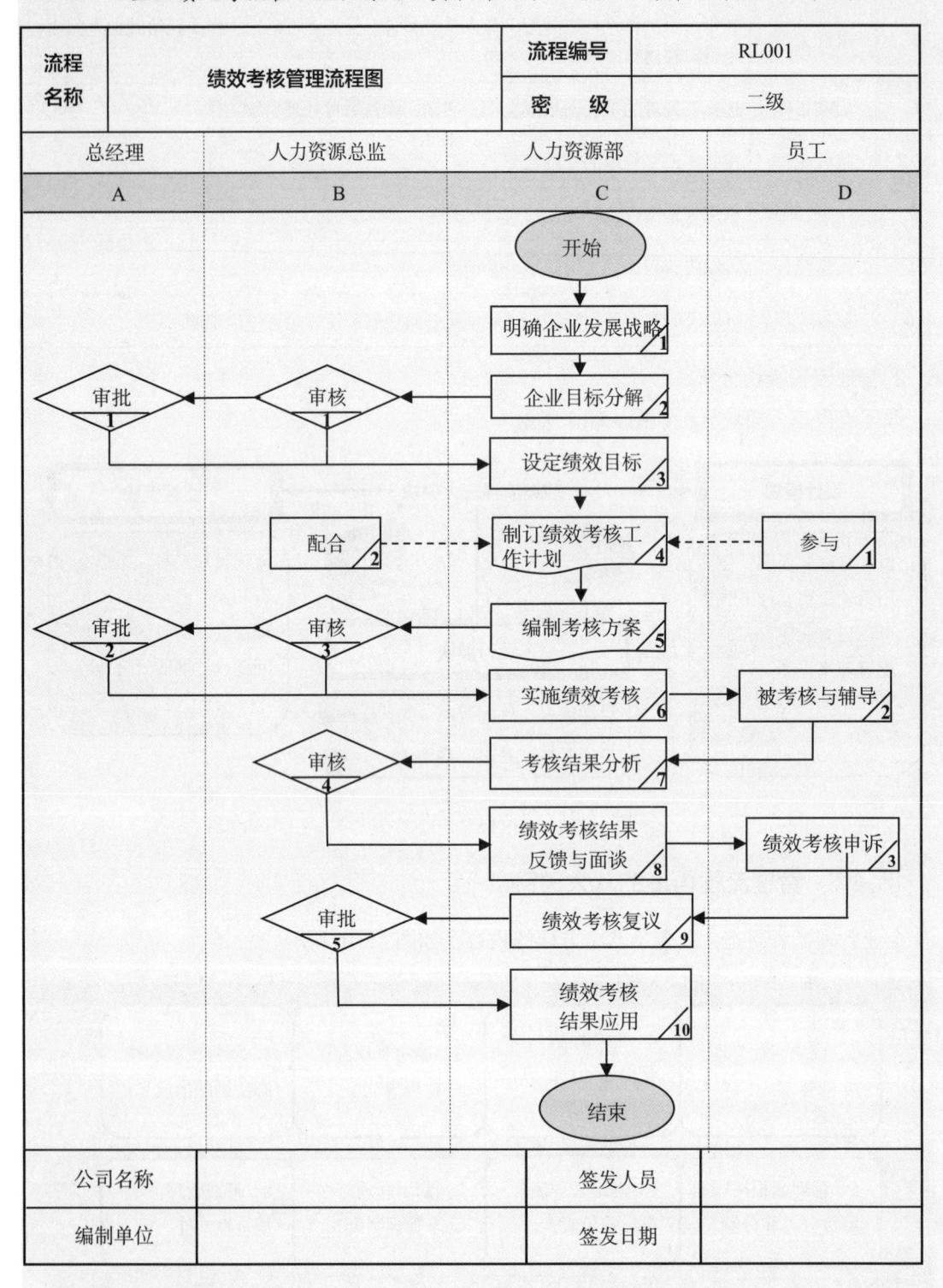

```
                                              开始
                                               │
                                               ▼
                                        明确企业发展战略 /1
                                               │
                                               ▼
    审批/1 ◄──── 审核 ◄──── 企业目标分解 /2
                                               │
                                               ▼
                                        设定绩效目标 /3
                                               │
                                               ▼
         配合/2 ┄┄┄┄► 制订绩效考核工作计划 /4 ┄┄┄┄► 参与/1
                                               │
                                               ▼
    审批/2 ◄──── 审核/3 ◄──── 编制考核方案 /5
                                               │
                                               ▼
                                        实施绩效考核 /6 ────► 被考核与辅导/2
                                               │
                                               ▼
              审核/4 ◄──── 考核结果分析 /7
                                               │
                                               ▼
                                        绩效考核结果
                                        反馈与面谈 /8 ────► 绩效考核申诉/3
                                               │
                                               ▼
              审批/5 ◄──── 绩效考核复议 /9
                                               │
                                               ▼
                                        绩效考核
                                        结果应用 /10
                                               │
                                               ▼
                                              结束
```

公司名称		签发人员	
编制单位		签发日期	

图15-17 ××企业绩效考核管理流程图

图15-17中的绩效考核管理流程,可以分为三个阶段,每个阶段的关键节点的操作也要重复点关注。

第一阶段 设定绩效目标

节点C1 明确企业发展战略

企业发展战略是对企业各种战略的统称,人力资源部需要在实施员工绩效考核管理前,明确企业的发展方向和战略模式。

节点C2 企业目标分解

人力资源部需要将企业总体目标在纵向、横向或时序上分解到各层次、各部门乃至具体人,形成目标体系。

节点B1 审核

人力资源总监对人力资源部分解的企业目标进行审核,审核通过后,呈报总经理进行审批。

节点A1 审批

总经理对人力资源总监审核通过的企业目标进行审批,审批完成后由人力资源部进行绩效目标的设定。

节点C3 设定绩效目标

(1) 通过分析企业发展战略和目标,将企业目标分解为各部门的分目标,再分解至各岗位。

(2) 根据各部门的目标,对各部门的绩效目标进行量化分析。

(3) 编制目标责任书,其内容一般包括目的、责任人、责任期限、职责权限、责任内容、奖惩等。

第二阶段 制订考核方案

节点C4 制订绩效考核工作计划

(1) 根据绩效目标,制订绩效考核工作计划。

(2) 制订绩效考核工作计划是一个双向沟通的过程,应与员工进行沟通,明确目标和衡量标准,并就此达成一致意见。

节点C5 编制考核方案

(1) 编制各部门、各岗位的绩效考核方案。

(2) 绩效考核方案内容包括考核目的、对象、标准、方法和量表等。

(3) 根据各职能、职务等级标准手册,确定各职务的绩效考核标准。绩效考核标准应尽可能书面化、表格化,以便与上级及各部门、各岗位员工相互沟通和磋商。

第三阶段 绩效考核实施

节点C6 实施绩效考核

(1) 确认绩效考核方案已由权限领导审批。

(2) 人力资源部培训指导各部门实施绩效考核工作,追踪考核情况,统计考核得分。

(3) 根据划分标准的不同,绩效考核可采取多种考核方式,如月、季、半年或年度考核等。

节点C7 考核结果分析

人力资源部针对参与考核员工的绩效考核结果进行分析解释。

节点C8 绩效考核结果反馈与面谈

（1）人力资源部将考核结果告知员工，并组织员工绩效考核结果面谈，若员工对考核结果无异议，则在考核结果表上签字确认。

（2）人力资源部对员工的绩效考核结束后，应与员工及时对其绩效中未达到公司要求的内容进行分析并制订出相应的改进计划。人力资源部应为员工提供绩效改进指导和帮助，并跟踪其改进结果。

节点D3 绩效考核申诉

员工对绩效考核结果有异议，可以对人力资源部做出的决定进行申诉，并提起重新审查程序。

节点C9 绩效考核复议

人力资源部应当遵循合法、公正、公开、及时的原则，对员工提出的绩效考核复议要求进行认真严谨的审查。

节点C10 绩效考核结果应用

（1）确认绩效考核结果无误，已由权限领导审批。

（2）将绩效考核结果进行应用。

（3）绩效考核结果应用范围一般有员工工作的改进、岗位变动、晋升、薪酬变动、培训需求确定等各项人力资源工作。

15.5 PDCA绩效管理闭环

"永恒的活火"这一理念强调了持续变化和运动的重要性，与朱熹《观书有感》"问渠那得清如许？为有源头活水来"不谋而合。在绩效管理中，同样需要一种持续的动力，推动组织和个人不断前进。这种动力来源于对绩效的持续关注和改进，以及对目标的坚定追求。就像"活火"一样，绩效管理也需要源源不断的"燃料"，即明确的目标、合理的指标、有效的反馈和激励机制，来保持其持续燃烧的状态。

绩效管理工具与方法的设计与应用，正是为了实现这种持续的动力和改进。通过设定明确的绩效指标，为员工提供清晰的方向和目标；通过定期的绩效评估，了解员工的实际表现，并给予其及时的反馈；通过激励机制，鼓励员工积极追求更好的绩效。这些工具和方法的应用，就像是为"永恒的活火"添加"燃料"，使其燃烧得更加旺盛。

具体来说，在绩效管理的实践中，可以将"永恒的活火"理念融入PDCA绩效管理闭环循环过程中。

例如，在制订绩效计划时，强调目标的挑战性和可实现性的平衡，以激发员工的积极性和创造力；在实施绩效评估时，注重过程的公平性和结果的客观性，以确保员工得到公正的评价和反馈等；在设计激励机制时，考虑员工的多层次需求，提供多样化的奖励方式，以满足员工的不同期望和动机等。

PDCA是Plan（计划）、Do（执行）、Check（检查）和Action（处理）四个英语单词首字母的组合，即**戴明环**，也称为PDCA循环法，在绩效管理领域是一个持续改进的模型，又称为 PDCA 绩效管理闭环。

PDCA 绩效管理闭环既适用于解决企业的整体性问题，也适用于解决企业各部门、项目团队或员工个体的问题，以提升工作效率和提高产品质量，从而保持竞争优势。从管理学角度来讲，PDCA 循环法适用于绩效管理的目标计划、组织执行、评估检查、调整改进行动的程序等。

15.5.1 PDCA 绩效管理闭环循环实施模型

PDCA 绩效管理闭环是全面质量管理所应遵循的科学程序。全面质量管理活动的全部过程，就是计划的制订和组织实现的过程，这个过程按照 PDCA 绩效管理闭环周而复始地运转，如图 15-18 所示。

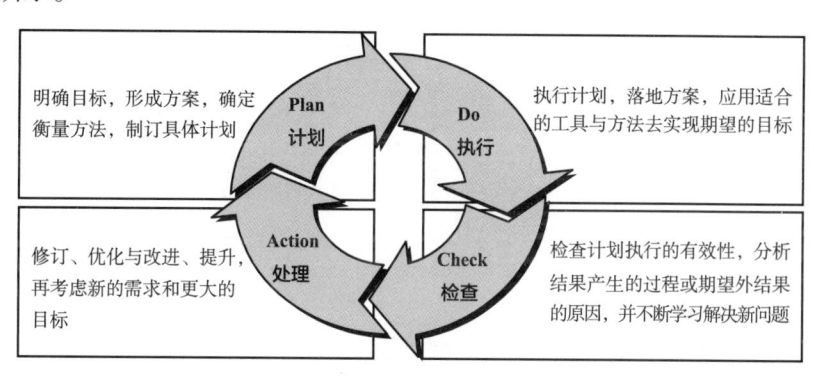

图 15-18　PDCA 绩效管理闭环循环实施模型

PDCA 绩效管理闭环循环实施模型具有七个特点，如图 15-19 所示。

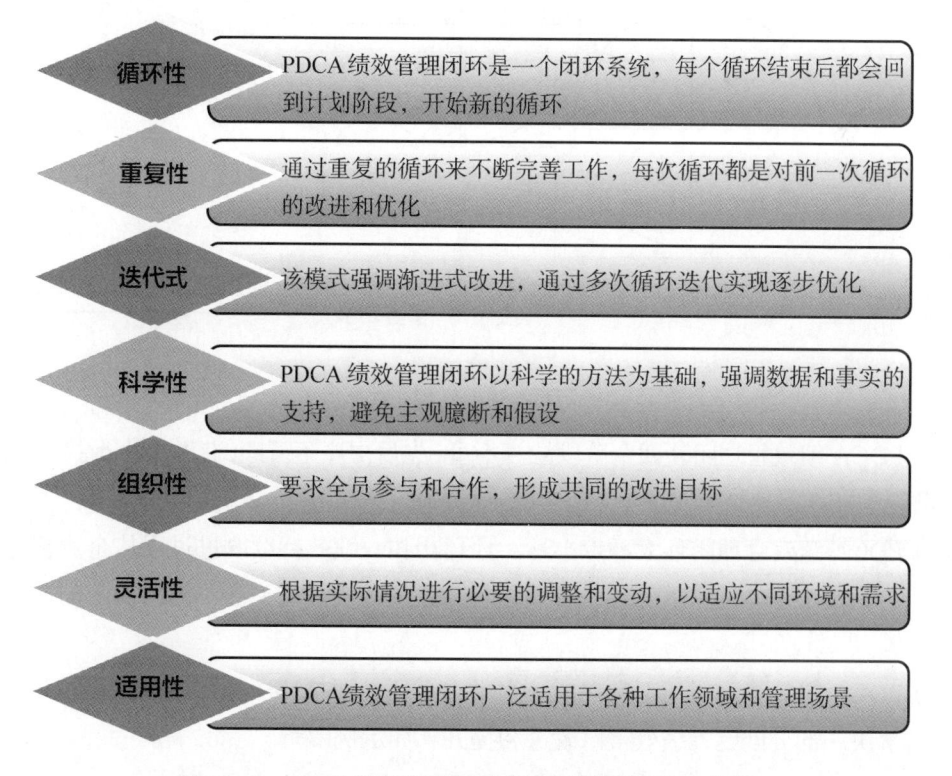

循环性	PDCA 绩效管理闭环是一个闭环系统，每个循环结束后都会回到计划阶段，开始新的循环
重复性	通过重复的循环来不断完善工作，每次循环都是对前一次循环的改进和优化
迭代式	该模式强调渐进式改进，通过多次循环迭代实现逐步优化
科学性	PDCA 绩效管理闭环以科学的方法为基础，强调数据和事实的支持，避免主观臆断和假设
组织性	要求全员参与和合作，形成共同的改进目标
灵活性	根据实际情况进行必要的调整和变动，以适应不同环境和需求
适用性	PDCA 绩效管理闭环广泛适用于各种工作领域和管理场景

图 15-19　PDCA 绩效管理闭环循环实施模型的七个特点

15.5.2 PDCA 绩效管理闭环三大示例图

PDCA 绩效管理闭环三大示例图如图 15-20 所示。

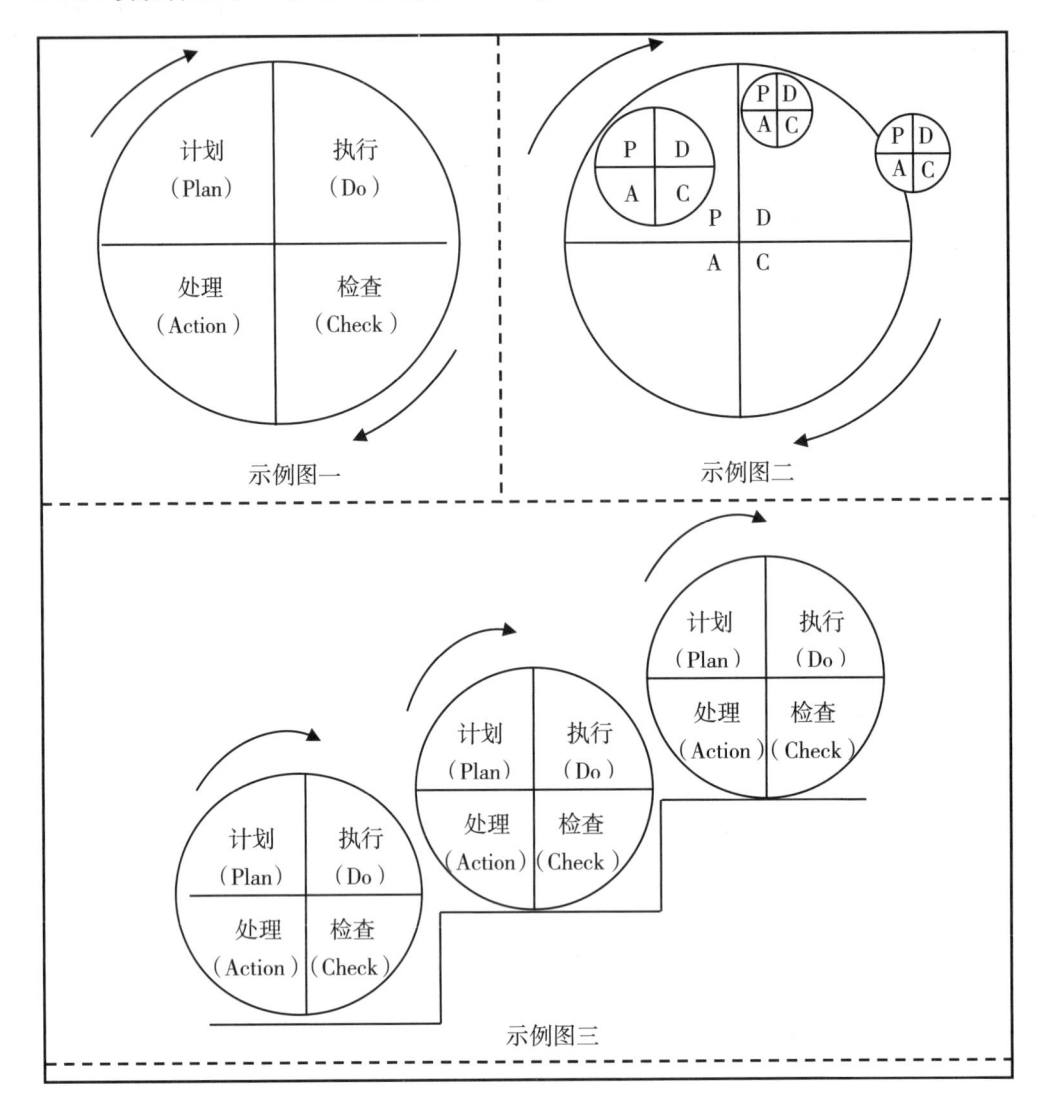

图 15-20 PDCA 绩效管理闭环三大示例图

（1）PDCA 绩效管理闭环四个阶段缺一不可，先后次序不可颠倒，并紧密衔接，连为一体，如示例图一。

（2）PDCA 绩效管理闭环大环带小环、环环相扣，绩效持续改进过程从企业整体绩效控制到部门再到员工个体的绩效管理，可以理解为是绩效改进模型在不同层面上的使用，如示例图二。

（3）PDCA 绩效管理闭环不是在同一水平上循环，而是环环相扣、阶梯式上升，每循环一次，就解决一部分问题，绩效得以改进和提升，如示例图三。

15.5.3 PDCA绩效改进模式

绩效改进需要系统化的思维与整体化的方法，以解决组织绩效存在的深层次问题、长期的顽疾、管理的低效。同时，绩效改进是一个不断提升，不断发展，再不断提升的过程，并不是一蹴而就的，绩效改进不应拘泥于一种工具，某种方法、技术或策略。绩效改进强调通过分析问题、寻找原因、评估收益与成本比率，来把握市场机遇，从整体上提高组织绩效，具体操作流程如下。

（1）输入：收集人、财、物和数据、信息资料，建立绩效改进部门，进行绩效诊断与分析。

（2）过程：选择绩效改进的工具、方法和策略，实施绩效改进的计划和方案，进行绩效改进管理。针对绩效低下等问题制定的改进措施应能够回答"5W1H"的问题，如图15-21所示。

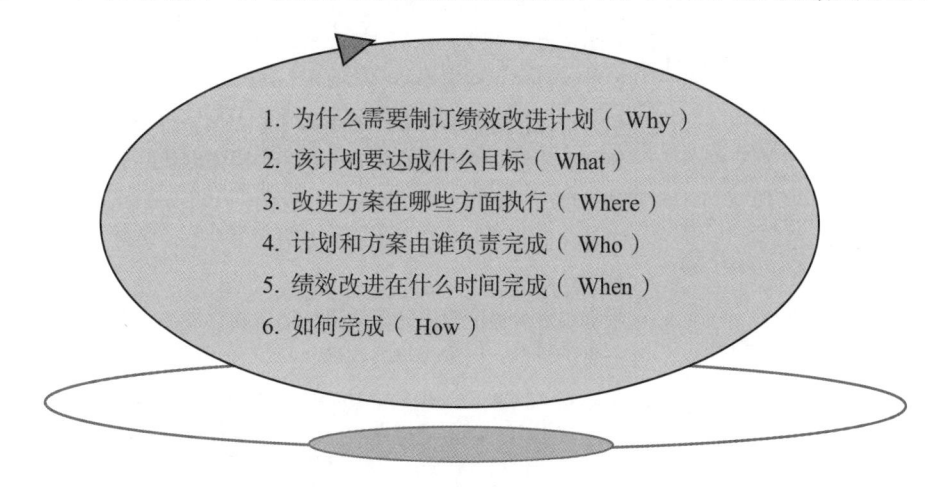

1. 为什么需要制订绩效改进计划（Why）
2. 该计划要达成什么目标（What）
3. 改进方案在哪些方面执行（Where）
4. 计划和方案由谁负责完成（Who）
5. 绩效改进在什么时间完成（When）
6. 如何完成（How）

图15-21 "5W1H"绩效改进问题

（3）输出：创造价值，包括高绩效、收益、效益和技术革新、能力提升或组织改变等。

（4）评估：绩效改进效果收集，绩效改进结果评估（柯氏四级评估模式等）。

应用PDCA绩效改进模型需要坚持的原则：关注输出结果，采取系统性视角进行管理，增加价值并聚焦于业务和组织目标，模型中相关部门和人员建立合作伙伴关系或项目小组。

1）对于成功的经验加以肯定，形成最佳实践，作为标杆大力推广。

2）对于失败的教训必须汲取，制作问题清单和风险规避操作手册，以免重蹈覆辙。

3）将未解决的问题和新出现的隐患放到下一个PDCA循环中，持续改进、优化提升。

PDCA绩效改进模型所属环境：工作环境（微观环境）、行业环境（中观环境）、社会环境（宏观环境）。

对标案例 ×× 制造企业PDCA绩效改进模式应用实践

×× 制造企业面临着生产效率低下、产品质量不稳定的问题。为了解决这些问题，企业决定采用PDCA绩效改进模式来优化生产流程和提高产品质量。

×× 制造企业PDCA绩效改进模式应用实践有四个阶段，见表15-15。

表 15-15　××制造企业 PDCA 绩效改进模式应用实践

PDCA 绩效管理闭环	改进项目	具体说明
Plan（计划阶段）	问题识别	通过数据分析，发现生产线上某个关键环节存在瓶颈，导致生产效率低下；产品质量检测数据显示，产品合格率低于行业标准
	目标设定	提高生产效率 20%，将产品合格率提升至 98% 以上
	制订计划	针对生产瓶颈，计划引入自动化设备替代部分人工操作。针对产品质量问题，计划加强员工培训，优化质检流程
Do（执行阶段）	引入自动化设备	采购并安装了自动化设备，替代了部分低效的人工操作
	员工培训	组织生产线员工进行了多轮的质量意识和操作技能培训
	优化质检流程	增加了关键环节的质检点，并引入了更先进的质检设备
Check（检查阶段）	数据收集与分析	收集了自动化设备引入前后的生产效率数据，以及员工培训和质量检测流程优化后的产品质量数据
	效果评估	引入自动化设备后，生产效率提升了 22%，超过了预期目标。员工培训和质量检测流程优化后，产品合格率提升至 98.5%，达到了预期目标
Action（处理阶段）	总结经验	自动化设备引入和员工培训的方案非常有效，显著提高了生产效率和产品质量
	持续改进	根据检查阶段的数据分析结果，对自动化设备和质检流程进行了进一步的微调，以确保持续改进
	下一轮循环	将本轮 PDCA 循环中的成功经验和改进措施纳入下一轮 PDCA 循环的计划中，以实现更高效的生产和更优质的产品

通过应用 PDCA 绩效改进模式，××制造企业成功地提高了生产效率并稳定了产品质量。这证明了 PDCA 绩效改进模式在实际生产和质量管理中的有效性和实用性。××制造企业决定将这一模式推广到其他生产线和业务流程中，以实现全面的绩效改进。